Udo Rudolph

Motivationspsychologie

Udo Rudolph

MOTIVATIONSPSYCHOLOGIE

1. Auflage

BELTZ_PVU_

Anschrift des Autors:

Prof. Dr. Udo Rudolph
Institut für Psychologie
der TU Chemnitz
Allgemeine Psychologie und Biopsychologie
09107 Chemnitz
E-Mail: udo.rudolph@phil.tu-chemnitz.de

Jokers Sonderausgabe

1. Auflage 2003

© Beltz Verlag, Weinheim, Basel, Berlin 2003
Programm PVU Psychologie Verlags Union
http://www.beltz.de

Lektorat: Susanne Ackermann
Herstellung: Uta Euler
Umschlaggestaltung: Federico Luci, Köln
Umschlagbild: Image Bank Bildagentur GmbH, München
Satz: TypoStudio Tobias Schaedla, Heidelberg
Druck und Bindung: Beltz Bad Langensalza GmbH, Bad Langensalza
Printed in Germany

ISBN 978-3-86800-521-9

Für Anna und Ella

Inhalt

„Wir müssen die Sprache der Fakten lernen. ... denn auch die wunderbarsten Ideen sterben, wenn wir sie nicht anschaulich vermitteln können."

R. W. Emerson (1881)

Vorwort

Das vorliegende in die Motivationspsychologie einführende Lehrbuch wendet sich an zwei Zielgruppen: Es ist ein Lehrbuch für Studierende der Psychologie (Haupt- und Nebenfach) oder des Lehramts und findet idealerweise Verwendung als begleitender Text zu Vorlesungen und Seminaren. Zum anderen soll es dem (zukünftigen) Anwender psychologischen Wissens Einblick vermitteln in die Grundlagen motivierten Verhaltens in Erziehung, Unterricht, Arbeit und Beruf.

Historischer und theoriegeleiteter Aufbau

Das Buch bietet eine grundlegende, theoriezentrierte und zugleich historische Einführung in zentrale Aspekte der Motivationspsychologie in chronologischer Ordnung. Somit behandelt der vorliegende Text die wichtigsten Theorien der Motivation und verzichtet bewusst darauf, verschiedene motivationale Phänomene (wie beispielsweise Hunger, Durst, das Bedürfnis nach Leistung und Anerkennung) in den Mittelpunkt der Aufmerksamkeit zu stellen.

Die Motivation ist eines der zentralen Teilgebiete der Psychologie, das zu allen Zeiten Denker und Gelehrte verschiedenster Disziplinen beschäftigt hat. Mit dem Aufschwung der wissenschaftlichen Psychologie seit dem Ende des 19. Jahrhunderts ist die Zahl der Fachpublikationen und empirischen Arbeiten auf diesem Gebiet stetig gewachsen. Angesichts dieser Fülle von Erkenntnissen birgt eine historische und theoretische Orientierung möglicherweise die Gefahr, zu sehr zu vereinfachen und die Vielfalt der Forschung zu reduzieren.

Andererseits bietet sie den Vorteil, dem Leser auf dem Gebiet der Motivation einen Einblick davon zu vermitteln, dass jüngere Vertreter der Disziplin idealerweise „auf den Schultern ihrer älteren Vorgänger stehen" (Weiner, 1992), um so hoffentlich einen besseren Überblick über die Landschaft der menschlichen Motivation zu gewinnen, als frühere Generationen dies taten.

Die Geschichte der Motivationspsychologie ist geprägt von einer Reihe besonders wichtiger Theorien, so dass eine historisch orientierte Darstellung zwangsläufig theoriegeleitet sein muss. Zudem würde eine phänomenorientierte Darstellung im Falle der Motivationspsychologie bedeuten, Phänomene wie Sexualität, Hunger, Macht, Aggression, Hilfs- oder Leistungsbereitschaft jeweils getrennt voneinander zu betrachten. Gerade den Anfänger auf dem Gebiet der Motivation würde dies vermutlich verwirren, weil dabei die gleichen Motivationstheorien in verschiedenen Kontexten immer wiederkehren würden. Wiederholungen wären unvermeidlich und konzeptuelle Klarheit ginge leichter verloren als bei einem theoretisch-historischen Einstieg in das Feld der Motivation.

Exemplarische Darstellung empirischer Sachverhalte

Die theoretische Orientierung ermöglicht außerdem, eine begrenzte Anzahl von Motivationstheorien zu behandeln, wobei allerdings die ausgewählten Theorien ausführlich dargestellt werden. Der Vorteil ist, dass sich dadurch die große Zahl der empirischen Befunde in sinnvoller Weise einordnen lässt und ein orientierender gedanklicher Rahmen entstehen kann. Viele umfassendere Lehrbücher verfolgen angesichts dieser großen Datenfülle das Ziel, den Leser über möglichst viele empirische Befunde zu informieren. Hier werden die grundlegenden theoretischen Entwürfe zum Phänomen Motivation dargelegt und anhand einiger weniger ausgewählter Befunde belegt. Auf dieser Grundlage sollte der Leser in der Lage sein, auch andere und neue Forschungsarbeiten zu verstehen und kritisch zu hinterfragen.

Darüber hinaus sind die verschiedenen Theorien der Motivation oftmals ganz verschiedenen Geltungsbereichen gewidmet. Darum sollen innerhalb einiger zentraler theoretischer Entwürfe insbesondere solche Phänomene, Befunde und Experimente dargestellt werden, die Anspruch und Geltungsbereich der jeweiligen Theorie besonders gut illustrieren.

Neben solchen Experimenten oder Phänomenen, die zu den klassischen Belegen der jeweiligen Theorie gehören und diese besonders gut illustrieren, existieren oftmals auch solche, die einen „kritischen" Test einer Theorie darstellen und zu einer Weiterentwicklung der Motivationspsychologie sowie zu einer Hinwendung zu anderen, oftmals verbesserten theoretischen Konzepten geführt haben.

Die Psychologie sieht sich häufig mit der Frage nach der „einen" richtigen Theorie eines Phänomens konfrontiert. Dieses Buch dient deshalb insbesondere einem weiteren Lernziel: Eine solche richtige Theorie existiert nicht, und dies ist keineswegs allein charakteristisch für das Studium der Motivation. Unterschiedliche Theorien beleuchten oftmals ein und denselben Sachverhalt aus unterschiedlichen Blickwinkeln, und diese verschiedenen Blickwinkel sind lehrreich, da jede neue Perspektive einer anderen Herangehensweise wertvolle Erkenntnisse hinzufügt, ohne diese notwendigerweise zu ersetzen oder überflüssig zu machen. Ein weiterer Umstand – eine Alltagsweisheit – tritt hier hinzu: Fehler sind dazu da (und haben daher ihr Gutes), dass wir aus ihnen lernen.

Bezug zur psychologischen Praxis

Einer der am häufigsten zitierten Sätze der Psychologiegeschichte ist Kurt Lewins (1948) Diktum,

„nichts ist so praktisch wie eine gute Theorie". Anwendungen dieser Theorien in der Praxis, sei es in Erziehung und Unterricht, der Klinischen oder der Organisationspsychologie, werden deshalb für jede der hier vorgestellten Theorien aufgezeigt.

Inhalte des Buchs

Jedes Kapitel ist jeweils einer Theorie der Motivation gewidmet. Diese Theorien haben sich historisch entwickelt und nehmen teilweise direkt Bezug aufeinander. Deshalb werden die Bezüge zwischen den Erkenntnissen der jeweiligen Theorien aufgezeigt.

Im ersten Kapitel betrachten wir die Frage, was „Motivation" eigentlich ist und welche Fragen eine gute Theorie der Motivation idealerweise beantworten sollte.

Die im Folgenden behandelten Theorien sind Freuds psychoanalytische Theorie (Kapitel 2), Hulls behavioristische Theorie (Kapitel 3), die Skinner'sche Verstärkungstheorie (Kapitel 4), die Lewin'sche Feldtheorie (Kapitel 5), Atkinsons Theorie der Leistungsmotivation (Kapitel 6), Attributions- und Attributionale Theorien (Kapitel 7 und 8), willenspsychologische Ansätze (Kapitel 9) sowie schließlich Evolutionäre Theorien der Motivation (Kapitel 10).

Gliederungsgesichtspunkte

Jedes dieser Kapitel umfasst drei Teile:

(1) Konzeptueller Teil: Es erfolgt eine historische Einordnung sowie eine Einführung in zentrale Konzepte der Theorie.

(2) Empirischer Teil: Hier wird dargestellt, welche Arten von Daten in paradigmatischer Weise von der betreffenden Theorie erklärt werden können – und wo die jeweilige Theorie ihre Grenzen bei der Vorhersage menschlicher Motivation hat.

(3) Anwendungsteil: Mindestens ein konkreter Anwendungsbezug der jeweiligen Theorie wird aufgezeigt; die Anwendungsbeispiele stammen in etwa gleichen Teilen aus der Klinischen, Pädagogischen sowie Organisationspsychologie.

Beispiele

Wie Ralph Waldo Emerson zu Beginn dieser Einführung ganz richtig bemerkt, „sterben auch die wundervollsten Inspirationen", wenn sie dem Leser nicht anschaulich gemacht werden können. Es gibt daher in diesem Buch eine Vielzahl von möglichst konkreten Beispielen aus dem Alltagsleben sowie auch Hinweise auf Filme, die die jeweils erörterten Sachverhalte illustrieren. Eine umfassendere Liste solcher Filmbeispiele ist über die Homepage des Autors abrufbar (http://www.tu-chemnitz.de/).

Prüfung der Lernziele

Zur Selbstkontrolle sowie auch als Beispiele für mögliche Prüfungsfragen wurden jedem Kapitel Denkanstöße angefügt, anhand derer sich ausgewählte Fragen zur jeweiligen Theorie vertiefen und anwenden lassen.

Mögliche Erweiterungen

Die Zahl empirischer Untersuchungen zu den einzelnen Theorien wurde bewusst möglichst gering gehalten. Diese empirischen Teile des Buches können jeweils ergänzt werden, beispielsweise auch zur vertiefenden Behandlung in Seminaren. Beispiele für solche Erweiterungen und entsprechende Literaturangaben sind am Ende eines jeden Kapitels genannt und können von den Dozenten jeweils beliebig verwendet oder erweitert werden.

Danksagung

An dieser Stelle möchte ich einer Reihe von Personen danken, ohne die dieses Buch nicht zustande gekommen wäre. Mein Dank gilt zahlreichen Studierenden der Psychologie an der TU Chemnitz, die eine erste Version dieses Buches im Wintersemester 2002/03 gelesen haben. Mein ganz besonderer Dank gilt Frau Susanne Ackermann, die als Lektorin des Beltz-Verlages das Buchmanuskript mit großer Sorgfalt überarbeitet und viele außerordentlich hilfreiche Ideen und Anregungen gegeben hat. Weiterhin bin ich vielen Personen zu großem Dank verpflichtet für hilfreiche Kommentare und Anregungen, Unterstützung bei der Literaturrecherche sowie der Gestaltung der Tabellen, Abbildungen und Übersichten. Hierzu gehören Andreas David, Eike Fittig, Johannes Hönekopp, Susanne Leonhard, Wolfgang Mertens, Wulf-Uwe Meyer, Josef Nerb, Astrid Neumann, Michael Niepel, Elke Schröder, Mandy Tittmann, Sören Vogel, Sandy Wendt, Bernard Weiner und Isabell Winkler.

Chemnitz, im April 2003   *Udo Rudolph*

> „... this seems so outlandish a thing that one must needs go a little into the history and philosophy of it"
>
> Herman Melville, „Moby Dick" (1851)

1 Was ist Motivation?

Der Begriff „Motivation" begegnet uns nicht nur in der Psychologie, sondern auch im alltäglichen Leben häufig: Wir sprechen davon, dass ein Schüler oder Student besonders „motiviert" sei zu lernen, wir unterscheiden „hoch motivierte" und „weniger motivierte" Mitarbeiter, oder wir sagen über uns selbst, es mangele uns an Motivation. Das Wort Motivation selbst ist abgeleitet von dem lateinischen Verb „movere" (englisch: „to move"; deutsch: bewegen). Motivation hat insofern mit „Bewegung" zu tun, als der Begriff sich auf Dinge bezieht, die uns etwas tun lassen oder uns in Bewegung versetzen. Motivation ist etwas, was uns hilft, Dinge zu tun („Bewegung in eine Sache zu bringen"). Ein Mangel an Motivation bedeutet dagegen, dass wir etwas nicht tun – beispielsweise für eine Prüfung lernen – obwohl es wirklich Zeit wäre, damit anzufangen.

Motivation kann im Rahmen einer weit gefassten und noch zu präzisierenden Begriffsbestimmung definiert werden als diejenigen Prozesse, die zielgerichtetes Verhalten auslösen und aufrechterhalten (Mook, 1987). Eine möglichst generelle und allgemeingültige Charakterisierung des Gegenstandbereiches der Motivationspsychologie lautet daher, dass sie Antwort geben sollte auf die Frage: „Warum verhalten sich Lebewesen (Menschen) so, wie sie es tun?" Aufgabe der Motivationspsychologie ist es demzufolge, die Beweggründe und Ursachen für menschliches Handeln aufzufinden.

1.1 Epikur

Über die Frage nach den Ursachen und Gründen unseren Verhaltens, unseren Motiven und Motivationen, haben Philosophen und andere Gelehrte lange vor der Entstehung der modernen Psychologie nachgedacht. Einer der frühesten uns heute noch bekannten „Motivationstheoretiker" war der griechische Philosoph Epikur. Was waren Epikurs Annahmen zur Motivation und zu den Ursachen und Gründen (zur Unterscheidung von Ursachen und Gründen s. Kap. 1.2.1) unseres Verhaltens?

EXKURS

Bestseller der Philosophie

Epikur muss ein überaus interessanter und widersprüchlicher Mensch gewesen sein, der sehr unterschiedliche Reaktionen bei seinen Mitmenschen hervorrief – diese reichten von glühender Verehrung bis heftiger Ablehnung. Seine Ideen waren für die damalige Zeit so neuartig, dass es eine überaus interessante Frage ist, was Epikur in heutiger Zeit wohl getan hätte. Schlägt man heute im Lexikon unter „Epikureer" (ein Anhänger der Lehren Epikurs) nach, so ist dieser definiert als jemand „der ein Leben in Wohlstand führt und sich den Vergnügungen hingibt ... ein sinnlicher Schlemmer oder Genießer." Dieses Bild erscheint angesichts seiner Lehren keineswegs gerechtfertigt „und steht in Gegensatz zu dem wirklichen Werk und Wollen dieses antiken Weisheitslehrers" (Laskowsky, 1988; siehe auch DeCrescenzo, 1988). Die meisten von Epikurs Schriften gingen verloren, und das heutige Verständnis seiner Überlegungen verdankt sich vor allem den Überlieferungen von Lucretius, Plutarch und Cicero. Diese Situation wird noch dadurch erschwert, dass einerseits Lucretius ein glühender Verehrer Epikurs war und ein umfangreiches Gedicht (eine Art Lobeshymne) zur Darstellung seiner Überlegungen verfasste („De Rerum Natura"), während andererseits Plutarch und Cicero ihn vehement kritisierten (vgl. auch Annas, 1995).

Epikur lebte von 341 bis etwa 270 vor Christi Geburt. Der junge Epikur hielt es in seiner Schule nicht einen einzigen Tag aus. Doch bereits als Jugendlicher erhielt er privaten Unterricht in Philosophie, und zwar von einem Schüler Platons (Pamphilos). Die Philosophie umfasste zur damaligen Zeit auch Themen, die heute den Naturwissenschaften zugerechnet werden (wie etwa die Astronomie), und interessierte den jungen Epikur weitaus mehr als jedes Schulwissen. Als junger Soldat in Athen hatte Epikur später Gelegenheit, Aristoteles und Xenokrates zu hören. Zudem war Epikur Zeit seines Lebens den einfachen Menschen wohlgesinnt, jedoch ein scharfer Kritiker der weitaus meisten seiner „Kollegen".

Mit Anfang 30 gründete Epikur eine eigene philosophische Schule und fand bald Anhänger in ganz Griechenland, Kleinasien, Ägypten und Italien (die oftmals selbst so genannte epikurei-

sche Gärten gründeten). Zu seiner Schule, die kostenlos war, allen Menschen (auch Frauen und Sklaven) offen stand und „auf Freundschaft gegründet" sein sollte, gehörte ein Garten, in dem Gemüse und Obst angebaut wurden und aus dem sich Epikur und seine Schüler selbst ernährten. Vor allem Epikurs demokratische Einstellung und sein Verständnis für die „niederen Schichten" brachten ihm viele Feinde – denn obwohl das Griechenland der damaligen Zeit eine bis dahin ungeahnte wirtschaftliche, kulturelle und wissenschaftliche Blüte erlebt hatte, basierte das gesellschaftliche System doch auf einer Ausbeutung vieler durch eine relativ kleine Anzahl privilegierter Bürger.

Um die Jahrtausendwende wurden die Lehren Epikurs auch im Römischen Reich regelrechte Bestseller – unter den Nicht-Philosophen erfreuten sich die Ideen Epikurs größter Beliebtheit, wurden aber vom Christentum bekämpft. Die Kritiker der römischen Zeit sahen in der Tatsache, dass Epikurs Lehren so einfach und leicht zu verstehen waren und bei den „einfachen" Menschen so großen Anklang fanden, einen Nachweis, dass diese Lehren falsch sein müssten.

1.1.1 Epikurs Thesen zur Motivation

Epikur nahm an, dass wir handeln, um uns selbst Vergnügen oder Freude zu bereiten (s. Definition S. 2). Das Verhalten von Kindern und Neugeborenen sah er als ein gutes Beispiel dafür, dass positive Zustände erstrebt und negative Zustände gemieden werden: Kinder tun dies seiner Auffassung zufolge instinktiv. „Pleasure" (Nahrung, Zuwendung, Schlaf) ist demnach die einzige Größe, die Menschen um ihrer selbst willen anstreben: Sie ist, mit einem Wort die entscheidende Motivation oder der eigentliche Motor unseres Handelns. Epikur räumte allerdings ein, bei Erwachsenen sei es oft schwieriger zu sehen, warum jegliches Verhalten, beispielsweise auch Akte der Selbstaufopferung und des Altruismus, doch nur dem Handelnden selbst dienen und ihm Freude bereiten soll.

> **DEFINITION**
>
> **Psychologischer Hedonismus**
> Epikur begründete die philosophische Doktrin des Hedonismus, die in der Psychologie auch als „Pleasure-Pain-Principle" bezeichnet wird. Der psychologische Hedonismus (zu unterscheiden vom ethischen Hedonismus) besteht in der Annahme, dass all unsere Handlungen dazu dienen, uns Vergnügen oder Freude zu bereiten und Schmerz zu vermeiden. Der Begriff „Freude" ist die am häufigsten verwendete Übersetzung für „pleasure". Die Begriffe Freude, Vergnügen oder Vergnügung werden im Folgenden synonym gebraucht.

Erwartungen. Diese positiven und negativen Zustände („pleasure" und „pain") sah Epikur als die zentralen Determinanten unseres Verhaltens, weil sie antizipiert (vorweggenommen) werden: Wir haben also Erwartungen bezüglich der Konsequenzen unseres Handelns, die das Handeln steuern. Wir verhalten uns Epikur zufolge so, dass die erwarteten Konsequenzen (die Summe möglicher positiver und negativer Konsequenzen oder die Summe der erwarteten Freuden und Schmerzen) möglichst günstig ausfallen.

Epikur sah zudem eine enge Verbindung zwischen dem psychologischen Hedonismus (siehe Abschnitt 1.1.2) einerseits und der Befriedigung von Bedürfnissen andererseits. „Pleasure" sei insbesondere in der Befriedigung von Bedürfnissen zu sehen. Diese Bedürfnisse unterschied Epikur im Wesentlichen nach ihrer Bedeutung für das Handeln („warum verhalten wir uns so, wie wir es tun"), nach unterschiedlichen Gegenstandsbereichen, und nach ihrer „Natürlichkeit" und „Notwendigkeit".

Bedürfnisse und Handlungen. Epikur postulierte auslösende Freuden und Bedürfnisse einerseits und statische Freuden und Bedürfnisse andererseits. Auslösende Bedürfnisse („moving pleasures") motivieren uns zum Handeln (lösen Handlungen aus), weil wir in einem unangenehmen Zustand sind. Dies ist zum Beispiel der Fall, wenn wir etwas essen, weil wir hungrig sind. Statische Bedürfnisse hingegen lösen keine Handlungen aus, weil das Individuum sich in einem angenehmen Zustand befindet und diesen gerne beibehalten möchte. Ein Beispiel hierfür ist der (erhoffte) angenehme Zustand, der erreicht ist, nachdem wir etwas gegessen haben.

Gegenstandsbereich von Bedürfnissen. Ferner differenzierte Epikur zwischen physischen Vergnügungen und mentalen Freuden. Für Letztere ist kennzeichnend, dass diese nicht nur gegenwärtige Bedürfniszustände umfassen (wie Hunger, Durst oder mein momentaner Wunsch, aus dem Fenster zu schauen). Hier kommen vielmehr auch Konzepte von Vergangenheit und Zukunft ins Spiel. Wenn ich mich beispielsweise an einer Erinnerung freue oder intellektuelles Vergnügen daran habe, etwas

verstanden zu haben, was mir zuvor unverständlich war, hat dies mit der Vergangenheit zu tun. Wenn ich hingegen zuversichtlich bin, dass mir etwas gelingen wird, so geht es um zukünftige Ereignisse und deren subjektive Wahrscheinlichkeit.

Natürlichkeit von Bedürfnissen. Und schließlich unterschied Epikur die menschlichen Freuden und Bedürfnisse nach deren Natürlichkeit und Notwendigkeit. Ein Bedürfnis ist natürlich, wenn es biologisch bedingt ist (wie etwa Hunger oder Durst). Bei der Unterscheidung in notwendige oder nicht notwendige Bedürfnisse betreten wir den Bereich des ethischen Hedonismus, denn es geht um die Frage, ob ein Bedürfnis oder Wunsch „gut" oder „echt" ist. Deshalb sollte der Hedonismus, entgegen einem weit verbreiteten Missverständnis, nicht mit dem Streben nach möglichst vielen materiellen Gütern gleichgesetzt werden – das war für Epikur ein „eitles" und „leeres" Bedürfnis.

In der philosophischen Denktradition griff der britische Philosoph Jeremy Bentham (1748–1832; vgl. Harrison, 1983) Epikurs Thesen auf und erweiterte sie zu einer „Theorie des psychologischen Hedonismus und Utilitarismus" (vgl. Bowring, 1997).

Konsequenzen für die moderne Motivationspsychologie. Epikur stellte Fragen, die Motivationspsychologen bis heute beschäftigen. In der folgenden Zusammenfassung finden sich bereits Hinweise darauf, in welchen moderneren Theorien der Motivation diese Fragen wiederum eine Rolle spielen – und zwar unabhängig davon, wie sie beantwortet werden. Die Leser sollten dies als Beleg und Anreiz dafür nehmen, dass es sich lohnt, diese grundlegenden Fragen und Ideen zunächst einmal zu verstehen.

1.1.2 Epikurs Thesen zum Hedonismus

Freude und Schmerz

Unser Verhalten ist dadurch motiviert, dass wir positive Emotionen (Freude) oder Zustände aufsuchen und negative Zustände (Schmerz) meiden. Dieser Gedanke ist die Quintessenz des

Epikur'schen Hedonismus. Zugleich weist er über einen reinen Hedonismus als eine Maximierung von Lust hinaus, da Epikur auch Emotionen wie Freude, Hoffnung und Erleichterung (um nur einige Beispiele zu nennen) diskutiert. Viele der modernen Motivationstheorien betonen die Rolle der Emotionen für unser Handeln. Ein gutes Beispiel ist die Theorie der Leistungsmotivation von Atkinson, in der die erwarteten Konsequenzen des Leistungshandelns (Stolz nach Erfolg, Scham nach Misserfolg) eine zentrale Rolle spielen (s. Kap. 6). Die so genannten Entscheidungstheorien nehmen an, dass der erwartete Nutzen unseres Handelns uns motiviert (s. Kap. 8).

Die Frage, in welcher Weise Emotionen Verhalten determinieren, ist bislang noch keineswegs abschließend beantwortet und eines der wichtigsten aktuellen Forschungsthemen auch in der modernen Motivationspsychologie. Ähnlich verhält es sich mit der Frage, wie eigentlich der erwartete Nutzen möglicher Handlungsalternativen „berechnet" wird und welche Fehler in diesem Zusammenhang möglicherweise auftreten (vgl. Nisbett & Ross, 1980).

Altruismus

Auch scheinbar „altruistisches" Verhalten unterliegt Epikur zufolge in Wirklichkeit Gesetzmäßigkeiten des individuellen Wohlbefindens. Die Frage, ob es Altruismus – wenn wir anderen helfen, ohne einen erkennbaren Nutzen für die eigene Person – wirklich gibt, hat in der Nachfolge Epikurs und anderer griechischer Philosophen eine jahrhundertelange philosophische Debatte ausgelöst (vgl. Nagel, 1984). Interessanterweise haben gerade Evolutionspsychologen in neuerer Zeit überzeugende Belege dafür geltend gemacht, wie scheinbar altruistisches Verhalten unter Artgenossen verschiedenster Spezies in Wirklichkeit „egoistischen" Interessen dient, so dass die Klärung dieser Frage nunmehr eine aktuelle empirische Basis hat und in ganz anderem Lichte fortgeführt werden kann. In Zusammenhang mit evolutionspsychologischen Theorien der Motivation (Kap. 10) werden wir diese Frage wieder aufgreifen.

Bedürfnisse und Triebe

Das menschliche Handeln ist durch Bedürfnisse oder Triebzustände motiviert; es ist wichtig, diese Bedürfnisse voneinander zu unterscheiden.

Die Frage nach der Art der menschlichen Bedürfnisse und einem geeigneten Klassifikationssystem hierfür – wie viele Bedürfnisse oder Triebe gibt es, sind diese angeboren oder erlernt? – wurde bis weit in das 20. Jahrhundert in der Motivationspsychologie diskutiert. Wir begegnen ihnen in der Psychoanalyse Freuds wieder (Kap. 2) sowie in Hulls Theorie der Motivation (Kap. 3).

Homöostase

Auslösende Bedürfnisse motivieren Epikur zufolge zum Handeln, statische Bedürfnisse dagegen machen es erstrebenswert, in einem Zustand (der Ruhe) zu verbleiben. Diese Annahme ist in der heutigen Psychologie als Konzept der Homöostase bekannt: Motivationstheorien lassen sich danach unterscheiden, ob sie Prozesse der Homöostase, also ein Streben nach innerem Gleichgewicht postulieren.

Das Konzept der Homöostase ist untrennbar mit dem des Hedonismus verbunden, da in der Regel angenommen wird, dass ein homöostatischer Zustand als angenehm empfunden wird. Homöostatisch orientierte Theorien der Motivation sind beispielsweise Freuds psychoanalytische Theorie (Kap. 2) sowie der behavioristische Ansatz von Hull (Kap. 3).

Physische und geistige Bedürfnisse

Physische (biologische) und geistige (mentale) Bedürfnisse sollten voneinander unterschieden werden. Maslows humanistische Theorie der Motivation übernimmt diese Unterscheidung zwischen auslösenden und statischen Bedürfnissen und verfeinert sie weiter. Auch Freud hat sich Zeit seines Lebens intensiv mit der Frage befasst, welche und wie viele Bedürfnisse oder Triebe wir unterscheiden sollten (Kap. 2).

Die attributionalen Theorien der Motivation (Kap. 8) postulieren überdies, der Mensch sei ein naiver Wissenschaftler, der großes Interesse habe, sich selbst, seine Mitmenschen und seine Umwelt zu verstehen und vorherzusagen – dies ist eine Annahme, die mit Epikurs Definition von mentalen Bedürfnissen (beispielsweise mit dem von Epikur angeführten intellektuellen Vergnügen oder Bedürfnis, etwas zu verstehen) eng korrespondiert.

Verständlichkeit und Allgemeingültigkeit

Psychologische Konzepte sollten Epikur zufolge leicht zu verstehen sein, für alle Menschen gleichermaßen gelten und eine Verwurzelung im „Common-Sense" (dem so genannten „gesunden Menschenverstand") haben.

Epikur war der Auffassung, dass die Philosophie – und somit die darin enthaltenen psychologischen Fragen – für jeden Menschen verständlich sein sollten. Aus heutiger Sicht ließe sich sagen, dass wir selbst uns und unsere Motive ja durchaus verstehen können und dass somit auch die Lehre von der Motivation eine allgemein verständliche Sache sein sollte.

Dennoch ist diese Frage nachfolgend nicht einheitlich beantwortet worden: In manchen Theorien wird angenommen, unsere alltäglichen (naiven) Auffassungen von Motivation und den Beweggründen des Handelns seien zumindest ein erster großer Schritt auf dem Weg zu einer guten Motivationspsychologie, in anderen Theorien wird gerade die gegenteilige Ansicht vertreten, dass nämlich eine gute wissenschaftliche Analyse menschlicher Motivation durch unsere Alltagsauffassungen hierzu geradezu behindert werde.

1.2 Zentrale Fragen der Motivationspsychologie

Nach unserer ersten, möglichst generellen Bestimmung befasst sich die Motivationspsychologie mit der Frage, warum Lebewesen sich so verhalten, wie sie es tun. Im Folgenden soll diese sehr weit gefasste Begriffsbestimmung präzisiert werden.

1.2.1 Merkmale motivierten Verhaltens

In der bisherigen Definition von Motivation war nur ganz allgemein von menschlichem „Verhalten"

die Rede. Eine etwas genauere Definition der Motivationspsychologie präzisiert diejenigen Aspekte menschlichen Verhaltens, die Motivationspsychologen interessieren, folgendermaßen: „Das Studium der Motivation beinhaltet die Suche nach (generellen) Prinzipien, die uns verstehen helfen, warum Menschen und Tiere Handlungen in jeweils spezifischen Situationen <u>wählen</u>, <u>beginnen</u> und <u>aufrecht erhalten</u>." (Mook, 1987, Hervorhebungen im Original).

Absichtliches und willkürliches Verhalten. Mehrere Merkmale dieser genaueren Definition sind hier bemerkenswert. Menschliche Motivation betrifft demzufolge willentlich gewähltes Verhalten, hat also Handlungen zum Gegenstand. Der Begriff der Handlung beinhaltet Verhaltensweisen, für die wir uns entscheiden und die wir absichtlich ausführen. Hiervon zu unterscheiden ist unwillkürliches Verhalten wie beispielsweise automatisch und biologisch kontrollierte Prozesse (so etwa der Saugreflex des Säuglings, aber auch beispielsweise die biologische Regelung des Blutdrucks oder die physiologischen Grundlagen von Bedürfnissen wie Hunger oder Durst).

Diese Unterscheidung ist eine vorläufige und an dieser Stelle hilfreich. Sie ist zugleich nicht unproblematisch, da die Grenzen zwischen willkürlichem, entscheidungsbasiertem Verhalten (Handlungen) und unwillkürlichem Verhalten weniger genau sind, als es auf den ersten Blick scheinen mag (wir greifen diesen Punkt später wieder auf).

Elemente des Handlungsprozesses. Weiterhin lassen sich in Bezug auf (willkürlich gewählte) Handlungen, die wir im Folgenden auch als motiviertes Verhalten bezeichnen, verschiedene Elemente des Handlungsprozesses unterscheiden, die in der Definition auch angesprochen werden:

(1) Handlungen setzen voraus, dass wir uns für ein bestimmtes Verhalten entscheiden, dass also unter mehreren Verhaltensalternativen gewählt wird.

(2) Ein einmal gewähltes Verhalten und das damit verbundene Handlungsziel kann zu verschiedenen Zeitpunkten oder Gelegenheiten begonnen werden.

(3) Einmal begonnen, kann eine Handlung mit unterschiedlicher Energie oder Intensität verfolgt werden.

(4) Und schließlich wird jede einmal begonnene Handlung einmal beendet sein oder beendet werden. Idealerweise geschieht dies dann, wenn das Handlungsziel erreicht wird, oder wenn sich das Individuum entscheiden sollte, das vormals angestrebte Ziel aufzugeben.

Vier Merkmale von Handlungen. Wir bezeichnen die hier genannten Merkmale von Handlungen im Folgenden als

(1) Wahlverhalten,

(2) Latenz des Verhaltens,

(3) Intensität des Verhaltens und als

(4) Persistenz oder Ausdauer.

BEISPIEL

Kino oder Abendessen?

Eine Person, die am Abend gerne etwas essen und gerne ins Kino gehen möchte, wird:

(1) möglicherweise in Anbetracht der knappen Zeit zwischen beiden Alternativen wählen müssen und sich für den Kinobesuch entscheiden (Wahlverhalten),

(2) geeignete Vorbereitungen treffen müssen, um pünktlich am Kino zu sein und den Film zu sehen (Latenz des Verhaltens).

(3) Sie wird weiterhin dem Film je nach dessen Qualität oder Unterhaltungswert mit unterschiedlicher Begeisterung und Aufmerksamkeit folgen (Intensität des Verhaltens)

(4) und die Handlung zu Ende führen und den Film bis zum Ende ansehen oder (im ungünstigen Falle) das Kino vorzeitig verlassen – möglicherweise, um endlich etwas zu essen (Persistenz oder Ausdauer).

1.2.2 Homöostase und Hedonismus

Eine aus wissenschaftstheoretischer Perspektive ideale Situation bestünde dann, wenn eine möglichst große Vielfalt von menschlichem Erleben und Verhalten auf eine möglichst kleine Zahl präziser und allgemeingültiger Gesetzmäßigkeiten zurückgeführt werden könnte (vgl. Popper, 1974). Einige Konzepte der Motivationspsychologie stellen den Versuch dar, diesem Streben nach allgemeingültigen, situationsübergreifenden und viele Verhaltensaspekte umfassenden Gesetzmäßigkeiten Rechnung zu tragen. Die Konzepte der Homöostase und des Hedonismus sind hierfür Beispiele.

BEISPIEL

Ruhe, Aktivität und Homöostase

Das Verhalten eines Neugeborenen, das Epikur bereits als Beispiel nannte, mag aus der Perspektive des unvoreingenommenen Beobachters durch homöostatische Prozesse gesteuert sein: Abweichungen vom Idealzustand, wie Hunger oder Fehlen von Zuwendung, führen zu bestimmten Verhaltensweisen, die der Umwelt solche Mangelzustände signalisieren. Die Befriedigung dieser Mangelzustände hingegen führt zu Passivität und Ruhe (Schlaf), bis ein erneutes Ungleichgewicht (Disäquilibrium) Verhaltensweisen „motiviert", die diesen Zustand signalisieren helfen – ein Kreislauf von Ruhe und Aktivität bildet sich heraus, der für zahlreiche Bereiche menschlichen Verhaltens charakteristisch ist.

Streben nach Gleichgewicht

Dieses Konzept der Homöostase bezeichnet, vereinfacht gesprochen, ein Streben nach einem (inneren) Gleichgewichtszustand. Zahlreiche biologische Prozesse wie beispielsweise die grundlegenden Bedürfnisse Hunger und Durst, sind homöostatisch geregelt (s. Beispiel S. 6).

Homöostase als generelles Prinzip. Eine Reihe von Motivationstheorien – interessanterweise auch gänzlich verschiedene Theorien der Motivation wie Freuds psychoanalytischer Ansatz ebenso wie behavioristische Ansätze – erklärten das Prinzip der Homöostase zum generellen Verhaltensprinzip, dehnten es also auch auf willkürlich gewähltes Verhalten aus. Dennoch stellt sich die Frage, ob das Prinzip der Homöostase tatsächlich ein derart generell wirkender motivationaler Faktor sein kann.

Tomkins (1970) machte darauf aufmerksam, dass selbst einfache und reflexhafte körperliche Reaktionen bei genauerem Hinsehen keineswegs immer homöostatischen Gesetzmäßigkeiten gehorchen. So führt eine Behinderung der Atmung typischerweise dazu, dass das Individuum alles unternimmt, wieder atmen zu können (also einen vormaligen Gleichgewichtszustand oder Homöostase wieder herzustellen). Andererseits aber ist ebenso bekannt, beispielsweise aufgrund von Beobachtungen an Kampffliegern aus dem Zweiten Weltkrieg, dass eine allmähliche Sauerstoffdeprivation zu euphorischen Stimmungen und Reaktionen führt. So sind nicht selten diese Piloten gestorben, ohne den Sauerstoffmangel überhaupt zu bemerken, und zwar mit einem Lächeln auf ihrem Gesicht.

Dieses auf den ersten Blick bestechende Argument wird jedoch weiter kompliziert. Die hier genannte Beobachtung lässt sich dadurch erklären, dass die Evolution uns mit einer homöostatischen Regulierung der Luftzufuhr ausstattete, nicht jedoch mit einem „Sauerstoff-Detektor", der entdeckt, wie viel Sauerstoff in der Atemluft enthalten ist, denn diesen braucht man unter normalen Bedingungen nicht. Somit haben wir es hier durchaus mit einem homöostatischen Prozess zu tun, der jedoch lediglich nicht genau genug ist.

Grenzen des Konzepts Homöostase. Einiges spricht also dafür, dass die Homöostase als generell wirksames Prinzip für motiviertes Verhalten nicht taugt. Die nächste Frage lautet, welche motivationalen Phänomene homöostatisch reguliert werden, und welche Phänomene einer anderen Art von Erklärung bedürfen. Möglicherweise sind diejenigen Aspekte menschlichen Verhaltens, die tatsächlich homöostatisch reguliert sind, gerade solche, welche die Leser dieses Buches eher weniger interessieren, so etwa Verhaltensweisen wie Essen und Trinken oder die Vermeidung von Schmerz.

Und andere Aspekte menschlicher Motivation, die interessanter wie auch komplexer erscheinen – wenn es etwa um die Frage geht, wem wir helfen, welchen Partner wir gerne heiraten möchten oder welche berufliche Anforderungen wir aufsuchen – halten auch auf den zweiten Blick einer homöostatischen Erklärung nicht stand.

Das Konzept des Hedonismus
Bei Epikur wurde bereits deutlich, was unter Hedonismus zu verstehen ist und wie eine Motivationstheorie aussehen könnte, die den Hedonimus als grundlegendes Prinzip menschlicher Motivation konzipiert.

Aber auch hier gibt es widersprüchliche Beobachtungen. So sind etwa das von Sigmund Freud beobachtete kindliche Verhalten der „Angstlust" (Kinder haben oftmals Freude an Spielen, die mit unangenehmen Emotionen einhergehen), aber auch Emotionen wie Neid oder Eifersucht bei Erwachsenen, zumindest auf den ersten Blick kein Ausdruck von Hedonismus. Wie schon beim Konzept der Homöostase gibt es Motivationstheorien, die sich diesem Prinzip explizit oder implizit verschrieben haben; andere lehnen den Hedonismus als generelles Verhaltensprinzip ab.

1.2.3 Motivation und Kognition

Aus der Perspektive des Common-Sense erscheint es unzweifelhaft, dass motiviertes Handeln häufig eine kognitive (im weitesten Sinne: gedankliche) Grundlage hat: Wir wägen die Vorteile des abendlichen Kinobesuches gegen die Nachteile eines verspäteten Abendessens ab, wir überlegen uns, ob jemand unsere Hilfe und Unterstützung verdient, oder was dazu führt, dass wir uns in die eine Person verlieben und in eine andere nicht.

Zwei entgegengesetzte Positionen zur Rolle der Kognition. Es gibt nun zwei Positionen zur Beziehung zwischen Motivation und Kognition, die als S-R- versus S-C-R-Psychologie bezeichnet werden. Die Position des Behaviorismus ist eine S-R-Psychologie (beschränkt auf Stimulus und Reaktion), weil hier kognitive Prozesse (cognitive processes), die möglicherweise zwischen Situation (oder Stimulus) und Reaktion vermitteln, von der psychologischen Analyse ausgeschlossen werden.

Zwei Gründe für eine solche Selbstbeschränkung sind denkbar: Zum einen mögen die kognitiven Prozesse oder „Repräsentationen" für die Vorhersage menschlichen Erlebens und Verhaltens tatsächlich überflüssig sein, insofern eine solche Vorhersage auch anhand anderer, nicht-kognitiver Variablen möglich ist.

Zum anderen, und dies erwies sich in der Psychologiegeschichte als das entscheidendere Argument, erhebt sich bei der Einbeziehung kognitiver Prozesse die Frage, wie solche unsichtbaren Vorgänge „beobachtet", erfasst oder gemessen werden können. Die Antwort einer behavioristischen Position lautet, dass die mangelnde Beobachtbarkeit (und „intersubjektive Überprüfbarkeit") solcher kognitiven Prozesse diese von einer psychologischen Analyse a priori ausschließen sollte.

In den letzten Jahrzehnten wurde diese Frage nach dem geeigneten Verhaltensmodell (S-R versus S-C-R) und einer Einbeziehung kognitiver Prozesse eindeutig zugunsten kognitiver Modelle entschieden. Dennoch wird die Frage nach der Bedeutung von gedanklichen Prozessen bei der Vorhersage motivierten Verhaltens auch in diesem Buch eine Rolle spielen, und zwar aus zwei Gründen. Zum einen ist die Frage berechtigt, inwieweit behavioristische Modelle menschlicher Motivation Gültigkeit haben.

Hier besteht eine Analogie zu den homöostatischen und hedonistischen Grundlagen des Verhaltens – unzweifelhaft sind zumindest einige, möglicherweise auch weite Teile der menschlichen Motivation homöostatisch und hedonistisch determiniert. Ebenso sind zahlreiche Aspekte menschlicher Motivation anhand behavioristischer Prinzipien sinnvoll zu beschreiben, und es existieren auch zahlreiche erfolgreiche Anwendungen behavioristischer Verhaltensprinzipien, wie zum Beispiel in der Therapie psychischer Störungen.

Zum anderen ist es für die zukünftige Motivationsforschung wichtig zu verstehen, welche Aspekte menschlicher Motivation eben nicht anhand homöostatischer, hedonistischer oder behavioristischer Prinzipen erklärbar sind.

Ein Ritt über den Bodensee

Jede Theorie der Motivation kann als Versuch betrachtet werden, die schwierige Aufgabe der Erklärung menschlicher Motivation zu lösen. Das Bild vom „Ritt über den Bodensee" ist hier ein nahe liegender Vergleich: ein Reiter auf dem Weg zu einem Ziel, wobei er im Nachhinein zu seinem Entsetzen erfährt, dass er ein zugefrorenes Gewässer überquert hat und leicht hätte verunglücken können. Und nicht nur die im positiven Wortsinne naiven, sondern auch die wissenschaftlichen Motivationstheoretiker sehen sich fortlaufend sowohl mit schon bekannten wie auch neuartigen und ungelösten Fragen konfrontiert.

Die Analyse eines theoretischen Ansatzes kommt dem Versuch gleich zu prüfen, „wie weit das Eis trägt". Wir mögen uns daher angesichts eines jeden Ansatzes fragen, inwieweit wir bei der Lösung dieser Aufgabe (der Überquerung eines zugefrorenen Gewässers) schon gediehen sind. An einigen Stellen – und dies ist insbesondere für die Position des Behaviorismus deutlich wie in keinem anderen motivationspsychologischen Feld – erweist sich die Theorie (das Eis) als überaus tragfest, andere Stellen sind nach wie vor brüchig oder gar nicht bearbeitet (nicht zugefroren), und es steht in vielen Fällen auch nicht zu erwarten, dass dies jemals der Fall sein wird. Deshalb wird es notwendig sein, sich anderer (theoretischer) Hilfsmittel zu bedienen, um das Forschungsfeld (das Gewässer) zu erkunden.

Ein Ziel dieses Buches besteht darin, jeder der vorliegenden Theorien ihren Platz und Wert zuzuweisen und andererseits zu verdeutlichen, wo die Bruchstellen zwischen den einzelnen Ansätzen (der Übergang vom festem Grund und Eis zu brüchigen oder nicht zugefrorenen Stellen) liegen. So ist es möglich, den Wert der einzelnen motivationspsychologischen Ansätze – ihren Beitrag zum Verständnis der menschlichen Motivation und ihre spezifischen Anwendungsmöglichkeiten – zu würdigen.

1.2.4 Motivation und Bewusstsein

In Zusammenhang mit möglichen kognitiven Prozessen stellt sich die noch generellere und schwierigere Frage nach der Rolle des Bewusstseins. Dieser zusätzlich zu berücksichtigende Aspekt beim Verständnis der menschlichen Motivation kommt in folgender Definition zum Ausdruck: „Motivation hat damit zu tun, wie eine Handlung begonnen wird, wie sie aufrecht erhalten wird, wie sie gelenkt (und beibehalten) wird, und welche subjektiven Reaktionen gegenwärtig sind, während all dies geschieht." (Jones, 1955).

Subjektive Wahrnehmung. Der Mensch ist die einzige Spezies, die nicht nur denkt und fühlt, sondern sich der Tatsache des eigenen Denkens und Fühlens auch bewusst ist. Aus diesem Grund lassen sich psychologische Theorien nicht nur danach unterscheiden, inwieweit gedankliche Prozesse berücksichtigt werden, sondern auch im Hinblick auf die Rolle des Bewusstseins. Lewin (1935) machte in seinem gestaltpsychologischen Ansatz darauf aufmerksam, dass menschliches Handeln nicht nach Maßgabe einer objektiv vorhandenen, sondern auf der Basis einer subjektiv wahrgenommenen Welt erfolgt. Eine solche Position wird in der Psychologie als phänomenologischer Ansatz bezeichnet (s. Definiton S. 9).

DEFINITION

Phänomene und Dinge

Der Begriff „Phänomen" bezeichnet die Dinge, wie sie uns erscheinen (wie wir sie wahrnehmen und wie wir uns die Dinge „denken"), im Gegensatz zu den „Dingen", die objektiv in der Welt vorhanden sind mit all ihren physikalischen Merkmalen. „Phänomene" und „Dinge" haben sicherlich in aller Regel einen systematischen Bezug zueinander. Sie sind aber keinesfalls identisch, wie anhand zahlreicher psychologischer Befunde deutlich wird, auf die gerade die Gestaltpsychologie hingewiesen hat (s. Kap. 5).

Ein weiteres wichtiges Ordnungskriterium für Theorien der Motivation ist daher die Position, die sie in Bezug auf die Rolle des Bewusstseins und der Phänomenologie (die Lehre von den Phänomenen) einnehmen. Während in behavioristischen Positionen mit ihrer Beschränkung auf eine S-R-Psychologie naturgemäß kein Raum bleibt für bewusste Repräsentationen unserer selbst und unserer Umwelt, neigen die meisten anderen Motivationstheorien zu der Annahme, dass wir uns der Ursachen und Gründe unseres Verhaltens (unserer Motive), den antizipierten Konsequenzen des eigenen Handelns (siehe Epikur) sowie den vermittelnden oder begleitenden emotionalen Zuständen sehr wohl bewusst sind – und dass diese unser Verhalten beeinflussen.

Bewusstseinsfähig und bewusstseinspflichtig. Eine für die gesamte Psychologie übliche Unterscheidung ist hierbei die Unterscheidung in bewusstseinsfähige und bewusstseinspflichtige Inhalte: Bewusstseinsfähige Inhalte betreffen Gedanken (oder Gedächtnisinhalte), die potentiell bewusst sein können, während Letztere bewusst („bewusst repräsentiert") sein müssen, wenn es beispielsweise darum geht, eine Handlung auszuführen.

Will ich beispielsweise wegen eines Kongresses in New York eine Auslandsreise machen und finde mich zu einem angegebenen Termin am Flughafen ein, so muss ich wissen (gewusst haben), wann der Termin ist und wo sich der Flughafen befindet (bewusstseinspflichtige Inhalte). Überdies wäre es zwar wünschenswert, dass ich meinen Reisepass zu dieser Gelegenheit bei mir führe, aber dabei haben wir es mit einem bloß bewusstseinsfähigen Inhalt zu tun, was sich spätestens dann herausstellt, wenn ich am Schalter stehe und merke, dass ich meinen Reisepass zu Hause habe liegen lassen.

Das Unbewusste. Freud hat dieser Unterscheidung eine weitere Kategorie hinzugefügt, die des Unbewussten. Diese Position ist deshalb eine so Gesonderte, weil hieraus folgt, dass der Mensch sich seiner Motivation nicht notwendigerweise bewusst sein muss und auch möglicherweise gar nicht bewusst sein kann. Es erhebt sich die bange Frage: Habe ich etwa meinen Reisepass vergessen, weil ich in Wirklichkeit meinen Vortrag auf dem Kongress gar nicht halten will – ohne es zu wissen oder mir dessen (explizit) bewusst zu sein?

1.2.5 Motivation und Emotion

Die Definition von Jones (1955) führt uns zu einer weiteren wichtigen Grundfrage der menschlichen Motivation. Handlungen werden einerseits manchmal nur um ihrer Ziele willen durchgeführt. Andererseits ist das Ziel einer Handlung bei anderen Gelegenheiten keineswegs „nur" das Erreichen eines konkreten Zielzustandes.

So kann ich mich auf eine Prüfung vorbereiten, was mühevoll und unangenehm sein kann (ich erinnere mich beispielsweise an den theoretischen Unterricht zur Erlangung meiner Fahrerlaubnis nur außerordentlich ungern), und ich kann nach der bestandenen (schwierigen) Prüfung Stolz und Freude empfinden.

Beim Bergsteigen dagegen geht es oft nicht nur darum, eine schwierige Aufgabe schließlich bewältigt zu haben oder den Blick vom Gipfel zu genießen, sondern auch um die Freude an der Tätigkeit an sich. Dieser Sachverhalt findet in dem geflügelten Wort seinen Niederschlag, dass der Weg (oftmals) das Ziel sei. Somit können sowohl das Handlungsziel selbst als auch die Tätigkeit, die zu diesem Ziel führen, mit weiteren „Zuständen" verbunden sein, die angenehm oder unangenehm sein können.

Bedeutung von Emotionen. An dieser Stelle kommen Emotionen ins Spiel. Diese können bereits während des motivierten Verhaltens auftreten, aber auch nach Erreichen des Handlungsziels. Motivationstheorien lassen sich danach unterscheiden, inwieweit und in welcher Weise Emotionen Berücksichtigung finden oder zur Erklärung und Vorhersage motivierten Verhaltens für hilfreich oder notwendig gehalten werden. Eine zentrale Frage der Motivationspsychologie, die uns in den verschiedenen Theoriedarstellungen stets wieder begegnen wird, ist daher die Frage nach der Bedeutung menschlicher Emotionen für das motivierte Verhalten.

Eine behavioristische Extremposition nimmt an, dass menschliche Emotionen „das Individuum vom monotonen Existieren als hoch perfekte biologische Maschine entbinden" (Watson, 1919, S. 194). Emotionen und motiviertes Verhalten schließen einander demzufolge aus.

Eine Gegenposition lautet hingegen, dass menschliche Motivation (das, was ich will) und motiviertes Verhalten (das, was ich tue) ohne emotionale Vermittlung gar nicht denkbar sind. Ein Beispiel hier ist die attributionstheoretische Annahme, dass prosoziales Verhaltens nur dann auftritt, wenn ich Mitleid mit der hilfsbedürftigen Person empfinde (Weiner, 1995; s. Kap. 9).

Der gegenwärtige Stand der Forschung legt nahe, dass eine Trennung in Motivations- und Emotionspsychologie wenig hilfreich und künstlich ist. Viele Phänomene der Motivation (s. Kap. 1.2) sind ohne emotionale Vermittlung nicht denkbar. Und umgekehrt sind viele Emotionen nicht losgelöst von motivierenden Funktionen für unser Verhalten und Handeln zu betrachten – es gehört gerade zur Definition des Begriffes Angst, dass ich der angstauslösenden Situation entgehen oder entfliehen möchte.

1.2.6 Motivation und Persönlichkeit

Motivationspsychologische Ansätze lassen sich zudem danach unterscheiden, welche Rolle individuellen Unterschieden oder Persönlichkeitsmerkmalen zugeschrieben wird. Atkinsons Theorie der Leistungsmotivation beispielsweise postuliert, dass Personen sich in Bezug darauf unterscheiden, inwieweit sie leistungsbezogene Situationen eher aufsuchen oder meiden – weil sie in unterschiedlichem Maße dazu neigen, entweder eher Stolz nach positiven Leistungsergebnissen oder Scham nach Misserfolg vorwegzunehmen (s. Kap. 6).

Andere Ansätze, so Hulls behavioristische Theorie oder Weiners attributionale Theorie, setzten sich explizit das Ziel, zunächst einmal ausschließlich solche motivationalen Gesetzmäßigkeiten zu untersuchen, die generelle Wirksamkeit – für alle Personen – beanspruchen und die Frage nach individuellen Unterschieden (zumindest vorerst) zurückzustellen.

Den Schlüssel unter der Laterne suchen?

Die Behandlung von Persönlichkeitsfaktoren weist gewisse Parallelen auf zu der Frage nach der Einbeziehung kognitiver Prozesse, die vom Behaviorismus so bekämpft wurde. Eine Analogie mag hier hilfreich sein. Die Motivationspsychologie ist in einer ähnlichen Situation wie der gute Mensch, der einem Betrunkenen helfen möchte, seinen Schlüssel zu finden, den dieser unter einer Straßenlaterne sucht. Nach langer vergeblicher Suche fragt der hilfsbereite Mann den Betrunkenen, ob er sicher sei, dass er den Schlüssel unter der Straßenlaterne verloren habe. Der Betrunkene antwortet mit größter Selbstverständlichkeit, natürlich habe er den Schlüssel an anderem Orte verloren – aber dort sei das Suchen zwecklos, weil kein Licht sei.

Die Psychologie ist gelegentlich in einer vergleichbaren Situation: Solange kognitive Prozesse nicht anhand neuer Methoden besser untersucht werden konnten, hatte die Forderung des methodischen Behaviorismus nach einer Restriktion auf beobachtbares Verhalten ihre Berechtigung. Bei der Frage nach der Berücksichtigung von Persönlichkeitsmerkmalen ist es nicht anders: So machten viele Motivationspsychologen geltend, dass sich persönlichkeitsorientierte Theorien der Motivation (zumindest noch?) nicht bewährten, weil geeignete Messinstrumente zur Diagnose (überdauernder) motivationaler Person-Dispositionen fehlen. Eine interessante, aber leider bislang nicht untersuchte motivationspsychologische Frage könnte lauten, ob es wohl den individuellen Vorlieben und (Persönlichkeits-)Unterschieden der einzelnen Forscher zuzuschreiben ist, dass manche sich dafür entscheiden, jene Variablen zur Vorhersage menschlichen Verhaltens zu untersuchen, die im hellen Lichte der Straßenlaterne auffindbar sind, oder ob diese sich in oftmals (noch) dunklere Regionen individueller Motivunterschiede begeben. Der Autor des vorliegenden Buches würde die Beantwortung dieser Frage gerne zukünftigen Generationen von Forschern überlassen.

Pragmatische Position. Wie bereits bei der Frage nach der Bedeutung kognitiver Prozesse und emotionaler Reaktionen nimmt dieses Buch auch in Bezug auf die interindividuellen Unterschiede der Motivation eine pragmatische Position ein. Behavioristische Theorien der Motivation sind aus heutiger Perspektive ertragreich, weil wir gerne erkennen möchten, wie weit das Eis nun trägt, wenn wir uns bei der Vorhersage menschlichen Verhaltens ausschließlich auf beobachtbares Verhalten beschränken. In ähnlicher Weise werden wir in den folgenden Kapiteln versuchen, menschliche Motivation zunächst anhand genereller (im Sinne von: für alle Menschen geltenden) Gesetzmäßigkeiten zu erklären, um uns dann individuellen Unterschieden im Motivationsgeschehen zuzuwenden.

Es ist kein Zufall, dass gerade ein Behaviorist (Donald Berlyne) diese Strategie in sehr anschaulicher Weise zum Ausdruck gebracht hat: „Es ist natürlich nur zu offensichtlich, dass menschliche Wesen sich in mancherlei Hinsicht unterscheiden und in anderer Hinsicht ähnlich sind. Die Frage lautet nun, ob wir zuerst nach Aussagen suchen sollten, die auf alle Menschen zutreffen, oder ob wir zunächst nach den Unterschieden suchen sollten. Ich denke, dass die Suche nach allgemeinen Prinzipien des menschlichen Verhaltens Vorrang haben sollte ... Bevor wir nicht verstehen, was allen Individuen gemeinsam ist, können wir nicht hoffen zu verstehen, welche Unterschiede eine Rolle spielen und in welcher Weise diese Unterschiede möglichst sinnvoll zu beschreiben und zu klassifizieren sind." (Berlyne, 1968; S. 640).

Die folgende Darstellung behandelt beide Arten von Motivationstheorien, solche, die individuelle Unterschiede berücksichtigen, als auch solche, die dies explizit nicht tun. Interessanterweise hat die historische Gliederung dieses Buches dazu geführt, dass die ersten Theorien der Motivation, denen wir nachfolgend begegnen werden, systematische individuelle Unterschiede nicht berücksichtigen (dies betrifft die Theorien von Freud, Hull, Skinner und Lewin).

Und manche der späteren Theoretiker (insbesondere die Attributionsforschung) verzichten in der Nachfolge der Theorie der Leistungsmotivation gänzlich auf die Einbeziehung von Persönlichkeitsvariablen – kehren also in den hellen Schein der Straßenlaterne zurück –, weil das Problem der Messung individueller Unterschiede beispielsweise im Rahmen der Leistungsmotivationstheorie in den Augen dieser Forscher nicht angemessen gelöst werden konnte.

1.2.7 Experimenteller und klinischer Ansatz

Rationales und irrationales Verhalten. Menschen verhalten sich in vielen Situationen ausgesprochen geschickt oder erfolgreich, und die Evolution hat den Homo Sapiens (und nicht nur diesen, ihn aber in besonderem Maße) mit Fähigkeiten und Fertigkeiten ausgestattet, die zu erstaunlichen Leistungen führen. Andererseits erscheint menschliches Verhalten oft auch in weniger positivem Licht – wir schätzen unsere Mitmenschen falsch ein, leiden unter unbegründeten Ängsten oder sind nicht willens oder in der Lage, das Richtige zu tun (das Rauchen aufzugeben, uns richtig zu ernähren).

Motivationstheorien sollten natürlich in der Lage sein, beide Seiten menschlichen Verhaltens zu beschreiben, zu erklären und vorherzusagen. Idealerweise wäre es möglich, dies im Rahmen eines umfassenden theoretischen Ansatzes zu tun. Dennoch gibt es in der Motivationspsychologie zwei verschiedenartige Ansätze, nämlich einen experimentellen und einen klinischen Ansatz. Diese setzen in Bezug auf die Erklärung menschlicher Leistungen und Fehlleistungen unterschiedliche Schwerpunkte, welche sowohl inhaltlicher wie auch methodischer Natur sind.

Der experimentelle Ansatz

Das psychologische Experiment wird oft auch als „Königsweg" der Psychologie bezeichnet. Das Experiment hat den Vorteil, dass es wie kein anderes methodisches Vorgehen eine Überprüfung von kausalen Verbindungen zwischen Konzepten und Variablen einer Theorie ermöglicht. Es ist charakteristisch für den experimentellen Ansatz in der Motivationspsychologie, dass solche kausalen Annahmen – auch als Modelle bezeichnet – gemacht werden, und zwar auf der Basis dieser experimentell gewonnenen Daten.

Ein einfaches Beispiel hierfür ist die verstärkungstheoretische Annahme, dass die Konsequenzen des Verhaltens (die positiv oder negativ sein können) dessen Auftretenshäufigkeit determinieren. Eine positive Verstärkung (positive Konsequenzen eines Verhaltens) sollte zu einer höheren Auftretenshäufigkeit führen; negative Konsequenzen des Verhaltens sollten hingegen dazu führen, dass die Auftretenshäufigkeit des Verhaltens sinkt. Dieser kausale Zusammenhang zwischen den beiden Variablen der Theorie (Auftretenshäufigkeit eines Verhaltens als abhängige Variable, die erfasst wird; Konsequenzen des Verhaltens als unabhängige Variable, die im Experiment variiert wird) kann experimentell überprüft werden.

BEISPIEL

Der Aufenthaltsort des Dozenten während der Vorlesung

Wie könnte ein Experiment zu diesem Modell menschlichen Verhaltens aussehen? Beispielsweise könnten Studierende in einer Vorlesung den Dozenten immer dann „positiv verstärken" (aufmerksam zuhören, mitschreiben, nicken und sich allgemein interessiert geben), wenn der Dozent sich auf der linken Seite des Hörsaal-Podiums befindet. Umgekehrt könnten die Studierenden immer „negativ verstärken" (etwa durch gesteigerte und offenkundige Unaufmerksamkeit), wenn der Dozent rechts vom Podium steht. Wenn die Theorie zutrifft, so sollte der Dozent sich nach einer Reihe von

> Vorlesungen („Durchgängen") mit weitaus größerer Wahrscheinlichkeit auf der linken Podiumsseite befinden. Dies ist ein Befund, der wie viele „klassische" Belege für die Verstärkungsphänomene mit großer Regelmäßigkeit auch tatsächlich bestätigt werden konnte (der Autor dankt C. C. Schröder für dieses an der Ludwig-Maximilian-Universität in München durchgeführte Beispiel).

Ahistorischer Ansatz. Der experimentelle Ansatz in der Motivationspsychologie wird auch als ahistorisch bezeichnet, weil hier ein relativ eng eingegrenzter Verhaltensausschnitt des Individuums zu einem gegebenen Zeitpunkt recht präzise vorhergesagt und erklärt wird, ohne auf (in der Biographie) weit zurückliegende oder „distale" (weit entfernte) Einflussgrößen Bezug zu nehmen.

Zusammenfassend ist festzuhalten, dass der experimentelle Ansatz in der Motivationsforschung das Experiment als Methode bevorzugt, überwiegend rationales oder funktionales Verhalten vorhersagen will und ahistorisch vorgeht. Häufig sind hierbei empirische Befunde oder Beobachtungen, die experimentell bestätigt werden, der Ausgangspunkt von Überlegungen, die zum Postulat allgemeiner Gesetzmäßigkeiten führen. Die weitaus meisten der im Folgenden dargestellten Theorien folgen einem solchen experimentellen Ansatz.

Der klinische Ansatz in der Motivationspsychologie

Einen ganz anderen Weg beschreitet der klinische Ansatz in der Motivationspsychologie. Stellvertretend dafür werden wir im Kapitel 2 Freuds psychoanalytische Theorie betrachten; in mancherlei Hinsicht ist auch Maslows humanistische Theorie der Motivation dem klinischen Ansatz verpflichtet.

Im Rahmen des klinischen Ansatzes erfolgt oftmals eine Analyse der Fehlfunktionen menschlichen Verhaltens und von nicht rationalem oder funktionalem Verhalten. Eine solche Analyse legt kaum Wert auf die statistische „Mittelung" messbarer Aspekte menschlichen Erlebens und Verhal-

tens, wie dies im Experiment geschieht; im Vordergrund stehen zumeist dezidierte Einzelfallanalysen.

Freuds psychoanalytische Theorie ist ein gutes Beispiel dafür, dass auch eine intensive Einzelfallanalyse kranker Menschen durchaus zu Aussagen führen kann, die auch die allgemeine Motivation („gesunder") Menschen erhellen. Hierbei stehen weniger formale oder mathematische Modelle menschlicher Motivation im Vordergrund als vielmehr allgemeine Gesetzmäßigkeiten oder Verhaltensprinzipien. Weiterhin ist es kennzeichnend für diesen klinischen Ansatz, dass auch eine Vielfalt anderer Datenquellen – kulturelle Merkmale, klinische, anekdotische und literarische Befunde – genutzt werden.

Ein solcher Ansatz ist insofern als historisch zu bezeichnen, als Entwicklungsverläufe und biographische Daten einer Person eine wichtige Rolle im Verständnis der individuellen Motivation spielen.

Zusammenfassend ist festzuhalten, dass der klinische Ansatz innerhalb der Motivationspsychologie in der Regel abweichendem oder nicht funktionalem Verhalten gewidmet ist, von generellen Verhaltensprinzipien ausgeht, dem Experiment weitaus geringeres Gewicht beimisst, eine größere Vielfalt von Datenquellen heranzieht und (im Sinne einer Ontogenese, also der Entwicklungsgeschichte des Individuums) historisch vorgeht.

1.2.8 Motivationspsychologie und Common Sense

Folgt man Heider (1958), so ist die Psychologie insofern in einer besonderen Situation unter den verschiedenen wissenschaftlichen Disziplinen, als wir es hier in viel höherem Maße als dies beispielsweise bei der Physik, der Chemie oder der Biologie der Fall ist (um nur einige willkürliche Beispiele zu nennen), mit mindestens zwei Arten von Psychologie zu tun haben. Zur Bezeichnung dieses Sachverhaltes und um eine ganze Reihe oft austauschbarer Begriffe zu vereinheitlichen, führte Harold Kelley (1992) die Begriffe „Common-Sense-Psychology" und „Scientific Psychology" ein. Im Folgenden werden die Begriffe „Naive Psychologie" und „Common-Sense-Psychology" synonym verwendet, wobei der Begriff „naiv" keineswegs in abwertender Weise gebraucht wird (im Gegenteil).

Kelley zufolge besteht der wesentliche Unterschied zwischen naiver und wissenschaftlicher Psychologie nicht in ihrem Gegenstandsbereich, denn beide erklären menschliches Erleben und Verhalten. Die wissenschaftliche Psychologie hat jedoch zwei Aufgaben, die über den Gegenstandsbereich der naiven Psychologie hinausgehen: Einerseits gilt es, die naive Psychologie – unser aller Alltagsverständnis menschlicher Emotionen und menschlichen Verhaltens – zu verstehen und zu systematisieren. Zum anderen macht die wissenschaftliche Psychologie nicht nur Aussagen über das „Was" menschlichen Erlebens und Verhaltens, sondern auch über dessen „Wie": Im Gegensatz zur naiven Psychologie versucht die wissenschaftliche Psychologie die Mechanismen und Prozesse aufzudecken, welche die Vielfalt menschlicher Erfahrungen und Handlungen hervorbringen.

EXKURS

Die Geschichte vom Hasen und Igel
Das Verhältnis zwischen naiver und wissenschaftlicher Psychologie erinnert ein wenig an die Geschichte vom Hasen und vom Igel: „Ick bin all dür" – „Ich bin schon da", ruft der Igel dem eilig heranrasenden Hasen stets entgegen. Der Igel hat die Wettbewerbsbedingungen geschickt so arrangiert, dass der Hase beim vereinbarten sportlichen Wettkampf tatsächlich das Nachsehen hat. Der wissenschaftlichen Psychologie ergeht es hier wie dem Hasen: Die naive Psychologie ist stets schon da, wenngleich hier die Meinungen beträchtlich variieren hinsichtlich der Frage, ob es bei diesem Wettbewerb nun mit rechten Dingen zugeht oder – wie im Falle des Hasen und des Igels mit Sicherheit feststeht – eher nicht.

Joynson (1971) hat diesen Sachverhalt auf andere Weise zum Ausdruck gebracht, indem er schreibt: „Die menschliche Natur ist kein unbekanntes Land, keine Terra incognita auf der Karte des Wissens. Die menschliche Natur ist unser Zuhause. Menschliche Wesen sind keine Dinge, wie etwa die Objekte der Physik, die sich nicht selbst verstehen, und wir können unser eigenes Verhalten wie auch das anderer Personen zu einem beträchtlichen Ausmaß verstehen und vorhersagen." Joynsons ironisches Fazit lautet: „Selbst Menschen, die nicht Psychologen sind, verstehen einander eigentlich ganz gut."

Die These zur beeindruckenden Funktionstüchtigkeit der naiven Psychologie lässt sich noch ausdehnen: Es existieren Studien zu der noch weitergehenden Annahme, dass nämlich „ganz normale Menschen" nicht nur sich selbst und andere verstehen und vorhersagen können, sondern auch zentrale Ergebnisse der wissenschaftlichen Psychologie sehr zutreffend wahrnehmen.

So legte Houston (1983) zufällig ausgewählten Personen, die er an einem Sonntagnachmittag in verschiedenen Parks von New York traf, klassische Prüfungsfragen aus dem Curriculum des Psychologiestudiums der New York University vor. Die durchschnittliche Zahl der richtig beantworteten Fragen lag für eine Sammlung von 40 Prüfungsfragen bei 75 Prozent; die weitaus meisten Personen hätten eine entsprechende Prüfung also mit zumindest befriedigenden, viele auch mit guten Leistungen bestanden.

Houston (1983) und mit ihm auch eine große Zahl anderer Autoren schließen aus diesen und anderen Beobachtungen, dass ein nicht unbeträchtlicher Teil fachpsychologischen Wissens auch in der Common-Sense-Psychology verankert ist und vermutlich auch schon dort verankert war, bevor die wissenschaftliche Psychologie vor etwa 120 Jahren ihren Aufschwung nahm.

Dennoch gibt es Befunde der wissenschaftlichen Erforschung menschlichen Erlebens und Verhaltens, die mit der naiven Psychologie von

Heiders „Mann auf der Straße" nichts oder nur wenig zu tun haben oder zu diesen sogar in Widerspruch stehen: So kommen wissenschaftliche Psychologie und Common-Sense-Psychology teilweise eben auch zu widersprüchlichen Vorhersagen. Ein Beispiel hierfür ist Freuds Analyse der frühkindlichen Sexualität (Freud 1933/2000): Zumindest in der Zeit von Freuds Publikation seiner Gedanken hierzu war die Ansicht weit verbreitet („Common Sense"), dass Kinder asexuelle Wesen seien. Freuds Deutung verschiedener Merkmale frühkindlichen Verhaltens kommt jedoch zu einem ganz anderen Schluss. Auch viele der Postulate der evolutionären Theorien sind nicht im Common-Sense verankert oder stehen gar im Gegensatz hierzu (s. Kap. 10).

Diskussion der naiven Psychologie. Darum fehlt es auch nicht an kritischen oder warnenden Stimmen zur naiven Psychologie. So sieht Peters (1960) eine Hauptschwierigkeit der wissenschaftlichen Psychologie darin, „(...) dass wir schon zuviel über das menschliche Verhalten wissen (...) denn die Common-Sense-Psychology, die in der alltäglichen Sprache immer schon enthalten ist, hat die wichtigsten Unterscheidungen und Konzepte der wissenschaftlichen Psychologie verschleiert." (Peters, 1960; S. 37).

Und während eine bestimmte Tradition der Psychologie ihre Aufgabe darin sieht, in den orten von Harold Kelley (1982), die „naive Psychologie nicht zu widerlegen, sondern zu verfeinern und zu systematisieren", forderten andere Autoren, gerade in jüngster Zeit, eine Abkehr von der Naiven Psychologie.

So schreiben Cosmides und Tooby (1994) in ihrem vielbeachteten programmatischen Beitrag zur Evolutionspsychologie: „Die Kognitive Psychologie hat die Möglichkeit, eine theoretisch anspruchsvolle Disziplin zu werden, innerhalb derer eine Anzahl mächtiger Theorien unsere Beobachtungen organisieren und neue Hypothesen generieren. Dies wird aber nicht geschehen, solange die Konzepte der Naiven Psychologie »Folk Psychology« weiterhin unsere Forschungsprogramme leiten." (Cosmides & Tooby, 1994, S. 41).

Die nachfolgenden Theorien der Motivation sind gekennzeichnet durch ein jeweils unterschiedliches Verhältnis zur Common-Sense-Psychology; eine Problematik, die angesichts Epikurs Haltung zur „naiven Philosophie des einfachen Menschen" und der vehementen Kritik, die diese Haltung auf den Plan rief, wohl zu erwarten war.

1.2.9 Ursachen und Gründe

In den bisher dargestellten Überlegungen zur Motivation war eine Unterscheidung enthalten, die einer genaueren Betrachtung bedarf. Soweit wir bisher über Motivation sprachen, war gelegentlich von Ursachen unseres Verhaltens in der Vergangenheit die Rede. Wiederum ist Freuds Theorie der Motivation ein gutes Beispiel, denn danach sind traumatische Ereignisse in der frühen Kindheit, die dem Individuum nicht mehr bewusst sind, die Ursache neurotischer Symptome im Erwachsenenalter. Andere Ideen zur Motivation betonen dagegen die motivierende Funktion von Zuständen in der Zukunft. Epikurs Annahme, wir würden positive und negative Konsequenzen des eigenen Handelns antizipieren und unser Handeln danach ausrichten, ist hierfür ein Beispiel.

Effektive und finale Ursachen. Motivationstheorien nahmen nicht systematisch auf diese Unterscheidung Bezug, was umso mehr verwundert, als bereits Aristoteles eine solche Unterscheidung trifft. Er unterschied einerseits zwischen „effektiven Ursachen", die in der Vergangenheit liegen und einen „Effekt" (im Falle der Motivation etwa ein zielgerichtetes Handeln) hervorbringen, und „finalen Ursachen" andererseits. Letztere haben den Charakter eines Ziels oder eines Zwecks, um derentwillen eine Handlung ausgeführt wird.

Ein Beispiel für eine „effektive Ursache" (in der Vergangenheit) wäre also, wenn ich nach einem Misserfolg darüber nachdenke, was falsch gelaufen ist, und mich dann mehr anstrenge, um Erfolg zu erzielen. Der Misserfolg selbst und die eigene Schlussfolgerung, ich habe mich nicht genug bemüht, „motivieren" mich (sind die Ursache dafür), dass ich mich mehr anstrenge. Ein Beispiel für eine

„finale Ursache" wäre gegeben, wenn ich mir vorstelle, wie schön es ist, eine Prüfung erfolgreich bestanden zu haben und beispielsweise meinen Stolz nach dem erhofften Erfolg vorwegnehme.

Wir werden im Folgenden von Ursachen und Gründen sprechen und diese zunächst einmal anhand des zeitlichen Bezuges unterscheiden: Es sind entweder Ereignisse in der Vergangenheit (Ursachen) oder antizipierte Zustände in der Zukunft (Gründe), die uns motivieren. Vergleichbare Überlegungen in der Psychologie wurden von Buss (1978; vgl. auch Rudolph & Steins, 1998) vorgeschlagen, in der Motivationspsychologie jedoch bislang wenig berücksichtigt. Die folgenden Kapitel werden zeigen, dass diese Unterscheidung ebenfalls ein wichtiges Unterscheidungskriterium für psychologische Theorien der Motivation liefert.

ÜBERSICHT

Die verschiedenen theoretischen Ansätze der Motivationspsychologie und ihre Merkmale

	Psycho-analyse	Behavio-rismus (Hull)	Behavio-rismus (Skinner)	Feld-theorie	Leistungs-motivation	Entschei-dungs-theorie	Attribu-tions-theorie	Huma-nistische Theorien	Evolu-tionäre Theorien
Homöostase	Ja	Ja	Nein	Ja	Nein	Nein	Nein	Nein	Ja
Hedonismus	Ja	Ja	Ja	Ja	Ja	Ja	Nein	Ja	(Ja)
S-R; S-C-R	S-R & S-C-R	S-R	S-R	S-C-R	S-C-R	S-C-R	S-C-R	S-C-R	–
Bewusstsein Phänomenologie	Ja	Nein	Nein	Ja	Ja	Ja	Ja	Ja	Nein
motivieren Emotionen Verhalten?	Ja	Nein	Nein	Nein	Ja	Nein	Ja	Ja	Ja
Inter-individuelle Unterschiede	Nein	Nein	Nein	Nein	Ja	Nein	Nein	Nein	Ja
Experimenteller oder klinischer Ansatz	Klinisch	Experi-mentell	Experi-mentell	Experi-mentell	Experi-mentell	Experi-mentell	Experi-mentell	Klinisch	Experi-mentell
Common-Sense	Nein	Nein	Nein	Nein	Nein	Ja	Ja	Ja	Nein
Anwendungs-gebiete	Psycho-analy-tische Therapie	Verhal-tens-therapie	Unterricht & Erzie-hung, Ver-haltens-therapie	Ökolo-gische Psycho-logie	Wirt-schaftliche Entwick-lung	Wirt-schafts-psycho-logie	Lehrer-Schüler-Inter-aktion	Huma-nistische Therapie	Partner-wahl, Aggres-sion, Al-truismus

Denkanstöße

(1) Wenn Sie einmal an einen typischen Studientag denken: Welche Handlungen sind hedonistisch motiviert, und welche Handlungen dienen der Erlangung eines Zustands der Homöostase? Welche Ihrer täglichen Handlungen lassen sich durch diese beiden Konzepte erklären und welche lassen sich so weniger gut erklären?

(2) Haben Sie selbst manchmal das Bedürfnis, sich Ihr eigenes Verhalten zu erklären? Zu welchen Gelegenheiten geschieht dies? Wie oft beziehen sich Ihre „naiven" Erklärungen eigenen Verhaltens auf Ihre aktuelle Situation, und wie oft denken Sie dabei an weit zurückliegende Ereignisse in Ihrem Leben?

(3) Stellen Sie sich vor, Sie treffen eine wirklich wichtige Entscheidung. Glauben Sie, dass in dieser für Sie wichtigen Situation verschiedene Personen zu ganz unterschiedlichen Entscheidungen gelangen würden? Oder denken Sie darüber nach, ob andere Personen sich ähnlich entscheiden würden?

(4) Versuchen Sie, sich an die positivste Emotion zu erinnern, die Sie im Laufe der letzten Woche hatten. Steht diese Emotion in Zusammenhang mit etwas, das Sie sehr motiviert hat?

WEITERFÜHRENDE LITERATUR

Zur Einführung in die Motivationspsychologie eignet sich insbesondere das (leider nur in englischer Sprache vorliegende) Lehrbuch von Mook (1987). Eine ältere Einführung ist das Lehrbuch von Atkinson (1964), das insbesondere in Bezug auf die historische Darstellung der Entwicklung der Motivationspsychologie exzellent ist. Einen hervorragenden Überblick über die Anwendungen der Motivationspsychologie in Erziehung und Unterricht geben Pintrich und Schunk (1996). Als Einführungstext sehr empfehlenswert ist das Kapitel zur Motivation in „Hilgard's Introduction to Psychology" von Atkinson et al. (2000). Ein weiterer sehr informativer (bislang nicht publizierter) Einführungstext von Meyer (2002) ist über das Internet abrufbar (www.uni-bielefeld.de/psychologie/ae/AE02/LEHRE/).

Atkinson, J. W. (1964). An introduction to motivation. Princeton, New York: van Nostrand.

Atkinson, J. W. et al. (2000). Hilgard's Introduction to Psychology. Harcourt College Publishers.

Mook, D. G. (1987). Motivation. New York: W. W. Norton.

Pintrich, P. R., & Schunk, D. H. (1996). Motivation in education: Theory, research, and applications. Englewood Cliffs: Prentice Hall.

2 Freud und die psychoanalytische Theorie der Motivation

Es gibt unzählige Arbeiten zu Leben und Werk Sigmund Freuds. Angesichts der Tatsache, dass er das Denken über den Menschen so grundlegend verändert hat, können die vorliegenden Ausführungen nur einen sehr kurzen Überblick geben. Den Lesern dieses Buches sei die Lektüre von Freuds eigenen Arbeiten empfohlen, allein wegen der Freude, die mit dem Lesen verbunden ist. Freud wird auch als „literarischster aller Psychologen" bezeichnet. Er erhielt mit dem Goethepreis der Stadt Frankfurt die renommierteste literarische Auszeichnung, die die Weimarer Republik zu vergeben hatte. Freuds Gedanken wurden weit über die psychologische Disziplin hinaus bekannt, weil sein wissenschaftliches Werk auch ein literarisches Schaffen war.

Widersprüchliche Reaktionen. Mit Epikur gemeinsam hatte Freud das große Talent, extrem widersprüchliche Reaktionen seiner wissenschaftlichen Kollegen und Zeitgenossen auf sich zu ziehen, eine Hass-Liebe, die bis auf den heutigen Tag andauert (wir werden uns also noch etwas gedulden müssen, einen Motivationstheoretiker kennen zu lernen, der weniger ambivalente Reaktionen provozierte). Anchindoss und Kravis (2000) fragten kürzlich amerikanische Studierende, warum sie sich für das Werk Freuds interessieren – und die mit Abstand häufigste Antwort lautete, Freuds Werk sei faszinierend, weil es so kontroverse Reaktionen auslöste.

Die vergleichsweise geringe Akzeptanz von Freuds Lehren durch die „scientific community" mag mehrere Ursachen haben, darunter negative wie positive – so sein mangelndes Talent, Freundschaften aufrechtzuerhalten (die Zerwürfnisse mit Alfred Adler und C.G. Jung seien hier beispielhaft genannt), aber auch seine herausragende Gabe, eigene als fehlerhaft erkannte Positionen selbstkritisch zu reflektieren und gegebenenfalls aufzugeben, statt starr an einem einmal gewonnenen System festzuhalten. In einem Wort: Freud war ein streitbarer, aber auch ein sehr unabhängiger Denker.

Vor diesem Hintergrund hält Weiner (1986) in zutreffender Weise fest: „Man tendiert dazu, zu viel von der Freudschen Theorie zu verlangen, von ihr alle möglichen Erklärungen zu erwarten. ... Wir sollten daher, statt allzu kritisch oder skeptisch zu sein, Freuds Theorie für das nehmen, was sie ist und war: der monumentale Versuch eines Genies, mit einigen wenigen grundlegenden Begriffen und Ideen eine ungeheure Vielfalt menschlichen Verhaltens zu erklären."

Ein Leben für die Psychoanalyse

Sigmund Freud wird 1856 in Friedberg (Mähren) geboren; die Familie siedelt 1860 nach Wien über. Dort verbringt Freud nahezu sein ganzes Leben. Die Stadt ist untrennbar mit seiner Person und seinem Werk verbunden. In der Wohnung in der Berggasse, zwischen Privaträumen und Praxis, lebte er mit der Familie, analysierte und schrieb unaufhörlich, „zu sehr in sein Werk vertieft, um daran Anteil nehmen zu können, wie seine Ideen überall um ihn herum in Epoche machende kulturelle Produktionen umgesetzt werden." (Mertens, 2000).

Von 1873 bis 1881 studiert Freud Medizin; sein Studium wird unterbrochen durch den Militärdienst und zoologische Studienreisen nach Triest. Er arbeitet bei Ernst von Brücke, der in Wien ein physiologisches Laboratorium hat und zeitlebens ein Vorbild für Freud bleiben wird. Freud will Wissenschaftler werden und nicht Arzt. Freud spezialisiert sich auf die Pathologie des Nervensystems (Habilitation 1885) und entdeckt zwischen 1884 und 1887 die Wirkungen des Kokains, das ihm als Schmerzmittel geeignet zu sein scheint. 1886 werden die ersten Fälle von Kokainsucht bekannt, und auch ein Freund Freuds, der zuvor von ihm mit Kokain behandelt wurde, wird abhängig. Freud, der eine Reihe von Publikationen hierzu vorgelegt hatte, ist verzweifelt, weil er seinen Ruf als Mediziner ruiniert sieht. Er vernichtet nachfolgend alle seine Aufzeichnungen, Manuskripte und Briefe.

1885 studiert Freud bei Jean-Martin Charcot in Paris Fälle von Hysterie und deren Behandlungsmöglichkeiten durch Hypnose und Suggestion. Zurück in Wien, heiratet er 1886 Martha Bernays. Aus materiellen Gründen stellt er seine wissenschaftlichen Ambitionen zurück, eröffnet eine private Praxis und ist gleichzeitig am Wiener Allgemeinen Krankenhaus tätig. Zusammen mit Josef Breuer arbeitet Freud in den folgenden Jahren intensiv an der Hypnose als Behandlungsmethode; die diesbezüglichen Publikationen werden jedoch von der Ärztegesellschaft in Wien mit allergrößter Skepsis aufgenommen.

Auch Freud selbst ist von der Hypnose als therapeutischer Technik mehr und mehr enttäuscht, weil die Behandlungen nicht erfolgreich sind. Darum entwickelt er seine eigenen Methoden und Theorien zwischen 1896 und 1902 wei-

Sigmund Freud (1856–1939), der Begründer der Psychoanalyse, war ein streitbarer und unabhängiger Denker

ter. In dieser Zeit prägt er erstmals den Begriff der „Psychoanalyse". Es erscheinen zwei seiner bedeutendsten Publikationen, die „Traumdeutung" (1899) und die „Psychopathologie des Alltagslebens" (1902). Die Zeit bis zum ersten Weltkrieg ist erfolgreich, weil es Freud gelingt, die ersten Schüler um sich zu versammeln (darunter so berühmte Kollegen wie Alfred Adler, C.G. Jung und Sandor Ferenczi). 1909 hält er eine Reihe von Vorträgen an der Clark University in den USA, 1910 erfolgt die Gründung der Internationalen Psychoanalytischen Vereinigung – die Psychoanalyse wird international, wenn auch weitgehend außerhalb des akademischen Lehrbetriebes der Universitäten.

Der erste Weltkrieg bringt für Freud neuerliche finanzielle Schwierigkeiten. In die Zeit der Weimarer Republik fallen einige wichtige Ereignisse wie der Tod seiner Tochter Sophie (den er und seine Frau nie ganz verschmerzen) sowie seines Enkels Heinele (ein Sohn Sophies). Seine Tochter Anna Freud unterstützt ihn mehr und mehr in seiner Arbeit. Freud erkrankt an Gaumenkrebs und muss sich mehr als 30 Operationen unterziehen. 1933 werden die Bücher Freuds von den Nationalsozialisten verbrannt, 1938 erfolgt der „Anschluss" Österreichs an Nazideutschland. Die Gestapo durchsucht sein Haus, seine Tochter Anna wird verhört. Im Juni desselben Jahres siedelt er mit der Familie über Paris nach London über. Es steht außer Frage, dass Freud sich unbedingt den Nationalsozialisten entziehen musste, allein vier seiner Schwestern wurden in deutschen Konzentrationslagern umgebracht. Drei Wochen nach Beginn des Zweiten Weltkriegs, im September 1939, stirbt Sigmund Freud im Londoner Exil.

2.1 Konzepte der Motivationstheorie Freuds

Als junger Mann schrieb Freud an seine Verlobte: „So geht unser Bestreben mehr dahin, Leid von uns abzuhalten, als uns Genuss zu verschaffen." Anders als bei Epikur bleibt in Freuds Werk wenig Raum für das Positive: Weniger die Maximierung von Freude als vielmehr Angst, Verdrängung, Schmerz, unbewusste Triebkräfte und innere Konflikte als Grundmerkmale des Menschen sind charakteristisch für sein Denken.

2.1.1 Einordnung der Theorie

Möglichst generelle Prinzipien des Verhaltens. Freuds Theorie orientiert sich an Homöostase und Hedonismus. Freud versuchte, anhand einiger weniger Prinzipien eine möglichst große Bandbreite menschlichen Verhaltens zu erklären.
Klinischer Ansatz. Die Daten Freuds stammen aus Behandlungen neurotischer, an zwanghaften Symptomen leidender Patienten. Darum ist seine Theorie dem klinischen Ansatz in der Motivationspsychologie zuzurechnen. Ihr Ausgangspunkt sind ausführliche Fallstudien. Außerordentlich wichtig für Freud waren beispielsweise Beobachtungen an den hysterischen Patientinnen Charcots (s. Exkurs, S. 22). Diese Studien überzeugten ihn, dass nicht alle körperlichen Symptome eine organische Ursache haben müssen.
Bewusste und reflexhafte Handlungen. Freuds Theorie umfasst sowohl ein S-R-Modell als auch ein S-C-R-Modell – manche Handlungen verlaufen automatisch und reflexartig, andere basieren auf einer kognitiven Vermittlung. Ihm ist ferner zu verdanken, dass die Frage nach der Bewusstheit menschlicher Antriebe und Wünsche bis heute ein wichtiger Bestandteil auch der experimentellen Psychologie werden konnte.
Persönlichkeitsmodell. Freud entwickelte ein Persönlichkeitsmodell, das jedoch keine systematischen interindividuellen Unterschiede postuliert. Vielmehr war er der Ansicht, dass zwar einerseits jeder Mensch einzigartig sei, dass aber andererseits ein allgemeingültiges Rahmenmodell

der Persönlichkeit generell kennzeichnend für die menschliche Entwicklung und Motivation sei.

Negative Emotionen und Ängste. Diese stehen im Mittelpunkt von Freuds Betrachtung – Motivation dient vor allem dazu, solche Handlungen anzuleiten, die negative Emotionen (Ängste) reduzieren helfen.

Ursachen in der Vergangenheit. Verhalten wird motiviert durch in der Vergangenheit liegende Ursachen. Die Ursachen neurotischer Symptome liegen in traumatischen Erlebnissen vor allem in der Kindheit begründet. Das Bewusstmachen und Wiedererleben dieser vergangenen schmerzlichen Ereignisse (von ihm als Katharsis, griechisch für „Reinigung", bezeichnet) ist der Schlüssel zu einer Heilung von den jeweiligen neurotischen Symptomen, die aus einer unzureichenden Bewältigung der zugrunde liegenden schmerzlichen Ereignisse in der Vergangenheit resultieren (s. Kap. 2.2.1).

Widerspruch zum Common Sense. Und schließlich sind Freuds Theorien nicht zuletzt deshalb so interessant, weil sie dem Common-Sense oftmals gänzlich entgegengesetzt sind; dieser Umstand mag die Faszination ebenso wie die Ablehnung begünstigt haben, die seine Lehren auslösten (Rudolph, 2000). Heute sind viele der einst geradezu revolutionären Ideen Freuds zum allgemeinen Gedankengut geworden.

Naturwissenschaftlicher Ansatz

Aufgrund seiner Ausbildung war es naheliegend, dass Freud naturwissenschaftliche Erkenntnisse auf die Psyche des Menschen übertrug. Kennzeichnend hierfür sind insbesondere sein Konzept von psychischer Energie und seine Auffassung vom psychologischen Determinismus.

Psychische Energie. Freud vertrat die Ansicht, dass psychische Vorgänge – sich an etwas erinnern, an etwas denken, jemanden vermissen – ebenso Energie erfordern wie physische Prozesse auch. Dabei nahm er an, dass die Energiemenge einer Person zu einem gegebenen Zeitpunkt nicht unbegrenzt sei, sondern konstant und gleich bleibend. Teile dieser Energie sind (bereits) gebunden an bestimmte psychische Prozesse, andere Teile dieser Energie stehen für neue psychische Aufgaben zur Verfügung. Den Prozess der Bindung von Energie bezeichnet Freud als Kathexis. Ist also eine Person unglücklich verliebt, so „binden" die Gedanken an das unerreichbare Objekt Energie, die anderen gedanklichen oder emotionalen Prozessen nicht zur Verfügung steht.

Psychologischer Determinismus. Dieser Begriff, der wie sein Energiemodell eine naturwissenschaftliche Grundlage hat, bezeichnet die Annahme, dass alle psychischen Phänomene (Gedanken wie Handlungen) eine Ursache haben müssen und erklärt werden können. Freuds Vorgehen wird hierbei als post-diktiv bezeichnet – von einem gegebenen Phänomen ausgehend (zum Beispiel einer hysterischen Störung) forscht Freud (beispielsweise in Einzelfallanalysen) nach den möglichen Ursachen (zum Beispiel ödipalen Konflikten in der Kindheit; s. Exkurs, S. 22).

Wechsel induktiver und deduktiver Methoden. Die auf vielfältige Weise gesammelten Daten veranlassten Freud zur Konstruktion seiner theoretischen Überlegungen, die wiederum als Schlüssel zum Auffinden neuer Datenquellen dienten – ein Wechselspiel aus induktiven und deduktiven Methoden.

Hogan (1976) gibt einen Überblick über die Kategorien des Verhaltens, die Freud als Indikatoren unbewusster Motivation heranzog; hierzu zählen

▶ freie Assoziationen – Begriffe oder Inhalte, die von seinen Patienten auf ein bestimmtes Stichwort hin spontan genannt wurden;

▶ Widerstände – beispielsweise Inhalte, über die der Patient überhaupt nicht oder nur ungern reden mag;

▶ Lebensmuster – wiederkehrende Verhaltens- und Interaktionsmuster, die charakteristisch für eine Person sind;

▶ Witze und Fehlleistungen wie beispielsweise Versprecher;

▶ Träume und Trauminhalte;

▶ neurotische Symptome wie beispielsweise bestimmte Zwänge sowie

▶ schöpferische Produktionen von Menschen.

EXKURS

Hysterie und Hypnose

Die Hysterie kam Ende des 19. Jahrhunderts häufig vor. Die Patienten, überwiegend Frauen, aber mitunter auch Männer, litten unter Lähmungen, Anästhesien, Bewusstseins- oder Sprachstörungen. Solche Gemüts- oder Geisteskrankheiten wurden damals rein somatisch erklärt. Der berühmte Neurologe Jean-Martin Charcot und später sein Schüler Pierre Janet untersuchten die Beziehung zwischen Hysterie und Hypnose. Sie stellten fest, dass sich hysterische Symptome durch Hypnose herbeiführen ließen und folgerten daraus, dass sich die Symptome bei den Patienten ebenfalls in einem ungewöhnlichen seelischen Zustand ausgebildet haben könnten.

Im Jahre 1885 erhält Freud ein Stipendium bei Charcot. Seine Beobachtungen an den hysterischen Patientinnen überzeugten ihn davon, dass es für die Symptome eine psychische Ursache geben müsse. Das klinische Phänomen der Hysterie bezeichnet nicht das, was wir heute meinen, wenn wir jemanden als „hysterisch" bezeichnen. Hysterische Symptome der Patientinnen Charcots und Freuds sind Lähmungen (wie beispielsweise der Arme und Beine), Krämpfe, Schlafwandeln, Halluzinationen, Verlust der Sprachfähigkeit, von Sinnesempfindungen und

des Gedächtnisses (Hysterikerinnen wurden zu früheren Zeiten auch als Hexen verfolgt). Nach der damals gängigen Lehrmeinung wird Hysterie entweder durch eine Fehlfunktion der weiblichen Geschlechtsorgane verursacht (Hysterie bedeutet Uterus, und Charcot wie Freud stoßen mit ihrer Ansicht, es gebe Hysterie auch bei männlichen Patienten, auf vehementen Widerspruch) – oder sei schlichtweg eine Form der Hypochondrie. Das Verblüffende an dieser schweren Form der Hysterie ist, dass die Symptome offensichtlich keine organische Grundlage haben und auch – beispielsweise bezüglich der Lähmung von Gliedmaßen – anders verlaufen als organisch bedingte Lähmungen.

Charcot entdeckte, dass hysterische Symptome im Zustand der Hypnose hervorgerufen werden können, und vermutete als Ursache der Hysterie wie auch der Hypnotisierbarkeit eine erbliche Degeneration des Gehirns (für die es bis heute keinen Nachweis gibt). Dem widerspricht Freud. Er vermutet eine psychische Ursache der körperlichen Symptome. Zusammen mit Josef Breuer versuchte Freud später, die Patientinnen mit der Methode der Hypnose zu behandeln. Doch das Verfahren bewährte sich nicht. Einige Patienten erwiesen sich als nur schwer hypnotisierbar, die Behandlungserfolge waren teilweise nicht dauerhaft (s. Kap. 2.2.1).

Freuds Beitrag zur Motivation

Freuds Theorie der Motivation lässt sich anhand von einigen Grundgedanken zusammenfassen (vgl. Mertens, 2000):

▶ Alle menschlichen Handlungen, auch scheinbar zufälliges oder absurdes Verhalten, haben eine Ursache oder ein Motiv im alltagssprachlichen Sinne (siehe Konzept des psychologischen Determinismus).

▶ Die „Motive" (Antriebskräfte oder Energien) menschlichen Verhaltens sind weitgehend triebhaften Ursprungs, wobei diese Triebe biologisch fundierter (und letzten Endes aggressiver oder sexueller) Natur sind.

▶ Der triebhafte Ursprung unserer Handlungen ist uns nur selten bewusst.

▶ Das gezeigte Verhalten wiederum ist nur selten direkt Ausdruck der zugrunde liegenden „Triebimpulse", sondern vielmehr Ausdruck konflikthafter Zustände (etwa dann, wenn der direkte Triebimpuls nicht möglich oder sozial negativ sanktioniert ist).

▶ Dies sind die Grundlagen für die wesentlichen Konzepte der Freudschen Theorie, nämlich sein Triebkonzept, sein Persönlichkeitsmodell und sein Denk- und Handlungsmodell.

2.1.2 Das Triebkonzept

Triebe, Verhalten und Wünsche

Energiequelle. Freud definierte Triebe als interne Energiequellen des Verhaltens. Dabei unterschied er Triebquelle, Triebobjekt und das Ziel eines Triebs. Das Beispiel vom Hunger mag dies auf besonders einfache Weise illustrieren: Interne körperliche Reize signalisieren dem Individuum ein „Hungergefühl", das es „motiviert", Nahrung zu sich zu nehmen. Triebziel ist die Beendigung des unangenehmen Hungergefühls, Triebobjekt sind entsprechend geeignete Nahrungsmittel.

Objekt. Der Trieb als Energiequelle des Verhaltens basiert somit auf Stoffwechselprozessen des Körpers und hat daher eine interne Quelle. Das Ziel des Triebes ist die Aufhebung eben jenes körperlichen Erregungszustandes, der seine Quelle ist. Zur Aufhebung eines solchen Triebzieles bedarf es eines Objektes. Im einfachen Falle von Hunger wäre dies zum Beispiel Nahrung; denkbar sind aber auch andere Arten von „Objekten" – so etwa, dass wir uns in Abwesenheit einer geliebten Person vorstellen, diese sehnlich vermisste Person wiederzusehen.

In letzterem Falle wäre das „Objekt" des Triebes nur in unserer Vorstellung vorhanden – was aber auch helfen mag, den „körperlichen Erregungszustand" zu mildern.

Freud selbst erklärt sein Triebkonzept mit folgenden Worten: „Ein Trieb unterscheidet sich also von einem (äußeren) Reiz darin, dass er aus Reizquellen im Körperinneren stammt, wie eine konstante Kraft wirkt, und dass sich die Person ihm nicht durch Flucht entziehen kann, wie es beim äußeren Reiz möglich ist. Die Quelle ist ein Erregungszustand im Körperlichen, das Ziel die Aufhebung dieser Erregung, (und) auf dem Wege von der Quelle zum Ziel wird der Trieb psychisch wirksam. Wir stellen ihn uns vor als einen gewissen Energiebetrag, der nach einer bestimmten Richtung drängt. Von diesem Drängen hat er seinen Namen: Trieb. Man spricht von aktiven und passiven Trieben, sollte richtiger sagen, aktiven und passiven Triebzielen; auch zur Erreichung eines passiven Triebziels bedarf es eines Aufwands von Aktivität. Das Ziel kann am eigenen Körper erreicht werden, in der Regel ist ein äußeres Objekt eingeschoben, an dem der Trieb sein äußeres Ziel erreicht; sein inneres (Triebziel) bleibt jedes Mal die als Befriedigung empfundene Körperveränderung" (Freud, 1933/2000, S. 530).

Triebe motivieren Verhalten. Triebe haben einen aufsuchenden (appetitiven) Charakter, weil sie zu einem Ziel hinführen, somit motivieren Triebe Verhalten. Nicht jeder Trieb oder Triebimpuls löst allerdings automatisch ein Verhalten aus, sondern ist Freud zufolge vielmehr – bewusst oder unbewusst – als Wunsch repräsentiert. Es gibt nun unterschiedliche Möglichkeiten, mit diesen Triebimpulsen umzugehen, die zwar zum Handeln drängen und uns somit „motivieren", die diese Handlungen aber nicht mit Notwendigkeit auslösen (s. Kap. 2.1.3).

Trieb-Dualismus

Triebe als biologische Grundausstattung. Zeit seines Lebens beschäftigte Freud die Frage, welche Arten von Trieben zu unterscheiden seien. Diese Frage ist nicht allein charakteristisch für die Freud'sche Theorie: Wir werden diesem Problem, das mit der biologischen Grundausstattung des Menschen zu tun hat, in Hulls behavioristischer Theorie (die ebenfalls eine Triebtheorie ist) wieder begegnen, sowie auch in abgewandelter Form im frühen evolutionspsychologischen Ansatz von William McDougall. Bei Letzterem steht allerdings nicht der Triebbegriff, sondern der Begriff des Instinktes im Vordergrund, der anders

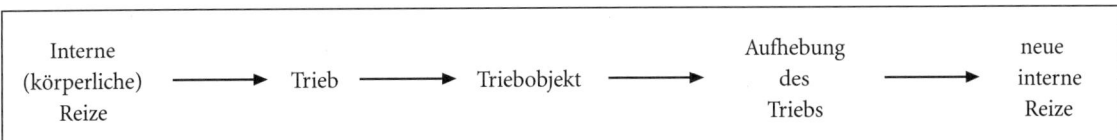

Abbildung 2.1. Elemente des Freud'schen Triebmodells

zu definieren ist als der des Triebes (Meyer, Schützwohl & Reisenzein, 1999).

Beiden Begriffen gemeinsam ist jedoch, dass diese auf die biologische Grundausstattung des Menschen abheben, die nicht erlernt, sondern angeboren und somit unveränderbar ist. Freud wollte eine möglichst große Vielfalt an motiviertem Verhalten auf zwei Triebe zurückführen. Dieses Triebkonzept überarbeitete er mehrfach. Im Wesentlichen sind eine frühere und eine spätere Variante des Triebdualismus zu unterscheiden.

ÜBERSICHT

Unterschiedliche Varianten des Freud'schen Triebdualismus

Variante 1	Variante 2
Lebenserhaltende Triebe (z.B. Hunger)	Eros (erhaltende Triebe)
Arterhaltende Triebe (z.B. Sexualität)	Thanatos oder Todesinstinkt

---

Aggression und Sexualität. Der früheren Variante zufolge sind es im Wesentlichen zwei Grundtriebe, die unser Handeln energetisieren, die Aggression und die Sexualität. Während der Aggressionstrieb der Selbsterhaltung des Individuums dient, ist das letztendliche Ziel des Sexualtriebes weniger die Selbst- als vielmehr die Arterhaltung (hier wird der Einfluss Darwins auf Freuds Gedanken deutlich). Später änderte Freud diese Thesen und postulierte den Selbsterhaltungs- und den Todestrieb.

Selbsterhaltungstrieb. In späteren Überlegungen führte Freud zwei wichtige Änderungen seiner ursprünglichen Ansichten ein. Zum einen gelangte er zu der Schlussfolgerung, Selbsterhaltung und Lustgewinn seien nicht zu trennen. Darum seien diese beiden (An-)Trieb(s)quellen des menschlichen Verhaltens identisch. Im Wesentlichen umfasst dieser Selbsterhaltungstrieb die Sexualität. Freud bezeichnete ihn als Eros (nach der griechischen Mythologie der Gott der Liebe).

Todestrieb. Weitere Beobachtungen führten Freud zu der Schlussfolgerung, dass es etwas „Jenseits des Lustprinzips" (also jenseits des Prinzips des Hedonismus; Freud, 1920) geben müsse. So haben Kinder häufig Freude an Spielen, bei denen sie unangenehme und durchaus Angst einflößende Vorgänge wiederholen. Freud vermutete, das wiederholte Erleben dieser angstbesetzten Vorgänge stelle den Versuch dar, solche Vorgänge kontrollieren zu lernen.

Auch bei Erwachsenen beobachtete Freud in seiner therapeutischen Praxis, dass diese in ihrem pathologischen Verhalten früheres Verhalten zwanghaft wiederholen. Die Patienten empfanden dies früher einmal als lustvoll oder triebreduzierend, später litten sie jedoch darunter. Sie versuchten damit offenbar, so nahm Freud an, negative Erlebnisse zu verarbeiten und weniger schmerzhaft werden zu lassen.

Freud interpretierte dieses Bestreben als einen Versuch, in einen Zustand der Ruhe zurückzukehren, der ohne Stimulation ist. Dieser Zustand ohne Stimulation ist ein Gleichgewichtszustand (Homöostase), der als angenehm erlebt wird. Der einzige Zustand ohne Stimulation ist jedoch der Tod, und Freud schloss aus diesen Beobachtungen, das „Ziel allen Lebens (sei) der Tod".

In Freuds eigenen Worten lässt sich diese revidierte Form des Trieb-Dualismus folgendermaßen zusammenfassen: „Über die Triebe habe ich kürzlich (gemeint ist seine Publikation „Jenseits des Lustprinzips") eine Anschauung entwickelt, (der zufolge) man zwei Triebarten zu unterscheiden hat, von denen die eine, Sexualtriebe oder Eros, die bei weitem auffälligere und der Kenntnis zugänglichere ist. Sie umfasst nicht nur den eigentlichen ungehemmten Sexualtrieb ..., sondern auch den Selbsterhaltungstrieb ... . Aufgrund theoretischer, durch die Biologie gestützter Überlegungen, (postulieren) wir einen Todestrieb, dem die Aufgabe gestellt ist, das organische Lebende in den leblosen Zustand zurückzuführen, während der Eros das Ziel verfolgt, ... das Leben ... zu erhalten. Die Entstehung des Lebens wäre also die Ursache des Weiterlebens und gleichzeitig auch des Strebens nach dem Tode, das Leben selbst ein Kampf und Kompromiss zwischen diesen beiden Strebungen." (Freud, 1923/2000, S. 307).

Das Leben als Konflikt. Wie so oft bei Freud ist das Leben ein Konflikt oder Kampf zwischen widerstreitenden Größen. Anhand des Triebmodells will Freud zunächst einmal erklären, welche Energiequellen dem menschlichen Verhalten zugrunde liegen. Wichtig ist hierbei, dass bereits in der Triebstruktur des Menschen aufgrund des dort herrschenden Dualismus ein Konflikt angelegt ist, der einer wie auch immer gearteten Lösung bedarf.

2.1.3 Das Persönlichkeitsmodell

Kompromisse. Das Persönlichkeitsmodell soll erklären, welche Konflikte unser Verhalten determinieren. Freud war der Ansicht, dass unser Verhalten nur selten der direkte Ausdruck unserer „Triebimpulse" ist. Menschliche Handlungen sind Freud zufolge vielmehr auch durch die Vernunft (welche Umwelteinschränkungen in Rechnung stellt) und durch Idealvorstellungen (beispielsweise gesellschaftliche Normen oder Moralvorstellungen) geleitet.

Menschliches Verhalten ist also immer ein Kompromiss zwischen Triebimpulsen (zum Beispiel Hunger), rationalen Erwägungen (habe ich Zeit zum Essen) und Normvorstellungen (ich kann nicht gut während der Institutsratssitzung einen Schokoriegel essen).

Drei Instanzen. Um diese Überlegungen in einem Modell abzubilden, postulierte Freud drei verschiedene Instanzen der Persönlichkeit, die jeweils eigene Funktionen übernehmen und auf unterschiedliche Weise „funktionieren" oder tätig werden. Diese Instanzen der Persönlichkeit bezeichnete Freud als Es (Triebimpulse), Ich (Vernunft) und Über-Ich (Ideale, Werthaltungen, Normen).

Angesichts von Freuds Ausbildung als Arzt ist die Versuchung groß, nach der biologischen oder physiologischen Grundlage dieser Facetten der Persönlichkeit zu fragen. Zu beachten ist hierbei jedoch, dass es sich um hypothetische Strukturen handelt, es sind „Orte im psychischen Apparat, nicht jedoch im Gehirn". So sind die folgenden Ausführungen zum Freud'schen Persönlichkeitsmodell eher als Metapher und damit als ein nützli-

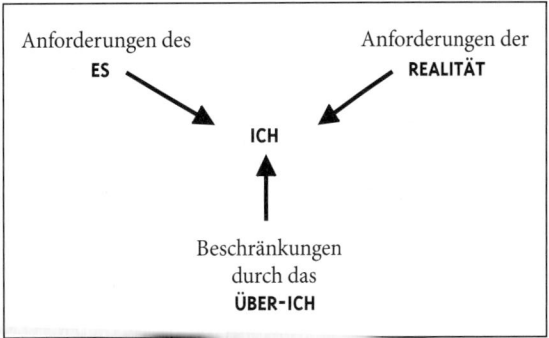

Abbildung 2.2. Zusammenspiel von Es, Ich und Über-Ich

ches Werkzeug zu verstehen, das die Funktionsweise des Denkens und Handelns erklären soll.

Das Es

Freud sah das Es als eine weitgehend angeborene Struktur an, die allen Individuen gemeinsam ist und die Triebkräfte einer Person beinhaltet. Das Es gehört zur biologischen Grundausstattung des Menschen. Auch wenn es bis heute nicht gelungen ist, das biologische Substrat von Trieben aufzufinden, ist das Es diejenige Struktur im Persönlichkeitsmodell, die am wenigsten metaphorisch aufzufassen ist.

Lustprinzip. Die Triebkräfte des Es unterliegen hedonistischen und homöostatischen Prinzipien – das bedeutet, ihre Befriedigung wird als positive Spannungsreduzierung erlebt. Freud spricht daher im Zusammenhang mit dem Es auch vom Lustprinzip oder dass das Es dem Lustprinzip folge. Zwei Merkmale des Es sind von großer Bedeutung für die Erörterung motivationaler Prinzipien:

▶ Die Triebimpulse, welche das Es repräsentiert, sind Freud zufolge weitgehend unbewusst.

▶ Die Triebobjekte, die einen spezifischen Trieb befriedigen, sind nicht eng eingegrenzt, sondern können beträchtlich variieren.

Das Beispiel eines abwesenden, geliebten Menschen haben wir bereits angesprochen: Weil wir uns das Wiedersehen mit dem geliebten Menschen beispielsweise auch lediglich vorstellen können, erweisen sich die Möglichkeiten der Triebbefriedigung als sehr flexibel. Andererseits hat dies den Nachteil, dass es nicht leicht ist, aus einem beobachtbaren Verhalten den zugrunde liegenden (und in aller Regel ja unbewussten) Triebimpuls zu erschließen.

Das Ich

Das Ich vermittelt zwischen den Triebimpulsen des Es und den realen Umweltgegebenheiten. Die Auseinandersetzung mit der Umwelt und deren Anforderungen führt Freud zufolge im Laufe der Entwicklung des Neugeborenen zur Entwicklung des „Ich". Das Ich ermöglicht uns beispielsweise einen Befriedigungsaufschub (ein Zurückstellen der Triebimpulse) oder eine Umweltkontrolle (etwa das geplante Herbeiführen von Umweltbedingungen, die einer nicht unmittelbaren, sondern verzögerten oder alternativen Triebbefriedigung förderlich sind).

Realitätsprinzip. Somit wird dem Lustprinzip des Es (unmittelbare Triebbefriedigung) ein Realitätsprinzip gegenüber gestellt. Dies bedeutet nicht etwa eine Aufhebung des Lustprinzips, sondern die „Tätigkeit" des Ichs ermöglicht einen effektiveren Umgang mit der Umwelt. Das Realitätsprinzip steht also letzten Endes ebenfalls im Dienste der hedonistischen Ausrichtung des Verhaltens.

Im Gegensatz zum Es sind die Inhalte des Ichs zumindest teilweise bewusst oder bewusstseinsfähig; Freud prägte hierfür den Begriff des „Vorbewussten". Beispiele für Ich-Prozesse sind Abwehrmechanismen wie die Verdrängung unerwünschter Triebimpulse. So mag jemand in der Lage sein, angesichts einer zu bearbeitenden Aufgabe Gedanken an gegenwärtig vorhandene Triebimpulse (wie etwa Hunger) und entsprechend angenehmere Tätigkeiten (etwas essen) aus dem Bewusstsein fernzu halten.

Das Über-Ich

Das Über-Ich repräsentiert die Werthaltungen und sozialen Normen eines Individuums, es wird oft auch als das Gewissen einer Person bezeichnet. Die sozialen Normen und das Gewissen einer Person werden laut Freud durch die Eltern vermittelt. Den entwicklungspsychologischen Prozess, in dem sich das Über-Ich entwickelt, nannte Freud Oedipus-Komplex (s. Exkurs). Die sozialen Normen, die das Über-Ich repräsentiert, sind teilweise bewusst, teilweise unbewusst.

Sanktion oder Belohnung. Das Über-Ich hat die Aufgabe, die Person für nicht konformes Verhalten und Regelüberschreitungen zu bestrafen und für normkonformes und moralisches Verhalten zu belohnen (in Form des sprichwörtlichen „schlechten Gewissens" oder aufgrund der erlebten Befriedigung im Falle normkonformen Verhaltens).

Vermittlung. Das Ich muss zusätzlich zu den Anforderungen des Es und der Realität auch zwischen diesen beiden und den „Idealvorstellungen" des Über-Ichs vermitteln. Einmal mehr ist menschliche Motivation und menschliches Handeln aus psychoanalytischer Sicht das Resultat eines Konfliktes. Die Lösung dieses Konfliktes, auf welche Weise auch immer diese erreicht werden mag, ist die Aufgabe des Ichs als vermittelnde Instanz.

EXKURS

Der Oedipuskomplex und die frühkindliche Entwicklung

In praktisch allen Kulturen der Welt finden sich Legenden und Geschichten, die um das Thema Inzesttabu kreisen (Bischof, 1998, Rank, 1912). Die Tragödie „Oedipus" des griechischen Dichters Sophokles ist ein klassisches Beispiel für eine literarische Verarbeitung des Inzestthemas.

König Laios von Theben und seiner Frau Jokaste wird prophezeit, ihr Kind werde seinen Vater töten und seine Mutter heiraten. Um das zu verhindern, durchsticht man dem Kind die Füße (Oedipus bedeutet „Schwellfuß") und setzt es aus; doch Oedipus überlebt. Als junger Mann begegnet er einem Fremden (von dem er nicht weiß, dass es sein Vater Laios ist), den er im Streit tötet. Er kommt auf seiner weiteren Reise nach Theben und befreit die Stadt von einem

Ungeheuer. Aus Dankbarkeit ernennen die Thebaner Oedipus zu ihrem König. Er heiratet Jokaste, ohne zu wissen, dass sie seine Mutter ist. Doch der Mord an Laios und der Inzest – ein Bruch mit einem sehr schwerwiegenden Tabu – werden schließlich entdeckt. Jokaste bringt sich um, Oedipus nimmt sich selbst das Augenlicht. Freud war überzeugt, dass diese Mythen allgemeine Gesetzmäßigkeiten der psychischen Entwicklung beschreiben. Aus seinen Beobachtungen kindlichen Verhaltens schloss er, dass sich ein Kind im Verlauf seiner Entwicklung mit dem Inzestthema auseinandersetzen muss. Weil es (aus Sicht des Jungen) unbewusst die Mutter begehrt, wird der Vater zum Rivalen: „Nun, man sieht leicht, dass der kleine Mann die Mutter für sich haben will, die Anwesenheit des Vaters als störend empfindet, unwillig wird, wenn dieser sich Zärtlichkeiten gegen die eigene Mutter erlaubt, seine Zufriedenheit äußert, wenn der Vater verreist oder abwesend ist. Häufig gibt er seinen Gefühlen direkten Ausdruck, verspricht der Mutter, dass er sie heiraten wird."

Diesen inneren Konflikt muss das Kind bewältigen: „Die Aufgabe besteht für den Sohn darin, seine libidinösen Wünsche von der Mutter zu lösen … und sich mit dem Vater zu versöhnen." (Freud, 1923/2000, S. 327). Das gelingt, wenn sich das Kind mit dem Vater identifiziert, dabei seine Normen und Werthaltungen übernimmt und das Über-Ich ausbildet.

2.1.4 Denk- und Handlungsmodelle

Ein auch aus heutiger Sicht modern anmutendes Merkmal von Freuds Theorie ist die Tatsache, dass es sowohl ein S-R-Modell als auch ein S-C-R-Modell menschlichen Verhaltens gibt (s. Übersicht).

ÜBERSICHT

Freuds Handlungs- und Denkmodelle der Motivation

	Handlungsmodelle	Denkmodelle
Primärmodell	Es – Handlung – Befriedigung	Es – Objekt abwesend – Halluzination – Befriedigung
	▶ „Reflexbogen"	▶ Phantasietätigkeit als Wunscherfüllung
Sekundärmodell	Es – Ich – Umweghandlung – Befriedigung	Es – Ich – Pläne – Befriedigung
	▶ Ich verhindert unmittelbare Triebbefriedigung	▶ Kognitionen helfen bei der Zielerreichung

Die vier postulierten Denk- und Handlungsmodelle lassen sich unterscheiden in Primär- und Sekundärmodelle sowie in Denk- und Handlungsmodelle. Der Unterschied zwischen Primär- und Sekundärprozessen besteht in der vermittelnden Funktion des Ichs, die kennzeichnend ist für die beiden Sekundärmodelle. So haben die Sekundärmodelle des Denkens und Handelns aufgrund der „eingeschobenen", vermittelnden Tätigkeit des Ichs den Status von S-C-R-Modellen. Im Gegensatz hierzu sind die Primärmodelle des Handelns und Denkens S-R-Modelle, die ohne eine (bewusste) gedankliche Vermittlung auskommen.

Primärmodell des Handelns. Dieses Modell sieht vor, dass es einen Triebimpuls gibt, der zu einer Handlung führt, die ein geeignetes Objekt erreichbar macht und so die Triebspannung abbaut. Ein Beispiel ist ein Säugling, der unmittelbar an der Brust der Mutter saugen kann.

Primäres Denkmodell. Grundlage des primären Denkmodells ist die mangelnde Fähigkeit des Säuglings, zwischen Realität und Phantasie zu unterscheiden. Bei gleichem Triebimpuls seitens des Es und ohne direkte Möglichkeit der Triebbefriedigung mag der Säugling sich vorstellen („halluzinieren"), ein geeignetes Objekt zur Triebbefriedigung zu erhalten.

Sekundärmodell des Handelns. Oftmals mag es wenig hilfreich scheinen, sich die Erlangung des begehrten Objektes (ein gutes Essen) nur vorzustellen, hier kann das Sekundärmodell des Handelns hilfreich sein. In diesem Fall – ich möchte beispielsweise eine Arbeit zu Ende führen, bevor ich etwas esse – ermöglicht das Ich einen Befriedigungsaufschub, indem beispielsweise die Gedanken an den eigenen Hunger verdrängt werden; die für den Triebimpuls Hunger relevante Handlung wird somit aufgeschoben.

Sekundäres Denkmodell. Schließlich kann der Fall eintreten, dass eine direkte Zielerreichung auch zu einem späteren Zeitpunkt nicht möglich ist. Ein Beispiel hierfür wäre gegeben, wenn eine Person verliebt ist, ohne dass dies auf allzu viel „Gegenliebe" stößt (Beschränkungen der Realität). In einem anderen Fall könnte ein aggressiver Impuls aufgrund moralischer Normen erschwert sein.

In beiden Fällen kommt dem Ich die Aufgabe zu, alternative Handlungsmöglichkeiten zu finden, entsprechende Pläne zu machen, und so den ursprünglichen Triebimpuls auf andere Weise zu befriedigen. Im sekundären Denkmodell sind es also gedankliche Prozesse (Kognitionen), die das Verhalten leiten, das aber schließlich einem anderen Triebziel gewidmet ist.

Bewältigung der Anforderungen. Die „Stärke" des Ichs, mit Triebimpulsen des Es einerseits und Anforderungen des Über-Ichs andererseits umzugehen, ist nun entscheidend für die Qualität der Bewältigung dieser verschiedenen Anforderungen. Eine angemessene Bewältigung führt zu einer angemessenen Lösung des Konfliktes, etwa eines Konfliktes zwischen Es und Über-Ich, oder zwischen Es und Realität. Eine „Ich-Schwäche" dagegen wird neurotische Symptome befördern (man denke an Charcots hysterische Patientinnen), die unangemessene Anpassungsleistungen des Ichs darstellen.

2.2 Empirische Belege für die psychoanalytische Theorie der Motivation

Freud selbst interessierte sich praktisch überhaupt nicht für experimentelle Belege seiner Hypothesen. Berühmt geworden ist seine Antwort auf einen Brief Saul Rosenzweigs, der eine experimentelle Bestätigung von Verdrängungsprozessen gefunden zu haben glaubte (dieser Brief datiert aus dem Jahr 1934): „Ich habe Ihre experimentellen Arbeiten zur Prüfung psychoanalytischer Behauptungen mit Interesse zur Kenntnis genommen. Sehr hoch kann ich diese Bestätigungen nicht einschätzen, denn die Fülle sicherer Beobachtungen, auf denen jene Beobachtungen beruhen, macht sie von der experimentellen Prüfung unabhängig. Immerhin, sie kann nicht schaden."

Dennoch existieren zahlreiche empirische Studien, die direkt oder indirekt eine Prüfung psychoanalytischer Überlegungen darstellen. Freuds Denken hat späteren, auch experimentellen Forschern, zahlreiche Forschungsgebiete erschlossen, die unabhängig von seiner Person experimentell untersucht wurden. Zu nennen sind hierbei insbesondere Studien zum Triebkonzept, zu Aggression, zur sexuellen Motivation, die Traumforschung, Forschungsarbeiten zur Hypnose und Suggestibilität (Beeinflussbarkeit) einer Person, zu Abwehrmechanismen, Befriedigungsaufschub und zu kognitiven Kontrollen und Stilen (Weiner, 1994).

Wir werden drei dieser Forschungsgebiete betrachten. Die erste Arbeit stammt von Freud selbst und umfasst die Einzelfallanalyse einer Patientin. Sie illustriert, wie Freud arbeitete und warum er zu dem Schluss kam, gegenwärtige psychologische Fehlfunktionen könnten ihre Ursachen in der weit zurück liegenden Vergangenheit haben und durch ein „Bewusstmachen" dieser vergangenen Ereignisse gelindert werden.

Zum zweiten betrachten wir eine Reihe von zusammenhängenden Untersuchungen zur Wahrnehmungsabwehr. Moderne Forschungsarbeiten hierzu wären ohne das Freud'sche Gedankengut niemals in dieser Weise möglich gewesen. Und schließlich werden wir eine Reihe von Experimenten zum Einfluss unbewusster („subliminaler") Stimuli auf unser Verhalten betrachten, weil diese als ein sehr moderner Beleg für Freuds These angesehen werden können, motiviertes Verhalten werde in hohem Maße auch durch unbewusste Gedankeninhalte gesteuert.

2.2.1 Eine Fallstudie

Die Geschichte der Elisabeth von R.

Die Fallgeschichte der Patientin „Elisabeth von R." erlaubt, den Zusammenhang zwischen der klinischen Praxis Freuds und seinen Ideen zur Motivation zu analysieren. Die Patientin litt zum Beginn der Behandlung an chronischen Schmerzen in den Beinen bis hin zur zeitweiligen Bewegungsunfähigkeit. Einen organischen Befund für diese Störungen gab es nicht. Die Symptome waren erstmals aufgetreten, als die Patientin ihren Vater mehrere Monate lang bis zu seinem Tod aufopferungsvoll pflegte. Zwei Jahre nach dem Tode ihres Vaters kehrten diese Schmerzen wieder und wurden so schlimm, dass die Patientin nicht mehr laufen konnte.

Zu diesem Zeitpunkt begann die Behandlung durch Freud. Die familiäre Situation der Patientin war zu jenem Zeitpunkt nicht einfach: Eine ihrer

Schwestern heiratete nach dem Tode des Vaters einen Mann, der der Familie extrem ablehnend gegenüberstand, was zu einer völligen Entfremdung von dieser Schwester führte. Auch die andere Schwester heiratete, starb aber bei der Geburt ihres Kindes. Dieses Auseinanderbrechen der Familie trieb die Patientin in eine weitgehende soziale Isolation.

Freie Assoziation. Freud versuchte, die Patientin mit der Technik der Hypnose zu behandeln, fand aber keine Ursachen für die hysterische Störung und hatte in der Therapie keinen Erfolg. Monte (1999) fasst die Situation nach einer Reihe von Behandlungen folgendermaßen zusammen: „Für Freud war dieser Fall (zunächst einmal) eine große Enttäuschung. Sicherlich war dies eine sehr traurige Geschichte, aber es gab kein offensichtliches Anzeichen für die Ursachen der hysterischen Störung. Freud steckte fest. In der Vergangenheit hatte er solche Hindernisse durch die Technik der Hypnose überwunden. Seine Frustration wurde jedoch nicht gelindert angesichts der beißenden Kommentare seiner Patientin über einen mangelnden Erfolg seiner diesbezüglichen Bemühungen. In der ihm eigenen Ehrlichkeit gab Freud zu: ‚Ich sah mich gezwungen zuzugeben, dass sie durchaus recht hatte.' (Monte, 1999, S. 62).

Freud versuchte es daher mit einem Verfahren, das er später „freie Assoziation" nannte. Er forderte die Patientin auf, in kritischen Gesprächssituationen der Therapie jeweils das zu benennen, was ihr gerade in den Sinn kam. In der ersten Phase des Experimentierens mit dieser Technik geschah dies durch gleichzeitiges Auflegen der Hand auf die Stirn; dies gab Freud später wieder auf.

Im Laufe dieser veränderten Behandlung berichtete die Patientin von Situationen, in denen die Pflege des Vaters ihr Kummer bereitete, weil sie dadurch von anderen eigenen Interessen abgehalten wurde. In einem Fall war sie bekümmert, weil sie abends mit einem jungen Mann ausgegangen war, in den sie verliebt war. Die Pflege des Vaters und ihr Interesse an einem eigenen Liebesleben waren jedoch nicht miteinander vereinbar: Als sie am gleichen Abend zurückkehrte, hatte sich der

Zustand des Vaters verschlechtert, und die Patientin gelangte zu dem Schluss, dass sie den Vater niemals wieder einen ganzen Abend allein lassen würde. Nach dem Tod des Vaters war die Verbindung zu dem jungen Mann unmöglich geworden.

Konflikt zwischen Es und Über-Ich. Das Konflikthafte an dieser Situation – ein Konflikt zwischen Es und Über-Ich – hielt Freud für besonders aufschlussreich. Es war unverkennbar, dass seine Patientin sich zwar mit der neuen Methode viel besser anfreunden konnten als mit der Hypnosetechnik und erste Einsichten in die Ursachen der Symptomatik gewonnen waren, dass es aber nach wie vor einen „Widerstand" gegen die Erinnerung an solche Ereignisse gab, die aus Freuds Sicht für das Verständnis der Symptomatik wichtig waren.

Widerstand. Freud schloss daraus, dass das erneute Erleben und Bewusstmachen der zuvor unbewussten Emotionen der Vergangenheit allein für eine vollständige Heilung nicht ausreichte. Vielmehr musste nach wie vor ein unbewusster Konflikt am Werk sein, der den Widerstand gegen die Erinnerungen auslöste.

Einen Schlüssel hierzu sah Freud in anderen Begebenheiten, die seine Patientin ihm schließlich berichtete: Sie sehnte sich noch immer nach einer erfüllten Liebesbeziehung, die sie insbesondere in der Beziehung ihrer Schwester zu deren Mann verwirklicht sah. Zudem hatte die Patientin während der Schwangerschaft der Schwester, an deren Ende diese schließlich sterben sollte, ein ungewöhnlich vertrauensvolles und positives Verhältnis zum Ehemann ihrer Schwester. Freud folgerte, seine Patientin sei in den Ehemann der Schwester verliebt gewesen. Der Tod der Schwester sei zugleich ein schlimmer Verlust wie auch die Möglichkeit gewesen, dem zurückgebliebenen Mann der Schwester näher zu kommen, als sie jemals zu hoffen gewagt hätte.

Monte (1999) schließt seine Beschreibung dieses Falls mit folgenden Worten: „Fräulein Elisabeth war entsetzt angesichts der eigenen Gefühle. Freud war jedoch freundlich genug, sie darauf hinzuweisen, dass sie, im engeren Sinne, an ihren Gefühlen keinerlei Schuld treffe, und noch wich-

tiger, dass ihre Symptome und ihr Leiden Beweis genug seien für ihre hoch entwickelte Moral." (Monte, 1999, S. 66).

Abwehr und verdrängte Konflikte

Die Behandlung dieser Patientin prägte Freuds Theorie in mehreren wichtigen Punkten. Er entwickelte nicht nur die Technik der freien Assoziation, sondern schloss aus den Berichten der Patientin auch auf unbewusste psychodynamische Vorgänge wie Abwehr oder Verdrängung.

Freie Assoziation und Abwehr. Freud entwickelte im Rahmen dieser Behandlung die Technik der freien Assoziation. Deren Anwendung brachte Freud zu der Schlussfolgerung, dass gedankliche Prozesse durch aktive Abwehrmechanismen gesteuert sein können. Diese Abwehrprozesse sind dem bewussten Erleben nicht ohne weiteres zugänglich. Freud ordnete diese später dem Ich zu – Abwehrprozesse sind daher so genannte „Ich-Funktionen".

Abwehr und moralische Standards. Freud schloss aus seinen Beobachtungen an dieser Patientin, dass nicht etwa alle schmerzvollen Erinnerungen unterdrückt („abgewehrt") werden, sondern nur solche, die aus Sicht der bewussten moralischen Standards des Individuums unakzeptabel sind. Zur Repräsentation dieser moralischen Standards prägte Freud den Begriff des Über-Ichs. Hier liegt der Grundstein für Freuds Annahme, dass es innere Konflikte sind (beispielsweise zwischen Es und Über-Ich), die zu neurotischen Symptomen führen können.

Bewusstmachen verdrängter Konflikte und Katharsis. Auch verdrängte Konflikte sind nach wie vor „psychologisch aktiv". Abwehrmechanismen und das Verdrängen eines unerträglichen Konfliktes ins „Reich des Unbewussten" sind deshalb keine angemessenen Lösungen. In der Therapie geht es darum, die Abwehrmechanismen auszuheben, indem verdrängte Konflikte bewusst gemacht werden. Dicse „Katharsis", ein Wiedererleben der zuvor verdrängten Inhalte, ermöglicht eine Bewältigung des Konfliktes und bewirkt eine Befreiung von der neurotischen Störung.

Katharsis

Der Begriff der Katharsis (griechisch für „Reinigung") geht auf Aristoteles zurück. Die Aufgabe der Tragödie im Theater sei, die Zuschauer von den Leidenschaften zu „reinigen". Übertragen auf die Psychoanalyse bedeutet dies, in Freuds eigenen Worten: „Wir fanden nämlich, anfangs zu unserer größten Überraschung, dass die einzelnen hysterischen Symptome sogleich und ohne Wiederkehr verschwanden, wenn es gelungen war, die Erinnerung an den veranlassenden Vorgang zu voller Helligkeit zu erwecken, damit auch den begleitenden Affekt wachzurufen, ... wenn der Kranke den Vorgang in möglichst ausführlicher Weise schilderte und dem Affekt Worte gab." (Freud, 1985/2000, S. 49).

Falsifizierbarkeit

Ein bedeutender Nachtrag zu dieser Fallstudie Freuds sollte nicht verschwiegen werden. Appignanensi und Forrester (1992) berichten, dass die Patientin sich viele Jahre später im Rahmen eines Interviews an ihre Behandlung durch Freud erinnerte: „(Freud war damals) ein junger, vollbärtiger Nervenspezialist, zu dem ich geschickt wurde (und der versuchte) mich zu überzeugen, ich sei in den Mann meiner Schwester verliebt gewesen – aber dem war nicht wirklich so." (Appignanensi & Forrester, 1992, S. 113).

Erinnert sich die Patientin in zutreffender Weise an die Ereignisse? Sind hier Abwehr oder selektive Erinnerung am Werk? Die uns vorliegenden Daten erlauben keine genaue Antwort, werfen aber ein erstes Licht auf ein Problem der Theorie Freuds: Viele seiner Gedanken sind nicht falsifizierbar – mit anderen Worten: diese können sich also nicht als falsch erweisen oder (experimentell) widerlegt werden. Würde die Patientin den Deutungen ihres Therapeuten im Nachhinein zustimmen – schön und gut. Lehnt die Patientin diese jedoch ab, muss dies aus psychoanalytischer Sicht kein Beleg für die mangelnde Stichhaltigkeit der Theorie sein. Denn es ließe sich leicht argu-

mentieren, die Patientin habe den vormaligen Konflikt nun vollends und erfolgreich verdrängt.

Entscheidend für diese Fallstudie ist, dass der Patientin durch Freuds Methode dauerhaft geholfen werden konnte. Das wissenschaftliche Problem jedoch – jede Theorie sollte falsifizierbar sein – bleibt vorerst ungelöst. Bevor wir nun die wissenschaftliche Frage nach der Falsifizierbarkeit von Freuds Theorie genauer erörtern, wenden wir uns zunächst einmal solchen empirischen Befunden zu, die einer empirischen Prüfung besser zugänglich sind.

2.2.2 Was nicht sein kann, das nicht sein darf

Der Begriff der Wahrnehmungsabwehr. Nach der Theorie Freuds sollte es Situationen geben, in denen dem Ich daran gelegen ist, unangenehme Reize nicht wahrzunehmen, beispielsweise wenn diese unerwünschte Triebimpulse oder traumatische Erinnerungen repräsentieren.

Im Falle eines angstauslösenden Reizes (der eine Person beispielsweise an ein traumatisches Erlebnis erinnert) ändert dieser Abwehrmechanismus nichts an der auslösenden Situation, sondern lediglich an der Art und Weise, wie die Person diese Situation wahrnimmt und darüber denkt.

Interne Reize. Reize, die eine Wahrnehmungsabwehr auslösen, können beispielsweise in Form von inneren Erregungsquellen vorliegen – sind also interne Reize. Dies wäre dann der Fall, wenn ich hungrig bin, aber gerne ein Manuskript zu Ende schreiben möchte, bevor ich essen gehe. Eine Wahrnehmungsabwehr würde zwar nichts an den objektiven Anzeichen des Hungers ändern (etwa Absinken der Körpertemperatur und des Blutzuckerspiegels, Signale des Magens). Diese internen, prinzipiell wahrnehmbaren (bewusstseinsfähigen) Hinweise auf mein Hungergefühl würden jedoch vom Bewusstsein ferngehalten und so ein Weiterarbeiten ermöglichen.

Äußere Reize. Weiterhin kann Wahrnehmungsabwehr auch mit äußeren Reizen (Reizen, die sich in der Umwelt befinden) zu tun haben. So mag ein bestimmter Ort, ein Geruch oder ein Name geeignet sein, Gedächtnisinhalte anzuregen, die unangenehm, angstauslösend oder traumatisch sind. Um solche unangenehmen Konsequenzen dieser Wahrnehmungen zu vermeiden, könnte eine Funktion des Ichs darin bestehen, diese „abzuwehren", bevor sie den Zustand einer bewussten Wahrnehmung erreicht haben.

Spätestens Ende der 40er Jahre des vergangenen Jahrhunderts begann eine rege Debatte darüber, ob Wahrnehmungsabwehr auch experimentell demonstriert werden könne. Hierbei sind einerseits ein logisches Problem, andererseits methodische Probleme zu unterscheiden.

Ein logisches Problem der Wahrnehmungsabwehr

Eine Abwehr bestimmter Reize setzt voraus, dass diese zuvor wahrgenommen wurden. Die Person oder das Informationsverarbeitungssystem der Person muss also in irgendeiner Weise zunächst einmal „erkennen", dass ein Reiz negativ, konflikthaft oder angstauslösend ist, um diesen dann anschließend von der (bewussten) Wahrnehmung auszuschließen.

Dieses logische Problem kann gelöst werden, wenn man annimmt, dass es verschiedene Stufen der menschlichen Informationsverarbeitung gibt (vergleiche zum Beispiel Anderson, 1983). Frühe Stufen der Informationsverarbeitung – beispielsweise das Abbild der Umwelt auf der Netzhaut – sind vermutlich nicht bewusst repräsentiert, spätere Stufen der Informationsverarbeitung hingegen – so etwa der Vergleich eines Wahrnehmungseindrucks mit einer Erinnerung – sind mit Sicherheit bewusst. Dann bestünde der Prozess der Wahrnehmungsabwehr darin, solche Reize, die in frühen Stufen der Informationsverarbeitung vorhanden sind, von deren weiterer Verarbeitung auszuschließen oder „herauszufiltern".

Methodische Probleme der Wahrnehmungsabwehr

Als eine der ersten schlüssigen Demonstrationen von Wahrnehmungsabwehr gilt ein Experiment von McGinnies (1949). Es ist der Ausgangspunkt einer Vielzahl weiterer Untersuchungen. Einige methodische Probleme lassen sich daran exemplarisch verdeutlichen.

EXPERIMENT

Eine Untersuchung zur Wahrnehmungsabwehr

Den Versuchspersonen in McGinnies Studie wurden für eine sehr kurze Zeitdauer Wörter dargeboten, die sie dem Versuchsleiter benennen sollten. Die Darbietungsdauer der einzelnen Wörter begann mit sehr kurzen Darbietungszeiten (die es praktisch unmöglich machten, das Wort zu erkennen). Diese Darbietungszeiten wurden jedoch von Durchgang zu Durchgang so lange erhöht, bis die Versuchspersonen das jeweilige Wort eindeutig benennen konnten. Als unabhängige Variable wurde die Bedeutung der Wörter variiert: Diese waren entweder neutral (zum Beispiel „Haus" oder „Blume"), oder es handelte sich um Wörter, die keine Versuchsperson sonderlich gerne einem unbekannten Versuchsleiter vorlesen mag (beispielsweise Wörter mit eindeutig sexuellem Inhalt, im Folgenden als Tabuwörter bezeichnet). Als abhängige Variable wurden zwei Maße erfasst, zum einen: Wie lange muss die Präsentation eines Wortes andauern, bis die Versuchsperson es benennen kann? Und zum anderen: Welche physiologischen Reaktionen gehen mit der Präsentation der Worte einher? Hierzu wurde eine Messung der Hautleitfähigkeit vorgenommen, die als ein Indikator des emotionalen Stresses gilt.

Interpretation der Ergebnisse. Die Ergebnisse sprechen auf den ersten Blick ganz klar für eine Wahrnehmungsabwehr: Zum einen benötigten die Versuchspersonen für die Identifizierung der Tabuwörter deutlich längere Darbietungszeiten (125 statt 80 Millisekunden), zum anderen zeigte sich auch dann bereits eine physiologische Reaktion, wenn die Präsentationsdauer so kurz war, dass keine Benennung des Wortes möglich war. Es gab also auch dann eine emotionale Reaktion, wenn eine bewusste Identifizierung des Wortes noch gar nicht erfolgen konnte.

ÜBERSICHT

Ein Experiment zur Wahrnehmungsabwehr (McGinnies, 1949)

Unabhängige Variable:	Neutrale Wörter	Tabuwörter
Abhängige Variable:		
Zur Identifizierung benötigte Darbietungsdauer (in Millisekunden)	80	125
Reaktion der Hautleitfähigkeit:		
A. Benennung des Wortes möglich	NEIN	JA
B. Benennung nicht möglich	NEIN	JA

Gegen diese Interpretation können allerdings mehrere Einwände geltend gemacht werden: Mit großer Wahrscheinlichkeit kommen die neutralen Wörter in der Sprache deutlich häufiger vor als die Tabuwörter und könnten allein deshalb schneller erkannt werden (Howes & Solomon, 1951).

Die Daten wären auch dadurch zu erklären, dass die Versuchspersonen sich ganz einfach scheuten, die Tabuwörter dem Versuchsleiter zu benennen. Dieser Mechanismus wäre jedoch eine Art „Reaktionswiderstand" (und nur allzu verständlich), stellt aber keine Wahrnehmungsabwehr dar (Bandura, 1971).

Die Unterschiede zwischen Darbietungszeiten einerseits und physiologischen Reaktionen andererseits (es gibt eine physiologische Reaktion, obwohl die Wörter nicht benannt werden können) könnten darauf zurückgehen, dass es bei der Benennung der Wörter nur eine Ja-Nein-Reaktion gibt (eine dichotome Reaktion, bei der es keine Zwischenstufen gibt), während die Hautleitfähigkeit eine Reaktion mit kontinuierlichen Ausprägungen darstellt. Eine solche kontinuierliche Variable könnte ein sensiblerer Indikator für die Informationsverarbeitung der jeweiligen Wörter sein als deren explizite Benennung. Dieser Umstand würde für die Erklärung der Unterschiede in den Benennungsleistungen und den physiologischen Reaktionen ausreichen (Erikson, 1958).

Kleine Effekte. Neben diesen eher methodischen Einwänden mag man an dieser Untersuchung auch

kritisieren, dass die gezeigten Effekte vergleichsweise klein und von geringer praktischer Relevanz sind. Im Vergleich zu Fällen von hysterischen Lähmungen, bei denen Personen beispielsweise ihre Beine nicht mehr bewegen können (s. Kap. 2.2.1), ist die Verlängerung der benötigten Darbietungsdauer um etwa 0.2 Sekunden ein vergleichsweise belangloses empirisches Datum. Dieses Problem betrifft eine große Anzahl der in der Nachfolge von McGinnies durchgeführten Untersuchungen zur Wahrnehmungsabwehr.

Betrachten wir aus diesem Grund ein weiteres Experiment zur Wahrnehmungsabwehr, das einerseits die bereits genannten methodischen Probleme zu lösen versucht, andererseits einen experimentellen Nachweis auch schwerwiegender Formen von Wahrnehmungsabwehr untersucht.

Experimentelle Induktion hysterischer Blindheit

Ein Experiment von Blum (1961) zur Wahrnehmungsabwehr versucht, die genannten methodischen Probleme zu lösen und sollte zugleich einen experimentellen Nachweis auch schwerwiegender Formen von Wahrnehmungsabwehr erbringen. Ziel war, anhand von Hypnosetechniken hysterische Blindheit zu induzieren. Wie schon bei der hysterischen Lähmung bedeutet eine solche Form der Blindheit, dass Patienten subjektiv keinen visuellen Sinneseindruck haben, obwohl sie beispielsweise durchaus in der Lage sind, Hindernissen auszuweichen. Viele Befunde sprechen dafür, dass die Patienten tatsächlich überzeugt sind, nicht sehen zu können (und nicht etwa nur so tun, als könnten sie nicht sehen). Gleichzeitig ist sicher, dass es keinen organischen Befund gibt, der eine tatsächliche Beeinträchtigung der Sehkraft erklären würde.

EXPERIMENT

Hypnotische Suggestion erzeugt hysterische Blindheit

Der Versuchsplan von Blums Experiment (1961) umfasste mehrere Phasen: Eine erste Versuchsphase diente dazu, bei den Versuchspersonen Angst vor einem bestimmten Reiz zu erzeugen. Hierzu wurde den Versuchspersonen unter Hypnose suggeriert, sie würden immer dann Angst empfinden, wenn dieser Reiz dargeboten würde. In einer zweiten Phase wurde die Wirksamkeit dieser hypnotischen Suggestion überprüft: Der angstauslösende Reiz wurde dargeboten und gleichzeitig wurde die Reaktion der Hautleitfähigkeit gemessen; diese zeigte an, dass tatsächlich eine Angstreaktion vorlag. In einer dritten Phase schließlich wurden die Versuchspersonen instruiert, den bedrohlichen Reiz nicht mehr zu sehen. Es zeigte sich, dass die Probanden am Ende dieser Lernphase zwar andere Arten von Reizen verarbeiten und auf diese reagieren konnten, nicht jedoch auf den angstauslösenden Reiz. Die Präsentation dieses Reizes ging auch nicht länger mit einer veränderten Hautleitfähigkeit einher, während dies bei einer Kontrollgruppe, die nicht „gelernt" hatte, den angstauslösenden Reiz „abzuwehren", nach wie vor der Fall war.

Wahrnehmungsabwehr und Gehirnaktivitäten. Zusammenfassend ist festzuhalten, dass hypnotische Suggestionen tatsächlich eine Wahrnehmungsabwehr induzieren können, und zwar auch in solchen Experimenten, die die genannten methodischen Schwierigkeiten vermeiden.

Die neuere Forschung zu diesem Thema beschäftigt sich vor allem mit der Frage, ob durch Hypnose induzierte Wahrnehmungsabwehr, sei es in Bezug auf schmerzhafte Reize oder andere Formen von Wahrnehmungen, zu veränderten Gehirnaktivitäten führt: Zum einen erhebt sich die Frage, ob eine hypnose-induzierte Wahrnehmungsabwehr andere Hirnaktivitäten bedingt als Hirnaktivitäten von Probanden, die nicht hypnotisiert wurden. Zum anderen ist auch untersucht worden, ob eine hypnose-induzierte Wahrnehmungsabwehr zu anderen Hirnaktivitäten führt als bei solchen Personen, die entsprechende Stimuli gar nicht wahrnehmen können – dies ist beispielsweise bei einem Vergleich zwischen hypnose-induzierter Farbenblindheit und Probanden mit echter Farbenblindheit möglich (z.B. Cunningham & Blum, 1982). Nach dem derzeitigen Stand der Forschung sind beide Fragen mit „ja" zu beantworten: Der Zustand der Hypnose und die damit induzierten Wahrnehmungsbeschränkungen führen zu Gehirnaktivitäten, die von beiden anderen Gruppen verschieden sind.

Die zukünftige Forschung auf diesem Gebiet wird sich mit der Frage beschäftigen, welches genau diese Gehirnaktivitäten sind, die durch hypnotische Suggestionen von Wahrnehmungsabwehr induziert werden. Insgesamt ist die moderne Forschung zur Wahrnehmungsabwehr ein gutes Beispiel dafür, dass Freud in seiner Anwendung der Hypnose tatsächlich einem reliablen und aussagefähigen Phänomen auf der Spur war, und dass seine Arbeiten hierzu sicherlich auch dazu beigetragen haben, dass dieses Phänomen später einer experimentellen Forschung zugänglich gemacht wurde.

EXKURS

Hypnose in der modernen Psychotherapie

Etwa ab den 70er Jahren des vergangenen Jahrhunderts wurde die Hypnose zum Gegenstand moderner psychologischer Forschung. Heute gibt es verschiedene Verfahren zur Herbeiführung eines hypnotischen Bewusstseinszustandes, hierzu zählt auch die Möglichkeit, sich selbst in diesen Zustand zu versetzen.

Der Zustand der Hypnose ist überdies kein Alles-oder-Nichts-Zustand, sondern kann unterschiedliche Formen annehmen. Personen unterscheiden sich weiterhin auch in ihrer Fähigkeit, den Zustand der Hypnose zu erreichen: Etwa 5 bis 10 Prozent lassen sich gar nicht hypnotisieren, und auch die anderen 90 Prozent erreichen unterschiedlich tiefe Hypnosezustände (Atkinson et al., 2000). Hypnose kann angewandt werden, um Ängste oder Schmerzen – genauer gesagt: deren subjektive Wahrnehmung – zu reduzieren. Solche Anwendungen sind bei Patienten mit Phobien oder chronischen Schmerzen, Patienten vor und während Operationen, oder Patienten nach schmerzhaften Einwirkungen wie beispielsweise schweren Verbrennungen untersucht worden. Meta-Analysen (übergreifende statistische Analysen vieler Studien zu diesem Feld) zeigen, dass die berichteten Effekte zuverlässig auftreten (Montgomery, DuHamel & Reed, 2000). Weiterhin gibt es in neuerer Zeit erste Evidenzen dafür, dass schmerzhafte Reize (die experimentell induziert werden) unter Hypnose zu anderen Gehirnaktivitäten führen, die geeignet sind, die schmerzhaften Reize nicht bewusst werden zu lassen (Kropotov, Crawford & Polyakov, 1997).

2.2.3 Unbewusste Informationsverarbeitung und automatisches Verhalten

Ist unser Verhalten immer das Resultat einer bewussten Entscheidung? Diese Frage, die Freud aufgeworfen hatte, wird in abgewandelter Form bis heute untersucht. Ein Beispiel hierfür sind neuere Studien zur „sozialen Kognition". Dieses Teilgebiet der Sozialpsychologie beschäftigt sich damit, wie soziales Verhalten und soziale Interaktionspartner wahrgenommen werden, und wie sich diese Wahrnehmungen auf unser Verhalten auswirken.

Fiske (1992) prägte in einem Überblick zu diesem Forschungsfeld den Satz, das Denken diene dem Handeln („thinking is for doing"). Es wird also angenommen, wir würden zunächst einmal nachdenken und seien uns dieser Denkprozesse auch bewusst, um dann auf der Basis dieser Überlegungen zu entscheiden und zu handeln. Aus der Perspektive dessen, was wir über Freud bislang gelernt haben, würden wir dieser Vorstellung vermutlich nicht gänzlich widersprechen, da Ich-Prozesse teilweise auch bewusst ablaufen. Aus der Sicht der Freud'schen Theorie erscheint es jedoch zwingend notwendig, auch die unbewussten Aspekte motivierten Verhaltens zu untersuchen.

Social-Cognition-Ansatz. Interessanterweise existiert auch innerhalb des „Social-cognition"-Ansatzes in neuerer Zeit die Vorstellung, dass ein nicht unbeträchtlicher Teil unserer sozialen Wahrnehmung und des daraus resultierenden Verhaltens unbewusst und automatisch abläuft (zusammenfassend vgl. Gilbert & Fiske, 1998). John Bargh und seine Arbeitsgruppe haben zudem die Ansicht geäußert, dass unbewusste soziale Wahrnehmungen oftmals einen größeren Einfluss auf unser Verhalten haben als bewusste Wahrnehmungen. Begründet wird dies damit, dass bewusste Wahrnehmungen aktiv geprüft und korrigiert werden können, während dies bei unbewussten Wahrnehmungen eben nicht der Fall sei (Bargh, 1989).

Ein Beispiel hierfür mögen Vorurteile gegenüber ausländischen Mitbürgern oder anderen Minoritäten sein. Ein bewusstes Vorurteil (zum Beispiel: „In Deutschland lebende Türken sind nicht willens, die deutsche Sprache zu lernen.") kann leicht an der Realität überprüft werden, so dass Raum bleibt für gegenteilige Beobachtungen. Ein nicht bewusstes Vorurteil der gleichen Art wird einer solchen Prüfung hingegen erst gar nicht unterzogen.

Dieses Forschungsfeld geht dabei über das im vorigen Abschnitt besprochene Konzept der Wahrnehmungsabwehr noch hinaus, insofern wir nicht nur die unbewussten Wahrnehmungen betrachten, sondern auch deren direkten Einfluss auf das Verhalten.

Automatisches Verhalten. Wir werden dieses Forschungsfeld zur Frage nach der Bewusstheit sozialer Wahrnehmungen und deren Einfluss auf das soziale Verhalten im Folgenden als „automatisches soziales Verhalten" bezeichnen (im Englischen: „automatic social behavior"). Diese Bezeichnung verdankt sich möglicherweise eher dem Versuch, eine Alternative zu Freuds Begrifflichkeit und zu den Diskussionen um das Konzept des Unbewussten und der Wahrnehmungsabwehr aus den 50er und 60er Jahren zu finden; der Begriff des „automatischen Verhaltens" hat sich in der Literatur inzwischen eingebürgert.

Wir finden Freuds grundsätzliche Überlegung, ein großer Teil unserer (in seinen Augen widerstreitenden) Antriebe und Ursachen des eigenen Verhaltens seien unbewusst, hier in anderem Gewande wieder. Die Methoden zur Untersuchung unbewusster Einflüsse auf die soziale Wahrnehmung und das soziale Verhalten sind allerdings gänzlich andere, als Freud sich dies vorgestellt hätte. Betrachten wir daher dieses Forschungsfeld etwas genauer.

EXPERIMENT

Wie schnell verlassen Sie das Experimentallabor?

Stellen Sie sich vor, Sie nehmen an einem Experiment teil. Der Versuchsleiter sagt, es diene dazu, Ihre sprachlichen Fähigkeiten zu prüfen. Sie nehmen an einem Computerbildschirm Platz und erhalten die Aufgabe, in Unordnung geratene Sätze möglichst schnell in eine grammatikalisch korrekte Reihenfolge zu bringen. In Ihrer Versuchsbedingung haben die Sätze einen inhaltlichen Bezug zu älteren Menschen und enthalten sind daher Wörter wie alt, einsam, durcheinander, vergesslich, konservativ, vorsichtig oder Florida (in den USA ein beliebter Alterssitz pensionierter Mitbürger). Man mag kritisieren, dass ältere Menschen hier in keinem günstigen Licht erscheinen; die Materialien wurden jedoch anhand von Befragungen Ihrer Kommilitonen gewonnen, die gebeten wurden, alle Wörter zu notieren, die Ihnen zum Thema „ältere Menschen" einfallen („Florida" gehört hierbei unter amerikanischen Studierenden zu den weitaus häufigsten Assoziationen). In einer anderen Versuchsbedingung (eine Kontrollbedingung, von der Sie als Versuchsteilnehmer nichts wissen) kommen keinerlei Wörter vor, die typischerweise mit älteren Menschen in Zusammenhang gebracht werden. Unabhängige Variable dieses Experiments ist also der inhaltliche Bezug der Versuchsmaterialien zum Konzept „ältere Menschen" (Bezug vorhanden, Bezug nicht vorhanden).

In Wirklichkeit geht es den Experimentatoren jedoch nicht um Ihre sprachlichen Fähigkeiten. In dem Moment, da Sie das Labor verlassen, um zum Aufzug zu gehen, drückt ein Mitarbeiter des Versuchsleiters, der unauffällig darauf zu warten scheint, dass die Sprechstunde seines Professors beginnt, eine Stoppuhr: Gemessen wird die Zeit, die Sie benötigen, um von der Tür des Versuchslabors zum Aufzug zu gehen (ein Flur von etwa 10 Metern Länge). Diese Zeit ist die wirkliche abhängige Variable. Am Aufzug angekommen, stellen Sie überrascht fest, dass das Experiment doch noch nicht ganz zu Ende ist: Sie werden gefragt, ob Ihnen an den Versuchsmaterialien etwas aufgefallen sei oder ob Ihnen klar sei, dass diese etwas mit älteren Menschen zu tun hatten.

Das Ergebnis dieses Experiments von Bargh, Chen und Burrows (1996) ist eindeutig: Die Versuchsteilnehmer, deren Versuchsmaterialen einen Bezug zu älteren Menschen hatte, benötigten für den Weg zum Aufzug etwa 10 bis 20 Prozent länger als die Versuchsteilnehmer der Kontrollgruppe. Keine einzige der insgesamt 60 Versuchspersonen konnte über den semantischen Bezug der verwendeten Materialien Auskunft geben – der Einfluss des inhaltlichen Bezugs der Materialien auf die Gehgeschwindigkeit scheint also unbewusst zu sein.

Automatische Anregung des Verhaltens

Die zentrale Annahme dieses Forschungsfeldes ist, dass soziales Verhalten „oftmals automatisch angeregt wird" (Bargh, Chen & Burrows, 1996). „Automatische Anregung" bedeutet, dass den Personen die Ursachen des eigenen Verhaltens nicht bewusst sind. Zudem gibt es in diesen Arbeiten bestimmte Formen der operationalen Definition von „automatischer Anregung" – das heißt, die Bedeutung von „automatisch" ist an bestimmte Versuchsanordnungen und experimentelle Vorgehensweisen gebunden. Diese Versuchsanordnung sieht in aller Regel vor, dass die Versuchsteilnehmer Reize (Stimuli) dargeboten bekommen, die bestimmte gedankliche Inhalte unbewusst aktivieren.

In den Experimenten von Bargh und Mitarbeitern geschieht dies alternativ auf zweierlei Weise:

▶ Die Personen arbeiten an einer Aufgabe und haben dabei mit Versuchsmaterialien zu tun, die mit bestimmten Inhalten assoziiert sind (siehe obiges Beispiel).

▶ Die Personen arbeiten an einem Computerbildschirm und erhalten während der Arbeit an einer Aufgabe extrem kurzfristige Darbietungen anderer Reize, die nicht bewusst wahrgenommen werden können. Man bezeichnet diese Form der Wahrnehmung als unbewusste oder subliminale Wahrnehmung, und der Fachbegriff für diese unbewusste Anregung gedanklicher Inhalte lautet im Englischen „Priming".

Automatische Aktivierung von Stereotypen oder Schemata

Wie bereits in unserem Beispiel-Experiment, wird in den meisten empirischen Untersuchungen zu dieser Frage nicht eine bestimmte Art von Verhalten unbewusst aktiviert und ausgeführt, sondern ein bestimmtes Stereotyp oder Schema, das dann das Verhalten bestimmt.

Im obigen Beispiel wurde anhand von bestimmten Versuchsmaterialien indirekt ein mentales Schema aktiviert, das mit älteren Personen zu tun hat. Die Versuchsmaterialien waren zudem sehr sorgfältig danach ausgewählt worden, dass keine direkten Bezüge zu Langsamkeit oder Schnelligkeit vorhanden waren, um bewusste Einflüsse des Versuchsmaterials auf das Verhalten auszuschließen. Zu diesem Zweck muss zunächst einmal definiert werden, was ein Schema eigentlich genau ist.

DEFINITION

Stereotype und Schemata

Schemata sind definiert als „organisierte Meinungen über andere Menschen, Objekte, Ereignisse und Situationen" (Hamilton, 1979). Es wird weiterhin angenommen, dass Schemata „mentale Repräsentationen" sind, also (irgendwie) im Gedächtnis niedergelegte Wissensstrukturen. Ein Stereotyp ist ein Spezialfall eines Schemas, es ist definiert als ein Schema über andere Personen oder bestimmte Gruppen von Personen. So mag das Stereotyp eines typischen Bayern sein, dass er katholisch ist, gerne Bier trinkt und bestimmte Bekleidungspräferenzen hat.

Schemata und Stereotype haben den Vorteil, dass eine Vielzahl von Informationen leicht und schnell verarbeitet, gespeichert und wieder abgerufen werden können. Sie haben den Nachteil, dass sie keineswegs immer zutreffen (nicht jeder Bayer ist katholisch), sondern nur grobe Verallgemeinerungen der Realität sind. Trotzdem haben Stereotype natürlich auch einen Kern Wahrheit: Die Wahrscheinlichkeit, dass ein Bayer katholisch ist, ist tatsächlich ungleich höher als die Wahrscheinlichkeit, dass ein Sachse katholisch ist.

Unbewusstes Modell der Verhaltensbestätigung

Chen und Bargh (1997) schlugen ein „unbewusstes Modell der Verhaltensbestätigung" vor. Anhand dieses Modells werden die Prozesse genauer benannt, die zu einer unbewussten Aktivierung eines Stereotyps führen. Dieses Modell besteht aus drei Teilprozessen.

Automatische Aktivierung des Stereotyps. Ein Stereotyp kann zunächst durch die Anwesenheit einer Person ausgelöst werden, die derjenigen Gruppe angehört, auf die sich das Stereotyp bezieht. Hautfarbe, Alter oder Geschlechtsmerkmale aktivieren schemarelevante (stereotype) Repräsentationen (Gedächtnisinhalte) dieser Personengruppe. Durch häufigen Gebrauch dieser Stereotype genügt schließlich die Anwesenheit einiger weniger Merkmale, um eine nicht intendierte und unbewusste Aktivierung des Stereotyps auszulösen, welche die Wahrnehmung anleiten.

Die Verbindung zwischen Wahrnehmung und Verhalten. Die Aktivierung eines Stereotyps wirkt sich nicht nur auf die Wahrnehmung aus, sondern auch auf das Verhalten. Bargh und Mitarbeiter nehmen hier Bezug auf das Konzept der ideomotorischen Handlungen (James, 1890) und nehmen an, dass allein die Anregung eines Schemas oder Stereotyps die Wahrscheinlichkeit erhöht, das zugehörige Verhalten zu zeigen.

Automatische Verhaltensbestätigung. Im Laufe einer sozialen Interaktion wird das mit dem Stereotyp konsistente Verhalten einer Person deren Interaktionspartner mit höherer Wahrscheinlichkeit so reagieren lassen, wie es dem Stereotyp entspricht. Betrachten wir im Folgenden ein Experiment, das diese drei Annahmen prüft.

Empirischer Nachweis der Wirkung von Stereotypen

Ein Experiment derselben Autoren (Chen & Bargh, 1997) bestätigte diese Annahmen. Die unbewusste Darbietung von Reizen führte bei Versuchspersonen dazu, dass sie ihr Verhalten änderten. Das Experiment basiert auf der Annahme, dass farbige Amerikaner von den nicht-farbigen Bürgern – einem gängigen Stereotyp zufolge – als unhöflicher erlebt werden. Insgesamt 92 Versuchspersonen nahmen an der Untersuchung teil, die aus drei Teilen bestand. Die Probanden wurden in Paare eingeteilt, die in einer Phase des Experiments gemeinsam ein Spiel spielten. Es wurde jedoch sichergestellt, dass sich die beiden Personen eines jeden Paares zu keinem Zeitpunkt sehen konnten, alle Interaktionen liefen über eine Gegensprechanlage ab (s. Übersicht).

ÜBERSICHT

Automatische Aktivierung von Stereotypen (Bargh & Chen, 1997)

Unabhängige Variable:	Priming I	Priming II
Phase I	Fotografien farbiger Personen	Fotografien nicht-farbiger Personen
Phase II	Spielsituation über Gegensprechanlage	Spielsituation über Gegensprechanlage
Abhängige Variable:		
Einschätzung der Probanden zu Merkmalen der Interaktion (Höflichkeit und Aggression)	Signifikant negativer als in der Vergleichsbedingung	Signifikant positiver als in der Vergleichsbedingung
Fremdbewertung der Interaktion durch unabhängige Gutachter (Angaben auf einer Skala von 1 bis 7; niedrigere Werte gleich höhere Aggression)	M = 2.7	M = 3.2

Versuchsablauf. In Teil 1 bearbeiteten die Probanden unabhängig voneinander eine Computeraufgabe, in deren Verlauf für einen der beiden Interaktionspartner subliminal (unterhalb der Bewusstseinsschwelle) Fotografien entweder von farbigen oder weißen Personen dargeboten wurden. In Teil 2 des Experiments spielten die beiden Probanden ein Wortspiel miteinander, in dessen Verlauf sie abwechselnd ein Wort raten mussten, das der Interaktionspartner sich ausgedacht hatte. In dem abschließenden Teil des Experiments – Teil 3 – wurden die Probanden gebeten, den Interaktionspartner hinsichtlich einer Reihe von Persönlichkeitsmerkmalen einzuschätzen, unter anderem in Bezug auf die Freundlichkeit und Feindseligkeit der Interaktion. Weiterhin wurden die auf Band aufgezeichneten Interaktionen der Probanden auf den gleichen Dimensionen von solchen Personen eingeschätzt, die am Experiment nicht teilgenommen hatten und nicht wussten, worum es in diesem Experiment ging und in welcher experimentellen Bedingung sich die Probanden befanden.

Zentrale Hypothese dieser Untersuchung war, dass die Interaktionen der Probanden – die sämtlich weißer Hautfarbe waren – in der Primingbedingung mit Fotografien farbiger Personen weniger positiv (weniger freundlich, eher feindselig) ausfallen würden als in der Primingbedingung mit Fotografien nicht-farbiger Personen.

Tatsächlich verhalten sich beide Interaktionspartner unfreundlicher, wenn ein Priming mit Fotografien farbiger Personen erfolgte (im Vergleich zu einem Priming mit Fotografien nicht-farbiger Personen). Die Korrelationen zwischen der unabhängigen Variablen (Priming-Bedingung) und der Feindseligkeit der Interaktionspartner liegen zwischen .30 und .40, erklären also etwa 10 Prozent der Varianz im Verhalten der Probanden.

Interpretation der Ergebnisse. Das Experiment bestätigt die Annahmen des Modells in mehrfacher Hinsicht: Die unbewusste (subliminale) Präsentation von Reizen bei einem der beiden Interaktionspartner führt zu einem veränderten Verhalten der Probanden. Dieses so veränderte Verhalten bewirkt in der nachfolgenden Interaktion mit einem anderen Interaktionspartner, dass auch diese Person sich weniger freundlich und feindseliger verhält.

Kritisch anzumerken bleibt, dass die Aktivation eines afro-amerikanischen Stereotyps lediglich aus diesem veränderten Verhalten erschlossen und nicht direkt beobachtet werden kann. Zu beachten ist ferner, dass die Varianzaufklärung des beobachteten Verhaltens lediglich zu einem relativ geringen – allerdings signifikanten – Prozentsatz auf der Aktivation dieses Stereotyps basiert.

2.3 Anwendungen der psychoanalytischen Theorie der Motivation

Die psychoanalytische Theorie in der Nachfolge Freuds hat im Laufe des 20. Jahrhunderts neben der psychoanalytischen Behandlung von seelischen Störungen auch großen Einfluss auf verschiedenste Teilgebiete der psychologischen Forschung gehabt. Dies betrifft insbesondere die psychoanalytische Sozialpsychologie und zahlreiche psychoanalytische Konzepte innerhalb der Entwicklungspsychologie (Mertens, 2000).

2.3.1 Aggression aus psychoanalytischer Sicht

Nach der Theorie Freuds ist Aggression ein angeborener Trieb. In einem Briefwechsel mit Albert Einstein führte Freud hierzu aus: „Sie verwundern sich darüber, dass es so leicht ist, die Menschen für den Krieg zu begeistern, und vermuten, dass etwas in ihnen wirksam ist, ein Trieb zum Hassen und Vernichten, der solcher Verhetzung entgegen kommt. Wiederum kann ich Ihnen nur uneingeschränkt beistimmen … Übrigens handelt es sich, wie sie selbst bemerken, nicht darum die menschliche Aggressionsneigung völlig zu beseitigen; man kann nur versuchen, sie soweit abzulenken, dass sie ihren Ausdruck nicht im Kriege finden muss."

Aggression in der Phantasie. Diese „Ablenkung" aggressiver Neigungen ist in Zusammenhang mit dem Konzept der Katharsis wieder aufgegriffen worden, den wir bereits in Abschnitt 2.2.1 in Zusammenhang mit Freuds Fallstudie kennen gelernt haben. In diesem Kontext bestand die „Reinigung" (die Katharsis) darin, dass ein verdrängter, aber quälender Zustand verbalisiert werden kann.

Der Begriff der Katharsis erhält hier jedoch eine erweiterte Bedeutung: Es wird angenommen, dass auch eine Phantasietätigkeit – also beispielsweise eine nur vorgestellte Aggression – zu einer (zumindest teilweisen) Triebbefriedigung führen kann. Wenn wir also jemandem schaden wollen, so mag es „hilfreich" sein, sich „nur" vorzustellen, man würde der anderen Person schaden, und bereits diese Vorstellung allein soll dieser Annahme zufolge einen Teil des aggressiven Triebes befriedigen.

Aggression indirekt ausleben. Weiterhin ist vorgeschlagen worden, dass es eine „stellvertretende Katharsis" geben kann. Gemeint ist damit, eigene aggressive Impulse in indirekter Weise auszuleben, so etwa durch sportliche Betätigung. Und eine weitere Form der stellvertretenden Katharsis schließlich könnte darin bestehen, dass wir andere Personen bei aggressiven Handlungen beobachten, so dass (um das Zitat von Freud oben aufzugreifen) eigene aggressive Impulse „abgelenkt" oder ersatzweise befriedigt werden.

Es gibt eine ganze Reihe von Forschungsarbeiten, die diese Frage überprüft haben, insbesondere die spezifische Variante, dass die bloße Beobachtung aggressiver Handlungen die Aggressionsneigung des Beobachters reduziert. Wir bezeichnen diese Annahme im Folgenden als „Katharsishypothese".

Gewalt in den Medien. Angesichts der großen Verbreitung von Gewaltdarstellungen beispielsweise im Fernsehen hat die empirische Prüfung der Katharsishypothese bedeutende praktische Implikationen: Sind Gewaltdarstellungen im Fernsehen und anderen Medien zu verurteilen, weil sie falsche Vorbilder liefern – oder haben solche Darstel-

lungen im Gegenteil sogar positive Auswirkungen, weil sie eine Art stellvertretender Befriedigung eines ohnehin unweigerlich vorhandenen Aggressionstriebes darstellen?

2.3.2 Aggressionen im Fernsehen

Eine sehr aufwendige Studie zur Katharsishypothese führten Feshbach und Singer (1971) durch. In einem Internat variierten die Autoren den Fernsehkonsum der männlichen Schüler als unabhängige Variable: Die eine Hälfte der Schüler sah ganz überwiegend Fernsehsendungen mit aggressiven Inhalten, während der Fernsehkonsum der anderen Hälfte ganz überwiegend auf nicht-aggressive Sendungen beschränkt war. Für eine Zeitdauer von sechs Wochen wurde dann anhand einer Vielzahl von Beobachtungen die Aggressionsneigung der Schüler als abhängige Variable erfasst.

Die Ergebnisse der Studie sind nicht eindeutig. Die Katharsishypothese wurde für Schüler bestätigt, die ohnehin eine hohe Aggressionsneigung hatten: In diesem Fall reduzierte der Konsum aggressiver Inhalte im Fernsehen die Aggressionsneigung im Vergleich zur Kontrollgruppe (die keinen Zugang zu aggressiven Inhalten hatte) signifikant. Für Schüler, bei denen vorauslaufend keine hohe Aggressionsneigung bestand, fand sich kein solcher Unterschied.

Interpretation der Ergebnisse. Offenbar haben ohnehin wenig aggressive Schüler andere Möglichkeiten, ihre Aggressionsneigung stellvertretend zu befriedigen als durch Fernsehkonsum, insofern sind diese durch Variationen des Fernsehprogramms nicht betroffen. Den aggressiven Schülern dagegen stehen solche Mechanismen nicht zur Verfügung und diese „profitieren" daher vom Konsum der Gewaltdarstellungen im Fernsehen.

Angesichts einer Vielzahl von teilweise widersprüchlichen Forschungsergebnissen ist es unmöglich, die Katharsishypothese abschließend zu bewerten. Dies bedeutet: Eine Befürwortung von – beispielsweise – Gewaltdarstellungen im Fernsehen auf der Basis dieser widersprüchlichen Daten wäre in jedem Falle unverantwortlich.

Denkanstöße

(1) Rekapitulieren Sie noch einmal die verschiedenen von Freud herangezogenen Datenquellen und versuchen Sie, möglichst konkrete Beispiele für diese Datenquellen zu benennen.

(2) Inwiefern sind Freuds Befunde zur Hysterie von zentraler Bedeutung für seine Theorie? Welche Auswirkungen haben diese Befunde für seine ursprüngliche Konzeption eines (physikalischen) Determinismus?

(3) Wie bewerten Sie die Befunde aus der in Abschnitt 2.2.1 dargestellten Fallstudie? Welche Argumente sprechen für und welche Argumente sprechen gegen Freuds Schlussfolgerungen?

(4) Nennen Sie Beispiele für „automatisches Verhalten" in Ihrem Alltagsleben.

WEITERFÜHRENDE LITERATUR

Die umfassendste und aktuellste Biographie zur Person Sigmund Freuds liefert Gay (1992). Zu empfehlen sind auch die kurze Monographie von Lohmann (1998) sowie die Einführung von Mertens (2000). Monte (1999) gibt einen hervorragenden Überblick zu Freuds Persönlichkeitstheorie und liefert zugleich einen detaillierten Vergleich mit anderen Konzeptionen der Persönlichkeits- und Motivationspsychologie. Von Freuds zahlreichen Publikationen seien insbesondere die Vorlesungen als Einstieg in seine Schriften empfohlen (Freud, 1933, 2000).

Freud, S. (1933/2000). Vorlesungen zur Einführung in die Psychoanalyse und Neue Folge. S. Fischer Verlag.

Gay, P. (1992). Freud entziffern. Essays. Frankfrut: Fischer.

Lohmann, H. M. (1998). Sigmund Freud. Reinbek bei Hamburg: Rowohlt.

Mertens, W. (2000). Psychoanalyse: Geschichte und Methoden. München: Beck.

Monte, C. F. (1999). Beneath the mask: An Introduction to Theories of Personality. Harcourt Brace College Publishers.

3 Hulls behavioristische Theorie der Motivation

Der Titel dieses Kapitels ist ein Widerspruch in sich, weil der Begriff der „Motivation" im alltagssprachlichen Sinne auf etwas abhebt, was in einem Menschen vor sich geht, wenn wir beispielsweise erschließen, eine Person sei motiviert, dieses oder jenes zu tun. Geistige Prozesse – Prozesse im Individuum, die nicht beobachtbar sind, symbolisiert durch das „C" im S-C-R-Modell – sind aus der Perspektive des Behaviorismus jedoch im besten Falle irrelevant (im schlimmeren Falle irreführend), wenn wir verstehen wollen, warum Menschen sich so verhalten, wie sie es tun.

Ein Verständnis der menschlichen Motivation ist aus der Perspektive des Behavioristen ausschließlich dadurch möglich, dass wir die Handlungen eines Menschen und die positiven und negativen Konsequenzen dieser Handlungen betrachten. Wenn im Folgenden der Ausdruck „behavioristische Theorien der Motivation" gebraucht wird, so ist zu beachten, dass wir nichts desto trotz von Verhaltenstheorien sprechen.

Die behavioristische Position hat Vor- und Nachteile. Auf der positiven Seite steht das methodische Erbe des Behaviorismus, demzufolge wir empirische Nachweise unserer Theorien verlangen, und diese empirischen Nachweise sind beobachtbare Daten. Diese Forderung haben sich auch alle nachfolgenden Theorien der Motivation zu Eigen gemacht, gleich welcher Schule sie zuzuordnen sind.

Weniger positiv an der behavioristischen Orientierung ist jedoch eine bedeutende Einschränkung des Gegenstandsbereiches: Gedanken, Wünsche, Vorlieben, Ziele und Absichten – vieles also, was im alltagssprachlichen Sinne Motivationen und Motive gerade ausmacht – werden des Feldes einer wissenschaftlichen Untersuchung verwiesen, weil sie eben nicht direkt beobachtbar sind.

John B. Watson, der auch als „radikaler Behaviorist" bezeichnet wird, formulierte diese Gedanken folgendermaßen: „Psychology as the behaviourist views it is a purely objective, experimental branch of natural science. Its theoretical goal is the prediction and control of behaviour. Introspection (die subjektive Wahrnehmung des eigenen Denkens und Erlebens; Anmerkung des Autors) forms no essential part of its method." (Watson, 1913, S. 158).

Gegenbewegungen. Der Behaviorismus dominierte die Psychologie zwischen den 20er und 60er Jahren des vergangenen Jahrhunderts. Er rief zugleich eine ganze Reihe von Gegenreaktionen hervor, so die Gestaltpsychologie, die kognitive Psychologie und soziobiologische Theorien. All diese „Gegenbewegungen" sind Gegenstand der nachfolgenden Abschnitte dieses Buches. Aus diesem Grunde erscheint es sinnvoll, die behavioristische Position zur Erklärung motivierten Verhaltens zunächst einmal einer genaueren und unvoreingenommenen Betrachtung zu unterziehen.

Dazu betrachten wir zwei verschiedene behavioristische Theorien der Motivation oder des Verhaltens, dies ist die Triebtheorie von Clark Hull (Kap. 3) sowie die Verstärkungstheorie von B. F. Skinner (Kap. 4). Die Hull'sche Theorie weist überraschenderweise eine Reihe von Parallelen zu Freuds Theorie auf, wenngleich in der Regel ganz andere Phänomene erklärt werden sollen.

Für Burrhus F. Skinner gilt genau das Umgekehrte: Sein Erklärungsansatz menschlichen Verhaltens ist gänzlich anders als derjenige der psychoanalytischen Theorie der Motivation, erhebt aber den Anspruch, die gleichen Phänomene erklären zu können. So zieht Skinner die von Freud berichteten Daten nicht in Zweifel, sondern greift sie explizit auf und führt sie anderen Erklärungen zu.

3.1 Die Hull'sche Triebtheorie und ihre empirische Bestätigung

Clark Hulls Theorie ist in hohem Maße von dem Darwin'schen Gedanken des „survival of the fittest" (das Überleben des Tüchtigsten, also des am besten angepassten Organismus; s. Kap. 10) beeinflusst. Hull nahm deshalb an, dass Organis-men solche Handlungen ausführen (müssen), die das biologische Überleben sichern. Aus diesem Bezug zu Darwin resultiert ein Merkmal seiner Theorie, auf das wir in Kapitel 10 (evolutionäre Theorien) wieder eingehen werden.

Hull versuchte, ohne den Begriff der „Absicht" (und verwandter „kognitiver" Begriffe wie Meinungen, Wissen, Wünsche) auszukommen und das Verhalten des Organismus gänzlich auf aktuelle physische und physikalische Stimuli und Reaktionen zu reduzieren. Brody (1983) machte darauf aufmerksam, dass dies bereits in den Titeln der Schriften Hulls zum Ausdruck kommt, wie beispielsweise „Knowledge and Purpose as Habit Mechanisms" („Wissen und Absicht als Mechanismen der Gewohnheit/Gewöhnung"; Hull, 1930).

Allein dem schlechten Gesundheitszustand Clark Hulls in seinen letzten Lebensjahren ist es zuzuschreiben, dass er gezwungen war, sich auf seine Lerntheorie zu konzentrieren. Hull gehörte zwischen 1940 und 1960 (interessanterweise nach Sigmund Freud) zu den meistzitierten Autoren der Psychologie und wird von vielen experimentell orientierten Psychologen als der wichtigste Forscher in diesem Zeitraum angesehen.

Erste Experimente zur Motivationspsychologie

Wir begegnen mit Hull einem ersten Vertreter eines experimentellen Ansatzes innerhalb der Motivationspsychologie. Als behavioristische Theorie ist der Hull'sche Ansatz natürlich auch über die Forschungsmethoden hinaus denkbar verschieden von der Gedankenwelt Freuds. Bewusste geistige Prozesse (und unbewusste Prozesse natürlich erst recht) schließt Hull von der empirischen Analyse aus.

Ein wichtiges Ziel sah er darin, menschliches Verhalten möglichst präzise und anhand mathematischer Modelle vorherzusagen. Um dies zu ermöglichen, konzentrierte er sich auf das Verhalten von Versuchstieren in möglichst einfachen, genau definierten und kontrollierbaren Bedingungen.

Viele der nachfolgenden Experimente, bei denen in der Regel Mäuse, Ratten oder Katzen als Versuchstiere beteiligt sind und experimentelle Verfahren wie Nahrungsdeprivation und Elektroschocks angewandt werden, gehören nicht zu denen, die der Autor dieses Buches selber gerne durchführen würde. In der heutigen Psychologie kommen solche Experimente auch glücklicherweise kaum mehr vor – sie vermitteln aber dennoch eine Reihe von wichtigen Einsichten auch in die menschliche Motivation.

Parallelen zwischen Freud und Hull. Es gibt eine Reihe von Parallelen zwischen Hulls Theorie und der Freudschen psychoanalytischen Theorie der Motivation: Sowohl Hull als auch Freud sind Deterministen (nehmen also an, dass alle Handlungen Ursachen haben), beide vertreten homöostatische und hedonistische Konzeptionen menschlichen Verhaltens, beide Theorien legen einen Schwerpunkt auf negative Emotionen (in Hulls Fall ist dies die Furcht als „erlernter Trieb",

s. 3.2.2), und beide lehnen die Einbeziehung systematischer interindividueller Unterschiede ab.

Triebkonstrukt. Eine weitere wichtige Gemeinsamkeit dieser beiden Ansätze ist die Betonung des Triebkonstruktes. Betrachten wir daher dieses für die Hull'sche Theorie zentrale Konstrukt etwas genauer. Dabei handelt es sich nur um einen kleinen Ausschnitt der Hull'schen Theorie. Lefrançois (1980) spricht in Zusammenhang mit der Darstellung des vollständigen Systems von Hull auch von einem „Symbolschock" für die Studierenden – allein die Liste der Abkürzungen für jene Variablen, die das menschliche Verhalten vorhersagen sollen, ist so lang, dass eine auch nur tabellarische Darstellung mehrere Lehrbuchseiten in Anspruch nehmen würde (vgl. Hilgard & Bower, 1970).

3.1.1 Das Triebkonzept

Hull (1943) postuliert, dass Bedürfnisse oder physiologische Mangelzustände den Organismus motivieren: Er definiert Triebe als die motivationale (motivierende) Komponente von physiologischen Bedürfnissen; Beispiele für solche Bedürfnisse sind Hunger, Durst oder das Schlafbedürfnis. Das eigentliche Motivierende an diesen Bedürfnissen ist der angenehme Zustand, welcher durch die Beseitigung des Bedürfnisses erreicht wird.

Interne Stimuli. An diesen internen physischen Stimuli und dem Begriff des Triebes, den wir in Zusammenhang mit der psychoanalytischen Theorie ja bereits kennen gelernt haben, sind drei Dinge bemerkenswert:

▶ Das auf physiologischen Bedürfnissen beruhende Triebkonzept ist eng geknüpft an aktuelle interne Zustände eines Organismus, und es erhebt sich die Frage, wie dies zu einer behavioristischen Theorie passt. Dieses Problem erscheint verständlicher, wenn man zwei weitere Sachverhalte in Betracht zieht.

▶ Mit dem Triebkonzept verband sich zum einen die Hoffnung einer ganzen Reihe von Forschern, zukünftig einmal in der Lage zu sein, ein direkt messbares Substrat dieser physiologischen Bedürfnisse zu finden (was allerdings bis heute kaum gelungen ist). Hull bezeichnete diese internen Grundlagen der Triebe auch als Triebstimuli und behandelte sie so, als handele es sich um Äquivalente zu externen Stimuli (wiederum symbolisiert durch das „S" im S-R-Modell des Verhaltens).

▶ Des Weiteren gab es seit Anfang der 20er Jahre eine Reihe von Befunden, die darauf hindeuten, dass das Verhalten eines Organismus auch bei konstanten Umweltbedingungen systematischen Schwankungen unterliegt. Dies steht der ursprünglichen behavioristischen Annahme entgegen, Verhalten sei ausschließlich von Umweltgegebenheiten abhängig.

So beobachtete Richter (1927) das Verhalten von Versuchstieren in gleichbleibenden Umweltbedingungen, die er für unterschiedlich lange Zeitintervalle nicht fütterte (eine Vorgehensweise, die vielleicht etwas beschönigend als Nahrungsdeprivation bezeichnet wird). Richter stellte fest, dass die Aktivität der Tiere mit zunehmender Deprivation fortlaufend zunimmt, während diese unmittelbar nach der Aufnahme von Nahrung für einige Zeit relativ inaktiv sind.

Columbia Obstruction Box. Eine weitere Beobachtung stützte die Auffassung, interne Zustände in Form von Trieben bewirkten Veränderungen im Verhalten. Für diese Untersuchungen wurde die so genannte Columbia Obstruction Box entwickelt (s. Abb. 3.1).

Bei Experimenten mit dieser Versuchsanordnung werden die Versuchstiere in unterschiedlichem Maße nahrungsdepriviert (beispielsweise für 1 Stunde versus für 24 Stunden) und in eine Startbox gesetzt. In einer zweiten Box, der Zielbox, befindet sich Futter. Um an das Futter heranzukommen, müssen die Versuchstiere ein elektrisches Gitter überqueren; dabei erhalten sie

Startbox	Elektrisches Gitter	Zielbox

Abbildung 3.1. Schematische Darstellung einer Columbia Obstruction Box. Mit dieser Versuchsanordnung wurde experimentell untersucht, wie Triebe das Verhalten beeinflussen

Elektroschocks. Es zeigt sich, dass die Versuchstiere bei zunehmender Nahrungsdeprivation mit immer größerer Wahrscheinlichkeit bereit sind, die schmerzhaften Elektroschocks zu ertragen, um zum Futter in der Zielbox zu gelangen.

Triebe energetisieren das Verhalten. Aufgrund solcher Befunde gelangte Hull zu dem Schluss, dass die Erklärung von Verhalten zwar ausschließlich auf beobachtbare Daten Bezug nehmen sollte, dass aber andererseits interne Zustände eines Organismus wie Bedürfnisse und Triebe das Verhalten energetisieren. Diese Position ist der Auffassung Freuds sehr ähnlich.

Eine weitere Gemeinsamkeit von Freuds und Hulls Position: Beide nehmen an, dass Triebe eine unspezifische energetisierende Größe darstellen, dass also alle Triebzustände gemeinsam in eine aggregierte (übergreifende, zusammengefasste) Energiequelle zusammenfließen (s. Kap. 3.1.3).

Primäre Triebe. Im Unterschied zu Freud akzeptierte Hull jedoch nur eine sehr kleine Anzahl von Triebzuständen (wie Hunger und Durst) als Antriebsquellen des Verhaltens – nämlich solche, die sich im Labor an Versuchstieren leicht untersuchen ließen und von denen er hoffte, eine physiologische Basis würde sich auffinden lassen. Diese Triebe bezeichnete Hull als primäre Triebe. Ein primärer Trieb ist ganz eindeutig an physiologische Bedürfniszustände geknüpft. Auf die Bedeutung sekundärer Triebe – die nicht angeboren, sondern erlernt sind – kommen wir im Laufe dieses Kapitels zurück.

3.1.2 Trieb und Gewohnheitsstärke

In Zusammenhang mit Hulls Theorie wurde häufig eine Metapher zur Beschreibung des menschlichen Verhaltens verwendet: Ähnlich einem Auto verfügt der Organismus über zwei Größen, die das Verhalten beeinflussen, zum einen eine generelle Antriebsquelle (der Motor), zum anderen aber auch eine Größe, die das Verhalten lenkt (das Lenksystem). Während das Triebkonstrukt den Motor (die Energiequelle) des Verhaltens repräsentieren soll, bezeichnete Hull dieses Lenksystem, das dem Verhalten seine Richtung gibt, als Habit. Um dieses Konstrukt zu verstehen, ist es notwendig, kurz auf die Arbeiten von Edward Thorndike einzugehen, auf die auch Hull zurückgriff.

Thorndikes Gesetzmäßigkeiten des Lernens

Thorndike (1911) experimentierte mit Versuchstieren (typischerweise Katzen), indem er das Verhalten der Tiere beispielsweise in so genannten „Problemsituationen" studierte: So setzte Thorndike ein Versuchstier beispielsweise in einen auf ausgeklügelte Weise verschlossenen Käfig und beobachtete, wie es sich aus diesen Käfigen befreite. Zudem belohnte Thorndike seine Versuchstiere, sobald sie den Mechanismus der Käfigtür entdeckten.

Versuch und Irrtum. Eine zentrale Beobachtung hierbei war, dass die Versuchstiere zunächst (wenn sie in einem neuen Käfig waren) ein Verhalten zeigten, dass Thorndike als „Versuch und Irrtum" („learning by trial and error") bezeichnete: Das Tier unternimmt eher zufällige Anstrengungen, den Käfig zu verlassen, bis es schließlich irgendwann (versehentlich) das Verhalten zeigt, das die Käfigtür öffnet. Dies kann geschehen, indem das Versuchstier beispielsweise eine Taste berührt, welche die Tür öffnet.

Je öfter das Versuchstier in den Käfig gesetzt wird, und unter der Voraussetzung, dass der Befreiung aus diesem Käfig eine Belohnung (zum Beispiel in Form von Futter) folgt, desto schneller gelingt es dem Tier, jene Reaktion zu zeigen, die ein Verlassen des Käfigs und den Zugang zum Futter ermöglicht. Am Ende einer Reihe von solchen Durchgängen zeigt das Versuchstier die zum Erfolg führende Reaktion ohne jede Verzögerung – es hat offensichtlich gelernt, in einer gegebenen Situation (S) die richtige Reaktion (R) zu zeigen. Thorndike bezeichnete diese Form des Lernens auch als „Lernen am Erfolg".

Gesetz der Auswirkung. Angesichts dieser Beobachtungen formulierte Thorndike ein so genanntes „Gesetz der Auswirkung" („law of effect"). Es besagt, dass eine Reiz-Reaktions-Verbindung (Käfig, Tastendruck) dann häufiger auftreten wird, wenn dieser Verbindung angenehme Zustände folgen. Umgekehrt werden Reiz-Reaktions-Verbindungen seltener auftreten, wenn unangenehme Zustände folgen.

Die Konsequenzen des Verhaltens führen also entweder zu einer Stärkung (bei positiven Konsequenzen) oder einer Schwächung (bei negativen Konsequenzen) zwischen dem Stimulus und der Reaktion. Es ist wichtig, sich dieses Prinzip genau zu merken: Bei Thorndike stärken (oder schwächen) die positiven (oder negativen) Konsequenzen einer Reaktion (R) die Verbindung zwischen Situation und Reaktion. Skinner (1953; s. Kap. 4) dagegen postulierte, dass eine „Verstärkung" – sei diese nun positiv (belohnend) oder negativ (mit negativen Konsequenzen) – zu einem Lernen der Verbindung zwischen Reaktion und Verstärkung führt.

Ein Stimulus ist in unserem Beispiel der Käfig, aus dem die Versuchstiere sich befreiten; die Reaktion ist dasjenige Verhalten, das zur Befreiung aus dem Käfig führt. Die Untersuchungen Thorndikes lieferten die ersten systematischen Befunde zu einer Lernform, bei der es die Auswirkungen des Verhaltens sind, die dessen Auftretenswahrscheinlichkeit beeinflussen (auch als Lernen durch Bekräftigung bezeichnet; vgl. Edelmann, 2000).

Hierarchie der Gewohnheiten. Hull griff diese Theorie zur Definition des Habit-Konstruktes auf. Er nahm an, dass es in einer gegebenen Situation eine ganze Reihe verfügbarer Reaktionsmöglichkeiten gibt – denken wir beispielsweise an eine Katze in einem der Thorndike'schen Käfige, an eine Maus in einem komplizierten Labyrinth, oder an einen Studenten, der sich auf eine Prüfung vorbereiten will. Diese Gesamtheit der möglichen Reaktionen bezeichnete er als „Habithierarchie" (oder auch Gewohnheitshierarchie). In dieser Hierarchie steht dasjenige Verhalten am höchsten (und ist also am wahrscheinlichsten), das vorauslaufend die meisten positiven Konsequenzen gebracht hat. Umgekehrt sollte ein Verhalten, dass nicht (mehr) verstärkt wird, in der Habithierarchie kontinuierlich absinken.

Aus diesem Grund ist die Gewohnheitshierarchie ein Konstrukt, dass sich operational definieren lässt – das heißt, wir können Operationen und Verfahrensweisen angeben, die das Konzept der Gewohnheitshierarchie unter die Kontrolle des Experimentators bringen: Ist eine bestimmte Reaktion sehr häufig verstärkt worden, so steht sie in der Habithierarchie weit oben; ein Verhalten, das gar nicht oder nur selten verstärkt wurde, steht in der Habithierarchie weit unten.

Verknüpfung von Triebstärke und Habitstärke.
Weiterhin nahm Hull an, dass in einer gegebenen Situation nicht zufällig irgendein Verhalten gezeigt wird, sondern dasjenige, das in der Habithierarchie am höchsten steht. Und schließlich postulierte er, dass Triebstärke und Habitstärke multiplikativ miteinander verknüpft sein sollten:

▶ Wenn die Triebstärke gegen 0 geht, sollte der Organismus keinerlei Verhalten zeigen. Dies erinnert an die gesättigten Versuchstiere in Richters Versuchanordnungen, die wir eingangs des Kapitels erwähnten.

▶ Wenn die „richtige" Reaktion in der Habithierarchie des Organismus nicht vorhanden ist, so kann dieses Verhalten auch nicht gezeigt werden. Dieses Phänomen entspricht den Thorndikeschen Katzen zu Beginn einer Versuchsreihe, bei der das Tier die richtige Reaktion nicht „kennt". Hulls grundlegende Annahme lässt sich in einer Formel darstellen. Sie bildet die Vorhersage der Wahrscheinlichkeit einer Reaktion ab: Verhalten = Trieb × Habit.

EXPERIMENT

Eine Experiment zur Verknüpfung zwischen Trieb und Habit
Ein Experiment von Perin (1942) veranschaulicht die Annahmen Hulls. Hierbei wurden die Versuchstiere (in diesem Fall waren es Ratten) trainiert, einen Hebel zu drücken, um Futter zu erhalten. Es gab zwei unabhängige Variablen, nämlich zum einen die Anzahl der Verstärkungen für das Hebeldrücken, welche die Versuchstiere in einer vorauslaufenden Versuchsphase erhalten hatten (in Hulls Terminologie die Habitstärke der Reaktion) und zum anderen die Nahrungsdeprivation der Versuchstiere (in Hulls Terminologie eine Manipulation der Triebstärke).

Unabhängige Variable 1:	**Habitstärke:** (Anzahl vorauslaufender Verstärkungen in Versuchsphase 1)	
	Wenige Verstärkungen	Viele Verstärkungen
Unabhängige Variable 2: Triebstärke: (Nahrungsentzug zu Beginn von Versuchsphase II)		
Geringe Triebstärke	Geringe Löschungsresistenz	Mittlere Löschungsresistenz
Hohe Triebstärke	Mittlere Löschungsresistenz	Hohe Löschungsresistenz

Die abhängige Variable bedarf einer kurzen Erläuterung. Gemessen wurde in diesem Experiment die so genannte Löschungsresistenz des gelernten Verhaltens. Es wurde geprüft, wie lange es dauern würde, bis die Versuchstiere das zuvor erlernte Verhalten nicht mehr zeigen werden, nachdem die Verstärkung ausgesetzt wird. Wir haben weiter oben bereits gesehen, dass nach Hulls Theorie ein Verhalten in der Habithierarchie ständig absinken

---

sollte, wenn es nicht mehr zu positiven Konsequenzen führt.

Ein Verhalten, das durch eine hohe Triebstärke energetisiert wird und durch eine Vielzahl von Verstärkungen hoch in der Habithierarchie steht, sollte allerdings länger aufrecht erhalten werden als ein Verhalten bei niedriger Triebstärke, welches in der Habithierarchie weniger wahrscheinlich ist. Eine Analogie mag hier hilfreich sein: Ein Segelflugzeug, das von einem Motorflugzeug in sehr große Höhe gezogen wird, sollte in Abwesenheit von Aufwinden länger brauchen, bis es in einem kontinuierlichen Sinkflug den Boden erreicht, als ein Segelflugzeug, das seinen Sinkflug von geringerer Höhe ausgehend beginnt.

Das Schema stellt insofern eine Vereinfachung des tatsächlichen Versuchsplans dar, als in dem Experiment nicht nur „viele" oder „wenige" Verstärkungen gegeben wurden, sondern eine Reihe von verschiedenen Ausprägungen dieser Variable vorlagen, die zwischen 5 und 90 Verstärkungen variierten.

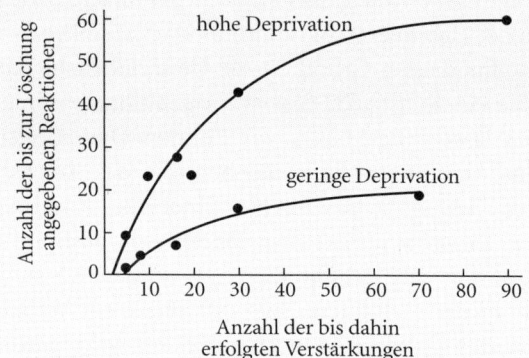

Abbildung 3.2. Die Löschungsresistenz ist von beiden unabhängigen Variablen beeinflusst, sowohl von der Habitstärke als auch von der Triebstärke: Die höchste Löschungsresistenz zeigen die Versuchtiere, denen lange Nahrung entzogen war (hohe Triebstärke) und die zugleich viele Lerndurchgänge hatten (eine hohe Ausgangswahrscheinlichkeit des Verhaltens innerhalb der Habithierarchie). Umgekehrt ist die Löschungsresistenz am geringsten, wenn die Versuchstiere eine geringe Triebstärke und eine wenig gute Etablierung des Verhaltens in der Habithierarchie aufweisen. Dieses generelle Befundmuster konnte in einer Vielzahl von Untersuchungen bestätigt werden (siehe zum Beispiel Brown, 1961)

Eine vorläufige Zusammenfassung der Hull'schen Theorie

Das bisher Gesagte lässt sich auch in der folgenden Weise zusammenfassen: Es gibt in Hulls Theorie zwei Größen:

▶ zum einen eine energetisierende Variable (der Motor bezeichnet als Trieb), und

▶ zum anderen eine steuernde Variable (das Lenksystem, bezeichnet als Habit).

Die Triebstärke ist eine motivationale Komponente physiologischer Bedürfnisse, direkt proportional zum Bedürfniszustand des Organismus, der operational beispielsweise als Dauer der Deprivation definiert werden kann. Die Richtungsvariable dagegen ist erlernt, sie ist direkt proportional zu (und operational definiert durch) der vorauslaufenden Anzahl verstärkter Lerndurchgänge.

ÜBERSICHT

Grundzüge der Hull'schen Triebtheorie

		Theoretisches Konstrukt:	Art des Konstruktes:	Operationalisierung des Konstruktes:
		Triebstärke	**Motor**	**Deprivation**
Verhalten	**=**	**x**		
		Habitstärke	**Richtung**	**Anzahl Lerndurchgänge**

Drei Komponenten von Hulls Theorie fehlen nun noch. Dies betrifft zum ersten die empirische Frage, ob es auch andere als primäre – nämlich sekundäre – Triebe gibt. Die Untersuchungen hierzu haben sich insbesondere auf Furcht als „erlernten" Trieb konzentriert. Zum zweiten erhebt sich die Frage, ob Triebe, wie von Hull und Freud postuliert, tatsächlich aggregierte (also übergreifende) und unspezifische Energiequellen des Verhaltens sind. Dazu nahmen Hull und seine Mitarbeiter (anders als Freud) empirische Untersuchungen vor. Eine Reihe von Befunden veranlassten Hull schließlich, seine Formel des Verhaltens um eine weitere Variable zu erweitern, und zwar um den so genannten Anreiz. Betrachten wir diese verschiedenen Fragestellungen der Reihe nach.

3.1.3 Sekundäre Triebe

Ein unbefriedigendes Merkmal der Hull'schen Theorie, so weit wir sie bislang kennen gelernt haben, ist darin zu sehen, dass sie sich auf biologisch verankerte Bedürfniszustände und Triebe beschränkt (im Wesentlichen Hunger und Durst). Es erscheint jedoch recht unrealistisch anzunehmen, dass alle oder auch nur der überwiegende Teil menschlicher Handlungen durch primäre Triebe wie Nahrungs- oder Flüssigkeitsmangel ausgelöst werden.

Sowohl Hull als auch seine Mitarbeiter versuchten, dieses offenkundige Problem zu lösen, indem sie ihre Forschungsbemühungen auf so genannte sekundäre oder erlernte Triebe konzentrierten. Sekundäre Triebe unterscheiden sich von den bisherigen primären Trieben zunächst einmal darin, dass sie nicht auf physiologische Bedürfniszustände zurückgehen. Weiterhin spricht man von „erlernten Trieben" deshalb, weil es keine automatischen Anzeichen für diese Triebzustände gibt, und weil sie offensichtlich nicht angeboren sind (wie dies bei primären Trieben der Fall ist).

Erlernte Triebe. Stattdessen muss es bestimmte Arten von Lernoperationen geben, damit solche sekundären Triebe auftreten können. Um sekundäre Triebe und deren zugrunde liegenden Lernbedingungen genauer definieren zu können, ist es hilfreich, sich die grundlegenden Versuchsanordnungen anzusehen, anhand derer diese untersucht wurden.

Furcht als erlernter Trieb

Shuttle Box. N. E. Miller (1951) entwickelte eine Versuchsapparatur, die auch als „Miller'sche Shuttle Box" bekannt geworden ist (s. Abb. 3.3). Diese Apparatur besteht aus zwei Abteilen, die in unterschiedlichen Farben gehalten (zum Beispiel ein helles und ein dunkles Abteil) und durch eine Tür getrennt sind. Die eine (helle) Kammer hat einen Boden, durch den Elektroschocks verabreicht werden können, die andere (dunkle) Kammer hat einen normalen Boden. Diese Verbindungstür lässt sich durch Betätigen einer Walze oder eines Hebels öffnen.

Phase I. Den Versuchstieren werden in der ersten Versuchsphase in dem hellen Abteil der Apparatur Schocks verabreicht und sie zeigen deutliche Anzeichen von Schmerz und Furcht. Die Versuchstiere können diesen Schocks entgehen, indem sie in den anderen Käfigteil überwechseln. Mit einer zunehmenden Anzahl von Durchgängen lernen die Versuchstiere, den unangenehmen Schocks immer schneller zu entkommen – die Latenz der Fluchtreaktion wird immer kürzer. Nach einer bestimmten Zahl von Lerndurchgängen verlassen die Versuchstiere den „gefährlichen" Teil des Käfigs bereits dann, wenn noch gar kein Schock verabreicht wurde – sie fliehen also nicht vor einem real existierenden Schock, sondern sie vermeiden einen Schock, der noch gar nicht eingetreten ist. Dieser Umstand ist bedeutsam für die zweite Versuchsphase.

Phase II. In einer weiteren Serie von Durchgängen (zweite Versuchsphase) wird die Tür zwischen den Abteilen verschlossen, und ein Verlassen des Käfigteils ist nur mehr dann möglich, wenn das Tier das geeignete Mittel findet, die Tür zu öffnen. Wie bereits in Thorndikes Versuchen, geschieht dies zunächst eher zufällig. Wichtig ist hierbei, dass in dieser Versuchsphase keine weiteren Schocks mehr verabreicht werden. Ist die richtige Reaktion einmal „entdeckt", so tritt diese mit immer kürzerer Latenzzeit auf, bis sie schließlich unmittelbar und ohne Verzögerung ausgeführt wird.

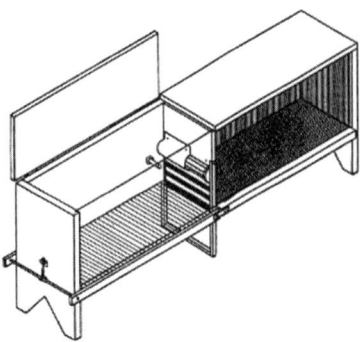

Abbildung 3.3. In der Miller'schen „Shuttle-Box" wurde untersucht, ob Furcht erlernt sein kann

Es gibt zwei Besonderheiten an diesem Verhalten in der zweiten Versuchsphase: Zum einen findet hier offensichtlich ein Lernen (Betätigung des Mechanismus zum Öffnen der Tür) und ein zielgerichtetes Verhalten (Verlassen des hellen Käfigteils) statt, obwohl kein Schock mehr verabreicht wird. Zum anderen ist die neu erlernte Reaktion in sehr hohem Maße löschungsresistent – sie verschwindet also auch dann nicht, wenn über lange Zeiträume

keinerlei weitere Schocks verabreicht werden. Was also ist die Triebquelle des Verhaltens?

Aus der Perspektive der Hull'schen Theorie, wie wir sie bislang kennen gelernt haben, ist dieses Verhalten kaum erklärbar, denn es gibt in der zweiten Versuchsphase keinen primären Trieb, der das Verhalten energetisieren würde.

Schlussfolgerung. Miller (1948; s. Miller & Dollard, 1941) schloss aus seinen Beobachtungen zweierlei: Zum einen wird angenommen, dass in der ersten Versuchsphase ein so genannter Konditionierungsprozess stattfindet – die Versuchstiere lernen, dass der helle Käfigteil mit Schmerzreizen assoziiert ist, und es wird ein grundlegendes (primäres) Bedürfnis postuliert, diese Schmerzreize zu vermeiden. Zum anderen postuliert Miller, dass in der zweiten Versuchsphase diejenigen situativen Reize, die mit den Schmerzreizen assoziiert wurden, über den Prozess der klassischen Konditionierung (siehe Kasten) selbst zu (An-)Trieben werden, die das Individuum motivieren. Die Merkmale des hellen Abteils werden demzufolge zu Auslösern eines sekundären Triebes, nämlich des Triebes, Schmerzen zu vermeiden.

EXKURS

Was ist Klassisches Konditionieren?

Das klassische Konditionieren ist eine Form des Lernens, die sich von den Thorndikeschen Versuchen deutlich abgrenzen lässt. Das klassische Konditionieren konzentriert sich weniger auf die Konsequenzen eines Verhaltens als vielmehr auf dessen vorauslaufende Bedingungen, und Gegenstand des Lernprozesses sind nicht etwa willentliche Reaktionen, sondern reflexhafte (angeborene) Reaktionen, deren Auftreten an neue Bedingungen geknüpft (konditioniert) wird. Gute Beispiele sind die Versuche von Ivan Pavlov an Hunden und die Experimente von John B. Watson zur Konditionierung von Furcht bei kleinen Kindern.

Ein Beispiel mag diese Form des Lernens veranschaulichen: Stellen Sie sich vor, Sie füttern täglich Ihre Katze. Wie alle Säugetiere reagiert sie auf die Präsentation von Nahrung mit dem so genannten Speichelreflex. Stellen Sie sich nun weiterhin vor, Sie bewahren das Katzenfutter immer im gleichen Küchenschrank auf. Sie öffnen die Schranktür, was ein charakteristisches Geräusch macht, und Sie öffnen die Dosen stets mit dem gleichen Dosenöffner. Ihre Katze wird im Laufe der Zeit lernen, dass diese Handlungen und Geräusche mit großer Regelmäßigkeit dazu führen, dass sie Futter bekommt. Bald setzt die Speichelproduktion Ihrer Katze schon dann ein, wenn Sie nur die für das Futter bestimmte Schranktür öffnen oder mit dem Dosenöffner hantieren.

Es gibt in diesem Beispiel einen unkonditionierten Stimulus (die Nahrung) und eine unkonditionierte Reaktion (Speichelabsonderung). Beide werden als „unkonditioniert" bezeichnet, weil es sich um reflexhafte Reaktionen handelt, die nicht gelernt werden müssen, sondern angebo-

Um nur einige weitere interessante Fragen in diesem Zusammenhang zu nennen: Im Rahmen des klassischen Konditionierens wird beispielsweise auch untersucht, wie solche konditionierte Reaktionen wieder verschwinden (gelöscht werden) können, wenn Sie beispielsweise eines Tages das Katzenfutter an einem anderen Ort aufbewahren (ein Prozess, der als Löschung bezeichnet wird), oder wie die Katze lernen kann, nicht mit Speichelabsonderung zu reagieren, wenn Sie die Thunfischdose öffnen, die für die abendliche Pizza bestimmt ist und nicht für Ihre Katze (Prozesse der zunehmenden Reizdiskrimination) (Meyer, Schützwohl & Reisenzein, 1999).

Grenzen und Kritikpunkte

Vermeidungs- versus Annäherungsverhalten. Die Untersuchungen zu sekundären Trieben waren insbesondere bei erlernten Furchtreaktionen erfolgreich. Zu beachten ist hierbei, dass es sich um ein Vermeidungsverhalten handelt, und nicht um ein aufsuchendes Verhalten, wie es für die empirischen Belege zu den primären Trieben charakteristisch war. Ein Kritikpunkt lautet deshalb, dass es empirische Bestätigungen für erlernte (sekundäre) Triebquellen aufsuchenden Verhaltens kaum gibt (zu den möglichen Gründen hierfür s. Brody, 1983).

Ein weiterer Kritikpunkt betrifft eine genauere Analyse der postulierten Lernprozesse (Bolles, 1975). Hull (1952) vermutet wie Miller (1951), dass dem Vermeidungsverhalten sowie den Lernprozessen in der zweiten Versuchsphase eine konditionierte Furchtreaktion zugrunde liegt, die in der ersten Versuchsphase erworben wurde. Eine solche konditionierte Furchtreaktion (deren Reduktion als angenehm empfunden wird und die deshalb das Lernen energetisieren sollte) müsste eigentlich zu klassischen physiologischen Reaktionen führen, die für Furcht typisch sind – also beispielsweise ein Anstieg der Herzschlagfrequenz. Solche physiologischen Begleiterscheinungen haben sich allerdings empirisch nicht konsistent nachweisen lassen, und dies steht im Widerspruch zu den oben gemachten Annahmen.

3.1.4 Triebe als allgemeine Energiequelle?

Sowohl Freud als auch Hull postulieren, dass das Triebkonzept eine allgemeine und aggregierte Energiequelle des Verhaltens sei. Im Gegensatz zur Freud'schen Theorie gibt es zu Hulls Theorie zahlreiche Untersuchungen, die dieses Postulat experimentell überprüften.

Experimente zu Trieben als Energiequellen des Verhaltens. Ein Beispiel für die Untersuchung dieses Phänomens ist ein Experiment von Webb (1949). Zwei Variablen wurden unabhängig voneinander variiert, nämlich einerseits der Hunger und andererseits der Durst der Versuchstiere. Diese waren vorher trainiert worden, eine einfache instrumentelle Reaktion auszuführen (zum Beispiel eine Taste drücken). Diese instrumentelle Reaktion diente in der Trainingsphase dazu, Nahrung zu bekommen (also Hunger als primäre Energiequelle zu reduzieren). Als abhängige Variable wurde die Löschungsresistenz dieser zuvor erlernten Reaktion gemessen.

Wenn Hunger und Durst separate Energiequellen des Verhaltens sind, so sollte sich kein Einfluss der Wasserdeprivation auf die Löschungsresistenz der zuvor erlernten Reaktion zeigen, denn diese hatte ja instrumentellen Wert nur in Bezug auf die Reduktion des Hungers, nicht jedoch in Bezug auf die Durstreaktion. Es zeigt sich jedoch, dass mit zunehmender Wasserdeprivation die Löschungsresistenz der zuvor erlernten Reaktion zunimmt.

Tabelle 3.1. Webb (1949) untersuchte, ob Triebe Energiequellen des Verhaltens sind. Die Versuchstiere drücken die Taste umso häufiger, je hungriger sie sind – und sie drücken auch dann häufiger, wenn sie durstig sind

	Nahrungsdeprivation in Stunden	Wasserdeprivation in Stunden	Durchschnittliche Anzahl der Reaktionen (Löschungsresistenz)
Gruppe: I	0	0	2.8
II	0	3	5.2
III	0	12	5.1
IV	0	22	7.2
V	22	0	14.2

Demzufolge wirkt sich ein Bedürfnis- und Triebzustand, der mit dem zuvor gelernten instrumentellen Verhalten nichts zu tun hat, dennoch auf die Auftretenshäufigkeit dieses Verhaltens aus.

Allerdings führt eine Nahrungsdeprivation zu einer deutlich höheren Löschungsresistenz als eine Wasserdeprivation. Zudem sind Hunger und Durst keine gänzlich unabhängigen physiologischen Bedürfnisse und somit auch keine unabhängigen Triebquellen des Verhaltens – in flüssigkeitsdepriviertem Zustand essen Ratten generell weniger als bei reichlichem Vorhandensein von Flüssigkeit.

Ein Einwand gegen dieses Experiment könnte also lauten, dass die Versuchstiere angesichts der vorauslaufenden Flüssigkeitsdeprivation hungriger gewesen sein müssten, da sie ja entsprechend weniger gefressen haben.

Aus diesem Grunde führte Meryman (1952) ein Experiment durch, bei dem gänzlich unabhängige Triebquellen des Verhaltens manipuliert wurden; variiert wurden sowohl die Nahrungsdeprivation als auch die Ängstlichkeit der Versuchstiere (s. Tab. 3.2).

Zur Variation der Ängstlichkeit lernte eine Gruppe von Versuchstieren, dass ein bestimmter Ort (der Versuchskäfig) mit Schmerzreizen einhergeht; in einer anderen Gruppe von Versuchstieren gab es diese Lernphase nicht. Zur Manipulation der zweiten Antriebsquelle (Hunger) wurden die Versuchstiere entweder lange Zeit oder kurze Zeit nahrungsdepriviert. Als abhängige Variable wurde die Schreckreaktion der Versuchstiere auf ein lautes Geräusch hin gemessen. Diese Ergebnisse ste-

Tabelle 3.2. Stärke einer Schreckreaktion (in Millimetern nach 10 Lerndurchgängen) in Abhängigkeit von Nahrungsdeprivation und Furchtkonditionierung (Meryman, 1952). Es liegt eine deutlich stärkere Furchtreaktion dann vor, wenn die Versuchstiere hungrig waren. Bei vorheriger Furchtkonditionierung ist die Furchtreaktion der hungrigen Versuchstiere am Ende der Versuchsreihe annähernd doppelt so stark wie diejenige der nicht hungrigen Versuchstiere. Diese Ergebnisse stehen in Einklang mit der Annahme, dass alle Arten von Triebzuständen dasjenige Verhalten energetisieren, das in einer gegebenen Situation in der Habithierarchie weit oben steht (gut gelernt wurde)

Unabhängige Variable 1:	Nahrungsdeprivation	
	Niedrig (1 Stunde)	Hoch (46 Stunden)
Unabhängige Variable 2: Furchtkonditionierung		
Niedrige Ängstlichkeit	0	4
Hohe Ängstlichkeit	13	22

hen in Einklang mit der Annahme, dass alle Arten von Triebzuständen dasjenige Verhalten energetisieren, das in einer gegebenen Situation in der Habithierarchie weit oben steht (gut gelernt wurde).

3.1.5 Die Rolle des Anreizes

Latentes Lernen. Es ist insbesondere ein bestimmter Befund, der Hull (1952) veranlasste, neben den sekundären Trieben eine weitere Variable in seine Theorie aufzunehmen. Bower und Hilgard (1970) beschreiben dieses Phänomen folgendermaßen: „Manchmal kommt es vor, daß nur mittelmäßige Lernleistungen zeigende Tiere nach Einführung eines neuen Reizobjektes (z.B. ein bestimmtes Futter, das sich von dem vorhergehenden Futter unterscheidet), plötzlich so große Lernfortschritte machen, dass sie andere Tiere einholen, welche bereits vorher längere Zeit hindurch in Anwesenheit dieses besonders wirksamen Reizobjektes gelernt hatten. Weil es so aussieht, als ob das neue Reizobjekt verborgenes oder bis dahin nicht ausgenutztes Lernen zum Vorschein bringt, bezeichnet man gern solche experimentellen Ergebnisse als Beweise für „latentes Lernen" (verborgenes oder unsichtbares Lernen)." (Bower & Hilgard, 1970, S. 200–201).

Experimentelle Untersuchungen zum Latenten Lernen. Blodgett (1929) sowie Tolman und Honzig (1930) führten die ersten Experimente zum latenten Lernen durch. Hierbei durchliefen die Versuchstiere ein komplexes Labyrinth. Eine Gruppe von Versuchstieren wurde von Anfang an kontinuierlich verstärkt, wenn sie einen bestimmten Punkt des Labyrinths erreichten (dort fanden die Tiere Futter vor). In einer zweiten Gruppe von Versuchstieren wurde eine Verstärkung in Form von Futter erst ab dem 11. Durchgang gegeben. Eine dritte Gruppe von Versuchstieren schließlich wurde niemals verstärkt. Als abhängige Variable wurde für jeden Durchgang erfasst, wie viele Fehler die Versuchstiere auf ihrem Weg von dem Start- zum Zielpunkt im Labyrinth machen.

Variation der Gewohnheitsstärke. Welche Befunde wären zu erwarten, wenn das Verhalten ausschließlich durch Trieb und Gewohnheitsstärke gesteuert wird, wie bislang postuliert? Im vorliegenden Experiment ist die Triebkraft stets konstant, da die Deprivationsdauer der Versuchstiere nicht variiert wird. Variiert wird hingegen die Gewohnheitsstärke, da entweder eine sofortige und kontinuierliche Verstärkung, eine zu einem späteren Zeitpunkt einsetzende Verstärkung, oder gar keine Verstärkung gegeben wird.

Entsprechend der Hull'schen Konzeption kann ein Anstieg der Gewohnheitsstärke erst dann stattfinden, wenn das Verhalten in der Gewohnheitshierarchie der Versuchstiere durch die Gabe von Verstärkungen kontinuierlich angehoben wird. Deshalb sollte die Fehlerzahl der Versuchstiere in der ersten Gruppe (sofortige und kontinuierliche Verstärkung) langsam abnehmen, denn das richtige Verhalten nimmt durch die Verstärkung einen kontinuierlich ansteigenden Rang in der Gewohnheitshierarchie dieser Tiere ein. Die Fehlerzahl der Versuchstiere in Gruppe 2 hingegen sollte erst ab dem 11. Durchgang und parallel zu derjenigen der ersten Gruppe kontinuierlich abnehmen. Die Fehlerzahl der Versuchstiere in Gruppe 3 schließlich sollte überhaupt nicht abnehmen, da es ja hier keinerlei Verstärkung gibt und die Gewohnheitshierarchie somit gar nicht beeinflusst wird.

Was wissen die Versuchstiere? Eine mögliche Interpretation dieser Ergebnisse bestünde in einer Annahme, die einer behavioristisch orientierten Theorie grundsätzlich widerspricht. Demzufolge erkunden die Versuchstiere auch vor Einsetzen der Verstärkungen das Labyrinth und „wissen" ganz einfach, wie dieses aussieht (in der Sprache der kog-

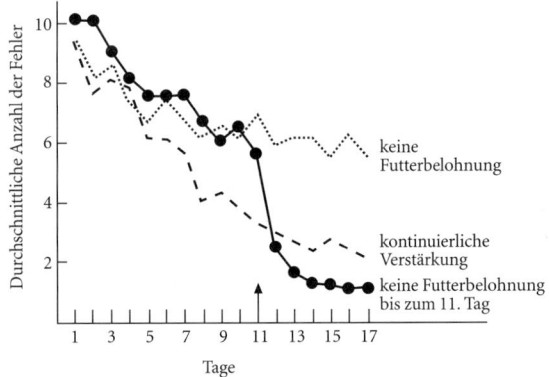

Abbildung 3.4. Ein Experiment zum latenten Lernen Tolman & Honzig (1930). Das Datenmuster enthält auch diejenigen hypothetischen Daten, die aus der bisherigen Formulierung von Hulls Theorie resultieren. Der auffällige Gegensatz zwischen den erwarteten und den tatsächlichen Daten besteht in dem abrupten Absinken der Fehlerzahl in der zweiten Gruppe von Versuchstieren: Nach Einsetzen der Verstärkung sinkt die Fehlerzahl dieser Gruppe sehr schnell auf das Niveau der ersten Gruppe. Da jede einzelne Verstärkung ein langsames und kontinuierliches Ansteigen der richtigen Reaktionen in der Gewohnheitshierarchie der Versuchstiere bewirken sollte, müsste ein allmähliches und nicht etwa ein abruptes Absinken der Fehlerzahl zu beobachten sein

nitiven Psychologie: sie bilden eine mentale Repräsentation des Labyrinths). Sobald nun eine Verstärkung einsetzt, nutzen die Versuchstiere dieses Wissen und können daher das begehrte Futter ohne große Schwierigkeiten – bei relativ niedriger Fehlerzahl also – genau so gut finden wie diejenigen Versuchstiere, die immer schon verstärkt wurden.

Der Anreizwert. Aus behavioristischer Perspektive ist dies keine befriedigende Erklärung, da wir auf kognitive Variable Bezug nehmen, und Hull wäre kein Behaviorist, wenn er nicht versucht hätte, eine nicht-kognitive Alternative zu dieser Interpretation der Ergebnisse zu finden. Hulls Lösung für dieses Problem besteht nun darin (Hull, 1951), den Begriff des Anreizes oder Anreizwertes („incentive value") in seine Theorie einzuführen.

Trieb, Habit und Anreiz. In dieser modifizierten Fassung seiner Theorie hängt das Verhalten von drei Größen ab, nämlich Trieb, Habit und Anreiz; diese Größen sind wiederum multiplikativ verknüpft. Diese multiplikative Verknüpfung trägt unter anderem dem Umstand Rechnung, dass ein Verhalten nicht auftreten sollte, wenn keinerlei Anreizwert besteht. Weiterhin bietet die Einführung dieser multiplikativen Verknüpfung mit einem Anreizwert eine gute Erklärung für das abrupte Absinken der Fehlerrate in der Versuchsbedingung, die erst ab dem 11. Durchgang verstärkt wurde: Trotz einer vergleichsweise geringen Position der richtigen Reaktion in der Habithierarchie wird das richtige Verhalten deshalb sehr schnell wahrscheinlicher, weil entsprechende Anreizwerte (die ab dem 11. Durchgang vorhanden sind) multiplikativ mit der Triebkomponente verknüpft sind.

In Hulls Theorie gab es bislang eine biologisch verankerte Variable, die den Organismus in eine bestimmte Richtung drängt („push"), sowie eine Lernvariable, die auf der Zahl der Verstärkungen basiert, zu denen eine bestimmte Reaktion in der Vergangenheit geführt hat. Mit der Einführung des Anreizwertes wurde diese Dichotomie aufgegeben. Dies kommt in der folgenden Formel zum Ausdruck: Verhalten = Trieb × Habit × Anreiz.

Das Konzept des Anreizwertes hat sowohl eine biologische Verankerung (Gras zum Beispiel hat einen hohen Anreizwert für Kühe, nicht aber für Löwen), aber auch eine Lernkomponente, denn Organismen können lernen, welche Situationen typischerweise welche Anreizwerte bereithalten (vgl. Crespi, 1942).

Gerade in Zusammenhang mit diesem letzten Merkmal warfen Kritiker der Hull'schen Theorie (vgl. Koch, 1954) wiederholt die Frage auf, ob mit der Anreizvariable nicht gewissermaßen „heimlich" eine kognitive Variable in die Theorie eingeführt wurde, denn Anreizwerte verführen geradezu dazu, sich diese als kognitiv repräsentierte Größen vorzustellen, die auf der Basis vergangener Erfahrungen erlernt wurden und um die der Organismus oder das Versuchstier aus eben diesem Grunde „weiß".

ÜBERSICHT

Revidierte Fassung der Hull'schen Theorie

Biologisch verankerte Energie	Lernvariable
Trieb „PUSH"-Variable, die zu einem Ziel hindrängt (z.B. Hunger, Durst oder Angst), operationalisiert beispielsweise anhand der Dauer der Deprivation.	**Habit** Eine situationsspezifische Gewohnheitshierarchie, operationalisiert anhand der Zahl der vorauslaufenden Verstärkungen.

Anreiz
Charakteristika des Zielobjektes sowie zugleich erlernte Anreizwerte, die operationalisiert werden, zum Beispiel anhand der Menge oder Qualität des dargebotenen Futters.

3.1.6 Grenzen der Hull'schen Theorie

Wir sind in diesem Kapitel insofern etwas von dem angekündigten Schema abgewichen, als wir in Zusammenhang mit der Darstellung der Theorie bereits eine Reihe von Experimenten betrachtet haben, die gute und oft replizierte Bestätigungen der Theorie Hulls sind. In diesem Abschnitt geht es um eine Reihe von Befunden, die von der Hull'schen Theorie nur schwer oder gar nicht erklärt werden können. Diese sind sicherlich auch ein wichtiger Grund dafür, dass die Hull'sche Theorie heute kaum mehr empirische Forschungsarbeiten hervorbringt. Andererseits heißt dies aber nicht, dass die mit dieser Theorie gewonnenen Einsichten falsch sind: Wie im Eingangskapitel dargelegt, geht es hier eher darum zu prüfen, wie weit „das Eis nun trägt", das diese Theorie uns bietet.

Ein Kritikpunkt an der Theorie Hulls könnte lauten, dass ganz im Gegensatz zu Freuds Werk die Bandbreite des untersuchten Verhaltens relativ gering ist, dies betrifft sowohl die Reduktion auf einige wenige grundlegende Triebe (Hunger, Durst, Furcht) als auch auf die vergleichsweise geringe Anwendung seiner Überlegungen auf menschliches Verhalten. Interessanter noch ist jedoch die Frage, inwieweit bereits innerhalb der hier aufgezeigten Forschungsparadigmen Befunde hervorgebracht wurden, die mit Hulls System nicht vereinbar sind.

Spontaner Reaktionswechsel

Problematisch für die Hull'sche Theorie sind insbesondere Befunde zum so genannten „spontanen Reaktionswechsel" („spontaneous alternation"), die wir im Folgenden näher betrachten wollen. Eine typische Versuchsanordnung zur Untersuchung des spontanen Reaktionswechsels ist ein recht einfaches, T-förmiges Labyrinth. Darin können die Versuchstiere nach links oder nach rechts abbiegen. Beobachtet man sie in mehreren aufeinander folgenden Durchgängen, ohne dass eine Verstärkung gegeben wird, so zeigt sich, dass Versuchstiere bei einem zweiten Versuchsdurchgang mit deutlich höherer Wahrscheinlichkeit diejenige Richtung wählen, die sie beim ersten Durchgang nicht gewählt haben (sie werden also eher nach rechts abbiegen, wenn sie zuvor nach links gelaufen sind und umgekehrt). Eine solche „spontane" (weil scheinbar grundlose) Verhaltensänderung wird als spontaner Reaktionswechsel bezeichnet.

Dember (1960) konnte zeigen, dass ein solcher spontaner Reaktionswechsel auch dann noch auftritt, wenn die zuerst gezeigte Reaktion verstärkt wird; es braucht eine relativ lange Abfolge kontinuierlicher Verstärkungen der zuerst gezeigten Reaktion, bis der spontane Reaktionswechsel schließlich gänzlich ausbleibt.

Erklärungsmöglichkeiten für den spontanen Reaktionswechsel

Stimulussättigungshypothese. Wie schon beim latenten Lernen, sind die naheliegendsten Erklärungen für einen solchen spontanen Reaktionswechsel mit einer streng behavioristischen Position nicht vereinbar. Eine solche Erklärung könnte darin bestehen, dass die Versuchstiere ganz einfach neugierig sind und das Labyrinth gerne erkunden und „kennen lernen" wollen. In der kognitiven Psychologie (z.B. Glanzer, 1953) ist dieser Mechanismus auch als Stimulus-Sättigungshypothese bezeichnet worden. Die Bekanntheit eines bestimmten Reizes (ein Teil des Labyrinths) verringert demzufolge automatisch das Interesse an diesem; ein Reaktionswechsel vermeidet oder reduziert die Effekte einer Stimulussättigung.

Aus evolutionärer Perspektive könnte es einen Überlebensvorteil bedeuten, ein solches Verhalten zu zeigen, da ein spontaner Reaktionswechsel es dem Organismus ermöglicht, veränderte Situationsbedingungen zu erkunden. Man denke beispielsweise an ein Tier (ein Zebra auf dem Weg zur Futtertränke, eine Biene auf dem Weg zu ihren Blüten), das an Platz A mit großer Sicherheit Futter einer bestimmten Menge und Qualität findet, während es an Platz B erfahrungsgemäß weniger oder schlechteres Futter vorfindet. Ein spontaner Reaktionswechsel würde sicherstellen, dass das Tier etwaige Veränderungen im Nahrungsangebot, wie sie in der Natur durchaus vorkommen mögen, auch tatsächlich entdeckt. Es ist also durchaus denkbar, dass eine Tendenz zum spontanen Reaktionswechsel unter zahlreichen natürlichen Umweltgegebenheiten einen Anpassungs- oder Überlebensvorteil darstellt und somit in der Vergangenheit einer Spezies „selegiert" wurde (wir gehen auf die hier verwendeten Begriffe der Selektion und des Anpassungsvorteils in Kapitel 10 näher ein).

Ermüdungshypothese. Im Gegensatz zu solchen kognitiven oder evolutionären Überlegungen bevorzugten Hull und seine Schüler eine andere Erklärung des spontanen Reaktionswechsels. Sie nahmen an, dass die bei der ersten Reaktion betätigten Muskeln eine Ermüdung durchmachen. Ein spontaner Reaktionswechsel soll also dieser Auffassung zufolge einer einseitigen Ermüdung bestimmter Muskelgruppen vorbeugen.

Wohl selten hat ein Autor ein dringenderes Bedürfnis gespürt zu versichern, dass die dargestellte Position nicht nur nicht die seine ist, sondern ihm darüber hinaus ganz außerordentlich abwegig erscheint. Aber selbst wenn der Leser sich des Verdachts nicht erwehren kann, dass hier gerettet werden soll, was nicht zu retten ist, die beiden alternativen Überlegungen zum spontanen Reaktionswechsel – Stimulussättigung versus Reaktionsermüdung – bedürfen einer empirischen Prüfung. Sowohl Montgomery (1952) als auch Glanzer (1953) haben Experimente entworfen, die zwischen diesen beiden Erklärungsalternativen entscheiden sollte.

Entscheidungsexperimente zum spontanen Reaktionswechsel. Betrachten wir die grundlegende Versuchsanordnung, die in beiden Fällen nahezu identisch ist, daher etwas genauer. Für diesen Versuch wurde ein kreuzförmiges Labyrinth verwendet (s. Abb. 3.5), mit einer senkrechten und einer waagerechten Verbindung. Die beiden waagerechten Arme sind in unterschiedlichen Farben gehalten, beispielsweise kann der rechte Arm schwarz und der linke Arm weiß sein. In einem ersten Durchgang wird das Versuchstier in den unteren Teil des senkrechten Arms („Süden") gesetzt, im nachfolgenden Durchgang dann in den oberen Teil dieses senkrechten Arms („Norden").

Das Besondere an dieser Versuchsanordnung ist, dass die Wiederholung ein und derselben Re-

aktion in aufeinander folgenden Durchgängen dazu führt, dass das Versuchstier eine neue Umgebung erkundet. Ein Reaktionswechsel dagegen würde dazu führen, dass das Versuchstier den gleichen Laufgang erkundet wie im vorhergehenden Durchgang. Trifft die Hypothese der Reaktionsermüdung zu, so sollte das Versuchstier beim zweiten Durchgang eine andere Reaktion zeigen – also sollte es nach links laufen, wenn es zuvor den rechten Weg gewählt hat, oder nach rechts laufen, wenn es zuvor den linken Weg gewählt hat.

Die Daten von Montgomery (1952) und Glanzer (1953) zeigen eine eindeutige Präferenz der Versuchstiere, dieselbe Reaktion zu zeigen und somit einen neuen Laufarm zu erkunden. Die Hypothese der Reaktionsermüdung kann also eindeutig widerlegt werden.

Schlussfolgerungen. Für diesen Befund wurden zwei alternative Erklärungen vorgeschlagen. Die erste, auch als „Gegenreaktionshypothese" bezeichnet, besagt, dass die Interessantheit von Reizen infolge einer Stimulussättigung abnimmt, so dass neuartige Reize interessanter sind als schon bekannte Reize. Die andere Erklärung hingegen nimmt an, dass Organismen von neuartigen Rei-

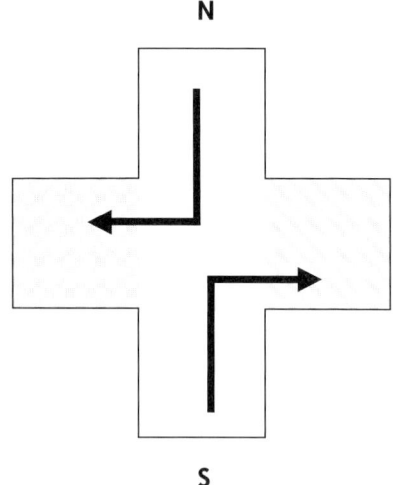

Abbildung 3.5. Ein kreuzförmiges Labyrinth wurde verwendet, um Erklärungen für den spontanen Reaktionswechsel zu überprüfen: Wechseln die Tiere ihr Verhalten, weil sie einer „Muskelermüdung" vorbeugen oder aus Neugier?

zen angezogen sind und diese explorieren (er-kunden) wollen. Spätere Untersuchungen haben gezeigt, dass die letztgenannte Hypothese bessere empirische Bestätigung erhält.

Eine solche Erklärung des spontanen Reaktionswechsels ist jedoch mit der Hull'schen Theorie nicht mehr vereinbar – und zwar vor allem deshalb, weil ein „Explorationstrieb" ohne Rückgriffe auf kognitive Konzepte (wie etwa mentale Vorstellungen, Gedächtnis, Interesse) kaum denkbar ist. Berlyne (1959) hat eine Theorie des reizaufsuchenden Verhaltens postuliert, die diesen neuen Daten Rechnung trägt und dennoch mit behavioristischen Grundsätzen in Einklang zu bringen ist.

3.2 Die Aktivationstheorie von Berlyne

Berlyne ist zwar ein Lerntheoretiker und arbeitete in der Tradition der Arbeiten Hulls, aber seine „Theorie der kognitiven Motivation" (so der Untertitel der deutschen Ausgabe seines Buches „Conflict, arousal and curiosity", die 1974 erschien) setzt da ein, wo Hulls Theorie uns nicht mehr weiterhilft. Der Ausgangpunkt der Berlyneschen Theorie kann in Befunden wie denen zum spontanen Reaktionswechsel gesehen werden. Ein Verhalten ist offensichtlich nicht einfach nur von äußeren Reizen gesteuert, sondern der Organismus oder das Individuum wählt unter den verfügbaren Reizen oder Informationen aus und betrachtet diese selektiv. Zudem ist die Wahl des Laufarms im Experiment von Montgomery (1952) nicht zufällig, sondern gehorcht Gesetzmäßigkeiten, die wir offensichtlich im Rahmen der Hull'schen Position nicht hinreichend verstehen können.

Auch aus der Perspektive des Common Sense ist es naheliegend, Befunde wie den spontanen Reaktionswechsel mit einem „Explorationstrieb" zu erklären, mit der Annahme also, dass es als befriedigend empfunden wird, neue Situationen oder Reize zu erkunden und kennen zu lernen. Dies ist der Ausgangspunkt der Berlyneschen Theorie. Schon der Untertitel „Theorie der kog-

nitiven Motivation" zeigt, dass wir eine streng behavioristische Position hier bereits verlassen. Dennoch bezeichnet Berlyne seinen Ansatz als „Triebreduktionstheorie".

3.2.1 Trieb- versus Aktivationstheorien

Für Triebtheorien ist kennzeichnend, und wir konnten dies sowohl am Beispiel von Freud wie auch bei Hull beobachten, dass eine lineare Beziehung zwischen (An-)Trieb und Verhalten postuliert wird. Nach Hull sollte eine Zunahme der Triebkräfte auch zu einer Erhöhung von Auftretenswahrscheinlichkeit, Häufigkeit und Intensität der gelernten Reaktion führen.

Die Aktivationstheorien nehmen dagegen an, dass es eine optimale Beziehung zwischen Trieb (oder Aktivation) gibt, und dass „mehr" nicht notwendigerweise „besser" ist. Vielmehr kann eine zu hohe Aktivation zu einer Beeinträchtigung der Leistung führen, und zwar insbesondere dann, wenn es sich um eine schwierige Aufgabe handelt (vgl. Yerkes & Dodson, 1908; siehe unten).

Aktivation, Stimuluskomplexität und Attraktivität. Berlyne postuliert bestimmte Zusammenhänge zwischen drei Größen, dies sind Aktivation, Stimuluskomplexität und Attraktivität. Hierbei wird angenommen, dass Aktivation durch einen bestimmten Teil des Gehirns gesteuert wird, nämlich die Formatio Reticularis, und somit eine neuropsychologische Grundlage hat.

Zwischen der Aktivation einerseits und der Attraktivität dieses Aktivationszustandes andererseits besteht eine inverse Beziehung – demzufolge ist ein niedriges Aktivationsniveau angenehmer als ein hohes Aktivationsniveau (s. Abb. 3.6). Insofern haben wir es hier tatsächlich mit einer Triebreduktionstheorie zu tun, denn das Senken des Triebniveaus oder der Aktivation wird als angenehm empfunden.

Wann kommt es zu niedriger Aktivation? Niedrige Aktivation wird nicht, wie man vielleicht intuitiv vermuten könnte, dadurch hervorgerufen, dass eine geringe Stimuluskomplexität vorliegt (also etwa in Abwesenheit von externern Reizen).

Vielmehr postuliert Berlyne, dass hohe Aktivation in Situationen auftritt, die dem Organismus oder Individuum entweder zu viele Reize oder zu wenige Reize bereitstellen.

Demnach bevorzugen wir eine mittlere Stimuluskomplexität (ein mittleres Niveau von eintreffenden Reizen). Bei einer solchen mittleren Stimuluskomplexität wird das geringst mögliche Aktivationsniveau erreicht, das als besonders angenehm empfunden wird (s. Abb. 3.7).

Interne versus externe Steuerung des Verhaltens. Auch wenn wir es hier mit einer Triebreduktionstheorie zu tun haben, gibt es einen wichtigen Unterschied zwischen Theoretikern wie Hull einerseits und Berlynes Theorie der kognitiven Motivation andererseits: In den von Hull und seinen Mitarbeitern durchgeführten Experimenten wird das Verhalten – sei es von menschlichen Versuchspersonen oder Versuchstieren – „extern" (oder auch „extrinsisch") gesteuert. So können die Versuchstiere schmerzhafte Zustände vermeiden oder unangenehme Zustände beenden, wenn sie ein bestimmtes Verhalten zeigen.

Berlyne stellt eine andere Art von Motivation in den Mittelpunkt seiner Theorie: „In gewisser Weise ist es für die Psychologie nachteilig gewesen, dass die Menschen nachgiebig und entgegenkommend sind. Ein Versuchsleiter braucht seine Versuchspersonen nur zu bitten, dies oder jenes anzuschauen, und sie tun es. ... Die Leichtigkeit jedoch, mit der künstliche und extrinsische Motivationen beim Menschen induziert werden können, hat uns davon abgehalten, die motivationalen Faktoren zu untersuchen, welche die Oberhand gewinnen, wenn jene fehlen. Die Menschen sind geneigt, Dinge zu betrachten, sich nach ihnen umzusehen, sie zu befragen und zu bedenken, auch wenn niemand sie dazu ansport. Sie geben sich diesen Aktivitäten hin, auch wenn niemand zur Stelle ist, dem sie gefallen oder den sie beeindrucken wollen, und auch wenn keine klaren und materiellen Ziele anzustreben sind." (Berlyne, 1974, S. 19).

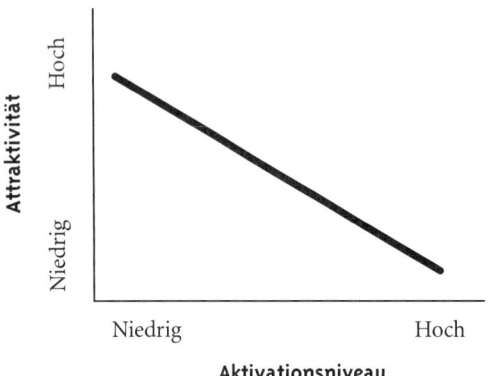

Abbildung 3.6. Zwischen Aktivation und der Attraktivität dieses Aktivationszustandes besteht eine umgekehrte Beziehung: Ein niedriges Aktivationsniveau ist angenehmer als ein hohes

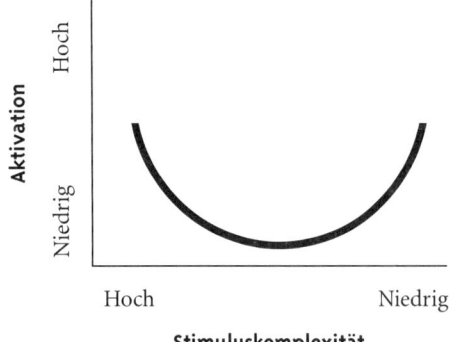

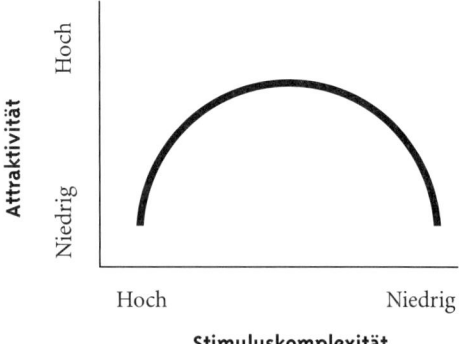

Abbildung 3.7. Zu viele Reize werden genauso als ungenehm empfunden wie zu wenige; optimal ist ein mittleres Niveau. Berlyne (1974) postuliert also einen kurvilinearen Zusammenhang zwischen Stimuluskomplexität, Aktivation und Attraktivität

3.2.2 Stimuluskomplexität und Aktivation

Berlyne selbst, aber auch andere Autoren, wandten diese Überlegungen auf mehrere Fragestellungen an. Dies betrifft beispielsweise die Frage nach der Deprivation von sensorischer Stimulation (eine zu geringe Stimuluskomplexität), nach der Wahrnehmung von Musik, Texten, Humor, geometrischen Figuren und der Präferenz für Aufgaben unterschiedlicher Schwierigkeitsgrade.

Sensorische Deprivation. Die Befunde zur sensorischen Deprivation veranschaulichen die Ideen Berlynes besonders gut. In den betreffenden Experimenten werden die Probanden in Situationen gebracht, in denen sie das geringste mögliche Ausmaß an Stimulation erfahren, z.B. Lilly (1956). Typischerweise erhalten die Probanden in Studien zur sensorischen Deprivation spezielle Brillen, Kopfhörer und Handschuhe, welche die visuelle, akustische und taktile Wahrnehmung drastisch reduzieren. Bexter, Heron und Scott (1954) sowie Vernon (1963) bezahlten die Probanden in ihren Versuchen umso höher, je länger sie ohne sensorische Stimulation durchhielten.

Diese Experimente zeigen, dass ein solcher Zustand nur schwer zu ertragen ist: Bei extremer sensorischer Deprivation beenden die Probanden einen solchen Versuch spätestens nach 8 Stunden, und auch bei milderen Formen des Reizentzugs ist eine Deprivation über 1 bis 2 Tage hinaus unmöglich. Symptome einer solchen Deprivation sind nicht nur starkes Unwohlsein, sondern auch beispielsweise akustische oder visuelle Halluzinationen – offensichtlich ist unser Gehirn nicht gut in der Lage, ohne externe Stimulation auszukommen und produziert in einem solchen Falle selbst interne Reize.

Hebb (1955) beschreibt die Reaktionen der Probanden in solchen Experimenten folgendermaßen: „Der Proband war während der ersten vier bis acht Stunden sehr motiviert, wurde dann aber zunehmend unglücklich. Er entwickelte ein Bedürfnis nach praktisch jeder beliebigen Art von Stimulation. ... Einige Probanden erhielten daraufhin die Möglichkeit, sich den Vortrag eines 6-jährigen Kindes über die Gefahren von Alkohol anzuhören. Diese (Form der Stimulation) wurde von erwachsenen Studierenden 15 bis 20 Mal hintereinander angefordert, und das innerhalb eines Intervalls von nur 30 Minuten." (Hebb, 1955, S. 246).

Das Verhalten vieler Tiere im Zoo – etwa Eisbären, die immer die gleichen Bewegungsabläufe monoton wiederholen, oder Papageien, die sich selbst die Federn herausreißen – ist sicherlich ebenfalls durch einen Mangel an (geeigneter) Stimulation bedingt.

> **BEISPIEL**
>
> ### Die Schachnovelle
>
> Eine der überzeugendsten literarischen Darstellungen der Auswirkungen von Monotonie oder Stimulusdeprivation ist Stefan Zweigs „Schachnovelle". In dieser Erzählung wird der Ich-Erzähler gefangen gehalten und gefoltert, indem ihm alle Anregungen entzogen werden. Der Erzähler fürchtet, den Fragen seiner Peiniger nicht länger standhalten zu können, bis er schließlich ein Schachbuch findet und sich so in eine Welt des Schachspiels flüchtet.
>
> Der Erzähler beschreibt seine Situation vor dem rettenden Fund: „Denn die Pression, mit der man uns das benötigte 'Material' abzwingen wollte, sollte auf subtilere Weise funktionieren als durch ... körperliche Folterung: durch die denkbar raffinierteste Isolierung. Man tat uns nichts – man stellte uns nur in das vollkommenste Nichts, denn bekanntlich erzeugt kein Ding auf Erden einen solchen Druck auf die menschliche Seele wie das Nichts. ... Die Tür blieb Tag und Nacht verschlossen, auf dem Tisch durfte kein Buch, keine Zeitung, kein Blatt Papier, kein Bleistift liegen, das Fenster starrte eine Feuermauer an; rings um mein Ich und selbst an meinem Körper war das vollkommene Nichts konstruiert. Man hatte mir jeden Gegenstand abgenommen, die Uhr, damit ich nicht wisse um die Zeit, den Bleistift, dass ich

> nicht etwa schreiben könne, das Messer, damit ich mir nicht die Adern öffnen könne … . Nie sah ich außer dem Wärter, der kein Wort sprechen und auf keine Frage antworten durfte, ein menschliches Gesicht, nie hörte ich eine menschliche Stimme; Auge, Ohr, alle Sinne bekamen von morgens bis nachts und von nachts bis morgens nicht die geringste Nahrung, man bleibt mit sich, mit seinem Körper und den vier oder fünf stummen Gegenständen Tisch, Bett, Fenster, Waschschüssel rettungslos allein; man lebt wie ein Taucher unter der Glasglocke im schwarzen Ozean dieses Schweigens und wie ein Taucher sogar, der ahnt, dass das Seil nach der Außenwelt abgerissen ist und er nie zurückgeholt werden wird aus der lautlosen Tiefe. Es gab nichts zu tun, nichts zu hören, nichts zu sehen, überall und ununterbrochen war um einen das Nichts, die völlige raumlose und zeitlose Leere. Man ging auf und ab, und mit einem gingen die Gedanken auf und ab, auf und ab, immer wieder. Aber selbst Gedanken, so substanzlos sie scheinen, brauchen einen Stützpunkt, sonst beginnen sie zu rotieren und sinnlos um sich selbst zu kreisen; auch sie ertragen nicht das Nichts." (Zweig, 1943/2001, S. 56–57).

Zu hohe Stimuluskomplexität. Es gibt nicht nur Beispiele zu den negativen Folgen einer Reizdeprivation, sondern auch zahlreiche Belege dafür, dass eine zu hohe Stimuluskomplexität oder Intensität, ja selbst die Befriedigung zentraler Bedürfnisse wie Hunger und Durst „zu viel" sein können. Laute Geräusche beispielsweise können extrem unangenehm sein, und selbst andauernder Straßenlärm, der nicht unmittelbar schmerzhaft ist, führt beispielsweise bei Arbeitnehmern an entsprechenden Arbeitsplätzen oder Anwohnern in lauten Wohngebieten zu physiologischen Fehlfunktionen wie zu hohem Blutdruck oder anderen Stress-Symptomen.

Zusammenfassung

Eine offenkundige Schlussfolgerung aus diesen Daten ist tatsächlich, wie von Berlyne postuliert, dass die Abwesenheit von oder der Mangel an externen Reizen keineswegs angenehm ist und auch nicht zu geringer Aktivation führt. Weiterhin ist eine Reizüberflutung, zumindest über längere Zeitdauer, unangenehm und sogar gesundheitsgefährdend. Dies ist allerdings noch kein Nachweis für die Annahme, dass tatsächlich Reize mittlerer Komplexität bevorzugt werden.

Das Yerkes-Dodson-Gesetz.

Die erste indirekte experimentelle Beobachtung hierzu stammt von Yerkes und Dodson (1908).

Diese Befunde führten zur Postulierung des „Yerkes-Dodson-Gesetzes" der Motivation. In diesem Experiment mussten Mäuse eine Diskriminationsaufgabe lösen. Es wurden so lange Elektroschocks verabreicht, bis die richtige Lösung gefunden war. Zwei unabhängige Variablen wurden variiert, zum einen die Intensität der Schocks (von sehr niedrig bis sehr hoch) und zum anderen die Schwierigkeit der Aufgabe.

Bei einfachen Diskriminationsaufgaben war die Leistung umso besser, je größer die Schockintensität war (die „steigende Motivation" der Tiere, diese Schocks zu vermeiden, führte zu besseren Leistungen). Bei einer schwierigen Aufgabe hingegen stieg die Diskriminationsleistung mit zunehmender Schockintensität zunächst an, fiel dann aber, wenn die Schockintensität ein gewisses Maß überschritten hatte, wieder ab.

Diese Ergebnisse lassen sich aktivationstheoretisch gut erklären: Die Aktivation der Tiere ist umso höher, je intensiver die verabreichten Schocks sind und je schwieriger die zu lösende Aufgabe – wir sind vor schwierigen Prüfungen ja auch ungleich aufgeregter als vor leichten Prüfungen. Bei mittelschweren bis schwierigen Aufgaben und hoher Schockintensität ist die Aktivation der Versuchstiere schließlich so hoch, dass ein planvolles Verhalten zunehmend beeinträchtigt wird. Ganz ähnliche Befunde finden sich in einem Teilgebiet der Sozialpsychologie, das unter dem Begriff der „Sozialen Erleichterung" bekannt geworden ist.

3.2.4 Soziale Erleichterung und Aktivation

Der Begriff der sozialen Erleichterung bezieht sich auf die Effekte der Anwesenheit anderer Personen. Entdeckt wurde dieses Phänomen von Norman Triplett (1898). Er beobachtete zunächst, dass Radfahrer stets deutlich bessere Leistungen erzielen, wenn sie gegeneinander antreten als wenn sie eine Strecke alleine fahren – und zwar auch dann, wenn ein Vorteil durch den Windschatten des vorausfahrenden Fahrers ausgeschlossen wird.

Coaction-Effekt. Diese Beobachtung führte Triplett zum ersten sozialpsychologischen Laborexperiment überhaupt. Beispielsweise forderte er Kinder dazu auf, eine Angelrute so schnell wie möglich aufzuspulen. Als unabhängige Variable wurde variiert, ob die Probanden allein an dieser Aufgabe arbeiten oder ob zwei Probanden gleichzeitig und unabhängig voneinander die gleiche Aufgabe ausführen. Es zeigt sich, dass die meisten Probanden bessere Leistungen erbringen, wenn andere Anwesende die gleiche Aufgabe bearbeiten; dieses Phänomen wird als „Coaction-Effect" bezeichnet.

In zahlreichen nachfolgenden Studien wurde dieser Effekt repliziert: So schaufeln Arbeiter mehr Sand (pro Kopf), wenn mehrere Arbeiter gleichzeitig arbeiten (Chen, 1937), viele Tiere nehmen mehr Nahrung zu sich, wenn andere Mitglieder der gleichen Spezies ebenfalls Nahrung zu sich nehmen, und Studierende lösen mehr Mathematik-Aufgaben, wenn die Aufgabenbearbeitung in Gruppen stattfindet (Allport, 1920). Dashiell (1930) fand überdies, dass bereits die bloße Beobachtung durch andere zu einer Leistungsverbesserung führt, ein Effekt, der als „Audience Effect" bezeichnet wird. Der Begriff der „Sozialen Erleichterung" ist daher der Oberbegriff für beide Arten von Effekten.

Widersprüche in den Daten. Es gab aber auch Widersprüche in den zahlreichen Daten, die zu diesem Phänomen zusammengetragen wurden, und der Bezug auf Aktivationstheorien ist eine Möglichkeit, diese Widersprüche aufzulösen. So fand bereits Dashiell (1930), dass bei der Lösung von Mathematikaufgaben zwar insofern ein „Audience-Effect" vorlag, als die quantitative Leistung anstieg. Dieser quantitative Anstieg ging allerdings auf Kosten der Qualität, da die Zahl der richtig gelösten Aufgaben abnahm. In späteren Untersuchungen hingegen (Dashiell, 1935, Cottrell, 1972) zeigten sich dagegen auch qualitative Leistungsanstiege sowohl im Coaction- als auch im Audience-Paradigma.

Aktivationstheoretische Erklärung. Zajonc (1965, 1980) kommt das Verdienst zu, die existierenden Daten zusammengetragen und systematisiert zu haben. Hierbei stellt sich heraus, dass sich bei einfachen Aufgaben, bei in hohem Maße eingeübten („überlernten") Tätigkeiten sowie bei instinktiven Reaktionen (zum Beispiel essen) sehr zuverlässig Audience- und Coaction-Effekte zeigen, also eine soziale Erleichterung vorliegt. Bei schwierigen Aufgaben hingegen oder gerade neu gelernten Reaktionen (die wenig eingeübt und nicht „überlernt" sind) findet sich eher eine Beeinträchtigung der Leistung.

Zajonc (1980) schlug eine aktivationstheoretische Erklärung dieser Befundlage vor. Danach erhöht die Anwesenheit anderer die Aktivation eines Individuums. Für einfache Reaktionen sollte eine solche Aktivationserhöhung sich leistungsverbessernd auswirken, bei komplexen Reaktionen dagegen sollte eine zu hohe Aktivation der richtigen Lösung eines Problems entgegenwirken.

Diese Vorhersagen sind inzwischen empirisch gut bestätigt: Hunt und Hillary (1973) beispielsweise fanden, dass einfache Wortlisten besser gelernt werden, wenn die Anwesenheit oder gleichzeitige Arbeit anderer Personen gegeben ist, während komplexe Wortlisten unter solchen Umständen langsamer gelernt werden.

Zajonc, Weingartner und Herman (1969) konnten zeigen, das der „Audience-Effekt" für einfache Verhaltensweisen wohl für alle Spezies gilt – diese Untersuchung konkurriert sicherlich um einen der vorderen Plätze unter den kuriosesten

Experimenten der psychologischen Forschung: So lernten Küchenschaben schneller, einem Lichtstrahl auszuweichen (für Küchenschaben eine durchaus überlebenswichtige Reaktion), wenn andere Küchenschaben anwesend sind (auf die heikle Frage, ob Küchenschaben sich beobachtet fühlen können, soll hier nicht eingegangen werden).

Denkanstöße

(1) Eine nahe liegende Anwendung der Überlegungen zur Sozialen Erleichterung besteht darin, dass Sie sich gut überlegen sollten, ob Sie für eine mündliche Prüfung Zuschauer zulassen oder nicht. Wann sollten Sie dies tun – und wann lieber nicht?

(2) Sind Sie schon einmal in einer Situation gewesen, die einer Sensorischen Deprivation nahe kommt? Und umgekehrt: Erinnern Sie sich an Situationen, bei denen die Komplexität der auf Sie einströmenden Stimuli zu hoch war? Erin-

nern Sie sich daran, welche Auswirkungen dies hatte.

(3) Finden Sie andere Beispiele für Phänomene des klassischen Konditionierens in Ihrem Alltagsleben.

WEITERFÜHRENDE LITERATUR

Eine gute Einführung in die Hull'sche Triebtheorie gibt Lefrançois (1980). Eine sehr sorgfältige Analyse der Theorie sowie der Ursachen ihres Niedergangs gibt weiterhin Brody (1983). Berlynes Weiterentwicklung zu einer Theorie der kognitiven Motivation liegt in deutscher Sprache vor und ist nach wie vor sehr lesenswert (Berlyne, 1974).

Lefrançois, G. R. (1980). Psychologie des Lernens. Heidelberg: Springer.
Brody, H. (1983). Achievement Motivation: Toward a Purposive Theory. In: Human Motivation.
Berlyne, D. E. (1974). Konflikt, Erregung, Neugier. Stuttgart: Klett.

„I am sometimes asked: 'Do you think of yourself as you think of the organisms you study?' The answer is yes. So far as I know, my behaviour at any given moment has been nothing more than the product of my genetic endowment, my personal history, and the current setting. That does not mean I can explain everything I do or have done." B. F. Skinner (1983)

4 Skinners „System"

Bei der Betrachtung der Skinner'schen Position sehen wir uns in noch höherem Maße mit einem Problem konfrontiert, das wir zu Beginn der Darstellung von Hulls Theorie angesprochen haben: Skinners „System" erklärt sehr gut, warum Menschen sich so verhalten, wie sie es tun – aber für unsere alltagssprachlichen Begriffe zur Erklärung menschlichen Verhaltens, wie Motivation, Motiv, Emotion, Gedanken, Wünsche, Absichten oder Meinungen, ist in seiner Arbeit keinerlei Platz.

Zudem ist Skinners Position – und der Ausdruck Theorie wird hier ganz bewusst vermieden – außerordentlich atheoretisch. Anders als Hull neigte Skinner nicht zu komplizierten Formeln und einer formalisierten Zeichensprache. Stattdessen versuchte er in möglichst einfacher Weise zu beschreiben, was er in seinen Experimenten beobachtete – nämlich die experimentellen Bedingungen, aufgrund derer sich die Auftretenshäufigkeit von Verhalten ändert.

Aktives und zweckgerichtetes Verhalten. Hierbei legt er den Schwerpunkt auf operantes Verhalten, das als Operation von einem Organismus aktiv und zu einem bestimmten Zweck gezeigt und nicht etwa passiv ausgelöst wird (wie dies bei Hull und Thorndike der Fall ist). Auch wenn nur wenige Lehrbücher der Motivation die Skinner'sche Verhaltenskonzeption aufnehmen (eine Ausnahme ist Mook, 1996) ist dies ein wichtiger Grund, warum sein Ansatz ein wertvoller Beitrag ist bei der Beantwortung der Frage, warum wir uns so verhalten, wie wir es tun.

Fragen der Motivationspsychologie. Ein weiterer wichtiger Grund liegt darin, dass es Skinners erklärtes Ziel ist, genau jene Fragen zu beantworten, die wir im Eingangskapitel als ureigensten Gegenstand der Motivationspsychologie definiert haben: „Why do people behave as they do? It was probably first a practical question: How could a person anticipate and hence prepare for what another person might do? Later it would become practical in another sense: How could another person be induced to behave in a given way? Eventually it became a matter of understanding and explaining behavior. It could always be reduced to a question about causes." (B. F. Skinner: About Behaviorism, 1974).

EXKURS

Der „Darth Vader" der Psychologie

Burrhus Frederic Skinner ist sicherlich eine der bedeutendsten Persönlichkeiten in der Geschichte der wissenschaftlichen Psychologie. Er wurde 1904 in den USA geboren und starb 1990; sein Schaffen umspannt daher den größten Teil des 20. Jahrhunderts. Ursprünglich wollte Skinner Schriftsteller werden. Unzufrieden mit dieser Tätigkeit, wurde er durch philosophische (Bertrand Russell) und literarische Autoren (H. G. Wells) auf die Arbeiten von John B. Watson und Ivan Pavlov, die Pioniere des klassischen Konditionierens, aufmerksam. 1928 begann er sein Studium der Psychologie in Harvard, wo er 1931 promovierte und bis

Burrhus Frederic Skinner (1904–1990) ist der bekannteste Vertreter des Behaviorismus und gilt als eine der bedeutendsten Persönlichkeiten der wissenschaftlichen Psychologie

1936 forschte. Von 1936 bis 1945 arbeitete er an der University of Minnesota, und nach einer Zwischenstation als Dekan des Psychologie-Institutes der Indiana-University folgte er 1948 einem Ruf an die Harvard University. Skinner ging offiziell 1974 in den Ruhestand, arbeitete aber unermüdlich weiter bis wenige Tage vor seinem Tod.

Skinner publizierte im Laufe seines Lebens mehr als 200 herausragende und oft zitierte Beiträge in führenden Zeitschriften sowie eine Reihe von Büchern, darunter auch populärwissenschaftliche, philosophische und soziologische Beiträge über die möglichen Anwendungen und Auswirkungen seiner psychologischen Arbeiten auf die Gesellschaft, die Erziehung und brennende gesellschaftspolitische Fragen.

Skinner ist sicherlich eine auch öffentlich viel beachtete und prominente Figur der modernen Psychologie geworden. Von seinen Gegnern wurde er zu einer Art bedrohlicher, dunkler Vaterfigur stilisiert (er wurde gelegentlich von seinen Gegnern in Anlehnung an den Bösewicht der „Star Wars Trilogie" als „Darth Vader" bezeichnet). Sowohl diese vehemente Ablehnung als auch die große Verehrung, die sein Werk mit Sicherheit verdient, kommt in dem folgenden Zitat aus einer neueren und sehr lesenswerten Biographie (Bjork, 1997) zum Ausdruck: „Viele Wissenschaftler sehen in ihm einen reduktionistischen, mechanistischen Verhaltensforscher, der die Existenz eines kreativen, absichtsvollen Geistes ebenso leugnete wie die Möglichkeiten einer Person, das eigene Verhalten frei zu wählen und für dieses Verhalten Verantwortung zu übernehmen. Er setzte diesem kritischen Standpunkt zufolge irrtümlicherweise das Verhalten von Ratten und Tauben mit menschlichem Verhalten gleich und behauptete, dass trotz der höheren geistigen Fähigkeiten des Menschen jegliches Verhalten durch eine externe Kontrolle aufgrund von Verstärkungsprinzipien geformt werden solle. Indem er (diesen Kritikern zufolge) die höheren geistigen Fähigkeiten des Menschen gering schätzte und die Existenz eines freien Willens leugnete, beraubte er den Menschen gerade dessen, was das zutiefst Menschliche im Menschen ausmacht. Für andere dagegen war Skinner der brillante Schöpfer des radikalen Behaviorismus, einer Disziplin, welche die am besten kontrollierten und daher zuverlässigsten experimentellen Ergebnisse der Psychologiegeschichte hervorgebracht hatte. Darüber hinaus war Skinner dieser Anschauung zufolge fähig, seine Wissenschaft aus dem Labor und in die Welt zu bringen, wo sie imstande war, Menschen ganz konkret zu helfen. Die Techniken der positiven Verstärkung ... könnten (dieser Anschauung zufolge), wenn nur konsequent angewandt, die Welt vor schrecklichen Bedrohungen schützen, vor dem Verfall der Städte, ökologischen Katastrophen und unkontrolliertem Bevölkerungswachstum. Weit davon entfernt, ein böser und inhumaner Wissenschaftler zu sein, gilt Skinner (diesen Anhängern seiner Lehre) als der größte humanistische Wissenschaftler unserer Zeit." (Bjork, 1997, S. 6).

Skinners Arbeiten haben teilweise Anlass zu Missverständnissen gegeben, die oftmals nicht ihm selbst zugeschrieben werden können, sondern auf einer ungenauen Kenntnis seiner Arbeiten beruhen. Er selbst hat diese Missverständnisse auszuräumen versucht in einem ebenso leicht lesbaren wie lesenswerten Buch („About Behaviorism"; Skinner, 1974); auch Nye (1992) hat einen hervorragenden Einfüh-

rungstext für Studierende geschrieben, der auf fehlerhafte Auffassungen zum Skinner'schen Werk eingeht („The Legacy of B. F. Skinner"). Als Einführung zu Skinners Annahmen zu gesellschaftlichen Fragen und Anwendungen seines Systems eignen sich vor allem „Walden II" (der Titel bezieht sich auf eine Utopie des Schriftstellers Henry David Thoreau mit dem Titel „Walden", in dem eine Rückkehr zur Natur und zum naturnahen Leben propagiert wird) sowie „Beyond Freedom and Dignity" (1971).

4.1 Grundlegende Begriffe und Konzepte

4.1.1 Respondentes und operantes Verhalten

Ausgangspunkt von Skinners System (1938) ist die Unterscheidung in respondentes und operantes Verhalten (diese werden gelegentlich auch als „Antwortverhalten" und „Wirkverhalten" bezeichnet).

Respondentes Verhalten. Typische Beispiele für respondentes Verhalten kamen in diesem Buch schon vor. So ist beispielsweise der Speichelreflex beim klassischen Konditionieren ein respondentes Verhalten, weil es von einem eindeutig identifizierbaren Stimulus ausgelöst wird, der ihm vorangeht und den entsprechenden Reflex mit Notwendigkeit auslöst. Alle Arten von Reflexen sind gute Beispiele für respondentes Verhalten.

Operantes Verhalten. Dieses wird nicht durch vorauslaufende Reize oder Stimuli ausgelöst, und ist auch nicht reflexhaft, sondern wird willentlich ausgeführt. Ein gutes Beispiel für ein operantes Verhalten ist ein Kind, das regelmäßig um Süßigkeiten bettelt und so lange weint, bis es sie erhält. Ein für Skinners Experimente typischeres Beispiel ist dann gegeben, wenn eine Maus in einem Versuchskäfig lernt, dass sie immer dann Futter erhält, wenn sie einen bestimmten Hebel drückt. In diesem Fall ist das Drücken des Hebels das operante Verhalten; die nachfolgende Futterbelohnung bezeichnet Skinner als Verstärkung.

4.1.2 Verstärkung und Löschung

Operationale Definition von Verstärkung. Ganz typisch für Skinner ist, dass der Begriff der Verstärkung rein operational definiert ist: Wenn eine Reaktion R durch den Stimulus S gefolgt wird und nachfolgend die Auftretenswahrscheinlichkeit der Reaktion R steigt, dann ist der Stimulus S gemäß der Skinner'schen Definition eine Verstärkung. Das Gesetz der Verstärkung besagt daher ganz einfach, dass die Auftretenshäufigkeit eines operanten Verhaltens steigen wird, wenn dieses von einer Verstärkung gefolgt wird.

Löschung. Umgekehrt besagt das Gesetz der Löschung, dass die Auftretenshäufigkeit eines operanten Verhaltens (welches zuvor durch Verstärkung etabliert wurde) sinken wird, wenn dieses nicht von einer Verstärkung gefolgt wird. Am Beispiel des Kindes, das für Weinen und Betteln um Süßigkeiten verstärkt wurde, lassen sich die Konzepte der Verstärkung und der Löschung gut veranschaulichen: Das Verhalten des Kindes ist im Lichte von Skinners Konzeption ein operantes Verhalten, weil es einen bestimmten Zweck erreichen will. Es wird häufiger vorkommen, wenn es zum Erfolg führt, also verstärkt wird.

Interessanterweise „verschwindet" das unerwünschte Verhalten aus der Perspektive der Eltern kurzfristig gerade dann, wenn man dem Drängeln des Kindes nachgibt, während diese „Verstärkung" mittel- und langfristig natürlich zu einer höheren Auftretenswahrscheinlichkeit führen wird. Um dem vorzubeugen, werden kluge Eltern den Wunsch des Kindes eben nicht erfüllen – in diesem Fall wird die Auftretenshäufigkeit des Verhaltens sinken, da es ja (aus der Perspektive des Kindes) nicht von der gewünschten Reaktion gefolgt wird.

4.1.3 Klassisches und operantes Konditionieren

Bedingungen und Auswirkungen des Verhaltens
Ein wichtiger Unterschied zwischen dem klassischen und operanten Konditionieren ist die zeitliche Perspektive (s. Abb. 4.1): Beim klassischen Konditionieren sind es die vorauslaufenden Bedingungen (der unkonditionierte Stimulus und dessen Paarung mit anderen Stimuli), die die unkonditionierte Reaktion herbeiführen beziehungsweise bei hinreichend häufiger Paarung von unkonditioniertem und konditioniertem Stimulus zu einer konditionierten Reaktion führen. Beim operanten Konditionieren dagegen sind es die Auswirkungen des Verhaltens, die seine Auftretenshäufigkeit determinieren.

Operantes Konditionieren. Hierbei haben wir es mit einem scheinbaren Paradoxon zu tun: Die Auswirkungen des Verhaltens in der Zukunft bestimmen, wie häufig das operante Verhalten vorkommt. Es hat also den Anschein, als seien die Konsequenzen des operanten Verhaltens zugleich dessen Ursache. Merkmal einer Ursache ist es jedoch, dass sie dem Effekt, den sie verursacht, vorausgehen muss; es kann keine gegenwärtigen Ereignisse geben, deren Ursachen in der Zukunft liegen (Hume, 1738; Mackie, 1980).

Die Lösung dieses Paradoxons aus Skinners Perspektive besteht in dem Hinweis darauf, dass die Auswirkungen eines operanten Verhaltens deren nachfolgende Auftretenshäufigkeit bestimmen und nicht die gegenwärtige. Ein gerade gezeigtes operantes Verhalten ist naturgemäß eine Funktion der vorauslaufenden Verstärkungsgeschichte dieses Verhaltens.

Verhalten in Skinners System

Das Premack-Prinzip. Skinners System ist auch deshalb einfacher als die Konzeption Hulls, weil sich die recht komplexe Frage nach primären und sekundären Trieben, die das Verhalten energetisieren, so nicht mehr stellt. So zeigte Premack (1965), dass jede Verhaltensweise ein potentieller Verstärker sein kann: Angenommen, ein Kind spielt sehr gerne mit Bauklötzen und überhaupt nicht gerne mit Teddybären. Dann kann der Zugang zu den Bauklötzen die Rolle eines Verstärkers für Spielen-mit-Teddybären annehmen – in diesem Falle würde festgelegt, dass das Kind nur dann mit den Bauklötzen spielen darf, wenn es vorher mit den Teddybären gespielt hat. Für ein Kind, das die Teddybären den Bauklötzen vorzieht, gilt natürlich das Gegenteil: Wir könnten dieses Kind für das Spielen mit Bauklötzen verstärken, indem wir anschließend den Zugang zu den Teddybären ermöglichen.

Premack-Prinzip. Die Verallgemeinerung dieser Beobachtungen – das Premack-Prinzip – besagt nun, dass ein Verhalten mit höherer Auftretenswahrscheinlichkeit (eine bevorzugte Handlung) davon abhängig gemacht werden kann, dass ein Verhalten mit relativ niedrigerer Auftretenswahr-

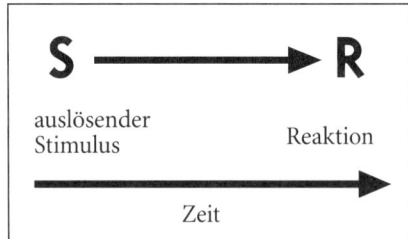

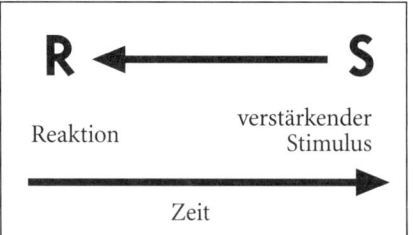

Abbildung 4.1. Beim klassischen Konditionieren führen die vorauslaufenden Bedingungen zu einer Reaktion **(links)**. Beim operanten Konditionieren bestimmen die Auswirkungen des Verhaltens dessen weitere Häufigkeit **(rechts)**

scheinlichkeit gezeigt wird; in diesem Fall wird das wahrscheinlichere Verhalten zum Verstärker für das unwahrscheinlichere Verhalten.

Unterschiede zwischen Skinner und Thorndike.

Skinners Gesetz der Verstärkung sieht auf den ersten Blick dem Gesetz der Auswirkung von Thorndike sehr ähnlich. Es gibt jedoch bedeutsame Unterschiede: Für Thorndike stiftete das „Lernen am Erfolg" (beispielsweise bei Katzen, denen es gelang, sich durch eine bestimmte Reaktion R aus einem Käfig zu befreien und die nachfolgend Futter erhielten) eine Assoziation oder Verbindung zwischen der Reaktion R und der Situation S, so dass nachfolgend die gleiche Situation S wiederum mit höherer Wahrscheinlichkeit zur Reaktion R führt (daher der Begriff S-R-Psychologie).

Auch wenn die Skinner'sche Position in manchen Textbüchern irreführender Weise ebenfalls als S-R-Psychologie bezeichnet wurde, sieht der Sachverhalt aus Skinner'scher Perspektive ganz anders aus und hat auch mit einer S-R-Psychologie nichts zu tun: Operantes Verhalten wird nicht durch die Situation ausgelöst, in der es stattfindet, sondern es wird (aktiv) vom Organismus gezeigt oder hervorgebracht („emitted"). Die Wahrscheinlichkeit solcher operanten Verhaltensweisen oder Reaktionen sind wiederum ausschließlich von deren Konsequenzen abhängig.

Verhaltensmerkmale als abhängige und unabhängige Variablen

Lefrançois (1980) schlug vor, die Skinner'schen Überlegungen in zwei Teilbereiche zu gliedern:

▶ Faktoren, die das Verhalten beeinflussen, und
▶ Merkmale des Verhaltens, die von diesen Faktoren beeinflusst werden.

Die beeinflussenden Faktoren haben hierbei den Status von unabhängigen Variablen (die vom Experimentator kontrolliert und variiert werden), während die hiervon beeinflussten Merkmale des Verhaltens (die von einem Versuchstier oder einer Versuchsperson gezeigt werden) den Status von abhängigen Variablen haben.

Auch hierin kommt wiederum zum Ausdruck, was wir bereits festgestellt haben: Es gibt in Skin-

ners System keine hypothetischen Konstrukte oder theoretischen Konzepte, und seine „Theorie" orientiert sich sehr eng – enger als jede andere psychologische Theorie – an den Größen, die experimentell beeinflusst und gemessen werden können.

Auf der Seite der unabhängigen Variablen betrachten wir im Folgenden die Konzepte „Verstärkungsart" und „Verstärkungsplan", auf der Seite der abhängigen Variablen behandeln wir Konzepte Akquisition, Reaktion und Extinktion.

4.1.4 Verstärkungsarten und Verstärkungspläne

Verstärkungsarten

Nach Skinner wird ein Verhalten um seiner Konsequenzen willen gezeigt; ein gegenwärtiges Verhalten wird häufiger auftreten, wenn es positive Konsequenzen hat, und seltener im Falle von negativen Konsequenzen oder ohne positive Konsequenzen. Dieser Sachverhalt impliziert einen psychologischen Hedonismus (s. Kap. 1), auch wenn Skinners System für die mentalistischen Konzepte in Zusammenhang mit einer hedonistischen Position keinen Raum lässt. Die verschiedenen Formen der Verstärkung wurden von Skinner systematisiert, indem er verschiedene Arten der Verstärkung postulierte (s. Übersicht).

Die Beispiele und Definitionen sind so formuliert, als handele es sich um Erziehungssituationen. Zu beachten ist hierbei, dass jede positive Konsequenz die Auftretenshäufigkeit eines Verhaltens (das aus der Sicht des Erziehenden erwünscht sein wird) erhöht, und jede negative Konsequenz eines Verhaltens dessen Auftretenshäufigkeit (das aus der Sicht des Erziehenden unerwünscht sein wird) senkt. Dies bedeutet, dass es ebenso möglich ist, die Wahrscheinlichkeit von unerwünschten Verhaltensweisen (den Bruder schlagen, das Essen vom Tisch werfen, einen Hund so trainieren, dass er möglichst aggressiv ist) zu erhöhen und die Wahrscheinlichkeit von erwünschten Verhaltensweisen (dem Bruder helfen; höflich darauf aufmerksam zu machen, dass man das Essen nicht mag; einen

Hund so trainieren, dass er Lawinenopfer aufspürt) zu senken. Aus Gründen der Anschaulichkeit verwenden wir im Folgenden besonders einleuchtende Beispiele. Dies sollte den Leser aber nicht davon ablenken, dass jegliches Verhalten in seiner Auf- tretenshäufigkeit geändert werden kann, und nicht nur solches, das beispielsweise einem Erzieher oder Lehrer als besonders wünschenswert erscheint (auf die moralischen Aspekte dieser Problematik gehen wir im Anwendungsteil dieses Kapitels ein).

ÜBERSICHT

Arten der Verstärkung

Art der Verstärkung	Definition	Effekt	Beispiel
Positive Verstärkung	Ein positiver Stimulus folgt einem („positiven") Verhalten.	Erhöht die Auftretenswahrscheinlichkeit des („positiven") Verhaltens.	Ein Schüler erhält für eine gute Arbeit eine gute Note.
Negative Verstärkung	Ein negativer Stimulus wird entfernt, nachdem ein („positives") Verhalten aufgetreten ist.	Erhöht die Auftretenswahrscheinlichkeit des („positiven") Verhaltens.	Das Kind darf sein Zimmer wieder verlassen, wenn sein Wutanfall beendet ist.
Bestrafung Typ I	Ein negativer Stimulus folgt einem („negativen") Verhalten.	Senkt die Auftretenswahrscheinlichkeit des („negativen") Verhaltens.	Ein Schüler erhält für eine schlechte Arbeit eine schlechte Note.
Bestrafung Typ II	Ein positiver Stimulus wird entfernt, nachdem ein („negatives") Verhalten aufgetreten ist.	Senkt die Auftretenswahrscheinlichkeit des („negativen") Verhaltens.	Einem Jugendlichen, der in einem Monat 250 Euro Telefonkosten verursacht hat, wird das Handy weggenommen.

Verstärkungspläne

Während es bei der Verstärkungsart darum geht, welche Arten von Stimuli welchem Verhalten folgen, so bestimmen die Verstärkungspläne im Wesentlichen, mit welcher Häufigkeit und zu welchen Zeitpunkten solche Stimuli einer Reaktion folgen. In einem Tierexperiment besteht ein hohes Ausmaß an Kontrolle darüber, wann und welche Stimuli den Reaktionen des Versuchstieres folgen. Betrachten wir die verschiedenen Verstärkungspläne der Einfachheit halber für den Fall der positiven Verstärkung (ein „positiver" Stimulus wie etwa eine Futterbelohnung folgt einem „erwünschten" Verhalten wie etwa dem Betätigen eines Hebels).
Verstärkungsprinzipien im täglichen Leben. Zwei anwendungsnähere Situationen illustrieren, wie

Verstärkungsprinzipien im täglichen Leben wirken. Ein (motiviertes) Kind beteiligt sich in der Schule am Unterricht und meldet sich, wenn die Lehrerin eine Frage stellt (das „erwünschte" Verhalten). Die Verstärkung besteht in diesem Falle darin, dass die Lehrerin das Kind, sobald es sich meldet, „aufruft" und dieses so seine Fähigkeit zeigen kann.

Eine andere Situation: Ein (Hobby-)Angler fährt stets am Wochenende zum Angeln an einen See. Jeder gefangene Fisch kann in diesem Fall als Verstärkung angesehen werden. Betrachten wir beide Beispiel im Lichte verschiedener Verstärkungspläne, der kontinuierlichen und der intermittierenden Verstärkung.
Kontinuierliche Verstärkung. Zunächst einmal kann ein Verstärkungsplan kontinuierlich oder intermittierend sein. Im Falle des kontinuierlichen Verstär-

kungsplans wird jede der erwünschten Reaktionen von einem positiven Stimulus gefolgt (also „verstärkt"), im Falle der intermittierenden Verstärkung werden nicht alle erwünschten Reaktionen verstärkt. In unserem Schulbeispiel ist eine kontinuierliche Verstärkung gar nicht möglich, da die Lehrerin sicherlich versuchen wird, alle Schülerinnen und Schüler am Unterrichtsgeschehen zu beteiligen. Im Falle des Anglers wäre eine kontinuierliche Verstärkung dann gegeben, wenn er an einem sehr fischreichen Gewässer angelt und praktisch immer – nach jedem Auswerfen des Köders – einen Fisch fängt.

Löschung und Extinktion. In beiden Fällen gilt: Wenn überhaupt keine Verstärkung erfolgt, wird das gewünschte Verhalten schließlich nicht mehr auftreten. Ein Kind beispielsweise, das niemals aufgerufen wird, wird sich schließlich nicht mehr am Unterricht beteiligen. Und ein Angler, der in einem bestimmten Gewässer keinen einzigen Fisch fängt, wird sich auf andere Fanggründe verlegen oder das Angeln irgendwann einstellen. Diesen Prozess bezeichnet Skinner als Löschung des Verhaltens. Natürlich lässt sich feststellen (als abhängige Variable in einem Experiment), wie lange es dauert, bis ein Verhalten ganz unterbleibt. Diese Zeitdauer bezeichnet man als Extinktion oder Extinktionsrate der Reaktion.

Intermittierende Verstärkung. Damit ist gemeint, dass nicht jede Reaktion verstärkt wird. Es ist in hohem Maße typisch für Skinners System, dass sich dieser Verstärkungsplan weiter systematisieren und in unterschiedliche Arten von Plänen aufgliedern lässt (s. Übersicht). Auf die Beispiele bezogen heißt das: Weder bei der Lehrerin noch beim Angler wird die Möglichkeit bestehen, den exakten Zeitpunkt und die genaue Frequenz des Verstärkungsplanes (das Aufrufen des Schülers also) zu kontrollieren – keine schlechte Idee also, wenn Skinner in seinen Experimenten mit Tieren und unter Bedingungen arbeitete, die eben dies erlauben.

Und schließlich gilt auch bei der intermittierenden Verstärkung, dass diese nur dann erfolgt, wenn die zu verstärkende Reaktion auch tatsächlich gezeigt wird. So ist es zu erklären, dass ein variabler Intervallplan nach beispielsweise durchschnittlich 10 Minuten eine Verstärkung vorsieht – der Experimentator muss jeweils abwarten, bis die zu verstärkende Reaktion auch tatsächlich gezeigt wird, und es kann nicht immer genau gewährleistet werden, dass dies exakt zu dem im Verstärkungsplan vorgesehenen Zeitpunkt geschieht (wir kommen auf diesen Umstand später bei der Frage nach der Entstehung von abergläubischem Verhalten zurück).

ÜBERSICHT

Verstärkungspläne zur intermittierenden Verstärkung

Intermittierende Verstärkung: Nicht alle Reaktionen werden verstärkt			
Quotenverstärkung Die Verstärkung erfolgt auf der Basis der Reaktionshäufigkeit		**Intervallverstärkung** Die Verstärkung erfolgt auf der Basis von Zeitintervallen	
Fixierte Quotenpläne Beispiel: Jede 2. Reaktion wird verstärkt	**Variable Quotenpläne** Beispiel: Im Schnitt wird jede 3. Reaktion verstärkt	**Fixierte Intervallpläne** Beispiel: Immer nach genau 10 Minuten wird eine Reaktion verstärkt	**Variable Intervallpläne** Beispiel: Eine Verstärkung erfolgt im Schnitt nach 10 Minuten (und zwar dann, wenn die richtige Reaktion auftritt)

Einflüsse auf die Akquisition. Verstärkungspläne haben gravierende Einflüsse auf Akquisition, Löschung und Reaktionsrate (oder Intensität des Verhaltens), also darauf, wie schnell ein neues Verhalten erlernt (gezeigt) wird, wie schnell es aufgegeben wird, und wie oft es gezeigt wird. Dies sind die zentralen abhängigen Variablen in Skinners System. Diese haben unmittelbaren Bezug zu unserer Definition von Motivationspsychologie (s. Kap. 1), und eines der interessantesten Merkmale dieses Ansatzes ist es, dass diese vorhergesagt werden, ohne überhaupt auf im Alltagssinne „motivationale" Konzepte Bezug zu nehmen.

Eine (neue) Reaktion lässt sich – aus der Perspektive des Experimentators – leichter erlernen oder „etablieren", wenn der Lernprozess mit einer kontinuierlichen Verstärkung begonnen wird. Beobachtungen beispielsweise von Dompteuren oder anderen Tiertrainern bestätigen dies: Bei Lawinenhunden etwa, deren Aufgabe es ist, Verschüttete aufzufinden, besteht das größte Trainingsproblem oftmals darin, dass die Hunde zusammen mit ihren Hundeführern mit dem Hubschrauber zur Unglücksstelle geflogen werden. Während viele Hunderassen großes Vergnügen daran haben, nach Spuren zu suchen und Fährten aufzunehmen, gehört es mit Sicherheit nicht zu ihrer Lieblingsbeschäftigung, an einem Stahlseil in 30 bis 50 Meter Höhe gezogen und wieder herabgelassen zu werden.

Hundeführer, die ihre Hunde für die Rettung von Lawinenopfern ausbilden, berichten, dies sei oftmals der schwierigste Ausbildungsschritt. In diesem Fall wird der Hundeführer gut daran tun, den Hund (der sich schon vor dem Lärm des Hubschraubers fürchtet) für jede Form der Annäherung an Hubschrauber und Seil zu verstärken. In diesem Fall wird er es sogar in Kauf nehmen, den Hund bereits für solche Annäherungen zu belohnen, die dem gewünschten Verhalten zumindest ansatzweise ähnlich sind (beispielsweise eine Verstärkung dann zu geben, wenn der Hund nicht wegläuft, erstarrt, oder sich in den Schnee eingräbt).

Einflüsse auf die Löschung. Während das Erlernen einer neuen Reaktion sich bei kontinuierlicher Verstärkung schneller vollzieht, ist es beim „Verlernen" der Reaktion umgekehrt: Intermittierende Verstärkungspläne führen zu einer höheren Löschungsresistenz, werden also über längere Zeit auch dann ausgeführt, wenn eine Verstärkung unterbleibt. Aus der Sicht des Hundeführers mag es daher ratsam erscheinen, im Laufe des Lernprozesses zu einer intermittierenden Verstärkung überzugehen, den Hund also beispielsweise nur noch bei Übungsflügen zu belohnen, wenn der Zeitfaktor eine geringere Rolle spielt: Im Ernstfall bleiben oftmals nur maximal 2 Stunden, die Lawinenopfer aufzufinden, und jede Sekunde zählt, so dass ein Hundeführer, der seinen Hund erst ausgiebig belohnen muss, um ihn zum Auf- oder Abseilen zu bewegen, ein Handicap darstellen würde.

Auch aus der Perspektive des Anglers, der lange Zeit einem kontinuierlichen Verstärkungsplan „ausgesetzt" war, erscheint eine schnellere Extinktion des Verhaltens (Angeln) wahrscheinlich, wenn er plötzlich feststellen muss, dass sein Verhalten nicht mehr von Erfolg gekrönt ist. Ein Angler hingegen, der in einem Gewässer nach einer seltenen Fischart angelt und es immer schon gewohnt war, lange erfolglose Zeitintervalle in Kauf zu nehmen (der also einem variablen Intervallplan unterliegt), mag seine Bemühungen in erfolglosen Zeiten viel länger fortsetzen (in den Augen des Autors eine überzeugende Erklärung dafür, warum Menschen überhaupt diesem Hobby nachgehen).

Eine kognitive Interpretation? Hier stoßen wir wiederum auf das Phänomen (wie schon bei Hull), dass eine kognitive Interpretation der vorliegenden Daten naheliegend erscheint. Ein Angler, der lange Zeit kontinuierlich und problemlos erfolgreich war, mag angesichts einer längeren Misserfolgsphase schlussfolgern, dass der Fischbestand erschöpft ist oder andere Größen sich unvermittelt geändert haben (die er in der Regel nicht kontrollieren kann). Ein Angler jedoch, der an lange Phasen des Misserfolgs gewöhnt ist, wird im Falle längerer Erfolglosigkeit nicht in ähnlicher Weise beunruhigt sein – schon „Beunruhigung" ist allerdings ein Begriff, den Skinner natürlich nicht benutzen würde.

Skinners Antwort auf solche Überlegungen ist einfach: Er nimmt auf solche kognitiven Größen keinerlei Bezug und hält einen solchen Bezug schlichtweg für überflüssig. Die beobachteten Daten sind allein aufgrund der experimentell manipulierbaren Größen verständlich.

Einflüsse auf die Reaktionsrate. Die Reaktionsrate (die Häufigkeit, mit der die „gewünschte" Reaktion gezeigt wird) ist auch als Indikator für die Intensität des Verhaltens zu sehen. Diese ist dann höher, wenn eine variable Verstärkung vorliegt. Bei fixierten Intervallplänen zeigt sich beispielsweise, dass die Häufigkeit der gewünschten Reaktion unmittelbar vor dem üblichen Verstärkungszeitpunkt stark zunimmt, während in den Intervallen unmittelbar nach der Verstärkung eine deutliche Reduzierung beobachtet werden kann. Dies ist bei variablen Intervallplänen und auch bei Quotenplänen nicht der Fall; hier findet sich eine kontinuierliche und hohe Reaktionsrate – wiederum scheint es so, als sei das Verhalten am besten erklärbar, wenn man es als kognitiv vermittelt interpretiert, wenn beispielsweise Erwartungen es steuern.

Aus der Perspektive des Hundeführers ist es sicherlich erstrebenswert, den einmal etablierten „Spürsinn" (einerseits im Sinne von Fähigkeit, aufzuspüren und andererseits im Sinne von Motivation, dies bei entsprechender Gelegenheit sofort und ohne Unterlass zu tun) seines Hundes durch einen variablen Quotenplan zu verstärken: In diesem Falle wird der Hund das bestmögliche Verhalten zeigen und mit größter Wahrscheinlichkeit den gewünschten Erfolg haben.

4.2 Empirische Belege

Empirische Belege und praktische Anwendungen sind bei Skinner kaum voneinander zu trennen. Sein System und die daraus resultierenden Gesetzmäßigkeiten des Verhaltens fanden Eingang in alle Anwendungsbereiche der Psychologie, beispielsweise in Erziehung und Unterricht sowie in der Klinischen Psychologie. Dennoch ist es sinnvoll, zunächst einmal die grundlegenden Versuchsanordnungen zu betrachten, anhand derer die von Skinner (1953) postulierten Gesetzmäßigkeiten zu-

erst nachgewiesen wurden. Hierbei ist es wichtig, zu beachten, dass die im Folgenden dargestellten Befunde zur „Skinnerbox" nur die winzige Spitze eines Eisbergs sind; die Zahl der angewandten Studien zu diesen Gesetzmäßigkeiten ist unüberschaubar.

4.2.1 Die Skinnerbox

Skinner wurde weniger für einzelne Experimente berühmt, als vielmehr für die Entwicklung eines experimentellen Paradigmas. Die dafür typische Versuchsanordnung ist die so genannte Skinnerbox (s. Abb. 4.2). Ein hungriges Versuchstier (meist eine Ratte, eine Maus oder eine Taube) wird in diese Box gesetzt. Diese Box beherbergt im Wesentlichen

(1) einen Hebel (oder im Falle der Taube eine Art Kontaktplatte, die Berührungen durch den Schnabel des Tiers registrieren kann),
(2) einen „Ankunftsbehälter" für flüssige oder feste Nahrung sowie
(3) eine kleine Signallampe, die durch den Experimentator an- und ausgeschaltet werden kann.

Funktionsweise der Skinnerbox

Das Versuchstier wird diese Box zunächst einmal erkunden und sich eher zufällig darin bewegen. Dabei wird es auch irgendwann einmal den Hebelmechanismus auslösen. Die Häufigkeit, mit

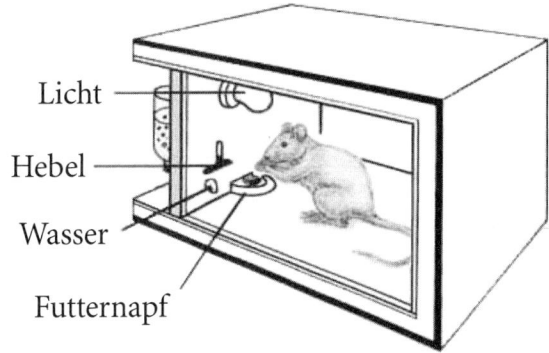

Abbildung 4.2. Skinner und Mitarbeiter entwickelten für ihre psychologischen Experimente die so genannte Skinner-Box: Das Versuchstier findet zufällig heraus, dass es einen Hebel auslösen kann und dann Futter bekommt. Bleibt das Futter aus, hört das Tier wieder auf den Hebel zu drücken

der dies geschieht (solange noch keinerlei Verstärkung verabreicht wurde) bezeichnet man auch als Grundrate (englisch: base line level).

Verstärkungsphase. Zu Beginn der Verstärkungsphase wird ein Futtermagazin aktiviert, das sich außerhalb dieser Box befindet. Von diesem Zeitpunkt an wird das Auslösen des Hebelmechanismus verstärkt: Dies bedeutet, dass – in Abhängigkeit von dem zugrunde liegenden Verstärkungsplan – für jede „richtige" Reaktion oder bestimmte Intervalle solcher Reaktionen beispielsweise eine Futterpille an dem dafür in der Box vorgesehenen Platz landet. Dies führt unweigerlich dazu (der Leser ahnt es schon), dass das Versuchstier die entsprechende Reaktion viel häufiger zeigt.

Löschungsphase. Diese beginnt, wenn das Futtermagazin wieder deaktiviert wird, so dass keine Verstärkung mehr erfolgen kann. So lässt sich also mithilfe der Skinnerbox beispielsweise untersuchen, wie schnell eine zu lernende Reaktion „etabliert" werden kann und wie lange es dauert, bis diese Reaktion wieder gelöscht ist (die Zeitdauer also, bis sich die Reaktionsrate wieder der Basisrate angenähert hat).

Anzahl der Verstärkungen und Löschung

Skinner (1933, aufbauend auf unveröffentlichten Arbeiten von Mitarbeitern) untersuchte beispielsweise, inwiefern die Anzahl der vorauslaufenden Verstärkungen einen Einfluss auf das Verhalten während der Löschungsphase hat. Als unabhängige Variable wurden zwei Stufen realisiert: Die Löschungsphase begann, nachdem das Versuchstier entweder eine richtige Reaktion oder nachdem es 250 richtige Reaktionen gezeigt hatte. Im Laufe von 60 Minuten nach Beginn der Extinktionsphase zeigen die Versuchstiere in der Bedingung mit nur einer Verstärkung etwa 60 weitere der zuvor verstärkten Reaktionen; in der Gruppe mit 250 Verstärkungen zeigen die Versuchstiere im gleichen Zeitraum etwa 180 solcher Reaktionen.

Dieser einfache Befund ist aus zwei Gründen bemerkenswert: Zum einen bewirkt eine Erhöhung der Anzahl der Verstärkungen eine Vervielfachung der Löschungsresistenz. Andererseits zeigen diese wie auch ergänzende Untersuchungen von Estes (z.B. 1944), dass keine proportionale Beziehung zwischen Verstärkungshäufigkeit einerseits und Löschungsresistenz andererseits besteht – und auch eine einzelne Verstärkung allein führt bereits zu einer beträchtlichen Anzahl von weiteren operanten Reaktionen seitens des Versuchstiers.

4.2.2 Abergläubisches Verhalten

Dieser Umstand – nur eine einzige Verstärkung führt zu einer bereits relativ großen Anzahl von wiederholten Ausführungen des verstärkten Verhaltens – trägt zu einem interessanten Phänomen bei, das Skinner als „abergläubisches Verhalten" bezeichnet. Es entsteht in der Regel dann, wenn ein beliebiges Verhalten, möglicherweise rein zufällig, mit einer Verstärkung gekoppelt wird.

Abergläubisches Verhalten in der Skinnerbox

Mit Hilfe einer Taube in einer Skinnerbox lässt sich das demonstrieren. Angenommen, eine erste Verstärkung würde zu einem gänzlich zufälligen Zeitpunkt verabreicht und zwar unabhängig davon, was die Taube in diesem Moment gerade tut. Das Versuchstier wird zu diesem Zeitpunkt jedoch auf alle Fälle irgendein Verhalten zeigen, sei es, dass sie gerade still steht, oder sich nach rechts wendet, oder vielleicht gerade zur Käfigdecke schaut. Wenn bereits eine einmalige Verstärkung ausreicht, um die Auftretenshäufigkeit dieser zufälligen Reaktion zu erhöhen, so wird die Taube diese Reaktion zu späteren Zeitpunkten mit entsprechend höherer Wahrscheinlichkeit ausführen.

Wenn nun zufällig ein Blick zur Käfigdecke verstärkt wurde, können wir aufgrund der Befunde von Skinner (1933) und Estes (1944) erwarten, dass das Versuchstier beispielsweise im Laufe der nachfolgenden 60 Minuten diese Reaktion etwa einmal pro Minute zeigen wird.

Ein solches Verhalten ließe sich leicht weiter verstärken, so dass seine Auftretenshäufigkeit drastisch ansteigt. Schließlich wäre das Versuchstier auf diese Weise in der Lage, sich beliebige Futtermengen durch Anschauen der Käfigdecke zur verschaffen.

Ein solches Verhalten ist deshalb als abergläubisch („superstitiuous") zu bezeichnen, weil es natürlich keinerlei wirkliche kausale Verbindung zu den tatsächlichen Mechanismen der Verstärkung hat (im Gegensatz beispielsweise zur Betätigung eines Hebels, der einen Mechanismus im Futtervorrat auslöst, oder im Gegensatz zu einer Löwin, die eine Antilope jagt und erbeutet und so verstärkt wird).

Abergläubiges Verhalten entsteht demzufolge in der Regel dann, wenn eine zufällige Kopplung irgendeines beliebigen Verhaltens mit einer Verstärkung auftritt.

Abergläubisches Verhalten beim Menschen

In ähnlicher Weise lässt sich auch abergläubisches Verhalten beim Menschen sehr gut erklären. Ein Prüfungskandidat, der in der ersten Vordiplomsprüfung ein Hawaiihemd trug und nachfolgend eine sehr gute Note erhielt, will dieses Hemd nun unbedingt auch in allen nachfolgenden Prüfungen tragen. So gibt es viele Fußballtrainer, die im Laufe einer Saison immer den gleichen Pullover, Schal oder Mütze tragen, den sie zufällig bei einem der Siege ihrer Mannschaft getragen haben.

Darüber hinaus können auch sehr komplexe (und gelegentlich absurd anmutende) Abfolgen von Reaktionen (beispielsweise die Körperwendung einer Taube nach rechts, ruhiges Verharren, anschließender Blick zur Decke) auf diese Weise etabliert werden. Bei Sportlern – etwa Fußballern –, die beim Einwechseln auf das Spielfeld kommen, sind solche Verhaltensweisen regelmäßig zu beobachten: Der Spieler pflückt beispielsweise mit der linken Hand einen Grashalm vom Spielfeld und küsst ihn, während er sich mit der anderen Hand drei Mal bekreuzigt (es gibt unzählige Varianten solchen Gebarens).

Der Umstand, dass solches abergläubisches Verhalten wahrscheinlich intermittierend verstärkt wird – nicht jeder Einwechselspieler schießt in der geringen verbleibenden Zeit ein Tor, dies geschieht auch bei den besten Spielern nur gelegentlich – lässt zudem erwarten, dass eine solche, einmal etablierte Reaktionskette überaus beständig (löschungsresistent) ist.

4.3 Anwendungen des Skinner'schen Systems

Die Anwendungen der hier nur kurz dargestellten Überlegungen Skinners allein in Erziehung und Unterricht wie auch in der Psychotherapie sind so vielfältig, dass hier nur einige wenige ausgewählte Beispiele angeführt werden können.

Um einen ungefähren Eindruck von der Vielfältigkeit der Anwendungsmöglichkeiten dieser Prinzipien zu vermitteln, sei hier eine Verwendung operanter Prinzipien bei Rettungsflügen der amerikanischen Küstenwache genannt. Dieses Beispiel mag auch illustrieren, dass Tierversuche beziehungsweise die Anwendung operanter Prinzipien bei Tieren nicht notwendigerweise unethisch sein müssen – ganz im Gegenteil.

Der Einsatz von Tauben bei der amerikanischen Küstenwache. Simmons (1981) berichtet von diesem Feldversuch der amerikanischen Küstenwache. Hierbei wurden Tauben darauf trainiert, auf die orangene Farbe von Rettungswesten mit dem Picken auf einen Sensor zu reagieren (die Farbe solcher Westen ist weltweit standardisiert). Tauben verfügen über ein für diesen Zweck ausgezeichnet geeignetes Wahrnehmungsvermögen: Sie haben eine hervorragende Fernsicht, ihre Augen ermüden auch nach stundenlanger Beanspruchung nicht, sie können 60 bis 80 Grad der Umgebung mit einem Blick fokussieren (beim Menschen sind es lediglich 2 bis 3 Grad), und sie können zudem Farben extrem gut unterscheiden. Das hierbei relevante Verhalten – sowohl das Betätigen des Sensors als auch die exakte Identifikation der genauen Farbe der Rettungswesten – lässt sich anhand operanter Verstärkungsprinzipien sehr leicht etablieren.

Schiffsbrüchige finden. Insgesamt drei Tauben befinden sich bei den Einsätzen der Küstenwache in einer durchsichtigen Box an der Unterseite des Hubschraubers (s. Abb. 4.3). Diese Box ist in drei Teile eingeteilt, so dass jede Taube nur ein eingeschränktes Blickfeld hat (vorne, links, rechts, mit jeweils etwa 60 bis 80 Grad Blickfeld). Der Pilot des Hubschraubers überfliegt nun bei der Suche nach Schiffbrüchigen das kritische Gebiet. Sobald eine

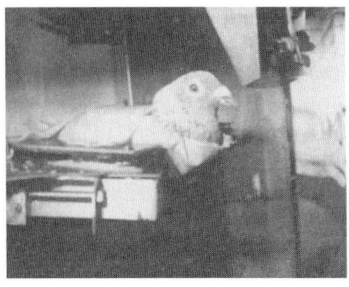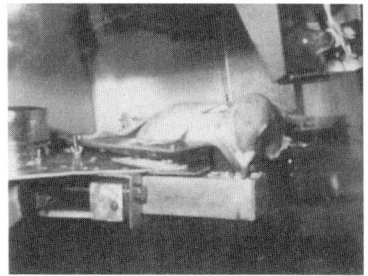

Abbildung 4.3. Feldversuch der amerikanischen Küstenwache: Tauben wurden daraufhin trainiert, auf das Orange von Rettungswesten mit einem Picken auf einen Sensor zu reagieren. Sie helfen damit, Schiffbrüchige schneller zu finden

der Tauben den Sensor betätigt, fliegt er in die entsprechende Richtung. Befindet sich beispielsweise ein Schiffbrüchiger auf der linken Seite des Hubschraubers, steuert er diesen nach links; fliegt er auf diese Weise versehentlich zu weit nach links, gerät der Schiffbrüchige in das Sichtfeld der Taube in dem rechten Teil der Sichtbox. Simmons (1981) zufolge lassen sich Schiffbrüchige auf diese Weise deutlich schneller und mit viel höherer Wahrscheinlichkeit aufspüren als mit anderen Methoden.

4.3.1 Operantes Konditionieren im Klassenzimmer

Sportunterricht als Belohnung
Schmidt und Ulrich (1969) untersuchten in einer Klasse mit 29 Viertklässlern, wie sich der Geräuschpegel im Unterricht senken lässt. Das Experiment bestand aus insgesamt vier Phasen, während derer das jeweilige Geräuschniveau gemessen wurde (s. Tab. 4.1). In einer ersten Versuchsphase wurde die Basisrate erfasst, in diesem Fall nicht anhand der Reaktionshäufigkeit, sondern als (in Dezibeln) gemessener Geräuschpegel, der zu verschiedenen Zeitpunkten erfasst und nachfolgend gemittelt wurde.
Ziele des Experiments. Zum einen sollte geprüft werden, ob eine in Aussicht gestellte Verstärkung (in diesem Fall ein verlängerter Sportunterricht, von dem sichergestellt war, dass die Schüler diesen attraktiv fanden) in der Lage sein würde, die Auftretenshäufigkeit des unerwünschten Verhaltens

(Krach machen) zu senken und die Wahrscheinlichkeit des erwünschten Verhaltens (sich leise verhalten, dem Unterricht aufmerksam folgen) zu erhöhen. Zum anderen wurde eine Löschungsphase eingebaut, in der die zuvor vereinbarte Verstärkung nicht mehr gegeben war. Wenn in dieser Phase der Geräuschpegel wieder ansteigt, kann mit großer Sicherheit gefolgert werden, dass es tatsächlich die Einführung der Verstärkungsprinzipien war, die den gewünschten Effekt herbeiführte.

Zu beachten ist hierbei, dass die Verstärkung nicht lediglich in Aussicht gestellt wurde: Die einzelnen Versuchsphasen bestanden jeweils aus mehreren Unterrichtsstunden, die an verschiedenen Tagen nacheinander stattfanden. Innerhalb dieser einzelnen Versuchsstunden fand jeweils zu mehreren Zeitpunkten Sportunterricht statt, der dann verlängert wurde, wenn der Geräuschpegel der vorauslaufenden Stunde unter 42 Dezibel geblieben war. Das ist eine direkte Anwendung des Premack-Prinzips, nach dem der Experimentator solche Verstärker wählen sollte, die eine hohe Auftretenswahrscheinlichkeit haben und deshalb als positiv empfunden werden.
Erfolgreiche Verstärkung. Nach Einführung der positiven Verstärkung sinkt der Geräuschpegel unter das Niveau, das von den Experimentatoren als maximal zulässig festgelegt wurde. In der Löschungsphase (ohne weitere Verstärkung) steigt der Geräuschpegel wieder an (bis fast auf das ursprüngliche Niveau), und nach Wiedereinführung der positiven Verstärkung ergibt sich wiederum die gleiche deutliche Verbesserung der Situation.

Tabelle 4.1. Schmidt und Ulrich (1969) gelang es, in einer Schulklasse den Geräuschpegel zu senken. Sie belohnten ruhiges und aufmerksames Verhalten mit Sportunterricht. Ohne diese Belohnung stieg der Geräuschpegel wieder an

Versuchsphase	Vorgehen	Mittlerer Geräuschpegel (in Dezibel)
I Stunde 01–10	Erfassung der Basisrate (ohne jede Veränderung der ursprünglichen Ausgangssituation).	53
II Stunde 11–17	Lernphase 1: Ruhiges Verhalten (unter 42 Dezibel) wird durch längeren Sportunterricht belohnt.	38
III Stunde 18–23	Löschungsphase: Keine weitere Belohnung für einen geringeren Geräuschpegel.	48
IV Stunde 24–31	Lernphase 2: Ruhiges Verhalten (unter 42 Dezibel) wird erneut durch längeren Sportunterricht belohnt.	38

Variation mit Wertmarkensystemen

Ein Problem bei der Anwendung operanter Prinzipien in einem solchen natürlichen Kontext ist die Tatsache, dass eine Kopplung zwischen Verhalten und Verstärkung oftmals nicht so direkt zu realisieren ist, wie dies wünschenswert wäre – idealerweise würde die Verstärkung dem gewünschten Verhalten möglichst direkt folgen. Eine Lösung dieses Problems sind so genannte Wertmarkensysteme (englisch: token systems), bei dem die Probanden nicht eine direkte Verstärkung in Form desjenigen Stimulus erhalten, den sie für wünschenswert halten, sondern (zunächst einmal) lediglich Wertmarken oder Bonuspunkte, die später gegen entsprechende Belohnungen getauscht werden können.

Bessere Leistungen mit Wertmarken. Im Schulkontext wurde eine entsprechende Studie beispielsweise von Ayllon und Roberts (1974) durchgeführt. Ziel war es, die Leseleistungen der Schüler einer 5. Unterrichtsklasse zu verbessern und Störungen im Unterricht möglichst gering zu halten. Das Ausgangsniveau der Lernleistungen vor Beginn der Intervention lag bei 40 Prozent, der Anteil des Störverhaltens im Unterricht bei 50 Prozent. Die Schüler erhielten je nach ihrer erreichten Leistung Wertmarken (s. Tab. 4.2).

Dieses „token system" zeigte ebenso gute Resultate wie die direkte Verstärkung durch Verlängerung des Sportunterrichtes in der Studie von

Tabelle 4.2. In einer Studie von Ayllon und Roberts (1974) wurden Schüler für ihre Leistungen mit Wertmarken belohnt. Die Leistungen verbesserten sich deutlich

	Anzahl der Wertmarken:
Leistungen:	
80 % der Aufgaben gelöst	2
100 % der Aufgaben gelöst	5
Tauschwert der Wertmarken:	
Zugang zum Spielzimmer für 15 Minuten	2
Zusätzliche Pause für 10 Minuten	2
Einsicht in die eigenen Noten	5
Anschauen eines Films	6
Verkürzung des Nachsitzens um 10 Minuten	10
Guter Bericht an die Eltern	15
Tilgung der schlechtesten Testnote	20

Schmidt und Ulrich (1969): Die Leseleistung erhöhte sich im Laufe weniger Wochen auf 85 Prozent, und der Anteil der Störungen im Unterricht verringerte sich auf 5 Prozent.

Zu beachten ist in diesem Falle auch, dass – gemäß des Premack-Prinzips – vor der Einführung operanter Prinzipien genau festgelegt werden sollte, welche Verstärker beziehungsweise

Verhaltensweisen den Schülern tatsächlich wertvoll erscheinen. Die Staffelung in unterschiedlich „kostbare" Verstärker sowie das Angebot einer hohen Variabilität von verschiedenartigen Verstärkern erlaubt es zudem, eine Vielzahl von Schülern durch unterschiedliche Verstärker zu motivieren.

4.3.2 Operantes Konditionieren im klinischen Kontext

Die im vorigen Abschnitt genannten Prinzipien lassen sich natürlich auch problemlos auf andere Bereiche des Lebens erweitern. Die Anwendung operanter Prinzipien im klinischen Kontext allein könnte bereits ein eigenes Lehrbuch füllen. Dabei belohnt ein Therapeut Patienten oder Klienten für angemessenes Verhalten und entzieht eben diese Belohnungen, wenn das Verhalten nicht gezeigt wird.

Dies ist auch dann möglich, wenn der Grad der Beeinträchtigung sehr schwerwiegend ist. So wandten Ayllon und Azrin (1965) ein Wertmarken-Verstärkungsprogramm beispielsweise auch bei schizophrenen Patienten während einer stationären Behandlung an.

Belohnung für selbständiges Verhalten. Dabei wurde selbständiges Verhalten – beispielsweise das eigene Bett machen, sich um persönliche Bedürfnisse selbst kümmern und dergleichen mehr – für die Dauer von 20 Tagen mit Wertmarken belohnt.

Wie schon bei der Studie von Schmidt und Ulrich (1969) gab es mehrere Versuchsphasen (unabhängige Variable): Nach der Ermittlung des Ausgangsniveaus (nahezu 0 Prozent selbständiger Verhaltensweisen) wurden die Patienten in Phase I 20 Tage lang für entsprechendes Verhalten belohnt, dann wurde das Programm in Phase II 20 Tage lang ausgesetzt, um es schließlich in Phase III für weitere 20 Tage wieder einzuführen. Als abhängige Variable wurde erfasst, wie häufig die Patienten in der Lage waren, entsprechendes Selbständigkeitsverhalten zu zeigen.

Die Ergebnisse fallen ebenso eindeutig aus, wie bereits bei den für den schulischen Kontext genannten Befunden: Die Zahl der erwünschten Verhaltensweisen stieg in Phase I von 0 Prozent auf nahezu 50 Prozent an, fiel in Phase II kontinuierlich ab auf das Ausgangniveau, um schließlich in Phase III wieder auf 50 Prozent anzusteigen.

4.3.3 Ethische Fragen

Eine solche Form der Intervention wirft ethische Fragen auf, die hier nur ansatzweise erörtert werden können und auch in der Fachliteratur bereits ausführlich diskutiert wurden. Ein kritischer Punkt ist, dass sich anhand operanter Prinzipien nahezu jedes Verhalten verstärken lässt. Im Falle von Patienten in einer psychiatrischen Klinik deren Selbstbestimmungsrecht und auch Selbstbestimmungsfähigkeit deutlich eingeschränkt. Dies führt dazu, dass die Umweltkontingenzen nicht oder nur teilweise von diesen Patienten selbst bestimmt werden können.

Selbstbestimmung

Wer bestimmt nun in einer solchen Situation, welche Kontingenzen (welche Gestaltung der Umwelt) hierbei angemessen sind, und wo beginnt und wo endet die Freiheit derjenigen Personen, die sich diesem Programm (aus welchen Gründen auch immer) unterziehen? Sicherlich ist es vergleichsweise unkritisch, Schüler dazu zu motivieren, ausgezeichnete Leser zu werden oder bessere mathematische Kenntnisse zu erwerben. Auch die Fähigkeit, sich um die eigene Person und die eigenen Bedürfnisse kümmern zu können, wie im Beispiel der Studie von Ayllon und Azrin (1965) untersucht wurde, kann sicherlich positiv bewertet werden.

Aber ist es angemessen, die Steuer für Tabakwaren so drastisch zu erhöhen, dass der schädliche Nikotinkonsum einfach dem Geldbeutel extrem weh tut? Ist der skandinavische Weg richtig, die Steuern auf Alkoholika so zu erhöhen, dass der Zugang zu Alkohol zwangsläufig eingeschränkt wird?

Und noch weiter gedacht: Wann und unter welchen Umständen sollte jemand gezwungen werden, ein in hohem Maße selbstschädigendes Verhalten aufzugeben – man denke an Beispiele wie Drogenkonsum oder die Behandlung von notorisch aggressiven Gewalttätern, an umweltschädigendes Verhalten von Individuen oder Unternehmen.

Eigen- und Gegenkontrolle

Eine Diskussion dieser Fragen für den klinischen Kontext findet sich beispielsweise bei Comer (1995), eine Diskussion der ethischen Fragen bei so genannten „Token Systems" erörtert Glynn (1990). Auch Stanley Kubricks berühmt gewordener Film „Clockwork Orange" (1971) sei hier als eine Einführung in diese Problematik empfohlen.

Skinner wurde gelegentlich vorgeworfen, er habe zu diesen kritischen Fragen nicht präzise genug Stellung genommen. Im Falle des selbstbestimmten Individuums hat er einerseits immer wieder auf die menschliche Fähigkeit verwiesen, sich eigene Umweltkontingenzen selbst zu setzen und demzufolge selbstbestimmt zu handeln. Andererseits räumte er ein, dass es in der Gesellschaft auch Grenzen für eine solche Eigenkontrolle gibt.

Sein Konzept der „Gegenkontrolle" (countercontrol) macht dies deutlich: „Organisierte ... Institutionen wie Regierungen, Religionen und ökonomische Systeme, und in einem geringerem Maße auch Erzieher und Therapeuten, üben eine machtvolle und oftmals auch Besorgnis erregende Kontrolle aus. Die Ausübung dieser Kontrolle stellt eine Verstärkung derjenigen dar, die diese Kontrolle ausüben, und leider führt dies in aller Regel dazu, dass dies für diejenigen, die so kontrolliert werden, negativ ist und langfristig zu Ausbeutung führt.

Die so Kontrollierten (versuchen) dann, sich diesem Einfluss zu entziehen, wie dies beispielsweise das Ziel einer Revolution, einer Reform, eines Streiks, oder einer studentischen Protestaktion der Fall sein kann. Mit anderen Worten: Menschen begegnen dieser Form der Kontrolle mit Gegenkontrolle. So kann ein Zustand erreicht werden, in dem diese widerstreitenden Kräfte sich in Form eines Äquilibriums gegenüberstehen, aber das Resultat ist nur selten eine optimale Lösung. (... Beispielsweise) sind Kinder und Alte zu schwach, sich zu wehren, Gefängnisinsassen werden von der Staatsgewalt kontrolliert, und seelisch und geistig Kranke können ihr eigenes Verhalten oftmals nicht erfolgreich organisieren. Hier kann wenig oder gar nichts erreicht werden, solange nicht eine externe Gegenkontrolle eingeführt wird (Skinner, 1974, S. 190–191).

Ein gutes und auch aktuelles Beispiel hierfür sind die oftmals niederschmetternden Zustände in so genannten Altersheimen. Eines der wesentlichen Ziele der Gesundheitsreform des Jahres 2000 in Deutschland bestand beispielsweise darin, den Aufsichtsgremien der Gesundheitsbehörden zu gestatten, Kontrollen in Altersheimen auch unangekündigt (ohne, wie sonst üblich, nach vorheriger Absprache mit den Trägern dieser Heime) vornehmen zu können. Im Sinne Skinners ist dies ein Beispiel für eine Situation ohne selbstbestimmte Gegenkontrolle der Betroffenen, bei dem die Einführung einer effektiven externen Gegenkontrolle notwendig wird.

4.4 Skinners System und Freuds Psychoanalyse

Am Ende der drei ersten Theoriekapitel ist es sinnvoll, einen etwas ausführlicheren Vergleich zwischen den verschiedenen Theorien vorzunehmen. Der Vergleich zwischen der Freud'schen und der Skinner'schen Vorstellung ist hierbei aus mehreren Gründen interessant: Auf den ersten Blick könnten diese beiden Ansätze zur Erforschung der menschlichen Motivation kaum unterschiedlicher sein. Ein Blick in die Übersicht aus Kap. 1 zeigt, dass die beiden Theorien bezüglich nahezu aller dort aufgeführten Kriterien unterschiedliche Annahmen machen.

Doch werden zwei Sachverhalte häufig verkannt: Zum einen nahm Skinner die von Freud berichteten Phänomene durchaus sehr ernst und zweifelte die ihnen zugrunde liegende Datenbasis niemals an (Skinner, 1974; Monte, 1999); zum anderen haben beide Theoretiker auch einige wichtige Gemeinsamkeiten (s. Nye, 1992).

4.4.1 Gemeinsamkeiten von Freud und Skinner

Beide Wissenschaftler hatten ein sehr großes Interesse daran, die Ursachen menschlichen Verhaltens zu verstehen, und sie interessierten sich viel mehr für das Verhalten von Individuen als für das von und in Gruppen. Gleichzeitig brachten beide als Psychologen Konzeptionen menschlichen Verhaltens hervor, die große öffentliche Beachtung fanden, weitreichende Konsequenzen haben und anwendbar sind auf wichtige gesellschaftliche und politische Fragen. Und beide waren Deterministen (Verhalten hat Ursachen, und diese Ursachen gilt es zu entdecken), die gleichzeitig zu der Auffassung neigten, dass Menschen nicht ausschließlich rationale Wesen sind, die rationale Entscheidungen treffen.

4.4.2 Unterschiede zwischen Freud und Skinner

Die Letztgenannte dieser Gemeinsamkeiten führt uns zugleich zu einem ersten wichtigen Unterschied zwischen beiden: Freud vertrat die Auffassung, dass viele Aspekte des Verhaltens durch unbewusste Inhalte gesteuert werden und so auch zu irrationalem Verhalten oder klinischen Phänomenen führen. Skinner hingegen machte andere Ursachen für irrationales Verhalten aus: Die Umwelt steuert unser Verhalten. Unangemessenes Verhalten ist durch falsche (widersprüchliche) Kontingenzen in der Umwelt zu erklären: „What is wrong with life in Western World", eine der letzten Arbeiten Skinners (1989), ist eine überaus lesenswerte Kritik an den Lebensgewohnheiten und Kontingenzen in unseren Gesellschaften, die oftmals zu einem Verhalten führen, mit dem wir uns letzten Endes selbst schaden (einige seiner Beispiele sind falsche Ernährung, bestimmte Formen des Fernsehkonsums oder Probleme wie Überbevölkerung und Umweltverschmutzung).

Erklärende Fiktionen

Der wichtigste Unterschied zwischen diesen beiden Theoretikern aber besteht natürlich in Skinners Annahme, der „mentale Apparat" (wie er es nannte) habe in der wissenschaftlichen Analyse des menschlichen Verhaltens nichts zu suchen. Dies bedeutet keineswegs, dass Skinner leugnen würde, dass wir Meinungen, Überzeugungen und Einstellungen haben, die unser Verhalten steuern – er schloss diese lediglich von der experimentellen Analyse aus.

Betrachten wir als Beispiele die Freud'schen Konzepte des Es, Ich und Über-Ich. Skinner sah eine große Gefahr darin, dass wir solche mentalen Konzepte mit Erklärungen menschlichen Verhaltens verwechseln; er bezeichnete diese als „explanatory fictions" (erklärende Fiktionen). Die Frage nach den Ursachen menschlichen Verhaltens ist nicht beantwortet, wenn wir dieses auf unbewusste Triebkräfte des Es, rationale Ideen des Ichs oder moralische Vorstellungen des Über-Ichs zurückführen. Vielmehr stellt sich die übergeordnete Frage, was die Ursachen all dieser Vorstellungen sind.

Bedingungen mentaler Phänomene

Diese Frage führt unmittelbar zu den vorauslaufenden Bedingungen dieser Vorstellungen, sei es den Umwelteinflüssen, die diese hervorgebracht haben (den ihnen zugrunde liegenden Erfahrungen) oder deren genetischen Determinanten. Diese Kritik Skinners an Freud ließe sich zusammenfassen in der Feststellung, dass Skinners Determinismus ein „environmental determinism" (Umweltdeterminismus) ist, während Freuds Position ein ganz überwiegend mentaler Determinismus ist (man denke an Freuds Erfahrungen mit den hysterischen Patientinnen Charcots, bei denen gedankliche Prozesse körperliche Zustände determinieren).

Folgen traumatischer Erfahrungen. Betrachten wir diesen Unterschied an einem Beispiel: Eine zentrale Beobachtung Freuds war, dass bestimmte traumatische Erfahrungen in der Kindheit zu neurotischen Störungen im Erwachsenenalter führen können. Folgt man der Freud'schen Position, so umfasst dieser Prozess drei Teilschritte (die wir im Eingangskapitel als S, C und R bezeichnet haben):

▶ S: ein Ereignis in der Umwelt (eine Erfahrung, zum Beispiel die elterliche Bestrafung eines sexuellen Verhaltens) führt zu

▶ C: einem inneren oder mentalen Zustand (eine Emotion oder ein Konflikt, zum Beispiel Schuldgefühle), der wiederum

▶ R: ein bestimmtes beobachtbares Verhalten (ein neurotisches Symptom, zum Beispiel ein zwanghaftes sexuelles Verhalten im Erwachsenenalter) hervorruft.

Skinner erscheint der zweite Zwischenschritt nicht nur überflüssig, sondern auch kontraproduktiv: Die Erklärung des zwanghaften sexuellen Verhaltens des Erwachsenen ist ausschließlich durch die Umweltereignisse in der Kindheit erklärbar. Diese Umweltereignisse haben zweierlei Wirkungen: Sie führen einerseits zu Schuldgefühlen, andererseits zu dem neurotischen Symptom, das direkt anhand des Verhaltens beobachtbar ist. Skinner zufolge ist die Analyse der emotionalen Faktoren überflüssig und ablenkend, wenn es um die Erklärung des in Frage stehenden Verhaltens geht. In den Worten von Nye (1992): „Skinner stellte fest, dass solche inneren Zustände wie Angst oder Schuld dazu Anlass geben, dass den wahren Determinanten des Verhaltens die Show gestohlen wird. Sie lenken nicht nur von der Untersuchung der vorauslaufenden Umweltereignisse ab (die diese hervorgebracht haben), sondern verdunkeln auch die detaillierte Analyse der Auswirkungen dieser Ereignisse auf das Verhalten. Mit anderen Worten, Angst oder Schuld werden zu so zentralen Konzepten, dass die wichtige Frage danach, was die Person eigentlich <u>tut</u> (oder nicht tut) verloren geht." (Nye, 1992, S. 77; Hervorhebungen im Original).

Anhand dieses Beispiels sollte insbesondere deutlich werden, was wir bereits vorauslaufend in abstrakter Form feststellten: Es sind nicht die von Freud beobachteten mentalen und behavioralen Phänomene, die Skinner bestreitet. Vielmehr postulierte Skinner, dass diese mentalen Phänomene durch eben jene Umwelteinflüsse hervorgerufen werden, die auch das Verhalten determinieren (s. Abb. 4.4)

4.4.3 Skinner und das Problem des Bewusstseins

Eine weitere interessante Parallele zwischen Freud und Skinner ist hier unmittelbar relevant: Beide sind der Ansicht, dass wir uns unseres Verhaltens nicht notwendigerweise bewusst sein müssen – wir alle führen (gelegentlich zumindest) Handlungen aus, ohne uns dessen bewusst zu sein (man denke an die Experimente von Bargh und Mitarbeitern, s. Kap. 2).

Ein nahe liegendes Argument gegen Skinners Position könnte nun lauten, dass wir uns unserer Meinungen, Emotionen und Konflikte (also unserer mentalen Prozesse) auch bewusst sein können, und dass sie in diesem Fall sicherlich unser Handeln beeinflussen: Wir mögen beispielsweise zu dem Schluss gelangen, dass wir in einer gegebenen Situation unangemessene Schuldgefühle hatten und eben deshalb ein unangemessenes Verhalten gezeigt haben.

Skinners Gegenargument lautet wiederum, dass wir durchaus ein Bewusstsein solcher mentalen Prozesse haben können und diese beispielsweise auch sprachlich äußern. Dies ändert jedoch nichts daran, dass dieses Bewusstsein und dessen sprachliche Explikation wiederum nur ein Effekt entsprechender Umweltkontingenzen sein kön-

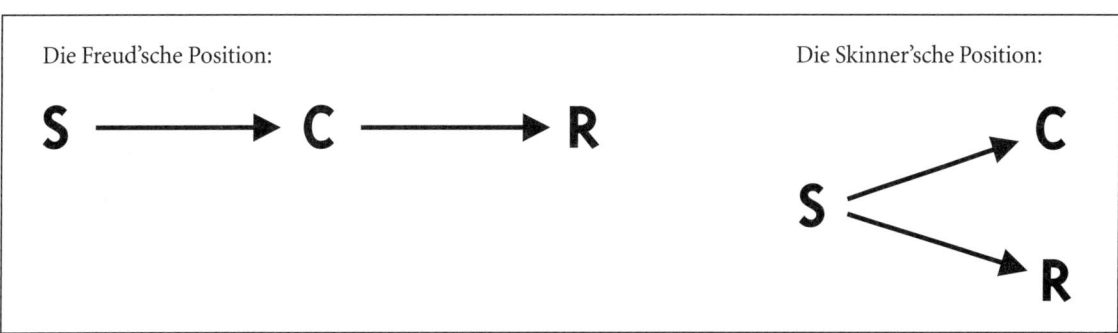

Abbildung 4.4. Unterschiede in den Positionen Freuds und Skinners: Für Skinner ist Verhalten immer von der Umwelt gesteuert

nen: Andere Menschen mögen uns in diesem Falle ermutigt (verstärkt) haben, entsprechende Anschauungen zu äußern (seien es Eltern, Freunde oder der Psychoanalytiker). Auf diese Weise wird das sprachliche Verhalten und das Bewusstsein, das dieses reflektiert, wiederum zu einem Verhalten, das aufgrund der Umwelteinflüsse in einer bestimmten Weise konditioniert (gelernt) wurde, und dieser Lernprozess ist die Ursache und somit die Erklärung des verbalen Verhaltens.

ÜBERSICHT

Ein Vergleich von Freuds und Skinners Analyse

Freuds Konzept	Skinners Analyse
Repression:	
▶ Unerfüllte Wünsche und Triebkräfte des Es, deren Ausdruck den Normen des Über-Ich entgegensteht, können unbewusst aktiv bleiben und finden dann einen verschleierten oder modifizierten Ausdruck in anderen Verhaltensweisen, deren Ausdruck weniger unerwünscht oder schmerzhaft ist.	▶ Die Vorstellung, dass innere mentale Kräfte gegeneinander antreten und einen Konflikt austragen, wird als unwissenschaftliche Spekulation zurückgewiesen. Statt dessen wird ein bestraftes Verhalten eine geringere Auftretenswahrscheinlichkeit erhalten; andere, dem gleichen Zweck dienende Reaktionen werden in ihrer Auftretenswahrscheinlichkeit steigen.
Unbewusste Konflikte:	
▶ Widersprüchliches oder unerklärliches Verhalten reflektiert Freud zufolge die Konflikte zwischen den Persönlichkeitsinstanzen.	▶ Konflikt ist Skinner zufolge ausschließlich die Folge von inkompatiblen Verstärkungskontingenzen.
▶ So kann eine Person mehrere einander widersprechende oder sich ausschließende Wünsche haben.	▶ Der Konflikt wird vom Inneren der Person nach außen verlagert, in die Umweltbedingungen, in denen sich das Individuum befindet
Die Bedeutung von Emotionen am Beispiel der Angst:	
▶ Angst ist Freud zufolge ein aversiver interner Stimulus, der vom Ich erzeugt wird, wenn die Triebkräfte des Es und die Einschränkungen durch das Über-Ich übermächtig werden.	▶ Angst ist wie alle Emotionen ein unwillkürliches, konditioniertes Verhalten. Diese Emotionen haben keinen kausalen Status. Sie mögen zwar adaptiv sein (wir fliehen, wenn wir körperliche Anzeichen von Angst wahrnehmen), aber wir fliehen, um nicht gefressen zu werden, und nicht weil wir die Angst reduzieren möchten.

Monte (1999) untersuchte eine Reihe von Konzepten, die für Freuds Theorie besonders wichtig sind – die Phänomene der Repression, der unbewussten Konflikte und der Angst – und versucht gleichzeitig zu zeigen, wie Skinner diese Konzepte aus seiner behavioristischen Perspektive analysieren (oder besser gesagt: auflösen) würde (s. Übersicht). Wiederum ist es interessant zu beobachten, dass Skinner nicht das Phänomen selbst leugnet oder als uninteressant einstuft, sondern dieses aus einer anderen Perspektive erklärt. Gemeinsam ist all diesen Alternativerklärungen, dass das Explanans (dasjenige Konzept, welches das Phänomen erklärt) aus dem „mentalen Apparat" in die Bedingungen der Umwelt verlagert wird, in der das Individuum sich befindet beziehungsweise befunden hat.

Eine Zwischenbilanz

Am Ende dieses Kapitels ist festzuhalten: Wir haben nunmehr drei verschiedene Erklärungsansätze motivierten Verhaltens betrachtet. Freud ist der Begründer eines Paradigmas in der Psychologie – einer theoretischen Schule –, die als Psychoanalyse bezeichnet wird; Hull und Skinner sind Mitbegründer des behavioristischen Paradigmas. Wir wenden uns nun Lewins Gestalttheorie zu, und somit dem wichtigsten Vertreter eines weiteren Paradigmas.

Gerade aus dem letzten Abschnitt sollte deutlich geworden sein, dass diese verschiedenen Paradigmen, so unterschiedlich ihre Annahmen sein mögen, sich mit sehr ähnlichen Fragen beschäftigen. Weiterhin sollten Daten – also unzweifelhafte empirische Befunde – ernst genommen werden: Jede neue Theorie sollte diejenigen Daten, die eine andere Theorie hervorgebracht hat, alternativ und wenn irgend möglich sparsamer erklären können.

Lewins Theorie ist hierbei besonders interessant, weil es sein erklärtes Ziel war, eine Theorie zu formulieren, die jene durch andere Theorien und Forscher gefundenen Phänomene ebenfalls erklären könnte. Gleichzeitig brachte gerade seine Feldtheorie eine Vielzahl von Phänomenen hervor, die bis dahin in der Psychologie noch gänzlich unbekannt waren.

Denkanstöße

(1) Versuchen Sie sich eine Situation vorzustellen, in der ein unerwünschtes Verhalten (kriminelles Verhalten, Drogensucht, andere Bei-

spiele) verstärkt wird. Vergegenwärtigen Sie sich – in der Begrifflichkeit Skinners – auf welche Weise in Ihrem selbst gewählten Beispiel die Verstärkung erfolgt.

(2) Gibt es ein Verhalten, das Sie gerne öfter zeigen würden (wie etwa früher aufstehen oder mehr Sport machen oder sich anders ernähren)? Wie könnte ein konkreter Verstärkungsplan aussehen (für jeden Tag der Woche), der Ihnen helfen würde, die Auftretenshäufigkeit des von Ihnen gewünschten Verhaltens zu erhöhen? Was sollten Sie beachten?

(3) Gibt es in Ihren Augen einen gesellschaftlichen Bereich, innerhalb dessen eine (bessere, effektivere) externe Gegenkontrolle im Skinner'schen Sinne notwendig sein könnte?

WEITERFÜHRENDE LITERATUR

Eine außerordentlich lesenswerte Biographie zu Skinner hat Bjork (1997) vorgelegt; weiterhin liegt eine kritische Würdigung von Skinners Werk von Nye (1992 a, b) vor; beide Bände eignen sich auch als Einführungstext für Studierende sehr gut. Von Skinner selbst sind insbesondere „About Behaviorism" (Skinner, 1974) und „Beyond freedom and dignity" (Skinner, 1971) sehr lesenswert. Eine Illustration zu den Anwendungen und Implikationen seines Systems in literarischer Form gibt sein Roman „Walden II" (Skinner, 1948).

Bjork, D. W. (1997). B. F. Skinner: A life. American Psychological Association.

Nye, R. D. (1992a). The legacy of B. F. Skinner: Concepts and perspectives, controversies and misunderstandings. Brooks/Cole Publishing Co.

Nye, R. D. (1992b). Three psychologies: Perspectives from Freud, Skinner, and Rogers (4th ed.). Brooks/Cole Publishing Co.

Skinner, B. F. (1948). Walden Two. Macmillan

Skinner, B. F. (1971). Beyond Freedom and Dignity. New York: Knopf.

Skinner, B. F. (1974). About Behaviorism. New York: Knopf.

„Freud, der Kliniker, und Lewin, der Experimentator – dies sind die beiden Männer, denen vor allen anderen ein besonderer Platz gebührt, wenn man die Geschichte unseres psychologischen Zeitalters betrachtet. Denn ihren kontrastierenden und zugleich komplementären Erkenntnissen ist es zu verdanken, dass aus der Psychologie eine Wissenschaft wurde, die sich auf reale Menschen und auf reale menschliche Gesellschaft anwenden lässt." Edward C. Tolman

5 Kurt Lewins Feldtheorie

Mit den Theorien von Freud, Hull und Skinner haben wir bislang zwei große Paradigmen der Psychologie – die Psychoanalyse und den Behaviorismus – betrachtet. Ein drittes wichtiges Paradigma ist die Gestalttheorie. Obwohl Lewin zweifelsohne als Gestaltpsychologe zu bezeichnen ist, enthält seine Theorie gleichermaßen mechanistische (also im weitesten Sinne behavioristische), psychodynamische und kognitive Komponenten (siehe auch Biographie). In seiner Theorie verbindet Lewin zentrale Ideen von Freud und Hull miteinander, gleichzeitig ist diese in mancherlei Hinsicht – wie viele der gestaltpsychologischen

Arbeiten seiner Kollegen am Berliner Institut – der Wegbereiter späterer humanistischer und kognitiver Theorien der Motivation (zur Bedeutung der Gestalttheorie allgemein für die kognitive Psychologie vgl. Newell & Simon, 1972).

Wie aus der kurzen Biographie ersichtlich, hatte Lewin großen Einfluss auf zahlreiche Gebiete der Psychologie, und sein Name ist vor allem auch mit der Anwendung dieser Theorien verbunden. Wir werden uns im Folgenden ganz überwiegend mit jenen Aspekten von Lewins Werk beschäftigen, die für Fragen der Motivation bedeutsam sind.

EXKURS

Kurt Lewin – eine Geschichte der deutschen Psychologie

Kurt Lewins Biographie weist, wie Schönpflug (1992) aufzeigte, eine Reihe von Parallelen zu derjenigen von Sigmund Freud auf, zudem ist sie typisch für das Schicksal vieler deutscher Wissenschaftler im 20. Jahrhundert und kann in vielerlei Hinsicht als stellvertretend für die Entwicklung der deutschen Psychologie gelten. Kurt Lewin wurde 1890 in Posen (heute Polen, damals zu Preußen gehörend) als Kind jüdischer Eltern geboren. Sowohl Freud als auch Lewin stammten aus einer aufstrebenden jüdischen Mittelschicht, der sehr daran gelegen war, die Kinder durch eine ausgezeichnete Bildung zu fördern.

Lewins Familie übersiedelte während seiner Kindheit nach Berlin, wo er das Gymnasium besuchte und nach dem Abitur (1909) – unterbrochen von kurzen Abstechern nach Freiburg i. Br. und München – Medizin und Philosophie studierte. Kurz nach Beendigung seiner Dissertation 1914 – das Promotionsverfahren wurde erst 1916 formell abgeschlossen – meldete er sich freiwillig zum Kriegsdienst im Ersten Weltkrieg, wobei er auch während seiner Zeit als Frontsoldat an wissenschaftlichen Fragestellungen arbeitete.

Seine wissenschaftliche Biographie muss mindestens in zwei Phasen eingeteilt werden, die Berliner Zeit vor 1933 und danach. Der erste Habilitationsversuch Lewins an der Berliner Universität war eine philosophische und wissen-

Kurt Lewin (1890–1947). Seine erste Habilitationsschrift wurde als „zu wenig psychologisch" eingestuft. Später wurde er ein international geschätzter Psychologe, der bis heute viel zitiert ist

schaftstheoretische Arbeit, die er 1920, nach der Rückkehr aus dem Lazarett, am Berliner Psychologischen Institut einreichte. Diese Arbeit wurde als „zu wenig psychologisch" eingestuft. Das ist nicht überraschend angesichts der weit gefächerten Interessen dieses Wissenschaftlers. Nur kurze Zeit später glückte jedoch ein zweiter Habilitationsversuch über die Willenspsychologie von Narziß Ach – eine kritische Auseinandersetzung, die später auch als „Ach-Lewin-Kontroverse" bekannt wurde. Lewin arbeitete nach seiner Habilitation an der Abteilung für Angewandte Psychologie am Berliner Psychologischen Institut, 1927 wurde er dort Außerordentlicher Professor für Philosophie und Psychologie. In dieser Zeit gelang es ihm bereits, zahlreiche Schüler für seine Ideen zu begeistern. Eine ganze Serie von Dissertationen seiner Schüler wurden in der Zeitschrift „Psychologi-

sche Forschung" publiziert (oftmals geschah dies, ohne dass Lewins Name auf der Publikation erschienen wäre), darunter auch so berühmte Arbeiten wie die von Bluma Zeigarnik, Maria Ovsiankina und Ferdinand Hoppe, auf die wir im Laufe des Kapitels eingehen werden.

Im Jahre 1932 befand sich Lewin – bereits zu jener Zeit ein international geschätzter Wissenschaftler – auf einem Gastaufenthalt in den USA. Bei seiner Rückreise (damals noch per Schiff) erfuhr er im Januar 1933 von der Machtergreifung Hitlers. Lewin war später stolz darauf, sich sofort dazu entschlossen zu haben, seine Professur zurückzugeben und seine Zelte in Deutschland abzubrechen. Sein Kollege Wolfgang Köhler versuchte noch bis 1935 unter gefährlichen und entwürdigenden Umständen, das Institut weiter zu leiten, emigrierte dann aber gleichfalls in die USA (siehe auch Henle, 1979).

Kurt Lewin arbeitete in den USA zunächst an der Cornell University (bis 1935) sowie an der Iowa State University (bis 1944); 1940 wurde er amerikanischer Staatsbürger. Seine Biographie ist insofern auch typisch für die gesamte Geschichte der deutschen Psychologie: Bis zur Vertreibung der jüdischen Wissenschaftler aus ihren Ämtern durch die Nationalsozialisten war deutsch die führende Wissenschaftssprache in der Psychologie, was sich mit dem Aufstieg des Nationalsozialismus in Deutschland änderte. Bis 1933 kamen die herausragenden Vertreter der amerikanischen Psychologie zu Forschungsaufenthalten nach Deutschland und hatten die deutsche Fachliteratur im Original gelesen, seit 1945 ist es umgekehrt. Lewin engagierte sich vehement für die Gründung eines Staates Israel im damaligen Palästina und erwog auch ernsthaft, an einem dort beheimateten Forschungsinstitut zu arbeiten. Er tat dies aus persönlichen Gründen: Seine Mutter starb 1944 in einem deutschen Konzentrationslager. Lewins Profil als Wissenschaftler änderte sich nach der Übersiedlung in die USA grundlegend: Zum einen ist die Vielzahl der von ihm bearbeiteten Themengebiete beeindruckend – Lewin legte grundlegende und bis heute viel zitierte Arbeiten in der Entwicklungspsychologie, der Pädagogischen Psychologie und der Organisationspsychologie vor, ohne je wieder Mitglied eines psychologischen Institutes zu sein (Schönpflug, 1992). Zugleich entwickelte er sich zunehmend zu einem Wissenschaftsmanager, dem es gelang, in Zusammenarbeit mit vielen verschiedenen öffentlichen und privaten Organisationen Forschungsgelder für sehr anwendungsnahe Forschungsfragen zu akquirieren. Kurt Lewin muss ein freundlicher und kommunikativer Mensch gewesen sein, der seine zahlreichen Mitarbeiter nachhaltig beeindruckte (siehe auch die biographischen Anmerkungen von Marrow, 1977). Lewins Leben ist auch dadurch gekennzeichnet, dass er viele – möglicherweise zu viele – Dinge in Angriff nahm und seine Kräfte überforderte: 1947 starb er nach einem Herzanfall im Alter von nur 57 Jahren.

5.1 Begriffe und Konzepte der Feldtheorie

5.1.1 Wahrnehmungsphänomene

Kurt Lewin gehört zu den führenden Vertretern der Gestaltpsychologie. Ihr Ausgangspunkt sind die Untersuchungen zu Gesetzmäßigkeiten der Wahrnehmung von Max Wertheimer (1912); weitere wichtige Vertreter dieser psychologischen Schule sind beispielsweise Kurt Koffka, Wolfgang Köhler und Otto von Selz.

Das Ganze und die Summe seiner Teile. Eine der wichtigsten Erkenntnisse der Gestaltpsychologen war, dass die Analyse von psychologischen Phänomenen oftmals gerade nicht möglich ist, indem man das Phänomen in möglichst viele Teilprozesse zerlegt – vielmehr postulierten die Gestaltpsychologen, dass „das Ganze mehr ist als die Summe seiner Teile".

Phi-Phänomen. Betrachten wir kurz ein Beispiel für ein solches Phänomen, dessen Verständnis sich nicht durch eine detaillierte Analyse von einzelnen Elementen erschließt, sondern vielmehr anhand einer ganzheitlichen Betrachtung; dies ist das von Wertheimer entdeckte „Phi-Phänomen": Lässt man beispielsweise eine Reihe von Lichtquellen in sehr kurzem zeitlichen Abstand aufleuchten (heutzutage sind Einfahrten in Autobahn-Baustellen häufig so ausgeleuchtet), so entsteht der Wahrnehmungseindruck eines einzigen bewegten Lichtstrahls (anstelle der Wahrnehmung der einzelnen Lichtblitze, die in Wirklichkeit diesem Wahrnehmungseindruck zugrunde liegen) (s. Abb. 5.1).

Wolfgang Köhler hebt die Bedeutung dieses heute so alltäglich erscheinenden Phänomens hervor: „Wertheimer untersuchte die besonderen Bedingungen, unter denen ein solches Phänomen erscheint. Andere Psychologen hatten das nicht getan, weil sie glaubten, dass die (wahrgenommene) Scheinbewegung eine Täuschung sei – zum einen, weil sie nicht mit den physikalischen Tatsachen übereinstimmte, und zum anderen, weil sie in Widerspruch stand zu der These, dass alle Wahrnehmungsfakten sich aus unabhängigen Einzelreizen zusammensetzen." (Köhler, 1966).

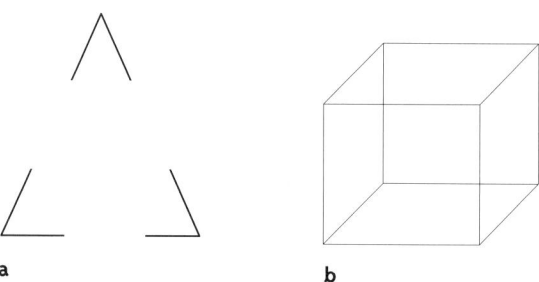

Abbildung 5.1. Wahrnehmungsphänomene verdeutlichen, dass das Ganze mehr ist als die Summe seiner Teile: In Teil **a** der Abbildung geht der visuelle Gesamteindruck eines großen Dreiecks über die eigentlich gegebene visuelle Information – drei spitze Winkel – hinaus. Auch in Teil **b** der Abbildung sehen wir mehr, als eigentlich sichtbar ist: Der Wahrnehmungseindruck ist der eines dreidimensionalen Würfels, obwohl dieser natürlich zweidimensional dargestellt ist

Neben Wahrnehmungsphänomenen untersuchten die Gestaltpsychologen beispielsweise auch Lernprobleme; berühmt geworden sind Wolfgang Köhlers Untersuchungen zu „Intelligenzprüfungen an Menschenaffen" (1921), die im Gegensatz zu den behavioristischen Konzeptionen von Hull und Skinner das Lernen durch Einsicht betonen. Lewin wandte viele gestaltpsychologische Ideen auf Phänomene der Motivation an. Die aus seinen Überlegungen resultierende Theorie trägt verschiedene Namen, am geläufigsten jedoch ist inzwischen die Bezeichnung „Feldtheorie".

5.1.2 Lebensraum

Die Summe aller Person- und Umweltvariablen definiert Lewin als Lebensraum. Ausgangspunkt seiner Überlegungen zur Motivation ist, dass Verhalten eine Funktion von Merkmalen der Person und Merkmalen der Situation sei. Somit sind es also immer beide Größen – Person- und Situationsvariablen – die menschliches Verhalten determinieren; dies kommt in der folgenden Formel zum Ausdruck (mit P = Person und U = Umwelt oder Situation): $V = f[P, U]$.

Feld. Die Gesamtheit der Person- und Situationsvariablen, die zu einem gegebenen Zeitpunkt eine Rolle spielen, bezeichnet Lewin auch als das „zu einem bestimmten Zeitpunkt existierende Feld" (daher der Name Feldtheorie). Der Lebensraum repräsentiert all jene Kräfte (Größen, Umstände), die zu einem gegebenen Zeitpunkt auf die Person einwirken.

Ahistorische Theorie. Nach Lewin (1969) ist eine Erklärung menschlichen Verhaltens dann möglich, wenn man die gerade in einem gegebenen Moment auf die Person einwirkenden Kräfte in Betracht ziehe. Dies steht im Gegensatz beispielsweise zur Freud'schen Theorie, in der die Wirkung vergangener Ereignisse auf das momentane psychische Geschehen eine große Rolle spielt. Lewins Feldtheorie wird daher auch als ahistorisch bezeichnet.

Subjektive Wahrnehmung. Das Konzept des Lebensraums suggeriert auf den ersten Blick, dass hier alle tatsächlich vorhandenen Fakten auf die Person einwirken und so das Verhalten determinieren. Lewin nimmt hier jedoch eine andere Position ein, die in der Psychologie als Phänomenologischer Ansatz bezeichnet wird: Danach bestimmen nicht die objektiven Merkmale einer Situation oder Person das Verhalten, sondern vielmehr die in einem Moment wahrgenommenen Kräfte.

Ein Beispiel: Wenn Sie eine schwierige Prüfung zu bewältigen haben, dann ist Ihre Prüfungsangst nicht durch Ihre tatsächlichen Fähigkeiten beeinflusst, sondern durch die eigene Wahrnehmung Ihrer Fähigkeiten. Es ist sehr wohl möglich, dass Ihre Fähigkeiten außerordentlich hoch sind, aber Sie halten diese für zu gering. Wenn dem so ist, wird Ihre Prüfungsangst trotzdem hoch sein. Auch der umgekehrte Fall – Sie gehen sorglos in eine schwierige Prüfung, obwohl Sie nur unzureichend vorbereitet sind – ist natürlich möglich.

Psychologische Realität. Ein wichtiges Merkmal des Lebensraumes ist, dass dieser nicht gleichzusetzen ist mit der objektiv vorhandenen physikalischen Umwelt; vielmehr repräsentiert der Lebensraum eine psychologische Realität – also die eigene Person und die Umwelt, wie sie subjektiv von der Person wahrgenommen werden.

5.1.3 Konstrukte der Feldtheorie

Die Unterscheidung in Person- und Umweltvariablen wird in Lewins Feldtheorie präzisiert, indem er bestimmte Teilkomponenten oder Variablen benennt, die für den Bereich der Person beziehungs-

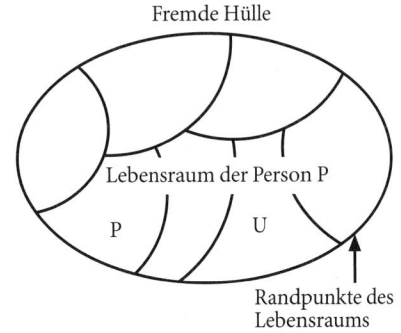

Abbildung 5.2. Eine graphische Darstellung des Lebensraumes (nach Lewin, 1969)

weise der Situation bedeutsam sind. Für beide unterscheidet Lewin verschiedene Konstrukte, die entweder strukturell oder dynamisch (gleichbleibend oder Veränderungen unterworfen) sein können.

Strukturelle Personkonstrukte

Diese sind einerseits „Bereiche" einer Person, die Nachbarschaft (Nähe) dieser Bereiche zueinander sowie andererseits die Grenzwände zwischen diesen Bereichen und die Durchlässigkeit dieser Grenzwände. Ein Grund für die Bezeichnung dieser Konzepte als „strukturell" ist der Umstand, dass die Bereiche, deren räumliche Anordnung, die Grenzen zwischen ihnen und die Natur (Durchlässigkeit) dieser Grenzen überdauernde Merkmale einer Person sind, die sich allenfalls langfristig, aber nicht unmittelbar ändern.

Bereich und Nachbarschaft. Innerhalb einer Person lassen sich unterschiedliche Bereiche unterscheiden. Sie stehen beispielsweise für unterschiedliche Bedürfnisse, Ziele oder „Vornahmen" (wir kommen auf diese Begriffe später zurück). Die Nachbarschaft unterschiedlicher Bereiche ist deshalb ein wichtiges strukturelles Merkmal der Person, weil nahe benachbarte Bereiche für ähnliche Bedürfnisse oder Ziele stehen.

Eine große Distanz zwischen zwei Bereichen bedeutet, dass diese Bereiche sehr unähnliche Bedürfnisse oder Ziele repräsentieren. Möchte ich einer anderen Person beispielsweise einen Brief schreiben, so ist dieses Ziel oder diese Vornahme ein bestimmter Bereich einer Person.

Wenn ich auf anderem Wege Kontakt mit dieser Person aufnehmen kann, so ist dies ein benachbarter (weil ähnlicher) Bereich der Person. Wenn ich zum Zeitpunkt der Vornahme, einen Brief zu schreiben, gleichzeitig sehr hungrig bin, ist das ein gänzlich anderer und demzufolge in der Repräsentation Lewins weit entfernter Bereich der Person.

Lewin vermeidet somit die komplizierten Diskussionen der Hull-Gruppe um die Definition derjenigen Bedürfnisse, die das Verhalten einer Person energetisieren können (s. Kap. 3). Personbereiche können Bedürfnisse repräsentieren, die biologischer Natur sind (wie beispielsweise Hunger oder

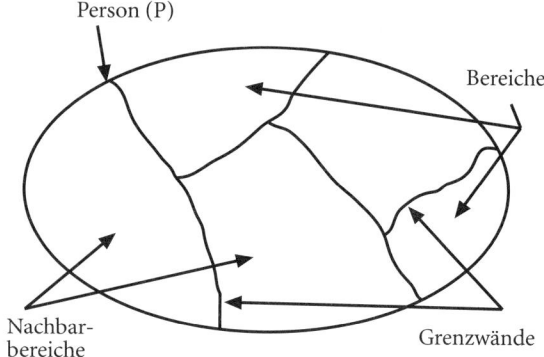

Abbildung 5.3. Der Personbereich. Benachbarte Bereiche stehen für ähnliche Bedürfnisse oder Ziele. Personbereiche können Bedürfnisse repräsentieren, die biologischer Natur sind (wie beispielsweise Hunger oder Durst), sie können aber auch alle Arten von Vornahmen, Zielen oder Absichten umfassen, die eine Person haben kann. Die grafische Darstellung der Person-Umwelt-Konstrukte entspricht einem von Marie Ennemond Camille Jordan (1838–1922) entwickelten Verfahren, das als „Jordankurve" bezeichnet wird. Eine solche Abbildung gibt Auskunft über diejenigen Bereiche einer Person, die zu deren Lebensraum gehören

Durst), sie können aber auch alle Arten von Vornahmen, Zielen oder Absichten umfassen, die eine Person haben kann. Diese auf Vornahmen oder Zielen basierenden Zustände bezeichnet Lewin als „Quasibedürfnisse", im Gegensatz zu echten Bedürfnissen (die er aber nicht genauer spezifiziert).

Grenzwände. Diese trennen die verschiedenen Bereiche. Lewin stellt sie sich als in unterschiedlichem Maße durchlässig oder von unterschiedlicher „Festigkeit" vor. Diese Durchlässigkeit der Grenzwände spielt deshalb eine wichtige Rolle, weil Lewin sich die Aktivierung eines Bedürfnisses wie eine Art Spannung vorstellt, und die Durchlässigkeit der Grenzwände zwischen zwei Bereichen hat wichtige Auswirkungen auf den möglichen Abbau dieser Spannung. Mit den Konzepten der Spannung und des (Quasi-)Bedürfnisses haben wir bereits Konzepte angesprochen, die den dynamischen Personkonstrukten zuzuordnen sind.

Dynamische Personkonstrukte

Diese umfassen die Begriffe der Spannung, des Bedürfnisses und des Quasibedürfnisses. Diese

Konstrukte sind deshalb dynamischer Natur, weil sie fortwährenden Änderungen unterworfen sein können.

Spannung und Bedürfnis. Lewin nimmt an, dass in einem bestimmten Bereich einer Person eine Spannung dann entsteht, wenn ein bestimmtes (Quasi-) Bedürfnis vorhanden ist. Möchte ich beispielsweise eine Tasse Kaffee trinken (Bedürfnis) oder einem anderen Menschen einen Brief schreiben (Quasibedürfnis), so wird der entsprechende Bereich einer Person „gespannt"; es entsteht eine Spannung. Diese Spannung wird beispielsweise dann reduziert, wenn das zugrundeliegende (Quasi-)Bedürfnis gestillt ist, also beispielsweise dann, wenn ich den beabsichtigten Brief geschrieben und in den Postkasten eingeworfen habe.

Reduktion der Spannung. Weiterhin kann diese Spannung dann reduziert werden, wenn ein ähnliches Quasibedürfnis gestillt wird, also beispielsweise die Kontaktaufnahme mit der anderen Person auf anderem Wege erfolgen kann (wenn ich beispielsweise diese Person überraschend auf der Straße treffe oder sich die Gelegenheit zu einem Telefonat ergibt).

Durchlässigkeit der Grenzwände. In Lewins Terminologie würde diese Situation (das Telefonat ist in der Lage, das zuvor vorhandene Quasibedürfnis zu befriedigen und die in diesem Bereich der Person vorhandene Spannung vollständig abzubauen) bedeuten, dass diese Bereiche der Person (Brief, Telefonat) eng benachbart und die Grenzwände zwischen diesen beiden Bereichen der Person „durchlässig" sind. Je durchlässiger die Grenzwände zwischen diesen Bereichen, desto mehr ist ein alternatives Quasibedürfnis also in der Lage, ein anderes Quasibedürfnis zu stillen.

Strukturelle Umweltkonstrukte

Die strukturellen Konstrukte der Umwelt sind bei Lewin ganz analog zu denen der Person. Auch hier gibt es verschiedene Bereiche und eine unterschiedliche Nähe dieser Bereiche. Im Rahmen des Umweltkonstruktes sind die verschiedenen Bereiche jedoch nicht auf Bedürfnisse oder Quasi-Bedürfnisse bezogen, sondern an verschiedene Aktivitäten geknüpft. Das Schreiben des vorliegenden Kapitels etwa kann

in unterschiedliche Teilhandlungen aufgegliedert werden – hierzu zählen etwa das Sammeln der biographischen Informationen, der Originalliteratur, die Sichtung anderer Abhandlungen über die Theorie Kurt Lewins, das Erstellen einer Gliederung, die Niederschrift einzelner Teilkapitel, das Korrekturlesen sowie das (hoffentlich termingerechte) Absenden des Manuskripts an den Verlag. Diese Teilhandlungen werden Lewin zufolge als verschiedene Bereiche aufgefasst, die vom Ausgangspunkt zum Ziel führen. Noch deutlicher wird diese Sichtweise bei konkreteren Aufgaben oder Zielen – wenn ich etwa am Abend ins Kino gehen will (s. Abb. 5.4).

Hindernisse. Die strukturellen Umweltbereiche weisen wie schon die Bereiche der Person ebenfalls Grenzwände auf, die hier jedoch den Charakter von Hindernissen haben. So kann ein anvisiertes Ziel meist erst dann erreicht werden, wenn ein bestimmter Teilaspekt des Ziels oder Aufgabe erfüllt ist (wenn die Kinokarte bezahlt ist oder wenn die Anmeldung zu einer Vordiplomsprüfung erst nach Erwerb eines entsprechenden Leistungsnachweises möglich ist).

Weiterhin markieren diese Grenzen den Raum, welcher der Person frei zugänglich ist, sei es aufgrund von Beschränkungen der Umwelt (Vordiplomsanmeldung) oder aufgrund der eigenen Fähigkeiten.

Hodologischer Raum. Lewin bezeichnete die Gesamtheit der einer Person verfügbaren Umweltbe-

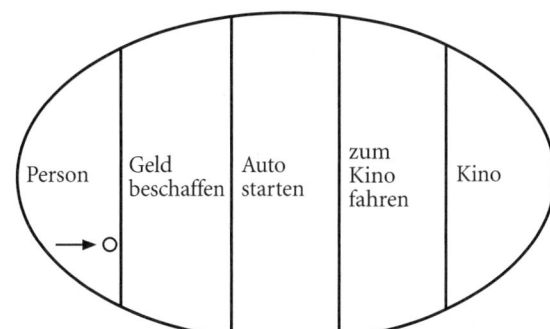

Abbildung 5.4. Der Weg vom Ausgangspunkt zum Ziel als hodologischer Raum: Die Information über das Kinoprogramm, die Fahrt zum Kino, das Kaufen einer Karte sind unterschiedliche Bereiche von einem Ausgangspunkt zum Ziel. Es sind Teilschritte zur Erreichung dieses Ziels

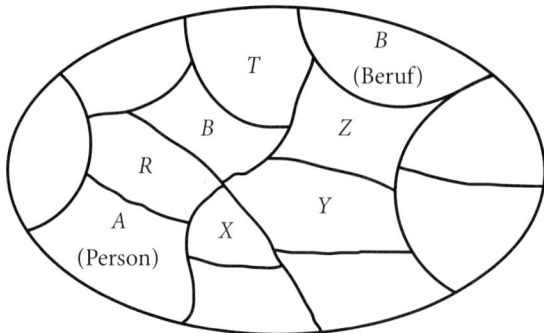

Abbildung 5.5. Bei manchen Aufgaben führen auch mehrere Wege zum Ziel – der erfolgreiche Abschluss des Psychologiestudiums erfordert das Absolvieren des Vordiploms, hierfür wiederum müssen Leistungsnachweise erworben werden. Zum Erwerb dieser Leistungsnachweise gibt es oftmals verschiedene Alternativen. Im Hauptstudium können ferner unterschiedliche Studienschwerpunkte vertieft werden, so dass auch hier auf dem Weg zu dem einen Ziel mehrere alternative Umweltbereiche durchlaufen werden können

reiche als hodologischen Raum („hodos" ist das griechische Wort für Pfad). Die grafische Darstellung der Person-Umwelt-Konstrukte entspricht einem von Marie Ennemond Camille Jordan (1838–1922) entwickelten Verfahren, das als „Jordankurve" bezeichnet wird. Im Rahmen dieses von Lewin für die Psychologie verwendeten mathematischen Ansatzes gibt eine solche Abbildung Auskunft über diejenigen Bereiche einer Person, die zu deren Lebensraum gehören. Die Hodologie macht Annahmen über diese Bereiche und deren Abfolge (wenn es beispielsweise ein Ziel zu erreichen gilt), nicht jedoch über die genaue Distanz zwischen zwei Bereichen (wir werden auf diesen Umstand noch in Zusammenhang mit dem Konstrukt der psychologischen Entfernung zurückkommen).

Dies ist auch deshalb wichtig, weil beispielsweise der Weg von A nach B nicht immer als gleich weit empfunden wird wie der Weg von B nach A. Das gilt nicht nur in sehr speziellen Fällen (der Weg auf das Matterhorn ist vermutlich jedem Bergsteiger subjektiv schwieriger als der Weg zurück), sondern auch in ganz alltäglichen Situationen (ein Hund mag den Weg in den Park bedeutend schneller zurücklegen als den Weg vom Park nach Hause).

Pfad. Der Begriff des Pfades legt bereits nahe, dass Verhalten (intentionales und daher gerichtetes Verhalten) etwas mit Richtung zu tun hat: Wenn wir etwa einen Kinobesuch anstreben, ist es notwendig, sich auch physikalisch in eine bestimmte „Richtung" zu begeben. Der Begriff der Richtung kann jedoch auch rein psychologischer Natur sein: Als Leser dieses Buches bewegen Sie sich bei der Lektüre des Prüfungsstoffes nicht vom Arbeitsort weg, und doch „bewegen" Sie sich beim Lernen und Aneignen des relevanten Wissens (hoffentlich) in die richtige Richtung, indem Sie sich das Wissen aneignen, das für die Prüfung notwendig ist. Lewin (1935) hat die verschiedenen Richtungen, die ein Verhalten annehmen kann, in einer Taxonomie zusammengefasst (s. Übersicht).

Demzufolge kann ein Verhalten von einem Bereich zu einem anderen hinführen (alle unsere bisherigen Beispiele waren solche Fälle) oder von einem Bereich wegführen. Dies ist etwa dann der Fall, wenn wir einen bestimmten Zustand vermeiden wollen. Ein Beispiel hierfür wäre gegeben, wenn wir eine Prüfung wegen großer (und aller Wahrscheinlichkeit nach unbegründeter) Prüfungsängstlichkeit absagen, oder wenn ein Versuchstier in einer Columbia Obstruction Box den elektrischen Teil des Käfigs verlassen will, um den Schocks zu entgehen.

Ferner kann ein Verhalten danach klassifiziert werden, ob es mehrere Umweltbereiche betrifft (also die Bewegung von einem Bereich oder Zustand in einen anderen Bereich oder Zustand) oder nur einen Umweltbereich, bei dem die Person in diesem verbleibt. Lewin nennt Verhaltensweisen, die eine Bewegung in mindestens einen anderen Umweltbereich und somit einen Wechsel von Umweltbereichen erfordern, instrumentelles Verhalten. Verhaltensweisen, bei denen die Person in einem Bereich verbleibt, werden als konsumatorisches Verhalten bezeichnet. Ein Beispiel für den letzteren Fall ist gegeben, wenn eine Person einen bestimmten Zustand erreicht hat (Trainer der Fußball-Nationalmannschaft sein) und diesen Zustand gerne beibehalten möchte (ein Ziel, das keine Bewegung in einen anderen Bereich beinhaltet und doch nicht immer ganz einfach zu erreichen ist).

Taxonomie des Verhaltens nach Lewin (1935)

Anzahl der Bereiche	Richtung des Verhaltens			
	„hin zu"		„weg von"	
Ein Bereich	Individuum bleibt in A	**Konsumatorisches Verhalten** Ein Versuchstier bleibt in einem bestimmten Teil eines Labyrinths, weil es erwartet, dort Futter zu erhalten	Individuum verlässt A	**Fluchtverhalten** Ein Versuchstier verlässt einen bestimmten Teil des Versuchskäfigs, um einem Schock zu entgehen. Es spielt keine Rolle, wohin das Versuchstier flieht
Mehr als ein Bereich	Individuum geht von A nach B	**Instrumentelles Annäherungsverhalten** Ein Verbrecher raubt eine Bank aus und begibt sich zu diesem Zweck von seiner Wohnung aus zu dem betreffenden Bankgebäude	Individuum ist in B und vermeidet A	**Vermeidungsverhalten** Ein Verbrecher hat in A eine Bank ausgeraubt und begibt sich von dort an einen möglichst weit entfernten Ort, an dem er nicht erkannt werden will. Eine baldige Rückkehr nach A ist unwahrscheinlich

Dynamische Umweltkonstrukte

Die dynamischen Umweltkonstrukte können nicht losgelöst von den dynamischen Personkonstrukten erörtert werden, da Lewin zufolge beide in einer wechselseitigen Beziehung stehen. Dies wird deutlich anhand des Konzeptes der Valenz.

Postkartenständer an einem Kiosk sowie – nach dem Schreiben der Postkarte – ein Briefkasten nehmen in diesem Falle eine positive Valenz an, weil es sich um Objekte handelt, die zur Zielerreichung geeignet sind.

Valenz

Der Begriff der Valenz lässt sich am besten mit „Wertigkeit" übersetzen. Es handelt sich um einen positiven oder negativen Wert, den ein Objekt für uns haben kann. Lewin zufolge nimmt ein Objekt in der Umwelt dann eine positive Valenz an, wenn es mit einem Bedürfnis oder Quasi-Bedürfnis einer Person korrespondiert. Dies ist etwa dann der Fall, wenn ich das Bedürfnis habe (mir also vornehme), einer Person eine Urlaubspostkarte zu schreiben. Ein

Valenz und Bedürfnisse. Die Valenz (oder der Wert) eines bestimmten Objektes – in unserem Beispiel etwa der Briefkasten – hängt von den (Quasi-)Bedürfnissen der Person ab: Im Falle eines solchen Bedürfnisses entsteht eine Spannung in einem bestimmten Bereich einer Person, und alle Objekte, die dieses Bedürfnis befriedigen können, nehmen eine positive Valenz an. Ist eine Bedürfnisbefriedigung erreicht (alle Urlaubspostkarten sind geschrieben), so ist der zugehörige Personbereich nicht länger im Zustand der Spannung, und die vormals positive Valenz entsprechender Objekte erlischt.

Korrespondierende Objekte. Diese sind idealerweise dem zum Spannungsabbau geeigneten Objekt ähnlich und korrespondieren mit verwandten (benachbarten) Personbereichen. Diese Objekte sollten Lewin zufolge (eine Durchlässigkeit der Bereichsgrenzen vorausgesetzt) einen Spannungsabbau ermöglichen und gleichfalls eine (wenn auch möglicherweise geringere) positive Valenz annehmen.

Dies wäre beispielsweise dann der Fall, wenn ich statt einer „altmodischen" Postkarte vom Internet-Café des Urlaubsortes aus einen elektronischen Gruß verschicken kann: In diesem Fall würde ein ähnliches (Quasi-)Bedürfnis befriedigt, und es kann angenommen werden, dass das Internet-Café gleichfalls eine positive Valenz annimmt. Nimmt man dagegen den Fall einer Person, die Kommunikationsformen wie elektronische Post ablehnt, so folgt hieraus, dass die Bereichsgrenzen zwischen „Postkartengruß schreiben" und „E-Mail schreiben" nicht durchlässig sind, und das Internet-Café würde in diesem Falle keine positive Valenz annehmen.

Die Durchlässigkeit der Grenzen zwischen Personbereichen impliziert die Entstehung einer positiven Valenz für entsprechende (ähnliche) Objekte. Aber auch der umgekehrte Schluss ist berechtigt: Wenn ein Objekt eine bestimmte Valenz annimmt, so muss ein korrespondierendes (Quasi-)Bedürfnis bestehen. Eine Person, die nach einem Briefkasten Ausschau hält, wird auch das Bedürfnis oder die Absicht haben, eine Karte oder einen Brief zu versenden. Hat eine bestimmte Speise eine positive Valenz, so muss notwendigerweise auch ein gewisses Hungerbedürfnis vorhanden sein.

Valenz und Spannung. Die Stärke der Valenz eines Objektes ist Lewin zufolge direkt proportional zur Intensität des Bedürfnisses und folglich des Ausmaßes der Spannung in einem bestimmten Personbereich. So ist eine Mahlzeit umso attraktiver, je hungriger wir sind. Weiterhin postuliert Lewin, dass Merkmale des jeweiligen Objektes einen Einfluss auf dessen Valenz haben – dieses Postulat ist analog zum Hull'schen Begriff des Anreizes. Wenn ich also hungrig bin,

wird ein Menü in einem hervorragenden Restaurant für die meisten Menschen eine höhere Valenz haben als ein Fertiggericht aus der Dose.

Lewin fasste diese Überlegungen in der folgenden Formel zusammen, die eng mit unserer anfänglichen Feststellung korrespondiert, Verhalten sei eine Funktion von Person und Umwelt: $Va(Z) = f[s, Z]$.

Hierbei steht $Va(Z)$ für die Valenz eines Ziels; diese ist abhängig von dem Spannungszustand des korrespondierenden Personbereichs (s) und den Merkmalen des zur Zielerreichung geeigneten Objektes (Z). Das Konzept der Valenz ist demzufolge eine Eigenschaft des Zielobjektes, welches sowohl durch Spannungszustände der Person wie auch die Merkmale dieses Zielobjektes determiniert wird.

Kraft. Die Valenz als Eigenschaft eines Zielobjektes ist nun nicht identisch mit einer motivationalen Größe, die eine Person zu diesem Objekt hinführt. Diese motivationale Größe bezeichnet Lewin als Kraft. Mit der Entstehung einer Valenz eines bestimmten Objektes, das in einem psychologischen Feld eine bestimmte Po-

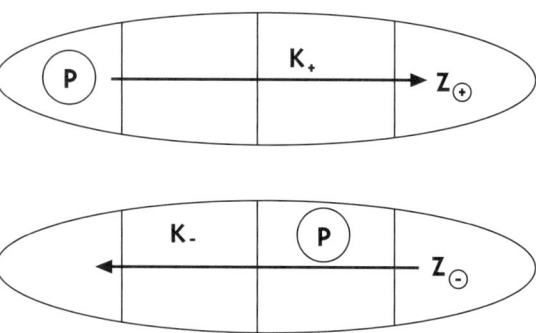

Abbildung 5.6. Eine Kraft (K) führt eine Person zu einem Objekt hin oder von ihm weg. Sie entscheidet auch darüber, mit welcher Geschwindigkeit sich die Person in eine bestimmte Richtung bewegt; die in einer gegebenen Situation resultierenden Kräfte (denn dies können ja auch mehrere sein) geben dem Verhalten einer Person folglich Richtung und Stärke. Im Falle einer positiven Valenz für ein bestimmtes Objekt wird dies ein Annäherungsverhalten sein; im Falle einer negativen Valenz wird dieses Verhalten vom Objekt wegführen

sition zu der Person einnimmt (die Person ist am Strand, der Briefkasten an der Strandpromenade) entsteht ein Kräftefeld.

Entfernung vom Zielobjekt. Die Stärke der Kraft, die beispielsweise zu einem Objekt hinführt, ist nun nicht direkt analog zur Stärke der Valenz, sondern variiert neben der Valenzstärke auch in Abhängigkeit von einer weiteren Größe: dies ist die Entfernung vom Zielobjekt. Lewin postuliert, dass mit einer geringeren Entfernung zum Zielobjekt die Kraft, welche zu diesem Ziel hinführt, immer größer wird.

Es gibt zahlreiche empirische Belege und sicherlich auch Alltagsbeispiele, die diese Annahme stützen. Versuchstiere beispielsweise, die ein komplexes Labyrinth durchlaufen, werden zunehmend schneller, je mehr sie sich der Zielbox nähern (in der sich das Futter befindet). Weiterhin ist es sicherlich schwieriger, einer guten Mahlzeit zu widerstehen, wenn diese direkt vor uns steht und nicht nur in unserer Vorstellung existiert.

Allerdings sind hier auch Alltagsbeispiele denkbar, die Lewins Postulat widersprechen. So werden wir uns vermutlich in höherem Maße nach einer geliebten Person sehnen, wenn diese für einen langen Zeitraum in ferne Länder verreist ist, und weniger Sehnsucht empfinden, wenn diese sich im Nachbarzimmer befindet.

Festzuhalten bleibt jedoch, dass die vermutlich viel typischere Situation so beschaffen ist, dass wir uns von etwas Positivem umso mehr angezogen fühlen, je näher wir dem entsprechenden Objekt sind, und von einem negativen Objekt umso mehr „abgestoßen" sind, je näher wir ihm sind. Lewins Überlegungen zum Verhältnis der bisher dargestellten dynamischen Person- und Umweltkonzepte lassen sich wiederum in einer Formel zusammenfassen: Kraft(k) = f[Va(Z)/e] = f[(s, Z)/e] (mit e = Entfernung).

5.1.4 Die Columbia Obstruction Box aus feldtheoretischer Sicht

Betrachten wir ein Beispiel, das alle bislang betrachteten Größen von Lewins Theorie einbe-

zieht. Es handelt sich um eine Interpretation derjenigen Verhaltensmerkmale, wie sie in der Columbia Obstruction Box (s. Kap. 3) zu beobachten sind. Dieses Beispiel ist auch aufschlussreich für das Bestreben Lewins, die Befunde und Beobachtungen anderer Theoretiker anhand seiner Feldtheorie zu erklären.

Ein Versuchstier wird zu Beginn des Experiments in die Startbox gesetzt; in der Zielbox befindet sich Futter. Zwischen Start- und Zielbox befindet sich ein Gitter, und beim Überqueren dieses Gitters muss das Versuchstier elektrische Stromschläge in Kauf nehmen. Als abhängige Variable wird in der Regel die Zeitdauer erfasst, die vergeht, bis das Tier das Gitter schließlich überquert, um an das Futter zu gelangen (z.B. Moss, 1924). Wird nun als unabhängige Variable die Dauer der Nahrungsdeprivation der Versuchstiere variiert, so zeigt sich, dass mit höherer Nahrungsdeprivation die Zeitdauer bis zum Überqueren des Gitters kontinuierlich absinkt. Weiterhin variiert diese Zeitdauer auch mit dem Nahrungsangebot in der Zielbox: Je attraktiver es ist, desto kürzer wiederum die Zeitdauer bis zum Überqueren des Gitters.

Hulls Interpretation der Befunde zur Columbia Obstruction Box. Hull zufolge steigt mit zunehmender Nahrungsdeprivation die Triebstärke an. Die Verhaltenstendenz, das Futter aufzusuchen, wird nun mit zunehmender Triebstärke immer größer, und daher wird das entsprechende Verhalten – Überqueren des Gitters – immer wahrscheinlicher. Dieses Verhalten sollte auch dann wahrscheinlicher sein, wenn das Futter in der Zielbox größere Anreizqualitäten hat. Im Falle eines relativ geringen Anreizwertes muss das Triebniveau des Versuchstieres ungleich größer werden, um das Überqueren des Gitters auszulösen.

Lewins Interpretation. Aufgrund der Spannung in einem Bereich des Organismus (Hunger) nimmt die Nahrung in der Zielbox eine positive Valenz an. Die Spannung s wird umso größer, je hungriger das Versuchstier ist. Die Valenz des Objektes variiert nun nicht allein mit der Spannung (dem Bedürfniszustand) des Organismus,

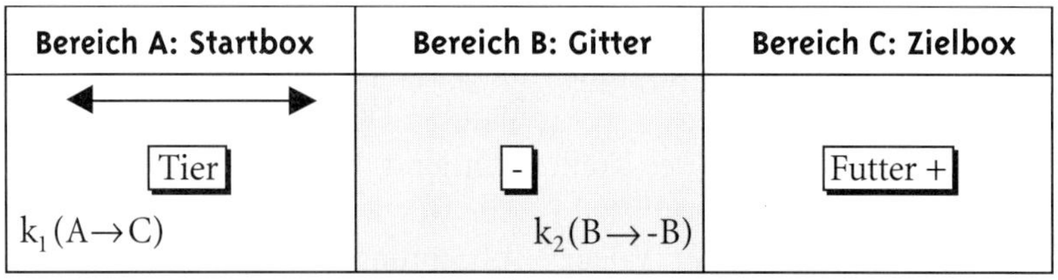

Bereich A: Startbox	Bereich B: Gitter	Bereich C: Zielbox
⟷ Tier $k_1(A \rightarrow C)$	- $k_2(B \rightarrow -B)$	Futter +

Abbildung 5.7. In Lewins Augen eignet sich die Columbia Obstruction Box zur Messung von psychologischen Kräften, deren Wirksamkeit hier sichtbar wird: Das Versuchstier wird so lange in der Startbox verweilen, wie die von dem Gitter wegführende Kraft stärker ist als jene Kraft, die zur Zielbox hin führt. Mit steigender Nahrungsdeprivation – und somit steigender Spannung – sowie mit zunehmender Attraktivität des Zielobjektes steigt die Valenz des Zielobjektes und somit auch die Kraft an, die zum Ziel hinführt. Sobald nun die hinführende Kraft (k_1; zum Bereich C) stärker ist als die negative Kraft, die von dem Gitter ausgeht (k_2; Bereich B), wird das Versuchstier dieses Gitter überqueren

sondern auch mit den Merkmalen des Zielobjektes Z. Anders als bei Hull kann der Anreiz (analog in Lewins Terminologie: die Valenz) des Zielobjektes nicht unabhängig von dem Zustand des Organismus definiert werden.

Aufgrund dieser Valenz entsteht nun – proportional zur Entfernung von der Zielbox – eine Kraft k, die den Organismus zu einer Bewegung in Richtung dieser Zielbox veranlasst. Zwischen Start (Bereich A) und Ziel (Bereich C) befindet sich allerdings ein Hindernis (Bereich B). Sobald das Tier Erfahrungen mit der Situation gemacht hat, geht von diesem Teil der Columbia Obstruction Box eine negative Valenz aus: Das Bedürfnis, Schmerz zu vermeiden, kann aufgefasst werden als ein bestimmter Teilbereich des Organismus, der mit dem negativen Objekt (elektrisches Gitter) korrespondiert. Es entsteht eine Kraft, die das Tier von diesem Teil des Käfigs fernhält.

Weil es keinen anderen Weg zu dem begehrten Ziel gibt – die Wände des Käfigs wirken als Barrieren, die einen „Umweg" um den negativen Gitterbereich herum unmöglich machen – entsteht hier eine konflikthafte Situation: Es sind in dieser Situation zwei entgegengesetzte Kräfte und somit widerstreitende Verhaltenstendenzen wirksam, und zwar eine Kraft zur Zielbox (mit positiver Valenz) hin, und eine andere von der Zielbox weg (genauer: weg von dem unvermeidlich zwischen Start- und Zielbox liegendem Hindernis mit negativer Valenz).

5.2 Interpretation psychologischer Konflikte

Wenn wir unseren eigenen Alltag mit den Augen der Lewin'schen Theorie betrachten, ist es ganz offensichtlich so, dass vielerlei Kräfte auf uns einwirken können: Handlungsziele, Absichten, Vorlieben, Gewohnheiten und auch primäre Bedürfnisse wie Hunger und Durst führen zu oftmals mehreren gleichzeitig gespannten Personbereichen. Beispielsweise kann eine Person

(1) die Absicht haben, ein Referat vorzubereiten, zudem kann sie

(2) in der gegebenen Situation hungrig sein, und weiterhin

(3) hat dieselbe Person das Bedürfnis, mit einem Freund eine wichtige Angelegenheit zu besprechen.

Für jeden dieser verschiedenen gespannten Personbereiche können zudem jeweils verschiedene Objekte vorhanden sein, die eine Bedürfnisbefriedigung ermöglichen – das Gespräch mit dem Freund kann beispielsweise anhand einer Verabredung zum Essen geführt werden oder aber am Telefon. Somit gibt es oftmals eine ganze Reihe von Objekten in der Umwelt, die zu einem bestimmten Zeitpunkt positive und negative Valenzen annehmen.

Konflikte. Lewin nimmt an, dass wir uns demjenigen Objekt oder derjenigen Handlungsalternative zuwenden, für die zu einem gegebenen Zeitpunkt die größte resultierende Kraft (welche sich aus Valenz und Entfernung zusammensetzt) existiert. Weiterhin erstellte Lewin eine Taxonomie von Situationen, bei denen zu einem gegebenen Zeitpunkt mehr als eine Kraft auf die Person einwirkt. Diese Situationen bezeichnete er als Konflikte, da in diesen Fällen widerstreitende Kräfte auf die Person einwirken: In Anlehnung an das oben genannte Beispiel wird eine Kraft die Person zum Schreibtisch hinführen (Referat), eine andere Kraft zur Küche (Essen), und eine dritte Kraft schließlich zum Telefon (Gespräch mit Freund).

Drei Konflikttypen werden unterschieden:

▶ Annäherungs-Annäherungs-Konflikte,
▶ Annäherungs-Vermeidungs-Konflikte und
▶ Vermeidungs-Vermeidungs-Konflikte.

5.2.1 Annäherungs-Annäherungs-Konflikte

Bei einem solchen Konflikt haben mindestens zwei Objekte eine positive Valenz. Dies kann geschehen, wenn zwei Bedürfnisse verschiedene Personbereiche in einen gespannten Zustand versetzen (z.B. Hunger, Lesen), für das jeweils ein unterschiedliches Objekt existiert (Mahlzeit, Buch). Dieser Fall kann aber auch eintreten, wenn lediglich ein gespannter Personbereich vorhanden ist, für den aber zwei alternative Objekte vorhanden sind, die dieses (Quasi-)Bedürfnis befriedigen können. Ein Beispiel hierfür wäre ein Kind, welches etwas spielen möchte, und die verfügbaren Alternativen sind entweder mit dem Baukasten oder mit dem Kaufladen spielen.

Psychologische Entfernung. In der Feldtheorie ist Entfernung subjektiv definiert. Sie kann neben der geographischen Entfernung auch die Anzahl der Handlungsschritte und Hindernisse umfassen, die zum Erreichen des geeigneten Objektes notwendig sind. Das Kind kann zwar rein physikalisch dem Baukasten näher sein, weiß aber andererseits, dass dieser Baukasten in Unordnung ist und einige der gewünschten Teile erst gesucht werden müssen (was erfahrungsgemäß eine Weile dauern kann). Der Kaufladen

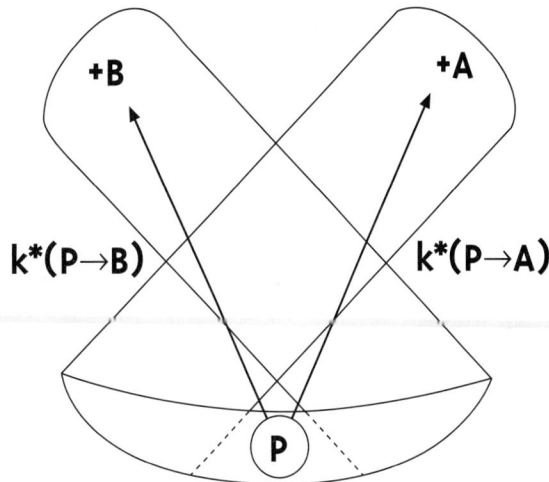

Abbildung 5.8. Skizze eines Annäherungs-Annäherungs-Konflikts: Es wirken zwei Kräfte auf das Kind ein, von denen die eine zum Baukasten (**A**) hinführt, die andere zum Kaufladen (**B**). Lewin glaubte, dass Konflikte dieser Art leicht zu lösen seien und daher instabile Situationen darstellen. Sind die Valenzen der beiden Handlungsalternativen unterschiedlich groß, so wird sich das Kind bei gleich großer (psychologischer) Entfernung für diejenige Alternative entscheiden, die die größere Valenz aufweist. Im Falle zweier gleich großer positiver Valenzen sollte hingegen diejenige Handlungsalternative gewählt werden, die eine geringere (psychologische) Entfernung aufweist und daher leichter zu erreichen ist

hingegen könnte zwar etwas weiter entfernt, aber in tadellosem Zustand sein. In diesem Fall ist die psychologische Entfernung zum Baukasten vermutlich größer als diejenige zum Kaufladen.

Gleichgewicht der Kräfte. Welche Situation entsteht nun, wenn sowohl die Valenz als auch die psychologische Entfernung zu beiden Handlungsalternativen (Spielplatz, Kaufladen) gleich groß sind? In diesem Fall besteht ein vorübergehendes Gleichgewicht der Kräfte. Dieses Gleichgewicht sollte jedoch wiederum recht instabiler Natur sein, da bereits eine geringfügige Annäherung an eines der beiden Objekte das die Person umgebende Kräftefeld zugunsten derjenigen Alternative verändert, der sich die Person – und sei es nur zufällig – genähert hat.

Baukasten oder Kaufladen

Dieses Beispiel lässt sich anhand der oben genannten Formeln illustrieren. Die folgenden Zahlenbeispiele sind willkürlich gewählt und funktionieren unabhängig davon, wie wir diese Größen im Rahmen einer empirischen Untersuchung tatsächlich messen oder skalieren würden.

Nehmen wir an, das Bedürfnis zu spielen – also die Spannung (s) in dem relevanten Personbereich – sei in beiden Fällen s = 12. Weiterhin sind beide Spielalternativen gleich attraktiv, so dass beide einen Wert (Z für Eigenschaften des Zielobjektes) von Z = + 5 erhalten. Wenn wir annehmen, dass auch die psychologische Entfernung zum Zielobjekt gleich groß sei, können wir dieser Entfernung (e) in beiden Fällen einen Wert von 10 zuweisen. Dann berechnet man zunächst aus der Spannung und den Eigenschaften des Zielobjektes die Valenz, die dann jeweils 60 beträgt. Die Valenz wird durch die Entfernung dividiert und ist in beiden Fällen gleich groß (6).

Dieses Gleichgewicht ändert sich, sobald eine zufällige Annäherung an eines der beiden Objekte erfolgt. Eine solche Annäherung kann physikalischer Natur sein (das Kind bewegt sich zum Lichtschalter und ist nun dem Baukasten näher als dem Kaufladen) oder aber psychologischer Natur: beispielsweise erinnert sich das Kind, einige dringend gesuchte Baukastenteile auf einem Stapel neben dem Regal gesehen zu haben, so dass die zuvor einkalkulierte Suche entfällt. Nehmen wir also an, die psychologische Entfernung vergrößere sich nun auf e = 12 für den Kaufladen und verringere sich auf e = 6 für den Baukasten. Dann betrüge die Kraft für den Baukasten 10 und für den Kaufladen nur 5.

Dieses Beispiel bestätigt Lewins Annahme, dass Annäherungs-Annäherungs-Konflikte eher instabiler Natur sein sollten, denn angesichts einer auch nur geringfügigen Annäherung an eines der beiden Objekte wird die resultierende Kraft, die zu diesem Objekt führt, stärker. Die Kraft, die zu dem anderen Objekt hinführt, wird dagegen schwächer, und so sollte diejenige Alternative gewählt werden, für die eine solche geringfügige Annäherung eingetreten ist.

5.2.2 Vermeidungs-Vermeidungs-Konflikte

Bei einem Vermeidungs-Vermeidungs-Konflikt gibt es zwei Handlungsalternativen mit jeweils negativer Valenz. Dies wäre beispielsweise dann der Fall, wenn Sie am kommenden Wochenende die Wahl haben, entweder Ihre Steuererklärung zu machen oder den Keller aufzuräumen.

Filmszenario. Ein anderes Beispiel hierfür werden viele von Ihnen kennen; es handelt sich um eine Verfolgungsjagd aus dem Film „Indiana Jones und der Tempel des Todes", deren Grundsituation prototypisch für viele Szenen aus anderen Filmen ist.

Dieses Szenario sieht etwa folgendermaßen aus: Der Hauptdarsteller (in unserem Beispiel: Indiana Jones) hat soeben in abenteuerlicher Flucht vor seinen Verfolgern – eine hoffnungslos große Anzahl schwer bewaffneter Krieger – die lang gesuchte Schatzhöhle verlassen – und gerät in einen klassischen Vermeidungs-Vermeidungs-konflikt: Vor ihm befindet sich eine morsche Brücke über einem 100 Meter hohen Abgrund. Der Ausgang der Höhle ist nichts weiter als ein schmaler Felsvorsprung, und (in Lewins Worten:) „Barrieren" unzugänglicher Felsen und Steilwände stellen sicher, dass der Hauptdarsteller sich lediglich in zwei Richtungen bewegen kann: zurück in die Höhle, oder vorwärts auf die „Brücke" und über den Abgrund.

Hin- und hergerissen zwischen zwei Möglichkeiten

Lewin postuliert, dass dieser Konflikttyp überaus schwierig zu lösen sein sollte. Dies lässt sich anhand eines Zahlenbeispiels illustrieren. Angenommen, der Bereich der Person, der hier in besonderem Maße relevant ist, sei der Wunsch (die Vornahme) zu überleben. Beziffern wir diese Spannung mit s = 100. Beide Alternativen – Betreten der morschen Brücke einerseits und Konfrontation mit den Angreifern andererseits – seien gleichermaßen negative Anreizobjekte, beispielsweise Z = –100. Die Verfolger können nun den Ausgang der Höhle jeden Moment entdecken, so dass die psychologische Entfernung von diesen ebenso groß sei wie die Entfernung von der Brücke (e = 2). Daraus resultiert, dass beide Alternativen eine sehr negative Valenz besitzen (–10.000). Die Kraft, beiden Situation ausweichen zu wollen, ist jeweils gleich groß (–5.000)

Im Gegensatz zum Annäherungs-Annäherungs-Konflikt ist dieses Kräftegleichgewicht keineswegs instabil: Angenommen, unser Protagonist nähert sich – so gut er kann – der Brücke, so dass die Entfernung zu dieser sich auf e = 1 verringert. Seinen Angreifern entgeht er dadurch nur geringfügig, aber immerhin, die Entfernung zu diesen vergrößere sich auf e = 3. Dann ändern sich die Kräfteverhältnisse, denn die Kraft, die von der Brücke wegführt, ist viel stärker, als die vom Höhleneingang wegführende.

Unser Protagonist wird sich also nach einem spontanen Schritt Richtung Brücke und somit Abgrund alsbald wieder von diesem weg bewegen. Falls also in einem Vermeidungs-Vermeidungs-Konflikt überhaupt irgendeine Bewegung in eine bestimmte Richtung auftritt, verändert sich das die Person umgebende Kräftefeld dergestalt, dass diese Bewegung unmittelbar wieder rückgängig gemacht wird. So ist die Person hin- und hergerissen zwischen zwei negativen Valenzen.

Barrieren. Lewin wies aber auch darauf hin, dass Vermeidungs-Vermeidungs-Konflikte zwar schwierig zu lösen, aber nicht unüberwindlich sind. Zunächst ist ein solcher Konflikt nur dann stabil, wenn die Person nicht in der Lage ist (in den Worten Lewins), „das Feld zu verlassen". Dies bedeutet, zur Aufrechterhaltung dieses Konfliktes muss es stabile Barrieren oder Hindernisse geben, welche die Person daran hindern, sich gänzlich anderen Handlungsalternativen (Fluchtwegen) zuzuwenden und so der Unausweichlichkeit einer Wahl zwischen den beiden negativen Alternativen zu entgehen.

Auflösung des Vermeidungs-Vermeidungs-Konflikts. Weiterhin kann sich die Wahrnehmung der Situation ändern oder die Valenzen bestimmter Objekte werden neu bewertet. In unserem Beispiel tritt dieser Fall tatsächlich ein: Indiana Jones erkennt, dass sich die Brücke zwar schwerlich auf konventionellem Wege benutzen lässt, allerdings scheinen die Seile derselben stabil genug zu sein, um sich mit deren Hilfe über den Abgrund auf die andere Seite der Schlucht zu schwingen.

Dies ist vielleicht immer noch keine gänzlich risikolose Form der Rettung, aber ein Zahlenbeispiel kann veranschaulichen, dass dies unter nunmehr drei möglichen Handlungsalternativen bei weitem die am wenigsten unattraktiv ist: Nehmen wir an, diese Handlungsalternative habe einen Wert von –10 und sei durch Kappen der Seile leicht zu bewerkstelligen (der Protagonist verfügt über ein Messer, so dass die psychologische Entfernung zu dieser Handlungsalternative gering ausfällt, also sei e = 2): Dann ist die Valenz der Alternative „Seil" schon weniger negativ als die beiden anderen (–1.000). Errechnet man daraus die Kraft, so ist diese ebenfalls weitaus weniger negativ als bei den beiden anderen Möglichkeiten und wird deshalb gewählt.

In diesem Fall ist der Vermeidungs-Vermeidungs-Konflikt tatsächlich auflösbar; auch bei einer weiteren Annäherung an die dritte Handlungsalternative kann deren resultierende Kraft in einem weniger negativen Bereich verbleiben als die resultierende Kraft für die beiden anderen Handlungsalternativen und wird – Lewin zufolge – gewählt werden.

Aus dem Feld gehen. Lewin wies darauf hin, dass diese Überlegungen in der Kindeserziehung oftmals von großer Bedeutung sind: Nehmen wir an, eine Erziehungsmaßnahme der Eltern bestünde darin, dem Kind mitzuteilen, dass negative Sanktionen folgen würden, wenn eine bestimmte Art von „Leistung" nicht erbracht würde. Dies wäre eine Bestrafung im Skinner'schen Sinne; Lewin erörterte diese Situation in seinem Aufsatz „Die psychologische Situation bei Lohn und Strafe" (1931). Eine Schlussfolgerung besteht darin, dass eine solche Regelung nur dann sinnvoll ist, wenn gewährleistet wird, dass das Kind nicht „aus dem Felde geht". Es sind demzufolge Vorkehrungen zu treffen, die es zwingend machen, sich zwischen diesen beiden Alternativen entscheiden zu müssen und nicht andere Lösungen hierfür zu finden.

BEISPIEL

Ausweichmanöver

In „Tom Sawyers Abenteuer" beschreibt Mark Twain, wie man einem Vermeidungs-Vermeidungs-Konflikt ausweicht. Tom Sawyer muss einen (endlos langen) Gartenzaun streichen, andernfalls drohen sehr unangenehme Sanktionen seiner Erziehungsberechtigten (Tante Polly). Betrachtet man dies aus Lewins Augen, so kann Tom tatsächlich diesem negativen Kräftefeld entgehen.

Anstatt sich an die Arbeit zu machen, bringt er seine Freunde dazu, den Gartenzaun zu streichen, obwohl sie ihn erst einmal für diese unangenehme Aufgabe verspotten (negative Valenz). Der Trick: Tom tut so, als hätte er sich nichts sehnlicher gewünscht, als eben diesen Gartenzaun so sorgfältig wie möglich zu streichen. Das weckt bei den Freunden prompt das Bedürfnis, auch einmal einen Zaun streichen zu dürfen – so stark, dass sie sogar versuchen Tom zu bestechen (mit einem halben Apfel, einem Stück von einer Mundharmonika, einer toten Ratte an einem Bindfaden und dergleichen Kostbarkeiten mehr, allesamt von offensichtlich positiver Valenz).

In diesem Fall gelingt es Tom, die Wahrnehmungen (Kognitionen) anderer Personen zu verändern (hier: in Bezug auf die wahrgenommenen Merkmale des Zielobjektes), die seine Aufgabe übernehmen. Damit löst er den ihm zuvor auferlegten Konflikt und „geht aus dem Felde" – zur großen Enttäuschung seiner Tante, die sich um die pädagogische Wirkung ihrer Maßnahme betrogen sieht.

5.2.3 Annäherungs-Vermeidungs-Konflikte

Bei einem Annäherungs-Vermeidungs-Konflikt nimmt ein Bereich in der Umwelt sowohl positive als auch negative Valenzen an, zieht also auch zugleich positive und negative Konsequenzen nach sich. Beispielsweise könnte Ihnen kalt sein, und Sie möchten sich an der Heizung wärmen, diese ist aber so heiß, dass Sie sich bei direkter Berührung verbrennen würden. Oder Sie möchten (hoffentlich nicht wirklich) gerne eine Zigarette rauchen, aber dies bedeutet auch, dass Sie mittelfristig gesundheitliche Probleme in Kauf nehmen müssen. Kennzeichnend für Annäherungs-Vermeidungs-Konflikte ist also, dass eine Handlungsalternative positive und gleichzeitig negative Konsequenzen in sich birgt.

Konflikte dieses Typus sind sowohl aus der Perspektive der Hull'schen wie der Lewin'schen Theorie analysiert worden. In beiden Fällen wird davon ausgegangen, dass die Stärke der Annäherungstendenz und der Vermeidungstendenz sich mit zunehmender Annäherung an den jeweiligen Bereich unterschiedlich entwickeln. Diese sich unterschiedlich entwickelnden Kräfte werden auch (da sie graphisch dargestellt werden können) als Annäherungs- und Vermeidungsgradienten bezeichnet.

Annäherungs-Vermeidungs-Konflikte aus behavioristischer Perspektive

Betrachten wir zu diesem Zeck das Miller'sche Konfliktmodell (Miller, 1944; 1959), in dem ein Annäherungs-Vermeidungs-Konflikt in Anknüpfung an die Hull'sche Theorie und daher aus rein behavioristischer Perspektive betrachtet wird. Es umfasst sechs verschiedene Postulate.

ÜBERSICHT

Miller und Lewin im Vergleich

	Millers Postulate	Vergleich mit Lewin:
1	Die Tendenz zur Annäherung an ein (positives) Ziel ist umso größer, je näher sich das Individuum an diesem befindet (Annäherungsgradient).	Kraft [zum Ziel hin] = k+ = (positive) Valenz : Entfernung
2	Die Tendenz zur Vermeidung eines (negativen) Ziels ist umso größer, je näher sich das Individuum an diesem befindet (Vermeidungsgradient).	Kraft [vom Ziel weg] = k– = (negative) Valenz : Entfernung
3	Die Vermeidungstendenz steigt mit größerer Nähe zum Ziel stärker an als die Annäherungstendenz (der Vermeidungsgradient ist steiler als der Annäherungsgradient).	Große Entfernung Ziel: [k+ > k–] Kleine Entfernung Ziel: [k+ < k–]
4	Die Stärke der Annäherungs- und Vermeidungstendenz ist eine direkte Funktion des zugrundeliegenden Triebes.	Die Stärke der resultierenden Kraft setzt sich zusammen aus Valenz (aus s und Z) sowie der psychologischen Entfernung.
5	Mit steigender Anzahl der Verstärkungen wächst die Stärke der entsprechenden Reaktionstendenz: Eine Reaktion gewinnt eine höhere Position in der Habithierarchie.	Das Ausprobieren einer Handlung – Lernen – bewirkt eine Verringerung der psychologischen Entfernung.
6	Wenn zwei miteinander unvereinbare Reaktionstendenzen in Konflikt stehen, wird sich die stärkere der beiden durchsetzen.	Wenn von einem Umweltbereich sowohl positive wie negative Kräfte ausgehen, so wird dieser Bereich gemieden, wenn [k+ > k–].

Annäherungs- und Vermeidungsgradient. Lewin nimmt an, dass mit größerer Nähe zu einem Ziel auch die zu diesem Ziel hinführende Kraft stärker werden sollte, da diese Kraft eine Funktion von Valenz und Entfernung ist. Analoges gilt für Kräfte, die uns von einer Handlungsalternative oder einem Objekt wegführen. Hulls Position sieht dagegen vor, dass diejenigen Teile einer Habithierarchie, die kurz vor Erreichen des Ziels notwendig sind, besser gelernt sind und daher schneller ausgeführt werden.

Es wurde bereits in Kapitel 4 darauf hingewiesen, dass die zunehmende Laufgeschwindigkeit von Versuchstieren in entsprechenden Situationen mit der Annäherung zum Ziel ansteigt; dies ist ein gut bestätigtes empirisches Phänomen. Dennoch ließe sich dieses Postulat aus Hulls Perspektive konkreter ableiten, als dies hier geschieht. Weiner (1984) schreibt hierzu: „Die dieser Behauptung zugrunde liegenden lerntheoretischen Prinzipien können hier nicht genauer erörtert werden und müssen einfach auf Treu und Glauben akzeptiert werden." (Weiner, 1984, S. 93).

Vermeidungsgradient ist steiler als der Annäherungsgradient. Im Rahmen der Hull'schen Theorie lässt sich dieses dritte Postulat anhand eines einfachen Beispiels illustrieren. Angenommen, ein Versuchstier lernt zwei Dinge: Ein bestimmter Weg durch ein Labyrinth führt zuverlässig zu einem Nahrungsangebot; und dieses Nahrungsangebot ist auch mit negativen Konsequenzen verbunden, weil die Verabreichung des Futters beispielsweise mit Elektroschocks gekoppelt ist. Diese experimentelle Methode ist geeignet, einen Annäherungs-Vermeidungs-Konflikt zu etablieren (s. Murray & Berkun, 1955).

Aus der Operationalisierung der verschiedenen Triebgrößen – Hunger einerseits und Furchtvermeidung andererseits – ergibt sich nun unmittelbar, dass der Hungertrieb innerhalb eines experimentellen Durchgangs relativ konstant ist und allenfalls geringfügig zunimmt. Die Furcht vor der Zielbox ist jedoch ein erlernter Trieb. Dieser sollte umso größer sein, je ähnlicher die aktuelle Stimulussituation derjenigen Situation ist, innerhalb derer der

Furcht auslösende Reiz verabreicht (und somit erlernt) wurde. Hinzu kommt auch, dass mit zunehmender Ähnlichkeit der aktuellen Situation mit der Furcht auslösenden Situation die Habitstärke der Vermeidungsreaktion weiter ansteigen sollte.

Da beide Größen – Vermeidungstrieb und Habitstärke für die Vermeidungsreaktion – multiplikativ verknüpft sind, gilt folgender Zusammenhang: Je weiter das Versuchstier von der Zielbox entfernt ist, desto geringer ist der Furchtvermeidungstrieb: Wenn Sie erst einmal 10 bis 20 Meter von einer Giftschlange entfernt sind (diese Giftschlange ist gefährlich, aber nicht sonderlich schnell), spüren Sie, wie Ihre Furcht langsam aber wohltuend nachzulassen beginnt. Dieselbe Vermeidungstendenz sollte mit zunehmender Nähe (und Ähnlichkeit) der Umgebung mit der Furcht auslösenden Situation drastisch ansteigen. Aus diesem Grunde wird angenommen, dass die Vermeidungstendenz schneller ansteigt als die Annäherungstendenz.

Annäherungs- und Vermeidungstendenz als Funktion eines Triebes. In diesem Falle benutzen Hull und Miller auf der einen Seite und Lewin auf der anderen Seite nur eine unterschiedliche Terminologie: Die Person ist gekennzeichnet durch unterschiedliche Triebzustände beziehungsweise Spannungszustände von Personbereichen (auf die Unterschiede zwischen Trieb- und Spannungskonzept sind wir bereits eingegangen).

Verstärkungen und Stärke der Reaktionstendenz. Dieses Postulat macht die Unterschiede zwischen den beiden Ansätzen besonders deutlich. In Hulls wie auch in Lewins Theorie gibt es jeweils eine Person-, eine Umwelt- und eine Lernvariable (wir erläutern dies im Anschluss an diesen Abschnitt). In Hulls Theorie bedeutet nun „Lernen", dass eine bestimmte Reaktion durch Verstärkung in der Habithierarchie ansteigt. In Zusammenhang mit Lewins Theorie haben wir von Lernen zwar noch nicht gesprochen, was jedoch gelernt wird (aus der Perspektive von Lewins kognitiver Theorie nicht nur durch Erfolg, sondern auch durch Übung und Erfahrung), ist die psychologische Entfernung zum Ziel. Diese Entfernung ist beispielsweise für neue,

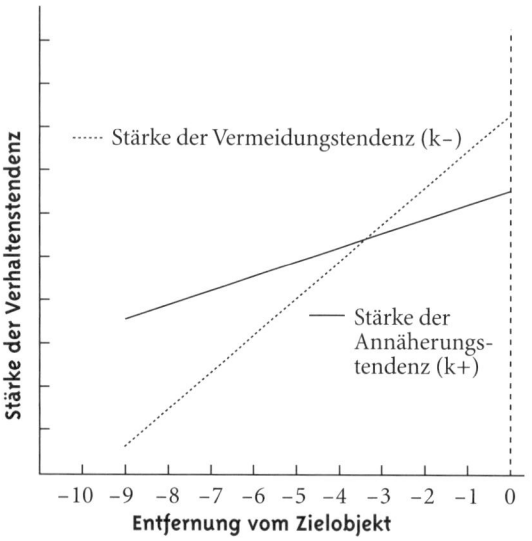

Abbildung 5.9. Unterschiedliche Annäherungs- und Vermeidungsgradienten bei Annäherung an ein Ziel. Die Vermeidungstendenz steigt mit größerer Nähe zum Ziel stärker an als die Annäherungstendenz (Miller, 1959)

unbekannte Aufgaben sicherlich größer als für bekannte und oftmals geübte Handlungsziele.

Die stärkste Reaktionstendenz setzt sich durch. In Hulls Worten: Es wird dasjenige Verhalten gezeigt, welches in einer gegebenen Situation in der Habit-Hierarchie am höchsten steht und für die das Produkt aus Trieb, Habit und Anreiz am höchsten ist. In Lewins Worten: Es wird diejenige Handlungsalternative gewählt, für welche die größte resultierende Kraft existiert, welche sich aus Spannung, Valenz und psychologischer Entfernung zusammensetzt.

Empirische Überprüfungen dieser Konzeptualisierung des Annäherungs-Vermeidungs-Konfliktes sind ganz überwiegend aus lerntheoretischer Perspektive durchgeführt worden (siehe zum Beispiel Brown, 1948; Murray & Berkun, 1955; Miller, 1959).

Lieber intelligent oder gut aussehend? Aus feldtheoretischer Perspektive bestätigt ein Experiment von Arkoff (1957) die Lewin'sche Annahme, dass Annäherungs-Annäherungs-Konflikte leichter zu lösen sein sollten als Vermeidungs-Vermeidungs-Konflikte. Die Versuchspersonen hatten sich hierbei in einer Versuchsbedingung zu entscheiden, über welche von zwei positiven Personeigenschaften sie lieber verfügen würden („Würden Sie lieber intelligenter sein oder besser ausse-

hen?"). In einer anderen Versuchsbedingung sollten sie entscheiden, welche von zwei negativen Personeigenschaften sie lieber nicht hätten („Würden Sie lieber weniger intelligent sein oder lieber weniger gut aussehen?"). Tatsächlich zeigt sich, dass Annäherungs-Annäherungs-Konflikte dieser Art schneller gelöst werden und auch als leichter lösbar angesehen werden als Vermeidungs-Vermeidungs-Konflikte.

Zusammenfassung

Ein großer Teil der bisherigen Darstellung der Lewin'schen Theorie beinhaltete einen Vergleich der von Lewin versus Hull postulierten Konzepte. Diese lassen sich einteilen in solche Variablen, die sich auf die Person, auf die Umwelt oder auf Lernprozesse beziehen. Motivationale Theorien beschäftigen sich oftmals mit ähnlichen Konzepten, die jedoch unterschiedlich definiert sein können (s. Übersicht). Ein Vorteil der Lewin'schen Konzeption ist sicherlich, dass sie auf eine größere Vielzahl von Situationen anwendbar ist, und viele der von ihm genannten und empirisch untersuchten Phänomene sind weitaus alltagsnäher als die relativ künstlichen Laborexperimente, die in der Hull'schen Forschungstradition untersucht wurden.

ÜBERSICHT

Determinanten des Verhaltens

	Hull	Lewin
Personvariable	**Trieb** Unspezifische energetisierende Größe; motivationaler Aspekt primärer Bedürfnisse.	**Spannung** Zustand eines Personbereichs, spezifisch für verschiedene Bedürfnisse oder Ziele einer Person.
Umweltvariable	**Anreiz** Attraktivität des Zielobjektes; einerseits biologisch verankert, andererseits gelernt.	**Zielmerkmale** Ergeben zusammen mit der Spannung die Valenz eines Objektes oder einer Handlungsalternative.
Lernvariable	**Habit** Gewohnheitsstärke für ein bestimmtes Verhalten.	**Psychologische Entfernung** Zum Beispiel die Anzahl der Umweltbereiche, die bis zum Ziel durchlaufen werden müssen.

5.3 Empirische Überprüfungen der Lewin'schen Theorie

In der bisherigen Darstellung der Lewin'schen Feldtheorie haben wir bereits einige empirische Phänomene betrachtet, die auch im Rahmen anderer Theorien berücksichtigt und durch Lewin einer alternativen Analyse unterzogen wurden, so etwa die psychologische Situation in der Columbia Obstruction Box und Fälle von Vermeidungs-Vermeidungs-Konflikten. Im vorliegenden Abschnitt konzentrieren wir uns dagegen auf diejenigen empirischen Phänomene, die durch Lewins Theorie überhaupt erst entdeckt wurden. Angesichts der großen Zahl solcher Phänomene betrachten wir hierbei eine Auswahl derjenigen Untersuchungen, die in möglichst enger Beziehung zu motivationalen Phänomenen stehen. Einen sehr guten Überblick über die Analyse entwicklungspsychologischer Gesetzmäßigkeiten, die wir hier nicht näher betrachten, gibt Barker (1965; 1980); weitere Arbeiten werden in Marrow (1977) referiert.

Der vorliegende Abschnitt ist vier Phänomenen gewidmet; diese betreffen die
(1) Erinnerung und
(2) Wiederaufnahme unterbrochener Handlungen,
(3) Ersatzhandlungen sowie
(4) Arbeiten zur Anspruchsniveausetzung und zur Theorie der resultierenden Valenz.

Alle Arbeiten zu diesen Phänomenen wurden im Rahmen von Dissertationen durch Schüler Lewins in der „Psychologischen Forschung" zwischen 1927 und 1935 publiziert; lediglich die empirische Analyse der Theorie der resultierenden Valenz fällt in die amerikanische Schaffensperiode Lewins. Obwohl alle diese Arbeiten bis heute oft zitiert werden und in keinem Lehrbuch der Motivation unerwähnt bleiben, sind es vor allem die Experimente von Zeigarnik (1927) und Ovsiankina (1928) zur Erinnerung und Wiederaufnahme unterbrochener Handlungen, denen Lewin (1935) eine bahnbrechende Rolle zuschreibt:"... Alle nachfolgenden experimentellen Untersuchungen bauten auf (diesen beiden) Arbeiten auf. Es war ein

Versuch, einen ersten Pfad in einen Urwald von Fakten und Annahmen zu schlagen, indem Konzepte verwendet wurden, deren praktischer Wert noch völlig unerprobt war." (Lewin, 1935, S. 240)

5.3.1 Erinnerung an unterbrochene Handlungen

Eine der vermutlich bekanntesten Anekdoten der Psychologiegeschichte betrifft eine Alltagsbeobachtung Lewins, die den Anlass zu Zeigarniks (1927) Experimenten zur Erinnerung an unterbrochene Aufgaben gegeben haben soll. Zu seiner Zeit am Berliner Institut besuchte Lewin zusammen mit seinen Mitarbeitern regelmäßig ein Café. Lewin fiel auf, dass der Kellner sich die zahlreichen unterschiedlichen Bestellungen der einzelnen Personen offensichtlich gut merken konnte, denn er berechnete auf Verlangen den Betrag für jede Person aus dem Kopf. Eines Tages kehrte Lewin zurück, kurz nachdem alle Rechnungen bezahlt waren. Es stellte sich heraus, dass der Kellner sich jetzt nicht mehr daran erinnern konnte, wer was bestellt hatte. Weil seit dem Bezahlen der Rechnungen nur wenig Zeit vergangen war, schloss Lewin, dass die Beendigung der Handlung zu einem „Erlöschen der Spannung in dem relevanten Personbereich" des Kellners geführt hatte. Zeigarniks Experimente sollten diese Alltagsbeobachtung empirisch überprüfbar machen.

Handlungsabsicht und Spannung

Die Ursprungsfassung der den Experimenten zugrunde liegenden Annahmen, wie sie zuerst Zeigarnik (1927) formulierte, werden im Folgenden zwecks Anpassung an die vorauslaufend dargestellte Terminologie Lewins leicht abgewandelt:
(1) Nach Lewin führt eine Handlungsabsicht zu einer Spannung (s) des auf dieses Ziel (Z) bezogenen Bereichs der Person. Besteht eine Handlungsabsicht, so gilt: $s(Z) > 0$.
(2) Diese Spannung erlischt, sobald das Ziel erreicht ist (so etwa, wenn wir keinen Hunger mehr verspüren, sobald wir gegessen haben). Folglich gilt nach Zielerreichung: $s(Z) = 0$.

(3) Mit dem Entstehen der Spannung s kommt dem geeigneten Zielobjekt eine positive Valenz zu. Diese bewirkt – in Abhängigkeit von der psychologischen Entfernung zum Ziel – die Entstehung einer positiven Kraft k, die zu dem Ziel hinführt: Wenn s(Z) > 0, dann k(P → Z) > 0.

(4) Eine positive Kraft hin zu einem Ziel führt nun nicht nur zu einer realen (physischen) Annäherung an das Ziel, sondern auch zu einer gedanklichen Beschäftigung mit diesem Ziel. Diese gedankliche Beschäftigung resultiert (beispielsweise) auch in besseren Erinnerungsleistungen an dieses Handlungsziel. Es folgt: Wenn s(Z) > 0, dann E(Z) > 0 (mit E = Erinnerung).

(5) Die Bedürfnisspannung für unvollendete Aufgaben (UA) sollte höher sein als für vollendete Aufgaben (VA) (siehe Annahme 2), und weiterhin sollte diese höhere Bedürfnisspannung die Wahrscheinlichkeit einer Annäherung an sowie einer gedanklichen Beschäftigungen mit diesem Ziel vergrößern (siehe Annahme 3 und 4). Aus diesem Grunde wird angenommen, dass auch die Erinnerung an diese Aufgaben wahrscheinlicher ist. Hieraus folgt: E(VA) < E(UA).

Zeigarnik-Quotient

Die Probanden in Zeigarniks Experimenten erhielten im Laufe des Experiments eine ganze Reihe von Problemlöseaufgaben (Anagrammaufgaben, Puzzles, Rechenrätsel und dergleichen mehr). Als unabhängige Variable wurde manipuliert, ob diese Aufgaben vollendet werden konnten oder nicht: Bei der Hälfte der Aufgaben erfolgte eine Unterbrechung durch den Versuchsleiter, die andere Hälfte der Aufgaben konnte zu Ende bearbeitet werden. Nach Abschluss dieses Teils des Experiments wurden die Probanden – entweder wenige Minuten oder aber einen Tag später – gebeten, sich an die Aufgaben zu erinnern. Abhängige Variable war hierbei das Verhältnis der Erinnerung an vollendete versus unvollendete Aufgaben.

Es zeigte sich, dass bei einer Gedächtnisprüfung einige Minuten nach Abschluss der Bearbeitung der Aufgaben im Durchschnitt etwa doppelt so viele unerledigte Aufgaben erinnert werden als

erledigte Aufgaben; dieses Verhältnis von 2 : 1 wird in der Literatur auch als „Zeigarnik-Quotient" bezeichnet.

Abbau der Bereichsspannung. Aus der Perspektive der Lewin'schen Überlegungen zur Durchlässigkeit von Bereichsgrenzen kann auch angenommen werden, dass dieser Quotient mit fortlaufender Zeitdauer geringer wird. Denn die Bereichsspannung für unerledigte Aufgaben nimmt im Laufe der Zeit ab, beispielsweise, weil die Probanden möglicherweise im Laufe der Zeit ähnliche Aufgaben bearbeiten. So könnte die experimentell erzeugte Spannung in diesem Personbereich angesichts der Durchlässigkeit der Grenzwände zu ähnlichen Nachbarbereichen diffundieren und zu einem Abbau der ursprünglichen Spannung beitragen.

Tatsächlich fand Zeigarnik (1927), dass der ursprüngliche Quotient (2 : 1) auf einen Quotienten von 1,2 : 1 absank, wenn die Erinnerungsleistung 24 Stunden nach dem Ende der (unvollendeten versus vollendeten) Aufgabenbearbeitung gemessen wurde. Dies bedeutet, es gibt auch längere Zeit nach der Aufgabenbearbeitung einen Erinnerungsvorteil für unvollendete Handlungen; dieser fällt jedoch deutlich geringer aus.

Unterbrechung und erhöhte Aufmerksamkeit

Ein Problem der Methode Zeigarniks könnte darin bestehen, dass die Unterbrechung der Aufgabenbearbeitung nicht unbedingt ausschließlich zu einem geringeren Spannungsabbau in dem betreffenden Personbereich führen muss. Andere Autoren meinten, die Unterbrechung könnte auch die Aufmerksamkeit der Probanden in besonderem Maße auf diese Aufgaben gelenkt haben. Eine solche erhöhte Aufmerksamkeit könnte gleichfalls zu besseren Erinnerungsleistungen führen.

Bewertung der Unterbrechung. Dieses methodische Argument gegen die Versuchsanordnung Zeigarniks ist nur schwer zu entkräften. Ein Experiment von Marrow (1938) deutet aber zumindest darauf hin, dass es nicht unbedingt die erhöhte Aufmerksamkeit der Probanden sein muss, welche die besseren Gedächtnisleistungen für unvollendete Aufgaben bedingt.

Marrows Vorgehen war wie folgt: Ebenso wie in den Experimenten von Zeigarnik bearbeiteten die Probanden Aufgaben, bei denen sie entweder unterbrochen oder nicht unterbrochen wurden. Hierbei wurde nun mitgeteilt, dass eine vollständige Bearbeitung der Aufgabe ein Indikator für eine schlechte Leistung sei. Die Probanden sollten den Eindruck haben, diese nicht unterbrochenen Aufgaben seien nicht in zufrieden stellender Weise bearbeitet worden. Eine Aufgabenunterbrechung hingegen – so die Instruktion für die Probanden – sei ein Hinweis darauf, dass es sich um eine gute Leistung handele. Die Probanden gelangten also im Falle einer Unterbrechung zu der Auffassung, schon der Lösungsansatz sei derart erfolgversprechend, dass eine Beendigung der Aufgabe nicht mehr notwendig sei.

Dadurch befinden sich die Probanden in einer ganz anderen psychologischen Situation: Sie müssen zu dem Schluss kommen, dass gerade die nicht unterbrochenen Aufgaben nicht vollendet (das heißt: nicht zur Zufriedenheit des Versuchsleiters gelöst) seien. Somit erfolgt für diejenigen Aufgaben, die subjektiv unvollendet bleiben, keine Unterbrechung. Entsprechende Aufmerksamkeitseffekte, die dem oben genannten methodischen Einwand zufolge für die Gedächtniseffekte verantwortlich sein können, sind also ausgeschlossen.

Methodische Schwierigkeiten beim Zeigarnik-Effekt

Es käme einer unerledigten Handlung gleich, die Befunde zum Zeigarnik-Effekt ohne eine Darstellung der nachfolgenden Kontroversen zu diesem Phänomen abzuschließen. Denn eine Reihe von späteren Studien konnte die Befunde von Zeigarnik nicht oder nur unter bestimmten Bedingungen replizieren (z.B. Schlote, 1930; Rosenzweig, 1943; Alper, 1946; Glixman, 1948; Sears, 1950; Caron & Wallach, 1959; Weiner, 1965; zusammenfassend siehe Weiner, 1966).

Die methodischen Schwierigkeiten in Zusammenhang mit diesem Gedächtnisphänomen, von denen im vorigen Abschnitt nur eine angesprochen wurde, sind zahlreicher und schwerer zu lösen, als man dies auf den ersten Blick vermuten würde.

Einfluss der Bearbeitungszeit. Betrachten wir beispielsweise die auf den ersten Blick überzeugende Untersuchung Marrows (1938) noch einmal etwas genauer: In diesen Experimenten gelangen die Probanden zu der Auffassung, gerade die nicht unterbrochenen Aufgaben seien in Wirklichkeit unvollendet (oder ungenügend bearbeitet), und eben diese Aufgaben werden nachfolgend besser erinnert. Bessere Gedächtnisleistungen lassen sich nicht länger auf eine aufmerksamkeitserregende Handlungsunterbrechung zurückführen.

Gleichzeitig ist dieses Vorgehen mit einer gravierenden methodischen Schwäche verbunden, denn es führt dazu, dass die nicht unterbrochenen Aufgaben auch tatsächlich länger bearbeitet werden. Einer der grundlegendsten Befunde der Gedächtnispsychologie lautet jedoch, dass Erinnerungsleistungen umso besser sein werden, je mehr Zeit während der Lernphase zur Niederlegung einer Gedächtnisspur zur Verfügung steht (siehe beispielsweise bereits Ebbinghaus, 1885).

Darum gibt es zwei mögliche Erklärungen für die besseren Gedächtnisleistungen in Bezug auf nicht unterbrochene (aber subjektiv unvollendete) Aufgaben: Der Zeigarnik-Effekt könnte einerseits auf anhaltende Spannung in den relevanten Personbereichen zurückgeführt werden (ganz in Lewins Sinne), oder aber auf einen Gedächtnisvorteil, der auf einer zeitintensiveren Beschäftigung mit den vollendeten Aufgaben beruht.

Gleiche Ausgangsbedingungen für unterbrochene versus nicht unterbrochene Aufgaben? Heckhausen (1989) wies in diesem Zusammenhang darauf hin, dass ein Zeigarnik-Effekt im Lewin'schen Sinne voraussetzt, dass die Materialien zunächst einmal gleich gut gelernt werden müssen. Dies bedeutet: Ein unterschiedlicher Spannungsabbau in Bezug auf zunächst gleichermaßen gut gelernte Materialien erfolgt, weil eine Unterbrechung der Aufgaben (in der ursprünglichen Versuchsanordnung von Zeigarnik) zu einem weiteren Nachdenken über diese Aufgabe und somit zu einem erfolgreicheren Abruf derselben führt.

Diese methodische Schwierigkeit des Forschungsparadigmas zum Zeigarnik-Effekt ist im

Grunde bis heute nicht gelöst. Eine Reihe von Forschern zogen zur Erklärung der insgesamt uneinheitlichen Befundlage zu diesem Phänomen interindividuelle Unterschiede heran. So hatte bereits Zeigarnik (1927) beobachtet, dass solche Probanden, die ihr als „besonders ehrgeizig" erschienen, einen stärkeren Zeigarnik-Effekt zeigen als weniger „ehrgeizige" (interessierte) Probanden.

In Einklang mit dieser eher intuitiven Vermutung stehen Befunde von Marrow (1938) und Green (1963), die stärkere Zeigarnik-Effekte dann beobachteten, wenn die Probanden sich freiwillig zum Experiment gemeldet hatten. Atkinson (1953), Moulton (1958) und Heckhausen (1963) fanden zudem stärkere Zeigarnik-Effekte für hoch leistungsmotivierte Probanden – wir werden die Theorie der Leistungsmotivation im nächsten Kapitel behandeln und dann einige dieser Befunde noch einmal aufgreifen.

Auch wenn der Zeigarnik-Effekt nicht unumstritten ist, kommt Lewin und Zeigarnik das Verdienst zu, mit ihren experimentellen Untersuchungen ein gänzlich neuartiges Phänomen für die Motivationsforschung entdeckt zu haben, das viele Forscher zu weiteren Studien angeregt hat. Überdies deuten die Befunde zum Zusammenhang von Leistungsmotivation („Ehrgeiz") und der Stärke des Zeigarnik-Effekts an, dass es sich um ein motivationales Phänomen handelt.

Auch wenn wir derzeit weit davon entfernt sind, dieses Phänomen befriedigend erklären zu können, gibt es eine Reihe von Wissenschaftlern, die in diesem Zusammenhang durchaus einen Zeigarnik-Effekt gezeigt haben und die Analyse dieses Phänomens weiter verfolgen. Und schließlich werden die Befunde zur Erinnerung an unterbrochene Aufgaben ergänzt durch Studien zur Wiederaufnahme entsprechender Aufgaben und Handlungen.

5.3.2 Wiederaufnahme unterbrochener Handlungen

Den Untersuchungen zur Wiederaufnahme unterbrochener oder unerledigter Handlungen liegen die gleichen Annahmen zugrunde wie den Studi-

en von Zeigarnik zur Erinnerung an solche Handlungen. Ovsiankina (1928) nahm in ihrer Arbeit zwar auf Lewins Theorie Bezug, leitete diese jedoch teilweise nicht in zutreffender Weise zur Vorhersage der empirischen Sachverhalte ab. Wir beschränken uns auf eine Darstellung der Lewin'schen Vorhersagen und deren Übereinstimmung mit den empirischen Daten, die in Ovsiankinas (1928) Experimenten gefunden wurden.

Zufalls- und Störungsunterbrechung

Ovsiankina (1928) war die erste Forscherin, die sich unter Lewins Einfluss mit der Wiederaufnahme unterbrochener Handlungen beschäftigte; sie verwendete hierzu eine Versuchsanordnung, die derjenigen von Zeigarnik sehr ähnlich ist. Wiederum bearbeiteten die Probanden eine ganze Reihe von Aufgaben, und bei einem Teil dieser Aufgaben wurde die Bearbeitung unterbrochen. Diese Unterbrechungen konnten nun unterschiedlich veranlasst sein.

Zufallsunterbrechung. Dabei wurde der Versuchsleiter zu einem vorher definierten Zeitpunkt aus dem Experimentalraum weggerufen; in der so entstehenden Pause (im Folgenden als Wartephase bezeichnet) standen weiterhin alle Aufgaben zur Verfügung.

Störungsunterbrechung. Den Probanden wurde eine bestimmte Aufgabe vom Versuchsleiter kommentarlos weggenommen und eine neue Aufgabe zugewiesen. Für eine Wartephase wurde im Falle der Störungsunterbrechung zu einem Zeitpunkt gesorgt, bei dem diese zweite Aufgabe bereits vollendet worden war, während die erste Aufgabe naturgemäß nicht wieder zur Bearbeitung vorgelegt wurde.

Ovsiankina (1928) berichtet eine Serie von Experimenten, denen generell der folgende Versuchsplan zugrunde liegt: Unabhängige Variablen sind zunächst einmal die Unterbrechung der Aufgaben (eine Aufgabe konnte entweder zum Zeitpunkt der Unterbrechung bereits beendet oder noch in Arbeit sein) sowie die Art der Unterbrechung (Zufall versus Störung). Als abhängige Variable wird erfasst, welchen Aufgaben sich die Probanden in der Wartephase „spontan" zuwenden.

Tendenz zur Wiederaufnahme. Die Ergebnisse des ersten Experiments sind sehr eindeutig: Im Falle der geschilderten Zufallsunterbrechung beträgt die Wahrscheinlichkeit einer Wiederaufnahme der unterbrochenen Handlung 100 Prozent, im Falle einer Störungsunterbrechung liegt dieser Wert bei 79 Prozent (Ovsiankina, 1928, „Versuchsanordnung I", S. 326). Die Probanden kehren demgegenüber so gut wie niemals zu solchen Aufgaben zurück, deren Bearbeitung bereits abgeschlossen war.

Im Sinne von Lewins Überlegungen lassen sich diese Befunde mit der Annahme erklären, dass für die unvollendeten Aufgaben nach wie vor eine Spannung des relevanten Personbereichs vorliegt, so dass die entsprechenden „Objekte" (Aufgaben) nach wie vor über eine positive Valenz verfügen und eine Kraft zur Wiederaufnahme dieser Aufgaben drängt. Ovsiankina analysierte nun eine Reihe von weiteren Faktoren (die teilweise aus der Theorie Lewins ableitbar sind), welche die Wiederaufnahmetendenz beeinflussen (s. Übersicht).

ÜBERSICHT

Tendenz zur Wiederaufnahme

	Faktoren, die die Wiederaufnahme beeinflussen	Empirischer Befund zur Wiederaufnahmetendenz (WAT)
1	Dauer der Unterbrechung	Je länger die Unterbrechung dauert, desto geringer wird die WAT und umgekehrt.
2	Zeitpunkt der Unterbrechung	Je näher sich die Person dem Ziel (Abschluss der Aufgabenbearbeitung) befindet, desto größer die WAT.
3	Art der unterbrochenen Aufgabe	Aufgaben mit klar definierten Endzuständen oder Lösungen führen zu einer höheren WAT als andere Aufgaben.
4	Valenz der unterbrochenen Aufgabe	Auch bei unangenehmen Aufgaben gibt es eine starke WAT, wenn eine subjektive Verpflichtung zur Erledigung vorhanden ist.
5	Äußere Anreize	Die weitaus überwiegende Zahl der Wiederaufnahmen erfolgt ohne sichtbare äußere Anreize.
6	„Innere Einstellung zur Handlung" und Personmerkmale	„Ehrgeizige" Versuchspersonen zeigen eine besonders große WAT; andere Personen scheinen sich vor einem möglichen Misserfolg zu fürchten und zeigen eine generell niedrigere WAT.

Erklärungen der Tendenz zur Wiederaufnahme

Dauer der Unterbrechung. Wie bereits zum Phänomen der Erinnerung an Unerledigtes kommt Lewins Theorie zu der Vorhersage, dass mit der zunehmenden Dauer der Unterbrechung auch die Wiederaufnahmetendenz abnehmen sollte. So könnte die Spannung in dem relevanten Bereich mit fortlaufender Zeit beispielsweise durch die Befriedigung ähnlicher Quasibedürfnisse gänzlich oder teilweise abgebaut sein. Die Ergebnisse bestätigen diese Annahme ganz eindeutig.

Zeitpunkt der Unterbrechung. Da die zum Ziel hinführende Kraft mit geringerer psychologischer Entfernung zum Ziel nach Lewin größer wird, sollte die Wiederaufnahmetendenz umso größer sein, je näher sich die Person zum Ziel (Abschluss der Aufgabenbearbeitung) befindet. Diese Annahme wird sowohl durch empirische Daten wie auch durch weitere Beobachtungen Ovsiankinas bestätigt: Die Versuchspersonen reagieren auf eine Unterbrechung kurz vor Zielerreichung wesentlich unwilliger als zu anderen Zeitpunkten und wollen sich die Aufgabe nicht wegnehmen lassen. Solche Reaktionen treten bei Unterbrechungen zu anderen Zeitpunkten viel seltener auf.

Art der unterbrochenen Aufgabe. Ovsiankina (1928) verwendete in ihren Versuchsanordnungen verschiedene Aufgabentypen. Dies waren zum einen Aufgaben mit einem klaren Ziel, die als „Endhandlungen" bezeichnet werden; zum Beispiel eine Problemlöseaufgabe, die eine richtige Lösung erfordert. Zum anderen gab es Aufgaben ohne klar definiertes Ziel, so genannte „fortlaufende Handlungen"; zum Beispiel das Aufreihen von Perlen auf eine Schnur.

Weiterhin erhielten die Versuchspersonen verschiedene Instruktionen, die den Charakter der Aufgabe veränderten. So gab es beim Perlen-Aufziehen einmal die Instruktion, exakt 30 Perlen aufzuziehen, und es wurden auch genau 30 Perlen „geliefert". In einer anderen Versuchsbedingung wurde eine unüberschaubare Zahl von Perlen geliefert und keine Instruktion bezüglich der Anzahl der aufzuziehenden Perlen gegeben. Im ersten Fall betrug die Wiederaufnahmetendenz 70 Prozent, im letzteren lag diese bei nur 46 Prozent. Die Ursache für diesen Unterschied liegt Ovsiankina (1928; S. 357) zufolge darin, dass die Versuchspersonen bei einer weniger klaren Zieldefinition eigene Maßstäbe dafür anlegen können, wann eine Handlung als beendet anzusehen ist.

Valenz der unterbrochenen Aufgabe. Wie steht es bei der Bearbeitung einer unangenehmen Aufgabe (einer Aufgabe mit negativer Valenz)? Lewins Theorie würde auf den ersten Blick vorhersagen, dass eine Wiederaufnahme unangenehmer Handlungen generell nicht erfolgen sollte, da hier eine negative Valenz der unerledigten Aufgabe eine negative Kraft erzeugt, welche die Probanden von der Aufga-

be weg- und nicht zu dieser Aufgabe hinführt. Bei genauerer Betrachtung lässt sich eine solche Versuchssituation jedoch als Annäherungs-Vermeidungs-Konflikt auffassen: Zum einen sollte die negative Valenz der unterbrochenen Aufgabe eine Wiederaufnahme unwahrscheinlich machen, zum anderen sollte das Bemühen, eine „gute" Versuchsperson zu sein, die Wiederaufnahme fördern.

Qualitative Analysen von Aussagen der Probanden bestätigen diese Sichtweise (zum Beispiel: „Ich tue es direkt mit Widerwillen, doch lassen kann ich es nicht"; oder: „... ich muss die Pflicht erst wie eine Last von mir wälzen"; Ovsiankina, 1928, S. 338). Eine genaue empirische Analyse dieses Sachverhaltes ist jedoch innerhalb der von Ovsiankina verwendeten Versuchsanordnungen kaum möglich: „Eine genaue Gegenüberstellung der Wiederaufnahme angenehmer ..., neutraler und unangenehmer Handlungen stößt auf Schwierigkeiten, weil in unseren Versuchen in den seltensten Fällen die Handlungen einer dieser drei Gruppen zuzuordnen sind. Recht häufig kommt es zu ausgesprochenen Schwankungen der Annehmlichkeit der Handlung und des Interesses an ihr während der Durchführung. (...) Dass trotzdem die prozentuale Wiederaufnahme (durchgehend) sehr hoch ist, zeigt bereits, wie wenig die Annehmlichkeit (der Aufgabe) bei unseren Versuchspersonen ausschlaggebend sein kann." (Ovsiankina, 1928; S. 338).

Äußere Anreize. Ovsiankina (1928) behandelt in diesem Zusammenhang die Frage, ob ein unvollendeter Gegenstand schon an sich zur Wiederaufnahme der Aufgabe anrege und demzufolge einen positiven „Aufforderungscharakter" habe, oder ob dieser Aufforderungscharakter nur dann zustande kommen kann, wenn ein zugrunde liegendes Quasibedürfnis besteht. Es zeigt sich nun, dass eine Wiederaufnahme in der überwiegenden Zahl der Fälle bereits dann angestrebt wird, wenn die unvollendete Aufgabe gar nicht mehr sichtbar ist und aktiv nachgefragt werden muss. Es erscheint also die Schlussfolgerung gerechtfertigt, dass „für die Aufnahmetendenz in unseren Versuchen also das Bestehen eines entsprechenden inneren Spannungssystems entscheidend ist" (Ovsiankina, 1928; S. 348).

Innere Einstellung zur Handlung und Personmerkmale. Ovsiankina macht hier wiederum (wie bereits in Zeigarniks Untersuchungen) eine Beobachtung zu Personmerkmalen, die wir später in der Anwendung der Lewin'schen Theorie wieder aufgreifen werden: „Ehrgeizige" Probanden zeigen in den meisten Fällen eine größere Wiederaufnahmetendenz, in einigen wenigen Fällen jedoch eine Tendenz zur Meidung der unterbrochenen Aufgaben. Wiederum handelt es sich um eher qualitative Beobachtungsdaten, die nicht empirisch oder statistisch belegt werden, und wir kommen auf diesen Sachverhalt daher an späterer Stelle zurück, wenn geeignete Daten vorliegen.

Fazit

Im Gegensatz zum Zeigarnik-Effekt haben die Studien Ovsiankinas nachfolgend kaum weitere psychologische Forschungsbemühungen ausgelöst. Dies mag damit zusammenhängen, dass der Ovsiankina-Effekt aus alltagspsychologischer Perspektive wie eine Selbstverständlichkeit erscheint: Natürlich kehren wir mit höherer Wahrscheinlichkeit zu unerledigten Dingen zurück als zu bereits erledigten Dingen.

Dieser Sichtweise sind drei Argumente entgegenzuhalten: Zum einen ist die Wiederaufnahme von Handlungen ein Phänomen, das unserer eingangs gegebenen Definition von Motivation in idealtypischer Weise entspricht. Zum zweiten haben wir es mit einem Phänomen zu tun, dass anderen theoretischen Ansätzen nicht ohne weiteres zugänglich ist; die Lewin'sche Theorie eignet sich zu dessen Analyse ganz besonders gut und macht hier spezifische Vorhersagen. Und schließlich ist die Offensichtlichkeit einer empirischen Tatsache kein Anzeichen dafür, dass dieses nicht (theoretisch wie praktisch) bedeutsam sei (siehe auch Rudolph, 2000).

5.3.3 Ersatzhandlungen

Eine zentrale Überlegung Lewins ist in den Studien Zeigarniks (1927) und Ovsiankinas (1928) noch gar nicht angesprochen worden; die Wirkung von Ersatzhandlungen. Bei der Definition der strukturellen Konzepte der Person hatten wir gesehen, dass Lewin zufolge benachbarte Personbereiche ähnliche Bedürfnisse oder Quasi-Bedürfnisse darstellen. Eine hinreichende Durchlässigkeit der Bereichsgrenzen zwischen solchen Personbereichen vorausgesetzt, sollte im Falle einer unvollendeten Handlung die erfolgreiche Durchführung einer ähnlichen Handlung die Spannung in dem Personbereich reduzieren, welcher der zuvor unvollendet gebliebenen Handlung zuzuordnen ist.

Lewins Interesse an solchen unerledigten Handlungen und den Auswirkungen von so genannten „Ersatzhandlungen" (die der ursprünglichen Handlung ähnlich sind) geht auf Beobachtungen von Sigmund Freud (1915) zurück. Dieser hatte angenommen, dass unerfüllte Triebwünsche auch auf andere Aktivitäten verschoben oder sublimiert werden können (s. Kap. 2). Wie bereits Hull und Skinner nahm auch Lewin die Beobachtungen Freuds aus dessen therapeutischer Arbeit überaus ernst, sah aber die Notwendigkeit einer experimentellen Analyse solcher Phänomene.

Der Ersatzwert von Aufgaben. Der Begriff der „Ersatzhandlung", den Lewin prägte, leitet sich ab aus dem „Ersatzwert", den die Vollendung einer alternativen Handlung für eine zuvor unvollendet gebliebene Handlung haben kann. Von einem hohen Ersatzwert spricht Lewin dann, wenn die alternative Handlung in der Lage ist, den durch die Unterbrechung einer anderen Handlung gespannten Personbereich zu entspannen. Seine Theorie macht insbesondere die Vorhersage, dass ähnliche – im Vergleich zu unähnlichen – Handlungen oder Aufgaben einen höheren Ersatzwert haben sollten.

Diese Überlegungen Lewins wurden von drei Schülern Lewins – Käte Lissner (1933), Wera Mahler (1933) und Maria Henle (1944) – untersucht. Wie schon in den Experimenten von Zeigarnik und Ovsiankina wurden die Versuchspersonen (überwiegend Kinder) bei einer Aufgabenbearbeitung unterbrochen (es handelte sich um Aufgaben wie etwa das Formen einer Knetfigur, das Lösen von Silbenrätseln oder das Falten von Papierfiguren).

Ähnlichkeit und Schwierigkeit von Ersatzhandlungen

In den Studien von Lissner (1933) erhielten die Versuchspersonen als Ersatzaufgabe entweder ähnliche oder unähnliche sowie leichtere oder schwierigere Aufgaben. Unabhängige Variablen sind somit die Ähnlichkeit zwischen der unterbrochenen und der nachfolgenden Handlung sowie die Schwierigkeit der Ersatzhandlung. Als abhängige Variable wird die Wiederaufnahme der zuvor unterbrochenen Handlung während einer scheinbar zufällig entstehenden Wartephase erhoben. Die Wahrscheinlichkeit einer Wiederaufnahme in diesen Bedingungen mit Ersatzaufgabe wird nun mit einer Kontrollgruppe verglichen, in deren Rahmen es keine Ersatzaufgabe gab; diese Kontrollgruppe stellt somit ein Vergleichsniveau dar.

Folgt man Lewins Überlegungen, so hat eine Wiederaufnahme der zuvor unterbrochenen Handlung in dem vorliegenden Kontext zwei Implikationen:

(1) Wird die ursprüngliche Aufgabe wieder aufgenommen, so existiert nach wie vor eine positive Kraft, die zu der unvollendeten Handlung hinführt. Somit hat das Handlungsziel weiterhin eine positive Valenz und ein entsprechender Personbereich ist gespannt.

(2) Die eingeschobene Aufgabe hat in diesem Falle offensichtlich einen geringen Ersatzwert gehabt. Demzufolge ist das Ausbleiben einer Wiederaufnahme ein Indikator für einen hohen Ersatzwert der eingeschobenen Aufgabe. Lissners Ergebnisse bestätigen diese Überlegungen.

Einfluss der Ähnlichkeit der Ersatzaufgabe. Je ähnlicher die Ersatzaufgabe der unvollendeten ursprünglichen Aufgabe ist, desto unwahrscheinlicher wird die Wiederaufnahme dieser ursprünglichen Aufgabe. Bildet man den Durchschnittswert für alle Aufgabenarten, so sinkt die Wiederaufnahme im Vergleich zur Kontrollgruppe ohne Ersatzaufgabe bei hoher Ähnlichkeit um etwa 40 Prozent; für unähnliche Aufgaben findet Lissner ein deutlich geringeres Absinken.

Schwierigkeit der Ersatzaufgabe und Anspruchsniveau. Einer relativ schwierigeren Ersatzaufgabe kommt unter sonst gleichen Umständen ein höherer Ersatzwert zu als einer leichteren Ersatzaufgabe: Ein höherer Ersatzwert impliziert eine geringere Wiederaufnahmetendenz der ursprünglichen Aufgabe. Tatsächlich findet Lissner für schwierige Aufgaben eine Wiederaufnahme-Wahrscheinlichkeit bei nur 33 Prozent, bei leichteren Aufgaben beträgt diese Wahrscheinlichkeit 66 Prozent.

Lissner (1933) diskutiert dieses Resultat vor dem Hintergrund von Überlegungen zum leistungsmotivierten Verhalten: Demzufolge setzten sich die Versuchspersonen zunächst das Lösen der schwierigeren (Original-)Aufgabe zum Ziel, diese Zielsetzung bezeichnet sie als „Anspruchsniveau". Das Lösen einer weniger schwierigen Aufgabe führt dazu, dass die Person keine Gelegenheit hat, dem ursprünglich gesetzten Anspruchsniveau gerecht zu werden; dieses anspruchsvollere Ziel kann nur dann erreicht werden, wenn die Ersatzaufgabe als annähernd gleich schwierig („gleichwertig") wahrgenommen wird.

Realitätsgrad von Ersatzhandlungen. Anhand einer Serie von Experimenten zeigte Mahler (1933), dass der so genannte Realitätsgrad der Ersatzhandlung ebenfalls einen Einfluss auf die Wiederaufnahmetendenz hat. Mahler variierte den Realitätsgrad verschiedener Ersatzhandlungen, indem sie den Versuchspersonen Gelegenheit gab, diese Ersatzhandlungen tatsächlich auszuführen, dem Versuchsleiter über eine mögliche Ausführung zu berichten, oder sich eine solche Ausführung (für sich selbst) nur vorzustellen.

Es zeigt, dass mit abnehmendem Realitätsgrad die Wiederaufnahmetendenz steigt; einer bloßen Phantasietätigkeit kommt also ein geringerer Ersatzwert zu als einer tatsächlichen Ausführung. Dennoch ist festzuhalten, dass selbst eine nur gedankliche Beschäftigung mit einer unerledigten Aufgabe immerhin einen gewissen Ersatzwert hat, denn die Wiederaufnahmetendenz der ursprünglichen Aufgabe ist im Falle einer solchen gedanklichen Beschäftigung geringer als wenn keine solche Ersatzhandlung vorlag (siehe oben: je geringer die Wiederaufnahmetendenz, desto höher der Ersatzwert).

Valenz von Ersatzhandlungen

Henle (1944) stellte fest, dass eine Wiederaufnahmetendenz auch von den relativen Valenzen von Original- und Ersatzaufgabe abhängig ist. In den Experimenten wurden die Versuchspersonen um eine Einschätzung der wahrgenommenen Attraktivität verschiedener Aufgaben gebeten. Henle (1944) bot ihren Versuchspersonen nun verschiedene Kombinationen von (relativ) attraktiven versus unattraktiven Original- und Ersatzaufgaben an, wobei die Bearbeitung der Originalaufgaben wiederum unterbrochen wurde. Die Wiederaufnahmetendenz ist nun umso größer, je positiver die Valenz der Ursprungsaufgabe ist; eine negative Ersatzaufgabe hat hier praktisch keinen Ersatzwert. Weiterhin wird die Wiederaufnahmetendenz umso geringer sein, je positiver die Valenz der Ersatzaufgabe und je negativer die Valenz der Originalaufgabe ist.

Verbindungen zwischen verschiedenen Bedürfnissen

Die Arbeiten der Schüler Lewins zeigen in sehr klarer Weise, dass verschiedene Ziele einander ersetzen können und dass die Befriedigung eines (Quasi-) Bedürfnisses auch auf anderem Wege erreicht werden kann. Hull und seine Schüler hatten bereits für primäre und erlernte Bedürfnisse gezeigt, dass diese zu einer gemeinsamen Energiequelle des Verhaltens „aggregiert" werden und somit auch eine grundlegende Annahme Freuds bestätigt. In Lewins Worten kann gesagt werden, dass es „dynamische Verbindungen" zwischen verschiedenen Bereichen (Bedürfnissen) der Person gibt.

Von Lewin und durch die Studien von Lissner, Mahler und Henle wird diese vergleichsweise unspezifische Annahme in mehrfacher Hinsicht erweitert und einer genaueren Bedingungsanalyse unterzogen: Zum einen wird der eingeschränkte Bedürfnisbegriff Hulls auf alle möglichen Arten von Bedürfnissen und Zielen erweitert. Zum zweiten erweist sich das Verhältnis zwischen verschiedenen, einander möglicherweise substituierenden Handlungen als abhängig

(1) von der Ähnlichkeit und Schwierigkeit der verschiedenen Ziele und Handlungen,

(2) von dem Realitätsgrad der Ersatzhandlung sowie

(3) von dem Verhältnis der Valenzen (der Attraktivität) der verschiedenen Ziele und Aufgaben.

5.3.4 Anspruchsniveau und Leistung

Im vorliegenden Abschnitt wenden wir uns einer empirischen Arbeit zu, deren Einfluss auf die weitere Motivationsforschung kaum überschätzt werden kann; in den nachfolgenden Kapiteln werden wir wiederholt auf diese Befunde zurückkommen. Es handelt sich hierbei um Studien zum so genannten Anspruchsniveau, die von Ferdinand Hoppe (1930) unter der Anleitung Kurt Lewins durchgeführt wurden. Der Begriff des Anspruchsniveaus ist ein Begriff, dem wir bei der Darstellung der Arbeiten Lissners schon kurz begegnet sind.

DEFINITION

Anspruchsniveau

Anspruchsniveau wird definiert als diejenige Leistungsgüte, die eine Person bei einer Aufgabe explizit zu erreichen versucht und die sie mindestens erreichen muss, um zufrieden mit dieser Leistung zu sein. Der von einer Person angegebene Wert mag nicht unbedingt der „wahre Wert" sein. Es könnte beispielsweise der Fall eintreten, dass Sie einem Kommilitonen mitteilen, Sie würden gerne mindestens eine „3" in der Statistikklausur erreichen. In Wirklichkeit wären Sie aber mit einer solchen Note sehr unzufrieden, geben dies jedoch nicht bekannt, da Sie nicht gerne als „Streber" erscheinen wollen.

Ausgangspunkt der Experimente Hoppes waren zunächst überraschende Beobachtungen zur Wiederaufnahme von Handlungen: In einem ersten Experiment beobachtete Hoppe (1930), dass eine solche Wiederaufnahme gelegentlich auch dann erfolgte, wenn ein bestimmtes Ziel zuvor bereits erreicht worden war. So bestand die Aufgabe der Versuchspersonen beispielsweise darin, eine Drahtfigur zu basteln.

Nachdem diese Figur fertiggestellt war, wurde der Versuchsleiter aus dem Raum gerufen. Trotz der Vollendung der Handlung gab es nun einen gewissen Prozentsatz an „spontanen Wiederaufnahmen" dieser Handlung. Eine solche Wiederaufnahme nach Befriedigung eines Quasi-Bedürfnisses ist mit den Annahmen Lewins nicht vereinbar, und wie so oft in der Wissenschaft beruht eine wichtige Entdeckung auf einer genauen und sorgfältigen Deobach tung und Sammlung empirischer Daten.

Es wäre sicherlich ein Leichtes gewesen, die zunächst nicht allzu große Zahl der nicht mit der Theorie konformen Daten ganz einfach zu ignorieren. Hoppe kam jedoch zu anderen Schlussfolgerungen: „Eine genaue Analyse des Verhaltens und der spontanen Aussagen der Versuchspersonen ... sowie die Selbstversuche ergeben jedoch: die Wie-

deraufnahme findet in der Regel nicht deshalb statt, weil die Handlung der betreffenden Person so gut gefallen hat, so dass sie nun dasselbe ‚noch einmal machen' möchte. Vielmehr liegen der Handlung bei der Wiederaufnahme meist ganz bestimmte neue, mit dem ursprünglichen Handlungsziel nicht identische Ziele zugrunde. ... Allerdings sind dies nicht ganz situationsfremde Ziele; die Versuchspersonen *knüpfen an das frühere Ziel* an, gehen aber weit über dieses Ziel hinaus." (Hoppe, 1930, S. 6–7; Hervorhebungen im Original).

Aus weiteren Beobachtungen schloss Hoppe, dass insbesondere Erfolg und Misserfolg bei einer bestimmten Aufgabe einen Einfluss auf das nachfolgende Erleben und Verhalten haben, und sein Ziel war es, besser zu verstehen, wann eine Leistung subjektiv als Erfolg oder Misserfolg aufgefasst wird.

BEISPIEL

Zu schwere und zu leichte Aufgaben

Hoppe beobachtete viele Sachverhalte, die spätere experimentelle Befunde vorwegnahmen. Die im Folgenden beschriebene Aufgabe erforderte das Aufhängen von Ringen an einer langen Reihe von (maschinell) schnell vorüberziehenden Haken (wem dieses Beispiel zu altmodisch erscheint, kann die Situation leicht übertragen auf das Spielen bestimmter Computerspiele, bei denen bestimmte Punktwerte zu erreichen sind): „Ein Beispiel: Bei der Handlung ‚Ringe aufhängen' hat eine Versuchsperson gleich beim Herangehen an die Arbeit das Gefühl, vor einer zu schweren Aufgabe zu stehen: ‚Das werde ich nie und nimmer schaffen.' Sie begnügt sich daher zunächst mit einem Teilziel: ‚möglichst viele Ringe aufhängen'. Die Höhe des Anspruchsniveaus wäre dann nicht durch eine bestimmte Anzahl der Ringe definiert, sondern ist noch relativ unbestimmt, weil die Versuchsperson noch keine Vorstellung von ihrer Leistungsfähigkeit bei dieser Sache hat. ... Beim ersten Mal hängt sie 4 Ringe auf. Diese Leistung hat noch nicht den Charakter eines

ausgesprochenen Erfolges oder Misserfolges, da sich die Versuchsperson in unserem Beispiel auf keine bestimmte Leistungshöhe eingestellt hatte. Anders wird dies jedoch, wenn Sie zum zweiten Male an die Handlung geht. Jetzt hat sie schon eine bestimmte Vorstellung von der Schwierigkeit der Aufgabe ..., so genügt es ihr nun nicht mehr, nur 3 Ringe aufzuhängen, ‚vier Ringe' ist das Mindestmaß dessen, was sie jetzt ‚leisten' will. Weiß sie doch, dass sie jedenfalls vier Ringe aufhängen ‚kann'. Wenn ihr nun ... nur 3 Ringe glücken, so bedeutet ihr das einen Misserfolg, sie ist ‚unwillig' oder ‚verärgert'. Steigt im weiteren Verlauf die Leistung etwa auf ‚6 Ringe', so wird das ... als ein Erfolg empfunden (Freude, zufriedene Haltung). Im weiteren Verlauf gelingt es, 8 und 10 Ringe aufzuhängen. Beide Male wird ein Erfolg festgestellt. Nun aber sinkt die Anzahl der Ringe wieder auf 6. ‚6 Ringe', die eben noch als Erfolg gewertet wurden, erlebt die Versuchsperson jetzt als ärgerlichen Misserfolg. Das Anspruchsniveau liegt nicht mehr, wie früher, bei ‚4 Ringen', sondern ist inzwischen auf ‚mehr als 6 Ringe' gestiegen." (Hoppe, 1930; S. 10–11).

Anspruchsniveau und Erfolg. Beide hängen auf unterschiedliche Weise miteinander zusammen, wie das Beispiel von Hoppe zeigt:

▶ Die Wiederaufnahme einer zuvor abgeschlossenen Handlung kann gänzlich anderen Zielen dienen als die ursprüngliche Handlung. So kann eine Person bei der gleichen Aufgabe nach einem Erfolg oder Misserfolg nachfolgend ein leichteres oder schwierigeres Ziel anstreben als zuvor.

▶ Das Erleben einer Leistung als Erfolg oder Misserfolg ist nicht allein von der objektiven Güte der Leistung abhängig, sondern davon, ob einer Person das eigene Anspruchsniveau als erreicht oder nicht erreicht erscheint.

▶ Das Anspruchsniveau wird nach Erfolg typischerweise erhöht. Spätere Befunde (siehe auch Sears, 1942) zeigen, dass das Anspruchsniveau nach Misserfolg typischerweise gesenkt wird.

▶ Das Erreichen oder Überschreiten eines bestimmten Anspruchsniveaus geht mit positiven Emotionen einher (Hoppe erwähnt Freude und Zufriedenheit), das Unterschreiten dieses Anspruchsniveaus führt zu negativen Emotionen (Unwillen, Ärger).

Sequenzmodell zur Aufgabenbearbeitung

Die experimentellen Untersuchungen Hoppes zur Anspruchsniveausetzung führten zu einem zeitlichen Sequenzmodell.

Angenommen, Sie spielen ein für Sie neues Computerspiel und erreichen beim ersten Spiel 1.000 Punkte, und bezeichnen wir diese Leistung als Ausgangsleistung. Auf Befragen versichern Sie ihrem Freund, der Ihnen zuschaut, beim nächsten Mal würden sie 1.200 Punkte erreichen – sie legen sich also auf ein bestimmtes Anspruchsniveau fest. Erreichen Sie dieses Anspruchsniveau (oder gar einen höheren Punktwert), werden Sie zufrieden sein; unterschreiten Sie dieses Anspruchsniveau, wird Ihnen dies weniger gut gefallen.

Zieldiskrepanz. Hoppe bezeichnet nun diese Diskrepanz zwischen Ausgangs- und Anspruchsniveau als Zieldiskrepanz; diese Zieldiskrepanz nimmt einen positiven Wert an, wenn Sie sich vornehmen, mehr zu erreichen als das Ausgangsniveau; ein negativer Wert resultiert, wenn Sie sich weniger vornehmen als das Ausgangsniveau.

Zielerreichungsdiskrepanz. Sie erreichen nun im zweiten Spiel eine Leistung von 2.000 Punkten; Sie übertreffen also ihr Anspruchsniveau deutlich. Die Differenz zwischen Anspruchsniveau und dieser tatsächlichen Leistung bezeichnet Hoppe als Zielerreichungsdiskrepanz. Hoppe (1930) nimmt an, dass gerade mit dieser Zielerreichungsdiskrepanz verschiedene affektive Reaktionen verbunden sind: Bei einer Zielerreichungsdiskrepanz die positiv oder gleich null ist, werden Sie sich freuen; bei einer negativen Zielerreichungsdiskrepanz (Sie unterschreiten Ihr Anspruchsniveau) werden negative affektive Reaktionen folgen.

Anspruchsniveau und Bewertung einer Leistung. Diese grundlegenden Gesetzmäßigkeiten der Anspruchsniveausetzung sind empirisch gut bestätigt und sicherlich auch intuitiv plausibel. Betrachten wir beispielsweise die Feststellung Hoppes, dass es eben nicht das objektive Leistungsniveau ist, welches die Bewertung einer Leistung determiniert: So kann ein hervorragender Schüler mit einer „2" in der Mathematikklausur durchaus unzufrieden sein, während ein zuvor weniger guter Schüler sich über die gleiche Note überaus freuen kann.

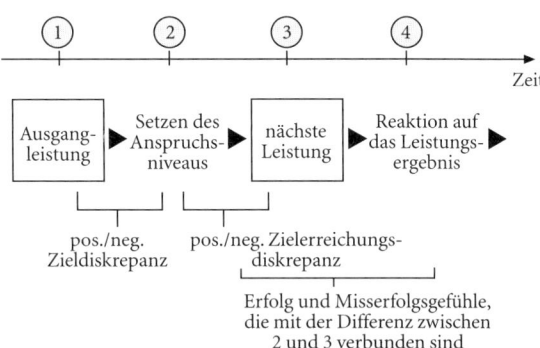

Typische Sequenz einer Aufgabenbearbeitung

Abbildung 5.10. Sequenz einer Aufgabenbearbeitung: Das Anspruchsniveau wirkt sich darauf aus, ob eine Aufgabe als Erfolg oder Misserfolg bewertet wird. Darüber hinaus kann es sich mit Erfolg oder Misserfolg verändern (nach Hoppe, 1930)

Verschiebungen des Anspruchniveaus

Es ist ein besonderes Verdienst Hoppes, darüber hinaus eine Reihe von Beobachtungen festgehalten zu haben, die über diese bislang sehr einleuchtenden und plausiblen Befunde hinausgehen. Diese zusätzlichen Beobachtungen wurden insbesondere im Rahmen der Theorie der Leistungsmotivation, aber auch in der Attributionstheorie, wieder aufgegriffen.

Typische Anspruchsniveauverschiebungen. Wir hatten zuvor festgehalten, dass ein Erfolg und Misserfolg typischerweise zu einem Erhöhen beziehungsweise Senken des Anspruchsniveaus führen.

Hoppe beobachtete auch eine ganze Reihe von individuellen Unterschieden zwischen den Versuchspersonen: „(Diese) individuellen Unterschiede beziehen sich auf die relative Höhe des Anfangsniveaus; auf die Stärke der Tendenz, das Anspruchsniveau bis an die Grenze des Möglichen zu steigern; auf die Neigung, das Anspruchsniveau nach Erfolgen zu erhöhen; auf die Tendenz, große oder kleine Schritte in der einen oder anderen Richtung zu machen; auf die Stärke der Neigung, nach Misserfolgen lieber ganz abzubrechen, als das Anspruchsniveau allmählich zu senken; schließlich auf den Grad des Bestrebens, sich zu vertrösten oder auf andere Weise die unangenehme Wirklichkeit zu verwischen. Es handelt sich also um Unterschiede, die man als solche des Ehrgeizes, der Vorsicht, des Wagemutes, des Selbstvertrauens, der Angst vor Minderwertigkeit, aber auch des … Mutes zur Wirklichkeit bezeichnen kann." (Hoppe, 1930; S. 38).

Untypische Verschiebungen. Ein individueller Unterschied, der für die nachfolgende Erforschung der Leistungsmotivation besonders wichtig wurde, ist die Tatsache, dass einige wenige Versuchspersonen auch zu untypischen Anspruchsniveau-Setzungen neigten; solche Personen erhöhen beispielsweise ihr Anspruchsniveau nach Misserfolg und senken dieses nach Erfolg.

Hoppe illustriert diesen Sachverhalt an dem Beispiel einer von ihm beobachteten Versuchsperson: „Die eben charakterisierte Versuchsperson kann man auch als ein Beispiel für den Fall ansehen, in dem jemand die Gefahr von Misserfolgen im wesentlichen noch erhöht, (indem) er ehrgeizig ein über seine Leis-tungsfähigkeit hinausgehendes Anspruchsniveau annimmt und umso sicherer zu Misserfolgen kommt." (Hoppe, 1930, S. 42; Hervorhebungen im Original).

Wir gehen auf diesen Befund im nachfolgenden Abschnitt ein, denn ein Vorteil der „Theorie der resultierenden Valenz" von Lewin, Dembo, Festinger & Sears (1944) ist gerade die Tatsache, solche unsystematischen Anspruchsniveau-Verschiebungen erklären zu können.

5.4 Feldtheorie und Leistungsverhalten

5.4.1 Theorie der resultierenden Valenz

Die Theorie der resultierenden Valenz geht zurück auf die Daten von Ferdinand Hoppe und basiert zudem auf Überlegungen zu diesen Befunden von Escalona (1940) und Festinger (1942). Lewin, Dembo, Festinger & Sears (1944) haben diese Überlegungen zusammengefasst und erweitert. Das hieraus resultierende Modell ist theoretischer Natur und insofern keine anwendungsnahe Studie, wie wir sie in den vorangegangenen Kapiteln in den Anwendungsteilen betrachtet haben. Wohl aber ist die Theorie der resultierenden Valenz eine Anwendung der feldtheoretischen Überlegungen Lewins auf leistungsbezogenes Verhalten. Viele Aspekte der Leistungsmotivationstheorie von John Atkinson, die wir im nächsten Kapitel betrachten werden, basieren auf diesen Überlegungen.

Aufgabenwahl in Leistungssituationen

Ausgangspunkt der Theorie ist die Aufgabenwahl in Leistungssituationen. Eine Aufgabenwahl wird hier (erstmals) als Annäherungs-Vermeidungs-Konflikt aufgefasst. Eine Annäherungstendenz an eine Leistungssituation ist deshalb gegeben, weil ein möglicher Erfolg ein Ziel mit positiver Valenz darstellt. Eine Vermeidungstendenz für das gleiche Ziel oder die gleiche Aufgabe tritt deshalb auf, weil ein möglicher Misserfolg eintreten könnte, und dieser hat naturgemäß eine negative Valenz.

Besteht die Wahl zwischen Aufgaben verschiedener Schwierigkeit, so sollte diejenige Aufgabe gewählt werden, für welche die resultierende Kraft am größten ist, für die also die Summe der positiven und negativen Kräfte den größten Wert annimmt. Dabei wird die Kraft, einen Misserfolg zu vermeiden, immer als negative Kraft aufgefasst, die von der Aufgabe wegführt. Die resultierende Kraft in Bezug auf eine bestimmte Aufgabe ist somit: Resultierende Kraft = k(e) + k(m) [mit e = Erfolg und m = Misserfolg].

Erfolg bei schwierigen Aufgaben. Die positive Valenz eines Erfolgs bei einer Aufgabe sollte dann am größten sein, wenn die Aufgabe besonders schwierig ist. Angenommen also, Sie sind ein mittelmäßiger Tennisspieler, so ist es schöner, im Finale von Wimbledon gegen Pete Sampras zu gewinnen (eine extrem schwierige Aufgabe) als gegen einen Gegner, der bislang niemals Tennis gespielt hat (eine extrem leichte Aufgabe). Weiterhin ist der Misserfolg bei sehr schweren Aufgaben nicht sonderlich unangenehm, wohl aber bei extrem leichten Aufgaben: Es ist nicht besonders schlimm, gegen Pete Sampras ein Tennismatch zu verlieren, wohl aber dürfte es für jemanden, der Tennis spielen kann, äußerst unangenehm sein, gegen jemanden zu verlieren, der dieses Spiel gar nicht beherrscht.

Mittlere Schwierigkeiten. Bei alleiniger Berücksichtigung dieser Überlegungen müssten stets besonders schwierige Aufgaben gewählt werden, denn angesichts der hohen positiven Valenz im Falle des möglichen Erfolges und der geringen negativen Valenz im Falle des möglichen Misserfolges sollte sich die größte resultierende Kraft auf solche schwierigen Ziele richten. Aus den Studien Hoppes wie auch aus vielen anderen Experimenten wissen wir jedoch, dass die meisten Personen Aufgaben mittlerer Schwierigkeit bevorzugen, und nur eine geringe Zahl von Personen wählt häufig entweder extrem leichte oder extrem schwierige Aufgaben.

Subjektive Erfolgswahrscheinlichkeit. Eben dieses Problem wird nun anhand der folgenden Überlegungen gelöst. Lewin, Dembo, Festinger & Sears (1944) schlossen aus den ihnen verfügbaren Beobachtungen, dass es weitere Faktoren geben müsse, welche die Anspruchsniveau-Setzungen beeinflussen. Unter Rückgriff auf die Arbeiten von Escalona und Festinger nutzten die Autoren hierzu das Konzept der Wahrscheinlichkeit oder der subjektiven Erfolgswahrscheinlichkeit (dies sind in diesem Kontext synonym gebrauchte Begriffe).

Lewin et al. (1944) verwenden hierzu den Begriff der „potency", der in anderen Texten meist mit „Potenz" übersetzt wird. Da hier das Konzept der subjektiven Wahrscheinlichkeit gemeint ist, wird dieser üblichere Ausdruck benutzt. In Bezug auf die Lösung leistungsbezogener Aufgaben ist dies eine subjektive Erfolgs- beziehungsweise Misserfolgswahrscheinlichkeit und gibt an, wie wahrscheinlich ein Erfolg (mit positiver Valenz) oder Misserfolg (mit negativer Valenz) in den Augen der wählenden Person ist.

Diese Wahrscheinlichkeiten oder subjektiven Erfolgserwartungen haben ihren Ursprung in dem Lewin'schen Konzept der psychologischen Entfernung: Je schwieriger eine Aufgabe, desto größer die psychologische Entfernung zum Ziel und desto geringer folglich die Erfolgswahrscheinlichkeit. Zu beachten ist hierbei auch, dass die Erfolgs- und Misserfolgswahrscheinlichkeit gänzlich voneinander abhängig sind: Beträgt beispielsweise die Erfolgswahrscheinlichkeit 10 Prozent, so muss die Wahrscheinlichkeit von Misserfolg bei 90 Prozent liegen.

Somit sind nunmehr alle im Modell vorgesehenen Determinanten der Anspruchsniveausetzung und Aufgabenwahl versammelt, es sind dies die Valenz von Erfolg und Misserfolg sowie die entsprechenden subjektiven Wahrscheinlichkeiten von Erfolg und Misserfolg.

Aufgabenwahl und Setzung des Anspruchsniveaus

Multiplikative Verknüpfung von Valenz und Wahrscheinlichkeit. Lewin et al. (1944) nehmen nun an, dass Valenz und Wahrscheinlichkeit jeweils multiplikativ verknüpft sind. Wir erinnern uns, dass Lewin in seinem dynamischen Umwelt-Modell bereits angenommen hatte, dass die positive Valenz eines Ziels mit zunehmender psychologischer Entfernung (also auch mit abnehmender Erfolgswahrscheinlichkeit) abnehme. Die multiplikative Verknüpfung von Valenz und Erfolgserwartung ist nur die konsequente Weiterentwicklung dieser Idee.

Mathematische Ableitung. Hieraus folgt eine mathematische Ableitung der resultierenden Kräfte, die im Falle eines möglichen Erfolgs zur Aufgabe hinführen sowie im Falle des Misserfolges von der Aufgabe wegführen (mit W = Wahrscheinlichkeit):

▶ Resultierende Kraft, Erfolg anzustreben
= k(e) = Va(e) × W(e)

▶ Resultierende Kraft, Misserfolg zu meiden
= k(m) = Va(m) × W(m)

Da aufgrund des Annäherungs-Vermeidungs-Konfliktes, welcher der Aufgabenwahl zugrunde liegt, beide Fälle eintreten können und somit entgegengesetzte Kräfte am Werke sind, folgt:

▶ Resultierende Kraft = k(e) – k(m) = [Va(e) × W(e)] – [Va(m) × W(m)]

Die Konzeption der Aufgabenwahl und Anspruchsniveausetzung lässt sich wie folgt zusammenfassen:

▶ Die Aufgabenwahl ist das Produkt eines Annäherungs-Vermeidungs-Konfliktes, es entsteht somit eine positive Kraft in Richtung auf das Ziel oder die Aufgabe sowie eine negative Kraft von der Aufgabe weg.

▶ Sowohl die positive wie auch die negative Kraft werden durch zwei Faktoren determiniert, nämlich einerseits die Valenz der Aufgabe, andererseits die Wahrscheinlichkeit, einen Erfolg beziehungsweise Misserfolg zu erzielen. Diese Faktoren sind multiplikativ verknüpft.

▶ Diese multiplikative Verknüpfung bedeutet inhaltlich, dass die extrem positive Valenz schwieriger Aufgaben durch deren geringe Erfolgswahrscheinlichkeit gewichtet wird; die geringe negative Valenz extrem leichter Aufgaben dagegen wird durch deren hohe Erfolgswahrscheinlichkeit gewichtet.

5.4.2 Individuelle Unterschiede im Leistungsverhalten

Es bedarf einer numerischen Illustration, um nun zu erkennen, dass dieses Modell den genannten Befund Hoppes erklären kann. Zur Erinnerung: Viele Personen bevorzugen realistische Anspruchsniveausetzungen und somit Aufgaben mittlerer Erfolgswahrscheinlichkeit, aber es treten auch Fälle auf, bei denen unrealistische Anspruchsniveausetzungen erfolgen und extrem leichte oder extrem schwierige Aufgaben bevorzugt werden.

Das Modell von Lewin et al. (1944) sagt für misserfolgsängstliche Personen genau jenes Verhalten vorher, dass Hoppe bei einigen seiner Versuchspersonen auch bereits beobachtet hatte: die Anspruchsniveausetzungen dieser Person sind sehr schwer vorherzusagen, und es kann der Fall eintreten, dass nach einem Erfolg bei einer mittelschweren Aufgabe nachfolgend eine extrem schwierige oder extrem leichte Aufgabe gewählt wird.

Die empirischen Beobachtungen von Hoppe (1930) sowie die von Lewin et al. (1944) vorgelegte theoretische Analyse der Anspruchsniveausetzung deuten in hohem Maße darauf hin, dass individuelle Unterschiede zwischen Personen eine bedeutsame Rolle bei der Vorhersage motivierten Leistungsverhaltens spielen. Dies ist ein Sachverhalt, auf den Hoppe (1930) bereits hingewiesen hatte. Die Ergebnisse aus dessen empirischen Studien können nun anhand der Theorie der resultierenden Valenz gut erklärt werden.

Eine noch offene Frage bei dieser theoretischen Analyse des motivierten Verhaltens in Leistungssituationen besteht darin, dass es wünschenswert erscheint, Personen danach klassifizieren zu können, welche Aufgabenwahl sie in Leistungssituationen vornehmen. Das von Lewin et al. (1944) vorgeschlagene Modell kann aus dem Wahlverhalten einer Person post-hoc ableiten, welche Valenzen für Erfolge und Misserfolge wahrgenommen wurden; es erlaubt keine Vorhersage des Wahlverhaltens. Eines der Hauptziele der Atkinson'schen Theorie der Leistungsmotivation, die wir im folgenden Kapitel behandeln werden, besteht in der weiteren Berücksichtigung und Systematisierung dieser individuellen Unterschiede, um entsprechende Vorhersagen zu machen.

Zwei Rechenbeispiele

Die in den folgenden Tabellen angegebenen Rechenbeispiele stammen ursprünglich von Lewin et al. (1944) und wurden für unsere Zwecke geringfügig abgewandelt. Betrachten wir zunächst den Fall einer Person, die von einem möglichen Erfolg bei den verschiedenen Aufgaben in etwas höherem Maße angezogen ist als von einem Misserfolg bei diesen Aufgaben.

Hohe positive Valenz von Erfolg

Mögliches Leistungsniveau:	Formel:	Stärke der Kraft, Erfolg anzustreben			Stärke der Kraft, Misserfolg zu vermeiden			Resultierende Kraft
		Va_e x	W_e =	k_e	Va_m x	W_m =	k_m	$k_e + k_m$
	Aufgaben-nummer:							
Zu schwierig	*12*	10	0	**0**	0	100	**0**	**0**
	11	10	0	**0**	0	100	**0**	**0**
	10	10	5	**50**	0	95	**0**	**50**
	9	9	10	**90**	0	90	**0**	**90**
	8	7	25	**175**	−1	75	**−75**	**100**
	7	6	40	**240**	−2	60	**−120**	**120**
	6	5	50	**250**	−3	50	**−150**	**100**
	5	3	60	**180**	−5	40	**−200**	**−20**
	4	2	75	**150**	−9	25	**−225**	**−75**
	3	1	85	**85**	−10	15	**−150**	**−65**
	2	0	95	**0**	−10	5	**−50**	**−50**
Zu leicht	*1*	0	100	**0**	−10	0	**0**	**0**

Betrachten wir zunächst die Stärke der Kraft, einen Erfolg anzustreben. Die Wahrscheinlichkeit eines Erfolges (eingetragen in der Spalte We) ist nun umso geringer, je schwieriger die Aufgabe ist. Also werden die Aufgaben 1 bis 12 in aufsteigender Reihenfolge immer schwieriger. Weiterhin ist die positive Valenz schwieriger Aufgaben höher; diese Werte sind der Spalte Va(e) zu entnehmen. Die resultierende Kraft, einen Erfolg anzustreben, ergibt sich nun aus dem Produkt von Va(e) und W(e); diese resultierende Kraft findet sich in der Spalte k(e). Diese positive Kraft ist für Aufgaben mittlerer Schwierigkeit am größten. Wie verhält es sich nun mit der zweiten Determinante der Aufgabenwahl, der Stärke der

Kraft, Misserfolg zu vermeiden? Die Misserfolgswahrscheinlichkeiten der verschiedenen Aufgaben verhalten sich reziprok zu den Erfolgswahrscheinlichkeiten, wie der Spalte W(m) zu entnehmen ist. Beträgt also beispielsweise W(e) = 90 Prozent (Aufgabe 3), so wird W(m) = 10 Prozent. Das Produkt dieser Misserfolgswahrscheinlichkeiten und der negativen Valenzen von Misserfolg bei den verschiedenen Aufgaben ist nun in k(m) wiedergegeben. Wiederum finden wir bei mittleren Aufgabenschwierigkeiten die größten Beträge der resultierenden Kraft; zu beachten ist allerdings, dass es sich hier um eine negative Kraft handelt. Aufgaben mittlerer Schwierigkeit werden also für den Fall des möglichen Erfolges (relativ betrachtet) am ehesten aufgesucht, aber auch für den Fall des möglichen Misserfolgs am ehesten gemieden.

Wir sind davon ausgegangen, dass wir es hier mit einer Person zu tun haben, für die der Betrag der positiven Valenzen für mittlere Aufgabenschwierigkeiten höher ist als der Betrag der negativen Valenzen. Hieraus ergibt sich nun, dass für solche mittelschweren Aufgaben die Kraft, einen Erfolg aufzusuchen, stärker ist als die Kraft einen Misserfolg zu vermeiden. In der Spalte k(e) + k(m) werden diese beiden Faktoren nun kombiniert: Die resultierende Kraft ist für

diese Person für Aufgaben mittlerer Schwierigkeit am größten.

Nehmen wir an, diese Person habe in einem Versuchsdurchgang die Aufgabe 6 erfolgreich bewältigt (die zugehörige Zeile ist in der Tabelle grau unterlegt), dann ist diese Leistung das Ausgangsniveau. Das Modell würde nun vorhersagen, dass diese Person im nächsten Durchgang die Aufgabe 7 wählt, denn hier ist die resultierende Kraft am größten. Die Differenz zwischen dem Ausgangsniveau (Aufgabe 6) und dem nachfolgenden Anspruchsniveau (Aufgabe 7) ist die Zieldiskrepanz (bei Hoppe: Zielerreichungsdiskrepanz).

BEISPIEL

Hohe negative Valenz von Misserfolg

Mögliches Leistungsniveau:	Formel: Aufgaben-nummer:	Stärke der Kraft, Erfolg anzustreben			Stärke der Kraft, Misserfolg zu vermeiden			Resultierende Kraft
		Va_e x	W_e =	k_e	Va_m x	W_m =	k_m	$k_e + k_m$
Zu schwierig	12	10	0	0	0	100	0	0
	11	10	0	0	0	100	0	0
	10	10	5	50	−1	95	−95	−45
	9	9	10	90	−2	90	−180	−90
	8	7	25	175	−3	75	−225	−50
	7	6	40	240	−4	60	−240	0
	6	5	50	250	−6	50	−300	−50
	5	3	60	180	−10	40	−400	−220
	4	2	75	150	−14	25	−350	−200
	3	1	85	85	−18	15	−270	−175
	2	0	95	0	−20	5	−100	−100
Zu leicht	1	0	100	0	−20	0	0	0

Betrachten wir demgegenüber eine Person, für die die negative Valenz von Misserfolg besonders hoch ist. Eine solche Person ließe sich auch als „misserfolgsängstlich" bezeichnen, denn sie bewertet einen möglichen Misserfolg durchweg als besonders negativ. Diese Misserfolgsbefürchtungen schlagen sich nieder in besonders hohen negativen Valenzen von Misserfolg, insbesondere bei sehr leichten bis mittelschweren Aufgaben (siehe Spalte Va(m)).

Diese Person weist für eine große Zahl von Aufgaben eine negative resultierende Kraft auf. Sie wird Leistungssituationen dieses Typs generell mit ungleich geringerer Wahrscheinlichkeit aufsuchen. Wie verhält es sich aber, wenn diese Person sich in einer leistungsbezogenen Situation befindet und eine der verfügbaren Aufgaben wählen muss (eine Situation, in der Sie sich im Studium oftmals befinden)? Angenommen, diese Person hat in einem ersten Durchgang Aufgabe 6 bearbeitet und erfolgreich abgeschlossen. Aus der Tabelle wird nun ersichtlich, dass diese Person keine positiven Wahlalternativen hat, denn es gibt keine Handlungsalternative mit positiver resultierender Kraft.

Es wird nun diejenige Aufgabe gewählt werden, welche die am wenigsten negative resultierende Kraft aufweist. Hier hat die betreffende Person drei Alternativen: entweder sie bearbeitet nochmals die gleiche Aufgabe (keine Anspruchsniveau-Verschiebung), oder sie bearbeitet extrem schwierige Aufgaben (Aufgabe 11 oder 12) oder eine extrem leichte Aufgabe (Aufgabe 1). Alle diese Aufgaben haben eine resultierende Kraft von „0".

Denkanstöße:

(1) Geben Sie Beispiele aus Ihrem Alltagsleben für die drei Lewin'schen Konflikttypen.

(2) Warum ist eine Leistungssituation – beispielsweise eine Prüfung – immer auch ein Annäherungs-Vermeidungs-Konflikt?

(3) Was würde Skinner an Lewins Feldtheorie kritisieren? Nennen Sie mindestens drei zentrale Kritikpunkte.

WEITERFÜHRENDE LITERATUR

Alfred J. Marrow, ein Mitarbeiter der Arbeitsgruppe Lewins, hat eine sehr lesenswerte Biographie Kurt Lewins vorgelegt (Marrow, 1977). Eine kurze und ebenfalls interessante Darstellung von Kurt Lewins Leben und Wirkungsgeschichte findet sich in Bierbrauer (1992). Das Buch von Lück (1996) eignet sich als gute erste Einführung in Lewins Feldtheorie. Viele der Originalarbeiten Lewins und seiner Schüler (so etwa Zeigarnik, 1927; Ovsiankina, 1928; Hoppe, 1930; Lewin, 1931) wurden in deutscher Sprache publiziert und geben einen guten Einblick in das experimentelle Vorgehen Lewins und seiner Mitarbeiter.

Bierbrauer, G. (1992). Ein Sozialpsychologe in der Emigration. Kurt Lewins Leben, Werk und Wirkungsgeschichte. In: Edith Böhme & Wolfgang Motzkau-Valeton (Hrg.), Die Künste und die Wissenschaften im Exil. Gerlingen: Lambert Schneider.

Hoppe, F. (1930). Untersuchungen zur Handlungs- und Affektpsychologie. IX. Erfolg und Misserfolg. Psychologische Forschung, 14.

Lewin, K. (1931). Die psychologische Situation bei Lohn und Strafe. S. Hirzel. (Ebenfalls in KLW 6. Psychologie der Entwicklung und Erziehung, 1982)

Lück, H. E. (1996). Die Feldtheorie und Kurt Lewin: Eine Einführung. Weinheim: Beltz.

Marrow, A. J. (1977). The practical theorist: The life and work of Kurt Lewin. New York, NY, US Teachers College Press.

Ovsiankina, M. (1928). Die Wiederaufnahme unterbrochener Handlungen. Psychologische Forschung, 11.

Zeigarnik, B. (1927). Über das Behalten von erledigten und unerledigten Handlungen. Psychologische Forschung, 9.

6 Die Theorie der Leistungsmotivation von John Atkinson

Wir haben im letzten Abschnitt des vergangenen Kapitels gesehen, dass Erwartungen und Valenzen von möglichen Erfolgen und Misserfolgen das Verhalten in Leistungssituationen determinieren. Atkinsons Theorie der Leistungsmotivation baut in zweifacher Hinsicht auf den Überlegungen Lewins sowie den empirischen Befunden zu Lewins Feldtheorie auf: Zum einen erweiterte Atkinson die Lewin'sche Konzeption der Motivation zu einem so genannten Erwartungs-x-Wert-Ansatz; zum anderen legte er großes Gewicht auf die Vorhersage der menschlichen Motivation anhand individueller Unterschiede.

6.1 Wert und Wahrscheinlichkeit

6.1.1 Pascal und die Konzepte von Wert und Wahrscheinlichkeit

Bei den Erwartungs-x-Wert-Ansätzen handelt es sich um eine Denktradition, deren Ursprung dem Mathematiker und Philosophen Blaise Pascal (1623–1662) zugeschrieben wird. Pascals Schriften, die für ein christliches Lebens plädieren, ent-

halten häufig Anwendungen der Wahrscheinlichkeitsrechnung. Er argumentierte, dass „der Wert ewiger Glückseligkeit unendlich sei und dass, obwohl die Wahrscheinlichkeit, solche Glückseligkeit durch die Religion zu erlangen, gering sein möge, sie doch unendlich größer sei als jedes andere Glück, das der Mensch durch gute Lebensführung oder Glauben erlangen könne." (Internet Enzyklopädie der Philosophie; Fieser & Dowden, 2003).

Abwägung verschiedener Alternativen. Pascal legte dar, dass eine Lebensführung im Glauben an Gott nur dann lohnend sei, wenn Gott tatsächlich existiere. Im Abwägungsprozess sieht sich die Person, welche eine Entscheidung zugunsten oder gegen einen Glauben an Gott treffen will, mehreren Alternativen gegenüber (s. Übersicht): Im Falle einer Entscheidung gegen ein religiös bestimmtes Leben droht also entweder ein unendlicher Verlust (der Verlust des ewigen Lebens) oder ein Verlust bleibt aus. Im Falle einer Entscheidung für ein religiöses Leben stehen dem die Möglichkeit eines unendlich großen Gewinns (der Gewinn ewigen Lebens) oder ein allenfalls geringer Verlust gegenüber.

ÜBERSICHT	Ich glaube an Gott	Ich glaube nicht an Gott
Gott existiert	**Unendlicher Gewinn** (ungeachtet einer angenommenen geringen Wahrscheinlichkeit)	**Unendlicher Verlust** (mit einer angenommenen geringen Wahrscheinlichkeit)
Gott existiert nicht	**Kein oder nur geringer Verlust** (selbst bei hoher angenommener Wahrscheinlichkeit)	**Kein Verlust** (bei angenommener hoher Wahrscheinlichkeit)

Abwägung von Erwartung und Wert. Entscheidend ist, dass noch die geringste Wahrscheinlichkeit einer Existenz Gottes durchaus Anlass geben wird, ein religiös bestimmtes Leben zu führen, zumal auf der anderen Seite keine (großen) Kosten entstehen, wenn Gott nicht existieren sollte. Der erwartete Wert einer Handlungsalternative oder eines Ziels einerseits und die Wahrscheinlichkeit, dass diese Handlung erfolgreich ausgeführt und das Ziel erreicht werden können, werden also in Beziehung zueinander gesetzt. Das Verhalten von Menschen, die Lotto spielen und trotz geringster Erfolgsaussichten auf einen Millionengewinn hoffen, dürfte ähnlichen Überlegungen folgen.

6.1.2 Erwartungs-x-Wert-Ansätze in der Psychologie

Die Idee einer Abwägung von Erwartungen und Werten findet sich in Lewins (z.B. 1935) Theorie wieder – und zwar zunächst in den Konzepten der psychologischen Entfernung und der Valenz, im Rahmen der Theorie der resultierenden Valenz dann in den Begriffen der Wahrscheinlichkeit und der Valenz. Die Berücksichtigung von Erwartungs-x-Wert-Konzepten erwies sich als bahnbrechend und sehr fruchtbar für die weitere Theoriebildung, nicht nur in der Motivationspsychologie, sondern in vielen Teilgebieten der Psychologie.

So gibt es in der Nachfolge Lewins eine Reihe von psychologischen Theorien, die allgemein als „Erwartungs-x-Wert-Theorien" bezeichnet werden. Diese Theorien haben eine wichtige Gemeinsamkeit: Der „Wert" (die Valenz) eines Ziels oder einer Handlungsalternative und die Wahrscheinlichkeit, dass dieses Ziel erreicht (oder die Handlung erfolgreich abgeschlossen) wird, determinieren gemeinsam die Wahl dieser Handlungsalternative.

Produkt aus Erwartung und Wert. Hierbei sollte unter den verfügbaren Handlungsalternativen diejenige gewählt werden, für die das Produkt aus Erwartung und Wert am größten ist. In der überwiegenden Zahl dieser Theorien werden Erwartung und Wert deshalb multiplikativ verknüpft, weil auch das wertvollste Ziel nicht angestrebt wird, wenn die Wahrscheinlichkeit, dieses zu erreichen, bei null liegt. Umgekehrt ist es unplausibel, dass man Ziele anstrebt, die zwar eine sehr hohe Wahrscheinlichkeit haben, denen aber subjektiv keinerlei Wert zugemessen wird.

Die Erwartungs-x-Wert-Konzeption findet sich wieder in behavioristischen Theorien (z.B. Tolman, 1952), in Theorien des sozialen Lernens (z.B. Rotter, 1954), in verschiedenen Theorien der Motivation (Brehm, 1962, Vroom, 1964) sowie in Entscheidungstheorien (z.B. Edwards, 1954). In der Entscheidungsforschung sind Erwartungen (geschätzte Wahrscheinlichkeiten) und Werte (mögliche „Gewinne") bis heute unverzichtbarer Bestandteil der Theoriebildung.

BEISPIEL

Die richtige Wette

Die Kernannahmen des Erwartungs-x-Wert-Ansatzes lassen sich anhand eines Beispiels aus der Entscheidungsforschung illustrieren. Angenommen, Ihnen wird ein Glücksspiel angeboten und Sie haben die Wahl zwischen zwei Wetten. Bei der ersten Wette wird Ihnen ein Gewinn von 12 Euro angeboten, wenn Sie aus einem Kartenstapel mit 4 verschiedenen Karten eine bestimmte Karte ziehen. Bei der zweiten Wette können Sie 90 Euro gewinnen, wenn Sie aus einem Stapel mit 36 verschiedenen Karten eine bestimmte Karte ziehen. Für welche Alternative werden Sie sich entscheiden (bitte überlegen Sie sich Ihre Antwort, bevor Sie weiterlesen)?

Nach einem Erwartungs-x-Wert-Ansatz würden Sie so entscheiden: Sie multiplizieren Erwartung und Wert beziehungsweise Wahrscheinlichkeit und Nutzen. Also sollten Sie in Wette 1 (im Durchschnitt) einen resultierenden Gewinn von 12 Euro mal 1/4 haben, also im Durchschnitt 3

Euro je Wette. Für Wette 2 sollte dieser durchschnittliche Nutzen einen Wert von 90 Euro mal 1/36 haben, Sie werden also je Wette (im Durchschnitt) 2,50 Euro gewinnen. Da für Wette 1 ein größerer durchschnittlicher Gewinn zu erwarten ist, sollten Sie diese Alternative wählen.

Tabelle 6.1 Bei einfachen Entscheidungen wägen wir Wahrscheinlichkeit und Nutzen ab: Wette 1 bringt durchschnittlich einen höheren Gewinn

Alternativen	Wahrscheinlichkeit	Wahrscheinlichkeit x Wert	Erwarteter durchschnittlicher Gewinn
Wette 1: Gewinn von 12 € bei Ziehung einer richtigen aus insgesamt vier Karten	1 : 4 = .25	.25 × 12 €	3,00 €
Wette 2: Gewinn von 90 € bei Ziehung einer richtigen aus insgesamt 36 Karten	1 : 36 = 0.0278	.0278 × 90 €	2,50 €

Wahrscheinlichkeit auch unbewusst repräsentiert. Schneider und Schmalt (2000) haben darauf hingewiesen, dass dies keineswegs mit Notwendigkeit bedeutet, dass die einer Entscheidung zugrunde liegenden Wahrscheinlichkeiten und Werte auch tatsächlich bewusst repräsentiert sind. Die Autoren verweisen in diesem Zusammenhang auf Forschungen, die gezeigt haben, dass komplexe Verhaltensmuster auch niederer Tierarten (z.B. Vogelkolonien) anhand von Erwartungs-x-Wert-Modellen gut vorhersagbar sind (vgl. Reyer, 1990). Wir greifen diesen Punkt in Zusammenhang mit den evolutionären Theorien des Verhaltens wieder auf (s. Kap. 10).

Objektive und subjektive Wahrscheinlichkeit. Im Folgenden werden wir den Begriff der Wahrscheinlichkeit gebrauchen, wenn es um die objektive Wahrscheinlichkeit eines bestimmten Ereignisses geht (etwa die Wahrscheinlichkeit, mit der in einem Experiment eine Verstärkung oder eine Erfolgsrückmeldung an die Versuchsperson gegeben wird). Den Begriff der Erwartung werden wir benutzen, wenn es um die subjektive Einschätzung solcher Wahrscheinlichkeiten durch eine Person geht.

Im Rahmen von Atkinsons Theorie ist der Begriff der Erfolgserwartung gebräuchlich, und in den Experimenten wird oftmals vorausgesetzt, dass objektiv vorgegebene und subjektive Wahrscheinlichkeit identisch sind. Wir werden auf die Probleme in Zusammenhang mit dieser Annahme später eingehen.

Aufgrund des Lewin'schen Erbes der Motivationspsychologie und eingedenk seines phänomenologischen Ansatzes (s. Kap. 5) ist klar, dass das Erwartungskonzept – also die subjektive Wahrnehmung von Wahrscheinlichkeiten – in der Motivationspsychologie wichtiger sein wird als das Wahrscheinlichkeitskonzept.

Im vorliegenden Kapitel betrachten wir nur eine und zugleich die prominenteste jener Motivationstheorien, die einem Erwartungs-x-Wert-Ansatz zuzurechnen sind; dies ist die Theorie der Leistungsmotivation von John Atkinson (Atkinson, 1964).

„Das Herz hat Gründe, die die Vernunft nicht kennt" – es ist eine ironische Wendung, dass dieses Zitat von Blaise Pascal stammt, der den Grundstein zu den Erwartungs-x-Wert-Theorien legte: Die Theorie der Leistungsmotivation nimmt mehr als alle anderen bislang behandelten Theorien an, dass alle Gründe des menschlichen Verhaltens auch tatsächlich bekannt sind. Im Zentrum steht eine Analyse der Vernunft- und nicht der Herzensgründe. Die Theorie von dem Gedanken geprägt, dass Menschen Entscheidungen treffen aufgrund von Informationen, die ihnen zugänglich sind und die sie in überaus rationaler Weise zueinander in Beziehung setzen und verarbeiten.

Frage nach dem Warum

John Atkinson wurde 1915 in Englewood Cliffs (New Jersey, USA) geboren und lebt zurzeit in Ann Arbor. Er promovierte an der University of Michigan und lehrte und forschte dort auch bis zum Ende seiner wissenschaftlichen Karriere. Während des Zweiten Weltkriegs war Atkinson Pilot der amerikanischen Streitkräfte. Später berichtete er, dass er sich oft gefragt habe, warum er dies tue. Diese Frage habe ihn zur Motivationspsychologie geführt.

Es sind insbesondere drei Forschungsschwerpunkte, die Atkinson zu einem einflussreichen Motivationsforscher werden ließen. Dies ist zunächst die Zusammenarbeit mit David McClelland. Beide setzten sich zum Ziel, das Leistungsmotiv als überdauerndes Persönlichkeitsmerkmal anhand eines standardisierten Testverfahrens messbar zu machen.

Darüber hinaus entwickelte Atkinson eine Theorie der Leistungsmotivation, die eine Fortführung der Arbeit von Lewin, Dembo, Festinger & Sears (1944) darstellt (s. Kap 5). Diese Weiterentwicklung der Theorie der resultierenden Valenz ist Atkinsons außerordentlich guter Kenntnis der Arbeiten Lewins und seiner Schüler zu verdanken. Und schließlich entwickelte John Atkinson in Zusammenarbeit mit David Birch eine allgemeinere Verhaltenstheorie.

Obwohl Atkinson ein renommierter und bis heute viel zitierter Psychologe ist, war die Rezeption seiner Arbeiten keineswegs immer nur positiv. Die Publikation der Atkinson'schen Leistungsmotivationstheorie fiel in eine Zeit, die stark durch behavioristische Konzepte geprägt war – eine Theorie, deren zentraler Bestandteil die subjektive Wahrnehmung von Wahrscheinlichkeiten war, konnte es hier nicht leicht haben. Aus heutiger Sicht kommt Atkinson daher das Verdienst zu, die Dominanz der Triebtheorien in der Motivationsforschung zu

John Atkinson prägte den Begriff Leistungsmotiv. Mit seinen Theorien beendete er die Dominanz der Triebtheorien in der Motivationsforschung zugunsten eines kognitiven Ansatzes

gunsten eines kognitiven Ansatzes beendet zu haben. Die spätere Verhaltenstheorie von Atkinson & Birch (1970) ist weitaus komplexer als die Leistungsmotivationstheorie und hat trotz der Vorteile, die sie aufweist, bislang wenig weitere Forschung angeregt (siehe auch Kuhl, 1983). Atkinson selbst muss mit der Rezeption seiner Ideen unzufrieden gewesen sein – als man ihm vor einigen Jahren den „Gold Medal Award" der American Psychological Association antrug (die höchste Auszeichnung, die die Psychologie zu vergeben hat), lehnte er diesen ab.

6.2 Individuelle Unterschiede in der Leistungsmotivation

Die Antworten auf zwei Fragen sind für das Verständnis der nachfolgenden Ausführungen wichtig:

▶ Warum sollte es überhaupt lohnend erscheinen, sich mit der Leistungsmotivation – also Handlungen im Leistungskontext und deren Motivation – zu beschäftigen? Es handelt sich hierbei um eine Eingrenzung der aus motivationspsychologischer Sicht relevanten Phänomene und diese Eingrenzung bedarf einer Begründung.

▶ Warum ist die Entwicklung von Verfahren zur individuellen Motivdiagnose für die Theorie Atkinsons so überaus wichtig?

Für das Verständnis der ersten Frage sind die Arbeiten von Henry Murray wichtig, die wir im folgenden Abschnitt zusammenfassen. Für die Antwort auf die zweite Frage wenden wir uns der Entwicklung eines Messinstrumentes zur Diagnose des Leistungsmotivs zu.

6.2.1 Das Leistungsmotiv

Ein wichtiger Ursprung dieses Forschungszweiges sind Arbeiten von Henry Murray, der 1938 ein Buch mit dem Titel „Explorations in Personality" publizierte. Schon der Titel dieses Buches legt nahe, dass Murray vor allem an Fragen der Persönlichkeit und somit auch individuellen Unterschieden zwischen Personen interessiert war. Ein erstes Ziel der Arbeit von Murray bestand darin, eine Taxonomie grundlegender menschlicher Bedürfnisse zu entwickeln, die seiner Auffassung zufolge alle mentalen Funktionen sowie das Verhalten organisieren.

Leistung als individuelles Bedürfnis

Murray (1938) postulierte neben anderen Bedürfnissen auch ein Bedürfnis oder Motiv nach Leistung. Das Leistungsmotiv wird insbesondere als Bedürfnis nach dem Bewältigen von Aufgaben angesehen, die als herausfordernd erlebt werden. Es äußert sich auf vielfältige Weise; in den Worten Murrays: „To accomplish something difficult. To master, manipulate or organize physical objects, human beings, or ideas. To do this as rapidly and as independently as possible. To overcome obstacles and attain a high standard. To excel one's self. To rival and surpass others. To increase self-regard by the successful exercise of talent." (Murray, 1938; S. 164).

Messung des Leistungsmotivs. Ein zweites Ziel Murrays bestand darin, solche Bedürfnisse oder Motive, und zwar im Sinne einer überdauernden Disposition einer Person, messbar zu machen. Hier erhebt sich zunächst die Frage, wie sich Motive im Sinne von überdauernden Person-Dispositionen überhaupt äußern. Murray (1938) nahm an, dass ein Bedürfnis anhand bestimmter Indikatoren sichtbar werden könne (s. Übersicht auf S. 122): Welche Situation aufgesucht oder vermieden werden, welche Emotionen für Leistungssituationen typisch sind, und wie jemand mit Erfolg oder Misserfolg umgeht. Die jeweils angegebenen Beispiele für diese Indikatoren beziehen sich auf leistungsmotiviertes Verhalten (bei anderen Bedürfnissen wären dies andere Beispiele) und stammen nicht von Murray (1938).

Dabei geht es immer um komplexe Verhaltensweisen in konkreten Situationen, die allesamt motivationaler Natur sind (s. Kap. 1) und die wir als Motivationspsychologen gerne vorhersagen würden. Murrays Ziel war es daher, ein Verfahren zu finden, anhand dessen sich die Disposition – die überdauernde Neigung – einer Person feststellen ließe, die angegebenen Merkmale des Verhaltens in ganz verschiedenen möglichen Situationen zu zeigen.

Er hielt es nicht für sinnvoll, Personen direkt zu solchen Neigungen zu befragen. Vielmehr wollte er Probanden in eine Situation bringen, in der sie entsprechende Neigungen oder Dispositionen auch tatsächlich zeigen konnten, und zwar anhand von (wunscherfüllenden) phantasieartigen Vorstellungen (Projektionen), welche die Probanden zum Ausdruck bringen. Murray griff hierzu auf Überlegungen von Freud (1894) zurück, der angenommen hatte, dass die Projektion ein Abwehrmechanismus des Ichs sei (s. Kap. 2). Menschen neigen also dazu, eigene Absichten und Gefühle auch anderen Personen zu unterstellen. So erklärt sich Freud zufolge die Angst des Paranoikers durch verdrängte aggressive Impulse der paranoiden Person, die diese sich jedoch nicht eingesteht, sondern auf andere Personen oder geeignete Objekte der Umwelt „projiziert".

Indikatoren für Bedürfnisse (nach Murray, 1938)

	Beobachtbarer Indikator für ein Bedürfnis:	Beispiel aus dem Bereich leistungsmotivierten Verhaltens:
1	Typische Verhaltenstrends (welche Situationen werden aufgesucht oder gemieden).	Ein Kind nimmt an einem Sportfest zur Erreichung des Sportabzeichens teil oder entscheidet sich gegen die Teilnahme.
2	Typische Handlungsweisen (wie ist das Verhalten in entsprechenden Situationen).	Das Kind fiebert dem 1000-Meter-Lauf entgegen und strengt sich an, oder es sieht diesem mit Unbehagen entgegen und gibt leicht auf.
3	Die Suche nach, die Vermeidung oder Auswahl von, die Beachtung und die Reaktion auf bestimmte Objekte.	Der Umgang mit leistungsrelevanten Informationen: Das Kind vergleicht die eigene Leistung mit den Leistungen anderer oder es meidet diese Information.
4	Äußerung einer typischen Emotion oder eines Gefühls.	Das Kind zeigt große Freude und hat offensichtlich Spaß an dem Wettkampf oder nimmt eher unwillig daran teil.
5	Äußerungen der Befriedigung nach Erreichen eines bestimmten Effektes, oder Äußerung von Unzufriedenheit, wenn dieser Effekt nicht erreicht werden kann.	Das Kind freut sich über einen Erfolg und ist stolz auf diesen, oder ist enttäuscht oder beschämt bei Erreichen eines negativen Leistungsergebnisses.

Motivation und Wahrnehmung. Murray und Mitarbeiter hatten in experimentellen Studien entdeckt (vgl. Murray, 1933; Morgan & Murray, 1935; Sanford, 1937), dass eigene motivationale Zustände tatsächlich gravierende Einflüsse auf die Wahrnehmung der Umwelt haben: So hielten Kinder, die auf einer Geburtstagsfeier ein furchteinflößendes Spiel erlebt hatten, nachfolgend die Porträtfotos unbekannter Personen für gefährlicher als vor dem Spiel (Murray, 1933). Bei den Probanden Sanfords (1937) beeinflusste ein motivationaler Zustand die Interpretation von ambivalentem Bildmaterial: Die Deutungen fielen anders aus, wenn die Probanden hungrig waren.

Leistungsmotivmessung mit dem thematischen Apperzeptionstest

Auf der Basis dieser Überlegungen und Daten entwickelte Murray (1938) den thematischen Apperzeptionstest (TAT). Hierbei werden den Probanden Bilder vorgegeben (s. Abb. 6.1), zu denen sie eine Geschichte erfinden sollen. Zusätzlich werden den Probanden so genannte Leitfragen gestellt, die anhand der zu erfindenden Geschichte beantwortet werden sollen:

▶ Was passiert hier gerade? Wer sind die Personen?
▶ Was führte zu dieser Situation? Was geschah vorauslaufend?
▶ Woran denken die Personen? Was wird gewünscht und von wem?
▶ Was wird geschehen? Wie wird gehandelt?

Projektives Testverfahren. Ein wichtiges Merkmal dieser Bilder besteht nun darin, dass nicht eindeutig festgelegt ist, was eigentlich genau dargestellt wird. Dadurch werden der Phantasie der Probanden beim Konstruieren entsprechender Geschichten keine engen Grenzen gesetzt. Dieses Verfahren wird als „projektives Testverfahren" bezeichnet, weil die Probanden verborgene und unbewusste Bedürfnisse (Motive) in die so zu erstellenden Geschichten projizieren sollten: „Der Zweck dieses Verfahrens besteht darin, die literarische Kreativität anzuregen und dabei Phantasien wachzurufen, die verborgene und unbewusste Komplexe enthüllen. Der Test beruht auf der anerkannten Tatsache, dass eine Person bei der Interpretation eine mehrdeutige Situation gewöhnlich ebensoviel über ihre eigene Persönlichkeit aussagt wie über das Ereignis, mit dem sie sich befasst. Damit beschäftigt, das objektive Geschehen zu erklären, verliert die Person ihre Befangenheit und ist sich ihrer selbst und der Blicke anderer weniger gewahr; daher achtet sie weniger auf ihre Abwehrmechanismen. Für jemanden, der zwischen den Zeilen zu lesen vermag, offenbart sie jedoch gewisse innere Neigungen und Kathexen." (Murray, 1938; S. 539).

Das Leistungsmotiv in der Psychologie. Der TAT wurde das bei weitem am meisten genutzte Messinstrument zur Diagnose des Leistungsmotivs und regte auch zahlreiche Forschungsarbeiten an, die sich mit der schwierigen Auswertung der so erstellten Geschichten befassten. Obwohl das Leistungsmotiv nur eines der von Murray postulierten Bedürfnisse ist, kann es aus heutiger Sicht als das am besten untersuchte Motiv gelten.

Leistungsbedürfnisse können experimentell leicht angeregt werden. Stellen Sie sich beispielsweise vor, Ihnen würde von einem Versuchsleiter mitgeteilt, Sie nähmen an einem Intelligenztest teil. Vermutlich wären Sie hoch „motiviert", ein gutes Leistungsergebnis zu erzielen. Weiterhin können leistungsrelevante Informationen wie zum Beispiel Erfolg oder Misserfolg leicht rückgemeldet werden – Sie erhalten beispielsweise im Rahmen eines Experiments die Information, Ihre Ergebnisse lägen weit über oder weit unter dem Durchschnitt Ihrer Mitstudierenden.

Auch kulturelle Faktoren trugen dazu bei, dass das Leistungsmotiv so intensiv untersucht wurde. Leistungsbezogenes Verhalten spielt in den modernen westlichen Gesellschaften eine herausragende Rolle.

6.2.2 Die Kontroverse um den TAT

Sowohl David McClelland als auch John Atkinson waren der festen Überzeugung, dass die Diagnose individueller Motivunterschiede einen entscheidenden Fortschritt in der Motivationspsychologie darstellen würde. Murrays TAT in seiner ursprünglichen Fassung erwies sich jedoch für die Diagnose der Leistungsmotivation als unzureichend. In einer einflussreichen Arbeit legten McClelland, Atkin-

Abbildung 6.1. Im thematischen Apperzeptionstest werden Bilder verwendet, bei denen nicht klar ist, was genau abgebildet ist. Dies soll die Phantasie der Probanden anregen und ihre verborgenen und unbewussten Motive aufdecken

son, Clark & Lowell (1953) daher eine Verbesserung des ursprünglichen Verfahrens vor.

Standardisierte Auswertung. Die Autoren erarbeiteten erstmals einen standardisierten Inhaltsschlüssel, anhand dessen die von den Probanden geschriebenen Geschichten ausgewertet und Punktwerte für die Höhe der Leistungsmotivation berechnet werden konnten. Anhand dieser Auswertungsmethode wird analysiert, inwieweit die Geschichten leistungsthematische Inhalte aufweisen, wie beispielsweise Wünsche nach Erfolg oder das Gelingen von Handlungen, leistungsbezogene Inhalte wie Erfindungen, Erwartungen von Erfolg oder auch leistungsbezogene Emotionen (etwa Stolz auf Erreichtes oder die Vorwegnahme von Stolz nach dem Bewältigen einer Anforderung).

Wissenschaftliche Kontroverse. Aus der Sicht der klassischen Testtheorie ist der TAT jedoch auch nach der Revision durch McClelland et al. (1953) kein gutes Messverfahren und regte eine Jahrzehnte andauernde Kontroverse in der Fachliteratur an (s. Entwisle, 1972). Kritisiert wurde beispielsweise, dass innerhalb des Tests die Antworten nicht homogen seien, also der leistungsthematische Bezug in den Antworten von Bild zu Bild stark variiere. Hieraus resultiert eine geringe Split-half-Reliabilität: Vergleicht man die erste und zweite Hälfte der Testergebnisse für jeweils eine Versuchsperson, so variieren die Ergebnisse deutlich. Auch die Retest-Reliabilität fällt gering aus: Legt man einer Person den TAT zu zwei unterschiedlichen Messzeitpunkten vor, so sind die Korrelationen zwischen den beiden resultierenden Messwerten recht gering.

Zur Verteidigung des TAT muss aber darauf hingewiesen werden, dass diese Nachteile des TAT in späteren Untersuchungen relativiert wurden: So machten Atkinson, Bongort & Price (1977) darauf aufmerksam, dass eine Person nicht notwendigerweise in allen Situationen gleichermaßen leistungsmotiviert sein sollte. Dieser Umstand könnte zu individuell unterschiedlichen Reaktionen auf verschiedene Bilder führen. So mag der Anblick eines Versuchslabors bei einem angehenden Chemiker in hohem Maße leistungsthematische Gedanken anregen; andere würden in ähnlicher Weise nur dann reagieren, wenn ein Tennisplatz abgebildet wäre. Trotz einer geringen Homogenität der Werte für verschiedene Bilder könnte somit der Gesamtwert des TAT durchaus ein realistisches Bild der Leistungsmotivation vermitteln.

Weiterhin kann die geringe Retest-Reliabilität des Tests unter bestimmten Versuchsbedingungen erhöht werden. So neigen die Probanden vermutlich dazu, Wiederholungen eigener früherer Geschichten zu vermeiden, um möglichst kreativ zu sein; dieses Bestreben könnte für einen Teil der unbefriedigenden Kennwerte des Tests verantwortlich sein. Bei einer Instruktion der Probanden, die diese Tendenz reduziert (s. Winter & Stewart, 1977), steigen entsprechend die Werte für die Retest-Reliabilität.

Ein gravierender Nachteil des TAT besteht allerdings nach wie vor darin, dass seine Auswertung kompliziert und aufwendig ist und nur von gut geschulten Personen durchgeführt werden kann. Weiner (1972) – der als Schüler Atkinsons sicherlich zahlreiche TAT-Auswertungen vornahm – meinte, dass die Verwendung des TAT „ein gewisses Maß an Masochismus (seitens der Forscher) voraussetzt."

Leistungsmotiv-Gitter. Schmalt (1976) kommt das Verdienst zu, für den deutschen Sprachraum ein alternatives Verfahren entwickelt zu haben, das so genannte Leistungsmotiv-Gitter. Hierbei werden den Probanden Aussagen aus dem Auswertungsschlüssel des TAT von McClelland et al. (1953) vorgegeben, und die skalierten Antworten erlauben direkte Berechnungen der Leistungsmotiv-Kennwerte. Das Leistungsmotiv-Gitter von Schmalt (1976, 1999) ist deshalb im deutschen Sprachraum zu dem am weitesten verbreiteten Messverfahren zur Erfassung des Leistungsmotivs geworden.

6.3 Atkinsons Risikowahlmodell der Leistungsmotivation

6.3.1 Zentrale Annahmen des Risikowahlmodells

Fassen wir die Ausgangspunkte der Atkinson'schen Theorie noch einmal in Form der wichtigsten Annahmen kurz zusammen, wie wir sie bislang kennen gelernt haben. Diese Ausgangspunkte führen direkt zu der mathematischen Formulierung seiner Theorie, die wir anschließend behandeln.

Merkmale von Person und Situation. Das Verhalten einer Person in einer gegebenen Situation ist – in Anlehnung an Lewins Formel – determiniert durch Merkmale der Person und Merkmale der Situation (s. Kap. 6.1). Merkmale der Person sollten anhand systematischer interindividueller Unterschiede in der Leistungsmotivation berücksichtigt werden. Dies legen beispielsweise die Daten von Hoppe (1930) nahe, der systematische Unterschiede in den Anspruchsniveausetzungen seiner Probanden gefunden hatte (s. Kap. 5.3).

Emotionale Dispositionen. Diese sollten für das Leistungsverhalten von besonderer Bedeutung sein. Murrays Annahmen über die Indikatoren motivierten Verhaltens umfassen auch emotionale Reaktionen auf Erfolg und Misserfolg. Winterbottom (1958) liefert empirische Belege für diese Annahme: So deuten beispielsweise Lehrerbeobachtungen darauf hin, dass hoch erfolgsmotivierte Schüler (gemessen durch den TAT) sich über einen Erfolg mehr freuen als niedrig leistungsmotivierte Schüler.

Wahl einer Handlungsalternative. Sie wird nicht nur von Merkmalen der Person, sondern auch von Merkmalen der Situation beeinflusst. Dies sind nach Atkinson der Wert des anzustrebenden Ziels sowie die subjektive Erwartung, dieses Ziel auch zu erreichen. Diese Annahme führt zu einem Erwartungs-x-Wert-Modell der Leistungsmotivation (s. Kap. 6.1).

Annäherungs-Vermeidungs-Konflikt. Eine Leistungssituation wird in Anlehnung an Lewin (1935) als Annäherungs-Vermeidungs-Konflikt aufgefasst (s. Kap. 5.1). Wir haben eine Annäherungstendenz an Leistungssituationen, weil das mögliche Erreichen des Ziels positiv ist. Eine Vermeidungstendenz liegt vor, weil ein möglicher Misserfolg abschreckend wirkt.

Mathematische Darstellung

Atkinsons auch als Risikowahlmodell bezeichnete Theorie integriert diese Überlegungen und stellt den Versuch dar, die genannten Variablen in einem mathematischen Modell zusammenzufassen. Insbesondere die angestrebte mathematische Formalisierung der Theorie Atkinsons ist ein Merkmal, das Hulls Ansatz sehr ähnlich ist.

Resultierende Tendenz. Aufgrund des Konfliktcharakters der Leistungsmotivation lassen sich die Überlegungen Atkinsons in zwei Teile gliedern, dies ist zum einen die Tendenz, Erfolg anzustreben (Te; auch als „Hoffnung auf Erfolg" bezeichnet), zum anderen die Tendenz, Misserfolg zu vermeiden (Tm; auch als Furcht vor Misserfolg bezeichnet). Beide Kräfte zusammen ergeben die so genannte resultierende Tendenz (Tr): Tr = Te + Tm.

6.3.2 Die Tendenz, Erfolg aufzusuchen

Atkinson nimmt an, die Tendenz, Erfolg aufzusuchen sei ein Produkt aus drei verschiedenen Variablen. Diese Variablen sind das Leistungsmotiv (von Atkinson auch als Erfolgsmotiv bezeichnet), die subjektive Erwartung von Erfolg für eine bestimmte Aufgabe, sowie der Anreiz dieses Erfolges bei der betreffenden Aufgabe.

Das Leistungsmotiv. Das Motiv, Erfolg anzustreben (Me), wird von Atkinson aufgefasst als eine stabile Disposition der Person. Unter Bezugnahme auf Murray (1938) definiert er dieses Motiv als die Fähigkeit, Stolz nach Erfolg zu erleben oder zu antizipieren.

Die subjektive Erfolgserwartung

Die subjektive Wahrscheinlichkeit von Erfolg (We) bezieht sich auf die Erwartung einer Person, dass eine Handlung zum Ziel führen wird. Die Begriffe „subjektive Erfolgserwartung" und „Erfolgserwartung" werden in Atkinsons Theorie synonym verwendet.

Im Leistungskontext ist dies in aller Regel die Erwartung, dass eine gewählte Aufgabe erfolgreich bearbeitet beziehungsweise abgeschlossen werden kann. Die Erfolgserwartung ist eine situative Variable, die von einer Person aufgrund von eigenen Erfahrungen gelernt wird. Diese Erwartung kann anhand von Prozentwerten angegeben werden, bei einer sehr schwierigen Aufgabe könnte also eine subjektive Erfolgserwartung von .10 (10 Prozent) vorliegen; eine einfache Aufgabe hätte beispielsweise einen Wert von .90 (90 Prozent).

In vielen Experimenten wurde die Erfolgserwartung für Aufgaben, die den Probanden unbekannt waren, anhand von normativen Informationen operationalisiert. So wird den Versuchspersonen beispielsweise mitgeteilt, die große Mehrheit anderer Studierender (z.B. 95 Prozent der Studierenden) oder nur wenige andere Studierende (z.B. 5 Prozent) würden die betreffende Aufgabe lösen.

Der Anreiz von Erfolg

Atkinson (1964) nimmt an, dass der Stolz auf eine erfolgreiche Aufgabenbearbeitung umso größer sein wird, je schwieriger diese ist. Aus dieser Annahme resultiert eine inverse Beziehung zwischen dem Anreiz von Erfolg (Ae) und der Erfolgserwartung (We); es folgt: Ae = 1 − We

---

BEISPIEL

Hohe und geringe Erfolgserwartung

Stellen Sie sich beispielsweise vor, Sie erreichen eine „1" in einer Statistikklausur und erfahren anschließend, dass nur 2 von 200 Studierenden diese Note erreicht haben (We für die Note „1" ist also 1 Prozent). Vergleichen Sie diesen Fall mit dem Erreichen der gleichen Note. Sie erfahren jedoch, dass 198 von 200 Studierenden ebenfalls diese Note erreicht haben (We für die Note „1" ist also 99 Prozent). Mit Sicherheit werden Sie im ersten Fall (sehr schwierige Prüfung) mehr Stolz auf die erbrachte Leistung empfinden als im letzteren Fall (sehr einfache Prüfung).

Laut Atkinsons Annahme wäre der Anreiz für Erfolg, der aufgrund der Anbindung an die Erfolgserwartung ebenfalls zwischen 0 und 1 variieren kann, im ersteren Fall sehr hoch (Ae = 1 − .01 = .99) und im letzteren Fall sehr gering (Ae = 1 − .99 = .01).

Emotionale Reaktion auf den Erfolg. Ein wichtiges Merkmal des Anreizwertes ist neben der Verknüpfung mit der Erfolgserwartung die Definition dieser

Variablen als eine emotionale Reaktion auf Erfolg. Aufgrund dieser Definition kann gesagt werden, dass die Reaktionen auf Erfolg von zwei Faktoren abhängig sind, nämlich einerseits einer überdauernden Persondisposition (Me) und andererseits einer situativen Variablen (We). Der Stolz auf einen Erfolg wird also umso größer sein, je ausgeprägter das Leistungsmotiv einer Person und je schwieriger die Aufgabe.

Beim Anreizkonzept besteht deshalb eine gewisse Analogie zu dem Lewin'schen Konzept der Valenz, welches zugleich von Merkmalen der Person (Spannungszustände in Personbereichen) und Eigenschaften des Zielobjektes abhängig ist.

Zu beachten ist allerdings, dass im Rahmen von Lewins ahistorischem Ansatz das Spannungskonzept als Personvariable eine variable Größe ist – die Spannung in Bezug auf die Erledigung einer Aufgabe sollte im Falle der Lösung der Aufgabe reduziert werden. Im Gegensatz dazu definiert Atkinson die Personvariable als eine überdauernde Disposition: Eine hohe Leistungsmotivation sollte über viele verschiedene Arten von Leistungsanforderungen stabil sein, und zwar unabhängig davon, ob gerade eine Aufgabe erfolgreich abgeschlossen wurde oder nicht.

Empirische Überprüfung

Die von Atkinson postulierte inverse Beziehung zwischen Erfolgserwartung und Anreiz ist ein so genanntes Axiom der Theorie – eine Annahme also, die ganz einfach als gegeben vorausgesetzt wird. Es gibt dennoch empirische Untersuchungen in diesem Zusammenhang. So fand Litwin (1958), dass Probanden umso höhere Belohnungen für ein Leistungsergebnis aussetzen, je schwieriger die zu bearbeitende Aufgabe war. Strodtbeck, McDonald & Rosen (1957) sowie Atkinson & O'Connor (1963) fanden bei Studierenden zudem hoch signifikante negative Korrelationen zwischen dem wahrgenommenen Prestige eines Berufes und der wahrgenommenen Wahrscheinlichkeit, diesen Beruf erfolgreich ausüben zu können: Die Korrelationen Prestige und Erfolgserwartung sind so eindeutig negativ (zwischen $\underline{r}$ = −.85 und −.90), dass tatsächlich eine negative lineare Beziehung zwischen den beiden Größen angenommen werden kann.

Atkinson (1964) zufolge sind diese vorauslaufend dargestellten Variablen – Erfolgsmotiv, Erfolgserwartung und Anreiz von Erfolg – multiplikativ miteinander verknüpft und ergeben so die Tendenz, einen Erfolg aufzusuchen: $Te = Me \times We \times Ae$.

Implikationen

Diese Konzeption der Tendenz, Erfolg aufzusuchen, hat einige wichtige Implikationen.

Implikation 1. Das Streben nach Erfolg sollte für Aufgaben mittlerer Schwierigkeit höher sein als für leichte oder schwierige Aufgaben, da hier das Produkt aus We und Ae besonders hoch ist.

Implikation 2. Das Streben nach Erfolg ist für Personen mit hohem Erfolgsmotiv durchweg für alle Aufgabenschwierigkeiten höher als für Personen mit niedrigem Erfolgsmotiv (vergleiche Spalte 4 und 5 in Tab. 6.2).

Implikation 3. Das Streben nach Erfolg zeigt im Falle eines niedrigen Erfolgsmotivs nur geringe Unterschiede für Aufgaben verschiedenen Schwierigkeitsgrades (diese Tendenz schwankt zwischen .09 und .25, also um einen Betrag von .16). Das Streben nach Erfolg variiert dagegen umso stärker für unterschiedlich schwere Aufgaben, je höher das Erfolgsmotiv ist (Te liegt zwischen .90 und 2.50 für niedrig versus hoch motivierte Personen, variiert also um einen zehn Mal höheren Betrag).

Implikation 4. Die Unterschiede für Te zwischen niedrig und hoch motivierten Personen sind bei mittleren Aufgabenschwierigkeiten am deutlichs-

ten. Diese Differenz beträgt 2.50 – .25 = 2.25 für Aufgaben mit We = .50; sie beträgt jedoch nur .90 – .09 = .81 für Aufgaben mit We = .10 oder .90.

Implikation 5. Aus Implikation 3 und 4 folgt, dass Unterschiede im Leistungshandeln, die zwischen niedrig versus hoch Erfolgsmotivierten zu erwarten sind, sich besonders deutlich bei Aufgaben mittlerer Schwierigkeit zeigen sollten.

6.3.3 Die Tendenz, Misserfolg zu vermeiden

Die Annahmen Atkinsons zur Tendenz, Misserfolg zu vermeiden, sind ganz analog zu den Annahmen über die Tendenz, Erfolg aufzusuchen. Die Misserfolgstendenz lässt sich vorhersagen anhand des Misserfolgsmotivs, der Wahrscheinlichkeit von Misserfolg sowie dem negativen Anreiz eines möglichen Misserfolgs. Betrachten wir diese Variablen wiederum im Einzelnen.

Das Misserfolgsmotiv. Analog zum Erfolgsmotiv wird das Misserfolgsmotiv als eine Fähigkeit zum Erleben beziehungsweise zur Antizipation von Emotionen aufgefasst. Es handelt sich um die Fähigkeit, „auf Misserfolg mit Scham oder Betroffenheit zu reagieren" (Atkinson, 1964, S. 396). Ein ausgeprägtes Misserfolgsmotiv sollte Atkinson zufolge dazu führen, dass Angst vor Leistungsbewertungen und eine Vermeidungstendenz gegenüber Leistungssituationen bestehen.

Das Misserfolgsmotiv lässt sich anhand des TAT nicht messen. Stattdessen wurde zur Diagnose die-

Tabelle 6.2. Die Tendenz, Erfolg aufzusuchen – in Zahlen dargestellt. Dabei wirken Leistungsmotiv (Me), Erfolgserwartung (We) sowie der Anreiz von Erfolg zusammen. Die Tabelle zeigt diese Funktion für Personen mit niedrigem und mit hohem Erfolgsmotiv (nach Atkinson, 1964)

Aufgabe	We	Ae	Te, wenn Me = 1	Te, wenn Me = 10
A	.90	.10	$1 \times .90 \times .10 = .09$	$10 \times .90 \times .10 = 0.90$
B	.70	.30	$1 \times .70 \times .30 = .21$	$10 \times .70 \times .30 = 2.10$
C	.50	.50	$1 \times .50 \times .50 = .25$	$10 \times .50 \times .50 = 2.50$
D	.30	.70	$1 \times .30 \times .70 = .21$	$10 \times .30 \times .70 = 2.10$
E	.10	.90	$1 \times .10 \times .90 = .09$	$10 \times .10 \times .90 = 0.90$

6 Leistungsmotivation

ser Disposition in aller Regel der Test Anxiety Questionnaire (TAQ) von Mandler & Sarason (1952) verwendet. Dieses objektive Fragebogenverfahren wurde ursprünglich zur Erfassung von Prüfungsängstlichkeit entwickelt. Es ist ein Widerspruch innerhalb der Atkinson'schen Konzeption der Leistungsmotivation, dass zur Erfassung einer positiven Motivdisposition projektive Verfahren für unerlässlich gehalten werden, während das negative Gegenstück dazu anhand eines objektiven Fragebogens erfasst wird.

Die Wahrscheinlichkeit von Misserfolg. Die Wahrscheinlichkeit von Misserfolg (Wm) resultiert naturgemäß direkt aus der Wahrscheinlichkeit von Erfolg, so dass gilt: $Wm = 1 - We$

So ist bei geringer Erfolgserwartung (zum Beispiel We = .10) die Wahrscheinlichkeit eines Misserfolgs hoch (Wm = .90); umgekehrt impliziert eine hohe Erfolgserwartung (zum Beispiel We = .95), dass ein Misserfolg sehr unwahrscheinlich ist (Wm = .05).

Der „Anreiz" von Misserfolg. Der Begriff des Anreizes ist hier in Anführungszeichen gesetzt, weil zu beachten ist, dass der Anreiz von Misserfolg immer negativ („unangenehm") sein muss. Misserfolge sind jedoch bei verschiedenen Aufgabenschwierigkeiten nicht gleichermaßen unangenehm.

Im Sinne der Definition des Misserfolgsmotivs ist hierbei die Frage entscheidend, wie sehr eine Person Scham empfinden würde, wenn ein Misserfolg eintritt. Es ist intuitiv nachvollziehbar, dass es besonders unangenehm ist und eine Person sich insbesondere dann schämen würde, wenn sie an einer sehr leichten Aufgabe gescheitert wäre. Misserfolg bei sehr schwierigen Aufgaben hingegen ist weitaus weniger unangenehm oder Scham-auslösend, da anzunehmen ist, dass auch vielen anderen die Lösung der Aufgabe nicht gelingt (die Wahrscheinlichkeit von Erfolg ist ja in diesem Fall gering). Aus diesem Grunde gilt für den (negativen) Anreiz von Misserfolg: $Am = 1 - Wm$.

Zu beachten ist hierbei, dass der Wert (1 – Wm) wiederum numerisch mit der Erfolgserwartung We gleichzusetzen ist. Dies folgt aus den bislang dargestellten Zusammenhängen.

Danach bedeutet eine hohe Erfolgserwartung (viele Personen lösen diese Aufgabe) zugleich, dass der negative Anreiz im Falle des Misserfolgs besonders hoch ist, während hingegen eine geringe Erfolgserwartung zugleich einen geringen negativen Anreiz von Misserfolg impliziert.

Somit sind alle Determinanten der Tendenz, Misserfolg zu vermeiden, versammelt. Nach Atkinson (1964) sind auch diese drei Variablen – Misserfolgsmotiv, Misserfolgserwartung und Anreiz von Misserfolg – wiederum multiplikativ miteinander verknüpft und ergeben so die Tendenz, einen Misserfolg zu vermeiden. Diese Tendenz ist immer eine negative, weil ein negativer Wert in die Multiplikation eingeht. Dies ist der negative Anreiz von Misserfolg. Zusammenfassend: $Tm = Mm \times Wm \times Am$.

Implikationen

Wie schon bei der Tendenz, Erfolg aufzusuchen, hat diese ganz analoge Definition der Tendenz, Misserfolg zu vermeiden, einige wichtige Implikationen (s. Tab. 6.3)

Implikation 1. Das Vermeiden von Misserfolg sollte für Aufgaben mittlerer Schwierigkeit ausgeprägter sein als für leichte oder schwierige Aufgaben, da bei mittelschweren Aufgaben das (negative) Produkt aus Wm und Am besonders hoch ist.

Implikation 2. Das Vermeiden von Misserfolg ist für Personen mit hohem Misserfolgsmotiv durchweg für alle Aufgabenschwierigkeiten höher als für Personen mit niedrigem Misserfolgsmotiv (vergleiche Spalte 4 und 5 in Tabelle 6.3).

Implikation 3. Das Vermeiden von Misserfolg zeigt im Falle eines niedrigen Erfolgsmotivs nur geringe Unterschiede für Aufgaben verschiedenen Schwierigkeitsgrades (diese Tendenz schwankt zwischen –.09 und –.25, also um einen Betrag von .16). Das Vermeiden von Misserfolg variiert dagegen umso stärker für unterschiedlich schwere Aufgaben, je höher das Misserfolgsmotiv ist (Tm liegt zwischen –.90 und –2.50 für hoch misserfolgsmotivierte Personen, variiert also um einen zehn Mal höheren Betrag).

Implikation 4. Die Unterschiede für Tm zwischen niedrig und hoch motivierten Personen sind bei

Tabelle 6.3. Wer eine Disposition hat, Scham nach Misserfolg zu antizipieren, neigt dazu, Leistungssituationen zu vermeiden oder besonders leichte bzw. besonders schwere Aufgaben zu wählen. Diese Tendenz drückte Atkinson mathematisch aus: als eine Funktion des Misserfolgsmotivs (Mm), der Misserfolgserwartung (Wm) und des Anreizes von Misserfolg für Personen mit niedrigem oder hohem Misserfolgsmotiv (hier mit Mm = 1 oder Mm = 10) (nach Atkinson, 1964)

Aufgabe	Wm	Am	Tm, wenn Mm = 1	Te, wenn Mm = 10
A	.90	–.10	$1 \times .90 \times .10 = -.09$	$10 \times .90 \times -.10 = -0.90$
B	.70	–.30	$1 \times .70 \times .30 = -.21$	$10 \times .70 \times -.30 = -2.10$
C	.50	–.50	$1 \times .50 \times .50 = -.25$	$10 \times .50 \times -.50 = -2.50$
D	.30	–.70	$1 \times .30 \times .70 = -.21$	$10 \times .30 \times -.70 = -2.10$
E	.10	–.90	$1 \times .10 \times .90 = -.09$	$10 \times .10 \times -.90 = -0.90$

mittleren Aufgabenschwierigkeiten am deutlichsten. Diese Differenz beträgt 2.50 – .25 = 2.25 für Aufgaben mit Wm = .50; sie beträgt jedoch nur .90 – .09 = .81 für Aufgaben mit Wm = .10 oder .90.

Implikation 5. Aus Implikation 3 und 4 folgt, dass Unterschiede im Leistungshandeln, die zwischen niedrig versus hoch Misserfolgsmotivierten zu erwarten sind, sich besonders deutlich bei Aufgaben mittlerer Schwierigkeit zeigen sollten.

6.3.4 Die Bedeutung der Erfolgserwartung innerhalb des Risikowahlmodells

Zusammenspiel von vier Variablen

Aus den bisherigen Ausführungen folgt, dass der Erfolgserwartung im Rahmen von Atkinsons Theorie eine herausragende Bedeutung zukommt. Neben dem Erfolgs- und Misserfolgsmotiv, die unabhängig voneinander verschiedene Ausprägungen annehmen können, sind es insgesamt vier situative Variablen, die das Leistungshandeln determinieren:
(1) die Erfolgserwartung,
(2) der Anreiz von Erfolg,
(3) die Wahrscheinlichkeit von Misserfolg sowie
(4) der (negative) Anreiz von Misserfolg.

Diese Variablen sind jedoch nicht unabhängig voneinander, sondern die Variablen zwei, drei und vier sind allein durch die Erfolgserwartung determiniert. Hat also die Person eine subjektive Vorstellung von der Schwierigkeit einer Aufgabe und somit der vermuteten Erfolgserwartung, so folgt hieraus gemäß den theoretischen Überlegungen Atkinsons:
(1) wie hoch der Anreiz im Erfolgsfalle wäre:
(Ae = 1 – We)
(2) wie wahrscheinlich ein Misserfolg ist:
(Wm = 1 – We), und
(3) wie hoch der negative Anreiz eines Misserfolgs wäre
(Am = 1 – Wm = We).

Zu beachten ist hierbei, dass in den Experimenten zur Theorie Atkinsons in aller Regel die Erfolgserwartung manipuliert wird, indem den Probanden mitgeteilt wird, ein bestimmter Prozentsatz von (vergleichbaren) Personen würde eine Aufgabe lösen können.

Schneider und Schmalt (2000) wiesen darauf hin, dass dieses Verfahren nicht unproblematisch ist. Stellen Sie sich vor, Sie sollen im Rahmen eines psychologischen Experiments ein Schachspiel gegen einen extrem guten Spieler bestreiten (zum Beispiel den besten Spieler des örtlichen Schachvereins). Ihre subjektive Erfolgserwartung als Hobby-Schachspieler dürfte im Normalfall realistischerweise weit unter 10 Prozent liegen. Wenn Sie andererseits ein begeisterter Schachspieler sind und selbst schon an Schachturnieren erfolgreich teilgenommen haben, so dürfte Ihre Erfolgserwartung deutlich höher liegen. Entsprechende eigene Konzepte der eigenen Fähigkeiten bleiben jedoch bei der empirischen Prüfung der Theorie in den weitaus meisten Fällen unberücksichtigt.

Resultierende Tendenz und Motivkonstellation

Fassen wir die Überlegungen Atkinsons noch einmal kurz zusammen: In Anlehnung an Lewin sieht Atkinson (1964) das Leistungshandeln als einen Annäherungs-Vermeidungs-Konflikt. Die beiden Elemente dieses Konfliktes – die Tendenz, Erfolg aufzusuchen und die Tendenz, Misserfolg zu vermeiden – wurden genauer definiert und mathematisch hergeleitet. Atkinson postuliert, dass diese beiden Kräfte additiv zusammenwirken.

Folglich sollte eine Leistungssituation immer dann aufgesucht werden, wenn Te > Tm; Leistungssituationen sollten gemieden werden, wenn Te < Tm.

Das Verhältnis zwischen diesen beiden Kräften hängt ausschließlich von der Motivkonstellation ab: Wenn das Erfolgsmotiv – die Fähigkeit, Stolz nach positiven Leistungsergebnissen zu erleben – größer ist als das Misserfolgsmotiv – die Disposition, sich für Misserfolge zu schämen – dann sollte die Erfolgstendenz größer werden als die Misserfolgstendenz. Der umgekehrte Fall tritt ein, wenn das Misserfolgsmotiv stärker ausgeprägt ist als das Erfolgsmotiv.

Extrinsische Motive.

In gewisser Weise steht die oben genannte Schlussfolgerung in Widerspruch zu vielen unserer Alltagsbeobachtungen: In der Schule und im Arbeitsleben wie auch in vielen anderen Situationen begeben Personen sich fortwährend in Leistungssituationen. Anders gesagt: Nur wenigen Menschen gelingt es, Leistungssituationen vollständig aus dem Wege zu gehen.

Das ist nach Atkinson nur scheinbar ein Widerspruch, denn das Leistungshandeln dient nicht ausschließlich dazu, Leistungsbedürfnisse zu befriedigen. So genannte extrinsische Anreize wie materielle Belohnungen, das Vermeiden von Bestrafungen oder auch das Streben nach Macht können Menschen ebenfalls zur Leistung motivieren.

Atkinson fasste diese extrinsischen Anreize in Anlehnung an Feather (1961) ganz generell als „Tex" (für extrinsische Tendenzen) zusammen. Hierzu führt Feather (1961) aus: „Wäre die leistungsbezogene Motivation die einzige in dieser Situation ausgelöste Motivation, so würde eine Person mit stärkerem Motiv zur Vermeidung von Misserfolg natürlich die Leistungsaufgabe überhaupt nicht in Angriff nehmen. Sie würde stattdessen die Aufgabe vermeiden und Aktivitäten wählen, die keine Angst vor Misserfolg aktivieren. Der Begriff der extrinsischen Motivation zur Ausführung einer Aufgabe wird hier eingeführt, um den Tatbestand zu erklären, dass sich die Person in einer sozialen Situation befindet ... Der übliche soziale Zwang (d.h. der Wunsch nach Anerkennung oder Furcht vor Nicht-Anerkennung) ist für Personen, bei denen das Misserfolgsmotiv größer ist als das Erfolgsmotiv, eine wesentliche Motivationsquelle." (Feather, 1961, S. 553).

DEFINITION

Leistungshandeln

Das Leistungshandeln ist daher Atkinson (1964) zufolge sowohl durch die resultierende Leistungstendenz als auch durch solche extrinsischen Motivationen determiniert; Atkinson bringt dies anhand folgender Formel zum Ausdruck:

Leistungshandeln = Tr + Tex (Tex = extrinsische Motivation)

Die Hinzufügung einer additiven Konstante ändert nichts an dem generellen Muster der resultierenden Tendenz: Nach wie vor bleiben mittelschwere Aufgaben für überwiegend erfolgsmotivierte Personen attraktiver als leichte und schwere Aufgaben, während für überwiegend misserfolgsmotivierte Personen gerade leichte und schwere Aufgaben die größte (weniger negative) resultierende Tendenz aufweisen sollten.

6.3.5 Hull, Skinner, Lewin und Atkinson im Vergleich

Ein Vergleich der Konzeptionen von Hull, Skinner, Lewin und Atkinson verdeutlicht, was sie zur Erforschung der Motivation beitrugen und wo ihre Grenzen liegen. Interessanterweise haben all diese Theorien einige gemeinsame Merkmale.

Diese Gemeinsamkeiten betreffen zunächst einmal den Sachverhalt, dass alle diese Theorien jeweils eine Person-, Umwelt- und Lernvariable vorsehen (s. Übersicht). Bei Hull beinhaltet die Person-Variable primäre oder sekundäre Triebe, bei Lewin sind es verschiedene Personbereiche, bei Atkinson schließlich sind es Motive. Lernprozesse finden sich bei Hull in Zusammenhang mit dem Konzept der Gewohnheitshierarchie, bei Lewin ist es die psychologische Entfernung, und bei Atkinson die subjektive Erfolgswahrscheinlichkeit, welche gelernt wird. Und schließlich verwenden alle diese Autoren eine Anreizvariable. Eine motivationale Theorie ohne Konzepte der Person, der Umwelt sowie der Lernprozesse ist also offenbar kaum denkbar.

ÜBERSICHT

Vier Theorien im Vergleich

| Theorie: | Theoretisches Konstrukt, bezogen auf ... | | |
	... die Person	... die Umwelt	... das Lernen
Hull	**Trieb** Primäre und sekundäre Triebe, momentane Zustände	**Anreiz** Merkmale des Zielobjektes	**Habit** Verbindung zwischen Reiz und Reaktion
Skinner	**Verstärkungsgeschichte** (kumulierte Erfahrungen, ständig im Fluss)	**Umweltkontingenzen**	**Verbindung** zwischen Verhalten und dessen Folgen
Lewin	**Spannung** Momentane Zustände verschiedener Personbereiche	**Valenz** Soweit durch Merkmale des Zielobjektes definiert	**Psychologische Entfernung**
Atkinson	**Motiv** Stabiles Personmerkmal	**Anreiz von Erfolg und Misserfolg**	**Erfolgswahrscheinlichkeit**

Personkonstrukt

Hulls Theorie hat den Nachteil, auf einige wenige primäre und sekundäre Triebe eingeschränkt zu sein. Handlungen, die nicht direkt mit biologischen Bedürfnissen zu tun haben oder der Vermeidung von Furcht dienen, sind anhand von Hulls Theorie kaum zu erklären. Skinners System macht deutlich, dass diese Einschränkung keineswegs in zwingender Weise für alle behavioristischen Ansätze gelten muss: Sein „System" bezieht sich schließlich auf alle Arten operanten Verhaltens.

Lewins Theorie überwindet ebenfalls die Restriktionen des Hull'schen Ansatzes – möglicherweise geschieht dies allerdings um den Preis einer „nur" metaphorischen Beschreibung der Person als einen in verschieden nahe Bereiche eingeteilten Gesamtbereich.

Atkinsons Theorie ist der einzige Ansatz, der stabile Personfaktoren (Motive) und überdauernde Unterschiede zwischen Personen postuliert, während Hull, Skinner und Lewin (auch im Gegensatz zu Freud) die momentane Befindlichkeit der Person als Motivationsquelle sehen.

Hedonismus und Homöostase. Alle diese Ansätze statten die Person mit hedonistischen Bestrebungen aus. Zu beachten ist hierbei, dass Atkinsons Theorie schließlich Daten hervor gebracht hat (s. Kap. 6.4.4), die an dieser hedonistischen Konzeption zweifeln lassen. Und während Hull und Lewin von homöostatischen Prozessen ausgehen, vertreten Skinner und Atkinson implizit die Auffassung, dass „mehr" (mehr positivere Konsequenzen, mehr Stolz, weniger Scham) auch „besser" sind und daher maximiert werden und nicht homöostatischen Prozessen unterliegen.

Situationskonstrukt

Hulls Theorie und Lewins Theorie haben gemeinsam, dass Anreize von Personmerkmalen unabhängige Konstrukte sind; bei Hull sind Anreizmerkmale gänzlich unabhängig, bei Lewin teilweise unabhängig von dem momentanen Bedürfniszustand des Individuums.

Skinner hingegen spricht überhaupt nicht von „Objekten" in der Umwelt, die verschiedene Anreizqualitäten annehmen können; vielmehr hält die Umwelt Konsequenzen für operante Verhaltensweisen des Organismus bereit. Zu beachten ist, dass das Individuum sich diese Kontingenzen zwischen Verhalten und Umwelt auch selbst schaffen kann. Atkinsons Theorie stellt hier wiederum eine Besonderheit dar, weil die Situationsvariable vollständig von der Lernvariablen, in diesem Fall der Erfolgserwartung, abhängig ist.

Lernkonstrukt

Hulls Theorie postuliert Lernen als das Stiften einer Verbindung zwischen Reiz und Reaktion, während in Skinners System die Verbindung zwischen dem Verhalten und dessen nachfolgenden Konsequenzen gelernt werden.

Lewins Konzept der psychologischen Entfernung nimmt Atkinsons Erfolgserwartung vorweg: Gelernt wird beiden Konzeptionen zufolge, wie schwer es ist, ein gegebenes Ziel zu erreichen. Beide Konzepte gehen über eine bloß mechanistische Abbildung von Reiz-Reaktionsbeziehungsweise Reaktions-Konsequenz-Verbindungen hinaus und erfordern eine kognitive Repräsentation der Umwelt.

Insbesondere die letztgenannten Unterschiede in Bezug auf die Lernvariable zwischen Hull und Skinner einerseits und Lewin und Atkinson andererseits sind für die weitere Darstellung der Motivationstheorien bedeutsam.

Weiner (1986) schreibt hierzu: „Aber obwohl Atkinson und Lewin als kognitive Theoretiker angesehen werden, sind beide auch sehr stark von physikalischen Modellvorstellungen beeinflusst ... Trotz ihrer Verwendung (dieser Vorstellungen) sehen sie jedoch den Menschen als „rationales Wesen" an, welches seine geistigen Fähigkeiten einsetzen kann, um begehrte Ziele zu erreichen. Somit stellen die Theorien von Lewin und Atkinson einen Übergang zwischen (behavioristischen) und kognitiven Theorien dar." (Weiner, 1986, S. 158).

6.4 Empirische Befunde zur Theorie der Leistungsmotivation

Die empirischen Arbeiten zu Atkinsons Theorie sind zu zahlreich, um diese auch nur ansatzweise aufzuführen. Wir konzentrieren uns deshalb auf drei klassische und oft zitierte Experimente zu den wichtigsten Phänomenen des Leistungshandelns, die im Rahmen der Atkinson'schen Theorie untersucht wurden: Dies sind Experimente zur Aufgabenwahl, zur Setzung des Anspruchsniveaus, und zur Ausdauer bei unlösbaren Aufgaben.

6.4.1 Aufgabenwahl

Ringwurfaufgabe. In einem Experiment von Atkinson und Litwin (1960) sollten die Probanden eine so genannte Ringwurfaufgabe meistern. Ein Ring sollte aus unterschiedlichen Entfernungen über einen Stab geworfen werden. Die Distanz zum Ring war für die Probanden frei wählbar und konnte in 15 Stufen variieren (15 verschiedene Entfernungen vom Stab waren markiert worden).

Die Autoren gehen davon aus, dass eine große Distanz vom Stab mit einer geringen Erfolgserwartung einhergeht, während eine geringe Distanz mit hoher Wahrscheinlichkeit einen erfolgreichen Wurf ermöglichen sollte.

Als unabhängige Variable in diesem Quasi-Experiment variierten die Motivausprägungen der Probanden: Erfasst wurden das Leistungsmotiv anhand des TAT sowie das Misserfolgsmotiv anhand des TAQ. Hieraus ergaben sich vier verschiedene Motivkonstellationen (und somit experimentelle Gruppen), nämlich:

(1) Personen mit hohem Erfolgsmotiv und geringem Misserfolgsmotiv;
(2) Personen mit hohem Erfolgsmotiv und hohem Misserfolgsmotiv,
(3) Personen mit geringem Erfolgsmotiv und geringem Misserfolgsmotiv und
(4) Personen mit geringem Erfolgsmotiv und hohem Misserfolgsmotiv.

Als abhängige Variable wurde erfasst, welche Distanzen zum Stab – und somit: welche Aufgabenschwierigkeiten – die Probanden der jeweils verschiedenen Motivkonstellationen wählten.

Insbesondere der Vergleich zwischen Gruppe 1 und 4 ist hier interessant: Atkinsons Theorie sagt vorher, dass Personen mit hohem Erfolgs- und geringem Misserfolgsmotiv (Gruppe 1) insbesondere Aufgaben mittlerer Schwierigkeit wählen sollten; Personen mit umgekehrter Motivausprägung (Gruppe 4) sollten dagegen insbesondere sehr leichte und sehr schwierige Aufgaben wählen. Für die beiden anderen Gruppen sollte sich ein Aufgabenwahlmuster zeigen, das zwischen diesen beiden Extremen liegt. Der Einfachheit halber betrachten wir im Folgenden nur die beiden extremen Motivgruppen (s. Tab. 6.4).

Interpretation der Ergebnisse. Personen mit hoher Leistungsmotivation bevorzugten tatsächlich in höherem Maß Aufgaben mittlerer Schwierigkeit als Probanden mit überwiegender Misserfolgsmotivation. Allerdings zeigt sich auch, entgegen den Vorhersagen der Theorie, dass die überwiegend misserfolgsmotivierten Probanden nicht eindeutig die leichten oder schweren Aufgaben gegenüber den mittelschweren Aufgaben bevorzugen. Vielmehr werden alle Arten von Aufgabenschwierigkeiten ungefähr gleich häufig gewählt.

Dies könnte einerseits darauf zurückzuführen sein, dass die Vorhersagen der Theorie unzutreffend sind – andererseits kann angesichts der schon angesprochenen Schwierigkeiten bei der Motivdiagnose auch nicht ausgeschlossen werden, dass die Identifizierung eindeutig misserfolgsmotivierter Personen nicht in hinreichendem Maße gelungen ist.

Meyer, Folkes und Weiner (1976) fassten die Befunde zur Aufgabenwahl zusammen. Dies bestätigt das Bild, welches sich auch in dem Experiment von Atkinson und Litwin (1960) abzeichnet: Personen mit überwiegender Erfolgsmotivation bevorzugen mittelschwere Aufgaben stärker als eher misserfolgsmotivierte Personen. Letztere bevorzugen aber, anders als die Theorie vorhergesagt, weder leichte noch schwere Aufgaben.

Tabelle 6.4. Experiment zur Aufgabenwahl von Atkinson und Litwin (1960). Wer hoch leistungsmotiviert ist, bevorzugt zwar in stärkerem Maß Aufgaben mit mittlerer Schwierigkeit als Misserfolgsmotivierte dies tun. Doch bei den eher misserfolgsmotivierten Probanden sagte Atkinsons Theorie andere Ergebnisse vorher: Die Befunde zeigen, dass auch Misserfolgsmotivierte insgesamt eher mittelschwere Aufgaben bevorzugen

Aufgabenschwierigkeit	Geringes Leistungsmotiv, hohes Misserfolgsmotiv	Hohes Leistungsmotiv, geringes Misserfolgsmotiv
1 = geringster Abstand zum Stab 15 = größter Abstand zum Stab	Häufigkeit der Aufgabenwahl in Prozent	
01–03	16	9
04–06	11	2
07–09	25	37
10–12	29	44
13–15	19	8

6.4.2 Anspruchsniveau

Anagramm-Aufgaben. In einem Experiment von Moulton (1965) wurden den Probanden zunächst drei Anagramm-Aufgaben vorgestellt, die als einfach, mittelschwer beziehungsweise schwierig bezeichnet wurden. Hierzu erhielten die Probanden fingierte Aufgabennormen. Diesen Normen zufolge sollte die leichte Aufgabe von 75 Prozent vergleichbarer Personen, die mittelschwere von 50 Prozent vergleichbarer Personen und die schwere Aufgabe lediglich von 25 Prozent vergleichbarer Personen gelöst werden. In einem ersten Teil des Experiments bearbeiteten die Probanden die mittelschwere Aufgabe.

Als unabhängige Variable wurde der Erfolg bei dieser Aufgabe variiert, die Hälfte der Probanden erhielt eine Erfolgsrückmeldung, die andere eine Misserfolgsrückmeldung. Weiterhin wurden die Motivdispositionen der Probanden erfasst und drei Motivgruppen gebildet: Eine Gruppe mit überwiegender Erfolgsmotivation, eine Gruppe mit annähernd gleich starkem Erfolgs- und Misserfolgsmotiv, sowie eine Gruppe mit überwiegender Misserfolgsmotivation.

Als abhängige Variable wurde erfasst, welche Aufgabe die Probanden im Anschluss an den Erfolg oder Misserfolg bei der ersten Aufgabenbearbeitung wählten. Hierbei konnte nur eine der beiden verbleibenden Aufgaben – also entweder die zuvor als schwierig bezeichnete Aufgabe (ursprünglich We = .25) und die als leicht bezeichnete Aufgabe (ursprünglich We = .75) – gewählt werden. Zu beachten ist auch, dass ein Erfolg bei der mittleren Aufgabenschwierigkeit zu einer Erhöhung der Erfolgserwartung, ein Misserfolg jedoch zu einem Abfall der Erfolgserwartung führen sollte.

Was sind nun die Vorhersagen der Theorie Atkinsons? Eine gute Erfolgskontrolle für das Verständnis der bisherigen Ausführungen zur Theorie der Leistungsmotivation besteht darin, dass Sie sich diese Vorhersagen selbst herleiten – bitte nehmen Sie sich einen Moment Zeit hierfür, bevor Sie weiterlesen.

ÜBERSICHT

Vorhersagen für die Setzung des Anspruchsniveaus

Motivgruppe	Leistungsergebnis	Änderung von We für die beiden verfügbaren Aufgaben	Anspruchsniveausetzung
Erfolgs- motivierte	Erfolg	+ .10 also .85 und .35	Wahl der Aufgabe mit We = .35
→ Hypothese: Wahl der schwereren Aufgabe nach Erfolg			
Erfolgs- motivierte	Misserfolg	- .10 also .65 und .15	Wahl der Aufgabe mit We = .65
→ Hypothese: Wahl der leichteren Aufgabe nach Missrfolg			
Misserfolgs- motivierte	Erfolg	+ .10 also .85 und .35	Wahl der Aufgabe mit We = .85
→ Hypothese: Wahl der leichteren Aufgabe nach Erfolg			
Misserfolgs- motivierte	Misserfolg	- .10 also .65 und .15	Wahl der Aufgabe mit We = .15 (schwere Aufgabe)
→ Hypothese: Wahl der schwereren Aufgabe nach Misserfolg			

Leistungsmotivation

Anspruchsnivau setzen. Die Vorhersage lautet: Erfolgsmotivierte sollten nach Erfolg die schwierigere Aufgabe wählen und nach Misserfolg die leichtere Aufgabe (s. Tab 6.5). Im Sinne Hoppes (s. Kap. 5) sind dies typische Verschiebungen des Anspruchsniveaus. Im Sinne Atkinson werden die Aufgaben gewählt, die einer mittleren Erfolgserwartung am nächsten sind (We = .35 statt .85 nach Erfolg und We = .65 statt .15 nach Misserfolg).

Misserfolgsmotivierte hingegen sollten nach Erfolg die leichtere und nach Misserfolg die schwerere Aufgabe wählen. Dies sind atypische Anspruchsniveauverschiebungen im Sinne Hoppes; im Sinne Atkinsons werden diejenigen Aufgaben gewählt, die von einer mittleren Erfolgserwartung am weitesten entfernt sind (We = .85 statt .35 nach Erfolg und We = .15 statt .65 nach Misserfolg).

Vereinfacht gesprochen sagt die Theorie vorher, dass überwiegend erfolgsmotivierte Personen in aller Regel typische Anspruchsniveausetzungen vornehmen, während es bei misserfolgsmotivierten Personen in der Regel zu atypischen Anspruchsniveausetzungen kommen sollte.

Interpretation der Ergebnisse. Die Ergebnisse sind denen aus dem Experiment zur Aufgabenwahl von Atkinson und Litwin (1960) recht ähnlich: Erfolgsmotivierte Personen zeigen eine klare Tendenz zu typischen Anspruchsniveausetzungen, und atypische Anspruchsniveausetzungen sind für misserfolgsmotivierte Personen deutlich häufiger.

Nicht in Einklang mit den Vorhersagen der Theorie steht allerdings der Befund, dass atypische Setzungen des Anspruchsniveaus für misserfolgsmotivierte Personen keineswegs häufiger sind als typische

Anspruchsniveausetzungen – die Ergebnisse zeigen eher das umgekehrte Muster (ein Drittel atypische und zwei Drittel typische Anspruchsniveauverschiebungen). Die Befunde Moultons (1965) stehen jedoch sehr gut in Einklang mit Hoppes anfänglicher Beobachtung, dass nämlich atypische Anspruchsniveausetzungen eher die Ausnahme und nur bei vergleichsweise wenigen Probanden zu finden sind.

6.4.3 Ausdauer

Lösbare und unlösbare Aufgaben. Feather (1961) führte ein Experiment zur Ausdauer durch, bei dem die Probanden unlösbare Aufgaben erhielten. Hierbei sollten komplexe geometrische Figuren in einem Strich (ähnlich dem „Haus vom Nikolaus") nachgezeichnet werden, ohne den Stift abzusetzen. Die geometrischen Figuren lassen sich leicht so gestalten, dass die Aufgaben unlösbar sind, ohne dass jedoch die Probanden dies selbst feststellen können (s. Abb. 6.2).

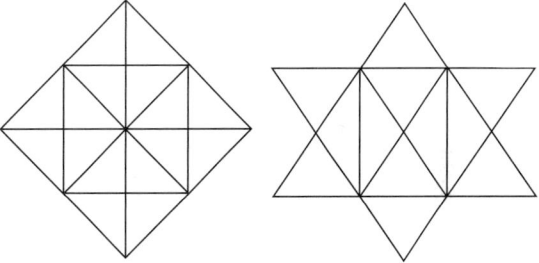

Abbildung 6.2. Feather (1961) legte seinen Probanden unlösbare (links) und lösbare (rechts) Aufgaben vor. Die geometrischen Figuren sollten in einem Strich nachgezeichnet werden

Tabelle 6.5. Experiment zur Setzung des Anspruchsniveaus von Moulton (1965). Probanden veränderten ihr Anspruchsniveau anders als vorhergesagt: Die meisten, gleich ob eher erfolgs- oder eher misserfolgsmotiviert, verhielten sich typisch. Erfolgsmotivierte wählen nach einem Erfolg die schwierigere Aufgabe und nach Misserfolg die leichtere Aufgabe. Misserfolgsmotivierte verschoben ihr Anspruchsniveau allerdings etwas häufiger in untypischer Weise als Erfolgsmotivierte

Motivgruppe	Art der Leistungsmotivation	Anspruchsniveauänderung	
		Typisch	Atypisch
Me > Mm	Erfolg aufsuchend	30	1
Mm < Me	Misserfolg meidend	20	11

Tabelle 6.6. Experiment zur Ausdauer von Feather (1961): Da Misserfolgsmotivierte eher besonders schwere oder besonders leichte Aufgaben bevorzugen, sollten diese Probanden vor allem dann ausdauernd sein, wenn sie mit einer subjektiv schwierigen Aufgabe beginnen (die ihnen dann aufgrund der fortlaufenden Misserfolge immer schwieriger erscheinen muss). Bei einem Ausgangsniveau von We = .70 dagegen nähern sich Misserfolgsmotivierte bei weiteren Misserfolgen immer mehr einer mittleren subjektiven Erfolgserwartung und sollten daher hier weniger motiviert und somit weniger ausdauernd sein

Versuchs-bedingung	Durch-gang	$M_e > M_m$ (W_e M_e W_e A_e M_m W_m A_m T_{ex}^{c} T_r)	$M_m > M_e$ (M_e W_e A_e M_m W_m A_m T_{ex} T_r)
$W_e = .70$	1	$.70^a$ $\quad 2 \times .7 \times .30 + (1 \times .3 \times -.70) + .50^c = .71$	$1 \times .7 \times .30 + (2 \times .3 \times -.70) + .50 = .29$
	2	$.60 \quad 2 \times .6 \times .40 + (1 \times .4 \times -.60) + .50 = .74$	$1 \times .6 \times .40 + (2 \times .4 \times -.60) + .50 = .26$
	3	$.50 \quad 2 \times .5 \times .50 + (1 \times .5 \times -.50) + .50 = .75$	$1 \times .5 \times .50 + (2 \times .5 \times -.50) + .50 = .25$
$W_e = .05$	1	$.05^b \quad 2 \times .05 \times .95 + (1 \times .95 \times -.05) + .50 = .55$	$1 \times .05 \times .95 + (2 \times .95 \times -.05) + .50 = .45$
	2	$.04 \quad 2 \times .04 \times .96 + (1 \times .96 \times -.04) + .50 = .54$	$1 \times .04 \times .96 + (2 \times .96 \times -.04) + .50 = .46$
	3	$.03 \quad 2 \times .03 \times .97 + (1 \times .97 \times -.03) + .50 = .53$	$1 \times .03 \times .97 + (2 \times .97 \times -.03) + .50 = .47$

Wie auch Moulton (1965), variierte Feather (1961) die subjektive Erfolgserwartung durch Vorgabe unterschiedlicher Normen: Den Probanden wurde entweder mitgeteilt, nur 5 Prozent oder aber 75 Prozent der Studierenden seien in der Lage, diese (in Wirklichkeit unlösbaren) Aufgaben zu lösen. Weiterhin wurden das Erfolgsmotiv mittels TAT sowie das Misserfolgsmotiv mittels TAQ erhoben und so zwei verschiedene Motivgruppen gebildet, nämlich erfolgs- versus misserfolgsorientierte Probanden.

Ähnlich wie schon bei Moulton wird auch für diese Versuchsanordnung angenommen, dass die subjektive Erfolgserwartung mit jedem Misserfolg sinken sollte. Erfolgsmotivierte sollten insbesondere bei eher einfachen Aufgaben ausdauernd sein, nicht jedoch bei schwierigen Aufgaben. Dies ist darauf zurückzuführen, dass fortlaufende Misserfolge bei einem Ausgangswert von We = .70 sukzessive zu einer Verschiebung von We in Richtung .50 (mittlere Erfolgserwartung) führen sollten; bei einem Ausgangswert von We = .05 entfernt sich die subjektive Erfolgserwartung immer mehr von .50.

Als abhängige Variable erfasste Feather (1961) die Anzahl der Versuche, ein und dieselbe Aufgabe zu lösen – weil für jeden Lösungsversuch ein neues Blatt benötigt wird, kann dies sehr leicht gemessen werden (s. Tab. 6.7). Zu beachten ist, dass Feather (1961) allerdings nicht die numerische Anzahl der Versuche seiner Probanden bei einer Aufgabe nennt, sondern eine Medianbildung der Anzahl der Versuche vornimmt und lediglich angibt, wie viele der Probanden innerhalb jeder Bedingung über diesem Median beziehungsweise unter diesem Median liegen.

Interpretation der Ergebnisse. Die Ergebnisse zeigen eine recht gute Bestätigung der theoretischen Vorhersagen: Erfolgsmotivierte sind überwiegend dann besonders ausdauernd, wenn fortwährende Misserfolge bei zunächst subjektiv leichten Aufgaben auftreten (so dass die subjektive Erfolgserwartung sich in Richtung mittlere Erfolgserwartung verschiebt). Umgekehrt sind Misserfolgsmotivierte vorwiegend dann besonders ausdauernd, wenn sie Misserfolg bei recht schwierigen Aufgaben haben (so dass sich die subjektive Erfolgserwartung Richtung hohe Aufgabenschwierigkeit verschiebt).

6.4.4 Diagnostizität von Aufgaben: Eine Alternativerklärung

Informationsgewinn erklärt Leistungsverhalten

Folgt man Atkinson, so streben Erfolgsmotivierte danach, positive Affekte zu maximieren (nämlich Stolz nach Erfolg), während Misserfolgsmotivierte gerne negative Affekte (Scham) nach Misserfolg vermeiden wollen. Das Grundprinzip des Hedonismus wird hier – wie schon in den Motivationstheorien von Freud, Hull und Lewin – wiederum sichtbar.

Tabelle 6.7. Feather (1961) untersuchte die Ausdauer bei lösbaren und unlösbaren Aufgaben: Erfolgsmotivierte sind dann ausdauernd, wenn sie bei subjektiv leichten Aufgaben keinen Erfolg haben. Misserfolgsmotivierte sind ausdauernd, wenn sie an schwierigen Aufgaben scheitern. Feather nennt leider nicht die numerische Anzahl der Versuche seiner Probanden bei einer Aufgabe, sondern nimmt eine Medianbildung der Anzahl der Versuche vor. Er gibt an, wie viele der Probanden innerhalb jeder Bedingung über diesem Median beziehungsweise unter diesem Median liegen. Eine solche Medianbildung wurde laut Feather (1961) deshalb vorgenommen, weil die Varianzen hinsichtlich der Ausdauer – operationalisiert als Anzahl der Versuche je Aufgabe – außerordentlich hoch ist

Leistungsmotivation	Erfolgswahrscheinlichkeit	Anzahl der Probanden, für die gilt:	
		Ausdauer hoch (über dem Median)	Ausdauer gering (unter dem Median)
Erfolg aufsuchend	We = .70	6	2
Erfolg aufsuchend	We = .05	2	7
Misserfolg meidend	We = .70	3	6
Misserfolg meidend	We = .05	6	2

Rückschlüsse auf die eigene Person. Trope und Brickman (1975) reichte diese Erklärung nicht aus. Sie fanden, Leistungshandeln lasse sich besser mit einem Bedürfnis erklären, etwas über die eigene Person zu erfahren. Nach diesem Ansatz sind es nicht positive oder negative Affekte, die durch das Leistungshandeln – beispielsweise die Wahl einer Aufgabe eines bestimmten Schwierigkeitsgrades – maximiert beziehungsweise minimiert werden sollen. Die Autoren legen vielmehr ihr Augenmerk darauf, wie sich der mögliche Informationsgewinn, der aus der Bearbeitung von Aufgaben resultiert, auf das Leistungshandeln auswirkt. Ausgangspunkt ist die Beobachtung, dass das Resultat einer Aufgabenbearbeitung je nach Aufgabenschwierigkeit in unterschiedlichem Maße informativ ist.

Wenig Information bei leichten und schweren Aufgaben. Weiner und Kukla (1970) wiesen darauf hin, dass der Erfolg bei einer sehr leichten Aufgabe typischerweise der Leichtigkeit der Aufgabe und nicht der Person zugeschrieben wird. Umgekehrt scheitert die Bearbeitung sehr schwieriger Aufgaben normalerweise, was wiederum in aller Regel auf die hohe Aufgabenschwierigkeit zurückgeführt wird. In beiden Fällen erfährt man allerdings nichts über die eigenen Fähigkeiten. Wenn leichte Aufgaben gelingen und schwierige Aufgaben nicht, gewinnt man keine Informationen, da die handelnde oder beobachtende Person (beispielsweise der Schüler oder Lehrer) ohnehin schon weiß, dass die Aufgabe zu einfach oder zu schwierig war.

Mittelschwere Aufgaben sind informativ. Anders liegt der Fall dagegen bei mittelschweren Aufgaben: Wenn die Erfolgserwartung bei 50 Prozent liegt, so lassen etwaige Erfolge oder Misserfolge am ehesten Rückschlüsse auf die Person zu – also beispielsweise darüber, wie fähig oder begabt eine Person ist oder in welchem Maße sie sich angestrengt hat.

Wenn aber nur bei in etwa mittelschweren Aufgaben ein Informationsgewinn über die eigene Person zu erzielen ist, wie erklärt sich dann, dass manche Personen Aufgaben mittlerer Schwierigkeit wählen, andere Personen dagegen gerade dieses mittlere Schwierigkeitsniveau geradezu zu meiden trachten? Trope und Mitarbeiter nehmen an, dass gerade der unterschiedliche Informationsgewinn die Unterschiede zwischen Erfolgs- und Misserfolgsmotivierten erklären kann.

Positive und negative Rückschlüsse. Misserfolgsmotivierte bevorzugen Trope zufolge sehr leichte und sehr schwere Aufgaben, weil das mit großer Wahrscheinlichkeit zu erwartende Handlungsergebnis nichts über die Fähigkeiten der Person aussagt, sondern lediglich über Charakteristika der Aufgabe. Umgekehrt könnten Erfolgsmotivierte mittelschwere Aufgaben bevorzugen, gerade weil sie etwas über die eigenen Fähigkeiten erfahren wollen. Somit sind es keine hedonistischen Mechanismen, die das unterschiedliche Leistungshandeln erklären, sondern unterschiedlich starke Bedürfnisse, etwas über die eigene Person zu erfahren.

Soziale Bewertung von Leistungen. Hinzu kommt noch, dass entsprechende Leistungsergebnisse auch zu einer sozialen Tatsache werden, weil diese von anderen Personen, etwa dem Lehrer oder dem Vorgesetzten, wahrgenommen und bewertet werden können. Interessanterweise erfasst der TAG von Mandler und Sarason (1952) zur Prüfungsängstlichkeit, mit dem das Misserfolgsmotiv üblicherweise gemessen wird, genau solche Befürchtungen in hohem Maße.

Zusammenfassend nehmen Trope und Brickman (1975) an, dass „erfolgsmotivierte" Personen gerne Informationen über die eigene Leistungsfähigkeit bekommen möchten, während „misserfolgsängstliche" Personen solchen Informationen aus Sorge um negative Rückschlüsse über die eigene Person lieber aus dem Wege gehen.

Diagnostizität

Wenn wir nun entscheiden wollen, was Personen tatsächlich motiviert – entweder die Maximierung positiver und Minimierung negativer Emotionen oder aber der mögliche Informationsgewinn aus verschiedenen Aufgabenbearbeitungen – so ist es notwendig, zwei Dinge unabhängig voneinander zu variieren: Dies ist zum einen die Schwierigkeit der Aufgabe, und zum anderen deren „Diagnostizität".

Unter Diagnostizität ist hierbei zu verstehen, mit welcher Wahrscheinlichkeit Personen mit hohen oder geringen Fähigkeiten bei einer Aufgabe Erfolg haben. Eine hoch diagnostische Aufgabe – zum Beispiel eine gute Abschlussklausur einer Vorlesung – wird bei den Studierenden, die fleißig gelernt haben, mit hoher Wahrscheinlichkeit zum Erfolg führen, jedoch bei solchen Studierenden, die wenig oder gar nicht gelernt haben, mit hoher Wahrscheinlichkeit zu Misserfolg führen. Eine schlechte, wenig diagnostische Abschlussklausur wäre dagegen dann gegeben, wenn sich die Klausurergebnisse für „fleißige" oder „faule" Studierende nicht oder nur in geringem Maße unterscheiden.

Empirische Überprüfung der Diagnostiziät

Trope und Brickman (1975) wie auch Trope (1975) führten nun eine Reihe von Experimenten durch, bei denen die Erfolgserwartung und die Diagnostizität der Aufgabe tatsächlich unabhängig voneinander variiert wurden. Ein Experiment von Trope (1975) ist hierbei besonders aufschlussreich, weil zusätzlich auch das Leistungsmotiv der Probanden erfasst wurde. Hierbei erhielten die Probanden keine realen Aufgaben. Vielmehr wurden nur Beschreibungen von Aufgaben vorgelegt, von denen die Probanden annahmen, sie würden sie später bearbeiten. Anhand der Beschreibungen wurden die Probanden über Schwierigkeitsgrad und Diagnostizität der Aufgaben informiert. Als abhängige Variable wurde erfasst, wie oft die Aufgaben unterschiedlicher Schwierigkeit und Diagnostizität jeweils gewählt wurden.

Informationsgewinn bestimmt Aufgabenwahl. Der wichtigste Befund dieses Experiments besteht darin, dass für alle Arten von Aufgabenschwierigkeiten die hoch diagnostischen gegenüber den weniger diagnostischen Aufgaben bevorzugt werden. Dies deutet darauf hin, dass Informationsgewinn – im Vergleich zur Erfolgserwartung – generell die wichtigere Determinante der Aufgabenwahl ist. Wie steht es nun mit dem Einfluss des Leistungsmotivs auf die Wahl unterschiedlich diagnostischer Aufgaben?

Einfluss des Leistungsmotivs. Bei hoch leistungsmotivierten Probanden ist diese Präferenz für diagnostische Aufgaben jedoch weitaus deutlicher aus-

Tabelle 6.8. Experiment zur Diagnostizität: Alle Probanden, ob hoch oder wenig leistungsmotiviert, entschieden sich für Aufgaben mit einer hohen Diagnostizität, die also in hohem Maße Rückschlüsse über die eigene Person erlaubten (Trope, 1975)

| | UV 1: Aufgabenschwierigkeit | | | | | |
	leicht		mittel		schwer	
UV 2: Diagnostizität	-	+	-	+	-	+
AV: Anzahl gewählter Aufgaben in dieser Versuchsbedingung	4.8	6.0	2.3	5.0	2.3	4.9

Tabelle 6.9. Hoch motivierte Probanden bevorzugtem in stärkerem Maß als niedrig motivierte Probanden Aufgaben mit einer hohen Diagnostizität (Trope, 1975)

| | UV 1: Diagnostizität der Aufgabe | |
	niedrig	hoch
UV 2: Leistungsmotivation:		
hoch	2,1	5,9
niedrig	3,7	4,5

geprägt als bei den niedrig leistungsmotivierten Personen: Bei ersteren werden hoch diagnostische Aufgaben fast 3 Mal so häufig gewählt wie wenig diagnostische Aufgaben; bei niedrig leistungsmotivierten Personen ist dieser Unterschied vergleichsweise viel geringer ausgeprägt. Die Befunde von Trope und Mitarbeitern wurden auch in Arbeiten von Meyer und Weiner (z.B. Meyer, Folkes & Weiner, 1976) wiederholt bestätigt.

Zusammenfassung

Zusammengenommen haben diese Experimente weitreichende Implikationen für die Theorie Atkinsons. Seine Erklärungen ließen sich nicht bestätigen. Zum einen sind es nicht notwendigerweise hedonistische Bestrebungen – die Maximie-

rung positiver und Minimierung negativer Affekte – welche das Leistungshandeln von Personen determinieren, sondern vielmehr das Bestreben, Informationen über den eigenen Fähigkeitsstand zu bekommen.

Weiterhin postulierte Atkinson, dass Erfolgsmotivierte vor allem durch die Maximierung von Stolz nach Erfolg motiviert sind, während Misserfolgsmotivierte vorwiegend durch die Minimierung von Scham nach etwaigen Misserfolgen geleitet werden. Die Befunde von Trope zur Diagnostizität von Aufgaben legen jedoch nahe, dass die weitaus meisten sich so verhalten, dass das eigene Leistungshandeln Informationen über die eigenen Fähigkeiten ermöglicht, während nur eine Minderheit von Personen solche Informationen meidet oder in geringerem Maße präferiert.

Dieses Datenmuster fügt sich auch sehr gut in die Befunde, die in den Abschnitten 6.4.1 bis 6.4.3 zu Anspruchsniveausetzungen, Aufgabenwahl und Ausdauer präsentiert wurden: Auch hier war es – entgegen den Annahmen Atkinsons und in Einklang mit den früheren Befunden Hoppes – nur eine relativ kleine Minderheit von Personen, die sich misserfolgsorientiert verhalten und demzufolge untypische Anspruchsniveausetzungen, Aufgabenwahlen und Ausdauer eher bei zu schwierigen als bei anderen Aufgaben zeigen.

Angesichts der weitreichenden Implikationen dieser Befunde zur Diagnostizität für das Menschenbild, das Motivationstheorien zugrunde liegt, werden wir diese im Rahmen der Attributionstheorie wieder aufgreifen.

6.5 Leistungsmotiv und Wirtschaftsentwicklung: Die Arbeiten von David McClelland

Sie werden sich vermutlich daran erinnern, dass John Atkinson und David McClelland zunächst gemeinsam an der Revision des von Murray entwickelten TATs gearbeitet hatten. Während Atkinson sich nachfolgend vor allem der experimentellen Analyse des Leistungsmotivs und Leistungshandelns widmete, ging David McClelland einen ganz anderen Weg: Ihm ging es vor allem darum, den Einfluss des Leistungsmotivs auf die gesellschaftliche und hier insbesondere die ökonomische Entwicklung zu untersuchen.

6.5.1 Leistungsstreben und Protestantismus

In einem vielfach beachteten und oftmals als „monumental" bezeichneten Buch mit dem Titel „The Achieving Society" (1961) publizierte McClelland außerordentlich umfangreiche Analysen zum Zusammenhang zwischen gesellschaftlicher Entwicklung und Leistungsmotiv.

Protestantische Ethik und Leistung. Ein wichtiger Ausgangspunkt der Überlegungen McClellands sind die Arbeiten des deutschen Soziologen Max Weber,

David McClelland erforschte, wie Leistungsmotiv und die Entwicklung von Gesellschaften miteinander zusammenhängen

der 1904 ein Buch über die so genannte „protestantische Ethik" veröffentlichte. Weber analysierte die protestantische Auflehnung gegen die katholische Kirche und zeigte, dass der Protestantismus in höherem Maße als andere christliche Denktraditionen die Eigenverantwortlichkeit des Individuums betonte. Weber (1904) glaubte, dass sich die protestantische Ethik in einem größeren Ehrgeiz und Leistungsstreben äußerte und dass daher protestantisch geprägte Gesellschaften wirtschaftlich erfolgreicher seien als katholisch geprägte Gesellschaften.

McClelland wies darauf hin, dass die von Weber (1904) beschriebene „protestantische Persönlichkeit" überraschende Parallelen zu einer hoch leistungsmotivierten Person aufweist. In den Worten McClellands (1961): „(Weber) erwähnt, dass junge protestantische Arbeiterinnen härter und länger zu arbeiten schienen, ihr Geld für längerfristige Ziele aufsparten, und protestantische Unternehmer häufiger auf Spitzenpositionen in der Geschäftswelt gelangten …. Was aber trieb die Protestanten zu so gewaltigen Leistungen …? Weber glaubt, „dass der protestantische Mensch aus seinem Reichtum keinen persönlichen Gewinn zieht, außer dem irrationalen Gefühl, seine Sache gut gemacht zu haben". Dies entspricht nun genau unserer Definition des Leistungsmotivs, das wir anhand von projektiven Verfahren erheben (McClelland, 1961, S. 47).

Protestantismus und Wirtschaftswachstum. McClelland (1961) untersuchte insbesondere die Beziehung zwischen Leistungsmotiv und Wirtschaftswachstum einerseits und Protestantismus und Wirtschaftswachstum andererseits. Hierzu zog er vielfältige Datenquellen heran: Er kodierte leistungsthematische Inhalte in Kinderbüchern, arbeitete an verschiedenen Indizes zur Ermittlung des Wirtschaftswachstums (z.B. das Bruttoinlandsprodukt, den Stromverbrauch in modernen Gesellschaften, den Umfang der Kohleimporte vor und während der industriellen Revolution in England) und analysierte das Wirtschaftswachstum in früheren wie gegenwärtigen Gesellschaften (Peru in der Vor-Inka-Zeit, das antike Griechenland, das mittelalterliche Spanien, England vor und während der industriellen Revolution sowie die USA insbesondere in den 50er Jahren des 20. Jahrhunderts).

Weiterhin untersuchte er auch heute noch aktuelle Themen, die auch beispielsweise in der Ausbildung von Hochschulabsolventen in aller Munde sind, wie etwa das Verhalten und die Persönlichkeitsmerkmale von Unternehmensgründern, darunter Merkmale wie Risikobereitschaft, Fähigkeit zur Übernahme von Verantwortung, langfristige Planungsstrategien, und Leistungsmotive bei besonders erfolgreichen Managern.

6.5.2 Studien zum wirtschaftlichen Erfolg

Zwei Befunde McClellands (1961) seien hier beispielhaft erwähnt. Zum einen verglich er eine ganze Reihe von überwiegend protestantischen Staaten (so etwa Norwegen, Kanada, Schweden, USA und der Schweiz als protestantische Staaten) mit katholischen Gesellschaften (wie Belgien, Spanien, Argentinien, Italien und Polen). Im Rahmen dieses Quasi-Experiments mit religiöser Zugehörigkeit der Bevölkerung als unabhängiger Variable erfasste er die Pro-Kopf-Energieproduktion als abhängige Variable. Von insgesamt 25 erhobenen Staaten nahmen die katholischen Länder in der Energieproduktion einen mittleren Rangplatz von 16 an, während die protestantisch geprägten Staaten einen mittleren Rangplatz von 10 einnahmen und somit deutlich besser abschnitten. Auffällig ist hierbei, dass Italien und Österreich mit Rangplatz 7 und 8 unter den katholischen Staaten am besten abschnitten, während die ersten sechs Rangplätze allesamt an überwiegend protestantisch geprägte Staaten gingen (in der damaligen Reihenfolge: Norwegen, Schweden, USA, Kanada, Dänemark, England).

Weiterhin berechnete McClelland einen Zusammenhang zwischen einem nationalen Motivindex und der Zuwachsrate bei der Stromerzeugung in insgesamt 39 Ländern. Der Motivindex setzte sich aus den Inhaltsanalysen schriftlicher Dokumente einer Gesellschaft zusammen, so beispielsweise Analysen von Kinderbüchern, Volkssagen, politische Reden oder nationales Liedgut und Gedichte; ein hoher Motivindex bedeutet hierbei, dass es in den Texten viele Hinweise auf leistungsthematische Inhalte gab (s. Tab. 6.10).

Staaten mit hohem nationalen Motivindex verzeichnen überzufällig häufig überdurchschnittlich hohe Zuwachsraten im Stromverbrauch, während Staaten mit niedrigem Motivindex mehrheitlich besonders niedrige Zuwachsraten oder sogar negative Entwicklungen aufweisen.

Was Kinder lesen. Einen möglichen Einblick in die kausalen Zusammenhänge zwischen Leistungsmotivation und Wirtschaftsentwicklung liefert zudem eine längsschnittliche Analyse zum Zusammenhang von leistungsthematischen Inhalten in der Kinder- und Jugendliteratur einerseits, die sich im Motivindex niederschlagen und dem Patentindex andererseits. Ein solcher Patentindex gibt an, wie viele neue Patente in einem bestimmten Zeitraum angemeldet werden; dieser dient oftmals als Indikator für den Erfindungsreichtum und auch wirtschaftlichen Erfolg einer Gesellschaft. DeCharms und Moeller (1962) fassten die Daten von McClelland unter diesem Aspekt für den Zeitraum von 1810 bis 1950 und für die USA noch einmal zusammen (s. Tab. 6.11).

Offenbar wirkt sich leistungsthematische Literatur für Kinder und Jugendliche tatsächlich auch leistungsfördernd aus. Die Studie ergab, dass die Entwicklung des Motivindexes der Patententwicklung zeitlich vorausgeht, und zwar in etwa um einen Zeitraum von 20 Jahren. Das liefert ebenfalls einen Anhaltspunkt für die von McClelland postulierten Zusammenhänge.

Zusammenfassung

Die von McClelland und Mitarbeitern vorgelegten Studien haben im Vergleich zu den experimentellen Analysen Atkinsons einen gänzlich verschiedenen Charakter. Insbesondere ist zu beachten, dass in dem jeweils untersuchten komplexen volkswirtschaftlichen Gefüge so viele Variablen eine Rolle spielen, dass der Einfluss der Leistungsmotivation – und insbesondere der Erziehung der Kinder zu Eigenverantwortlichkeit und Selbständigkeit – nur schwer zu bestimmen ist. Umso überraschender und auch schwerwiegender ist es allerdings, dass

Tabelle 6.10. Die Zuwachsrate der Stromproduktion hängt mit dem so genannten nationalen Motivindex zusammen, der Inhalte aus schriftlichen Dokumenten eines Landes umfasst. Je höher dieser Motivindex, desto höher auch die Zuwachsraten der Stromerzeugung eines Landes (die Tabelle zeigt den Zeitraum zwischen 1952 und 1958)

	Nationaler Motivindex (nach) 1950		Zuwachsrate über dem erwarteten Wert	Nationaler Motivindex (nach) 1950		Zuwachsrate unter dem erwarteten Wert
hoher Leistungs- motivwert	3.62	Türkei	+ 1.38			
	2.71	Indien	+ 1.12			
	2.38	Australien	+ .42			
	2.33	Israel	+ 1.18			
	2.33	Spanien	+ .01			
	2.29	Pakistan	+ 2.75			
	2.29	Griechenland	+ 1.18	3.38	Argentinien	− .56
	2.29	Kanada	+ .06	2.71	Libanon	− .57
	2.24	Bulgarien	+ 1.37	2.38	Frankreich	− .24
	2.24	USA	+ .47	2.33	Südafrikanische Union	− .06
	2.14	BRD	+ .53	2.29	Irland	− .41
	2.10	UdSSR	+ 1.62	2.14	Tunesien	−1.87
	2.10	Portugal	+ .76	2.10	Syrien	− .25
niedriger Leistungs- motivwert	1.95	Irak	+ .29	2.05	Neuseeland	− .29
	1.86	Österreich	+ .38	1.86	Uruguay	− .75
	1.67	Großbritannien	+ .17	1.81	Ungarn	− .62
	1.57	Mexiko	+ .12	1.71	Norwegen	− .77
	.86	Polen	+ 1.26	1.62	Schweden	− .64
				1.52	Finnland	− .08
				1.48	Niederlande	− .15
				1.33	Italien	− .57
				1.29	Japan	− .04
				1.20	Schweiz	−1.92
				1.19	Chile	−1.81
				1.05	Dänemark	− .89
				.57	Algerien	− .83
				.43	Belgien	−1.65

McClelland solche Zusammenhänge überhaupt auffinden konnte.

Festzuhalten bleibt, dass McClelland und seine Mitarbeiter mit ihren Arbeiten Zusammenhänge erforscht haben, die auch in der heutigen Diskussion – beispielsweise zum Wirtschaftsstandort Deutschland – eine große Rolle spielen. In jeder größeren Stadt gibt es heute Gründungswettbewerbe und Organisationen, die potentiellen Existenzgründern mit Rat und Tat zur Seite stehen. An praktisch allen größeren Universitäten gibt es spezielle Studienangebote und Programme, die Absolventen in die Lage versetzen sollen, eigene Unternehmen zu gründen.

McClelland (1961) selbst räumte ein, dass das Wissen um solche Zusammenhänge zwischen Leistungsmotiv und Wirtschaftsentwicklung noch nicht bedeutet, dass wir auch schon wüssten, wie entsprechende Eigenschaften bei jungen Menschen gefördert werden können. Es gibt einige wenige Studien zur möglichen Effektivität von Motiv-Änderungsprogrammen (s. McClelland & Winter, 1969), der Erfolg der wenigen vorgelegten Bemühungen auf diesem Gebiet ist jedoch zweifelhaft geblieben, und nachfolgende Motivationsforscher haben sich mit diesem Thema leider nur in geringem Maße beschäftigt.

Tabelle 6.11. Studien von McClelland zeigen: Wenn Kinder und Jugendliche Literatur mit leistungsthematischen Inhalten lesen, wirkt sich das etwa 20 Jahre später auf den Erfindungsreichtum und den Erfolg einer Gesellschaft aus – die Entwicklung des Motivindexes geht also der Patententwicklung zeitlich voraus. Ein hoher Patentindex, das heißt, die Zahl der angemeldeten Patente pro eine Million Einwohner, ist hierbei ein Indiz für den Erfindungsreichtum und wirtschaftlichen Erfolg. Der Motivindex steht in dieser Studie für leistungsthematische Motive in der Literatur von Kindern und Jugendlichen

Zeitraum	1810	1830	1850	1870	1890	1910	1930	1950
Patent-index	4	6	10	32	69	68	66	42
Motiv-index	3.0	2,5	4,5	8,5	11,0	9,5	6,5	4,2

Denkanstöße

(1) Atkinsons Theorie zufolge sollte es überdauernde Motivdispositionen geben, und diese sind mit emotionalen Dispositionen (Stolz nach Erfolg, Scham nach Misserfolg) verknüpft. Was sind in Ihren Augen leistungsthematische Situationen? Benennen Sie mindestens drei möglichst verschiedene solcher Situationen. Erleben Sie in all diesen Bereichen gleichermaßen Stolz nach Erfolg und Scham nach Misserfolg?

(2) Ein katholisches Land wie Irland hat in den letzten Jahren ein beeindruckendes Wirtschaftswachstum aufzuweisen. Spricht dies gegen McClellands Überlegungen? Wie würden Sie dieses Phänomen erklären?

(3) Ein zentrales Postulat der Theorie von Atkinson ist die inverse Beziehung zwischen subjektiver Erfolgswahrscheinlichkeit und Anreiz – Sie sollten umso mehr Stolz empfinden, je schwieriger eine von Ihnen bewältigte Aufgabe ist. Trifft dies in Ihren Augen tatsächlich immer zu?

WEITERFÜHRENDE LITERATUR

Zur Einführung in die Leistungsmotivationstheorie Atkinsons eignet sich insbesondere das Lehrbuch von Atkinson selbst (Atkinson, 1964). Eine Weiterentwicklung seiner Theorie ist dargestellt in Atkinson und Birch (1970); eine gute Zusammenfassung bietet Kuhl (1983). Sehr lesenswert sind McClellands Untersuchungen zum Zusammenhang von Leistungsmotiv und Wirtschaftsentwicklung in seinem Buch „The Achieving Society" (McClelland, 1967).

Atkinson, J. W. (1964). An introduction to motivation. New York: van Nostrand.
Atkinson, J. W. & Birch, D. (1970). The dynamic theory of action. New York: Wiley.
Kuhl, J. (1983). Motivation, Konflikt und Handlungskontrolle. Heidelberg: Springer.
McClelland, D. C. (1967). The Achieving Society. The free Press.

There is occasions and causes why and wherefore in all things.

(William Shakespeare, 1564–1616; King Henry V)

All human actions have one or more of these seven causes: chance, nature, compulsion, habit, reason, passion, and desire.　　　　　　　　　　　　　　Aristoteles (384–322 v. Chr.)

7　Attributionstheorien

Der Begriff der Attribution ist das dem Englischen entlehnte Wort für Ursachenzuschreibungen; beide Begriffe werden im vorliegenden Text synonym gebraucht. Es gibt eine ganze Reihe von psychologischen Theorien, die die große Bedeutung von Attributionen für das menschliche Erleben und Verhalten hervorheben. Wir werden hier nur einen kleinen Ausschnitt dieser Theorien betrachten.

Attribution als abhängige Variable. Kelley und Michela (1980) haben eine Einteilung dieser verschiedenen Theorien vorgeschlagen: Der Begriff der Attributionstheorien ist zum einen für Ansätze zu der Frage reserviert, wie wir unsere Umwelt und uns selbst wahrnehmen und zu Ursachenzuschreibungen gelangen. In diesem Fall kommt den Ursachenzuschreibungen der Status einer abhängigen Variable zu, die von unterschiedlichen kognitiven Prozessen und Umweltgegebenheiten (als unabhängige Variablen) determiniert werden.

Attribution als unabhängige Variable. Zum anderen schlagen Kelley und Michela (1980) den Begriff der attributionalen Theorien vor: Diese beschäftigen sich damit, welche Auswirkungen Ursachenzuschreibungen auf unser Erleben und Verhalten haben. In diesem Fall haben Attributionen den Status von unabhängigen Variablen, die unser Erleben (Emotionen) und unser Verhalten (und zwar beide als abhängige Variablen) vorhersagen. Beispiele hierfür sind die Vorhersage emotionaler Reaktionen wie Stolz, Scham, Mitleid oder Ärger; entsprechende Verhaltensvorhersagen betreffen ein breites Spektrum von beobachtba-

ren Verhaltensweisen in unterschiedlichen Kontexten, wie etwa leistungsbezogenes Verhalten (z.B. Anstrengung oder Ausdauer bei schwierigen Aufgaben), soziales Verhalten (z.B. Hilfe oder Aggression) oder auch die Entstehung depressiver Verstimmungen (s. Übersicht).

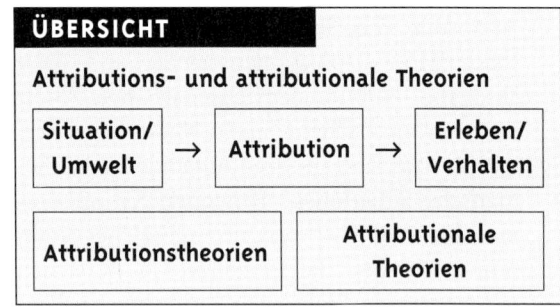

Wir werden uns im Folgenden zunächst mit grundlegenden Konzepten der Attributionstheorie(n) und hierbei insbesondere den Arbeiten Fritz Heiders und Harold Kelleys befassen. Diese Konzepte dienen dem besseren Verständnis der Frage, wie Menschen zu kausalen Schlussfolgerungen gelangen und sind für Fragen der Motivation und Emotion daher nur indirekt relevant. Andererseits ist das Verständnis attributionaler Vorhersagen von Emotionen und Verhalten ohne ein zumindest grundlegendes Verständnis dieser Konzepte nicht möglich. Im nachfolgenden Kapitel wenden wir uns dann im Rahmen attributionaler Theorien der Ausarbeitung und Anwendung dieser Ideen auf die Vorhersage menschlichen Erlebens und Verhaltens zu.

EXKURS

Der Begründer der Attributionstheorien

Fritz Heider war der erste Psychologe, der die Bedeutung von Ursachenzuschreibungen – und zwar sowohl deren Zustandekommen als auch deren Auswirkungen auf das Erleben und Verhalten – erkannte. 1958 publizierte Heider ein Buch mit dem Titel „Die Psychologie der interpersonalen Beziehungen", das zunächst wenig Beachtung fand, inzwischen jedoch eines der meistzitierten Bücher in der Psychologie ist. In diesem Buch legte Heider den Grundstein für eine große Anzahl von Ansätzen, die später weiter entwickelt wurden und der großen Familie der Attributionstheorien zugerechnet werden können.

Fritz Heider wurde 1896 in Wien geboren und wuchs in Graz auf. Heider wollte eigentlich Maler oder Zeichner werden. Aufgrund einer Vereinbarung mit seinem Vater konnte er vier Jahre lang an der Universität in Graz studieren. Weil Heider schnell klar wurde, dass er keinen formellen Abschluss anstreben wollte, finanzierte der Vater diese Studien unter der Bedingung, dass sein Sohn später eine Schweinefarm betreiben und auf diese Weise zum Familienunterhalt beitragen würde. Also studierte Heider zunächst Architektur, begann wenig später ein Jura-Studium, das ihn aber auch nicht zufrieden stellte. Schließlich besuchte er nur noch seinen Neigungen entsprechende Vorlesungen ganz verschiedener Disziplinen. Heider schloss diese Studien (nach eigenen Aussagen) 1919 „eher zufällig" mit der Promotion ab.

Statt Landwirt zu werden, studierte er ab Anfang der 20er Jahre in Berlin bei Max Wertheimer und Wolfgang Köhler, wichtigen Begründern der Gestalttheorie (s. Kap. 5). In dieser Zeit wurde er auch zu einem engen Freund Kurt Lewins, der Anfang der 20er Jahre ein junger Nachwuchswissenschaftler an der Berliner Universität war. Es folgten einige „Wanderjahre", während derer Heider durch ganz Europa reiste und überwiegend philosophische (Spinoza, Nietzsche) und literarische Werke las. 1927 wurde Fritz Heider Assistent von Wilhelm Stern in Hamburg, und auf Empfehlung Sterns

Fritz Heider, Bernard Weiner und Harold Kelley erforschten, wie Menschen zu kausalen Schlussfolgerungen gelangen und wie diese ihr Verhalten beeinflussen

trat er 1930 einen Auslandsaufenthalt bei Kurt Koffka am Smith College in den USA (Massachusetts) an. Dort lernte Fritz Heider seine spätere Frau kennen und blieb in den Vereinigten Staaten. Bis 1947 arbeitete er an einer Taubstummen-Schule, um schließlich 1947 eine Position als Professor an der University of Kansas anzunehmen.

Im Gegensatz zu anderen einflussreichen Psychologen publizierte Heider nur sehr wenige Schriften. Er schrieb zwar unaufhörlich seine Gedanken auf Notizzettel, strebte aber nie danach, diese Ideen auch zu publizieren. Sein wichtigster Beitrag neben der so genannten „Balance-Theorie" ist das bereits genannte, 1958 erschienene Buch über interpersonale Beziehungen, in dem verschiedene Konzepte der Ursachenzuschreibung und Verursachung systematisiert werden. Dieses Buch erschien kurz vor Fritz Heiders Pensionierung und wäre wohl, wie er auch im Vorwort des Buches anmerkt, ohne die tätige Mithilfe von Beatrice Wright, der Frau eines Kollegen, niemals niedergeschrieben worden.

7.1 Der Mensch als „naiver Wissenschaftler"

7.1.1 Das Menschenbild der Attributionstheorien

Die Erkenntnisse Heiders beruhen nicht auf experimentellen oder klinischen Methoden, sondern ganz vorwiegend auf drei Quellen: Dies sind einfache und kluge alltägliche Beobachtungen seiner Umwelt, eine exzellente Kenntnis der Weltliteratur, sowie Gedankenexperimente.

Gedankenexperimente. Heider führte oftmals Gedankenexperimente an, um seine Ideen zu prüfen und zu illustrieren: Was wäre beispielsweise geschehen, wenn Julia Romeo nicht geliebt hätte, oder wenn die Meinung ihrer Eltern ihr gleichgültig gewesen wäre? Wie würden Sie sich fühlen, wenn Sie eine Prüfung nicht bestehen und zugleich wissen, dass die Aufgaben für nahezu alle Studierenden zu schwierig waren? Und wie würden Sie sich bei einem vergleichbaren Misserfolg fühlen, wenn Sie wissen, dass nahezu alle anderen Studierenden hervorragende Ergebnisse erzielt haben?

Auf der Basis dieser Beobachtungen und Gedankenexperimente versuchte Heider, die gemeinsame Schnittmenge seiner Erkenntnisse in Form übergreifender und abstrakter Beziehungen zu fassen. Ein Beispiel für diese Erkenntnisse betrachten wir im Folgenden, wenn es um seine „Naive Handlungsanalyse" geht.

Die Umwelt verstehen, kontrollieren und vorhersagen. Alle bislang betrachteten Theorien folgen dem Prinzip des Hedonismus: Wir streben danach, positive Zustände oder Ereignisse zu erreichen und beizubehalten und negative Zustände oder Ereignisse zu vermeiden. Die Attributionstheorien zeichnen ein völlig anderes Menschenbild – das eines „naiven Wissenschaftlers", der seine Umwelt verstehen, vorhersagen und kontrollieren möchte.

Dies bedeutet, dass das bloße Registrieren von Ereignissen – in der Umwelt und bei sich selbst – nicht ausreicht: Wenn wir beispielsweise in einer wichtigen Prüfung scheitern, würden wir gerne verstehen, warum dies geschieht. Nur dann können wir die Ursache abstellen und im nächsten Versuch ein besseres Ergebnis erzielen. Das Streben nach einem guten Verständnis unserer selbst und unserer Umwelt kann also auch durchaus schmerzliche Erkenntnisse bereithalten.

Aber nicht nur in Bezug auf Ereignisse, die uns selbst betreffen, sondern auch im zwischenmenschlichen Bereich sollten Ursachenzuschreibungen eine wichtige Rolle spielen. Wenn sich z.B. jemand Geld von uns leihen will, werden wir vermutlich überlegen, was die Ursachen dieser Hilfsbedürftigkeit sind: Braucht der andere das Geld für einen spontanen Urlaub, so wird unsere Hilfsbereitschaft vermutlich geringer ausfallen als wenn er das Geld benötigt, um Arztleistungen in Anspruch nehmen zu können.

„Der Mann auf der Straße". Die Charakterisierung des „normalen Menschen" (in Heiders Worten: „Des Mannes auf der Straße") als „naiver Wissenschaftler" ist hierbei keineswegs abwertend gemeint. Heider glaubte, dass jeder Mensch die in seinem Alltagsleben auftretenden Ereignisse „attribuieren", also auf Ursachen zurückführen möchte. Und viele der gedanklichen Prozesse, die uns solche Ursachenzuschreibungen ermöglichen, sind Heider zufolge den wissenschaftlichen Methoden zum Auffinden von Ursachen sehr ähnlich; daher das Menschenbild des „naiven Wissenschaftlers".

Subjektive Theorien. Attributionstheorien sind somit wissenschaftliche Theorien über „naive" oder subjektive Theorien, diese subjektiven Theorien betreffen unsere alltäglichen Analysen der Ereignisse, mit denen wir zu tun haben. Eine wichtige Schlussfolgerung hierbei ist: Es geht in den Attributionstheorien nicht darum, welche objektiven Ursachen den uns begegnenden Ereignissen zugrunde liegen, sondern welchen subjektiven Ursachen wir („der Mann auf der Straße") diese Ereignisse zuschreiben. Dies ist eine Parallele zu Lewins Theorie und ein Teil des gestaltpsychologischen Erbes in der Attributionstheorie: Es ist nicht die objektive Umwelt, die unser Verhalten determiniert, sondern unsere subjektive Wahrnehmung derselben.

Ein Beispiel hierzu: Wenn Sie angesichts eines Misserfolgs in einer objektiv zu schwierigen Prüfung (praktisch niemand besteht die Prüfung) zu dem Schluss gelangen, sie hätten sich ganz einfach zu wenig angestrengt, dann werden Sie sich auch entsprechend verhalten. Das heißt, statt nun den Prüfer wegen seiner zu schwierigen Fragen zu kritisieren, um in Zukunft faire Fragen zu bekommen, werden sie womöglich den Schluss ziehen, dass Sie sich in Zukunft mehr anstrengen müssen. Wenn die Prüfungsfragen jedoch tatsächlich unfair sind, wird diese zusätzliche Anstrengung wenig hilfreich sein – und doch wird unser Verhalten eben von unserer subjektiven Sicht der Dinge geleitet und nicht von der „objektiven" Realität.

7.1.2 Warum-Fragen

Ob Sie eine Tageszeitung aufschlagen oder die Nachrichten sehen oder einen Krimi lesen – Sie werden bei näherem Hinsehen feststellen, dass Attributionen so allgegenwärtig sind, dass sie oftmals kaum mehr als solche wahrgenommen werden. Bei genauerer Betrachtung jedoch gibt es beispielsweise in der Presse praktisch keinen Artikel, in dem nicht solche Ursachenzuschreibungen vorgeschlagen oder in Erwägung gezogen werden: Warum ist es zu dem Flugzeugabsturz gekommen? Warum konnte das Gift in die Lebensmittel geraten? Warum gibt es eine lang anhaltende Trockenperiode? Warum eskalierte der Konflikt zwischen Israelis und Palästinensern? Und woran liegt es, dass Bayern München zum dritten Mal in Folge kein Heimspiel gewinnen konnte?

Dennoch lösen nicht alle Arten von Situationen eine Suche nach der Ursache des Ereignisses aus: Wenn Sie ihr Auto starten, indem Sie den Zündschlüssel drehen, so dass der Wagen anspringt, oder wenn Sie ein Getränk aus dem Kühlschrank nehmen und feststellen, dass dieses gut gekühlt ist, so werden Sie sich kaum jemals fragen, warum dies geschieht. Die Suche nach Ursachen ist überflüssig für solche Situationen, bezüglich derer wir bereits vorgefertigte Annahmen (Schemata) über deren kausale Struktur haben. In den genannten Beispielen wäre eine Ursachensuche jedoch etwa dann extrem wahrscheinlich, wenn der Wagen nicht anspringt oder der Kühlschrank nicht mehr kühlt.

Wann wir nach Ursachen fragen. In der Attributionsforschung sind eine Reihe von Bedingungen benannt worden, die eine Ursachenanalyse besonders wahrscheinlich machen; einen Überblick gibt Weiner (1995). Hierzu zählen insbesondere:

▶ negative Ereignisse (Beispiel: Sie bestehen eine wichtige Prüfung nicht),

▶ wichtige Ereignisse (Beispiel: eine andere Person verliebt sich in Sie), sowie

▶ überraschende Ereignisse (Beispiel: Sie drehen den Zündschlüssel Ihres Autos und nichts passiert).

Nun gibt es eine ganze Reihe von negativen, überraschenden oder wichtigen Ereignissen in unserem Leben und in unserer Umwelt, über deren Ursachen wir gerne mehr wissen würden. Heiders Überlegungen zur so genannten „naiven Handlungsanalyse", zur phänomenalen Kausalität und zur Differenzmethode stellen die ersten Versuche dar, diesen Verstehensprozess genauer zu analysieren.

7.1.3 Heiders „Naive Handlungsanalyse"

Diese Handlungsanalyse ist eine Beschreibung unserer intuitiven Annahmen über das Zusammenwirken von Ursachenfaktoren in Bezug auf Handlungsergebnisse, die wir anstreben (intendieren).

Wie in Kapitel 5 gesehen, hatte bereits Kurt Lewin postuliert, Verhalten sei stets eine Funktion von Person und Umwelt. In analoger Weise geht Heider davon aus, dass auch der naive Wissenschaftler Handlungsergebnisse oder Ereignisse zwei grundsätzlich verschiedenen Faktoren zuschreiben kann, nämlich einerseits solchen Faktoren, die in der Person liegen, und andererseits Faktoren, die in der Umwelt liegen.

Effektive Kraft der Person und der Umwelt. Sprechen wir von Handlungen – also Verhaltensweisen, die dadurch gekennzeichnet sind, dass eine Person ein Ziel erreichen möchte und denen somit eine Intention zugrunde liegt – so verwendet Heider hierfür die beiden Begriffe „Effektive Kraft der Person" und „Effektive Kraft der Umwelt".

Additive Verknüpfung. Beide Faktoren sind additiv miteinander verknüpft und dienen als Oberbegriffe für diverse spezifischere Faktoren, die jeweils einer dieser beiden Kräfte zuzuordnen sind:

> Handlungsergebnis = Effektive Kraft der Person
> + Effektive Kraft der Umwelt

Die additive Verknüpfung dieser beiden Kräfte ist Heider zufolge deshalb sinnvoll, weil eine Person bisweilen auch ein Ziel erreichen kann, ohne dass irgendwelche Situationsfaktoren (sei es begünstigend oder hemmend) einwirken. Und auch umgekehrt kann der Fall eintreten, dass ein Ziel

ohne jegliches Zutun der Person erreicht wird, weil sehr günstige Umweltbedingungen gegeben sind. Heiders Beispiel für den zweiten Fall ist das eines Ruderers, der allein aufgrund einer günstigen Strömung über einen See gelangt, obwohl er in seinem Boot eingeschlafen ist.

Lokationsdimension. Die Unterscheidung in effektive Person- versus Umweltkräfte wird später in den attributionalen Theorien der Motivation wieder aufgegriffen werden (s. Weiner, 1986). In diesem Zusammenhang wird in der modernen Attributionsforschung von der so genannten Lokationsdimension gesprochen: Ursachen von Handlungen oder Effekten können entweder als in der Person (internal) oder in der Umwelt (external) lokalisiert wahrgenommen werden.

Im Folgenden betrachten wir zunächst einmal die einzelnen Faktoren, die der effektiven Person und Umweltkraft der Heider'schen Handlungsanalyse zufolge jeweils zugeordnet sind.

Die effektive Kraft der Person

Motivation und Macht sowie deren Verknüpfung. Heider unterscheidet bei den Personfaktoren einerseits Motivation und andererseits Macht. Mit Motivation ist zweierlei gemeint, nämlich

(1) welches Ziel die Person erreichen möchte (welche Intention sie hat) und

(2) wie intensiv sie an dem Erreichen dieses Ziels arbeitet (wie viel Anstrengung sie investiert). Der Faktor Macht bezeichnet die körperlichen wie geistigen Fähigkeiten einer Person. Motivation und Macht sind nun Heider zufolge multiplikativ miteinander verknüpft:

> Effektive Kraft der Person = Motivation × Macht

Somit ist die effektive Kraft der Person gleich null, wenn keinerlei Motivation (also insbesondere keine Intention) vorliegt; das Gleiche gilt ganz unabhängig von der Stärke der Motivation, wenn keinerlei Macht oder Fähigkeit vorhanden ist – aus diesem Grunde sind Motivation und Macht multiplikativ miteinander verknüpft.

Heiders Beispiel des Ruderers, der allein durch günstige Strömungen ans andere Seeufer gelangt, zeigt: Aus welchen Gründen auch immer die effektive Kraft der Person gleich null ist (zum Beispiel wegen gänzlich ausbleibender eigener Anstrengungen), das Handlungsziel kann bei entsprechend glücklichen (in der Situation lokalisierten) Umständen möglicherweise dennoch erreicht werden.

Wiederum nimmt Heider eine Unterscheidung vorweg, die in der späteren Attributionsforschung aufgegriffen und als Stabilitätsdimension bezeichnet wurde: Anstrengung als Ursache kann über die Zeit hinweg beträchtlich variieren und wird daher auch als variable Ursache bezeichnet; Macht beziehungsweise Fähigkeit hingegen sind in hohem Maße über die Zeit konstant und werden daher auch als stabile Ursachen bezeichnet.

Die effektive Kraft der Umwelt

Schwierigkeit und Gelegenheit. Nach Heider sind insbesondere (Aufgaben-)Schwierigkeit einerseits und Zufall oder Gelegenheit andererseits die wichtigsten Umweltfaktoren. Ein gutes Beispiel für Aufgabenschwierigkeit ist etwa die Stärke einer Strömung, mit der oder gegen die Sie rudern müssen, wenn Sie ein bestimmtes Ziel – etwa am anderen Ufer eines Flusses – erreichen wollen.

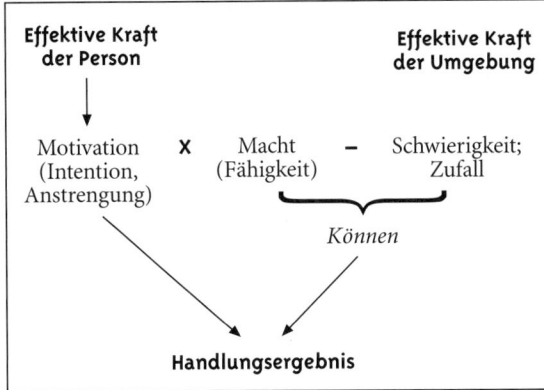

Abbildung 7.1. Heider beschrieb in seiner Attributionstheorie, welche Bedingungen auf unsere Handlungen einwirken und das Ergebnis beeinflussen: Die effektive Kraft der Person; also ihre Motivation und ihre Fähigkeit und die effektive Kraft der Umgebung, also äußere Schwierigkeiten oder Zufälle

Zufällige Faktoren können dem Erreichen des Handlungsergebnisses nun entweder förderlich oder hinderlich sein. Umgangssprachlich sprechen wir hier in aller Regel von Glück und Pech: Zum Beispiel könnte ein Prüfer zufällig ausschließlich Fragen zu genau jenen Kapiteln im Lehrbuch stellen, die Sie gelernt haben („Glück gehabt"); oder aber Sie werden einige Tage vor der Prüfung krank und absolvieren Ihre Vorbereitungen nur unter großen Schwierigkeiten („Pech gehabt").

Auch bei den Umweltkräften gibt es somit stabile versus variable Ursachenfaktoren: Während die Aufgabenschwierigkeit eine stabile Ursache darstellt, können zufällige Umstände naturgemäß über die Zeit hinweg variieren und stellen somit variable Ursachen dar. Zusammenfassend gilt: Effektive Kraft der Umwelt = Funktion von Schwierigkeit, Zufall, Gelegenheit.

Das Konzept des Könnens

Die Schwierigkeit einer Aufgabe sowie die zufälligen situativen Umstände stehen in einer engen Beziehung zur Fähigkeit der Person: Eine Person wird ein Handlungsergebnis nur dann erreichen können, wenn ihre Fähigkeiten größer sind als die der Zielerreichung entgegenstehenden situativen Faktoren:

Können = Macht/Fähigkeit – (Schwierigkeit, Zufall).

Die Schwierigkeit der Aufgabe darf relativ zu den Fähigkeiten der Person nicht zu groß sein, und auch andere zufällige situative Umstände dürfen der Zielerreichung nicht in zu hohem Maße entgegenstehen (etwa plötzliche Krankheit oder ein Unfall). Wenn die Macht oder Fähigkeit einer Person größer ist als alle handlungshemmenden Faktoren zusammen genommen, so spricht Heider von „Können".

Motivation und Können

Heider postuliert ferner, dass ein Handlungsergebnis nur dann erreicht werden kann, wenn sowohl Können als auch Motivation vorliegen; beide Faktoren sind also wiederum multiplikativ miteinander verknüpft: Erreichen des Handlungsergebnisses = Motivation × Können.

Soweit wir die Heider'schen Überlegungen bislang betrachtet haben, betreffen diese insbesondere unsere (im positiven Sinne) naiven Annahmen über das Zusammenwirken von möglichen Ursachen von Handlungsergebnissen. Damit ist noch nichts darüber gesagt, wie wir zu Schlussfolgerungen über die Anwesenheit oder Abwesenheit insbesondere der vier wichtigsten von Heider postulierten Ursachen (Anstrengungen, Fähigkeit, Aufgabenschwierigkeit, Zufall) kommen. Heider postulierte hierzu eine Reihe von gestaltpsychologischen Prinzipien. Des Weiteren führte er die von dem Philosophen John Stuart Mill (1872) beschriebene Differenzmethode in die Psychologie ein. Betrachten wir diese beiden Ansätze im Folgenden etwas genauer.

7.1.4 Das Konzept der phänomenalen Kausalität

Heider wandte eine Reihe gestaltpsychologischer Prinzipien an, um zu zeigen, wie wir die kausale Struktur unserer Umwelt interpretieren.

DEFINITION

Wahrnehmung von Ursachen

Der Begriff der „phänomenalen Kausalität" bezeichnet hierbei die von einer Person anschaulich wahrgenommenen Verursachungszusammenhänge. Ein zentrales Postulat Heiders hierzu ist, dass

(1) im Rahmen unserer Wahrnehmung von Kausalität insbesondere Personen und deren Motiven (im alltagsprachlichen Sinne) eine besondere Bedeutung als „Ursprünge für Ursachen" zukommt, und

(2) die gestaltpsychologischen Prinzipien der Ähnlichkeit und Nähe für unsere kausale Wahrnehmung bedeutsam sind.

Experimentelle Demonstration. Diese Annahmen lassen sich am besten anhand einer kleinen (aber sehr aufschlussreichen) experimentellen Demonstration illustrieren, die Heider und Simmel

(1944) durchführten. Hierbei sahen die Probanden einen kurzen Film, bei dem sich eine Reihe von geometrischen Figuren (ein großes Dreieck, ein kleines Dreieck und ein Kreis) über die Leinwand bewegten; ferner gab es ein größeres Rechteck, bei dem sich eine Klappe öffnen und schließen konnte (s. Abb. 7.2).

Die Beschreibungen der Probanden zeigen, dass die Bewegungen der geometrischen Figuren nahezu immer als Ausdruck der Intentionen und Handlungen von Personen interpretiert werden.

Heider glaubte, dass diese Art der Interpretation des Wahrgenommenen viele Vorteile habe. Insbesondere ermöglicht die Interpretation des Geschehens in Form von Meinungen, Wünschen, Motiven und Absichten die Organisation einer Vielzahl kleiner Beobachtungen zu einem sinnvollen Ganzen.

Im strengen Sinne handelt es sich bei den Beobachtungen von Heider und Simmel (1944) natürlich nicht um ein Experiment – es gibt schließlich keine unabhängige Variable. Albert Michotte (1946) kommt das Verdienst zu, die Determinanten der phänomenalen Kausalität auch experimentell untersucht zu haben.

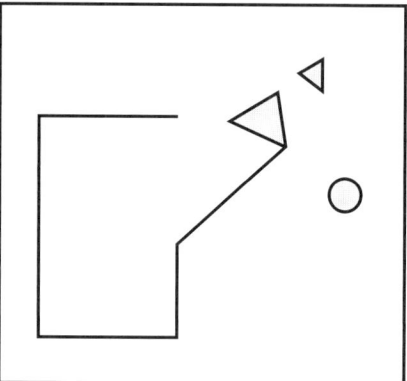

Abbildung 7.2. Experimentelle Demonstration von Heider und Simmel (1944): Die Probanden beschrieben den Film so, als ob es sich um Personen handle. Eine geometrische Figur würde vor den anderen fliehen, die anderen Figuren die eine Figur verfolgen oder jagen, oder dass schließlich eine der Figuren in dem Rechteck Zuflucht suche

EXPERIMENT

Die Experimente von Michotte

Die Probanden in Michottes Experimenten sahen beispielsweise zwei verschiedenfarbige Kugeln auf einer Projektionsfläche. Die eine Kugel bewegte sich langsam auf die ruhende andere Kugel zu und berührte diese. Daraufhin setzt sich die zweite Kugel in Bewegung – entweder sofort oder mit einer kleinen Verzögerung. Sie können sich dies am besten bildhaft vorstellen, wenn Sie an zwei Billard-Kugeln denken, von denen eine auf die andere, ruhende Kugel zurollt und diese zweite Kugel so in Bewegung versetzt. Als unabhängige Variable variierte Michotte (unter anderem), wie lange es dauerte, bis die zuvor ruhende Kugel sich nach der Berührung durch die sich nähernde Kugel in Bewegung setzte.

Die Probanden beurteilten dieses Geschehen unterschiedlich: Setzte sich die zweite Scheibe sofort in Bewegung, sahen sie die Berührung als Ursache dafür an. Schon bei einer relativen geringen zeitlichen Verzögerung (ab etwa 150 Millisekunden) sahen sie keinen kausalen Zusammenhang mehr und fanden auch keine Erklärung. Dies bedeutet, dass selbst geringfügige Veränderungen der experimentellen Bedingungen drastische Auswirkungen auf die kausale Interpretation des Geschehens – auf die phänomenale Kausalität – haben.

7.1.5 Die Differenzmethode

Bei der Frage, wie wir Kausalität entdecken können, kommen nicht nur gestaltpsychologische Überlegungen zum Tragen. Heider griff hierzu auch auf philosophische Annahmen zu den Determinanten kausaler Schlussfolgerungen zurück; hierbei insbesondere auf die Arbeiten John Stuart Mills und die von ihm postulierte Differenzmethode. Heider sah die Differenzmethode als eine fundamentale Methode an, die bei Attributionen angewandt wird – und zwar wohlgemerkt als eine Methode auch des naiven Wissenschaftlers.

Veränderungen beobachten. Die Differenzmethode erfordert die Beobachtung von Veränderungen beim Zusammenhang von Bedingungen (als möglichen Ursachen) und nachfolgenden Effekten (die es zu erklären gilt). Betrachten wir zunächst die auf den ersten Blick kompliziert klingende Formulierung der Differenzmethode nach Heider (1958), um diese dann anhand von Beispielen zu illustrieren: „Diejenige Gegebenheit wird für einen Effekt als verantwortlich angesehen, die vorhanden ist, wenn der Effekt vorhanden ist, und die nicht vorhanden ist, wenn der Effekt nicht vorhanden ist." (Heider, 1958, S. 152).

Stellen Sie sich beispielsweise vor, Sie freuen sich und wüssten gerne, worauf diese Freude (der Effekt also) zurückzuführen ist. In diesem Fall kommen als mögliche Ursache nur solche Gegebenheiten in Betracht, die vorhanden sind, wenn Sie sich freuen. Weiterhin gilt: Wenn Sie zu einem bestimmten Zeitpunkt keine Freude empfinden, so muss gegeben sein, dass diese mögliche Ursache zu diesem Zeitpunkt nicht vorhanden ist.

Kovariation. Dieses gemeinsame Auftreten und Ausbleiben von möglicher Ursache („Gegebenheit" in Heiders Worten) und Effekt kann auch als Kovariation bezeichnet werden: Effekt und mögliche Ursache müssen, damit eine bestimmte Gegebenheit tatsächlich als Ursache identifiziert werden kann, immer gemeinsam auftreten und gemeinsam ausbleiben, also kovariieren (diesen Begriff werden wir in Zusammenhang mit dem Kelley'schen Kovariationsprinzip wieder aufgreifen; s. Kap. 7.2).

Dies bedeutet, die Variation in der Anwesenheit der möglichen Ursache (anwesend versus nicht anwesend) muss notwendigerweise auch die gleichsinnige Variation in der Anwesenheit des Effektes zur Folge haben. Dies würde beispielsweise dann gelten, wenn Ihre Freude auf eine gute Note im Studium zurückzuführen ist; in diesem Fall werden Sie sich immer dann freuen, wenn Sie eine gute Note haben. Wenn Sie keine Freude empfinden, dann kann zu diesem Zeitpunkt keine gute Note im Studium vorliegen.

Sie können diese Methode auf beliebige Sachverhalte anwenden: Stellen Sie sich beispielsweise vor, Sie haben zu bestimmten Zeiten Heuschnupfen. Der

Effekt – eine allergische Reaktion – kann wiederum nur auf diejenigen Gegebenheiten zurückgeführt werden, die mit dem Auftreten des Effektes kovariieren. Dies bedeutet, wenn beispielsweise Birkenpollen die tatsächliche Ursache Ihrer allergischen Reaktion sind, so müssen die Birken in Ihrer Nähe immer dann blühen, wenn Sie Heuschnupfen haben; wenn Sie hingegen keinen Heuschnupfen haben und dieser tatsächlich auf Birkenpollen zurückgeht, so dürfen die Birkenpollen nicht in der Luft sein.

Heider (1958) hat die Differenzmethode noch weiter ausgeführt; aufgrund der weiteren Ausarbeitung dieser Überlegungen durch Harold Kelley (z.B. 1967) werden wir diese jedoch hier nicht darstellen (s. auch Meyer & Försterling, 1993), sondern in Zusammenhang mit dem Kelley'schen Kovariationspinzip aufgreifen.

7.1.6 Anstrengung, Fähigkeit und Aufgabenschwierigkeit

Oftmals ist es interessant für uns, etwas über die eigenen oder die Fähigkeiten anderer zu erfahren (man denke an den Lehrer in der Schule, der etwas über die Fähigkeiten seiner Schüler erfahren möchte). Weiterhin gibt es viele alltägliche Situationen, in denen wir gerne wissen würden, wie sehr wir uns anstrengen müssen, um ein Ziel zu erreichen – wie lange müssen Sie beispielsweise lernen, um in einer Prüfung eine gute Note zu bekommen?

Nach Heiders Auffassung haben wir implizites Wissen um das Zusammenspiel möglicher Ursachenfaktoren, das es uns ermöglicht, zum einen zu Fähigkeitsinferenzen zu gelangen (bezüglich der eigenen Person, bezüglich anderer Personen) und zum anderen Anstrengungskalkulationen (vor allem sicherlich für uns selbst) vorzunehmen. Betrachten wir diese beiden Schlussfolgerungsprozesse der Reihe nach.

Anstrengungskalkulation

Heider formulierte unsere alltäglichen Annahmen hierzu in Form einer Gleichung:

$$\text{Anstrengung} = \text{Schwierigkeit} : \text{Fähigkeit}$$

Dies bedeutet, die zur Zielerreichung notwendige Anstrengung wird umso größer ausfallen müssen, je schwieriger die Aufgabe und je geringer die Fähigkeit der betreffenden Person sind.

Betrachten wir zwei Extrembeispiele und nehmen wir hierzu an, dass sowohl Schwierigkeit (S), Anstrengung (A) als auch Fähigkeit (F) zwischen 1 und 10 variieren können. Bei sehr hoher Aufgabenschwierigkeit (S = 10) und geringer Fähigkeit (F = 1) folgt, dass Anstrengung gleich 10 dividiert durch 1 ist (also A = 10) und somit sehr hoch ausfallen muss.

Umgekehrt gilt: Bei sehr leichten Aufgaben (S = 1) und sehr hoher Fähigkeit (F = 10) ist hingegen nur eine sehr geringe Anstrengung nötig (A = 0.1), um das Ziel zu erreichen. Hieraus folgt beispielsweise auch, dass bei konstanter Aufgabenschwierigkeit diejenige Person mehr Anstrengung aufwenden muss, die die geringere Fähigkeit hat.

Fähigkeitsinferenzen

Die entsprechenden von Heider postulierten Schlussfolgerungen über Fähigkeiten ergeben sich aus einer einfachen Transformation der bereits bekannten Gleichung; diese lautet folgendermaßen:

$$\text{Fähigkeit} = \text{Schwierigkeit} : \text{Anstrengung}$$

Demzufolge wird die Fähigkeit einer Person umso größer eingeschätzt, je weniger sie sich bei einer gegebenen Aufgabenschwierigkeit anstrengen muss. Hierzu wiederum ein Zahlenbeispiel: Kommt es bei hoher Schwierigkeit (S = 10) und geringer Anstrengung (A = 1) zu einer Zielerreichung, so ist die Fähigkeit maximal (F = 10). Umgekehrt sind die Fähigkeiten einer Person sehr gering (F = 0.1), wenn auch einfache Aufgaben (S = 1) nur bei äußerster Anstrengung (A = 10) gelöst werden.

Trotz der einfachen Transformation der beiden Gleichungen ist hier zu beachten, dass wir es hier mit zwei ganz unterschiedlichen Arten von Schlussfolgerungen zu tun haben. Im Falle der Anstrengungskalkulation werden Überlegungen über eine voraussichtlich zu investierende Anstrengung getroffen, bevor eine neue Aufgabe in Angriff genommen wird; hierbei werden Wissen und/oder (Vor-)Erfahrungen zu eigenen Fähigkeiten und der zu er-

wartenden Schwierigkeit der Aufgabe in Rechnung
gestellt. Die Anstrengungskalkulation dient überdies der flexiblen Anpassung eines in hohem Maße
variablen Ursachenfaktors.

Im Gegensatz dazu erfolgen die Schlussfolgerungen über eigene Fähigkeiten oder Fähigkeiten anderer Personen, nachdem ein Handlungsergebnis
erzielt wurde und zwar unter Einbeziehung wahrgenommener Anstrengung und Aufgabenschwierigkeit. Weiterhin stellt die Fähigkeitsinferenz eine
Schlussfolgerung über ein stabiles Merkmal einer
Person dar (Stichwort Stabilitätsdimension).

Die Schlussfolgerung über stabile versus variable
Personmerkmale ist in Zusammenhang mit dem
Menschenbild der Attributionstheorie besonders
wichtig: Gerade Inferenzen über stabile Personmerkmale spielen bei der Vorhersage und Kontrolle
zukünftiger Ereignisse eine Rolle. Das Gleiche gilt
für das Erschließen von (Handlungs-)Absichten.
Diesem Phänomen und dessen Analyse durch Fritz
Heider wenden wir uns im folgenden Abschnitt zu.

7.1.7 Das Erschließen von Absichten

Absicht als Disposition. Das Erschließen von Hand-
lungsabsichten verdient innerhalb der Attributionstheorien deshalb besondere Aufmerksamkeit, weil
Absichten Auskunft darüber geben können, was
eine Person in Zukunft tun wird: Eine Absicht ist
ein überdauernder Zustand einer Person (eine Disposition), die daher auch in Zukunft das Verhalten
dieser Person determinieren wird. Absichten leisten
deshalb einen wichtigen Beitrag – getreu des Menschenbildes der Attributionstheorien – wenn es darum geht, Ereignisse zu verstehen, vorherzusagen
und zu kontrollieren. Heider spricht in diesem Zusammenhang von „persönlicher Kausalität". Diese
ist dann gegeben, wenn eine Person eine Handlung
absichtlich ausführt oder ein bestimmtes Handlungsergebnis (einen Effekt) absichtlich verursacht.

Äquifinalität

Ein wichtiges Kriterium für die Zuschreibung von
Absichten (neben anderen, auf die wir an dieser Stelle nicht eingehen) ist das Vorliegen von Äquifinalität.

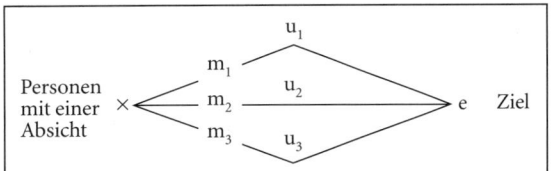

Abbildung 7.3. Das Konzept **Äquifinalität** beschreibt den
Sachverhalt, dass ein und dasselbe Ziel mit unterschiedlichen
Mitteln und auf verschiedenen Wegen erreicht werden soll

Dieser Begriff bezeichnet Heider zufolge den Sachverhalt, dass eine Person mit verschiedenen Mitteln
ein Ziel zu erreichen versucht; Heider spricht hier
auch von der „Invarianz des Ziels und Variabilität
der Mittel" (Heider, 1958, S. 101; s. Abb. 7.3). Ein
Beispiel: Wenn eine Person also jemand anderem
schaden will (eine Absicht hat), so kann sie dieses
Ziel mit unterschiedlichen Mitteln verfolgen und
wird dies auch tun, bis der zugefügte Schaden ein
befriedigendes Ausmaß erreicht hat.

> **BEISPIEL**
>
> #### Umwege zur Prüfung
> Betrachten wir ein weiteres Beispiel: Sie versu-
> chen, eine Prüfung zu bestehen. Äquifinalität
> würde dann vorliegen, wenn Sie angesichts von
> Schwierigkeiten oder Hindernissen verschiede-
> ne Wege einschlagen, um das einmal gesetzte
> Ziel zu erreichen. So könnten Sie etwa zunächst
> einmal nur die Vorlesung besuchen, ohne paral-
> lel dazu die Prüfungsliteratur zu lesen. Sie fallen
> beim ersten Prüfungsversuch durch und lesen
> daraufhin im zweiten Anlauf sehr gründlich die
> Literatur – und scheitern wiederum. Im dritten
> Anlauf schließlich lesen Sie die Literatur und
> diskutieren diese gemeinsam mit anderen Stu-
> dierenden in einer Lerngruppe – und erzielen
> ein hervorragendes Ergebnis (Anmerkung des
> Autors: ein extrem realistisches Beispiel!).

Multifinalität

Im Gegensatz dazu liegen Multifinalität und
nicht-persönliche Kausalität dann vor, wenn beispielsweise ganz verschiedene Situationen oder

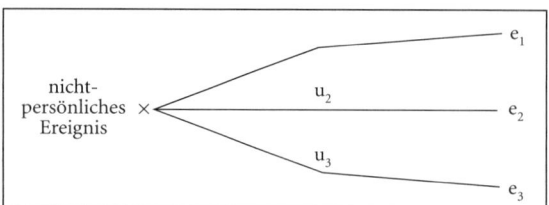

Abbildung 7.4. Multifinalität: Ein Ereignis, verschiedene Umstände und verschiedene Endzustände

Umstände zu ganz verschiedenen Effekten führen. Wenn Sie beispielsweise einer anderen Person gänzlich unbeabsichtigt geschadet haben, werden Sie nicht viele andere Mittel suchen, den gleichen Effekt zu erzielen, sondern den Schaden wieder gut machen oder zumindest andere Ziele verfolgen (Multifinalität).

Heider (1958) beschreibt diesen Sachverhalt folgendermaßen: „Wenn ich von einer Gefahr aus einer nicht-persönlichen Quelle bedroht werde, dann brauche ich im Allgemeinen nur die Bedingungen zu verändern, um der Gefahr zu entgehen. Wenn ich auf einem Berg von fallenden Steinen bedroht bin, dann kann ich mich aus der Gefahrenzone begeben und Schutz suchen. … Die Steine werden ihren Weg nicht ändern, um mich hinter dem Schutz zu finden. Wenn mich jedoch eine Person mit einem Stein treffen will und sie schneller laufen kann als ich, dann bin ich der Gefahr, getroffen zu werden, in viel größerem Maße ausgesetzt (Heider, 1958, S. 101).

Verwendung des Attributionsbegriffs

Der Begriff der Attribution wird in der Heider'schen Analyse recht uneinheitlich verwendet (siehe Eimer, 1987); daher hier ein kurzer Überblick über die verschiedenen Bedeutungen. So können Attributionen

(1) Eigenschaftszuschreibungen von Objekten sein (wenn ich sage, ein Objekt habe diese oder jene Eigenschaft),

(2) Attributionen können Kausalzuschreibungen sein (bestimmte Objekte werden als Ursachen angesehen, andere Objekte sind von diesen Verursachern betroffen), und

(3) Attributionen können interpersonale kausale Zuschreibungen sein (wenn ich beispielsweise sage, dass eine Person eine bestimmte Handlung ausführt, um ein Ziel zu erreichen).

Wenden wir uns daher einer Theorie zu, deren Ziel es ist, die von Heider (1958) postulierte Differenzmethode auf menschliches Verhalten in verschiedenen Situationen anzuwenden, zu systematisieren und empirisch überprüfbar zu machen.

7.2 Kovariation und kausale Schemata

Harold Kelley (1967, 1973) hat die Ideen Heiders weiterentwickelt, und zwar auf zwei verschiedenen Wegen: Zum einen griff er die Differenzmethode auf, um vorherzusagen, wie Personen aufgrund mehrfacher Beobachtungen ihrer Umwelt zu Attributionen gelangen. Hierzu postulierte er das so genannte Kovariationsprinzip. Zum anderen nahm er an, dass es eine Reihe von kausalen Schemata gibt, die angewandt werden, wenn solche mehrfachen Beobachtungen nicht möglich sind und wir auf einzelne Beobachtungen eines Effektes angewiesen sind. Kelley (1967) bezeichnete diese kausalen Schemata auch als Konfigurationskonzepte.

7.2.1 Das Kovariationsprinzip

Wenn Ihnen etwas nicht gelingt, so macht es einen großen Unterschied, ob Ihnen andere Dinge auch nicht gelingen, und ob es viele oder wenige andere Personen gibt, die bei dem gleichen Unterfangen scheitern. Weiterhin werden Sie sich auch fragen, ob Sie bei dem gleichen Unterfangen früher erfolgreich waren oder nicht. Der vorliegende Abschnitt handelt davon, wie Sie aufgrund dieser und ähnlicher Informationen zu Ursachenzuschreibungen gelangen.

Anhand des Kovariationsprinzips von Kelley lässt sich vorhersagen, wann Personen einen Effekt auf die Person, auf Merkmale der Situation oder aber auf Zufall zurückführen. Dabei entscheiden wir uns für die Ursache, die am häufigsten gemeinsam mit dem Effekt vorkommt. Kelley (1973) formulierte dieses generelle Prinzip in Anlehnung an die schon genannte Differenzmethode. Betrachten wir zunächst die abstrakte Zusammenfassung des zugrunde liegenden Prinzips, um dieses dann genauer zu erläutern: „Ein Effekt wird derjenigen seiner möglichen Ursachen zugeschrieben, mit der er, über die Zeit hinweg, kovariiert." (Kelley, 1973, S. 108).

Ursachen als unabhängige Variable. Kelley (1973) betrachtet die möglichen Ursachen eines Effekts als unabhängige Variable, von denen wir gerne wüssten, ob diese einen (kausalen) Einfluss auf den zu erklärenden Effekt ausüben oder nicht. Der Effekt selbst hat somit den Status einer abhängigen Variablen, und wir beobachten in diesem Zusammenhang, ob der fragliche Effekt Änderungen unterliegt, wenn sich die möglichen Ursachen ändern. Zum Auffinden einer Ursache sind also mehrere Beobachtungen notwendig, beispielsweise zu verschiedenen Zeitpunkten (ein Beispiel hierfür folgt weiter unten).

Effekte als abhängige Variable. Weiterhin gilt: Wenn der Effekt den Status einer abhängigen Variable hat, der in Abhängigkeit von verschiedenen möglichen Ursachen (unabhängigen Variablen) variiert oder nicht variiert, dann ist die naive Kausalanalyse im Rahmen des Kovariationsprinzips der statistischen Varianzanalyse in hohem Maße ähnlich.

Informationsklassen. Kelley (1973) unterscheidet drei verschiedene Informationsklassen, anhand derer die Ursachen eines Effektes oder eines Ereignisses bestimmt werden können. Diese Informationsklassen werden als Konsensus, Distinktheit und Konsistenz bezeichnet. Anhand dieser Informationen ist es möglich, einen Effekt auf Merkmale der Person, der Entität (wir werden diesen Begriff noch genauer erläutern, der Einfachheit halber könnte man auch von einer Attribution auf die Situation sprechen) oder auf Zufall zurückzuführen. Wir unterscheiden also einerseits diejenigen Informationen, die kausale Schlussfolgerungen ermöglichen (im Folgenden zusammenfassend als Kovariationsinformationen bezeichnet) und andererseits die kausalen Schlüsse selbst, die bei Vorliegen dieser Kovariationsinformationen möglich sind.

Kovariationsinformationen

Um die von Kelley postulierten Informationsklassen zu erläutern, betrachten wir ein einfaches Beispiel – nehmen Sie an, dass ein bestimmter Schüler (nennen wir ihn Fritz) in einer Schulklasse eine Klassenarbeit nicht bestanden hat.

Konsensusinformation. Diese Informationsklasse gibt an, inwieweit ein Effekt über verschiedene Personen variiert. Konsensusinformation lässt sich auch als Wahrscheinlichkeit ansehen: Diese Information gibt die Wahrscheinlichkeit an, mit der ein Effekt nicht nur von einer bestimmten Person, sondern auch von anderen Personen erzielt oder erlebt wird – inwieweit also ein Effekt über viele verschiedene Personen generalisierbar ist oder nicht.

Hierbei sind zwei Extremfälle denkbar: Hoher Konsensus bedeutet, dass ein Effekt bei vielen oder sogar allen Personen auftritt. In unserem Beispiel hieße dies, auch alle anderen Schüler der Schulklasse bestehen diese Klassenarbeit nicht; folglich läge keine Kovariation des Effektes mit einer bestimmten Person vor. Bei niedrigem Konsensus dagegen tritt der Effekt nur bei wenigen oder keiner anderen Person auf. Bezogen auf das genannte Beispiel hieße dies, nur Fritz und niemand sonst besteht diese Klassenarbeit nicht – in diesem Fall kovariiert der Effekt ganz eindeutig mit der Person.

Distinktheitsinformation. Distinktheitsinformation ist die Information darüber, ob eine Person einen bestimmten Effekt nur in einem Bereich (beispielsweise bei einem Typ von Aufgabe oder in einer bestimmten Situation) erzielt oder aber bei vielen Entitäten (Arten von Aufgaben, Situationen). Der Begriff der Distinktheit ließe sich am besten mit „Spezifität" übersetzen: Er gibt an, ob ein Effekt für eine bestimmte Entität (eine Aufgabenart) spezifisch ist oder nicht. Auch diese Information lässt sich als Wahrscheinlichkeit formulieren und bezeichnet dann die Wahrscheinlichkeit, mit der eine Person einen bestimmten Effekt auch bei anderen Entitäten erzielt oder erlebt.

Wiederum sind zwei Extremfälle denkbar: Bei hoher Distinktheit ist ein Effekt für eine ganz bestimmte Aufgabe spezifisch. Dies wäre dann der Fall, wenn Fritz nur in der Mathematikarbeit Misserfolg hat, nicht aber in anderen Fächern. In diesem Fall kovariiert der Effekt mit dem Aufgabentyp, da nur bei dieser Aufgabe, nicht aber bei anderen Arten von Aufgaben ein Misserfolg eintritt. Niedrige Distinktheit dagegen würde im Extremfall bedeuten, dass Fritz nicht nur in Mathematik, sondern auch in allen anderen Fächern ebenso Misserfolg hat – in diesem Falle liegt keine Kovariation zwischen Effekt und Aufgabentyp vor.

Konsistenzinformation. Diese Informationsklasse gibt an, ob ein Effekt nur zu einem bestimmten Zeitpunkt auftritt oder aber zu vielen verschiedenen Zeitpunkten. Als Wahrscheinlichkeit betrachtet informiert diese Informationsklasse darüber, ob ein Effekt über verschiedene Zeitpunkte generalisierbar ist (hohe Konsistenz und hohe Wahrscheinlichkeit eines nochmaligen Eintretens des Ereignisses) oder nicht (geringe Konsistenz, geringe Wahrscheinlichkeit eines nochmaligen Eintretens des Ereignisses).

Wiederum auf unser Beispiel bezogen bedeutet dies, dass hohe Konsistenz dann vorliegt, wenn Fritz bei einem Aufgabentyp (zum Beispiel in Mathematik) immer wieder Misserfolg hat (in diesem Fall liegt keine Kovariation zwischen Effekt und Zeitpunkt vor), während niedrige Konsistenz dann vorliegt, wenn er nur zu einem einzigen Zeitpunkt Misserfolg hat (in diesem Falle ist eine Kovariation zwischen Effekt und Zeitpunkt gegeben).

Kelleys Terminologie. Zu beachten ist hierbei, dass die von Kelley gewählte sprachliche Formulierung der verschiedenen Informationsklassen oftmals Verwirrung stiftet: Während Konsensus- und Konsistenzinformation darüber informieren, inwieweit ein Effekt über verschiedene Personen und über verschiedene Zeitpunkte generalisiert, gibt Distinktheitsinformation darüber Auskunft, inwiefern ein Effekt für eine Entität (einen Aufgabenbereich) spezifisch ist.

Diese Wahl der Terminologie führt dazu, dass hoher Konsensus und hohe Konsistenz eine Generalisierung über viele verschiedene Personen beziehungsweise Zeitpunkte bedeuten. Im Gegensatz dazu bedeutet hohe Distinktheit (Spezifität), dass ein Effekt nur bei einer Entität auftritt. Eine Generalisierung über viele verschiedene Entitäten hingegen ist dann gegeben, wenn wir von geringer oder niedriger Distinktheit sprechen.

Während also eine hohe Wahrscheinlichkeit im Falle von Konsensus und Konsistenz bedeuten, dass der Effekt bei vielen Personen beziehungsweise zu vielen Zeitpunkten auftritt, ist es bei der Distinktheitsinformation genau umgekehrt: Eine hohe Distinktheit bedeutet, dass der Effekt in hohem Maße spezifisch ist, dass also die Wahrscheinlichkeit hoch ist, dass dieser Effekt nicht auf andere Entitäten generalisiert.

Kovariationsinformationen im Alltag. Eine Ursachenzuschreibung unter Einbeziehung dieser drei Informationsklassen erfordert es nun, Beobachtungen eines Effektes bei mehreren Personen, in verschiedenen Situationen oder bei verschiedenen Entitäten und zu verschiedenen Zeitpunkten machen zu können. Es mag auf den ersten Blick unwahrscheinlich erscheinen, dass dies in Alltagssituationen tatsächlich möglich ist.

Das Beispiel von Fritz und der Klassenarbeit zeigt jedoch, wie dies beispielsweise aus der Perspektive des Lehrers funktioniert: Er beurteilt viele verschiedene Schüler einer Klasse bei vielen verschiedenen Aufgaben über ein ganzes Schuljahr oder gar mehrere Schuljahre. Damit hat er Informationen über mehrere Schüler (Konsensus) bei verschiedenen Arten von Aufgaben (Distinktheit) und zu verschiedenen Zeitpunkten (Konsistenz).

Ähnlich verhält es sich bei einer Führungskraft mit mehreren Mitarbeitern oder bei einem Arzt, der die Wirkung eines Medikaments bei verschiedenen Patienten und mit unterschiedlichen Krankheitsbildern betrachtet. Auch wenn Sie in letzter Zeit eine Comedy-Show (zum Beispiel die Harald-Schmidt-Show) gesehen haben, werden sie in der Regel Informationen darüber haben, wie anderen Personen dieselbe Sendung gefällt (Konsensus), wie sehr Ihnen frühere Sendungen gefallen haben (Konsistenz) und wie sehr Ihnen andere Arten von Comedy-Shows gefallen (Distinktheit). Diese Liste von Beispielen ließe sich beliebig fortführen, und eine gute Übung für Sie selbst besteht darin, sich einmal für verschiedene „Effekte" (beispielsweise wichtige Ereignisse) Ihres Lebens zu überlegen, welche möglichen Konsensus-, Distinktheits- und Konsistenzinformationen Ihnen hier zur Verfügung stehen.

Kausale Schlüsse aus Kovariationsinformationen

Wie bereits erwähnt, unterscheidet Kelley insbesondere drei Attributionen, die anhand bestimmter Muster von Kovariationsinformationen möglich sind, nämlich Attributionen auf die Person, auf die Entität und auf Zufall. Bezogen auf unser Beispiel für einen zu erklärenden Effekt – „Fritz hat Misserfolg in Klassenarbeit X" – bedeutet dies, dass bestimmte Ausprägungen von Konsensus, Distinktheit und Konsistenz den Schluss erlauben, dass dieser Misserfolg entweder an Fritz (zum Beispiel mag er mathematisch unbegabt sein oder sich wenig angestrengt haben), oder an der Art der Aufgabe liegt (der Lehrer mag beispielsweise eine zu schwierige Aufgabe gestellt haben) oder auf Zufall zurückzuführen ist (zum Beispiel: Fritz war bei der Klassenarbeit krank) (s. Übersicht).

Zu beachten ist hierbei, dass nicht nur diese drei idealtypischen Informationsmuster existieren, sondern natürlich auch weitere Kombinationen, und die jeweiligen Informationsklassen nicht nur die Ausprägungen „hoch" und „niedrig" annehmen, sondern beliebige relative Häufigkeiten zwischen 0 und 1. Wir betrachten hier der Einfachheit halber jedoch nur diese idealtypischen Ausprägungen.

Personattribution. In diesem Fall ist Fritz die einzige Person, die einen Misserfolg hat (Konsensus niedrig), er hat weiterhin Misserfolge bei vielen Aufgabenarten (niedrige Distinktheit) und zu vielen verschiedenen Zeitpunkten (hohe Konsistenz). Dies bedeutet, dass der Effekt (Misserfolg) nur mit der Person kovariiert (Misserfolg tritt bei Fritz auf, nicht jedoch bei anderen Personen), während es keinen Unterschied macht, welche Aufgabenarten und Zeitpunkte man betrachtet (Misserfolg tritt für Fritz bei allen Aufgabenarten und zu allen Zeitpunkten auf).

Attribution auf die Entität. In diesem Fall (zum Beispiel zu hohe Aufgabenschwierigkeit) hat nicht nur Fritz Misserfolg, sondern auch alle anderen Personen (Konsensus hoch), Fritz hat nur bei dieser Aufgabe Misserfolg (Distinktheit hoch), und bei dieser Aufgabenart hat Fritz immer Misserfolg (Konsistenz hoch). In diesem Falle kovariiert der Effekt mit der Entität (der Art der Aufgabe), denn nur bei dieser Aufgabenart hat Fritz Misserfolg, nicht jedoch bei anderen Aufgabenarten. Dagegen macht es keinerlei Unterschied, welche Personen oder Zeitpunkte wir betrachten (Misserfolg tritt bei vielen/allen Personen und zu allen Zeitpunkten auf, bei denen dieser Aufgabentyp bearbeitet wird).

ÜBERSICHT

Informationsmuster und Attributionen (nach Kelley, 1967)

Attribution auf:	Kovariationsinformation			Kovariation zwischen Effekt und …
	Konsensus	Distinktheit	Konsistenz	
… Person	niedrig	niedrig	hoch	… Person
… Entität	hoch	hoch	hoch	… Entität
… Zufall	niedrig	hoch	niedrig	… Person, Entität und Zeitpunkt

Situation oder Person? Bei der Suche nach den Ursachen eines Ereignisses kommt es darauf an zu entscheiden, ob dieses einer Person oder den situativen Umständen zuzuschreiben ist. Nur diese beiden Ursachen sind im Gegensatz zur Zufallsattribution aussagekräftig. Beide, die Zu- schreibung auf die Person und auf die Entität (Situation) zeichnen sich durch eine hohe Konsis- tenz aus. Und gerade stabile (also hoch konsisten- te) Effekte erlauben eine Vorhersage zukünftiger Ereignisse – im Gegensatz zu solchen Ereignissen, die nur einmal oder selten auftreten würden.

ÜBERSICHT			
	Kovariationsinformation		
Attribution auf:	**Konsensus**	**Distinktheit**	**Kovariation zwischen Effekt und …**
… Person	niedrig	niedrig	… Person
… Entität	hoch	hoch	… Entität

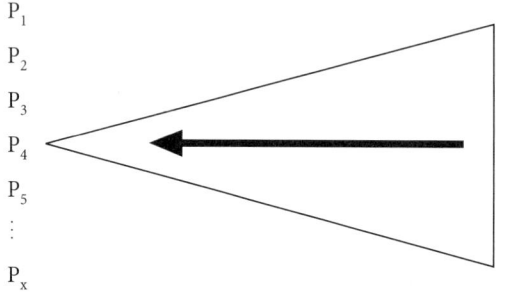

Abbildung 7.5. Ein durch niedrigen Konsensus und niedrige Distinktheit gekennzeichnetes Informationsmuster: Nur eine Person erzielt einen bestimmten Effekt, dies jedoch bezüglich aller verfügbaren Entitäten. Eine Merkhilfe bei dieser Illustra- tion besteht darin, dass das entstehende Dreieck wie mit einer Pfeilspitze auf die wahrgenommene Ursache des Ereignisses zeigt, nämlich auf die betreffende Person (zurückgehend auf eine Idee von Roger Brown; siehe Brown & Fish, 1983)

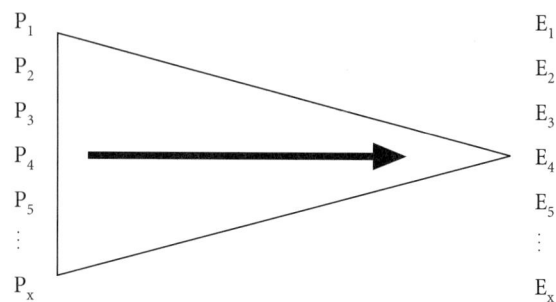

Abbildung 7.6. Das genau umgekehrte Kovariationsmus- ter, nämlich hoher Konsensus und hohe Distinktheit: In diesem Fall erzielen alle Personen einen bestimmten Ef- fekt, dies jedoch nur in Bezug auf eine bestimmte Entität. Wiederum weist die Dreiecksspitze in Form eines Pfeils auf die wahrgenommene Ursache, nämlich in diesem Fall die fragliche Entität, bei der alle Personen diesen Effekt er- zielen

Die identischen Ausprägungen der Konsistenzin- formation für Person- und Entitätsattributionen haben ein weiteres interessantes Merkmal: Diese Informationsklasse kann für eine Person, die nach einer Ursache sucht, keine Hilfe darstellen, wenn es um die Entscheidung geht, ob ein Effekt nun der Person oder der Entität (Situationsmerkmalen) zu- zuschreiben ist.

Attribution auf Zufall. Diese Attribution erfolgt idealtypischerweise dann, wenn Fritz als einzige Person Misserfolg hat und zwar nur bei einer Enti- tät und zu einem Zeitpunkt. Dies lässt sich auch am Beispiel eines Lottogewinns illustrieren: Einen „6er" im Lotto haben zu einem Zeitpunkt (an ei- nem Wochenende) nur wenige Personen oder nur eine Person. Diese Person hat bei ähnlichen Entitä- ten (etwa anderen Arten von Glücksspiel) und zu anderen Zeitpunkten jedoch nicht solches Glück.

Grimm (1979) wies darauf hin, dass bei der Zufallsattribution eine Besonderheit vorliegt, da hier der Effekt (beispielsweise ein „6er" im Lotto) mit allen vorhandenen Informationsklassen kovariiert (nur eine Person, nur eine Entität, nur ein Zeitpunkt). Das ist insofern auch plausibel, als eine Zufallsattribution nichts anderes bedeutet, als dass wir eben nicht wissen, worauf ein Effekt zurückzuführen ist. Wenn also ein Effekt mit allen möglichen Ursachen gleichermaßen kovariiert, so lässt sich ganz einfach nicht sagen, warum dieser Effekt eingetreten ist.

Vor dem Hintergrund des Menschenbildes der Attributionstheorie ist die Zufallsattribution insofern recht uninteressant, denn sie erlaubt ja gerade nicht (was wir dem Menschenbild der Attributionstheorien zufolge gerne tun würden), uns selbst und unsere Umwelt besser zu verstehen und vorherzusagen. Im Gegensatz dazu ist es viel wertvoller entscheiden zu können, ob ein bestimmtes Ereignis eher dem Verhalten oder den Merkmalen einer bestimmten Person zuzuschreiben ist, oder ob situative Umstände für dieses Ereignis verantwortlich sind.

7.2.2 Kausale Schemata

In vielen alltäglichen Situationen mag eine Analyse der vorhandenen Kovariationsinformationen zu aufwendig erscheinen, oder aber diese Informationen sind nicht alle verfügbar. Man denke beispielsweise an einen Lehrer am Anfang des Schuljahres, der noch nicht über Konsistenzinformationen verfügt, oder über einen Manager, der die Fähigkeiten seines Mitarbeiters in einem bestimmten Bereich gut kennt, nicht jedoch in anderen Bereichen (Distinktheitsinformation).

Kelley (1972) postuliert nun, dass Ursachenzuschreibungen auch anhand einmaliger Beobachtungen eines Effektes vorgenommen werden können. In diesem Falle kommen bestimmte Schemata in Form verallgemeinerter Konzepte über das Zusammenwirken von zwei oder mehreren möglichen Ursachen zum Tragen. Zwei davon seien hier kurz beschrieben (Kelley, 1973, postulierte eine weitaus größere Zahl).

Zwei Ursachen für einen Effekt. Nehmen wir an, dass es für einen Effekt zwei mögliche Ursachen

gibt. Wenn eine Person in einer Prüfung Erfolg hat, so kann dies beispielsweise entweder daran liegen, dass sie sich angestrengt hat, oder dass ihre Fähigkeiten für den Prüfungsstoff ausreichen. Dann kann man auf das Kausalschema der multiplen notwendigen Ursachen zurückgreifen.

DEFINITION

Multiple notwendige Ursachen
Dieses Kausalschema besagt, dass beide Ursachen vorhanden sein müssen, damit der Effekt eintreten kann. Dieses Kausalschema kommt insbesondere dann zur Anwendung, wenn es sich um eine schwierige Aufgabe handelt: Bei einer schwierigen Aufgabe müssen Anstrengung und Fähigkeit beide gegeben sein, um den intendierten Effekt (Erfolg) zu erreichen.

ÜBERSICHT

Ursache B	Vorhanden	–	**Effekt**
	Nicht vorhanden	–	–
		Nicht vorhanden	vorhanden
		Ursache A	

Eine Ursache reicht aus. Bei leichten Aufgaben kann man das Kausalschema der multiplen hinreichenden Ursachen anwenden. In diesem Fall reicht es aus, wenn entweder Anstrengung oder Fähigkeit vorhanden sind, und natürlich wird der Effekt auch dann eintreten, wenn beide Ursache auftreten.

Typischerweise wird Harold Kelley zufolge das Kausalschema der multiplen hinreichenden Ursachen bei einfachen Aufgaben oder erwarteten oder normalen Ereignissen zum Tragen kommen; das Kausalschema der multiplen notwendigen Ursachen dagegen bei schwierigen Aufgaben oder bei extremen oder außergewöhnlichen Ereignissen.

Multiple hinreichende Ursachen

Bei diesem Schema reicht es für die Erklärung eines Effekts aus, wenn eine Ursache vorhanden ist.

Ursache B	Vorhanden	Effekt	Effekt
	Nicht vorhanden	–	Effekt
		Nicht vorhanden	vorhanden
		Ursache A	

Informationsgehalt der beiden Schemata. Es gibt jedoch noch einen weiteren Unterschied zwischen beiden Schemata: Während das Kausalschema der multiplen notwendigen Ursachen den Schluss erlaubt, dass sowohl Anstrengung als auch Fähigkeit vorhanden gewesen sein müssen, wenn der Effekt eintritt, verhält es sich beim Kausalschema der multiplen hinreichenden Ursachen anders: In diesem Falle bleibt bei einer Beobachtung des Effektes (Erfolg in der Prüfung) unklar, ob eine Person sich angestrengt hat oder besonders fähig ist (oder ob beide Ursachen anwesend waren).

7.3 Die Grenzen des „naiven Wissenschaftlers"?

Denken Sie noch einmal kurz an Kelleys Kovariationsprinzip: Dies ist ein normatives Modell, das vorhersagt, aufgrund welcher Informationsmuster (die in der Umwelt wahrgenommen werden) es zu verschiedenen Arten von Attributionen kommt. Dieses Modell wurde in neuerer Zeit vielfach weiterentwickelt und erweitert (siehe beispielsweise Cheng & Novick, 1990). Diesen allgemeinpsychologischen Arbeiten liegt die gemeinsame Annahme

zugrunde, dass die für die Ursachenanalyse verfügbaren Informationen in rationaler Weise und unvoreingenommen verarbeitet werden.

Doch dem naiven Wissenschaftler können auch Fehler unterlaufen und er ist nicht unbedingt immer unvoreingenommen. Zahlreiche Forschungsarbeiten haben sich daher mit der Frage beschäftigt, welche Fehler oder Verzerrungen dem naiven Wissenschaftler bei seiner Ursachensuche unterlaufen. Im Folgenden werden zwei dieser Attributionsverzerrungen dargestellt, dies betrifft die Selbstwertdienlichkeit von Attributionen und die Attributionsunterschiede zwischen Handelnden und Beobachtern.

7.3.1 Selbstwertdienlichkeit von Attributionen

Ob wir nach einem Misserfolg den Fehler bei uns selbst suchen oder ihn auf widrige Umstände zurückführen, macht für unseren Selbstwert einen Unterschied. Diese so genannte Selbstwertdienlichkeit von Attributionen ist ein gutes Beispiel für eine mögliche Fehlerquelle bei der Ursachensuche. So wie wir einen Fehler vielleicht lieber auf äußere Umstände zurückführen, um unseren Selbstwert nicht allzu sehr zu beeinträchtigen, mag es umgekehrt nahe liegend sein und dem Selbstwert gut tun, die Ursachen für Erfolge in der eigenen Person zu suchen und nicht zufälligen Umständen oder Situationsmerkmalen zuzuschreiben. Dies bedeutet, Individuen könnten (entgegen dem attributionstheoretischen Menschenbild) tatsächlich motiviert sein, statt realistischer eher selbstwertdienliche Ursachenzuschreibungen zu bevorzugen.

Solche Auswirkungen der Selbstwertdienlichkeit von Attributionen sind nachgewiesen worden. So neigen beispielsweise Lehrer dazu, Erfolge ihrer Schüler mit der Qualität des eigenen Unterrichtes zu erklären, während entsprechende Misserfolge mit höherer Wahrscheinlichkeit auf geringe Fähigkeiten oder geringe Anstrengungen der Schüler zurückgeführt werden (Beckman, 1970). In ähnlicher Weise sehen Politiker in Wahlsiegen gern ihren persönlichen Erfolg und schieben Wahlniederlagen auf die eigene Partei oder andere Einflüsse (Kingdon, 1967).

Einfluss der Verzerrung auf Ursachenzuschreibungen

Die These klingt einleuchtend, dass wir Ereignisse im Zweifelsfalle zugunsten unseres Selbstwertgefühls erklären. Untersuchungsergebnisse weisen jedoch daraufhin, dass dieser Faktor zwar die Ursachenzuschreibungen beeinflusst, jedoch dabei eine geringere Rolle spielt als die zur „wahren Kovariation" vorliegenden Informationen (vgl. zum Beispiel Miller & Ross, 1975; Zuckerman, 1979).

Der Einfluss dieses Faktors sollte deshalb nicht überschätzt werden: Während sich in Studien zur Wirkung von Kovariationsinformationen auf Attributionen in aller Regel eine Varianzaufklärung zwischen 60 und 80 Prozent zeigt (siehe beispielsweise McArthur, 1972; Rudolph & Försterling, 1998), liegt die Varianzaufklärung durch den Faktor Selbstwertdienlichkeit in aller Regel bei weitem niedriger (siehe auch Bradley, 1978).

Motivation oder Informationsverarbeitung?

Die zweite Frage in diesem Zusammenhang betrifft die motivationale Natur dieser Attributionsverzerrung – sind es tatsächlich motivierte Fehlinterpretationen, die die Selbstwertdienlichkeit von Attributionen begünstigen, oder handelt es sich vielleicht doch um ein durchaus realistisches Abwägen der vorhandenen Information?

Eine Reihe von Umständen spricht für die zweite Alternative: So erscheint es plausibel anzunehmen, dass Personen, die eine Aufgabe beginnen, in aller Regel Erfolg erwarten und auch der Meinung sind, die notwendigen Fähigkeiten zu besitzen – sonst würde man die entsprechende Aufgabe ja schließlich gar nicht erst in Angriff nehmen.

Nach einer erfolgreichen Aufgabenbearbeitung führt man also das Ergebnis auf die eigene Person zurück, weil man die eigenen Ausgangsannahmen bestätigt sieht – und nicht etwa, um dem eigenen Selbstwert zu schmeicheln. Im Falle eines unerwarteten Misserfolgs hingegen mag es unangemessen erscheinen, die eigenen Fähigkeiten sogleich in Frage zu stellen – stattdessen wird die Person vermutlich nach zufälligen oder situativen Faktoren

Ausschau halten, die das erwartete Handlungsergebnis verhindert haben.

Auch in diesem Falle hätte die scheinbar selbstwertmotivierte Ursachenschreibung keine motivationalen Gründe, sondern würde auf der kognitiven Interpretation der jeweiligen Situation beruhen. Bislang liegen keine Studien vor, die es erlauben würden, zwischen motivationalen und kognitiven Erklärungsansätzen für die Selbstwertdienlichkeit von Attributionen zu unterscheiden.

Abschließend sei noch darauf hingewiesen, dass es oftmals schwierig ist, überhaupt einzuschätzen, ob die Versuchspersonen in den entsprechenden Experimenten die selbstwertdienlichen Ursachenzuschreibungen nur dem Experimentator mitteilen (aus Gründen einer positiven Selbstdarstellung gegenüber anderen) oder ob sie diese Verzerrungen auch tatsächlich glauben.

Es wäre ja auch denkbar, dass die Probanden zwar motiviert sind, sich selbst bei anderen Personen (etwa dem Versuchsleiter) in einem positiven Licht darzustellen, aber andererseits durchaus um die wahren Ursachen der eigenen Leistungsergebnisse wissen und diese nur nicht mitteilen wollen.

7.3.2 Unterschiede zwischen Handelnden und Beobachtern

„Actor-Observer-Bias". Sowohl bei Heiders Naiver Handlungsanalyse (siehe Abschnitt 7.1) als auch bei Kelleys Kovariationsprinzip (siehe Abschnitt 7.2.1) haben wir gesehen, dass es besonders wichtig ist, zwischen dispositionellen Ursachen (die in der Person liegen) einerseits und situativen Ursachen für Handlungsergebnisse andererseits zu unterscheiden. Welche Ursachen wir für ein Ereignis finden, hängt jedoch auch davon ab, ob wir selbst beteiligt oder nur Zuschauer sind. Jones und Nisbett (1972) machten darauf aufmerksam, dass es bei der Ursachenzuschreibung systematische Unterschiede zwischen Handelnden („Actors") und Beobachtern („Observers") gibt; die Autoren bezeichneten diese Unterschiede daher auch als „Actor-Observer-Bias".

Geiz oder schlechtes Essen?

An einem einfachen Beispiel lässt sich dieser Actor-Observer-Bias illustrieren: Stellen Sie sich vor, Sie beobachten eine Person in einem Restaurant, die eine Rechnung über 99 Euro und 80 Cent erhält, mit einem 100-Euro-Schein bezahlt und sich die verbleibenden 20 Cent herausgeben lässt. Überlegen Sie bitte einen Moment, worauf Sie dieses Verhalten zurückführen würden.

Stellen Sie sich bitte ferner vor, Sie selbst erhalten eine solche Rechnung und zeigen das gleiche Verhalten. Woran liegt es, dass Sie sich die 20 Cent herausgeben lassen?

Führt man dieses Gedankenexperiment in der Vorlesung oder im Seminar durch, so überwiegen im ersten Fall – aus der Beobachterperspektive – bei weitem Attributionen auf die Person (zum Beispiel: dieser Gast ist geizig). Im zweiten Fall jedoch – aus der Perspektive des Handelnden – überwiegen bei weitem Attributionen auf die Situation (zum Beispiel: das Essen war schlecht). Jones und Nisbett (1972) fassen dieses Datenmuster wie folgt zusammen: „There is a pervasive tendency for actors to attribute their actions to situational requirements, whereas observers tend to attribute the same actions to stable dispositions." (Jones & Nisbett, 1972, S. 80).

Personattributionen bevorzugt

Der Unterschied zwischen Handelnden und Beobachtern ist gut dokumentiert, aber die Wirklichkeit ist komplizierter. Betrachten wir hierzu die Arbeiten von Watson (1982), der verschiedene Hypothesen zum Actor-Observer-Bias unterschied:

(1) Handelnde schreiben eigenes Verhalten häufiger der Situation zu als Merkmalen der eigenen Person ($A < B$).

(2) Beobachter schreiben das Verhalten anderer Personen häufiger den Merkmalen der beobachteten Person zu als Merkmalen der Situation ($C > D$).

(3) Beobachter sollten häufiger Personattributionen vornehmen als Handelnde ($A < C$).

(4) Handelnde sollten häufiger zu Situationsattributionen kommen als Beobachter ($B > D$).

Watson (1982) konnte in einer Re-Analyse der bis dahin publizierten Daten zeigen, dass die Hypothesen 2 und 4 gut bestätigt sind: Beobachter nehmen signifikant häufiger Personattributionen vor als Handelnde, und Handelnde attribuieren signifikant häufiger auf die Situation als Beobachter. Im Gegensatz zu Hypothese 1 und 3 stehen allerdings die Befunde, dass Personattributionen generell häufiger vorgenommen werden als Situationsattributionen, und zwar unabhängig vom Akteur-Beobachter-Status.

Hypothesen zum Actor-Observer-Bias

	Ursachenzuschreibung auf ...	
Aus der Perspektive ...	... die Person	... die Situation
... des Akteurs	A <	B
	∧	∨
... des Beobachters	C >	D

Erklärungen für Akteur-Beobachter-Unterschiede

Über die Ursachen dieses Actor-Observer-Bias besteht in der psychologischen Literatur keine Einigkeit. Trotz zahlreicher Forschungsarbeiten auf diesem Gebiet des Actor-Observer-Bias muss festgehalten werden, dass das Phänomen nicht abschließend geklärt ist. Wiederum lässt sich also keineswegs sagen, wie eng die „Grenzen des Menschenbildes" vom naiven Wissenschaftler gezogen sind, und wie schon bei der Selbstwertdienlichkeit von Attributionen lassen sich motivationale und informationsbezogene Erklärungen unterscheiden.

Vermeiden negativer Emotionen. Möglicherweise sind Menschen motiviert (haben also ein Interesse daran), beobachteten anderen Personen stabile Personmerkmale zuzuschreiben und eigenes Verhalten als situativ verursacht anzusehen. Im Falle negativer Verhaltensweisen könnten aus der Perspektive des

Handelnden negative Emotionen (wie etwa Scham oder Schuldgefühle) vermieden werden, wenn dieses negative Verhalten auf externe Faktoren zurückgeführt wird. Dies würde also bedeuten, dass die verfügbaren Informationen nicht rational verarbeitet, sondern so verzerrt werden, dass die resultierenden Attributionen negative Emotionen minimieren und positive Emotionen maximieren.

Kontrollmotivation. Zuschreibungen auf stabile Merkmale bei anderen Personen erleichtern es uns, das Verhalten anderer vorherzusagen. Diese motivationale Erklärung des Actor-Observer-Bias schlugen Miller, Norman und Wright (1978) vor. Diese steht in direktem Zusammenhang mit dem Menschenbild der Attributionstheorie, dem zufolge wir das Verhalten anderer Personen gerne vorhersagen und kontrollieren würden. Vorhersage und Kontrolle sind jedoch umso besser möglich, je mehr wir in der Lage sind, bei anderen Personen stabile Personmerkmale ausfindig zu machen. Diese erklären das Verhalten dieser Person nicht nur zu einem einzigen Zeitpunkt und in einer bestimmten Situation, sondern auch in anderen Situationen und zu anderen Zeitpunkten. Hierfür spricht beispielsweise der oben genannte Befund, dass Personattributionen generell häufiger vorkommen als Situationsattributionen.

Dieses Bedürfnis nach Vorhersage und Kontrolle wurde auch als Kontrollmotivation bezeichnet. Miller und Mitarbeiter (1979) postulierten, dass eine solche Kontrollmotivation gerade dann besonders ausgeprägt sein sollte, wenn wir mit einer bestimmten Person auch zukünftig zu tun haben. Zur Überprüfung dieser Hypothese führten Miller et al. (1979) ein Experiment durch, in dem eine fingierte Interaktion mit einem (zunächst nicht persönlich anwesenden) Spielpartner stattfinden sollte. Der eine Teil der Probanden erwartete eine persönliche Begegnung mit diesem scheinbaren Spielpartner, bei dem anderen Teil war dies nicht der Fall. Im Einklang mit den Hypothesen zur Kontrollmotivation wurden signifikant mehr Personattributionen vorgenommen, wenn die Probanden eine Begegnung erwarteten.

Informationsunterschiede. Die Diskrepanzen zwischen Handelnden und Beobachtern könnten jedoch auch darauf zurückzuführen sein, dass beide Personengruppen zwar gänzlich realistisch verarbeiten (auswerten, gewichten, Inferenzen ziehen), beiden Gruppen aber unterschiedliche Arten von Informationen zur Verfügung stehen.

So wiesen bereits Jones und Nisbett (1972) darauf hin, dass Handelnde in aller Regel über Distinktheits- und Konsistenzinformationen verfügen (sie wissen also, wie sie sich selbst in ähnlichen Situationen und zu früheren Zeitpunkten verhalten haben). Dies ist bei Beobachtern – vor allem in den einschlägigen experimentellen Untersuchungen, bei denen die Beobachter es mit fiktiven oder gänzlich fremden Personen zu tun haben – jedoch nicht der Fall.

BEISPIEL

Ursachenzuschreibungen und Informationsunterschiede

Das eingangs genannte Beispiel ist hier wiederum nützlich: Als Beobachter einer anderen Person, die kein Trinkgeld gibt, verfügen Sie lediglich über Konsensusinformation – Sie wissen, dass andere Personen normalerweise Trinkgeld geben. Wenn die beobachtete Person nun kein Trinkgeld gibt, andere Personen aber normalerweise schon, dann kovariiert der Effekt mit der Person und eine Personattribution ist durchaus rational. Angenommen, Sie haben nun als Handelnder ein schlechtes Essen und einen schlechten Service in diesem Restaurant gehabt. Sie verfügen nun zusätzlich über Distinktheits- und Konsistenzinformation: Sie werden in ähnlichen anderen Situationen und zu anderen Zeitpunkten aller Wahrscheinlichkeit nach durchaus Trinkgeld geben, kaum jemand aber würde in diesem Falle Trinkgeld geben. In Kelleys Terminologie verfügen Sie nun über ein Informationsmuster, das durch hohen Konsens, hohe Distinktheit und hohe Konsistenz gekennzeichnet ist; eine Entitätsattribution ist absolut plausibel. In diesem Falle ist der Actor-Observer-Bias keine Verzerrung vorhandener Informationen, sondern die Attributionsunterschiede reflektieren nur in ganz realistischer Weise die unterschiedlichen Informationen, die aus der jeweiligen Perspektive zugänglich sind.

7.4 Implizite Kausalität in der Sprache

Im Abschnitt über das Auftreten von Warum-Fragen hatten wir gesehen, dass kausale Zuschreibungen zwar einerseits sehr häufig sind, eine Suche nach den Ursachen von Ereignissen andererseits aber zu bestimmten Gelegenheiten besonders wahrscheinlich ist (nämlich insbesondere bei negativen, überraschenden oder besonders wichtigen Ereignissen).

Weiterhin könnte die Darstellung von Kelleys Kovariationsprinzip den Eindruck erwecken, dass eine kausale Ursachenanalyse aufwendig und kompliziert ist, und dass hier vielerlei Arten von Informationen miteinander „verrechnet" werden müssen. Und schließlich sind diese Schlussfolgerungsprozesse auch noch möglichen Fehlerquellen unterworfen, die dazu führen, dass wir – im Gegensatz zu dem Menschenbild der Attributionstheorie – keineswegs die postulierten naiven Wissenschaftler sind, denen es gelingen könnte, ein realistisches Bild von sich selbst und ihrer Umwelt zu erhalten.

Der vorliegende Abschnitt ist ein Beispiel für eine Anwendung dessen, was Sie bislang über Attributionstheorien gelernt haben. Zudem soll illustriert werden, wie allgegenwärtig und leicht zugänglich kausale Informationen tatsächlich sind. Zu diesem Zweck betrachten wir ein Phänomen, das als „implizite Kausalität in Sprache" bezeichnet wird.

7.4.1 Sprache und „implizite Ursachen"

Um zu verdeutlichen, was mit diesem Phänomen gemeint ist, hier zunächst einmal ein Beispiel. Bitte lesen Sie zunächst den folgenden Satz:

Satz 1: Michael bewundert Peter, weil er so klug ist.

Was würden Sie nun auf die einfache Frage antworten, welche der beiden Personen (Michael oder Peter) „klug" ist? Es ist offensichtlich, dass in diesem Falle Peter derjenige ist, der bewundert wird, weil er klug ist. Diese Schlussfolgerung ist bereits eine kausale Schlussfolgerung, denn die Klugheit von Peter wird in aller Regel als Ursache dafür angesehen, dass er von Michael bewundert wird. Befragt man Versuchspersonen, so interpretiert praktisch niemand diesen Satz dahingehend, dass es Michaels Klugheit ist, die ihn dazu bewegt, Peter zu bewundern.

Betrachten Sie nun andererseits den folgenden Satz; dieser ist identisch mit dem ersten Satz, wir tauschen lediglich das Verb aus.

Satz 2: Michael überrascht Peter, weil er so klug ist.

Was würden Sie in diesem Falle auf die Frage antworten, wer von den beiden klug ist? Die am nächsten liegende Interpretation ist in diesem Fall eine ganz andere als im vorigen Beispiel: Offensichtlich ist Peter deshalb überrascht, weil er mit Michaels Klugheit nicht gerechnet hat. Wiederum enthält diese Schlussfolgerung eine Ursachenzuschreibung, da in diesem Fall ein Merkmal von Michael (Klugheit) die Ursache für Peters Überraschung ist.

Obwohl die beiden Sätze bis auf das verwendete Verb identisch sind, gelangen wir bei der Lektüre zu ganz anderen Schlussfolgerungen über die Ursachen der Ereignisse. Weiterhin sind diese Ursachenzuschreibungen in den genannten Beispielen nicht explizit erwähnt – es handelt sich vielmehr um minimale Beschreibungen zwischenmenschlicher Ereignisse, in denen nicht explizit festgelegt ist, welcher der beiden Personen den eingetretenen Effekt (Bewunderung, Überraschung) verursacht hat. Aus diesem Grunde haben Brown und Fish (1983b) dieses Phänomen als implizite Kausalität in Sprache bezeichnet.

Zwischenmenschliche Ereignisse. Dieses Phänomen ist aus mehreren Gründen besonders interessant:

▶ Bereits Fritz Heider (1958) hatte Überlegungen zum Zusammenhang von Sprache und wahrgenommener Kausalität angestellt – ohne allerdings die von ihm gefundenen Zusammenhänge wirklich schlüssig systematisieren zu können.

▶ Das Phänomen selbst ist ein sprachliches Phänomen, das in Zusammenhang mit so genannten interpersonalen Verben auftritt, also Verben wie lieben, hassen, helfen, bewundern, überraschen, trösten oder beleidigen. Zum einen sind diese interpersonalen Verben unser einziges Mittel, Dinge zu beschreiben, die zwischen Menschen geschehen, zum anderen gibt es diese interpersonalen Verben in allen Sprachen der Welt: Es handelt sich also um ein universelles Phänomen.

▶ Das Phänomen wird als „implizite Kausalität in Sprache" bezeichnet, weil explizite Informationen über die Verursachung des betreffenden (zwischenmenschlichen) Ereignisses gar nicht genannt werden.

7.4.2 Erklärungen der impliziten Kausalität in Sprache

Insbesondere das zuletzt genannte Merkmal wirft die Frage auf, wie es zu solchen kausalen Schlussfolgerungen überhaupt kommen kann. Es sind eine Reihe von möglichen Erklärungen für dieses Phänomen vorgeschlagen worden, und nach Sichtung der vorhandenen Literatur sind Rudolph und Försterling (1997) zu dem Schluss gelangt, dass es insbesondere Kelleys Kovariationsprinzip ist, das uns hier weiterhelfen kann.

Implizites Informationsmuster. Brown und Fish (1983a) haben auf die Möglichkeit hingewiesen, dass unsere sprachlichen Schemata implizite Kovariationsinformationen enthalten: So ist praktisch jeder Mensch prinzipiell in der Lage, Bewunderung zu empfinden. Dagegen ist es keineswegs so, dass jedem Menschen notwendigerweise Bewunderung entgegengebracht wird. Im Sinne von Kelleys Kovariationsprinzip haben wir es also hier mit einem Informationsmuster zu tun, dass durch hohen Konsensus (viele Menschen können Bewunderung empfinden) und hohe Distinktheit (nur wenige Menschen werden bewundert) gekennzeichnet ist. Ein solches Informationsmuster sollte Ursachenzuschreibungen auf die Entität wahrscheinlich machen; in diesem Falle („Michael bewundert Peter") also das Satzobjekt. Lassen Sie sich nicht dadurch verwirren, dass es sich bei der fraglichen Entität (dem Satzobjekt) ebenso wie beim Satzsubjekt um eine Person handelt. Auch Personen können Entitäten sein in dem Sinne, dass in einer Situation, in der eine Person anwesend ist oder an diese gedacht

wird, bei einer anderen Person (dem Satzsubjekt) Bewunderung empfunden wird.

Ganz anders verhält es sich im Falle des Verbs „überraschen": Jede Person kann Überraschung empfinden oder überrascht werden, nur wenige Personen lösen jedoch Überraschung aus (denken Sie beispielsweise an einen Zauberer, der sein Publikum überrascht, indem er das sprichwörtliche Kaninchen aus dem Hut zaubert). Im Sinne von Kelleys Kovariationsprinzip haben wir es hier mit einem Informationsmuster zu tun, dass durch niedrigen Konsensus (wenige Menschen können Überraschung auslösen) und niedrige Distinktheit (viele Menschen werden überrascht) gekennzeichnet ist. Ein solches Informationsmuster sollte Ursachenzuschreibungen auf die Person wahrscheinlich machen; in diesem Falle („Michael überrascht Peter") also auf das Satzsubjekt.

Universelles Phänomen. Sowohl das Phänomen selbst als auch der auf Kovariationsinformationen basierende Erklärungsansätze sind auf vielfältige Arten geprüft worden. So finden wir das Phänomen in vielen Sprachen der Welt (auch in Sprachen, die nicht dem westlichen Kulturkreis zugerechnet werden). Auch Kinder ab einem Alter von etwa 3 bis 5 Jahren nehmen bei Beschreibungen interpersonaler Ereignisse entsprechende Attributionen vor und sind auch in der Lage, die zugrunde liegenden Kovariationsmuster zu benennen (zum Beispiel Au, 1986).

7.4.3 Konsequenzen für den Gebrauch von Sprache

Fassen wir noch einmal zusammen: Minimale Beschreibungen interpersonaler Ereignisse lösen bestimmte Ursachenzuschreibungen auf den einen oder anderen Interaktionspartner automatisch aus, weil die verwendeten Verben implizite Kovariationsinformationen enthalten – Informationen also über die typischen Häufigkeiten der entsprechenden Handlungen beim Satzsubjekt und -objekt.

Bedeutet dies auch, dass Sprache so verwendet wird, dass entsprechende Ursachenzuschreibungen beispielsweise von einer Person mündlich oder schriftlich nahe gelegt werden? Dieser Frage sind Schmid und Fiedler (1998) in einer Untersuchung nachgegangen, bei der die Schlussplädoyers der Staatsanwälte und Verteidiger im Rahmen der Nürnberger Prozesse einer sprachlichen Analyse unterzogen wurden. In diesen Nürnberger Prozessen wurden die hochrangigsten Akteure des deutschen Nazi-Regimes nach Ende des Zweiten Weltkrieges vor Gericht gestellt und auch verurteilt.

Hierbei sollten den Hypothesen der Autoren zufolge die Staatsanwälte (als „Ankläger") die Taten der nationalsozialistischen Angeklagten in einer Weise beschreiben, die in höherem Maße zu Personattributionen führen als die sprachlichen Beschreibungen der Verteidiger. Letztere sollten dagegen ein Interesse haben, die Verantwortlichkeit der Angeklagten abzumildern (beispielsweise indem diese in beschönigender Weise zu einfachen Befehlsempfängern herabgestuft werden). Es zeigte sich tatsächlich, dass die Staatsanwälte bei der Beschreibung der Verbrechen seitens der Angeklagten signifikant häufiger Verben verwendeten, die entsprechende Personattributionen nahe legten; im Gegensatz dazu vermieden die Verteidiger einen entsprechenden Sprachgebrauch.

Ähnliche Phänomene in Bezug auf den aktiven Sprachgebrauch – sei es in mündlicher oder schriftlicher Form – wurden inzwischen in vielen verschiedenen Bereichen gezeigt, sei es in der Sportberichterstattung, in der Politik oder in anderen gesellschaftlichen Bereichen (s. Maas, Salvi, Arcuri & Semin, 1989), aber auch beispielsweise bei Handelnden versus Beobachtern (Semin & Fiedler, 1989). Eine gute Zusammenfassung der entsprechenden Befunde geben Rudolph und Försterling (1997) sowie Semin und Fiedler (1991).

Zusammenfassung. Diese Befunde legen nahe, dass
(1) selbst einfache sprachliche Beschreibungen zwischenmenschlicher Handlungen und Zustände zu Ursachenzuschreibungen führen,
(2) hierbei implizites Wissen um entsprechende Kovariationen zwischen Effekt und Ursache zum Tragen kommt, und
(3) dieses Wissen um entsprechende Verursachungszusammenhänge auch aktiv eingesetzt

wird, um die Attributionen des Hörers oder Lesers zu beeinflussen.

Denkanstöße

(1) Erinnern Sie sich bitte an ein für Sie wichtiges Ereignis, bei dem Sie oft oder intensiv über die möglichen Ursachen gesucht haben (etwa eine nicht bestandene Prüfung oder eine Ihnen wichtige Person, die Sie nicht gemocht hat). Welche Kovariationsinformationen liegen Ihnen für diese Situation vor?

(2) Heider postulierte in seiner naiven Handlungsanalyse vier verschiedene Ursachen, nämlich Fähigkeit, Anstrengung, Aufgabenschwierigkeit und Zufall. Denken Sie noch einmal an das Ereignis, das Sie zu Frage 1 erinnern sollten: Gab es bei diesem Ereignis auch Ursachen, die nicht in dieses Schema passen?

(3) Manchmal kommt es vor, dass andere Personen zu Ereignissen oder Verhaltensweisen, die Sie betreffen, zu anderen Schlussfolgerungen kommen als Sie selbst. So mag jemand Sie für faul, unfreundlich oder oberflächlich halten – Sie teilen diese Meinung jedoch keineswegs. Woran könnte es liegen, dass solche unterschiedlichen Beurteilungen eintreten?

WEITERFÜHRENDE LITERATUR

Eine kurze Biographie zur Person von Fritz Heider gibt Weiner (2001). Exzellente Einführungen in Attributionstheorien finden sich in den Buchkapiteln von Meyer & Försterling (1993) sowie in Fincham & Hewstone (2001). Försterling (1988) gibt darüber hinaus einen lesenswerten Überblick über die Anwendung von Attributions- und attributionalen Theorien in der klinischen Psychologie.

Fincham & Hewstone (2001). Attributionstheorie und -forschung. In Stroebe et al. (Hrsg.), Sozialpsychologie, 4. Auflage.
Försterling, F. (1988). Attribution theory in clinical psychology. New York: Wiley.
Meyer, W. U. & Försterling, F. (1993). Die Attributionstheorie. Bern: Huber.
Weiner, B. (2001). Intrapersonal and interpersonal theories of motivation from an attribution perspective. Student motivation: The culture and context of learning. Kluwer Academic Publishers.

How much more grievous are the consequences of anger than the causes of it.

Marc Aurel (121–180 v.Chr.)

We cannot live only for ourselves. A thousand fibers connect us with our fellow men; and among those fibers, as sympathetic threads, our actions run as causes, and they come back to us as effects.

Hermann Melville (1819–1891)

8 Attributionale Theorien

Im vorigen Kapitel sind wir der Frage nachgegangen, wie Menschen zu kausalen Schlussfolgerungen kommen, welche Informationen hierbei herangezogen werden, und welchen möglichen Fehlerquellen diese Schlussfolgerungsprozesse unterliegen. Für die Frage, warum Menschen sich so verhalten, wie sie es tun, sind jedoch insbesondere die Konsequenzen von Bedeutung, die solche kausalen Schlussfolgerungen für das Erleben und Verhalten haben.

Hierzu ein einfaches Beispiel: Stellen Sie sich vor, ein Schüler hat Misserfolg bei einer wichtigen Aufgabe. Gelangt er nun zu der Schlussfolgerung, dass er sich vorher zu wenig angestrengt hat, wird er sich möglicherweise schuldig fühlen und sich in Zukunft mehr anstrengen. Glaubt er hingegen, der Lehrer habe zu schwierige Aufgaben gestellt, wird er sich ärgern und sich möglicherweise auch beschweren, um zu erreichen, dass sich dies in Zukunft ändert. Die jeweilige Ursachenzuschreibung hat also gravierende Konsequenzen für das Erleben und Verhalten des Schülers. Im einen Falle wird er Schuldgefühle haben und seine Anstrengungen verstärken, im anderen Falle wird er Ärger empfinden und den Lehrer kritisieren.

Erklärung leistungsbezogenen Verhaltens. Viele der im vorigen Kapitel gewählten Beispiele (ebenso wie das soeben genannte Beispiel) stammen aus dem Leistungskontext – und das ist kein Zufall. In den 60er und 70er Jahren des vorigen Jahrhunderts war die Theorie der Leistungsmotivation dominierend in der Motivationspsychologie. Viele (spätere) Attributionsforscher beschäftigten sich

zunächst mit der Erklärung leistungsbezogenen Verhaltens. Schließlich sollte eine neue Theorie in der Lage sein, solche Befunde zu erklären, die frühere Theorien auch erklären (sollen).

Ein wichtiges Ziel der Attributionstheoretiker bestand deshalb darin, leistungsbezogenes Verhalten anhand attributionstheoretischer Konzepte zu erklären. Erst später wurden diese auf andere Bereiche, wie etwa prosoziales oder aggressives Verhalten, klinische Phänomene wie Depression oder auch auf die Wahrnehmung sozialer Stigmata wie Arbeitslosigkeit, Krankheit, Armut oder Reichtum angewandt.

Ursachenzuschreibung und soziales Verhalten. So lässt sich das oben genannte Beispiel – Misserfolg bei einer Prüfung – leicht auf Aspekte des sozialen Verhaltens übertragen (das folgende Beispiel ist nur aus einer Geschlechtsperspektive formuliert, dies aber lediglich aus Gründen der Einfachheit): Stellen Sie sich beispielsweise vor, Sie finden einen Kommilitonen überaus sympathisch – Sie möchten ihn gerne näher kennen lernen und fragen, ob er mit Ihnen ins Kino geht. Er lehnt dies jedoch ab. Natürlich macht es einen bedeutsamen Unterschied, ob diese Ablehnung nun darauf beruht, dass er nur an einem betreffenden Abend keine Zeit hat, ob er darauf hinweist, dass seine Freundin dies nicht tolerieren würde oder ob er andeutet, dass er den Film wirklich gerne sehen würde – aber lieber mit jemand anderem.

Obwohl unmittelbar einleuchtet, dass die Ursachen für einen Misserfolg im Leistungskontext oder eine soziale Zurückweisung gravierende Konsequenzen für unser Erleben und Verhalten haben, wäre es wünschenswert, diese Auswirkungen systematisieren zu können. Wie kann dies geschehen?

Idealerweise würde es gelingen, in einem ersten Schritt eine sinnvolle Klassifikation von Ursachen zu erstellen, um anhand dieser Klassifikation – in einem zweiten Schritt – auch die verschiedenen Auswirkungen auf menschliches Erleben und Verhalten zu erkennen. Betrachten wir im Folgenden die Beiträge der Attributionsforschung zu diesen beiden Fragen.

8.1 Das Konzept der Kausaldimensionen

Die Liste der möglichen Ursachen, die wir bislang im Rahmen der Konzeptionen von Heider und Kelley betrachtet haben, ist alles andere als lang: Bei Heiders Naiver Handlungsanalyse werden vier Ursachen – Fähigkeit, Anstrengung, Aufgabenschwierigkeit und Zufall – zueinander in Beziehung gesetzt. Im Rahmen von Kelleys Kovariationsprinzip werden diese vier Faktoren sogar auf nur drei reduziert – Person- und Umweltfaktoren sowie zufällige Umstände – die allesamt sehr genereller Natur sind. Ist eine Klassifikation der verschiedenen Ursachen also eine einfache Aufgabe?

Die Antwort lautet: Nein. Warum ist dies so? Weiner (1986) hat darauf hingewiesen, dass Attributionsforscher lange Zeit davon ausgegangen sind, dass zumindest mit den vier von Heider (1958) genannten Ursachen die wesentlichen Attributionen bereits genannt sind. Diese Auffassung hat sich jedoch als falsch erwiesen.

Vielzahl von Ursachen. Zum einen wurde aufgrund empirischer Studien deutlich, dass eine Liste der möglichen Ursachen selbst im Leistungskontext sehr viel länger und vielfältiger ist. So erfragte Triandis (1972) in vier verschiedenen Kulturen (Griechenland, eine Indianische Kultur, Japan und die USA) die wesentlichen Determinanten von Erfolg. Zwar spielen Anstrengung und Fähigkeit oder verwandte Konzepte in drei dieser vier Kulturen eine wichtige Rolle; es werden jedoch darüber hinaus eine ganze Reihe weiterer Ursachen genannt (s. Übersicht).

ÜBERSICHT

Ursachen von Erfolg in verschiedenen Kulturen (nach Triandis, 1972)

Griechenland	Indianische Kultur	Japan	USA
Geduld	Taktgefühl	Anstrengung	Harte Arbeit
Willenskraft	Führungskraft	Willenskraft	Fähigkeit
Fähigkeit	Zahl der Krieger	Geduld	Anstrengung
Anstrengung	Planung	Fähigkeit	Hingabe
Mut	Einigkeit	Gute Analyse	Geduld
Kooperation	Disziplin	Kooperation	Planung
Fortschritt		Mut	Vorbereitung

Das Fazit aus dieser und ähnlichen Studien lautet: Wir haben bei einer Aufgabe nicht nur deshalb Erfolg, weil wir uns anstrengen, besonders begabt sind oder günstige Umstände einer Zielerreichung förderlich sind. Erfolge (und analog Misserfolge) können auch davon abhängen, ob wir die richtige Strategie wählen oder andere uns helfen. Das Ergebnis wird ferner beeinflusst durch unsere körperliche Leistungsfähigkeit und Geduld, durch stabile Merkmale der Persönlichkeit oder vorübergehende Stimmungen. Diese Liste ließe sich sicherlich problemlos verlängern.

Ursachen in verschiedenen Lebensbereichen. Eine Beschränkung auf einige wenige Ursachen ist aus einem weiteren Grund problematisch: In den verschiedenen Lebensbereichen – und zwar sowohl in verschiedenen leistungsthematischen Bereichen wie auch in anderen, spielen jeweils unterschiedliche Ursachen eine Rolle.

Insbesondere das soziale Miteinander als ein vom Leistungskontext gänzlich verschiedenes Forschungsfeld (man denke an Freuds Diktum, die wesentlichen Bereiche des menschlichen Lebens seien Arbeit und Liebe) ist ein Bereich, bei dem bestimmte Ursachen bedeutsam sind, die im Leistungskontext nur eine untergeordnete Rolle spielen. Selbst wenn Sie „nur" darüber nachdenken, warum jemand es ablehnt, mit Ihnen ins Kino zu gehen, lassen sich eine Vielzahl möglicher Ursachen denken (so etwa physische Attraktivität oder der Partnerstatus der angesprochenen Person), die für das Erreichen von Leistungszielen in aller Regel unerheblich sind.

Untersuchungen zu spontan genannten Attributionen in verschiedenen Lebensbereichen liegen vor für: interpersonelle Situationen (Anderson, 1983), bei politischen Wahlen (Kingdon, 1967), für Krankheit oder Unfälle (Bulman & Wortman, 1977), zu Armut und Arbeitslosigkeit (Feather, 1974; Furnham, 1983), und selbst zu so speziellen Situationen wie Erfolg oder Misserfolg bei einer Führerscheinprüfung (Mark, Williams & Brewin, 1984). Weiner (1986) hat beispielsweise die am häufigsten genannten Ursachen von Reichtum, Armut und Krankheit einmal vergleichend zusammengestellt (s. Übersicht).

ÜBERSICHT

Wie wir uns Reichtum, Armut oder Krankheit erklären

Reichtum	Armut	Krankheit
Familiärer Hintergrund:	**Gesellschaftliche Faktoren:**	**Nicht schwerwiegende Krankheiten:**
Erbschaft	Regierungspolitik	Erschöpfung
Güte der Schulbildung	Lohnpolitik	Krankheitserreger
	Vorurteile, Diskriminierung	Wetter
Soziale Faktoren:	Ausbeutung durch Reiche	Ernährung
Einfluss der Lohnpolitik	Schlechtes Bildungssystem	Stressfaktoren
Art der Berufswahl		
Individuelle Faktoren:	**Individuelle Faktoren:**	**Schwerwiegende Krankheiten:**
Anstrengung	Mangel an Anstrengung	Schlechte Gewohnheiten
Risikobereitschaft	Mangel an Intelligenz	Erbliche Faktoren
Glück	Mangel an Mobilität	Persönlichkeitsfaktoren
	Geringe Arbeitsmoral	Stressfaktoren
	Krankheit; Behinderung	Schicksal

Gemeinsame Merkmale verschiedener Ursachen. Angesichts dieser Vielfalt möglicher Ursachen besteht eine wichtige erste Aufgabe attributionaler Theorien darin herauszufinden, welche gemeinsamen Merkmale diese unterschiedlichen Ursachenzuschreibungen haben. Nur anhand solcher gemeinsamer Merkmale ist es möglich, ein Klassifikationssystem für verschiedene Ursachen zu schaffen und deren Konsequenzen für das Erleben und Verhalten auch unabhängig von dem jeweils zu erklärenden Ereignis oder dem fraglichen Lebensbereich zu systematisieren.

Diese gemeinsamen Merkmale von Ursachen werden in der attributionstheoretischen Literatur als Kausaldimensionen (oder auch synonym Ursachendimensionen) bezeichnet.

8.1.1 Die Lokationsdimension

Bereits in Heiders Naiver Handlungsanalyse wird zwischen Person- und Umweltfaktoren unterschieden. Dies gilt für den Leistungsbereich, wenn der Erfolg bei einer Aufgabe entweder auf Anstrengung oder Fähigkeit zurückgeht, oder aber auf eine geringe Aufgabenschwierigkeit oder Glück. Aber auch bei ganz alltäglichen Handlungen lassen sich hierfür Ursachen finden, die entweder in der Person oder in der Situation lokalisiert sind. So mag ein Restaurantbesuch darauf zurückzuführen sein, dass die betreffende Person hungrig ist (ein Personmerkmal), oder aber weil sie aufgrund einer geschäftlichen Verpflichtung von einem Geschäftspartner eingeladen wurde, obwohl sie das Essen in diesem Restaurant eigentlich gar nicht schätzt (ein Merkmal der Situation). In Anlehnung an Rotter (1966) wird diese Unterscheidung als Lokationsdimension bezeichnet.

Internale und externale Ursachen. Hierbei werden Ursachen, die in der Person lokalisiert sind, als internal bezeichnet. Ursachen, die in der Situation lokalisiert sind, werden dagegen als external bezeichnet. Diese Ursachendimension ist im Gegensatz zu den nachfolgend dargestellten Dimensionen kein Kontinuum, sondern hat dichotomen Charakter: Eine Ursache ist entweder in der Person oder in der Umwelt lokalisiert; es ist schwer vorstellbar, wie eine Ursache internale und externale Aspekte gleichzeitig auf sich vereinigen könnte.

Dieser Sachverhalt darf nicht darüber hinwegtäuschen, dass es oftmals nicht ganz einfach ist, Äußerungen von Personen als internale oder externale Attributionen zu klassifizieren. Wenn eine Person beispielsweise sagt, sie besuche ein bestimmtes Restaurant, weil das Essen dort so gut sei, lässt sich diese Aussage als internale Ursachenzuschreibung werten (weil diese Person das Essen dort mag), oder aber als externale Ursachenzuschreibung (weil das Essen in diesem Restaurant so gut ist).

Denkbar wäre ferner, dass hier zugleich internale Ursachenfaktoren (Merkmale oder Präferenzen der Person) und externale Ursachenfaktoren (Merkmale des Essens in diesem Restaurant) wirksam sind. Im Falle der meisten Ursachenzuschreibungen ist eine Klassifikation als internal oder external jedoch durchaus möglich.

Eine Reihe von Autoren, darunter beispielsweise DeCharms (1968) und Deci (1975) haben an die Unterscheidung in internale und externale Ursachenfaktoren angeknüpft und verwandte, für die menschliche Motivation bedeutsame Konzepte entwickelt. Dies betrifft die Frage, wie sehr eine Person sich selbst als Verursacher erlebt (DeCharms, 1968) und ob eine Person eher intrinsisch oder extrinsisch motiviert ist (Deci, 1975). Wir werden diese Konzepte im Abschnitt 8.3 wieder aufgreifen.

8.1.2 Die Stabilitätsdimension

Weiner (1972) machte darauf aufmerksam, dass mit der Lokationsdimension bestimmte Ursachen gleich klassifiziert werden, die neben dieser Gemeinsamkeit auch bedeutsame Unterschiede aufweisen. Ein Beispiel hierfür sind die beiden Ursachen Fähigkeit und Anstrengung. Beide sind als internal (in der Person liegend) zu klassifizieren. Trotzdem ist es beispielsweise aus der Perspektive des Lehrers ein großer Unterschied, ob ein Schüler eine Prüfung deshalb nicht besteht, weil er sich nicht angestrengt hat oder ob seine Fähigkeiten für das betreffende Fach nicht ausreichen.

Stabile und variable internale Ursachen. Ein erster Unterschied zwischen diesen beiden Ursachen betrifft deren Stabilität: Während der Aufwand an Anstrengung recht kurzfristigen Änderungen unterliegen kann (so kann ich mich beim Fahrradfahren spontan mehr anstrengen, wenn ich eine Steigung bewältigen will), sind die meisten Fähigkeiten eher stabil (in Bezug auf das Fahrradfahren braucht es einige Zeit, entsprechende Fähigkeiten zu erwerben, und diese Fähigkeiten werden, einmal erworben, kaum jemals wieder „verlernt").

Im Falle einer anderen möglichen internalen Ursache, der Begabung, ist eine sehr hohe Stabilität gegeben – denken Sie beispielsweise an die musikalische Begabung eines Menschen: Es handelt sich um ein Merkmal, das sprichwörtlich „in die Wiege gelegt" wird und somit im Lebenslauf konstant beibehalten wird.

Anhand dieser Beispiele wird auch deutlich, dass es sich bei dieser Ursachendimension – im Folgenden als Stabilitätsdimension bezeichnet – um ein Kontinuum handelt. Die Extrempunkte dieser Stabilitätsdimension werden als einerseits stabil (zum Beispiel Begabung) und andererseits variabel (zum Beispiel Anstrengung oder Zufall) bezeichnet.

Anhand der beiden bislang genannten Ursachendimensionen lassen sich beispielsweise die von Heider (1958) postulierten Ursachen im Rahmen eines Schemas klassifizieren (s. Übersicht).

ÜBERSICHT

Lokalität und Stabilität von Ursachen
(nach Heider, 1958)

Stabilitäts-dimension:	Lokationsdimension:	
	Internal	External
Stabil	Fähigkeit	Aufgaben-schwierigkeit
Variabel	Anstrengung	Zufall

8.1.3 Die Kontrollierbarkeitsdimension

Intentionalität. Auch wenn man die Klassifikation von Ursachen nach Lokation und Stabilität auffächert, sind nach wie vor bestimmte Ursachen gleich klassifiziert, die sich darüber hinaus aber unterscheiden. Ein weiteres Unterscheidungsmerkmal von Ursachen ist, ob sie willentlich beeinflusst werden können oder nicht; hierauf machte zuerst Rosenbaum (1972) aufmerksam; er bezeichnete dieses Merkmal zunächst als Intentionalität.

Dies lässt sich anhand der beiden Ursachen Erschöpfung und Anstrengung illustrieren. Beide sind internal und variabel. Der Unterschied besteht jedoch darin, dass Anstrengung in aller Regel durch die Person kontrolliert werden kann: Wir entscheiden uns, wie sehr wir uns anstrengen und diese Ursache wird daher als kontrollierbar bezeichnet. Erschöpfung hingegen ist ein Zustand, der von der betreffenden Person nicht willentlich beeinflusst werden kann; diese Ursache wird daher auch als unkontrollierbar bezeichnet (siehe Weiner, 1979).

Wiederum handelt es sich um eine Ursachendimension, die ein Kontinuum darstellt. Dies wird deutlich, wenn wir die möglichen Ursachen Anstrengung, Fähigkeit und Begabung miteinander vergleichen: Wir können in aller Regel die von uns aufgewendete Anstrengung in jedem gegebenen Augenblick willentlich verändern. Dies gilt etwa beim Klavierspielen, wenn wir uns spontan entscheiden, an einem Musikstück länger zu üben. Unsere Fähigkeit hingegen, ein Musikstück spielen zu können, ist zu einem bestimmten Zeitpunkt entweder gegeben oder nicht gegeben – die entsprechende Fähigkeit kann allenfalls mittelfristig oder langfristig geändert oder erworben werden. Begabung schließlich im Sinne von ererbten Fähigkeiten wie etwa Musikalität ist zu keinem Zeitpunkt kontrollierbar.

8.1.4 Ein vorläufiger Überblick über die verschiedenen Kausaldimensionen

Angesichts der drei bislang genannten Kausaldimensionen stellt sich die Frage, ob eine vollständige Kombination aller dieser Merkmale von Ursachen möglich ist: Wenn wir jeweils einmal die Extrempunkte der jeweiligen Dimensionen betrachten (internal – external, stabil – variabel, kontrollierbar – unkontrollierbar), so resultieren theoretisch 8 verschiedene Zellen aus diesen 2 mal 2 mal 2 Ursachenmerkmalen.

Einer solchen Klassifikation steht auf den ersten Blick entgegen, dass uns externale Ursachen möglicherweise immer auch als unkontrollierbar erscheinen. Aufgabenschwierigkeit etwa als externale und stabile Ursache erscheint uns normalerweise als etwas Unkontrollierbares. Diese

Konfundierung von Lokation und Kontrollierbarkeit ist jedoch bei näherer Betrachtung keineswegs zwingend.

Stellen Sie sich beispielsweise vor, dass ein Mitarbeiter von seinem Vorgesetzten immer wieder vor kaum lösbare Aufgaben gestellt wird und in der Folge schlechte Bewertungen erhält – möglicherweise ist der Vorgesetzte gegenüber diesem Mitarbeiter in negativer Weise voreingenommen. Die Voreingenommenheit des Vorgesetzten ist aus der Perspektive des Mitarbeiters eine externale und stabile Ursache seines beruflichen Misserfolgs. In diesem Fall ist die Situation dennoch nicht in zwingenderweise unkontrollierbar: Möglicherweise kann der Mitarbeiter sich über das Verhalten des Vorgesetzten beschweren oder eine Versetzung in eine andere Abteilung beantragen. Somit resultiert eine dreidimensionale Klassifikation von Ursachen, bei der sowohl Lokation, Stabilität als auch Kontrollierbarkeit berücksichtigt werden (s. Übersicht).

ÜBERSICHT

Dreidimensionale Klassifikation von Ursachen

Leistungskontext: Misserfolg bei einer Prüfung

	kontrollierbar		unkontrollierbar	
	stabil	variabel	stabil	variabel
internal	Faulheit als stabiles Personmerkmal	Mangel an Anstrengung	Geringe Begabung	Müdigkeit oder Erschöpfung
external	Lehrer ist voreingenommen	Die Hilfe eines Freundes bleibt aus	Aufgabenschwierigkeit	Zufall (Pech, widrige Umstände)

Sozialer Kontext: Ablehnung für Kinoeinladung

	kontrollierbar		unkontrollierbar	
	stabil	variabel	stabil	variabel
internal	Andauernd ungepflegtes Äußeres	Einladung zu spät vorgebracht	Geringe Attraktivität des Einladenden	Bei Einladung einen kranken Eindruck gemacht
external	Eingeladene/r lernt eigentlich abends immer	Eingeladene/r will eigentlich heute Abend Fernsehen	Religiöse Gebote des/der Eingeladenen	Eingeladene/r muss kranke Mutter pflegen

---

8.1.5 Offene und kritische Fragen zum Konzept der Kausaldimensionen

Wie wir in den vorangegangenen Abschnitten gesehen haben, können Ursachen verschiedene Merkmale haben, die wir als Kausaldimensionen bezeichneten. Dabei haben wir uns auf die Definition der drei wichtigsten Kausaldimensionen beschränkt. Das so gewonnene Bild wäre eine Vereinfachung, wenn nicht auch auf eine Reihe von Problemen hingewiesen würde, die in diesem

Zusammenhang aufgetreten sind und nach wie vor unbeantwortet oder nicht befriedigend beantwortet sind.

Kausaldimensionen als Bestandteil der naiven Psychologie?

Wie in Kapitel 7 ausgeführt, ist Heiders Naive Handlungsanalyse eine wissenschaftliche Theorie zu den alltäglichen (naiven) Theorien über Verursachungszusammenhänge. Gilt dies auch in gleichem Maße für das Konzept der Kausaldimensionen? Anders formuliert lautet diese Frage: Sind diese Kausaldimensionen „nur" abstrakte Konzepte, die Attributionsforscher in ihren wissenschaftlichen Theorien postulieren oder sind sie auch in der „naiven Psychologie" (wie Heider dies genannt hätte) repräsentiert? Ist beispielsweise einem Schüler der 5. Klasse klar, dass sowohl Anstrengungsmangel als auch Fähigkeitsmangel („internale") Personfaktoren sind, sich aber in Hinblick auf Stabilität und Kontrollierbarkeit unterscheiden?

Ein Problem hierbei ist, dass zwar die attributionstheoretischen Begriffe für konkrete Ursachen („Anstrengung", „Fähigkeit", „Begabung", „Pech") mit unserem alltäglichen Sprachgebrauch übereinstimmen. Die Begriffe zur Systematisierung dieser Attributionen anhand von Kausaldimensionen basieren dagegen auf Ideen von Wissenschaftlern und sind eben nicht Bestandteil unserer Alltagssprache. Aber auch wenn Heiders sprichwörtlicher „Mann auf der Straße" diese Begriffe nicht benutzt, ist es natürlich dennoch denkbar, dass Gemeinsamkeiten und Unterschiede zwischen verschiedenen Ursachen auch in der naiven Psychologie durchaus erkannt werden – und somit auch Konsequenzen für nachfolgendes Erleben und Verhalten haben.

Stellen Sie sich beispielsweise vor, ein Lehrer führt den Misserfolg von Schüler A auf Anstrengungsmangel zurück, den Misserfolg von Schüler B jedoch auf Fähigkeitsmangel. Wahrscheinlich wird der Lehrer Schüler A bessere Erfolgsaussichten für die Zukunft geben als Schüler B, denn Anstrengungsmangel ist eine variable und Fähigkeitsmangel eine stabile Ursache. Dennoch wird der Lehrer Begriffe wie „Lokationsdimension",

„variable Ursache" oder „stabile Ursache" vermutlich nicht benutzen.

Es sind eine Vielzahl von Studien zur Klärung der Frage durchgeführt worden, ob der „naive Wissenschaftler" Wissen über die Merkmale von Ursachen hat, und ob die Merkmale von Ursachen aus dessen Perspektive in ähnlicher Weise klassifiziert werden wie anhand der attributionalen Theorien. Diese Studien verwenden sehr verschiedenartige und anspruchsvolle empirische Verfahren, so etwa die Multi-Dimensionale Skalierung, Clusteranalysen, Faktoranalysen und verschiedene aufwendige Sortierverfahren (einen Überblick gibt Stern, 1983).

Weiner (1986) kommt aufgrund einer umfassenden Analyse aller vorhandenen Studien zu folgendem Schluss:

„The data therefore unambiguously support the contention that there are three dimensions of perceived causality. These dimensions are reliable, general across situations, and meaningful." (Weiner, 1986, S. 64).

Es scheint also, als seien mit den drei genannten Ursachendimensionen die zentralen und wichtigsten Konzepte der wissenschaftlichen wie naiven Ursachenanalyse erfasst. Andere Autoren würden die Frage nach dem Wissen des naiven Wissenschaftlers um die genannten Kausaldimensionen etwas weniger optimistisch beantworten (vergleiche C.A. Anderson, 1983a,b; Fincham & Hewstone, 2001). Dennoch lässt sich festhalten, dass zumindest die drei genannten Kausaldimensionen empirisch gut bestätigt sind.

Individuelle Unterschiede in der Wahrnehmung von Ursachen

Im vorigen Abschnitt wurde die Frage erörtert, ob die Kausaldimensionen der Lokation, Stabilität und Kontrollierbarkeit auch in der naiven Psychologie vorhanden sind. Bei den bisherigen Beispielen sind wir implizit davon ausgegangen, dass spezifische Ursachen von verschiedenen Personen in ganz ähnlicher Weise als stabil, unkontrollierbar oder external angesehen werden. Das mag in den meisten Fällen auch zutreffend sein, gilt aber nicht unbedingt immer.

Das Glück des Gustav Gans

Gustav Gans ist der Vetter von Donald Duck und das genaue Gegenteil von Donald, denn er ist ein wahrer „Glückspilz". Wann immer er gerade Geld braucht, stolpert er garantiert über einen Sack Geld oder einen sagenhaften Schatz. So viel Glück haben sicherlich nur wenige Menschen. Darum haben wir es hier (eine Anwendung des Kelley'schen Kovariationsprinzips) mit einem Datenmuster (niedriger Konsensus, niedrige Distinktheit und hohe Konsistenz) zu tun, das eine Personattribution nahe legt. Somit ist „Zufall" oder „Glück" offensichtlich in diesem Fall ein stabiles Personmerkmal. Würden wir Gustav Gans befragen, ob sein sagenhaftes Glück ein variabler oder stabiler Ursachenfaktor ist, würde er diesen in seinem besonderen Falle sicherlich als stabile Ursache ansehen. Und natürlich gibt es auch „im wahren Leben" Menschen, die sich als ausgesprochene Glückskinder oder Pechvögel betrachten.

Interessanterweise sind verschiedene psychologische Probleme gerade dadurch gekennzeichnet, dass Personen bestimmte Ursachen anders wahrnehmen, als dies unseren theoretischen Erörterungen zufolge der Fall sein sollte. Betrachten wir beispielsweise eine Person, die wichtige Dinge immer wieder aufschiebt und sich deshalb in Schwierigkeiten begibt und unwohl fühlt. Der Einfachheit halber bezeichnen wir diese „Symptome" als Anstrengungsmangel (genau genommen handelt es sich um die Schwierigkeit, eine Aufgabe in Angriff zu nehmen und/oder intensiv und/oder lange genug daran zu arbeiten, so dass die Bezeichnung „Anstrengungsmangel" den Sachverhalt nicht ganz trifft).

Aus theoretischer Perspektive wie auch in der Common-Sense-Psychologie ist die Aufwendung von Anstrengung sicherlich eine eher kontrollierbare Ursache. Andererseits sind Situationen denkbar, in denen wir uns außerstande sehen, bestimmte Aufgaben in Angriff zu nehmen und die erforderlichen Anstrengungen aufzuwenden: Ein typisches Beispiel wäre, wenn wir wissen, dass wir die Einkommenssteuererklärung machen müssen und dies im Prinzip auch können, sie jedoch immer wieder aufschieben. Ähnlich ist es im Falle einer Person, die das Rauchen aufgeben will, es aber nicht kann oder nicht zu können glaubt. In diesem Fall werden die erforderlichen Anstrengungen (im Sinne von konkreten Handlungsschritten) vermutlich als unkontrollierbar erlebt.

Wenngleich die bislang genannten Ursachen von den meisten Personen im Alltag in ganz ähnlicher Weise wahrgenommen werden, ist es insbesondere für die Konsequenzen von Attributionen im Erleben und Verhalten sicherlich wichtig, die subjektive Wahrnehmung der entsprechenden Ursachen zu berücksichtigen.

Försterling (1988) gibt hierfür ein anschauliches Beispiel: Stellen Sie sich vor, eine Person führt eigene Misserfolge auf negative Stimmung zurück. Für ihr Verhalten ist nun entscheidend, ob diese Person diese Stimmung als stabile oder variable Ursache erlebt. Weiterhin gilt: Wenn die Person die schlechte Stimmung als stabile Ursache wahrnimmt, so werden die Reaktionen auf den Misserfolg solchen Reaktionen ähnlich sein, die auch nach anderen stabilen Ursachenzuschreibungen (zu geringe Fähigkeit, zu schwierige Aufgabe) folgen würden. Nimmt die Person die eigene Stimmung jedoch als variabel wahr, so werden die entsprechenden Reaktionen denjenigen Reaktionen ähneln, die auch nach anderen variablen Attributionen (Zufall, Mangel an Anstrengung) folgen würden.

Zu beachten ist hierbei auch, dass es durchaus Ursachen gibt, bei denen die Frage, wie diese hinsichtlich der genannten Kausaldimensionen einzuordnen sind, mit großer Übereinstimmung beantwortet wird: Begabung beispielsweise wird von den meisten Personen als sehr stabil angesehen.

Bei Fähigkeit als Ursache ist dies schon weniger eindeutig: Manche Personen denken hierbei möglicherweise an Fähigkeiten, die sie zumindest über lange Zeiträume hinweg erwerben wollen (zum Beispiel: „Ein guter Therapeut werden") und betonen so die Variabilität von Fähigkeiten. Andere Personen mögen an Fähigkeiten denken, die sie (möglicherweise zu ihrem Bedauern) niemals erworben haben und ihrer Meinung nach auch nicht erwerben werden (zum Beispiel: „Spanisch lernen"). Auch „Geduld", eine bei Triandis (1972) oft genannte, aber in der attributionstheoretischen Literatur vernachlässigte Ursache, kann einerseits als stabile und unkontrollierbare Persondisposition gedeutet werden („Ich bin ein ungeduldiger Mensch"). Der Ausdruck „sich in Geduld üben" verdeutlicht dagegen, dass diese Ursache auch als variabel und kontrollierbar empfunden werden kann.

Hieraus folgt, dass einerseits die Konsequenzen von Attributionen oftmals unmittelbar vorhersagbar sind, weil wir deren zugrunde liegende dimensionale Merkmale kennen. Andererseits sind durchaus Fälle denkbar, beispielsweise im Falle bestimmter psychologischer Probleme oder in Bezug auf bestimmte schwerer zu klassifizierende Ursachen, bei denen erst eine Kenntnis der individuell besonderen Wahrnehmungen dieser Ursachen eine Vorhersage des nachfolgenden Erlebens und Verhaltens erlaubt. Insbesondere in der Therapie psychologischer Störungen spielt dieser Sachverhalt eine wichtige Rolle (s. Krantz & Rude, 1984); wir kommen hierauf in Abschnitt 8.3 zurück.

Offene Fragen zu Kontrollierbarkeit und Globalität als Ursachendimensionen

In den von Weiner referierten empirischen Studien zur subjektiven Repräsentation von Kausaldimensionen wurden andere Dimensionen zumindest nicht in systematischer Weise gefunden. Dies schließt aber nicht aus, dass solche weiteren Kausaldimensionen existieren oder dass deren Einbeziehung zumindest in den wissenschaftlichen Konzeptionen nicht sinnvoll wäre.

Intentionalität versus Kontrollierbarkeit. Rosenbaum (1972) spricht in Zusammenhang mit dem Unterschied zwischen Anstrengung und Fähigkeit von Intentionalität, während Weiner (1986) diese Kausaldimension als Kontrollierbarkeit bezeichnet. Obwohl im Regelfalle das, was wir wollen (intendieren) auch kontrollierbar ist und wir in der Regel das kontrollieren können, was wir wollen, gilt dies keineswegs immer.

Ein wichtiger Unterschied zwischen Anstrengung und Strategiewahl illustriert dies: Beide Ursachen werden typischerweise als internal, variabel und kontrollierbar wahrgenommen. Das bedeutet, sie sind Merkmale der Person, können im Laufe der Zeit Änderungen unterliegen, und diese Änderung kann auch vom Individuum gewählt (intendiert, kontrolliert) werden. Andererseits kann die Person zwar für die Aufwendung von zu wenig Anstrengung verantwortlich gemacht werden, jedoch nicht für die Wahl einer falschen Strategie – man wählt wohl kaum absichtlich die falsche Strategie aus, wenn man eine Aufgabe bearbeitet.

Försterling (1988) hat zudem darauf aufmerksam gemacht, dass eine Ursachenzuschreibung auf Anstrengungsmangel impliziert, dass ein zukünftiger Erfolg die Investition von mehr Energie und Zeit erfordert. Dies ist bei einer Ursachenzuschreibung auf falsche Strategiewahl nicht der Fall – die Wahl einer besseren Strategie kann im Extremfall dazu führen, dass ein Erfolg sich „wie von Zauberhand" einstellt, ohne dass die Person mehr Energie und Zeit investiert.

Gegen eine Einbeziehung von Intentionalität als Kausaldimension spricht jedoch, dass die bislang betrachteten Kausaldimensionen Merkmale von Ursachen sind – Kontrollierbarkeit, Stabilität und Lokation sind beispielsweise Merkmale des Ursachenfaktors Anstrengung. Intentionalität ist dagegen kein Merkmal einer Ursache, sondern betrifft ein Merkmal der Person oder die Art und Weise, wie eine Handlung ausgeführt wird (vergleiche Heiders Überlegungen zu Äquifinalität und Multifinalität in Kapitel 7). Zur Vermeidung konzeptueller Probleme mag es deshalb sinnvoll erscheinen, sich auf den Kausalfaktor Kontrollierbarkeit zu beschränken, obwohl Kontrollierbarkeit und Intentionalität nur im Regelfalle, aber nicht immer identisch sind.

Globalität als Kausaldimension. Damit ist gemeint, dass manche Ursachen nur in wenigen Situationen wirksam sind (zum Beispiel Zufall oder räumliches Vorstellungsvermögen), andere hingegen auf viele verschiedene Situationen generalisieren (so zum Beispiel ein allgemeiner Intelligenzfaktor). Abramson, Seligman und Teasdale (1978) schlugen diese

Kausaldimension vor. Die Extrempunkte dieses Kontinuums sind also sehr spezielle Ursachen einerseits und sehr globale Ursachen andererseits.

Obwohl diese Unterscheidung intuitiv plausibel ist und in attributionalen Erklärungen der Depression eine wichtige Rolle spielt (s. Kap. 8.3), gibt es dabei ein Problem. Eine solche Ursachendimension wurde in den empirischen Analysen hierzu – also in den alltäglichen Konzeptionen von Ursachenmerkmalen – niemals gefunden. Weiterhin ist ihre Bedeutung nicht ganz klar: Wenn ein Mitarbeiter wegen einer Erkältung ein schlechtes Arbeitsergebnis erzielt, handelt es sich dann um eine spezielle Ursache, weil er zu anderen Zeitpunkten (ohne Erkältung) bessere Ergebnisse erzielt hätte? Oder handelt es sich um eine generelle Ursache, weil er zum Zeitpunkt der Erkältung bei vielen verschiedenen Tätigkeiten beeinträchtigt ist?

Weiner (1986) erörtert die Möglichkeit, die Stabilität und die Globalität einer Ursache über verschiedene Situationen hinweg zu einer breiter angelegten Generalisierbarkeitsdimension zusammenzufassen. Hierzu sind weitere Studien nötig. Es bleibt jedoch das Problem bestehen, dass eine solche weiter gefasste Kausaldimension in den subjektiven Wahrnehmungen des naiven Wissenschaftlers nicht repräsentiert ist.

Kulturelle Unterschiede in der Wahrnehmung von Ursachen

Eine weitere Frage im Zusammenhang mit den genannten Kausaldimensionen ist deren Verallgemeinerbarkeit über die Kulturen hinweg. Dabei geht es nicht darum, ob diese Kausaldimensionen in verschiedenen Kulturen existieren (vereinfacht gesprochen: die Antwort lautet „ja"), sondern vielmehr darum, ob verschiedene konkrete Ursachen in verschiedenen Kulturkreisen den gleichen dimensionalen Ausprägungen zugeordnet werden.

Begabung als internale Ursache. Einiges spricht dafür, dass es hier durchaus interkulturelle Unterschiede gibt. So wird Begabung in westlichen Industrienationen typischerweise als internale Ursache angesehen (etwas, das der Person zuzuordnen ist). In fernöstlichen oder bestimmten religiös ge-

prägten Kulturkreisen wäre es dagegen durchaus denkbar, dass Begabung als ein „Geschenk Gottes" und somit als externale Ursache aufgefasst wird. Auch die bereits genannte Ursache „Geduld" ist vermutlich in bestimmten Kulturen oder Religionen (man denke an buddhistische Mönche, bei denen die Einübung von Geduld eine wichtige Rolle spielt) in höherem Maße als variabel und kontrollierbar anzusehen als beispielsweise in westlichen Kulturen.

In einigen Studien und insbesondere für eine Reihe wichtiger Ursachen wurden allerdings durchaus ähnliche Dimensionswahrnehmungen für unterschiedliche Kulturen gefunden. In Bezug auf Anstrengung und Fähigkeit etwa fanden Bar-Tal, Goldberg und Knaani (1984) keine signifikanten Unterschiede bei asiatischen, afrikanischen, israelischen und amerikanischen Schulkindern. In diesem Zusammenhang sind jedoch sicherlich weitere Studien erforderlich (siehe auch Bond, 1983).

Zusammenfassung

Zur Systematisierung von Ursachen anhand von Kausaldimensionen lässt sich zusammenfassend Folgendes festhalten:

▶ Ursachen lassen sich anhand der Kausaldimensionen Lokation, Stabilität und Kontrollierbarkeit systematisieren.

▶ Es sind diese drei genannten Kausaldimensionen, die sich im Wesentlichen auch in der naiven Psychologie wieder finden.

▶ Es gibt in der Wahrnehmung von Ursachen und deren Kausaldimensionen sowohl Unterschiede als auch Gemeinsamkeiten zwischen Personen. Gleiches gilt für interkulturelle Unterschiede. Hierbei ist nicht abschließend geklärt, wie groß der Anteil der jeweiligen Gemeinsamkeiten und Unterschiede ist. Der Autor dieses Buches würde der Hypothese zuneigen, dass die Gemeinsamkeiten überwiegen – aber hier sind weitere systematische Untersuchungen notwendig.

▶ Sofern interpersonelle Unterschiede in der Wahrnehmung von Ursachen und deren Kausaldimensionen bestehen, ist es zur Vorhersage menschlichen Erlebens und Verhaltens sinnvoll, diese jeweiligen Person-spezifischen Wahrnehmungen zu erfassen. Gleiches gilt für interkulturelle Unterschiede.

▶ Intentionalität und Globalität sind mögliche weitere Kausaldimensionen. Allerdings gibt es bei diesen Ursachendimensionen einige konzeptuelle Probleme. Zudem sind diese Ursachendimensionen – zumindest nach gegenwärtigem Forschungsstand – nicht Bestandteil der naiven Psychologie.

8.2 Auswirkungen von Attributionen auf Erleben und Verhalten

Unser Erleben und Verhalten ist in hohem Maße davon abhängig, wie wir uns Ereignisse erklären und welche dimensionalen Merkmale die Ursachen haben, die wir finden. Diese Annahme ist allen attributionalen Theorien gemeinsam.

Die Forschung zu den Konsequenzen von Attributionen und deren dimensionalen Merkmalen lässt sich in zwei Bereiche gliedern: Dies ist zum einen der Leistungskontext und hierbei die Analyse von Erfolgserwartungen, Aufgabenwahl, Anstrengung und Ausdauer. Zum zweiten betrifft dies die attributionale Analyse sozialen Verhaltens, hierbei insbesondere die Vorhersage von Hilfe, Aggression und „Impression Management" (die gezielte Beeinflussung des Eindrucks, den andere Personen von uns haben).

Im abschließenden Teil des vorliegenden Kapitels schließlich (Abschnitt 8.3) erfolgt dann eine Darstellung der Anwendung attributionaler Konzepte in der Klinischen Psychologie sowie in Erziehung und Unterricht.

8.2.1 Leistungsverhalten
Die attributionale Analyse des Leistungsverhaltens lässt sich zunächst am besten anhand eines Gedankenexperiments veranschaulichen (s. Übersicht). Bitte notieren Sie Ihre Antworten zu den in der Tabelle genannten Fragen, bevor Sie mit der Lektüre fortfahren.

ÜBERSICHT

Ein Gedankenexperiment

Stellen Sie sich bitte vor:	Situation A: Erfolg in Prüfung 1	Situation B: Misserfolg in Prüfung 1
Sie absolvieren eine Prüfung. Diese ist Bestandteil Ihres Studiums, und weitere ähnliche Prüfungen werden folgen.	Sie haben in dieser wichtigen Prüfung Erfolg.	Sie haben in dieser wichtigen Prüfung Misserfolg.
Welche **unmittelbaren** Gefühle verbinden Sie mit diesem Leistungsergebnis?	Ist es wahrscheinlicher, dass … Sie sich freuen, oder dass … Sie traurig und enttäuscht sind?	Ist es wahrscheinlicher, dass … Sie sich freuen, oder dass … Sie traurig und enttäuscht sind?
Wann empfinden Sie **Stolz** beziehungsweise Gefühle wie **Schuld oder Scham** in höherem Maße?	Sie empfinden mehr Stolz, wenn Sie … … den Erfolg auf hohe Anstrengung zurückführen, oder … den Erfolg auf Zufall zurückführen?	Sie empfinden mehr Scham oder Schuld, wenn Sie … … den Misserfolg auf geringe Anstrengung zurückführen, oder … den Misserfolg auf Zufall zurückführen?

Stellen Sie sich bitte vor:	Situation A: Erfolg in Prüfung I	Situation B: Misserfolg in Prüfung I
Wann sind sie **zuversichtlicher** bezüglich der nächsten Prüfung? Wenn Sie …	… den Erfolg auf ihre Fähigkeit zurückführen, oder … den Erfolg auf Zufall zurückführen?	… den Misserfolg auf ihre Fähigkeit zurückführen, oder … den Misserfolg auf Zufall zurückführen?
Sie haben für nachfolgende Prüfungen die **Wahl** zwischen zwei Vertiefungsfächern, von denen das eine (Fach A) als schwieriger, das andere (Fach B) als einfacher gilt:	Welches Fach wählen Sie? Fach A (schwieriger) Fach B (einfacher)	Welches Fach wählen Sie? Fach A (schwieriger) Fach B (einfacher)
Angenommen, Sie führen den Effekt (Erfolg, Misserfolg) auf **Anstrengung** zurück – wie sehr strengen Sie sich für die nächste (gleich schwierige) Prüfung an?	Bei Erfolg aufgrund hoher Anstrengung – wie sehr strengen Sie sich an … weniger – genauso – mehr	Bei Misserfolg aufgrund geringer Anstrengung – wie sehr strengen Sie sich an … weniger – genauso – mehr
Angenommen, Sie führen den Effekt (Erfolg, Misserfolg) auf die (geringe, hohe) **Aufgabenschwierigkeit** zurück. Wie sehr strengen Sie sich für die nächste (gleich schwierige) Prüfung an?	Bei Erfolg aufgrund einer leichten Aufgabe – wie sehr strengen Sie sich an … weniger – genauso – mehr	Bei Misserfolg aufgrund einer schweren Aufgabe – wie sehr strengen Sie sich an … weniger – genauso – mehr
Sie sind nach einer Reihe von Prüfungen zu dem Schluss gekommen, dass …	… Ihre Fähigkeiten in diesem Studienfach sehr hoch sind.	… Ihre Fähigkeiten in diesem Studienfach sehr gering sind.
Im Rahmen des letzten Vertiefungsfachs vor dem Diplom verstehen Sie Teile des Stoffes absolut nicht. **Wie lange werden Sie versuchen, diesen Stoff zu verstehen?**	… sehr lange, hohe Ausdauer … nur kurz, geringe Ausdauer	… sehr lange, hohe Ausdauer … nur kurz, geringe Ausdauer

Anhand dieses Gedankenexperiments werden die Emotionen Stolz und Scham, subjektive Erfolgserwartungen, Aufgabenwahl, Anstrengung und Ausdauer angesprochen. Wenn Sie Ihre Antworten betrachten, werden Sie aller Wahrscheinlichkeit nach feststellen, dass Ihr Erleben (Stolz und Scham, subjektive Erfolgswahrscheinlichkeit) und Ihr Verhalten (Aufgabenwahl, Anstrengung und Ausdauer) in Abhängigkeit von Erfolg und Misserfolg sowie in Abhängigkeit von Ihren jeweiligen Ursachenzuschreibungen und deren dimensionalen Merkmalen variieren.

Wir werden im Folgenden die im ersten Teil des Kapitels erläuterten Kausaldimensionen nutzen, um diese Effekte von Erfolg und Misserfolg sowie der verschiedenen Attributionen auf das Erleben und Verhalten zu systematisieren. Zum besseren Verständnis und zum kritischen Mitdenken sollten Sie ihre eigenen Antworten mit den Vorhersagen der attributionalen Theorien vergleichen.

Emotionale Reaktionen auf Erfolg und Misserfolg, die nicht von Attributionen abhängig sind

Vermutlich müssen Sie nicht lange nachdenken, um sich nach einem Erfolg zu freuen oder nach einem Misserfolg traurig oder unzufrieden zu sein. Weiner, Russell und Lerman (1978, 1979) haben diese Common-Sense-Annahme in einer Serie von Studien bestätigt. In einer der Studien wurden verschiedene frühere positive oder negative Lebensereignisse der Probanden erfragt. Die Aufgabe der Probanden bestand darin, sich an die eigenen Emotionen in Zusammenhang mit diesen Ereignissen sowie an deren wahrgenommene Ursachen zu erinnern. Es zeigt sich, dass nach Erfolg die Emotion Freude und nach Misserfolg Emotionen wie Unzufriedenheit und Frustration auftreten, und zwar gänzlich unabhängig von den jeweiligen Ursachen für die beschriebenen Ereignisse. Diese emotionalen Reaktionen werden daher als Attributions-unabhängige Reaktionen (auch: ergebnisabhängige Reaktion) bezeichnet.

Emotionale Reaktionen und Attributionen

Im Rahmen von Atkinsons Theorie der Leistungsmotivation (s. Kap. 6) sind Stolz und Scham zwei zentrale Determinanten des Leistungsverhaltens. Bei Atkinson (1964) sind Stolz und Scham einerseits durch überdauernde Persondispositionen determiniert, nämlich dem Erfolgs- und dem Misserfolgsmotiv, und andererseits der subjektiven Erfolgswahrscheinlichkeit.

Stolz und die Lokationsdimension. Die attributionale Konzeption sieht dagegen vor, dass die Emotion Stolz von der Lokationsdimension abhängig ist: Eine Person wird demzufolge auf einen Erfolg nur dann stolz sein, wenn sie diesen auf internale Ursachen zurückführt. So kann jemand nach einer schwierigen Prüfung nur dann Stolz empfinden, wenn die Ursachen dafür der eigenen Person zugeschrieben werden – also beispielsweise Anstrengung oder Fähigkeit.

Ferner wird postuliert, dass Erfolge, die zufälligen Faktoren oder der geringen Aufgabenschwierigkeit zugeschrieben werden, keinen Stolz auslösen werden: Demzufolge wird ein Schüler nach einem Erfolg in einer Prüfung, bei der alle Schüler der Klasse eine sehr gute Note erhalten, nicht stolz sein (hoher Kon-

sensus für Erfolg legt geringe Aufgabenschwierigkeit als Ursache nahe; s. Kap. 7). Ebenso sollte ein Lottomillionär zwar hoch erfreut über den Gewinn sein (ergebnisabhängige Emotion), aber keineswegs stolz auf das Ankreuzen der „richtigen" Zahlen (von der Lokationsdimension abhängige Emotion).

Stolz und Selbstwert. Die Emotion Stolz ist weiterhin mit dem Begriff des Selbstwertes und anderen auf den Selbstwert bezogenen Emotionen in Verbindung gebracht worden. So postuliert beispielsweise Stipek (1983), dass die Emotion Stolz eng mit einem hohen Selbstwert beziehungsweise einer Erhöhung des Selbstwertes verbunden ist. Umgekehrt sollte bei einem Misserfolg, der internalen Ursachen zugeschrieben wird, eine Beeinträchtigung des Selbstwertes erfolgen. Wie schon im Falle von Erfolg bedeutet dies, dass nicht jeder Misserfolg zu Selbstwertbeeinträchtigungen führen sollte, sondern nur solche Misserfolge, die auf internale Ursachen zurückgeführt werden.

Demgegenüber sollte ein Schüler nach einem Misserfolg in einer Prüfung, bei der alle Schüler der Klasse eine ungenügende Note erhalten (hoher Konsensus für Misserfolg, zu hohe Aufgabenschwierigkeit, externale Ursache), keine Selbstwertbeeinträchtigung erleben – er wird sich eher über den Lehrer ärgern. Und auch der Selbstwert des Lottospielers sollte nicht darunter leiden, dass er (zufällig) keinen Gewinn erzielt.

Schuld und Scham. Wie steht es dagegen mit der Emotion Scham – schämen wir uns für Misserfolge, die internale Ursachen haben? Die Antwort lautet: So einfach ist die Sache nicht. In diesem Zusammenhang wurde eine Differenzierung zwischen Schuld und Scham vorgeschlagen (siehe auch Weiner, 1986). So haben Brown und Weiner (1984) gezeigt, dass im Leistungskontext Scham dann am wahrscheinlichsten ist, wenn ein Misserfolg Ursachen zugeschrieben wird, die internal und unkontrollierbar sind – also beispielsweise einem Mangel an Begabung oder Fähigkeit. Gefühle von Schuld hingegen sind dann besonders wahrscheinlich, wenn ein Misserfolg Ursachen zugeschrieben wird, die internal und kontrollierbar sind – also beispielsweise einem Mangel an Anstrengung. Wir werden diesen Sachverhalt im weiteren Verlauf des Kapitels wieder aufgreifen.

Fähigkeitskonzepte. Festzuhalten bleibt, dass die Lokationsdimension sich auf die Emotion Stolz und auf andere auf Selbstwert bezogene Emotionen auswirkt. Meyer (zusammenfassend 1984) hat zudem darauf hingewiesen, dass eine Person über die Zeit hinweg (wenn sie beispielsweise wiederholt Erfahrungen in einem Aufgabenbereich sammelt) auch ein Konzept der eigenen Fähigkeiten oder Begabungen entwickeln sollte (wir sprechen im Folgenden zusammenfassend von Fähigkeitskonzepten oder synonym dem Selbstkonzept der eigenen Fähigkeit). Wiederholte Erfahrungen insbesondere mit mittelschweren Aufgaben führen also nicht nur zu selbstwertbezogenen Emotionen, sondern auch zu einem überdauernden Fähigkeitskonzept.

Fähigkeitskonzepte und Erfolgserwartung. Dieses Konzept wiederum sollte zusammen mit der objektiven Aufgabenschwierigkeit die subjektive Erfolgserwartung beeinflussen: So werden Personen, die sich für hervorragende Schachspieler halten, bezüglich eines bestimmten Schachproblems höhere Erfolgserwartungen haben als beispielsweise Schachnovizen. Diesen Einfluss von Fähigkeitskonzepten auf die Erfolgserwartung sollten Sie im Hinterkopf behalten, wenn wir im folgenden Abschnitt auf die Determinanten der subjektiven Erfolgserwartungen und Merkmale des Leistungshandelns eingehen.

Subjektive Erfolgserwartungen

Zur Analyse des Zusammenhangs zwischen Attributionen beziehungsweise Kausaldimensionen einerseits und der subjektiven Erfolgserwartung andererseits existieren zwei Forschungsparadigmen.

Korrelativer Ansatz. Dabei werden den Probanden Erfolge und Misserfolge bei Leistungsaufgaben zurückgemeldet und Ursachenzuschreibungen für diese Erfolge und Misserfolge sowie subjektive Erfolgserwartungen für nachfolgende Aufgaben erfasst (zum Beispiel Meyer, 1970; Weiner et al., 1976). Es existieren Untersuchungen für verschiedene Nationalitäten und Altersgruppen, verschiedene Aufgabenarten und unterschiedliche Methoden, Erfolg oder Misserfolg zu induzieren. Weiterhin werden Attributionen und Erfolgserwartungen auf viele unterschiedliche Arten erfasst (einen Überblick gibt Weiner, 1986).

Manipulation der Ursachenzuschreibungen. Bei einem zweiten Forschungsparadigma werden den Probanden entweder fiktive Erfolge und Misserfolge anderer Personen zurückgemeldet, oder die Probanden stellen sich vor, sie hätten selbst solche fiktiven Leistungsergebnisse erzielt. Diese zweite Gruppe von Arbeiten beinhaltet somit lediglich Gedankenexperimente über fiktive Erfolge und Misserfolge. Dieses Vorgehen erlaubt es jedoch im Gegensatz zum erstgenannten Paradigma, nicht nur die Handlungsergebnisse, sondern auch die jeweiligen Ursachenzuschreibungen dieser fiktiven anderen Personen oder der eigenen Person systematisch zu manipulieren. So erfahren die Probanden beispielsweise, die fiktive Person führe einen eigenen Misserfolg auf Anstrengungs- oder Fähigkeitsmangel oder Zufall zurück (zum Beispiel Rosenbaum, 1972; Valle, 1974).

ÜBERSICHT

Stabilitätsdimension und Erfolgserwartung

Ereignis	Stabilität der Ursache	Beispiele für Ursachen	Wirkung auf die Erfolgserwartung
Erfolg	stabil	Fähigkeit, Aufgabenschwierigkeit	… steigt an.
	variabel	Zufall, Anstrengung	… steigt wenig oder gar nicht an.
Misserfolg	stabil	Fähigkeit, Aufgabenschwierigkeit	… sinkt ab.
	variabel	Zufall, Anstrengung	… sinkt wenig oder gar nicht ab.

Erfolgserwartungen und Stabilitätsdimension. Die Ergebnisse dieser Studien sind ganz eindeutig, und dies völlig unabhängig vom verwendeten Forschungsparadigma und unabhängig von allen weiteren genannten Variablen: Die Erfolgserwartungen variieren in Abhängigkeit von der Stabilitätsdimension (s. Übersicht). Dies bedeutet: Wenn Erfolge auf stabile Ursachen zurückgeführt werden (zum Beispiel hohe Fähigkeit, hohe Begabung oder geringe Aufgabenschwierigkeit), fallen subjektive Erfolgserwartungen signifikant günstiger aus als wenn diese Erfolge variablen Ursachen zugeschrieben werden (zum Beispiel hohe Anstrengung oder Zufall).

Nach Misserfolgen hingegen fallen Erfolgserwartungen dann günstiger aus, wenn diese auf variable Ursachen (zum Beispiel Anstrengungsmangel, Zufall) zurückgeführt werden, als wenn stabile Attributionen erfolgen (zum Beispiel geringe Fähigkeit, geringe Begabung oder hohe Aufgabenschwierigkeit). Die Anwendungsgebiete attributionaler Theorien sind so zahlreich, dass die Anwendungen der Erkenntnisse zu den Auswirkungen von Erfolgserwartungen allein aus Platzgründen nicht im nachfolgenden Abschnitt 8.3 aufgeführt werden können (s. Übersicht).

ÜBERSICHT

Stabilitätsdimension, Erfolgserwartung und Verhalten

Autoren und Thema	Beschreibung	Wichtigste Ergebnisse
Carroll & Payne (1977): Bewährungsauflagen.	Juroren bei Gericht, die über die Dauer von Bewährungsauflagen entscheiden.	Bewährungsauflagen hängen in hohem Maße von der Stabilität der Ursache für das begangene Verbrechen ab.
Janoff-Bulman (1979): Folgen einer Vergewaltigung.	Vergewaltigungsopfer, die sich selbst eine Mitschuld an der Vergewaltigung geben (z.B. zur falschen Zeit am falschen Ort sein).	Vergewaltigungsopfer, die einen etwaigen eigenen Schuldanteil auf stabile Ursachen zurückführen, leiden längere Zeit unter den Folgen des Ereignisses als Vergewaltigungsopfer, die auf variable Ursachen attribuieren.
Pancer (1978): Kursbelegung von Studierenden.	Vorsatz von Studierenden, im Rahmen eines Nebenfachs nach einem ersten Kurs auch weitere Kurse zu besuchen.	Je mehr Erfolge im ersten Kurs auf stabile Ursachen attribuiert werden, desto höher ist die Wahrscheinlichkeit eines Besuches weiterer Kurse; das Gegenteil gilt im Falle von Misserfolg.
Crittenden & Wiley (1980): Überarbeitung von Fachbeiträgen in Zeitschriften.	Vorsatz von Wissenschaftlern, ein zur Publikation eingereichtes und abgelehntes Manuskript zu überarbeiten.	Je mehr die Zurückweisung des Manuskriptes auf variable Ursachen zurückgeführt wird, desto höher ist die Wahrscheinlichkeit einer Überarbeitung und Neu-Einreichung.

Autoren und Thema	Beschreibung	Wichtigste Ergebnisse
C.A. Anderson & Jennings (1980): Erfolgserwartungen von Personen, die telefonisch um Blutspenden bitten.	Die Probanden führen Misserfolg bei einer telefonischen Werbung von Blutspendern entweder auf stabile oder variable Ursachen zurück.	Die Erfolgserwartung für zukünftige Werbeversuche ist umso höher, je mehr der anfängliche Misserfolg auf variable Ursachen zurückgeführt wird.
Folkes (1984): Verbraucherverhalten.	Analyse der Entscheidungen von Konsumenten nach Produkt-Fehlern.	Bei Ursachenzuschreibungen auf variable Faktoren ist die Wahrscheinlichkeit höher, dass die Konsumenten das Produkt umtauschen; bei Attributionen auf stabile Ursachen ist die Wahrscheinlichkeit höher, dass ein anderes Produkt gekauft wird.
Whalen & Henker (1976): Medikamentöse Behandlung von Hyperaktivität.	Im Falle von Hyperaktivität wird oftmals eine medikamentöse Therapie verordnet und nahe gelegt, die Symptome seien genetisch bedingt (stabile Ursache) und nur medikamentös zu behandeln. Die Autoren liefern „nur" einen theoretischen Beitrag – es wird jedoch vermutet, dass diese Informationen über stabile Ursachen der Störung dazu führen, dass die Patienten geringe Erfolgserwartungen haben und wenig tun, um die Symptome aus eigener Kraft zu bekämpfen.	

Aufgabenwahl

Die Frage, welche Aufgaben und welche Aufgabenschwierigkeiten von Personen gewählt werden, ist bislang insbesondere im Rahmen der Leistungsmotivationstheorie von Atkinson untersucht worden (s. Kap. 6). Diese postuliert, dass erfolgsmotivierte Personen Aufgaben mittlerer Schwierigkeit, misserfolgsmotivierte Personen hingegen leichte oder schwere Aufgaben bevorzugen. In Abschnitt 6.4.1 haben wir gesehen, dass diese Vorhersagen der Theorie nicht sonderlich gut bestätigt wurden, denn selbst bei eindeutig misserfolgsmotivierten Personen zeigt sich nur selten eine eindeutige Präferenz für leichte oder schwere Aufgaben. Umso interessanter ist es daher, das gleiche Phänomen aus attributionstheoretischer Perspektive zu betrachten.

Einen ersten Schritt in diese Richtung stellen die bereits dargestellten Arbeiten von Trope (1975; s. Kap. 6.4.4) dar: Im Einklang mit dem Menschenbild der Attributionstheorien bevorzugen Menschen in der Regel solche Aufgaben, die einen maximalen Informationsgewinn über eigene Fähigkeiten ermöglichen (in Tropes Terminologie sind dies hoch diagnostische Aufgaben). Die Überlegungen von Trope lassen sich nun aus der Perspektive der attributionalen Theorien verallgemeinern; das Konzept der Kausaldimensionen ist hierbei hilfreich.

Sehr leichte und sehr schwierige Aufgaben. Aus attributionstheoretischer Perspektive wird die Wahl von subjektiv sehr leichten Aufgaben oder schwierigen Aufgaben häufig zu externalen Attributionen führen: Erfolg bei einer leichten Aufgabe und Misserfolg bei einer schwierigen Aufgabe sollten auf die (niedrige beziehungsweise hohe) Aufgabenschwierigkeit zurückgeführt werden; Misserfolg bei leichten Aufgaben und Erfolg bei sehr schwierigen Aufgaben hingegen sind möglicherweise auf Zufall zurückzuführen. In all diesen Fällen ist von der Aufgabenbearbeitung – man denke vor allem an die Bearbeitung einer neuartigen Aufgabe – kein Informationsgewinn über die eigene Person zu erwarten; schließlich sind Aufgabenschwierigkeit und Zufall Ursachen, die außerhalb der eigenen Person liegen (siehe hierzu auch zum Konzept der Diagnostizität; Kap. 6).

Zu beachten ist hierbei auch, dass beide Attributionen auch generell eher uninformativ sind: Die Aufgabenschwierigkeit ist in aller Regel ohnehin bekannt, und Zufall ist per se eine wenig informative Ursache (vergleiche hierzu die Ausführungen in Zusammenhang mit Kelleys Kovariationsprinzip; Kap. 7). Eine Vorhersage zukünftiger Leistungsergebnisse aufgrund einer Kenntnis eigener Fähigkeiten ist somit in beiden Fällen nicht möglich.

Aufgaben mittlerer (subjektiver) Schwierigkeit. Bei subjektiv mittelschweren Aufgaben ergibt sich ein anderes Bild. Hier resultieren mit großer Wahrscheinlichkeit wertvolle Informationen über die eigene Person: Bei der Wahl einer mittelschweren Aufgabe wird ein Teil der Personen Erfolg haben, ein anderer Teil der Personen hingegen Misserfolg. Bei Bearbeitung der Aufgabe geben beide Leistungsergebnisse Auskunft über die eigenen Fähigkeiten (diese sind entweder eher hoch oder eher niedrig), denn nur jene Personen, die über die relevanten Fähigkeiten verfügen, werden erfolgreich sein.

Dies gilt auch aus der Fremdperspektive: Ein Lehrer, der seinen Schülern extrem leichte oder schwierige Aufgaben gibt, erfährt nur wenig über die Fähigkeiten seiner Schüler, denn die allermeisten Schüler werden bei leichten Aufgaben erfolgreich und bei extrem schwierigen Aufgaben nicht erfolgreich sein. Nur eine mittelschwere Klausur wird dem Lehrer Auskunft darüber geben, welche Schüler eher hohe oder eher geringe Fähigkeiten haben.

Die eigene Fähigkeit ist ein (relativ) stabiles Merkmal der Person und gibt deshalb nicht nur Auskunft über eigene Personmerkmale, sondern erlaubt aufgrund der Stabilität dieser Ursache überdies die Vorhersage zukünftiger Leistungsergebnisse. Sowohl das bessere Verständnis der eigenen Person wie auch die Vorhersage zukünftiger Leistungsergebnisse stehen gänzlich in Einklang mit dem Menschenbild der Attributionstheorie. Diese Überlegungen werden durch eine Reihe von Untersuchungen gestützt (Frieze & Weiner, 1971; Weiner & Kukla, 1970; Trope & Brickman, 1975; Meyer et al., 1976).

Zusammenfassend ist festzuhalten,

▶ dass die Aufgabenwahl den attributionalen Theorien zufolge durch das Bedürfnis motiviert ist, Auskunft über die eigenen Fähigkeiten zu erhalten und zukünftige Leistungsergebnisse vorherzusagen;

▶ dass dies am ehesten möglich ist bei Aufgaben mittlerer Schwierigkeit, denn hier überwiegen internale Attributionen;

▶ dass bei sehr leichten oder sehr schweren Aufgaben dagegen externale Attributionen überwiegen; diese sind wenig informativ bezüglich der eigenen Person und wenig vorhersagekräftig in Bezug auf zukünftige Leistungsergebnisse.

Vermeiden von Informationen. Wie lässt sich nun erklären, dass es immerhin eine kleine Zahl von Personen gibt, die dennoch sehr leichte oder sehr schwere Aufgaben bevorzugt (siehe auch Hoppe, 1930)? Möglicherweise möchten diese Personen eine Information über sich selbst (und insbesondere über eigene Fähigkeiten) lieber vermeiden, beispielsweise, wenn sie von den eigenen Fähigkeiten wenig halten und dies nicht noch bestätigt haben wollen. Die Wahl mittelschwerer Aufgaben würde nun die Gefahr bergen, solch eine Bestätigung zu erhalten. Bei einer Wahl extremer Aufgabenschwierigkeiten (sehr leicht, sehr schwer) ist dies nicht der Fall.

Die hier genannten Vorhersagen der attributionalen Theorien sind empirisch gut bestätigt; dies gilt auch für den Einfluss von Fähigkeitskonzepten auf die Aufgabenwahl und das Leistungshandeln generell (zusammenfassend siehe Meyer, 1984).

Informationsgewinn oder Affektmaximierung? Heckhausen (1989) hat in diesem Zusammenhang auf ein Problem hingewiesen: Auch die attributionale Erklärung der Aufgabenwahl könnte sehr wohl mit dem Prinzip der Affektmaximierung in Einklang stehen. Zur Erläuterung dieses Problems bedarf es eines genaueren Vergleichs zwischen der Atkinsonschen Leistungsmotivationstheorie und attributionalen Theorien. Die Theorie der Leistungsmotivation basiert auf dem Prinzip einer so genannten Affektmaximierung (die Begriffe Affekt und Emotion werden hier synonym verwendet). Danach streben Personen danach, bestimmte positive Affekte (in diesem Fall Stolz) zu maximieren und negative Emotionen zu minimieren (in diesem Fall Scham) (s. Kap. 6).

Die hier vorgeschlagene attributionale Erklärung der Aufgabenwahl weicht von diesem Prinzip der Affektmaximierung ab. Vielmehr wird diesem Prinzip nun das kognitive Bedürfnis der Person entgegengestellt, Informationen über die eigene Person (insbesondere eigene Fähigkeiten) zu bekommen und so zukünftige eigene Handlungen und Handlungsergebnisse besser vorhersagen zu können. Das von Heckhausen (1989) genannte Problem betrifft nun die Tatsache, dass auch die attributionale Erklärung der Aufgabenwahl sehr wohl mit dem Prinzip der Affektmaximierung in Einklang stehen könnte. Warum ist dies so?

Stolz und auf den Selbstwert bezogene Emotionen nach Erfolg und Misserfolg sind von der Lokationsdimension abhängig: Interne Ursachenzuschreibungen nach Erfolg lösen Stolz und eine Erhöhung des Selbstwertes aus. Externe Ursachenzuschreibungen nach Misserfolg dagegen stehen einer Beeinträchtigung des Selbstwertes und dem Erleben entsprechender negativer Emotionen entgegen. Somit könnten insbesondere Personen mit einem hohen oder mittleren Fähigkeitskonzept bei der Wahl subjektiv mittelschwerer Aufgaben positive Emotionen (Stolz) maximieren. Personen mit einem niedrigen Selbstkonzept der eigenen Fähigkeit könnten bei der Wahl sehr leichter oder sehr schwerer Aufgaben negative Emotionen minimieren.

Somit gibt es zwei Varianten einer attributionalen Erklärung der Aufgabenwahl: Die eine betont den möglichen Informationsgewinn, die aus internalen Ursachenzuschreibungen resultieren, die andere betont die Maximierung positiver und Minimierung negativer Affekte in Zusammenhang mit dem eigenen Selbstwert. Beiden Varianten ist gemeinsam, dass es nicht – wie im Falle der Leistungsmotivationstheorie postuliert wird – überdauernde Motivdispositionen sind (die Fähigkeit, Stolz nach Erfolg oder Scham nach Misserfolg zu erleben), die das Leistungshandeln determinieren.

Zwar folgt die zweite Variante der attributionalen Erklärung von Aufgabenwahl einem Affekt-Maximierungsprinzip, es gibt allerdings zwei Unterschiede zur Leistungsmotivationstheorie:

(1) Es sind nicht die Emotionen Stolz und Scham, die maximiert beziehungsweise minimiert werden, sondern Stolz und andere auf den Selbstwert bezogene Emotionen.

(2) Diese Affektmaximierung beruht auf kognitiven Überlegungen zu den emotionalen Konsequenzen von Ursachenzuschreibungen für die antizipierten Leistungsergebnisse.

Es liegen leider bislang keine empirischen Untersuchungen vor, die eine endgültige Entscheidung zwischen den beiden Varianten einer attributionalen Erklärung der Aufgabenwahl erlauben (siehe auch Meyer et al., 1976).

Anstrengung

In Heiders Naiver Handlungsanalyse (1958) wird postuliert, dass Anstrengung, die Intensität also, mit der wir eine Zielerreichung anstreben, eine Funktion von Aufgabenschwierigkeit und eigenen Fähigkeiten ist. Dies bedeutet, je schwieriger die Aufgabe und je geringer die (wahrgenommene) eigene Fähigkeit, desto mehr Anstrengung muss aufgewendet werden, um die Aufgabe erfolgreich zu bearbeiten (und umgekehrt). Hierbei sind mindestens zwei Dinge zu unterscheiden, nämlich einerseits die Anstrengungskalkulation und andererseits die tatsächlich aufgewendete Anstrengung.

Anstrengungskalkulation und intendierte Anstrengung. Der Prozess der Anstrengungskalkulation bezeichnet die gedanklichen Prozesse bezüglich der für eine Aufgabe zu investierenden Anstrengung. Hierbei sind verschiedene Aspekte von Bedeutung:

(1) Bevor wir eine Aufgabe in Angriff nehmen, werden wir vermutlich überlegen, ob wir diese Aufgabe überhaupt bewältigen können oder wollen.

(2) Hierzu werden vermutlich – wie in Heiders Konzeption vorgesehen – die eigene wahrgenommene Fähigkeit und die wahrgenommene Aufgabenschwierigkeit zueinander in Beziehung gesetzt (Heider spricht allerdings nicht von subjektiver Fähigkeit und subjektiver Aufgabenschwierigkeit).

(3) Wir fragen uns in diesem Zusammenhang sicherlich nicht nur, ob zur erfolgreichen Aufgabenbearbeitung eher viel oder wenig Anstrengung erforderlich sein wird, sondern darüber hinaus auch, ob unsere gegenwärtigen Ressourcen es überhaupt erlauben, diese Anstrengungen auch tatsächlich aufzuwenden.

Subjektive Fähigkeiten und Aufgabenschwierigkeit. Wir haben es bei der Anstrengungskalkulation mit einem Sachverhalt zu tun, der bei der Darstellung von Heiders Naiver Handlungsanalyse bereits angesprochen wurde (s. Kap. 7): Dabei geht es nämlich nicht um das Auffinden einer Ursache für einen bereits eingetretenen Effekt, bei dem die jeweilige nach dem Effekt eingetretene Ursachenzuschreibung das nachfolgende Verhalten beeinflusst. Vielmehr werden vor der Bearbeitung einer Aufgabe Überlegungen zu den möglicherweise vorhandenen oder nicht vorhandenen Ursachenbedingungen angestellt, die eine erfolgreiche Aufgabenbearbeitung ermöglichen.

Diese verschiedenen Ursachenbedingungen, die einen Erfolg ermöglichen oder verhindern können, sind wahrgenommene eigene Fähigkeiten und wahrgenommene Schwierigkeit der Aufgabe. Beide Größen, subjektive Fähigkeit und subjektive Aufgabenschwierigkeit, sollten gemeinsam auch unsere subjektive Erfolgserwartung determinieren.

Prozesse der Anstrengungskalkulation lassen sich untersuchen, indem Probanden dazu befragt werden, welches Ausmaß an Anstrengung sie für eine bestimmte Aufgabe aufwenden wollen. Man mag hier auf den ersten Blick einwenden, dass somit ja „nur" Gedanken über möglicherweise zu investierende Anstrengungen erfasst werden und kein tatsächliches Verhalten. Andererseits spielen Prozesse der Anstrengungskalkulation in unserem alltäglichen Leben sicherlich eine wichtige Rolle, und zwar bevor motiviertes Handeln überhaupt beginnt: Sie werden sicherlich darüber nachdenken, wie viele Aufgaben Sie im Laufe eines Arbeitstages erfolgreich bearbeiten oder wie viele Prüfungen Sie in einem Prüfungszeitraum absolvieren können.

Meyer und Hallermann (1974) haben die genannten Zusammenhänge zwischen wahrgenommener eigener Fähigkeit, Aufgabenschwierigkeit und intendierter Anstrengung experimentell untersucht. Die Probanden – Schülerinnen und Schüler – machten zunächst in Bezug auf eine sportbezogene Aufgabe Angaben über ihre eigenen (subjektiven) Fähigkeiten. Weiterhin sollten sie sich vorstellen, verschiedene unterschiedlich schwierige Aufgaben (von sehr leicht bis sehr schwer) in Bezug auf diese sportliche Aktivität zu bearbeiten. Als abhängige Variable wurden die subjektiven Erfolgswahrscheinlichkeiten und das Ausmaß intendierter Anstrengung erfasst. Die Ergebnisse bestätigen die genannten Überlegungen zur Anstrengungskalkulation und lassen sich folgendermaßen zusammenfassen:

(1) Die subjektive Erfolgswahrscheinlichkeit nimmt bei zunehmend schwierigeren Aufgaben ab.

(2) Die subjektive Erfolgswahrscheinlichkeit variiert zudem in Abhängigkeit vom Fähigkeitskonzept der Schüler: Je höher das Fähigkeitskonzept, desto höher die Erfolgserwartung.

(3) Eine mittlere Erfolgserwartung ist bei den subjektiv fähigeren Schülern bei recht schwierigen Aufgaben gegeben, bei den subjektiv wenig fähigen Schülern dagegen bei recht leichten Aufgaben.

(4) Die intendierte Anstrengung wird somit – wie von Heider postuliert – sowohl durch die (subjektive) Fähigkeit als auch durch die (wahrgenommene) Aufgabenschwierigkeit bestimmt.

(5) Diese intendierte Anstrengung ist bei subjektiv mittelschweren Aufgaben am größten.

Anders als in Heiders ursprünglicher Analyse ist nicht mehr von objektiver Fähigkeit und objektiver Aufgabenschwierigkeit die Rede. Vielmehr sind es die subjektiven Wahrnehmungen von Fähigkeit und Aufgabenschwierigkeit seitens der Schüler, welche die intendierte Anstrengung determinieren.

Tatsächliche Anstrengung. Anstrengung lässt sich am besten definieren als die Mobilisierung von Ressourcen, um ein instrumentelles Verhalten auszuführen (Dewey, 1897; Brehm & Self, 1989). Im Gegensatz zu einem gänzlich abstrakten Konzept wie dem der Fähigkeit, kann aufgewendete Anstrengung zumindest in manchen Fällen direkt beobachtet werden. Dennoch ist es sicherlich schwieriger, tatsächliche Anstrengung – also die Intensität des Handelns – zu erfassen als die nur intendierte Anstrengung bezüglich einer Aufgabe.

Als Anzeichen für Anstrengung sind in der Motivationspsychologie verschiedene Maße verwendet worden: Selbstberichte, Ausdauer und die erzielte Leistung.

Selbstberichte. Solche Selbstberichte über die (erlebte) eigene Anstrengung bei der Aufgabenbearbeitung sind nicht frei von verzerrenden Einflüssen. So könnten Probanden bestrebt sein, aus Gründen sozialer Erwünschtheit ein höheres Ausmaß an Anstrengung zu berichten als dies tatsächlich der Fall war. Es kann weiterhin der gegenteilige Fall eintreten, dass die berichtete Anstrengung unter der tatsächlich aufgewendeten Anstrengung liegt. Schließlich legt eine geringere Anstrengung bei einer bestimmten Aufgabenschwierigkeit nahe, dass die betreffende Person über hohe Fähigkeiten verfügt.

Ausdauer. Sie ist insbesondere in der frühen Leistungsmotivationsforschung als Indikator für Anstrengung gewertet worden. Auch dies ist nicht unproblematisch. Zwar mögen die beiden Variablen Ausdauer und Anstrengung tatsächlich ein hohes Maß an Übereinstimmung aufweisen, aber diese Operationalisierung von Anstrengung gibt keine Auskunft über die Intensität der Aufgabenbearbeitung. So könnte eine Person lediglich lange Zeit bei einer Aufgabe verweilen, ohne sonderlich viele Ressourcen zu mobilisieren (beispielsweise aus Pflichtgefühl), oder eine Person könnte innerhalb kurzer Zeit sehr große Anstrengungsinvestitionen vornehmen. In beiden Fällen liefert die bloße Ausdauer keine realistische Anstrengungseinschätzung.

Erzielte Leistung. Diese Option hat den Nachteil, dass die Leistung neben anderen Faktoren ein Resultat aus Anstrengung und Fähigkeit ist (siehe Heiders Naive Handlungsanalyse). Ein identisches Leistungsergebnis zweier Personen, selbst wenn es unter gleichem Zeitaufwand erbracht wurde, kann also darauf zurückgehen, dass die eine Person aufgrund hoher Fähigkeit wenig intensiv an der Aufgabe gearbeitet hat, während die andere Person aufgrund geringerer Fähigkeit ein höheres Maß an Anstrengung (Mobilisierung von Ressourcen während der Aufgabenbearbeitung) aufwenden musste.

Reaktionen des Herz-Kreislauf-Systems. In neuerer Zeit haben einige Forscher dieses methodische Problem gelöst, indem sie kardiovaskuläre Reaktionen (Reaktionen des Herz-Kreislaufsystems) während der Aufgabenbearbeitung gemessen haben. Ausgehend von Befunden zu kardiovaskulären Reaktionen bei physischen Anstrengungen (zum Beispiel Obrist, 1981) haben insbesondere Wright und Mitarbeiter (z.B. Wright, 1998) gefunden, dass auch kognitive Anstrengungen die Reaktionen des Herz-Kreislauf-Systems beeinflussen.

Bei diesen kardiovaskulären Reaktionen sind Herzschlagrate sowie systolischer und diastolischer Blutdruck zu unterscheiden. Der systolische Blutdruck gibt den höchsten Blutdruckwert zwischen zwei Herzschlägen an, der diastolische Blutdruck den niedrigsten Wert zwischen zwei Herzschlägen. Da der systolische Blutdruck ein direkter Indikator der Aktivität des sympathischen Nervensystems ist, liefert er einen sehr guten Anhaltspunkt für die Mobilisierung von Ressourcen, zum Beispiel während der Aufgabenbearbeitung (Wright, 1996).

Motivationsintensität. Jack Brehm und Mitarbeiter (z.B. Brehm & Self, 1989) schlugen eine Theorie der Motivationsintensität vor, die anhand solcher kardiovaskulären Daten überprüft wurde. Diese Theorie hat Gemeinsamkeiten mit anderen Ansätzen (beispielsweise auch dem von Meyer und Mitarbeitern, s. Kap 8.3) und basiert wie diese auf dem Schwierigkeitsgesetz der Motivation von Hillgruber (1912). Demnach wird eine Person genauso viel Anstrengung mobilisieren, wie subjektiv nötig erscheint, um eine gegebene Anforderung oder Aufgabe zu lösen. Kommt die Person zu dem Schluss, dass die Aufgabe zu schwierig sei, um diese lösen zu können, so findet ein „Disengagement" statt; die Person stellt die Investition weiterer Anstrengungen ein.

Neuere empirische Untersuchungen zu diesen Überlegungen stammen von Wright und Mitarbeitern (z.B. Wright & Brehm, 1989) sowie von Gendolla (z.B. 1998, 1999, Gendolla & Krüsken, 2002; Gendolla, 2002). Somit ist mit dieser Methode zur Erfassung der kardiovaskulären Reaktivität ein großer Fortschritt bei der Messung von Anstrengung erzielt worden, und die bislang vorhandenen Daten bestätigen das Schwierigkeitsgesetz der Motivation von Hillgruber sowie die darauf basierenden Überlegungen von Brehm & Self (1989) sehr gut.

Ausdauer

Betrachtet man Ausdauer als abhängige Variable, stellt sich die Frage, wann die Bearbeitung einer Aufgabe abgebrochen wird. Dieses Phänomen ist allerdings im Rahmen einer attributionalen Konzeption bislang nicht so gründlich untersucht worden wie beispielsweise Erfolgserwartungen und Aufgabenwahl. Die Forschungsbemühungen hierzu konzentrierten sich vor allem auf das Konzept der subjektiven Erfolgswahrscheinlichkeit.

Es wird nämlich wie schon im Rahmen der Leistungsmotivationstheorie angenommen, dass Ausdauer bei anhaltendem Misserfolg dann höher ist, wenn die Aufgabenbearbeitung mit einer hohen Erfolgswahrscheinlichkeit begonnen wird. Die Ausdauer sollte dagegen gering sein, wenn die Erfolgswahrscheinlichkeit bereits zu Beginn der Aufgabenbearbeitung niedrig ist. Die Logik der Überlegungen zum Zusammenhang zwischen Erfolgserwartung und Ausdauer ist ganz ähnlich wie bei der Leistungsmotivationstheorie und in diesem Buch bereits anhand des Experiments von Feather (1961; s. Kap. 6) dargestellt worden.

Aus diesem Grund hat sich die attributionale Analyse der Ausdauer weitgehend darauf beschränkt, die Wahrnehmung sowie die Konsequenzen der Erfolgswahrscheinlichkeit auf andere Weise zu erklären als dies im Rahmen der Leistungsmotivationstheorie getan wird. Die Überlegungen zum Zusammenhang zwischen subjektiver Erfolgswahrscheinlichkeit und Ausdauer sind jedoch in beiden Theorien ganz ähnlich.

Determinanten subjektiver Erfolgswahrscheinlichkeit. Die anfängliche subjektive Erfolgswahrscheinlichkeit vor Beginn der Aufgabenbearbeitung sollte der attributionalen Konzeption zufolge (zumindest) von den beiden Ursachenfaktoren subjektive Fähigkeit und subjektive Aufgabenschwierigkeit abhängen.

Was geschieht nun, wenn es während der Aufgabenbearbeitung zu anhaltendem Misserfolg kommt oder die gewünschten Erfolge sich nicht einstellen?

Diese Misserfolge im Laufe der Aufgabenbearbeitung sollten sich auf die Erfolgserwartungen auswirken. Hierbei gilt: Bei variablen Attributionen (wie etwa Anstrengungsmangel oder Zufall) sollten die Erfolgserwartungen nicht (oder nicht so schnell) absinken, da ja eine variable Ursache bei zukünftigen Aufgabenbearbeitungen nicht notwendigerweise anwesend sein wird.

Bei stabilen Ursachenzuschreibungen hingegen (mangelnde Fähigkeit, hohe Aufgabenschwierigkeit) sollte die anfängliche Erfolgserwartung schnell absinken, da eine stabile Ursache ja auch bei zukünftigen Aufgabenbearbeitungen wirksam sein wird.

Ein Handlungsabbruch sollte dann erfolgen, wenn das Verhältnis zwischen wahrgenommener Schwierigkeit der Aufgabe und wahrgenommener eigener Fähigkeit zu subjektiven Erfolgswahrscheinlichkeiten führt, die den Schluss nahe legen, dass eine Aufgabe auch bei größter Anstrengung nicht erfolgreich zu Ende gebracht werden kann. Dies geschieht dann, wenn die subjektive Erfolgswahrscheinlichkeit bei null liegt oder zumindest sehr ungünstig ausfällt (beispielsweise deutlich unter 50 Prozent).

Methodische Schwierigkeiten. In den allermeisten experimentellen Situationen werden sich die Probanden durch den Versuchsleiter aufgefordert fühlen, die Aufgabe unter allen Umständen weiter zu bearbeiten. Carver und Scheier (1981) haben weiterhin darauf hingewiesen, dass in diesem Falle auch ein mentales „Disengagement" auftreten kann: Dies bedeutet, dass die Probanden möglicherweise zum Schein eine Aufgabe weiter bearbeiten, ohne „innerlich" an einen Erfolg noch ernsthaft zu glauben. Ein solches mentales Disengagement ist jedoch kaum direkt festzustellen.

Nach Ansicht des Autors dieses Buches sind die damit in Zusammenhang stehenden methodischen Probleme bislang nicht befriedigend gelöst worden. Die bisher genannten Überlegungen zum Zusammenhang zu subjektiver Erfolgswahrscheinlichkeit (resultierend aus Fähigkeitskonzept und wahrgenommener Aufgabenschwierigkeit) einerseits und Ausdauer andererseits bedürfen also erst noch einer überzeugenden experimentellen Analyse.

ÜBERSICHT

Zum Einfluss von Attributionen und Attributionsdimensionen auf das Leistungshandeln

	Vom Ergebnis abhängige Emotion		Attributionsdimension	Ausprägung der Attributionsdimension	Auswirkung auf das Erleben	Auswirkung auf Kognitionen	Auswirkung auf das Verhalten
Erfolg	Freude	→	Stabilität	stabil ... →		Erfolgserwartungen	Wahl schwierigerer Aufgaben, Anstrengungs- und Ausdauer-Regulation
Erfolg	Freude	→	Stabilität	variabel ... →		Erfolgserwartungen	Wahl gleich schwieriger oder leichterer Aufgaben, Anstrengungs- und Ausdauer-Regulation
Erfolg	Freude	→	Lokation	internal ... →	Stolz, höherer Selbstwert	höheres Fähigkeitskonzept	
Erfolg	Freude	→	Lokation	external ... →	kein höherer Selbstwert	kein höheres Fähigkeitskonzept	
Misserfolg	Frustration, Traurigkeit	→	Stabilität	stabil ... →		Erfolgserwartungen	Wahl leichterer Aufgaben, Anstrengungs- und Ausdauer-Regulation
Misserfolg	Frustration, Traurigkeit	→	Stabilität	variabel ... →		Erfolgserwartungen	Wahl gleich schwieriger oder leichterer Aufgaben, Anstrengungs- und Ausdauer-Regulation
Misserfolg	Frustration, Traurigkeit	→	Lokation	internal ... →	geringerer Selbstwert	geringeres Fähigkeitskonzept	
Misserfolg	Frustration, Traurigkeit	→	Lokation	external ... →	kein geringerer Selbstwert	kein geringeres Fähigkeitskonzept	

8.2.2 Attributionale Analysen von Hilfe und Aggression

Theorie der Verantwortlichkeit. Unter den zahlreichen Auswirkungen von Ursachenzuschreibungen auf soziales Verhalten konzentrieren wir uns in diesem Abschnitt auf die Vorhersage von Hilfeleistung und Aggression. Weiner (z.B. 1995) schlug hierzu eine so genannte „Theorie der Verantwortlichkeit" vor. Wie der Name bereits nahe legt, sind es dieser Theorie zufolge insbesondere Verantwortlichkeitszuschreibungen, die unser pro- und antisoziales Verhalten bestimmen.

Betrachten wir ein Beispiel: Wenn wir entscheiden wollen, ob wir einer Person helfen, so mag es eine wichtige Rolle spielen, ob diese Person für ihre Notlage selbst verantwortlich ist oder nicht: Hilfeleistung sollte Weiners Theorie zufolge viel wahrscheinlicher sein, wenn die Person nicht für ihre Notlage verantwortlich ist. Weiterhin werden wir auch mit geringerer Wahrscheinlichkeit aggressiv reagieren, wenn uns jemand unabsichtlich einen Schaden zufügt (geringe Verantwortlichkeit) als wenn wir zu dem Schluss gelangen, dass jemand uns absichtlich geschadet hat (hohe Verantwortlichkeit).

Der Begriff der Verantwortlichkeit hat bei unserer bisherigen Darstellung attributionaler Konzepte keine Erwähnung gefunden, ist jedoch mit dem Konzept der Kontrollierbarkeit eng verwandt. Im Folgenden betrachten wir zunächst den Zusammenhang zwischen Verantwortlichkeit und Kontrollierbarkeit, nachfolgend die Auswirkungen von Wahrnehmungen auf Hilfeverhalten und aggressives Verhalten.

Kontrollierbarkeit und Verantwortlichkeit

Nehmen wir an, ein guter Freund von Ihnen hat ein gebrochenes Bein und benötigt Hilfe bei seinen Einkäufen. Auf den ersten Blick scheint es keinerlei Unterschied zu machen, ob wir sagen, dass Ihr Freund für seine Krankheit (und somit Hilfsbedürftigkeit) nicht verantwortlich ist oder ob wir sagen, dass diese Krankheit unkontrollierbare Ursachen hatte. Dies wäre zum Beispiel dann der Fall, wenn der Freund von einem unachtsamen Autofahrer angefahren

wurde: Er ist also für seine Hilfsbedürftigkeit nicht verantwortlich, und dies bedeutet in diesem Beispiel zugleich, dass diese Hilfsbedürftigkeit Ursachen hat, die er nicht kontrollieren konnte.

Anders liegt der Fall, wenn der Freund einer gefährlichen Sportart nachgeht (zum Beispiel Fallschirmspringen) und das Risiko einer Verletzung bewusst in Kauf genommen hat: In diesem Fall ist er (zumindest in hohem Maße) für die Hilfsbedürftigkeit verantwortlich. Zugleich ist die Ursache des Beinbruchs als kontrollierbar zu bezeichnen, denn er hätte ja von diesen Aktivitäten Abstand nehmen können.

Zu beachten ist aber: Verantwortlichkeit und Kontrollierbarkeit haben zwar in vielen Fällen die gleiche Ausprägung, aber keineswegs immer. Ein wichtiger Unterschied zwischen beiden Konzepten ist der jeweilige Bezugsrahmen: Kontrollierbarkeit wurde vorauslaufend definiert als Merkmal einer Ursache. Anstrengung etwa als Ursache für ein Leistungsergebnis wird als kontrollierbar angesehen, Begabung hingegen nicht.

Verantwortlichkeit dagegen bezieht sich auf das Merkmal einer Person: wir bezeichnen Personen (nicht Ursachen) als verantwortlich oder nicht verantwortlich für Handlungen oder die Effekte von Handlungen. So kann der Fall eintreten, dass Sie eine Handlung ausführen, die kontrollierbar ist, aber das Handlungsergebnis ist dennoch nicht von Ihnen zu verantworten. Stellen Sie sich beispielsweise vor, Sie nehmen an einem Basketballspiel teil, treten auf einen versehentlich in der Sporthalle verbliebenen Gegenstand und erleiden so eine Verletzung. In diesem Fall ist die Ursache der Handlung kontrollierbar (Sie können frei entscheiden, ob Sie Basketball spielen oder nicht), Sie sind aber keineswegs verantwortlich für den Sportunfall.

Kriterien für die Zuschreibung von Verantwortlichkeit

Weiner postulierte drei Kriterien, die erfüllt sein müssen, damit eine Verantwortlichkeitszuschreibung erfolgt. Diese Kriterien sind persönliche Kausalität, kontrollierbare Ursachen, sowie die Abwesenheit mildernder Umstände.

Persönliche Kausalität. Der Begriff geht zurück auf Heider (1958; s. Kap. 7), der unterscheidet zwischen Ursachen, die in der Person lokalisiert sind, und Ursachen, die in der Situation lokalisiert sind. Wenn Sie beispielsweise ein Klavierkonzert geben, das daran scheitert, dass der Flügel verstimmt ist, so ist dies keine persönliche (sondern eine außerhalb Ihrer Person liegende) Ursache.

Kontrollierbarkeit der Ursache. Auch im Falle persönlicher Kausalität kann eine Ursache unkontrollierbar sein. Dies ist beispielsweise dann der Fall, wenn Sie am Abend Ihres Klavierkonzertes trotz einer fiebrigen Erkrankung antreten müssen (niemand kann für Sie einspringen), und das Konzert deshalb misslingt. In diesem Fall liegt in Form der Krankheit eine persönliche Ursache vor; diese Ursache ist jedoch nicht kontrollierbar.

Mildernde Umstände. Dieser Begriff ist schließlich insbesondere aus der Rechtsphilosophie bekannt. Stellen Sie sich vor, Sie sind Schöffe an einem Gericht und Ihre Aufgabe ist es, einem Kaufhausdieb oder einer Person, die eine Schlägerei begonnen hat, eine angemessene Strafe beizumessen. Es ist klar, dass persönliche Kausalität und Kontrollierbarkeit vorliegen. Wann sollten Sie „mildernde Umstände" anerkennen, die zu einer Herabsetzung der üblichen Strafe führen? Dies sollte dann der Fall sein, wenn

(1) der Täter gehandelt hat „aus achtungswerten Beweggründen, in schwerer Bedrängnis, unter dem Eindruck einer schweren Drohung, auf Veranlassung einer Person, der er Gehorsam schuldig oder von der er abhängig ist";

(2) wenn der Täter durch das Verhalten des Verletzten ernstlich in Versuchung geführt wurde;

(3) wenn der Täter durch starke Emotionen (so etwa „Zorn oder großer Schmerz über eine ungerechte Reizung oder Kränkung") hingerissen wurde;

(4) wenn der Täter aufrichtige Reue zeigt und den Schaden, soweit es ihm zuzumuten ist, ersetzt hat;

(5) wenn seit der Tat verhältnismäßig lange Zeit verstrichen ist und der Täter sich während dieser Zeit wohl verhalten hat;

(6) wenn der Täter im Alter von 18 bis 20 Jahren noch nicht die volle Einsicht in das Unrecht seiner Tat besaß (die Zitate stammen jeweils aus den einschlägigen deutschen und schweizerischen Gesetzestexten).

Zusammenfassend ist festzuhalten: Die Ursachendimension der Kontrollierbarkeit ist für die Zuschreibung von Verantwortlichkeit sehr wichtig, jedoch nicht mit dieser gleichzusetzen. Wir sprechen davon, dass Ursachen kontrollierbar oder nicht kontrollierbar sind, und es sind Personen, denen wir Verantwortlichkeit zuschreiben oder nicht zuschreiben. In vielen Fällen, nämlich in Abwesenheit mildernder Umstände, wird eine Person, deren Zustand oder Handlung auf persönliche und kontrollierbare Ursachen zurückzuführen ist, für diesen Zustand oder diese Handlung auch verantwortlich sein.

Vorhersage von Hilfeverhalten

Zu Beginn dieses Abschnittes haben wir ein Beispiel für eine hilfsbedürftige Person kennen gelernt. Weiners Theorie postuliert, dass die Zuschreibung von Verantwortlichkeit in hohem Maße die Wahrscheinlichkeit bestimmt, mit der dieser Hilfe bedürftigen Person geholfen wird. Hierbei ist zu unterscheiden zwischen

(1) unserer kognitiven Wahrnehmung der Situation: Beruht die Hilfsbedürftigkeit auf kontrollierbaren oder unkontrollierbaren Ursachen; ist die Person für ihre Bedürftigkeit verantwortlich oder nicht verantwortlich?

(2) unseren emotionalen Reaktionen: Empfinden wir Mitleid mit der bedürftigen Person, oder empfinden wir Ärger?

(3) unserer Verhaltensreaktion: Helfen wir der Hilfe bedürftigen Person, ignorieren wir diese, oder sanktionieren wir diese Person negativ (beispielsweise, indem wir einen Tadel aussprechen)?

Sequenzmodell. Weiners Theorie nimmt nicht an, dass der Kognition direkt das Verhalten folgt. Vielmehr wird postuliert, dass unsere Verhaltensreaktionen (helfen versus nicht helfen) emotional vermittelt sind. Dies bedeutet, dass die Weiner'sche Theorie in erster Linie eine Sequenztheorie ist, die

Aussagen macht über die Abfolge von Kognition, Emotion und Verhalten. Hierbei kommt den empfundenen Emotionen (Mitleid und Ärger) die Rolle einer vermittelnden Variablen zu, welche zwischen Gedanken (Wahrnehmung der Situation, Kognition) und dem Verhalten (ob und in welchem Maße Hilfe geleistet wird) vermittelt. Darüber hinaus legt die Theorie fest, welche kognitiven und emotionalen Variablen es sind, die das Hilfeverhalten vorhersagen. Dies sind:

(1) auf kognitiver Seite die Wahrnehmung von Kontrollierbarkeit und Verantwortlichkeit, sowie

(2) auf der emotionalen Seite die Emotionen Mitleid und Ärger.

Mitleid und Ärger. Es wird angenommen, dass die Wahrnehmung geringer Kontrollierbarkeit und Verantwortlichkeit mit hoher Wahrscheinlichkeit zu Mitleid führt und das Auftreten von Ärger hemmt. Die Anwesenheit von Mitleid sowie die Abwesenheit von Ärger wiederum sollten Hilfeverhalten wahrscheinlicher machen. Dagegen sollte die Wahrnehmung hoher Kontrollierbarkeit und Verantwortlichkeit mit hoher Wahrscheinlichkeit zu Ärger gegenüber der hilfsbedürftigen Person führen und das Auftreten von Mitleid hemmen. Die Abwesenheit von Mitleid sowie die Anwesenheit von Ärger wiederum sollten die Wahrscheinlichkeit von Hilfeverhalten senken.

Vorhersage von Aggression

Die Vorhersage aggressiven Verhaltens folgt einem ganz ähnlichen Sequenzmodell wie die Vorhersage von Hilfe. Wiederum werden Wahrnehmungen von

Kontrollierbarkeit und Verantwortlichkeit, die Emotionen Mitleid und Ärger sowie entsprechende Verhaltenstendenzen zueinander in Beziehung gesetzt.

In den Worten von Weiner (1995): „The basic argument … is that if a person is the victim of a harmful act, then that person seeks to determine the cause of that infraction. If the act was committed by another person, if the person is perceived as subject to volitional control, and if there are no mitigating circumstances, then the perpetrator of the misdeed is inferred to be responsible for his or her conduct. This gives rise to anger and the tendency to engage in hostile retaliation. … On the other hand, if the offender is not perceived to be responsible for the damage, then anger will not be experienced and the tendency to respond aggressively … will not be aroused." (Weiner, 1995, S. 187).

Einschränkungen

Weiners „Theorie der Verantwortlichkeit" ist, wie der Autor ausdrücklich betont, keine generelle Theorie sozialen Verhaltens. Vielmehr handelt es sich um eine Theorie der Verantwortlichkeit, weil

(1) die Bedeutung von Verantwortlichkeitszuschreibungen für soziales Verhalten – und hierbei insbesondere Hilfe und Aggression – systematisch untersucht werden,

(2) keineswegs angenommen wird, dass damit bereits alle Determinanten des sozialen Verhaltens bereits vollständig benannt sind,

(3) nicht alle Arten von Hilfeverhalten und Aggression erklärbar sind, und

(4) das Modell nicht für alle Arten von Situationen gilt.

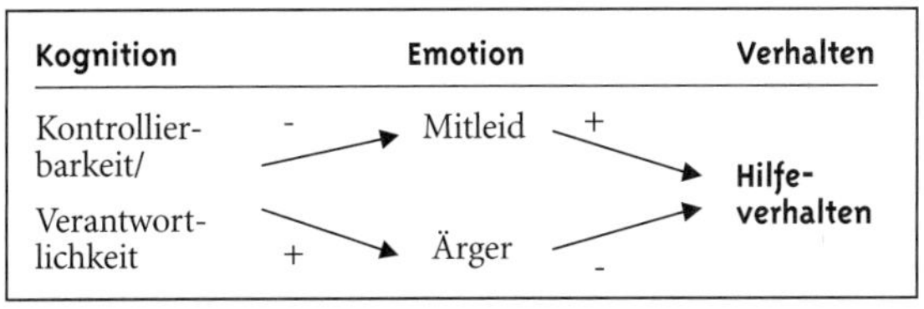

Abbildung 8.1. Helfen wir einem Menschen in Not sofort oder zögern wir? Bei der Entscheidung spielt unsere Wahrnehmung der Situation eine Rolle: Ist die Person für ihre Bedürftigkeit verantwortlich? Empfinden wir Mitleid oder Ärger?

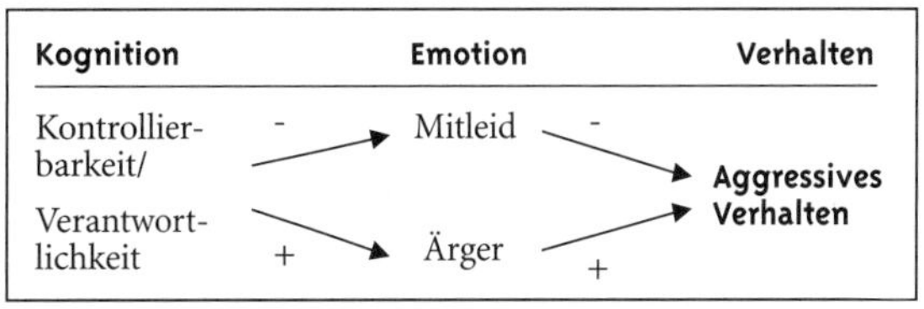

Abbildung 8.2. Nach Weiners Theorie lässt sich Hilfeverhalten, aber auch aggressives Verhalten vorhersagen. Je nachdem, wie wir uns das aggressive Verhalten anderer erklären, reagieren wir darauf

Weitere Determinanten sozialen Verhaltens. Zunächst ist zu beachten, dass eine Vielzahl weiterer Determinanten von Hilfeverhalten und Aggression existieren. Diese werden von Weiners Modell nicht in Frage gestellt, sondern sind Weiner zufolge zusätzlich wirksam. Sowohl Hilfe wie auch Aggression sind so vielschichtige Verhaltensweisen, dass es wohl unmöglich ist, eine allgemeine, übergreifende Theorie aufzustellen, die alle diese Determinanten berücksichtigt.

Nur einige wenige Beispiele sollen dies illustrieren: So ist Hilfeverhalten umso wahrscheinlicher, je geringer die Zahl der potentiellen Helfer ist (Latané & Darley, 1968); auch die Sympathie oder etwa das verwandtschaftliche Verhältnis zwischen Helfenden und Hilfsbedürftigen spielt hierbei ebenso eine Rolle wie viele weitere Variablen (einen Überblick geben Carlson & Miller, 1987).

Ebenso wird aggressives Verhalten durch eine Vielzahl weiterer Variablen vorhergesagt, so etwa soziodemographische Variablen wie Alter, Wohnort und Armut; selbst klimatische Bedingungen spielen hierbei eine Rolle (an heißen Tagen des Jahres verhalten sich beispielsweise Autofahrer aggressiver als an kühleren Tagen) (s. a. Berkowitz, 1993).

Bestimmte Formen aggressiven Verhaltens. In Bezug auf die Vorhersage aggressiven Verhaltens gilt eine weitere Einschränkung: So stellt Weiner (1995) heraus, dass anhand seines Modells insbesondere reaktive aggressive Handlungen erklärt werden können. Reaktive Aggressionen sind solche Verhaltensweisen, die eine Reaktion auf eine vorauslaufende Aggression einer anderen Person sind. So genannte proaktive Aggressionen hingegen – wenn eine Person eine aggressive Interaktion beginnt, der zuvor kein aggressives Verhalten vorausgegangen ist – sind nicht Gegenstand der Theorie.

Situationsbedingungen. Schließlich wird eine Person auch nicht in jeder Art von Situation Gelegenheit oder das Bedürfnis haben, eine aufwendige kognitive Analyse der Situation vorzunehmen und erst dann zu handeln, wenn diese abgeschlossen ist. Hier sind insbesondere zwei Fälle denkbar, in denen eine Verantwortungszuschreibung keine Rolle spielt:

(1) Wenn Sie unmittelbar bedroht sind und sofort handeln müssen, oder wenn eine andere Person in Not ist und es um Leben und Tod geht, dann kann es sicherlich vorkommen, dass Sie keinen Unterschied machen, ob eine Aggression oder eine Notlage bezüglich einer anderen Person auf Ursachen beruht, die diese Person hätte kontrollieren können.

(2) In alltäglichen Situation – eine andere Person bittet Sie um Wechselgeld für die Parkuhr – werden Sie sich wohl kaum fragen, ob diese Person vorausschauender Weise solches Wechselgeld hätte bereithalten können (siehe auch Langer, Blank & Chanowitz, 1978; Schuster, Rudolph & Försterling, 1998). Trotz dieser einschränkenden Bedingungen hat das von Weiner vorgeschlagene Modell eine beeindruckende empirische Bestätigung erhalten.

Da die Vielzahl der zu Weiners Theorie vorliegenden Studien kaum mehr zu überschauen ist, beschränken wir uns darauf, in diesem Abschnitt ein Beispiel für eine solche empirische Studie sowie die Ergebnisse einer Metaanalyse wiederzugeben, die diese Vielzahl von Studien systematisch zusammenfasst.

Reaktionen auf Stigmata

Das Wort „Stigma" ist griechischen Ursprungs und geht darauf zurück, dass im Stadtstaat Athen vor mehr als 2000 Jahren Sklaven mit einem Zeichen auf der Stirn gebrandmarkt wurden, um deren Flucht zu erschweren. Dieses äußerliche Zeichen des Sklavenstatus wurde als Stigma bezeichnet. Im heutigen englischen wie deutschen Sprachgebrauch hat dieser Begriff eine erweiterte Bedeutung (Goffman, 1963; Jones et al., 1984). Ein Stigma in diesem erweiterten Sinne ist das Anzeichen einer physischen oder mentalen Abweichung oder eines negativen Zustandes. Weiner, Perry und Magnusson (1988) haben die Wahrnehmungen und Reaktionen bezüglich stigmatisierter Personen aus der Perspektive der Verantwortlichkeitstheorie untersucht.

Den Probanden wurden Personen beschrieben, die unter verschiedenen Stigmata litten. Diese Stigmata waren die Alzheimersche Krankheit, Erblindung, Krebserkrankung, Koronare Erkrankungen, Querschnittslähmung, das „Vietnam-Krieg-Syndrom", eine Erkrankung an AIDS, Kindesmisshandlung, Drogenmissbrauch und Übergewicht. Die Aufgabe der Probanden bestand (unter anderem) darin anzugeben, inwieweit die so stigmatisierte Person für dieses Stigma verantwortlich sei, ob und wie viel Mitleid und Ärger man gegenüber solchen Personen empfinde und inwieweit man bereit sei, für eine solche Person zu spenden oder ihr persönlich zu helfen. Unabhängige Variable sind somit die verschiedenen Formen von Stigmata, abhängige Variablen sind Einschätzungen bezüglich eigener Gedanken (Verantwortlichkeit), Emotionen (Mitleid, Ärger) und eigenen Verhaltens (Spendenbereitschaft, persönliche Hilfe).

Verhalten und Einschätzung von Verantwortlichkeit. Verschiedene Einschätzungen von Verantwortlichkeit gehen mit systematischen Unterschieden hinsichtlich der emotionalen und Verhaltens-Variablen einher. Die Emotion Mitleid ist besonders hoch ausgeprägt, wenn das jeweilige Stigma als wenig kontrollierbar angesehen wird; die Emotion Ärger dagegen wird bei geringer Kontrollierbarkeit/Verantwortlichkeit als gering eingeschätzt. Sowohl die Bereitschaft zur persönlichen Hilfe wie die Spendenbereitschaft sind bei geringer Verantwortlichkeit am höchsten ausgeprägt und sinken mit zunehmender Verantwortlichkeit kontinuierlich ab. Diese Zusammenhänge werden durch entsprechende Korrelationen zwischen den einzelnen Variablen bestätigt (siehe auch Weiner, 1993).

Tabelle 8.1. Die Tabelle zeigt, wie unterschiedliche Stigmata im Hinblick auf Verantwortlichkeit eingeschätzt werden. Die Stigmata sind in der Reihenfolge der Verantwortlichkeitsurteile aufgeführt und beginnen mit jenen Stigmata, für die besonders geringe Verantwortlichkeitsurteile gefunden wurden, so etwa die Alzheimersche Krankheit oder Erblindung. Am Ende der Tabelle finden Sie jene Stigmata, für die besonders hohe Verantwortlichkeitsurteile gefunden wurden, nämlich Kindesmissbrauch, Übergewicht und Drogenmissbrauch. Während bei einigen der vorgelegten Stigmata unmittelbar klar ist, ob die betreffende Person mehr oder weniger verantwortlich ist, ist dies jedoch bei anderen nicht der Fall: Eine Infektion mit HIV beispielsweise kann auf die Verwendung unreiner Blutkonserven zurückgehen (geringe Verantwortlichkeit) oder aber auf häufige ungeschützte sexuelle Kontakte (hohe Verantwortlichkeit). Der resultierende mittlere Wert ($M = 4.4$ auf einer Skala von 1 bis 9) dürfte also darauf zurückgehen, dass verschiedene Personen ganz unterschiedliche Einschätzungen vornehmen

	Kognition	Emotion		Verhalten	
Stigma	Verantwort-lichkeit	Mitleid	Ärger	Persön-liche Hilfe	Spenden-bereitschaft
Alzheimersche Krankheit	0,8	7,9	1,4	8,0	6,9
Erblindung	0,9	7,4	1,7	8,5	7,2
Koronare Erkrankungen	1,6	8,0	1,6	8,4	8,1
Krebserkrankung	2,5	7,4	1,6	8,0	7,5
Querschnitt-Lähmung	1,6	7,6	1,4	8,1	7,1
Vietnam-Krieg-Syndrom	1,7	7,1	2,1	7,0	6,2
AIDS-Erkrankung	4,4	6,2	4,0	5,8	6,5
Kindesmissbrauch	5,2	3,3	7,9	4,6	4,0
Übergewicht	5,3	5,1	3,3	5,8	4,0
Drogenmissbrauch	6,5	4,0	6,4	5,3	5,0

Eine Metaanalyse zu Weiners Theorie der Verantwortlichkeit. Es liegen inzwischen viele Studien zu den Zusammenhängen zwischen Verantwortlichkeit, Mitleid, Ärger einerseits und Hilfeverhalten sowie aggressivem Verhalten andererseits vor. Rudolph, Roesch, Greitemeyer & Weiner (2003) haben diese Studien zusammengefasst; einbezogen wurden 64 experimentelle Untersuchungen mit insgesamt mehr als 12.000 Probanden, die eine Prüfung der Weiner'schen Theorie in Bezug auf Hilfe oder Aggression darstellen. Untersucht wurde (unter anderem) der Einfluss kultureller Variablen, der Einfluss bestimmter methodischer Merkmale sowie, ob das postulierte Modell sowohl für Gedankenexperimente als auch bei der Erfassung tatsächlichen Verhaltens gültig ist. Zusammenfassend kann festgehalten werden, dass

▶ das Weiner'sche Modell in verschiedenen Kulturen gleichermaßen Gültigkeit besitzt (zum Beispiel USA, Deutschland, Japan, China),

▶ anhand einer Vielzahl verschiedener Methoden belegt wird,

▶ und gleichermaßen für gedanklich vorgestelltes Verhalten wie auch bei der Erfassung echter Hilfeleistungen und echter Aggressionen Bestätigung findet.

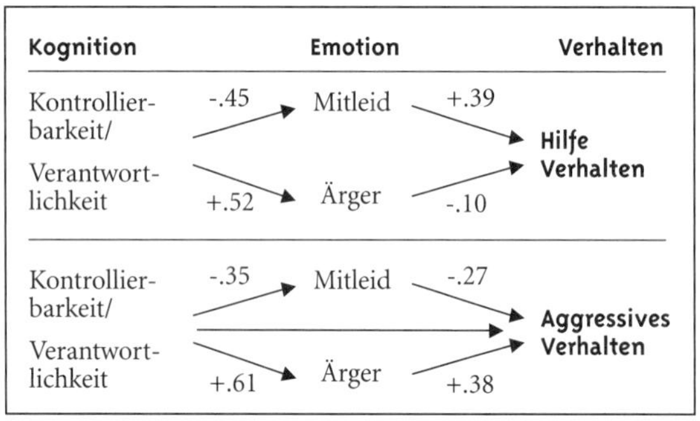

Hilfe ist emotional vermittelt. Wie die Meta-Analyse der einzelnen Studien zeigt, ist Hilfeverhalten tatsächlich ausschließlich emotional vermittelt. Die Wahrnehmung von Verantwortlichkeit beeinflusst die Emotionen Mitleid und Ärger und diese wiederum determinieren das Ausmaß von Hilfe. Im Gegensatz dazu existiert bei der Vorhersage von Aggression eine zusätzliche direkte Verbindung zwischen Verantwortlichkeitszuschreibungen und aggressivem Verhalten. Dies bedeutet, dass Aggression im Gegensatz zu Hilfeverhalten nicht ausschließlich über die vermittelnden Emotionen Mitleid und Ärger bestimmt wird, sondern zusätzlich auch durch die kognitive Einschätzung der Verantwortlichkeit.

8.2.3 Die Reduktion von Verantwortlichkeitszuschreibungen

Eine Implikation der Weiner'schen Theorie besteht darin, dass es in sozialen Situationen oftmals unangenehm sein sollte, für einen negativen Zustand oder eine negative Handlung verantwortlich gemacht zu werden. Diese Annahme wird auch durch Alltagsbeobachtungen bestätigt: Ein Lehrer wird viel ärgerlicher sein, wenn der Schüler „faul" war, als wenn er aus gesundheitlichen Gründen nicht lernen konnte. Wenn ein Freund von Ihnen zum vereinbarten Kinobesuch nicht erscheint, so macht es einen großen Unterschied, ob er durch einen Verkehrsunfall aufgehalten wurde oder ob er den Termin schlichtweg vergessen hat.

Wie können Verantwortlichkeitszuschreibungen vermieden werden? Hieraus folgt, dass wir alle gute Gründe haben können, die von anderen wahrgenommenen Ursachen für negative Ereignisse zu beeinflussen. Wir können dies auf unterschiedlichen Stufen des Prozesses der Verantwortlichkeitszuschreibung tun (s. Übersicht, Seite 195).

Abbildung 8.3. Empirische Modelle zur Vorhersage von Hilfe und Aggression auf der Basis einer Metaanalyse aller verfügbaren Daten (Rudolph, Roesch, Greitemeyer & Weiner, 2003). Diese betreffen eine Gesamtanalyse über alle vorliegenden Studien mit einer sehr großen Zahl von Probanden, so dass die Ergebnisse als sehr zuverlässig gelten können. Der Einfachheit halber können Sie die in der Abbildung wiedergegebenen Pfadkoeffizienten als Korrelationen interpretieren (für das Verständnis dieser Zusammenhänge ist es nicht notwendig, die Methode der Pfadanalyse sowie den Unterschied zwischen Pfad- und Korrelationskoeffizienten zu verstehen)

Strategien zur Reduktion von Verantwortlichkeit

Stufe im Prozess der Verant-wortlichkeitszuschreibung	Beispiel	Strategie
Eintreten eines negativen Ereignisses.	Ein Manager, der schlechte Quartalsergebnisse erzielt	Leugnung, indem das Ereignis bestritten wird („So schlecht sind die Ergebnisse im Vergleich zu den Mitbewerbern nicht").
Das Ereignis wird persönlichen Ursachen zugeschrieben.	Es liegt am Manager selbst, dass dies passieren konnte.	Entschuldigung durch Zuschreibung auf externe Faktoren („Die Lage ist generell schlecht").
Das Ereignis wird kontrollierbaren Ursachen zugeschrieben.	Bei höherer Anstrengung und Aufmerksamkeit wäre dies nicht passiert.	Entschuldigung durch Zuschreibung auf unkontrollierbare Ursachen („Ich war zu lange krank").
Mildernde Umstände werden explizit ausgeschlossen.	Es standen genügend Ressourcen und genug Zeit zur Verfügung, Hilfe wurde nicht angefordert.	Entschuldigung und Rechtfertigung durch Bezug auf mildernde Umstände („Ich wusste nicht, dass ich hätte Hilfe anfordern können").
Es erfolgt eine Zuschreibung von Verantwortlichkeit.	„Sie sind für diese schlechten Ergebnisse verantwortlich."	Eingeständnis und Entschuldigung („Ich hätte anders handeln können, es tut mir leid").

Entschuldigungen. Ein Teil der attributionstheoretischen Forschung ist der Frage nachgegangen, welche Entschuldigungen Personen bevorzugen, wenn negative Ereignisse eingetreten sind. Hierbei gilt:

▶ Entschuldigungen treten mit höherer Wahrscheinlichkeit auf, wenn es um wichtige Dinge geht (z.B. Schlenker & Darby, 1981),

▶ Die Mehrzahl von erinnerten Entschuldigungen (etwa 75 Prozent) betrifft soziale Situationen und nicht Leistungssituationen (z.B. Weiner et al. 1991),

▶ Entschuldigungen werden zwar ganz überwiegend geglaubt, sind jedoch nach Angaben derjenigen Personen, die diese Entschuldigungen vorbringen, nur in etwa 50 Prozent der Fälle zutreffend (Weiner et al., 1987).

▶ Es gibt hoch systematische Unterschiede zwischen den wahren Gründen für das „Brechen ei-nes sozialen Kontraktes" (zum Beispiel ein nicht gehaltenes Versprechen) und den vorgebrachten Entschuldigungen: Entschuldigungen beinhalten viel häufiger den Verweis auf nicht-persönliche (externe) und unkontrollierbare Ursachen (z.B. Weiner et al., 1987).

▶ Werden Probanden aufgefordert, besonders gute oder besonders schlechte Entschuldigungen zu benennen, so beziehen sich die „guten Entschuldigungen" viel häufiger auf externe und unkontrollierbare Ursachen (z.B. Weiner et al., 1991).

▶ Kinder im Alter zwischen 5 und 12 Jahren neigen im Laufe dieser Altersspanne mehr und mehr dazu, unkontrollierbare Ursachen für eigene Fehler anzugeben (Weiner & Handel, 1985). Während die jüngeren Kinder weitaus häufiger die wahren Ursachen benennen, spricht Vieles dafür, dass diese im Altersverlauf die emotionalen Reaktionen auf diese wahren Ursachen antizipieren können und deshalb mehr und mehr zur Benennung unkontrollierbarer Ursachen neigen.

Die hier berichteten Befunde zum Gebrauch von Entschuldigungen zeigen eine große Übereinstimmung zwischen den „naiven Theorien" von Personen einerseits und Weiners attributionaler Theorie der Verantwortlichkeit andererseits.

8.3 Anwendungen attributionaler Theorien

Die Anwendungsgebiete der attributionalen Theorien sind zu zahlreich, um diese hier alle anhand von Beispielen auszuarbeiten. Wir konzentrieren uns im Rahmen dieses Kapitels auf Anwendungen in Erziehung und Unterricht.

Klinische Psychologie. Bekannt geworden ist im Bereich der klinischen Psychologie insbesondere die reformulierte Theorie der gelernten Hilflosigkeit von Abramson et al. (1978). Diese Theorie, eine neuere Arbeit hierzu ist die so genannte Hoffnungslosigkeitstheorie der Depression von Abramson, Metalsky & Alloy (1989), kann bestimmte Formen der Depression gut erklären und hat auch die therapeutischen Interventionen bei Depression stark beeinflusst.

Organisationspsychologie. In der Organisationspsychologie haben Mitchell und Mitarbeiter (zum Beispiel Mitchell & Wood, 1980, Greene, Mitchell & Macon, 1979) eine attributionale Erklärung von Führungsverhalten vorgeschlagen. Hierbei wird allerdings nur die Lokationsdimension herangezogen, um die Reaktionen von Vorgesetzten auf schlechte Arbeitsleistungen vorherzusagen. Eine umfassendere Theorie, die auch die zahlreichen spezifischen Befunde zur Bedeutung von Attributionen am Arbeitsplatz zusammenfasst, steht noch aus.

Angewandte Sozialpsychologie. Hier ist die Analyse enger (partnerschaftlicher) Beziehungen zu einem neuen Forschungsfeld geworden. Attributionale Konzepte sind herangezogen worden, um insbesondere zwei Merkmale solcher Beziehungen zu erklären und vorherzusagen. Dies ist zum einen die Zufriedenheit der Partner mit der Beziehung, zum anderen die Reaktionen eines Partners auf das Verhalten des anderen (Fincham & Hewstone, 2001; Fincham & Bradbury, 1992).

Die Anwendungen attributionaler Konzepte in Erziehung und Unterricht sind ebenfalls zahlreich. Unter diesen betrachten wir zwei Ansätze detaillierter, zum einen Konzepte zur wahrgenommenen Kontrolle und zur persönlichen Verursachung, zum anderen das Konzept der intrinsischen Motivation.

8.3.1 Kontrolle und persönliche Verursachung

Das Konzept der internalen Kontrolle
Im Rahmen seiner sozialen Lerntheorie postuliert Rotter (1966), dass Personen sich darin unterscheiden, inwieweit sie die Ergebnisse ihres Handelns als internal oder external kontrolliert ansehen.Internal kontrollierte Ereignisse können Rotter zufolge von der Person und ihrem Verhalten selbst beeinflusst werden; bei external kontrollierten Ereignissen ist dies nicht der Fall.

Zwei Dinge sind an dieser „Kontroll-Lokation" bemerkenswert:

(1) Es handelt sich um eine Kombination zweier Attributionsdimensionen, die Sie bereits kennen gelernt haben, nämlich der Lokations- und der Kontrollierbarkeitsdimension.

(2) Es geht nicht um konkrete Ursachenzuschreibungen für spezifische Ereignisse oder Handlungsergebnisse, sondern es handelt sich vielmehr um eine Persondisposition.

Ursachenzuschreibungen als Disposition. Worin besteht nun diese Disposition? Rotter (1966) zufolge gibt es einerseits Personen, die zu internal kontrollierbaren Ursachenzuschreibungen neigen, und andererseits Menschen, die mit größerer Wahrscheinlichkeit external-unkontrollierbare Ursachenzuschreibungen vornehmen. Rotter (1975) weist darauf hin, dass diese Disposition sich „in einem gewissen Grad" auf Ursachenzuschreibungen auswirkt, die normalerweise überwiegend von den in der Umwelt vorliegenden Informationen determiniert werden. Identische Umwelterfahrungen vorausgesetzt, werden Personen mit hohen internalen Kontrollüberzeugungen also in höherem Maße entsprechende Ursachenzuschreibungen vornehmen als Personen mit überwiegend externalen Kontrollüberzeugungen.

Zur Messung dieser Disposition entwickelte Rotter (1966; siehe auch Battle & Rotter, 1963) einen als I-E-Skala bezeichneten Fragebogen (siehe auch Weiner, 1984).

Phares (1976) hat die Auswirkungen dieses Konstruktes auf das Verhalten von Schülern untersucht. Es wird angenommen, dass Schüler und Studenten mit hohen internalen Kontrollüberzeugungen eher motiviert sind, Anstrengung und Ausdauer zu zeigen und in der Folge auch bessere Lernleistungen aufweisen. Die Ergebnisse zeigen allerdings, dass diese Annahmen nicht generell bestätigt werden, sondern für unterschiedliche (beispielsweise schulische) Bereiche variieren. So mag die internale Kontrollüberzeugung eines Schülers für ein bestimmtes Fach (zum Beispiel Mathematik) gering ausgeprägt sein, für ein anderes Fach (zum Beispiel Deutsch) hingegen hoch.

Das Konzept der persönlichen Verursachung

DeCharms (1968) hat ein ähnliches Konzept vorgeschlagen, das auch eine Reihe von empirischen Untersuchungen im schulischen Kontext hervorgebracht hat. Hierbei unterscheidet der Autor zwischen so genannten „origins" (Urheber) und „pawns" (Abhängige). Hierbei ist ein „origin" eine Person, die ihr Verhalten und dessen Konsequenzen als von sich selbst kontrolliert ansieht. Ein „pawn" (analog zum Bauern im Schachspiel) ist dagegen eine Person, die glaubt, ihr Verhalten sei von externen Kräften kontrolliert. Diese Unterscheidung sieht vor, dass es

(1) zwischen den beiden Extrempunkten (origin versus pawn) ein fließendes Kontinuum gibt, und

(2) die Wahrnehmung der persönlichen Kontrolle „für die Motivation wichtiger sein sollte als die objektiven Tatbestände" (DeCharms, 1968, S. 273).

Wie auch Rotter nimmt DeCharms (1968) an, dass es sich bei diesem auch als „Verursachererleben" bezeichneten Konstrukt um eine relativ stabile Persondisposition handelt, die mit attributionalen Konzepten in Verbindung steht. Verursacher werden DeCharms zufolge in höherem Maße dazu neigen, eigenes Handeln und die Ergebnisse dieses Handelns kontrollierbaren Ursachen zuzuschreiben als „Abhängige" dies tun. Verursacher werden demzufolge neue oder schwierige Situationen eher als Herausforderung begreifen, während Abhängige solche Situationen als bedrohlich ansehen.

Urhebertraining. Im Unterschied zu Rotter haben DeCharms und Mitarbeiter jedoch kein Fragebogenverfahren entwickelt, um diese Persondisposition zu erfassen. Weiterhin ist das Verursachererleben als Persondisposition DeCharms zufolge nicht kontextspezifisch. Stattdessen entwickelte DeCharms (1976) ein so genanntes „Urhebertraining", das der Steigerung des Leistungsverhaltens dienen soll. Im Rahmen dieses Programms werden insbesondere die Lehrer angeleitet, ihre Schüler zu Verhaltensweisen zu ermutigen, die für einen Urheber charakteristisch sind. Im Rahmen dieses Trainingsprogramms wurden die Lehrer angeleitet, ihre Schüler zu folgenden Verhaltensweisen anzuleiten:

▶ die Eigenverantwortlichkeit der Schüler für das eigene Lernen anzuerkennen,

▶ sich realistische Ziele zu setzen,

▶ konkrete Pläne zu entwickeln, wie diese Ziele zu erreichen sind, und

▶ den Fortschritt bei der Umsetzung dieser Pläne fortlaufend zu bewerten.

EXPERIMENT

Verursachertraining in der Schule

Im Rahmen einer aufwendigen Längsschnittstudie, die insgesamt vier Jahre dauerte, arbeiteten DeCharms und Mitarbeiter kontinuierlich mit Lehrern zusammen. Hierbei gab es eine Experimentalgruppe, für die das beschriebene Verursachertraining durchgeführt wurde; in der Kontrollgruppe war dies nicht der Fall. ▶

Als abhängige Variablen wurden die Interaktionen zwischen Lehrern und Schülern im Unterricht erfasst, weiterhin auch das Erleben und Verhalten der Schulkinder.

Die Ergebnisse dieser Studie belegen insgesamt gesehen, dass die Experimentalgruppe von dem Verursachertraining profitiert. Hierbei ist nicht genau festzustellen, inwieweit dies auf dauerhafte Änderungen im Schülerverhalten oder im Verhalten der Lehrer zurückgeht. Zudem muss darauf hingewiesen werden, dass DeCharms mit dem Verursachererleben ein sehr breites Konstrukt heranzieht, das eine Vielzahl von Variablen beinhaltet. Diese sind nicht ausschließlich auf attributionale Konzepte bezogen.

8.3.2 Intrinsische und extrinsische Motivation

Grenzen von Skinners Verstärkungsprinzipien. Bei den behavioristischen Ansätzen zur Motivation haben wir gesehen, dass die Anwesenheit eines äußeren Anreizes, im Rahmen von Skinners Ansatz etwa als Verstärker bezeichnet, die Auftretenshäufigkeit eines Verhaltens erhöht. Dieses Verstärkungsprinzip kann auch als extrinsische Motivation bezeichnet werden, weil die Verstärkung des Verhaltens entweder „von außen" kommt oder einen Stimulus darstellt, den der Lernende sich selbst gönnt, wenn er beschließt, sich selbst für ein Verhalten zu verstärken.

So ist es beispielsweise der Lehrer, der eine Schulklasse für ein erwünschtes Verhalten lobt oder gute Noten gibt. Und auch im Falle der Selbstverstärkung – ein Schüler beschließt, dass er erst ins Schwimmbad gehen darf, wenn er eine bestimmte Leistung erbracht hat – ist der belohnende Stimulus nicht die Handlung selbst, sondern ist in einem Bereich angesiedelt, der außerhalb der zu verstärkenden Reaktion liegt. In beiden Fällen wird angenommen, dass das Verhalten ein Mittel zu einem spezifischen Zweck darstellt und ausgeführt wird, weil der Verstärker folgt.

Innere Anreize. Im Gegensatz hierzu wird ein intrinsisch motiviertes Verhalten um seiner selbst willen ausgeführt; die Ausführung des Verhaltens selbst wird also als angenehm oder positiv erlebt. Dies bedeutet nicht, dass Skinners Verstärkungsprinzipien, die in Kapitel 4 dargestellt wurden, im Falle der intrinsischen Motivation so nicht anwendbar sind. Vielmehr ist es das Verhalten selbst, welches als belohnend erlebt wird.

Einfluss der subjektiven Bewertung. Calder und Straw (1975) wiesen weiterhin darauf hin, dass die Unterscheidung zwischen intrinsischer und extrinsischer Motivation von der subjektiven Bewertung der handelnden Person und insbesondere der Ursachenzuschreibungen für das eigene Verhalten abhängig ist: Wenn beispielsweise ein Schüler sich selbst, seine eigene Interessen, eigene Motivation, spezifische Fähigkeiten, als Ursache des eigenen Verhaltens sieht, so sieht er sich als intrinsisch motiviert an.

Gelangt ein Schüler dagegen zu der Auffassung, das eigene schulische Verhalten gehe auf äußere Anreize zurück – eine gute Note, die Vermeidung von Tadel durch Lehrer oder Eltern – so wird er sich selbst als extrinsisch motiviert ansehen. Die Parallelen zwischen intrinsischer Motivation einerseits und den Konzepten der internalen Kontrolle von Rotter sowie der persönlichen Verursachung von DeCharms sind offensichtlich.

Variationen. Welche Arten von Verhalten intrinsisch motiviert sind, kann zum einen von Person zu Person, zum anderen auch über die Zeit hinweg variieren. So mag es für Peter intrinsisch motivierend sein, Fußball zu spielen, bei Frank hingegen bedürfte es hoher extrinsischer Anreize, bevor er eine solche Aktivität in Angriff nehmen würde. Und weiterhin kann es vorkommen, dass Tätigkeiten, die bei einer Person zu einem bestimmten Zeitpunkt intrinsisch motiviert sind, im Laufe der Zeit weniger Anziehungskraft ausüben.

Es scheint nahe liegend, intrinsische und extrinsische Motivation als ein Kontinuum anzusehen, dessen Endpunkte als entweder ausschließlich intrinsisch oder ausschließlich extrinsisch bezeichnet werden könnten. Diese Auffassung ist aber unzutreffend, denn extrinsische und intrinsische Motivation schließen sich nicht gegenseitig aus: So ist es möglich, dass ein Verhalten

▶ ausschließlich extrinsisch motiviert, oder
▶ ausschließlich intrinsisch motiviert, oder
▶ sowohl extrinsisch wie intrinsisch motiviert ist.

Zwei Forschungsfragen sind in Zusammenhang mit dem Konzept der intrinsischen Motivation besonders eingehend untersucht worden: Dies ist zum einen die Frage, inwieweit sich die Effektivität des Lernens in Abhängigkeit von diesen beiden Motivationsformen unterscheidet. Zum anderen wurde die wechselseitige Beziehung zwischen beiden Motivationsformen untersucht, insbesondere die Frage, ob das Vorhandensein extrinsischer Anreize eine vorhandene intrinsische Motivation beeinträchtigt oder unterminiert.

Intrinsische versus extrinsische Motivation und die Güte der Lernleistung

Gottfried (1985, 1990) hat gezeigt, dass Schüler bessere Lernergebnisse erzielen, wenn sie intrinsisch motiviert sind. Hierbei sind zwei Dinge zu beachten: Zum einen zeigen Schüler im Falle einer hohen intrinsischen Motivation Verhaltensweisen, die dem Lernen besonders förderlich sind. Hierzu zählen beispielsweise die sorgfältigere Beachtung von Anweisungen, die Wiederholung neuer Informationen sowie die Anwendung und Einübung neu gelernten Wissens in verschiedenen Situationen.

Es ist also davon auszugehen, dass es nicht die intrinsische Motivation an sich ist, die das Lernen fördert, sondern damit einhergehende Verhaltensweisen. In den Worten Skinners ließe sich auch sagen: Sollte es gelingen, die gleichen Verhaltensweisen unter die Kontrolle externer Stimuli zu bringen (extrinsische Motivation), so sollten die gleichen Lernleistungen resultieren.

Selbstwirksamkeit. Zum anderen ist die Beziehung zwischen intrinsischer Motivation und Lernerfolg keine Einbahnstraße, sondern eine wechselseitige Beziehung: So hat Bandura (1986) gezeigt, dass als Erfolg erlebte Lernfortschritte zu höheren Erfolgserwartungen führen sowie zu der Erwartung, Umweltereignisse und eigenes Handeln kontrollieren

zu können. Diese Kontrollerwartung bezeichnet Bandura als Selbstwirksamkeit. Eine hohe wahrgenommene Selbstwirksamkeit – die Annahme also, erfolgreich selbst handeln zu können, um bestimmte Resultate zu erzielen – wird wiederum die intrinsische Motivation des Lernenden stärken, da die Person ja die Ursachen des eigenen Handelns und der resultierenden Handlungsergebnisse in höherem Maße auf sich selbst zurückführt.

Wenn extrinsische Motivation die intrinsische beeinträchtigt

Angesichts der Befunde zur höheren Lernleistung bei intrinsischer Motivation erscheint es erstrebenswert, in Erziehung und Unterricht, in Organisationen oder auch im klinischen Kontext die intrinsische Motivation von Kindern, Schülern, Studierenden, Mitarbeitern oder Patienten zu stärken. Das von DeCharms (1968) vorgeschlagene Verursachertraining ist sicherlich ein Schritt in diese Richtung.

Umso interessanter ist es, dass eine Vielzahl von Studien darauf hindeutet, dass eine bereits vorhandene hohe intrinsische Motivation durch externe Belohnungen (also durch eine Stärkung der extrinsischen Motivation) abgeschwächt oder gar ganz zum Verschwinden gebracht wird.

EXPERIMENT

Wie eine Belohnung die Motivation schwächt
Eine experimentelle Prüfung dieser Hypothese stammt von Lepper, Greene und Nisbett (1973). Die Autoren wählten für ihr Experiment Kindergartenkinder aus, die besonders gerne Bilder malten (hohe intrinsische Motivation). In einer ersten Versuchsphase bestand die Aufgabe der Kinder darin, genau das zu tun. Als unabhängige Variable wurde hierbei die Anwesenheit einer externen Verstärkung variiert (extrinsische Motivation). In Experimentalgruppe 1 wurde eine Belohnung für das Malen in Aussicht gestellt und dann auch gegeben, in Experimentalgruppe 2 erhielten die Kinder die gleiche Belohnung, ohne dass diese angekündigt wurde. In

einer Kontrollgruppe schließlich wurde weder eine Belohnung angekündigt noch gegeben. Als abhängige Variable wurde erfasst, mit welcher Wahrscheinlichkeit die Kinder bei einer späteren Gelegenheit (ein bis zwei Wochen nach der experimentellen Manipulation) freiwillig malten, wenn in der entsprechenden Situation auch alternative Spielformen zur Verfügung standen. Hierbei zeigte sich, dass die Kinder, denen eine Belohnung angekündigt wurde (nicht aber die Kinder in den beiden anderen Versuchsgruppen), mit signifikant geringerer Wahrscheinlichkeit die zuvor intrinsisch motivierende Tätigkeit des Malens wieder aufnahmen. Dieser Effekt wird auch als „korrumpierende Wirkung extrinsischer Motivation" bezeichnet.

Bewertung einer Belohnung. In einem Überblicksartikel zeigen Lepper und Greene (1978), dass solche korrumpierende Wirkungen externer Belohnungen bei ganz verschiedenen Stichproben (Kinder, Jugendliche, Erwachsene), verschiedenen Arten von Belohnungen (beispielsweise in Form von Geld oder sozialer Anerkennung) und für ganz verschiedene Arten von Aktivitäten auftreten.

Es sind verschiedene Erklärungen für dieses Phänomen vorgeschlagen worden. Kein Erklärungsansatz kann die Gesamtheit der (inzwischen sehr umfangreichen) experimentellen Untersuchungen zur Wechselwirkung zwischen intrinsischer und extrinsischer Motivation erklären. Ein sehr nützlicher Ansatz ist die Theorie der kognitiven Bewertung von Deci (Deci, 1975; Deci & Porac, 1978). Diese Erklärung verdankt ihren Namen dem Umstand, dass es – folgt man Deci – die Bewertung des belohnenden Stimulus ist, die über die den korrumpierenden Effekt dieser Belohnung entscheidet. So führt Deci (1975) aus: „Every reward (including feedback) has two aspects, a controlling aspect and an informational aspect which provides the recipient with information about his competence and self-determination. The relative salience of the two aspects determines which process will be operative.

If the controlling aspect is more salient, it will initiate the change in perceived locus of causality process. If the informational aspect is more salient, the change in feelings of competence and self-determination process will be initiated." (Deci, 1975, S. 142).

Belohnung als Kontrolle. Dies bedeutet: Wenn eine Person zu der Auffassung gelangt, das eigene Verhalten sei durch den belohnenden Stimulus kontrolliert worden (die Belohnung sei also die Ursache des eigenen Verhaltens), so wird dies die ursprüngliche intrinsische Motivation (man selbst sei Ursache des eigenen Verhaltens) schwächen.

Belohnung als Information. Kommt die Person dagegen zu dem Schluss, die Belohnung informiere sie lediglich über den eigenen Erfolg bei der Tätigkeit, so wird sie mit höherer Wahrscheinlichkeit sich selbst als Verursacher des Verhaltens ansehen.

Zwei Dinge sind an dieser Erklärung bemerkenswert: Zum einen wird so verständlich, warum im Experiment von Lepper, Greene und Nisbett (1973) nur bei den Kindern in der Bedingung mit angekündigter Belohnung ein Abfall der intrinsischen Motivation zu beobachten ist, nicht aber in der Bedingung mit nicht angekündigter Belohnung. In der letztgenannten Bedingung ist insbesondere der informierende Aspekt der Belohnung groß, zudem kann den Kindern während der „Aufgabenbearbeitung" (Malen) ja nicht bewusst sein, dass sie die Aufgabe um der Belohnung willen durchführen. Bei den Kindern, denen eine Belohnung angekündigt wurde, ist es dagegen viel wahrscheinlicher, dass diese zu dem Schluss gelangen, sie hätten die Handlung um der Belohnung willen durchgeführt – die Handlung sei also durch die Belohnung kontrolliert gewesen.

Zum anderen ist bemerkenswert, dass es wiederum attributionale Konzepte sind, die Unterschiede im motivierten Handeln erklären: Bei einer internalen Ursachenzuschreibung (wie etwa eigenes Interesse) besteht eine gleich bleibend hohe Motivation zur Ausführung einer Handlung; bei einer externalen Attribution (Erhalt einer Belohnung) wird die Handlung als external kontrolliert angesehen und nur dann ausgeführt, wenn tatsächlich eine Belohnung in Aussicht gestellt wird.

Förderung der intrinsischen Motivation.
Von noch größerem praktischem Interesse als das Wechselspiel zwischen intrinsischer und extrinsischer Motivation ist vermutlich die Frage, wie in Erziehung und Unterricht, im Unternehmen oder in der Therapie, eine hohe intrinsische Motivation gefördert werden kann.

Lepper und Hodell (1989) haben unter Bezugnahme auf das Konzept der intrinsischen Motivation vier Faktoren benannt, welche diese fördern. Sie bezeichnen diese als Herausforderung, Neugier, Kontrolle und Phantasie. Pintrich & Schunk (1996) haben diese vier Faktoren aufgegriffen und daraus Empfehlungen für die Praxis in Erziehung und Unterricht abgeleitet, die sicherlich auch in anderen Kontexten (in Organisationen oder etwa der Interaktion zwischen Therapeut und Klient) nützlich sind.

Herausforderung. Aktivitäten, die die Fähigkeiten der Lernenden fordern, also insbesondere nicht zu leichte und nicht zu schwere Aufgaben, sollten die intrinsische Motivation fördern. „Das Erreichen solcher Ziele vermitteln dem Lernenden einen Zuwachs an Kompetenzen, was die Wahrnehmung eigener Selbstwirksamkeit und Kontrolle über Handlungsergebnisse erhöht. Weiterhin setzt sich der Lernende nachfolgend neue herausfordernde Aufgaben, so dass die intrinsische Motivation erhalten bleibt." (Pintrich & Schunk, 1996, S. 277). Zu beachten ist hierbei, dass Eltern, Lehrer, Vorgesetzte oder Therapeuten im Laufe des Kompetenzzuwachses der betreuten Personen darauf achten sollten, dass die anfänglich mittelschweren Aufgaben im Laufe der Zeit immer leichter gelöst werden können, so dass für eine kontinuierliche Erhöhung der Aufgabenschwierigkeit zu sorgen ist, die angepasst ist an die jeweiligen Lernfortschritte.

Neugier. Diese wird vor allem durch Ideen oder Informationen ausgelöst, die dem Lernenden neu sind und eine Diskrepanz zu seinen bisherigen Erfahrungen aufweisen (siehe auch Meyer, Niepel, Rudolph & Schützwohl, 1992). Solche Diskrepanzen veranlassen den Lernenden, nach neuen Informationen zu suchen, um diese Diskrepanzen erklären zu können (analog zum Menschenbild der Attributionstheorie, der den Menschen als naiven Wissenschaftler versteht).

Wie bei der Aufgabenschwierigkeit sind es eher mittlere Diskrepanzen, die besonders günstig sein sollten: Zu kleine Diskrepanzen werden möglicherweise nicht wahrgenommen; bei zu großen Diskrepanzen zwischen neuer Information und vorhandenem Wissen erscheint diese neue Information möglicherweise wenig glaubhaft.

Kontrolle. Die intrinsische Motivation sollte insbesondere durch solche Aktivitäten gefördert werden, die dem Lernenden ein Gefühl der Kontrolle vermitteln. Als Beispiele seien hier ein Mitspracherecht bei der Auswahl der Lernmaterialien, der Gestaltung der Lehrmethoden, aber auch die Förderung von Ursachenzuschreibungen auf kontrollierbare Faktoren. Wie wir bereits gesehen haben (s. Kap. 8.2.1) ist es insbesondere die Bearbeitung mittelschwerer Aufgaben, bei denen solche internalen und kontrollierbaren Ursachenzuschreibungen auftreten können.

Phantasie. Spielerische Elemente und praktische Erfahrungen vermitteln oftmals ein Interesse an Inhalten, die andernfalls abstrakt und langweilig erscheinen würden. „Phantasie (im Unterricht) kann beispielsweise auf außerschulische Situationen Bezug nehmen, die für die schulischen Inhalte und deren Anwendung relevant sind, so dass der Lehrer die Lernenden über die Nützlichkeit der Lerninhalte informieren kann." (Pintrich & Schunk, 1996, S. 277–278).

8.4 Zusammenfassung: Attributionen beeinflussen unser Verhalten

Im Rahmen dieses Kapitels haben wir das Konzept der Kausaldimensionen und deren Auswirkungen auf das Erleben und Verhalten erörtert. Hierbei wurden insbesondere die Lokations-, Stabilitäts- und Kontrollierbarkeitsdimension und deren Auswirkungen auf Emotionen, Erfolgserwartungen, Aufgabenwahl, Anstrengung und Ausdauer analysiert.

Attributionale Theorien als Sequenztheorien. Diese Überlegungen lassen sich auf die Vorhersage von Hilfeverhalten und aggressivem Verhalten anwenden, wie dies in einer Vielzahl empirischer Studien geschehen ist. Die Befunde verdeutlichen, dass ein wichtiges Merkmal attributionaler Theorien darin besteht, das diese Sequenztheorien darstellen – sie machen insbesondere Aussagen über die Abfolge von Kognitionen, Emotionen und Verhalten.

Die empirischen Befunde zur Vorhersage von Hilfe und Aggression zeigen, dass Kognitionen (Gedanken über die Ursachen von Ereignissen) unsere emotionalen Reaktionen (zum Beispiel Mitleid und Ärger) determinieren, und dass diese wiederum unser Verhalten beeinflussen. Im Falle des Hilfeverhaltens zeigt sich, dass Attributionen und deren Merkmale das Verhalten ausschließlich indirekt und über die Vermittlung emotionaler Reaktionen beeinflussen. Im Falle aggressiven Verhaltens dagegen existiert offensichtlich auch ein höheres Ausmaß an zusätzlicher, direkter kognitiver Vermittlung: Aggressives Verhalten wird zwar in erheblichem Maße durch emotionale Reaktionen gesteuert, die wiederum von Attributionen abhängig ist – zusätzlich existiert aber auch eine direkte kognitive Vermittlung zwischen Verantwortlichkeitszuschreibungen und aggressivem Verhalten.

Hinsichtlich der Anwendung attributionaler Theorien gibt es eine ganze Reihe von Phänomenen, die einer attributionalen Analyse zugänglich gemacht wurden. Hierzu zählen beispielsweise attributionale Erklärungen der gelernten Hilflosigkeit und Depression (zusammenfassend siehe Meyer, 2000) oder zum so genannten attributionalen Re-Training als therapeutische Interventionsform (zusammenfassend siehe Försterling, 2002).

Im vorliegenden Kapitel haben wir uns auf Anwendungen attributionaler Konzepte in Erziehung und Unterricht konzentriert. Dies betrifft das Konzept der internalen Kontrolle (Rotter, 1966), der persönlichen Verursachung (DeCharms, 1968) und der intrinsischen versus extrinsischen Motivation (Deci, 1975). Alle diese Konzepte stehen in direktem Zusammenhang zu attributionalen Konzepten.

Denkanstöße

(1) In der Regel wollen wir, was wir (kontrollieren) können. Warum gilt dies nur „in der Regel", aber nicht immer? Nennen Sie Beispiele, die für versus gegen diese Regel sprechen.

(2) Welche Emotionen sind Weiner zufolge attributionsabhängig? Benennen Sie die einzelnen Emotionen, die in diesem Kapitel erörtert wurden und prüfen Sie, ob Sie diese auch schon einmal erlebt haben, wenn die entsprechenden attributionalen Voraussetzungen nicht erfüllt waren.

(3) Inwiefern beeinflussen generelle oder spezifische Fähigkeitskonzepte Ihre persönlichen Erfolgserwartungen? Nennen Sie Beispiele.

(4) Welche Faktoren spielen eine Rolle, wenn Sie überlegen, ob und wie viel Anstrengung Sie in ein Ziel investieren?

(5) Benennen Sie einen Bereich, für den Sie eine hohe subjektive Kontrollüberzeugung haben, und einen anderen Bereich, für den das Gegenteil zutrifft. Was müsste geschehen, um Ihre niedrige Kontrollüberzeugung zu ändern?

WEITERFÜHRENDE LITERATUR

Eine für Studierende gut lesbare Einführung in attributionale Theorien zu Hilfe und Aggression gibt Weiners „Judgments of responsibility" (1995); eine genauere Darstellung findet sich in Weiner (1986). DeCharms' Studien zum Verursacher-Erleben sind in seiner Monographie „Enhancing Motivation" zusammenfassend dargestellt (DeCharms, 1976). Für Studierende überaus lesenswert ist auch Meyers Überblick zur gelernten Hilflosigkeit (Meyer, 2000); hier finden sich auch Bezüge zum Phänomen der reaktiven Depression und Anwendungen in Erziehung und Unterricht.

DeCharms, R. (1976). Enhancing motivation: Change in the classroom. Irvington Publishers.
Meyer, W. U. (2000). Gelernte Hilflosigkeit. Bern: Huber.
Weiner, B. (1986). An Attributional Theory of Motivation and Emotion. Heidelberg: Springer.
Weiner, B. (1995). Judgments of responsibility. Guilford Press.

He who chooses his plan for himself (…) must use observation to see, reasoning and judgment to foresee, activity to gather materials for decision, discrimination to decide, and when he has decided, firmness and self-control to hold to his deliberate decision.

John Stuart Mill (1806–1873) „On Liberty"

9 Psychologie des Willens

Absichten in die Tat umsetzen. Stellen Sie sich vor, Sie sind mit Ihrer körperlichen Fitness nicht zufrieden. Um dies zu ändern, stehen verschiedene Alternativen zur Verfügung, beispielsweise eine Änderung Ihrer Ernährung, Ihrer Arbeitsgewohnheiten, sowie eine Anzahl verschiedener sportlicher Aktivitäten. So könnten Sie das Joggen beginnen, in einem Fußballverein trainieren oder einen Tanzkurs belegen. Möglicherweise kommen Sie zu dem Schluss, dass Joggen gerade das Richtige für Sie wäre.

Sie beginnen in der ersten Woche, jeden Morgen vor Arbeitsbeginn eine Stunde zu laufen. Die erste Woche bereitet große Schwierigkeiten, aber Sie hoffen auf Besserung. In Woche 2 beansprucht ein wichtiges Arbeitsprojekt Ihre ganze Aufmerksamkeit, und Sie ziehen es gelegentlich vor, lieber früher zur Arbeit zu gehen anstatt zu joggen. Nach wenigen Wochen stellen Sie fest, dass aus Ihrem Entschluss, regelmäßig zu laufen, nichts geworden ist. Um Ihre körperliche Fitness ist es weiterhin schlecht bestellt.

Wir haben in diesem Beispiel mit zwei verschiedenen Motivationsproblemen zu tun: Das erste Problem betrifft die Selektion einer geeigneten Handlungsalternative. Diese Selektion endet mit einem Entschluss – Sie bevorzugen das regelmäßige Laufen gegenüber anderen Möglichkeiten der sportlichen Betätigung. Das zweite Problem betrifft die Realisierung dieses einmal getroffenen Entschlusses; dieser wird – und zwar, wie wir aus eigenem Erleben wissen, mehr oder weniger gut – in die Tat umgesetzt.

Die Motivation, einen Entschluss umzusetzen

Das vorliegende Kapitel beschäftigt sich mit dem zweiten Motivationsproblem, das in Anlehnung an Kuhl (1983) auch als „Realisationsmotivation" bezeichnet wird, im Gegensatz zu einer „Selektionsmotivation". Der Begriff des Willens und der Willenspsychologie ist traditionell für das zweite Motivationsproblem, die Realisierungsmotivation, reserviert worden.

> **DEFINITION**
>
> **Willenspsychologie**
> Die Willenspsychologie beschäftigt sich damit, ob und gegebenenfalls wie wir einen einmal gefassten Entschluss in die Tat umsetzen. In Anlehnung an Heckhausen (1989) lässt sich dieses „in die Tat umsetzen" in drei Teilaspekte unterteilen, nämlich:
> ▶ Wann kommt es zur Initiierung einer Handlung?
> ▶ Wann wird eine Handlung beendet oder abgebrochen?
> ▶ Wie werden etwaige Handlungshindernisse überwunden?

„Über die Willenstätigkeit und das Denken"

Bevor wir neuere Ansätze zur Beantwortung dieser Fragen behandeln, ist es sinnvoll, eine historische Einordnung vorzunehmen. Im ersten Kapitel dieses Buches wurde ausgeführt, dass dessen einzelne Kapitel aufeinander aufbauen und weitgehend einer historischen Darstellung folgen. Das gilt auch für das vorliegende Kapitel zur Willenspsychologie, allerdings mit einer wichtigen Einschränkung:

Zur Willenspsychologie hat es zwar insbesondere in den beiden letzten Jahrzehnten eine Vielzahl von Publikationen gegeben, diese ist allerdings keineswegs eine „neue Erfindung". Alle neueren psychologischen Ansätze zu diesem Thema gehen zurück auf die Arbeiten eines deutschen Psychologen, Narziß Ach. Er publizierte bereits 1905 ein Buch unter dem Titel „Über die Willenstätigkeit und das Denken". Ihm kommt das Verdienst zu, als erster Psychologe auch experimentelle Arbeiten publiziert zu haben, die sich mit dem Realisieren von Absichten beschäftigen.

Im Vorwort dieses Buches ist das Thema der Willenspsychologie aus der Perspektive Achs knapp zusammengefasst: „Von den zwei Seiten des Willensproblems wird bei den vorliegenden Ausführungen nur die zweite Seite behandelt, nämlich die im Anschluss an eine Absicht oder einen Entschluss sich vollziehende Determinierung, während dagegen die erste Seite, das Zustandekommen der Absicht, keine eingehende Behandlung erfahren hat." (Ach, 1905, S. 13). Aus diesem Zitat wird auch deutlich, dass für Ach (1905) auch das Zustandekommen von Absichten ein „Willensproblem" darstellt. Für die folgenden Ausführungen und in Einklang mit neueren Ansätzen zur Willenspsychologie reservieren wir diesen Ausdruck jedoch ausschließlich für das Realisieren eines einmal gefassten Entschlusses.

Determinierung. Dieser Begriff oder auch synonym der Begriff der „determinierenden Tendenzen" bezeichnet Ach (1905) zufolge die Kontrolle von Handlungen oder Handlungsverläufen im Dienste eines einmal gefassten Entschlusses. So könnte es sein, dass Sie sich vornehmen, Ihre Fitness zu steigern – und dies fällt Ihnen beispielsweise dann regelmäßig wieder ein, wenn Sie ein Gebäude mit einem Fahrstuhl betreten. Statt nun den Fahrstuhl zu benutzen, nehmen Sie, getreu Ih-

Narziß Ach (1872–1946) war nicht nur Psychologe, sondern auch Erfinder

res einmal gefassten Entschlusses, lieber die Treppe. Die Prozesse, die dazu führen, dass Ihnen der einmal gefasste Entschluss wieder einfällt und dass Sie diesen auf diese Weise in die Tat umsetzen, sind die Folgen der von Ihrem zuvor getroffenen Entschluss ausgehenden determinierenden Tendenz.

Wir beschränken uns im Folgenden auf eine Einführung in die modernen Ansätze zur Willenspsychologie, die sich auf die Arbeiten Narziß Achs beziehen. Hierzu zählen insbesondere das Rubikonmodell der Handlungsphasen (z.B. Heckhausen & Kuhl, 1985), Gollwitzers Modell zur Umsetzung von Intentionen und Handlungsplanung (Gollwitzer, 1993, 2001) sowie Kuhls Theorie der Handlungskontrolle (1983, 1987).

Narziß Ach: Psychologe und Erfinder

Narziß Ach wurde 1872 in Ermerhausen geboren und studierte von 1890 bis 1895 Medizin in Würzburg. Nach seinem Studium reiste er als Schiffsarzt nach Ostasien und Nordamerika, um zwischen 1898 und 1899 Psychologie in Straßburg zu studieren. Ab 1899 arbeitete er als Assistent von Oswald Külpe in Würzburg; ab 1902 hatte er eine Position bei Georg Elias Müller am Psychologischen Institut der Universität Göttingen inne. Nach weiteren Zwischenstationen wurde Ach schließlich 1906 Professor für Psychologie in Berlin und 1907 in Königsberg. Ab 1922 trat er die Nachfolge von Georg Elias Müller in Göttingen an, wo er bis 1937 lehrte. Ach starb kurz nach Ende des Zweiten Weltkriegs 1946 in München. Sein wichtigstes Werk erschien bereits, als Ach noch ein junger Mann war, nämlich das bereits genannte Buch „Über die Willenstätigkeit und das Denken" (1905).

Neben der Begründung einer modernen – und das heißt vor allem experimentell ausgerichteten – Willenspsychologie ist Ach auch der Erfinder einer ganzen Reihe technischer Apparaturen gewesen. Düker (1966) zufolge hatte Ach allen Ernstes erwogen, den 1906 ausgesprochenen Ruf an die Universität in Königsberg auszuschlagen, um an seinen Erfindungen weiter arbeiten zu können. So hatte er alle Apparate zur Darbietung von Versuchsmaterialien und zur Messung von Reaktionszeiten, die er in seinen Experimenten verwendete, selbst gebaut.

Von besonderer Bedeutung dabei ist der so genannte „Chronotyper", ein Gerät zur Erfassung von Reaktionszeiten, das überhaupt erstmals in der Lage war, die erfassten Reaktionszeiten nicht nur darzubieten (so dass diese vom Versuchsleiter jeweils abgeschrieben werden mussten), sondern auch auf eine Papierrolle zu drucken. Ach und später sein wichtigster Mitarbeiter Heinrich Düker verbesserten die am Göttinger Institut erfundenen Apparate fortwährend. So war der Prototyp des Chronotypers Düker (1966) zufolge eher unhandlich „… und arbeitete fast so laut wie ein Maschinengewehr." Spätere Versionen dieser Apparate wurden auch an anderen deutschen Instituten für Psychologie in der experimentellen Forschung eingesetzt (zitiert nach Schmalt, 1999). Daneben hatte Ach auch Patente für mehr als 50 Erfindungen inne, die außerhalb der Psychologie Anwendung fanden, so beispielsweise einen Kreiselkompass.

9.1 Das Realisieren von Absichten

9.1.1 Rubikon-Modell der Handlungsphasen

Im Rahmen dieses Modells wird ein zeitlicher Ablauf der Motivationsprozesse postuliert. Diese Prozesse werden in vier verschiedene Phasen eingeteilt, mit einer klaren Trennung zwischen den jeweiligen Phasen (s. Abb. 9.1).

Die verschiedenen Handlungsphasen unterscheiden sich im Hinblick auf mehrere Merkmale; dies betrifft

(1) die für diese Phase charakteristischen gedanklichen Inhalte beziehungsweise Handlungsaspekte einerseits, und

(2) das Endresultat der jeweiligen Phase andererseits.

Betrachten wir die verschiedenen Phasen daher anhand eines durchgängigen Beispiels: Der Motivationsprozess beginnt zunächst mit einem Wunsch oder einem Bedürfnis. Das eingangs genannte Beispiel erfüllt auch hier seinen Zweck: Sie halten es für wünschenswert, etwas für Ihre körperliche Fitness zu tun.

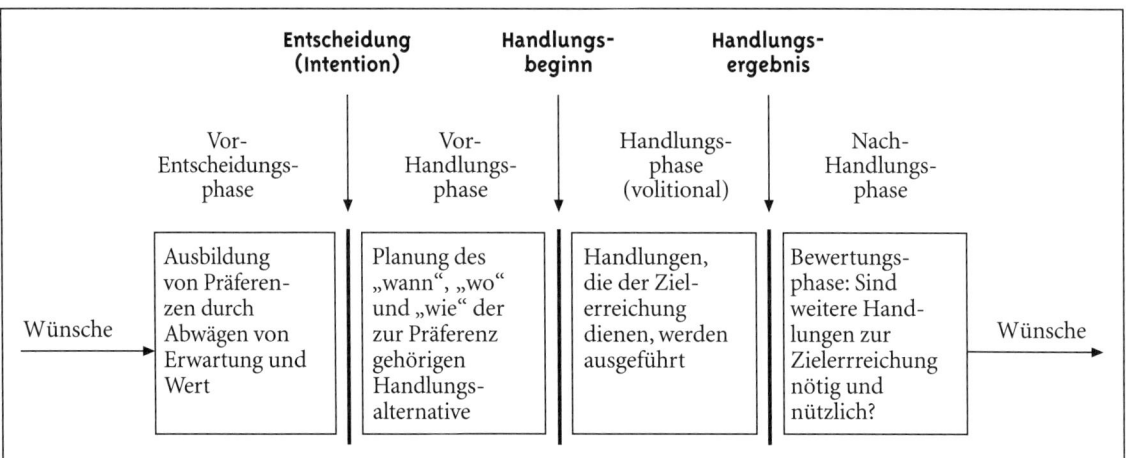

Abbildung 9.1. Das Rubikon-Modell unterscheidet vier verschiedene Abschnitte im Motivationsprozess (Heckhausen, 1990, Heckhausen & Gollwitzer, 1987)

Der Würfel ist gefallen

Woher hat das Rubikonmodell seinen Namen? Der Rubikon ist ein kleiner Fluss in Italien. Im Jahre 49 vor Christi kehrte Julius Caesar von seinen Feldzügen in Gallien zurück. Die römischen Senatoren fürchteten die Wiederkehr des machtbewussten Feldherrn. Julius Caesar war sich lange Zeit nicht sicher gewesen, wie er mit dem Widerstand der römischen Senatoren gegen seine politischen Ambitionen umgehen sollte. Doch schließlich entschied er sich dafür, Rom zu erobern und notfalls auch einen Krieg zu führen, um seine Interessen durchzusetzen. Am 11. Januar des Jahres 49 v. Chr. entschloss sich Caesar mit den berühmt gewordenen Worten „alea iacta est" („Der Würfel ist gefallen"), mit seinen Truppen den Rubikon zu überschreiten. Von diesem Moment gab es kein Zurück mehr. Der Rubikon ist also eine Metapher geworden für das Überschreiten der Grenze vom Abwägen zum Handeln.

9.1.2 Vor der Entscheidung: Prä-dezisionale Phase

Gedankliche Inhalte

In dieser Phase geht es darum, verschiedene Handlungsalternativen zu finden und miteinander zu vergleichen. Ein Abwägen zwischen verschiedenen Handlungsalternativen (wie etwa ein Tanzkurs oder regelmäßiges Joggen zur Steigerung Ihrer Fitness) sollte insbesondere den subjektiven Wert sowie die subjektive Wahrscheinlichkeit der zur Verfügung stehenden Handlungsalternativen berücksichtigen. Die Konzepte, die Sie bereits aus Atkinsons Theorie der Leistungsmotivation kennen (s. Kap. 6), sind also hier von zentraler Bedeutung. So erscheint Ihnen die Vorstellung, regelmäßig einen Waldlauf zu machen, möglicherweise sowohl besser realisierbar (wahrscheinlicher) als auch attraktiver (höherer Wert) als die Teilnahme an einem Tanzkurs.

Endresultat: Intentionsbildung

Heckhausen und Gollwitzer (1987) postulieren, dass es in dieser Phase eine so genannte Fazittendenz gibt. Sie führt dazu, dass der Prozess des Abwägens schließlich abgeschlossen wird und mit der Etablierung einer Absicht (oder synonym: Intention) endet. Aus einem vergleichsweise allgemeinen Wunsch („körperliche Fitness steigern") ist also eine konkrete Handlungsabsicht geworden.

Eine solche Absicht oder Intention könnte beispielsweise lauten: „Ich werde regelmäßig joggen gehen." Sie haben also zum Abschluss dieser Phase unter mehreren verfügbaren Handlungsalternativen eine Entscheidung zugunsten einer dieser Alternativen getroffen und sich für eine Zielintention entschieden.

Im Folgenden wird der Begriff der Zielintention als Bezeichnung für die Resultate dieser Motivationsphase gebraucht, und zwar in Abgrenzung von anderen Intentionen, die in der nachfolgenden Motivationsphase gebildet werden (Heckhausen & Beckmann, 1990).

9.1.3 Vor der Handlung: Prä-aktionale Phase

Handlungsplan
Eine Intention sagt noch nichts darüber aus, zu welchen Gelegenheiten und wie genau Sie diese Intention in die Tat umsetzen werden. Dies ist die Aufgabe, die es in der Vor-Handlungsphase zu lösen gilt. In den Worten Gollwitzers (2001): „Um den Weg vom Wunsch zum Ziel nun weiter voranzubringen, denken Personen in dieser Phase darüber nach, *wann, wo, wie* und *für wie lange* sie handeln werden – in anderen Worten: Sie machen einen Handlungsplan." (Gollwitzer, 2001, S. 290; Hervorhebungen im Original).

Die gedanklichen Inhalte
Die gedanklichen Inhalte sind somit in dieser Vor-Handlungsphase andere als in der Vor-Entscheidungsphase. Die Person wird nicht mehr über subjektiven Wert und Wahrscheinlichkeit verschiedener Handlungsalternativen nachdenken, sondern vielmehr über konkrete Umsetzungsmöglichkeiten für die einmal getroffene Zielintention.

Endresultat: Handlungsplan
Analog zur Fazittendenz, die zur Auswahl von einer aus mehreren Handlungsalternativen führt, postulieren Heckhausen und Gollwitzer (1987; siehe auch Heckhausen, 1990) für die Vor-Handlungsphase eine so genannte „Fiat-Tendenz" (von lateinisch fiat, „es geschehe"). Dies bedeutet, am Ende der Vor-Handlungsphase verfügt die Person über einen konkreten Plan, wann sie eine Handlung oder verschiedenen Aspekte eines Handlungsplans konkret in die Tat umsetzen wird.

Ein Beispiel hierfür wäre, dass Sie sich entscheiden, am kommenden Wochenende Joggingschuhe zu kaufen und ab der nächsten Woche an jedem Morgen vor der Arbeit joggen zu gehen. Dies sind keine eher allgemeinen Zielintentionen, sondern instrumentelle Intentionen (Heckhausen & Beckmann, 1990), Gollwitzer (2001) bezeichnet diese auch als „implementation intentions". Mit Implementierung ist gemeint, dass eine allgemeine Zielintention in konkrete Realisierungspläne umgesetzt wird; wir werden daher im Folgenden den Begriff der Realisierungsintentionen hierfür verwenden, um solche Intentionen von den unspezifischeren Zielintentionen abzugrenzen.

9.1.4 Die Handlung: Aktionale Phase

Ausführung des Handlungsplans
Während der Handlungsphase steht die Ausführung des einmal getroffenen Handlungsplans im Vordergrund. Dies bedeutet, dass die Person unter Umständen flexibel auf Situationen und Anforderungen reagiert. Sie stellen beispielsweise fest, dass Ihre normale Sportkleidung nicht allen Wetteranforderungen genügt und besorgen sich die notwendigen Utensilien. Oder – „Aller Anfang ist schwer" – Sie sind während der ersten Woche regelmäßig relativ erschöpft und reduzieren für die erste Zeit das Pensum, das Sie sich vorgenommen haben.

Gedankliche Inhalte

Während der Handlungsphase sind Sie folglich zum einen mit der Ausführung der Handlung selbst beschäftigt, zum anderen vergleichen Sie Ihren ursprünglichen Plan fortwährend mit den aktuellen Gegebenheiten, um flexibel reagieren zu können. Dies kann geschehen, indem Sie beispielsweise Ihre Anstrengung erhöhen oder auch andere Handlungsgelegenheiten nutzen (etwa, wenn Sie das Joggen nach einiger Zeit doch lieber in die Ihnen günstiger erscheinenden Abendstunden verschieben).

Endresultat: Abschluss der Handlung

Idealerweise endet die aktionale Phase mit dem erfolgreichen Abschluss der Handlung und dem Erreichen des Ziels. Nach einem Jahr regelmäßigen Joggens etwa stellen Sie fest, dass Sie ihr Ziel erreicht haben: Um Ihre körperliche Fitness ist es nun weitaus besser bestellt. Natürlich ist es auch möglich, dass Sie Ihr Ziel nicht erreichen. Sie erhalten nicht die gewünschte Abschlussnote in der Klausur, oder das neue Projekt von Ihnen und Ihren Mitarbeitern steigert nicht den Absatz der Produkte Ihres Unternehmens.

9.1.5 Nach der Handlung: Post-aktionale Phase

Bewertung

Nach Abschluss (oder im negativen Fall: dem Abbruch) einer Handlung erfolgt eine Bewertung des Erreichten.

Gedankliche Inhalte

In dieser Phase richten sich die gedanklichen Inhalte insbesondere auf einen Vergleich zwischen dem Erwünschten und dem Erreichten. Sie kommen möglicherweise zu dem Schluss, dass Sie Ihr Ziel erreicht haben oder nicht erreicht haben. Weiterhin stellen Sie vielleicht fest, dass Sie zwar ihr Ziel erreicht haben, dieses jedoch bei weitem

nicht so positiv bewerten, wie Sie sich ursprünglich vorgestellt haben – oder aber dass das Nicht-Erreichen des Ziels keineswegs so negativ ist wie gedacht.

Endresultat: Bewertung des Erreichten

In der Folge kommt es zu einer Neubewertung von Erwartung und Wert bezüglich der ursprünglichen Handlungsalternative, und möglicherweise auch zu einem erneuten Vergleich zwischen anderen konkurrierenden Wünschen und Bedürfnissen.

So könnten Sie etwa zu dem Schluss kommen, dass körperliche Fitness heutzutage überbewertet wird und Ihre sozialen Bedürfnisse beim einsamen Joggen im Stadtpark zu kurz kommen – und sich folglich andere Dinge vornehmen.

9.1.6 Das Konzept der Bewusstseinslagen

In Zusammenhang mit diesen vier verschiedenen Phasen ist das Konzept der Bewusstseinslage wichtig, das ursprünglich auf Arbeiten von Ach (1905) und Külpe (1903) zurückgeht. Diese Überlegungen wurden von Heckhausen und Gollwitzer (siehe zum Beispiel Heckhausen & Gollwitzer, 1987) aufgegriffen und erweitert.

Zwei Bewusstseinslagen

Das Konzept der Bewusstseinslagen sieht vor, dass es von der ersten Regung eines Wunsches oder Bedürfnisses bis zur schließlich abgeschlossenen Handlung, die den Wunsch oder das Bedürfnis befriedigen soll, zwei unterschiedliche Bewusstseinslagen gibt. Diese beiden Bewusstseinslagen unterscheiden sich hinsichtlich dreier Merkmale; diese sind

▶ die gedanklichen Inhalte,
▶ die Selektivität der Aufmerksamkeit sowie
▶ die Art der Informationsverarbeitung bezüglich der gedanklichen Inhalte.

Die Übersicht zeigt diese beiden Bewusstseinslagen zusammenfassend anhand der verschiedenen Phasen des Rubikonmodells.

Motivationale und volitionale Bewusstseinslage

	Vor-Entscheidungsphase	Vor-Handlungsphase	Handlungsphase	Nach-Handlungsphase
Bewusstseinslage	motivational	volitional	volitional	motivational
Gedankliche Inhalte	Fokussierung auf subjektive Erwartungen und subjektive Werte	Fokussierung auf Handlungsgelegenheiten und mögliche Hindernisse	Fokussierung auf Handlungsgelegenheiten und mögliche Hindernisse	Fokussierung auf subjektive Erwartungen und subjektive Werte
Selektivität der Aufmerksamkeit	Geringe Selektivität der Aufmerksamkeit, Offenheit für viele Informationen	Hohe Selektivität der Aufmerksamkeit, Offenheit für wenige Informationen	Hohe Selektivität der Aufmerksamkeit, Offenheit für wenige Informationen	Geringe Selektivität der Aufmerksamkeit, Offenheit für viele Informationen
Art der Informationsverarbeitung	Realitätsorientierung: Präzise und realitätsorientierte Informationsverarbeitung	Realisierungsorientierung: Wenig präzise, optimistische Informationsverarbeitung	Realisierungsorientierung: Wenig präzise, optimistische Informationsverarbeitung	Realitätsorientierung: Präzise und realitätsorientierte Informationsverarbeitung
Bezeichnung in Kuhls Theorie der Handlungskontrolle	Selektionsmotivation	Realisierungsmotivation	Realisierungsmotivation	Selektionsmotivation

9.1.7 Motivationale Bewusstseinslage

Die motivationale Bewusstseinslage ist charakteristisch für die Vor-Entscheidungs- und die Nach-Handlungsphase. Ihre Merkmale sind gedankliche Inhalte, Selektivität der Aufmerksamkeit und Art der Informationsverarbeitung.

Gedankliche Inhalte

Wie bereits erörtert, ist die motivationale Bewusstseinsphase vor allem dadurch gekennzeichnet, dass verschiedene Handlungsalternativen miteinander verglichen werden und zwar insbesondere hinsichtlich des subjektiven Wertes der Handlungsalternative sowie hinsichtlich der subjektiven Wahrscheinlichkeit, dieses Ziel auch tatsächlich zu erreichen.

Selektivität der Aufmerksamkeit

Um eine möglichst breite Vielfalt von möglichen Handlungsalternativen erfassen zu können, ist die Aufmerksamkeit in dieser Phase wenig fokussiert. Personen sind den Überlegungen von Heckhausen und Gollwitzer zufolge offen für eine Vielzahl möglicher Handlungsalternativen, die dem jeweiligen Ziel dienen könnten.

Art der Informationsverarbeitung

Die Informationsverarbeitung in dieser Phase wird als realitätsorientiert bezeichnet: Der Person ist daran gelegen, die verfügbaren Informationen zu bekommen, möglichst realistisch einzuschätzen und genau gegeneinander abzuwägen.

9.1.8 Volitionale Bewusstseinslage

Die volitionale Bewusstseinslage ist in der Vor-Handlungs- und der Handlungsphase vorherrschend.

Gedankliche Inhalte

Die volitionale Bewusstseinsphase ist vor allem dadurch gekennzeichnet, dass die Person an die konkreten Realisierungsmöglichkeiten bezüglich der einmal gefassten Absicht denkt. Dies schließt das Schmieden von Plänen ein, in denen Merkmale der Handlung, der Handlungsabfolge und der Handlungsgelegenheiten bedacht werden.

Selektivität der Aufmerksamkeit

Um der einmal gefassten Absicht auch tatsächlich „treu bleiben zu können", ist es in der Vor-Handlungs- und Handlungsphase zweckmäßig, die Aufmerksamkeit auf die Absicht, deren Umsetzung sowie deren Ausführung zu fokussieren. Personen sind den Überlegungen von Heckhausen und Gollwitzer zufolge wenig offen für andere mögliche Handlungsalternativen, die der Umsetzung anderer Wünsche oder Absichten dienen könnten.

Art der Informationsverarbeitung

Die Informationsverarbeitung in dieser Phase wird als realisierungsorientiert bezeichnet: Der Person ist daran gelegen, möglichst optimistisch an die Sache heran zu gehen und etwaige negative Rückmeldungen über den Fortgang der Umsetzung auszublenden und sich nicht entmutigen zu lassen.

9.1.9 Empirische Überprüfungen

Gollwitzer (2001) gibt einen Überblick über die inzwischen zahlreichen empirischen Daten zum Rubikonmodell und zu den Auswirkungen der beiden verschiedenen Bewusstseinslagen. Es würde den Rahmen dieses Kapitels sprengen, diese Befunde hier im Einzelnen aufzuführen. Stattdessen erfolgt ein kurzer Überblick über die wichtigsten Forschungsergebnisse gegliedert nach Teilbereichen.

Positive Effekte von Realisierungsintentionen auf den Handlungsbeginn

Konkrete Realisierungsintentionen sollten die Wahrscheinlichkeit erhöhen, dass geeignete Handlungsmöglichkeiten entdeckt werden, weil die Aufmerksamkeit auf solche Realisierungsmöglichkeiten fokussiert wird. Entsprechend sollten drei Faktoren von dieser Aufmerksamkeitsfokussierung betroffen sein. Dies sind

(1) erhöhte Wahrnehmungsbereitschaft für Realisierungsgelegenheiten,
(2) eine höhere Wahrscheinlichkeit der Unterbrechung anderer Aktivitäten sowie
(3) eine erhöhte Handlungsbereitschaft im Sinne einer zuvor getroffenen vorliegenden Realisierungsintention.

Positive Effekte einer volitionalen Bewusstseinslage auf den Handlungsbeginn

Eine Funktion einer volitionalen Bewusstseinslage ist dem Modell zufolge das Ausblenden einer Realitätsorientierung – ein Abwägen von subjektiven Wahrscheinlichkeiten und Werten sollte in den Hintergrund gedrängt werden zugunsten einer weniger realitätsnahen, dafür aber optimistischeren Informationsverarbeitung. In einer volitionalen Bewusstseinslage sollte es daher mit höherer Wahrscheinlichkeit zu positiven Illusionen bezüglich der eigenen Kontrollmöglichkeiten kommen. Weiterhin sollten solche Informationen, die für eine Realisierung einer Zielintention wichtig sind, bevorzugt werden gegenüber solchen Informationen (Erwartung und Wert), die über die Attraktivität Auskunft geben.

Positive Effekte von Realisierungsintentionen und volitionaler Bewusstseinslage auf die Zielerreichung

Nicht nur beim Entdecken geeigneter Realisierungsmöglichkeiten, sondern auch während der Handlungsphase können sich konkrete Realisierungsintentionen und eine volitionale Bewusstseinslage positiv auswirken. Hier sind drei verschiedene Fälle denkbar: Anstrengungsaufwendung, Ausblenden anderer Handlungsalternativen, sowie die Wiederaufnahme von Handlungen.

Anstrengungsaufwendung. Es kann der Fall eintreten, dass eine unerwartet hohe Aufgabenschwierigkeit eine vermehrte Anstrengung erfordert. In unserem Beispiel zum täglichen Joggen könnte es sich insbesondere in der Anfangsphase als besonders mühsam herausstellen, den Plan einzuhalten, wenn Muskelkater und Müdigkeit sich einstellen.

Ausblenden anderer Handlungsalternativen. Möglicherweise kann es erforderlich sein, Ablenkungen oder andere attraktive Ziele auszublenden. Der Gedanke an das morgendliche warme Bett oder das längere Frühstück mit dem Partner wären Beispiele hierfür.

Wiederaufnahme von Handlungen. Gelegentlich ist es unvermeidlich, ablaufende Handlungen zu unterbrechen, weil beispielsweise keine Kontrolle über unvorhergesehene Unterbrechungen besteht. Stellen Sie sich vor, Sie besuchen eine Konferenz. In diesem Rahmen haben Sie keine Möglichkeit zum täglichen Joggen. Konkrete Realisierungsintentionen und eine volitionale Bewusstseinslage sollten dazu beitragen, dass eine einmal unterbrochene Aufgabe mit höherer Wahrscheinlichkeit und schneller wieder aufgenommen werden kann.

Diese Darstellung von Hypothesen und Befunden, die aus dem Rubikonmodell und dem Modell der Handlungsphasen ableitbar sind, ist nicht vollständig, umfasst jedoch einige der wichtigsten in diesem Kontext untersuchten Forschungsfragen. Nicht alle diese Fragen sind mit gleicher Intensität empirisch untersucht worden, doch insgesamt ist die Datenlage beeindruckend und bestätigt die Annahmen des Modells. Einige der Befunde werden wir aufgreifen, wenn es um die Anwendungen der Ansätze zur Willenspsychologie geht.

9.2 Die Theorie der Handlungskontrolle

9.2.1 Prozesse der Handlungskontrolle

Im einleitenden Abschnitt dieses Kapitels haben wir bereits die von Kuhl (z.B. 1985) eingeführten Begriffe der Selektionsmotivation und der Realisierungsmotivation angesprochen. Inzwischen wissen wir, dass die Selektionsmotivation mit einer motivationalen Bewusstseinslage einhergeht und der Vor-Entscheidungsphase sowie der Nachhandlungsphase zuzuordnen ist. Dagegen ist die Realisierungsmotivation einer volitionalen Bewusstseinslage sowie der Vor-Handlungs- als auch der Handlungsphase zuzuordnen.

Handlungskontrolle ermöglicht die Umsetzung von Absichten

In Kuhls Theorie der Handlungskontrolle wird nun angenommen, dass die Realisierung einer Handlungsalternative (nach ihrer Selektion) durch bestimmte Prozesse der Handlungskontrolle ermöglicht wird. Diese Prozesse der Handlungskontrolle sind charakteristisch für die volitionale Bewusstseinslage. Diese ist gegeben, wenn eine Zielintention vorliegt und es gilt, diese in die Tat umzusetzen. Im Rahmen dieser Theorie werden die Merkmale der Informationsverarbeitung noch genauer herausgearbeitet, als dies im Zusammenhang mit dem Konzept der Bewusstseinslage geschehen ist.

In diesem Konzept finden sich auch die drei Merkmale einer volitionalen Bewusstseinslage nach Heckhausen und Gollwitzer (1987) wieder. Dies betrifft zunächst die selektive Aufmerksamkeit. Weiterhin stellen Motivationskontrolle und sparsame Informationsverarbeitung Prozesse dar, die im Rahmen des Konzeptes der Bewusstseinslage als „Art der Informationsverarbeitung" beschrieben wurden. Und schließlich betrifft die Enkodierkontrolle die Art der gedanklichen Inhalte, mit denen eine Person sich im Rahmen der Realisation einer Absicht beschäftigt.

Prozesse der Handlungskontrolle	Erläuterung
Selektive Aufmerksamkeit	Informationen, die mit der vorliegenden Absicht (Zielintention) in Zusammenhang stehen, werden bevorzugt beachtet; andere Informationen werden ausgeblendet.
Enkodierkontrolle	Informationen, die mit der vorliegenden Absicht (Zielintention) in Zusammenhang stehen, werden tiefer verarbeitet.
Emotionskontrolle	Emotionen, die der Realisierung einer Absicht förderlich sind, werden bevorzugt; andere Emotionen unterdrückt.
Motivationskontrolle	Günstige Erwartungen oder positive Anreize, die mit einer Absicht in Zusammenhang stehen, werden betont.
Umweltkontrolle	Situationen oder Hinweisreize auf Handlungen, die einer Absicht im Wege stehen, werden vermieden oder beseitigt.
Sparsame Informationsverarbeitung	Das Abwägen der subjektiven Wahrscheinlichkeiten und Werte verschiedener Handlungsalternativen wird beendet zugunsten einer Konzentration auf die Realisierung einer Absicht.
Misserfolgsbewältigung	Über einen Misserfolg wird nicht allzu lange nachgedacht, unerreichbare Ziele werden abgeschrieben.

Beispiel: Ein Wochenende für die Steuererklärung
Die verschiedenen Prozesse der Handlungskontrolle werden am besten anhand eines Beispiels deutlich: Stellen Sie sich vor, Sie wollen über das Wochenende Ihre Steuerklärung abgeben. Sie wissen, wenn Sie dieses Projekt bis Sonntagabend vollenden wollen, müssen Sie das ganze Wochenende daran arbeiten. Im Dienste einer Realisierungsmotivation würden Sie Folgendes tun.

Selektive Aufmerksamkeit. Sie werden Ihre Aufmerksamkeit auf alle relevanten Unterlagen richten und sich nicht Dingen zuwenden, die damit nichts zu tun haben. Das aktuelle Kinoprogramm oder Unternehmungen mit Freunden würden also ausgeblendet. Stattdessen vergegenwärtigen Sie sich fortwährend, wo noch Unterlagen und Quittungen zu finden sein könnten.

Enkodierkontrolle. Irgendwann im Laufe des Wochenendes stehen Sie auch vor Ihrem riesigen Bücherregal. Sie finden vier verschiedene Stapel mit Informationen und Belegen, die für Ihre Steuererklärung relevant sind, sowie vier verschiedene CDs, die schon länger verschollen waren. Sie können sich recht gut merken, wo die steuerrelevanten Fundstücke sich befinden, um später darauf zurückzugreifen, während Sie schnell wieder vergessen, wo die verschollen geglaubten CDs lagern.

Emotionskontrolle. Ihre Steuererklärung abzugeben ist nicht gerade Ihre Lieblingsbeschäftigung, aber im Laufe des Samstags kommen Sie langsam in die Sache hinein und freuen sich über jeden Fortschritt, den Sie machen („Hier also sind die Belege für die Kongressteilnahme!")

Motivationskontrolle. Die Vorfreude auf die möglicherweise zu erwartende Steuerrückzahlung ist Ihnen ganz präsent, im Gegensatz zu der Vorfreude auf die CD mit dem Live-Konzert von Sadé, das Sie auch wieder gefunden haben.

Umweltkontrolle. Ein Freund hat angekündigt, man könne ja am Abend ins Kino gehen und er werde deswegen noch mal anrufen. Nachdem Sie einmal realisiert haben, dass es um eine Steuerrückerstattung von mindestens 3000 Euro geht, ziehen Sie den Telefonstecker.

Sparsame Informationsverarbeitung. Sie sind zu keinem Zeitpunkt des Wochenendes damit beschäftigt zu überlegen, ob ein Fahrradausflug bei diesem schönen Wetter im Sinne einer Erwartung-mal-Wert Rechnung (s. Kap. 6) nicht doch die bessere Alternative gewesen wäre. Nachdem Sie sich einmal für die Steuererklärung entschieden haben, konzentrieren Sie sich ganz auf dieses Projekt.

Misserfolgsbewältigung. Gegen Ende des Wochenendes fällt Ihnen auf, dass bestimmte Belege erst noch angefordert werden müssen; Sie werden die Steuererklärung nicht ganz fertig stellen können. Gemessen an Ihrem ursprünglichen Plan ist das ein Misserfolg. Sie schieben diesen Gedanken beiseite und konzentrieren sich darauf, so gut wie möglich das fertig zu stellen, was Sie auch zu Ende bringen können, um die fehlenden Unterlagen dann im Laufe der nächsten Woche zu ergänzen.

In dem genannten Beispiel haben wir es geradezu mit einem Paradebeispiel einer gelungenen Realisierungsmotivation zu tun. Es ist klar, dass diese Prozesse der Handlungskontrolle nicht notwendigerweise auftreten müssen.

Diese werden Kuhl (1987) zufolge immer dann wahrscheinlicher, wenn es bei der Umsetzung einer Zielintention Schwierigkeiten gibt. Dies ist beispielsweise der Fall, wenn Ablenkungen auftreten (das Wetter ist schöner als gedacht und der Fahrradausflug lockt) oder wenn die Aufgabe schwieriger zu lösen ist als ursprünglich gedacht (Sie stellen fest, dass bestimmte Belege nicht an der Stelle zu finden sind, wo Sie diese ursprünglich vermutlich hatten). Weiterhin nimmt Kuhl an, dass es zwei verschiedene Formen der Handlungskontrolle gibt, hinsichtlich derer sich Personen unterscheiden. Diese betrachten wir im folgenden Abschnitt.

9.2.2 Handlungsorientierung versus Lageorientierung

Nach Kuhl können Personen sich in zwei unterschiedlichen Zuständen befinden. Der Zustand der Handlungsorientierung ist einer Realisierungsmotivation förderlich und dem Konzept der volitionalen Bewusstseinslage vergleichbar. In den Worten Kuhls (1981): „Handlungsorientierung … ist durch Aktivitäten definiert, die auf Handlungsalternativen und Pläne ausgerichtet sind, welche dazu dienen, die Diskrepanz zwischen dem gegenwärtigen Zustand und dem beabsichtigten zukünftigen Zustand zu beseitigen." (Kuhl, 1981, S. 159).

Im Zustand der Lageorientierung dagegen ist die Realisation einer Zielintention gefährdet oder unmöglich. Dies bedeutet, dass die Person weniger mit der Realisierung einer bestehenden Zielintention beschäftigt ist, sondern damit, über die gegenwärtige, zurückliegende oder künftige Lage nachzudenken (Heckhausen, 1990).

Dieser Fall kann dann eintreten, wenn die Ausführung einer Handlung behindert wird (beispielsweise durch Umstände der Situation) oder wenn ein einmal getroffener Handlungsplan sich als ungeeignet erweist und scheitert.

Die Person wird im Zustand der Lage-Orientierung also weniger über die Realisierung einer bestehenden Zielintention nachdenken, sondern vielmehr über einen gerade vorliegenden Misserfolg, die möglichen Ursachen für diesen Misserfolg oder die negativen Konsequenzen dieses Misserfolgs. Der Zustand der Lage-Orientierung ist somit Kuhl (1981) zufolge der erfolgreichen Realisierung einer bestehenden Zielintention hinderlich.

Handlungs-Lage-Orientierung als Disposition

Ein wesentlicher Unterschied zwischen dem Konzept der Handlungs-Lage-Orientierung und dem der Bewusstseinslage besteht darin, dass die Handlungs-Lage-Orientierung nicht nur durch situative Umstände angeregt wird (wie im vorigen Absatz dargestellt). Vielmehr stellt diese auch ein dispositionelles (überdauerndes) Personmerkmal dar.

Aus diesem Grund entwickelten Kuhl und Mitarbeiter einen Fragebogen, der dieses Persönlichkeitsmerkmal erfasst. Es werden drei Aspekte von Handlungs-Lage-Orientierung erfasst.

Entscheidungsbezogene Handlungs-Lage-Orientierung. Dieser Aspekt der Handlungs-Lage-Orientierung erfasst, wie lange Personen brauchen, um eine Entscheidung zu treffen. Es wird angenommen, dass handlungsorientierte Personen schneller zu Entscheidungen kommen als lageorientierte Personen.

Ausführungsbezogene Handlungs-Lage-Orientierung. Mithilfe dieser Subskala soll erfasst werden, inwiefern eine Person bei der Umsetzung einer vorliegenden Absicht ausdauernd und konzentriert bleiben kann (Handlungsorientierte), oder ob sie leicht durch andere Dinge abgelenkt wird (Lageorientierte).

Misserfolgsbezogene Handlungs-Lage-Orientierung. Dieser Aspekt des Konzeptes umfasst die Fähigkeit, sich von Misserfolgen nicht entmutigen zu lassen und dieses Projekt erneut oder aber andere Projekte unverzüglich in Angriff zu nehmen (Handlungsorientierte). Von lageorientierten Personen wird angenommen, dass sie sich lange Zeit mit einem Misserfolg beschäftigen und dann wenig Elan haben, sich wiederum derselben Aufgabe oder neuen Aufgaben zuzuwenden.

Zusammenfassend ist festzuhalten: Handlungs- und Lageorientierung können durch Situationsumstände und so beispielsweise auch im Experiment herbeigeführt werden. Kuhl (1981) nimmt an, dass es bei wiederholten Misserfolgen bei einer Aufgabe zum Zustand der Lageorientierung kommt. Auch die Aufforderung eines Versuchsleiters, über eigene Misserfolge und/oder die damit einhergehenden Gefühle nachzudenken, kann den Zustand der Lageorientierung auslösen.

Zugleich ist die Handlungs-Lage-Orientierung auch ein stabiles Personmerkmal: Bei Vorliegen gleicher Situationsbedingungen sollten Lageorientierte im Vergleich zu Handlungsorientierten,
(1) länger brauchen, um zu einer Entscheidung zu kommen,
(2) mit höherer Wahrscheinlichkeit ablenkbar sein, und
(3) länger über eigene Misserfolge nachdenken und sich von solchen Misserfolgen entmutigen lassen.

9.3 Anwendungen des Konzeptes der Handlungs-Lage-Orientierung

Es existieren eine Vielzahl von Anwendungen volitionaler Theorien in der klinischen Psychologie, der Gesundheitspsychologie, in Erziehung und Unterricht und in der Organisationspsychologie. Unter diesen verschiedenen Anwendungsfeldern greifen wir hier eines heraus, das eine gute Ergänzung der in Kapitel 8 dargestellten Anwendungen attributionaler Theorien darstellt. Es handelt sich hierbei um ein Phänomen, das als gelernte Hilflosigkeit bezeichnet wird und sowohl aus attributionaler wie auch volitionaler Perspektive analysiert wurde.

Wir werden auf zwei Erklärungsansätze zur gelernten Hilflosigkeit eingehen, nämlich zum einen eine attributionale Erklärung und zum anderen eine volitionale Erklärung der gelernten Hilflosigkeit. Die attributionale Erklärung der gelernten Hilflosigkeit stellt eine Verbesserung der ursprünglichen Theorie hierzu von Seligman (1975) dar. Die Berücksichtigung von Kuhls Theorie der Handlungs-Lage-Orientierung schließlich, die hier als volitionale Erklärung bezeichnet wird, verbessert dieses Modell weiter.

9.3.1 Gelernte Hilflosigkeit

Das Phänomen der gelernten Hilflosigkeit wurde in tierexperimentellen Studien zum Vermeidungslernen entdeckt und später auch auf menschliches Lernen übertragen. Weiterhin gibt es Parallelen zwischen der gelernten Hilflosigkeit und der (Hoffnungslosigkeits-)Depression. Das Phänomen (sowie seine Erklärungen) haben zahlreiche Anwendungen in der klinischen Psychologie sowie in Erziehung und Unterricht gefunden.

Gelernte Hilflosigkeit in Tierexperimenten

In Studien zum so genannten Vermeidungslernen wurde beobachtet, und zwar anfangs eher zufällig, dass Tiere oftmals hilflos werden, wenn sie wiederholt unkontrollierbaren negativen Erfahrungen (zum Beispiel Elektroschocks) ausgesetzt waren. Overmier und Seligman (1967) sowie Seligman und Meier (1967) gingen diesen ersten Befunden systematisch nach.

Die Autoren (beispielsweise Overmier & Seligman, 1967) setzten Versuchstiere in einer Trainingsphase zunächst unkontrollierbaren Elektroschocks aus; in einer Kontrollgruppe war dies nicht der Fall. Diese unkontrollierbaren Schocks wurden gegeben, während sich die Versuchstiere in einem so genannten Pavlov-Geschirr befanden; dieses stellte sicher, dass ein Vermeidungs- oder Fluchtverhalten ausgeschlossen war. Anschließend wurde in einer Testphase anhand der Miller'schen Shuttle-Box (s. Kap. 3) geprüft, ob die Versuchstiere lernen, kontrollierbare Elektroschocks zu vermeiden. Die Elektroschocks in der Testphase waren vermeidbar, weil die Schocks durch ein Lichtsignal angekündigt wurden: Die Versuchstiere hatten somit Gelegenheit, den betreffenden Teil der Shuttle-Box zu verlassen und den angekündigten Schocks zu entgehen.

Die meisten Tiere der Kontrollgruppe lernten sehr schnell, den Elektroschocks zu entgehen. In der Experimentalgruppe (die im Gegensatz zur Kontrollgruppe zuvor unkontrollierbaren Schocks ausgesetzt gewesen war) lernte jedoch mehr als die Hälfte der Versuchstiere das entsprechende Verhalten nicht. Overmier und Seligman (1967) bezeichneten dieses Phänomen als gelernte Hilflosigkeit. In Übereinstimmung mit Meyer (2000) und in Anlehnung an die ersten Erklärungen dieses Phänomens durch Seligman (1975) wird gelernte Hilflosigkeit im Folgenden definiert als „die Erwartung … Ereignisse nicht kontrollieren zu können." (Meyer, 2000, S. 30).

Übertragung auf menschliches Verhalten

Hiroto (1974) führte ein Experiment durch, bei dem die Versuchspersonen in einer Trainingsphase unangenehme Töne hörten. Für eine Kontrollgruppe waren diese Töne kontrollierbar, eine weitere Kontrollgruppe nahm an dieser Trainingsphase gar nicht teil, und für eine Experimentalgruppe waren die Töne gänzlich unkontrollierbar. In der nachfolgenden Testphase schließlich hörten alle drei Versuchspersonengruppen unangenehme Töne, die kontrollierbar waren.

Es zeigte sich, dass in den beiden Kontrollgruppen mehr als 80 Prozent der Probanden herausfanden, wie die Töne vermieden werden konnten. In der Experimentalgruppe, die zuvor unkontrollierbaren Tönen ausgesetzt gewesen war, entdeckte weniger als die Hälfte, wie die Schocks zu vermeiden waren. Wie schon in den Tierexperimenten zuvor zeigt sich also auch hier, dass Erfahrungen von Unkontrollierbarkeit zu Lerndefiziten zu einem späteren Zeitpunkt führen.

Hiroto und Seligman (1975) gelangten darüber hinaus zu der Ansicht, in einem weiteren Experiment den Nachweis erbracht zu haben, dass Erfahrungen von Unkontrollierbarkeit bei einem bestimmten Aufgabentyp auch auf gänzlich andere Aufgaben generalisiert werden. Diese Schlussfolgerung zur Generalisierung der Hilflosigkeit auf andere Aufgaben und Situationen wurde später teilweise kritisiert – wir gehen auf diese Kritik jedoch an dieser Stelle nicht ein, weil dies für die Darstellung des Modells von Seligman (1975) keine wichtige Rolle spielt (s. a. Wortman & Brehm, 1975; Cole & Coyne, 1977; Meyer, 2000).

Unkontrollierbarkeit der Ereignisse

Seligman (1975) postulierte auf der Basis der ihm vorliegenden Daten, dass

(1) Informationen über Unkontrollierbarkeit kognitiv repräsentiert (wahrgenommen und gespeichert) werden und

(2) nachfolgend zu einer Erwartung von Unkontrollierbarkeit führen.

(3) Diese Wahrnehmung von Unkontrollierbarkeit wiederum führt Seligman zufolge zu hilflosem Verhalten.

Hierbei kann sich die Erwartung zukünftiger Unkontrollierbarkeit auf gleiche und ähnliche Ereignisse, aber auch auf ganz andere Ereignisse (Situationen) auswirken. Dieses hilflose Verhalten auf der Basis einer Erwartung zukünftiger Unkontrollierbarkeit ist Seligman zufolge durch drei Arten von Defiziten gekennzeichnet, nämlich motivationale, kognitive und emotionale Defizite (s. Übersicht, S. 216).

ÜBERSICHT

Defizite als Folge gelernter Hilflosigkeit

| Information über die Nicht-Kontingenz zwischen Ereignis und Reaktion | → | Wahrnehmung der (Nicht-)Kontingenz zwischen Ereignis und Reaktion | → | Erwartung zukünftiger Unkontrollierbarkeit des Ereignisses und auch anderer Ereignisse | → | Motivationale, kognitive und emotionale Störungen |

Motivationale Defizite. Diese entstehen Seligman (1975) zufolge, weil bei einer Erwartung zukünftiger Unkontrollierbarkeit eine Schwächung der Motivation eintritt, zukünftige Ereignisse zu kontrollieren. Das Verhalten ist aufgrund dieses motivationalen Defizits passiv.

Kognitive und emotionale Defizite. Diese bestehen, weil aufgrund der Erwartung zukünftiger Unkontrollierbarkeit nicht mehr erkannt wird, welche Ereignisse kontrollierbar sind und welche nicht. Und schließlich führt die Erwartung zukünftiger Unkontrollierbarkeit zu emotionalen Störungen.

Insbesondere dann, wenn eine Person sicher ist, keine Kontrolle über zukünftige Ereignisse zu haben, kommt es zu einer depressiven Reaktion (Niedergeschlagenheit und Hoffnungslosigkeit; vgl. Seligman, 1975). Furchtreaktionen hingegen sollten dann vorherrschen, wenn das Individuum nicht sicher ist, ob es Kontrolle über zukünftige Ereignisse hat.

9.3.2 Attributionale Erklärungen der gelernten Hilflosigkeit

Eine Schwierigkeit des ursprünglichen Modells von Seligman (1975) bestand darin, dass es nicht erklären konnte, warum manche Personen nach wiederholten Misserfolgen mit Symptomen erlernter Hilflosigkeit reagierten, während andere keine gelernte Hilflosigkeit zeigten und ihre Anstrengungen sogar erhöhten.

Auswirkungen von Unkontrollierbarkeit auf das Selbstwertgefühl. Manche Probanden zeigen nach wiederholten Misserfolgen (wie von Seligmans Modell vorhergesagt) eine Verminderung des Selbst-

wertgefühls, bei anderen Probanden ist dies jedoch nicht der Fall.

Generalisierung der Unkontrollierbarkeitserwartungen. Erwartungen von Unkontrollierbarkeit generalisieren nicht immer auf andere Situationen, und die Ursachen für eine unterschiedliche Generalisierung dieser Erwartungen sind anhand Seligmans Modell nicht zu bestimmen.

Dauer der Symptome. Seligmans Modell macht keine Aussagen darüber, wie lange die Hilflosigkeitssymptome anhalten werden.

Ereignis und Reaktion

Eine Reihe von Autoren haben diesen Sachverhalt durch Einbeziehung attributionaler Theorien zu erklären versucht; am bekanntesten wurde hierbei das attributionale Modell von Abramson, Seligman und Teasdale (1978), das später von Abramson, Metalsky und Alloy (1989) erweitert wurde.

Auf der Basis der attributionalen Theorien, die Sie in Kapitel 8 kennen gelernt haben, lassen sich diese drei Sachverhalte anhand des Konzeptes der Kausaldimensionen vorhersagen: Demzufolge sind die Auswirkungen von Unkontrollierbarkeitserfahrungen anhand der Attribution der Nicht-Kontingenz zwischen Ereignis und Reaktion erklärbar. Genau dies haben Abramson und Mitarbeiter (1978) postuliert.

Lokation der Ursache. Eine Selbstwertstörung sollte nur dann eintreten, wenn eine Nicht-Kontingenz auf internale Ursachen zurückgeführt wird.

Globalität der Ursache. Zu einer Generalisierung der Erwartungen von Unkontrollierbarkeit sollte es dann kommen, wenn die Nicht-Kontingenz globalen Ursachen zugeschrieben wird.

Stabilität der Ursache. Die Symptome der erlernten Hilflosigkeit sollten lang anhaltend sein, wenn stabile Ursachen für die Nicht-Kontingenz verantwortlich gemacht werden.

Der Zusammenhang zwischen Ursachenlokation und Selbstwertstörung wurde von Abramson, Metalsky und Alloy (1989) revidiert; demzufolge soll es nur dann zu einer Selbstwertbeeinträchtigung kommen, wenn die Nicht-Kontingenz zwischen Ereignis und Reaktion internalen, stabilen und globalen Ursachen zugeschrieben wird.

9.3.3 Gelernte Hilflosigkeit und Depression

Bereits in einem frühen Stadium der Forschung zur gelernten Hilflosigkeit machten verschiedene Autoren darauf aufmerksam, dass dieses Phänomen enge Parallelen mit den Symptomen bestimmter Formen der Depression aufweist (siehe beispielsweise Miller & Seligman, 1974). Eines der wichtigsten Ziele des Beitrages von Abramson, Metalsky und Alloy (1989) bestand darin, die Implikationen der Forschung zur gelernten Hilflosigkeit zu systematisieren und auf das klinische Phänomen der Depression anzuwenden. Hierbei ist festzuhalten, dass die Autoren sich insbesondere einem bestimmten Typ von depressiven Verstimmungen zuwenden, der als reaktive Depression oder auch als Hoffnungslosigkeitsdepression bezeichnet wird.

Nach einschlägigen diagnostischen Kriterien (zum Beispiel des DSM IV, vgl. Angst, 1987) gehört zu den wichtigsten Definitionskriterien für eine Depression die Anwesenheit von mindestens fünf von acht Symptomen (s. Tab. 9.1).

Zusätzlich wird in Tabelle 9.1 dargestellt, welche dieser Symptome einen Bezug zu den motivationalen, kognitiven und emotionalen Auswirkungen gelernter Hilflosigkeit haben. Eine reaktive Depression ist dann gegeben, wenn eine aktuelle bewusste Auslösesituation vorliegt. So kommt es etwa nach dem Verlust eines geliebten Menschen oder dem Verlust des Arbeitsplatzes zu einer reaktiven Depression. Zu den Konsequenzen einer depressiven Verstimmung gehören beispielsweise soziale Beeinträchtigungen und Leistungsminderung.

Pessimistischer Erklärungsstil

Die Parallelen zwischen diesen Symptomen einer depressiven Reaktion und den motivationalen, kognitiven und emotionalen Konsequenzen der gelernten Hilflosigkeit sind offensichtlich. Abramson und Mitarbeiter (1989) erklären daher das Auftreten einer reaktiven Depression (unter anderem) mit einem so genannten pessimistischen Erklärungsstil. Wie schon bei der Erklärung der Symptome der gelernten Hilflosigkeit werden hierbei die wahrgenommenen Ursachen für das negative Ereignis herangezogen, um Merkmale der depressiven Verstimmung zu erklären.

Tabelle 9.1. Diagnosekriterien für depressive Verstimmungen (nach DSM IV) und Symptome einer gelernten Hilflosigkeit

Symptome einer depressiven Reaktion:*	Symptome erlernter Hilflosigkeit:		
	Motivational	Emotional	Kognitiv
Gewichtsschwankungen			
Schlafstörungen (auch: zu viel Schlaf)	×		
Psychomotorische Verlangsamung	×		
Interesseverlust	×		
Energieverlust und Müdigkeit (in Wachphasen)	×		
Gefühle der Wertlosigkeit und Schuld		×	
Todes- oder Suizidgedanken		×	
Gedächtnis- und Konzentrationsschwierigkeiten			×

* Anmerkung: Die Anwesenheit von 5 dieser 8 Symptome rechtfertigt die Diagnose einer Depression.

Abramson et al. (1989) zufolge haben bestimmte Personen im Falle des Eintretens negativer Ereignisse eine Präferenz für internale, stabile und globale Ursachenzuschreibungen. Weiterhin ist dieser depressive Erklärungsstil dadurch gekennzeichnet, dass positive Ereignisse mit höherer Wahrscheinlichkeit auf externale, spezifische und variable Ursachen zurückgeführt werden. Diese Ursachenzuschreibungen erhöhen der Theorie zufolge die Wahrscheinlichkeit einer depressiven Symptomatik, wenn unkontrollierbare Ereignisse auftreten.

Zwei Dinge sind hierbei zu beachten: Zum einen haben wir es hier – wie auch beim Konzept der Handlungs-Lage-Orientierung – mit einem stabilen Personmerkmal zu tun, dass eine depressive Reaktion auf negative Ereignisse begünstigen soll (vgl. auch Peterson & Seligman, 1984). Aus diesem Grunde wurden Fragebogenverfahren entwickelt, die diese Persondisposition eines negativen Erklärungsstils messen sollen. Ein Beispiel für den englischen Sprachraum ist die Arbeit von Peterson, Semmel, von Bayer, Abramson, Metalsky und Seligman, 1982; eine deutsche Fragebogenversion haben Stiensmeier, Kammer, Pelster und Niketta (1985) vorgelegt.

Zum anderen ist zu beachten, dass sowohl das Auftreten eines negativen Ereignisses als auch ein depressiver Erklärungsstil als Personfaktor gegeben sein müssen, damit es zu einer depressiven Reaktion kommt.

Die attributionale Erklärung der reaktiven Depression ist eingehend empirisch untersucht worden. Sweeney, Anderson & Bailey (1986) haben eine Meta-Analyse von insgesamt 104 einschlägigen empirischen Untersuchungen vorgelegt, die insgesamt einen deutlichen Zusammenhang zwischen Attributionsstil und der Wahrscheinlichkeit einer depressiven Reaktion nach negativen Lebensereignissen belegen.

Hautzinger und deJong-Meyer (1998) weisen allerdings darauf hin, dass ein großer Teil der empirischen Daten lediglich eine Korrelation zwischen Attributionsstil und Depression nachweist und keine Aussagen über die kausale Beziehung zwischen diesen beiden Variablen erlaubt: So könnte es sein, dass eine depressive Verstimmung vermehrt zu negativen Denkmustern führt und nicht etwa, wie in der einschlägigen Literatur oftmals angenommen, negative Denkmuster zu depressiven Reaktionen führen.

Angesichts der kaum mehr zu überblickenden Anzahl von Forschungsarbeiten zu diesem Thema ist es selbst auf der Grundlage aufwendiger Meta-Analysen nicht einfach, diese Frage nach dem kausalen Status von negativen Attributionsstilen zu beantworten. Dennoch ist die Beurteilung von Hautzinger und deJong-Meyer (1998) in dieser Frage vermutlich zu pessimistisch. Als Beispiel seien zwei Studien angeführt.

Attributionsstile von Schülern und Studenten. In einem Feldexperiment von Hilsman und Garber (1995) wurde der Attributionsstil von Schülern erfasst. Diese Erfassung erfolgte zeitlich vor dem Eintreten eines möglichen negativen Ereignisses, nämlich vor der Rückmeldung von Noten. Weiterhin wurde das Anspruchsniveau der Schüler gemessen, also das Leistungsergebnis, mit dem sie zufrieden sein würden. Als abhängige Variable wurden (unter anderem) depressive Symptome nach der Leistungsrückmeldung erfasst.

Depressive Reaktionen nach einem negativen Ereignis (die erhaltene Note lag unter dem eigenen Anspruchsniveau) waren signifikant wahrscheinlicher und ausgeprägter für solche Schüler, bei denen zuvor ein negativer Attributionsstil diagnostiziert wurde. In ganz ähnlicher Weise ging Stiensmeier-Pelster (1989) vor: Hier wurde vor dem Weihnachtsfest der Attributionsstil von Studierenden erfasst. Als abhängige Variable wurden die Bewertung des Weihnachtsfestes bei der Familie sowie die emotionale Befindlichkeit nach dem Weihnachtsfest gemessen. Eine negative emotionale Befindlichkeit war nur dann gegeben, wenn zwei Bedingungen gegeben waren: Das Weihnachtsfest hatte einen unerfreulichen Verlauf genommen; und die Studierenden hatten bei der Erfassung des Attributionsstils eine Präferenz für internale, globale und stabile Ursachenzuschreibungen gezeigt.

Angesichts dieser überzeugenden Daten ist es umso interessanter, Kuhls alternative Erklärung der gelernten Hilflosigkeit und depressiver Reaktionen nach Misserfolg zu betrachten.

9.3.4 Unkontrollierbarkeit und Lage-Orientierung

Kuhl (1981, 1984) nimmt an, dass unkontrollierbare Ereignisse wie etwa fortwährender Misserfolg bei einer Aufgabe nicht nur Erwartungen von Unkontrollierbarkeit hervorrufen, sondern auch zum Zustand der Lage-Orientierung führen. Diese Lage-Orientierung führt insbesondere dazu, dass die Person sich mit handlungsirrelevanten Gedanken beschäftigt; hierzu gehören das Nachdenken über den Misserfolg, dessen Ursachen und Konsequenzen.

Dies bedeutet, dass die Situationen, die typischerweise zu gelernter Hilflosigkeit führen, im Rahmen dieser Theorie ganz anders interpretiert werden: Der stetige Misserfolg (wie er für Experimente zur gelernten Hilflosigkeit charakteristisch ist) bedeutet Kuhl (1981) zufolge, dass eine bestimmte Zielintention (eine Aufgabe lösen) in der Ausführung behindert wird. Wenn nun handlungsorientierte Aktivitäten der Person diesen Zustand nicht beheben können, kommt es schließlich zu einem Zustand der Lageorientierung: Die Person denkt nicht mehr über die Aufgabe und etwaige Lösungsmöglichkeiten nach, sondern über deren Unlösbarkeit sowie die Ursachen und Konsequenzen des eintretenden Misserfolgs.

Diese Erklärung der Symptome gelernter Hilflosigkeit hat Kuhl (1981) zufolge Vorteile gegenüber anderen Erklärungsansätzen. Dies betrifft sowohl Seligmans (1975) ursprüngliches Modell als auch attributionale Erklärungsansätze. Vergleichen wir Kuhls Ansatz daher nacheinander mit den beiden anderen Erklärungsansätzen, die Sie bereits kennen.

Unkontrollierbarkeit und die Ähnlichkeit der Situation

Ein wichtiger Kritikpunkt Kuhls (1981, 1984) an der Konzeption Seligmans ist der Hinweis darauf, dass Unkontrollierbarkeitserwartungen nur dann auf andere Aufgaben oder Situationen generalisieren sollten, wenn diese einander in hohem Maße ähnlich sind. In diesem Fall könnte das ursprüngliche Modell von Seligman (1975) das Auftreten gelernter Hilflosigkeit Kuhl (1981) zufolge durchaus erklären.

In der Regel wissen aber Personen sehr wohl zwischen den verschiedenen Anforderungen bei unterschiedlichen Aufgaben und in unterschiedlichen Situationen zu unterscheiden. Symptome gelernter Hilflosigkeit seien nach Kuhl in diesen Fällen nicht mit den von Seligman angenommenen Prozessen der Erwartungsgeneralisierung zu erklären. Vielmehr beruhen generalisierte Symptome gelernter Hilflosigkeit (auf andere Aufgaben oder Situationen) darauf, dass die Person nach fortwährenden Misserfolgen in einem Zustand der Lageorientierung verbleibt und deshalb weniger effektiv an der Realisierung neuer Zielintentionen arbeiten kann.

Ursachenzuschreibungen bei andauerndem Misserfolg

Kuhl (1981, 1984) nimmt ebenso wie die Verfechter einer attributionalen Erklärung der gelernten Hilflosigkeit an, dass es bei fortwährendem Misserfolg zu Ursachenzuschreibungen kommt. Diese Ursachenzuschreibungen haben jedoch in Kuhls Erklärungsansatz einen ganz anderen Status als in den attributionalen Theorien. Attributionen sind in Kuhls Konzeption nicht handlungsleitende Gedanken, die dem Individuum helfen, seine Umwelt zu verstehen, vorherzusagen und zu kontrollieren (s. Kap. 7 zum Menschenbild der Attributionstheorien). Ursachenzuschreibungen sind laut Kuhl (1981) vielmehr handlungsirrelevant und stehen einer effektiven Umsetzung einer bestehenden Zielintention entgegen. In den Worten Stiensmeier-Pelsters (1988): „Was das Auftreten von Leistungsdefiziten nach Misserfolg angeht, so ist es (Kuhl zufolge) gänzlich unerheblich, auf welche Ursachen man Misserfolge zurückführt. Vielmehr sieht er Ursachenzuschreibungen als eine Form der lageorientierten, gedanklichen Aktivität an. Folgt man Kuhl, so sollten Personen, die als Folge von Misserfolg Leistungsdefizite zeigen, im Vergleich zu denen, die keine Leistungsdefizite zeigen, keine anderen Ursachenzuschreibungen vornehmen. Sie sollten sich aber in deutlich größerem Ausmaß mit der (Ursachenanalyse) zu vorhergehenden Misserfolgen beschäftigen." (Stiensmeier-Pelster, 1988, S. 194).

Empirische Überprüfungen der Überlegungen Kuhls

Es sind inzwischen eine Reihe von Experimenten vorgelegt worden, die die Annahmen Kuhls teilweise bestätigen (Kuhl, 1981; Brunstein & Olbrich, 1985; Brunstein, 1989). Diese betreffen die Auswirkungen einer Handlungs- versus Lageorientierung auf das Bewältigen von Misserfolg. Ein gutes Beispiel hierfür ist das Experiment von Brunstein (1989).

In dieser Studie wurde die dispositionelle Handlungs-Lage-Orientierung nach Misserfolg gemessen. Es erfolgte eine Einteilung der Probanden in eine Gruppe mit besonders handlungsorientierten und eine Gruppe mit besonders lageorientierten Personen. In einer ersten Versuchsphase erhielten die Versuchsteilnehmer wiederholt Misserfolgsrückmeldungen. In einer zweiten Versuchsphase wurden Erfolgserwartungen und Leistungsergebnisse bei einer anderen Aufgabe erfasst. Das Intervall zwischen Misserfolgsrückmeldungen und dieser nachfolgenden Testphase wurde variiert. Unabhängig von dem zeitlichen Abstand zwischen Misserfolgs- und Testphase zeigten sich bei handlungsorientierten Probanden höhere Erfolgserwartungen und bessere Leistungen für die Testphase als bei lageorientierten

Probanden. Leistungsdefizite im Vergleich zu einer Kontrollgruppe traten nur bei den dispositionell lageorientierten Versuchspersonen auf.

9.3.5 Eine Integration

Als Leser sind Sie an dieser Stelle in einer etwas verwirrenden Position, denn die attributionalen und volitionalen Erklärungen für gelernte Hilflosigkeit erscheinen auf den ersten Blick widersprüchlich. Diese Widersprüchlichkeit ist aber nur eine scheinbare, wie die folgenden Ausführungen zeigen werden.

Zum einen ist zu beachten: Die Daten von Brunstein (1989) und ähnliche Studien zu den Auswirkungen von Handlungs- und Lageorientierung auf Symptome gelernter Hilflosigkeit geben keinerlei Auskunft über den kausalen Status der Ursachenzuschreibungen, die für den Misserfolg vorgenommen werden.

Weiterhin hat Stiensmeier-Pelster (1988, 1994) darauf hingewiesen, dass die attributionale und die volitionale Erklärung der gelernten Hilflosigkeit einander nicht unbedingt ausschließen, sondern sich durchaus ergänzen können. Der Autor schlägt deshalb eine Integration beider Ansätze vor (s. Abb. 9.2).

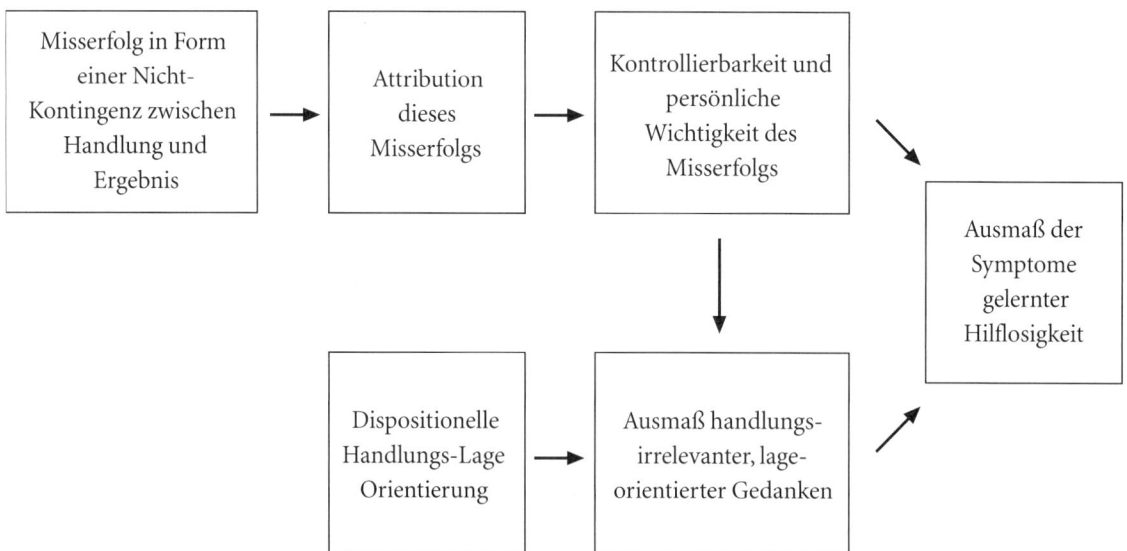

Abbildung 9.2. Die unterschiedlichen Ansätze zur Entstehung der gelernten Hilflosigkeit sind hier zu einem Modell zusammengefasst. Attributionale und volitionale Erklärungen können einander ergänzen (nach Stiensmeier-Pelster, 1988, 1994)

Wiederholter Misserfolg und die Suche nach Erklärungen

Betrachten wir dieses integrative Modell im Einzelnen anhand eines Beispiels: Nehmen wir an, ein Bewerber erzielt in einem Assessment Center zum wiederholten Male ein schlechtes Ergebnis.

▶ Ursachensuche: Ein solcher Misserfolg sollte (s. Kap. 7) die Person zu einer Ursachensuche veranlassen.

▶ Kausale Merkmale der Ursache: Die gefundene Ursache lässt sich anhand der Kausaldimensionen der Lokation, Globalität und Stabilität klassifizieren

▶ Attributionsstil: Personen unterscheiden sich hinsichtlich ihres Erklärungsstils; Personen mit negativem Attributionsstil sollten in höherem Maße zu internalen, stabilen und globalen Ursachenzuschreibungen für Misserfolg kommen.

▶ Kontrollierbarkeit der Ursache: Eine Attribution des Misserfolgs auf unkontrollierbare Ursachen und/oder auf internale, stabile und globale Ursachen hat zwei Konsequenzen: Zum einen determiniert diese Kontrollierbarkeitswahrnehmung die Symptome hilflosen Verhaltens, zum anderen das Ausmaß der Lageorientierung nach Misserfolg.

▶ Dispositionelle Handlungs-Lage-Orientierung: Die aktuelle Lageorientierung ist nicht nur durch die wahrgenommene Kontrollierbarkeit der Ursache, sondern auch durch dispositionelle Faktoren (Personmerkmale) bestimmt.

▶ Ausmaß der Hilflosigkeitssymptome: Sowohl die wahrgenommene als auch die in der Situation vorliegende Lageorientierung nach Misserfolg determinieren die Symptome der erlernten Hilflosigkeit.

Stiensmeier-Pelster und Schürmann (1990) haben insbesondere die Vorhersage geprüft, dass Ursachenzuschreibungen auf unkontrollierbare Ursachen das Ausmaß der handlungsirrelevanten Gedanken und nachfolgend Leistungseinbußen vorhersagen und diese Zusammenhänge auch bestätigt. Einen Überblick hierzu gibt Stiensmeier-Pelster (1994).

9.4 Zusammenfassung

Im vorliegenden Kapitel wurden zwei neuere Ansätze zur Willenspsychologie ausführlicher behandelt. Dies ist zum einen das Rubikonmodell der Handlungsphasen (Heckhausen & Gollwitzer, 1987), das in enger Beziehung zum Konzept der Bewusstseinslagen und zum Konzept der Zielintentionen (Gollwitzer, 1996) steht. Zum anderen wurde die Theorie der Handlungskontrolle von Kuhl (1987) in ihren Grundzügen skizziert.

Beiden Theorien kommt das Verdienst zu, in Anlehnung an die deutsche Willenspsychologie des 19. und frühen 20. Jahrhunderts das Augenmerk der Motivationspsychologie wieder verstärkt auf diejenigen Prozesse gelenkt zu haben, die mit dem Realisieren einer einmal getroffenen Entscheidung (Zielintention) zu tun haben. Innerhalb der neuen Volitionspsychologie existieren nach wie vor eine rege Forschungstätigkeit sowie weitergehende theoretische Bemühungen. Hierzu zählt insbesondere die Theorie der Persönlichkeits-System-Interaktionen von Julius Kuhl (2001). Diese Theorie stellt die hier dargestellten willenspsychologischen Konzepte in einen übergreifenden persönlichkeits-psychologischen Zusammenhang, der jedoch den Raum des vorliegenden Kapitels bei weitem sprengen würde.

Im Anwendungsteil dieses Kapitels schließlich wurde das Phänomen der gelernten Hilflosigkeit vorgestellt. Der Leser sollte nach der Lektüre dieses Abschnittes in der Lage sein, das Phänomen zu definieren und die Unzulänglichkeiten des ursprünglichen Modells der gelernten Hilflosigkeit von Seligman (1975) zu erläutern. Fortschritte bei der Erklärung dieses Phänomens sind insbesondere aufgrund attributionaler (zum Beispiel Abramson, Metalsky & Alloy, 1989) und volitionaler Überlegungen (zum Beispiel Kuhl, 1981) erzielt worden.

Das Phänomen der gelernten Hilflosigkeit, dies sollte deutlich geworden sein, ist ein wichtiges Anwendungsfeld der Motivationspsychologie. Darüber hinaus wird anhand der unterschiedlichen Erklärungen der gelernten Hilflosigkeit deutlich, dass motivationale und volitionale Erklärungsansätze einander in verschiedener Hinsicht ergänzen können (vergleiche hierzu insbesondere Stiensmeier-Pelster, 1989, 1994).

Denkanstöße

(1) Benennen Sie Merkmale der gelernten Hilflosigkeit und Merkmale der Lage-Orientierung. Welches sind die Gemeinsamkeiten, welches die Unterschiede?

(2) Vergleichen Sie die Merkmale einer reaktiven Depression mit Merkmalen der Lage-Orientierung. Welches sind die Gemeinsamkeiten, welches die Unterschiede?

(3) Angenommen, Sie haben die Erfahrung gemacht, dass Sie in einem bestimmten Bereich ein Ziel regelmäßig nicht erreichen, obwohl es durchaus erreichbar sein müsste. Wie könnten die Befunde zur „Realisierungsmotivation" Ihnen helfen, dies zu ändern?

WEITERFÜHRENDE LITERATUR

Zahlreiche lesenswerte Beispiele zu den Ursprüngen der deutschen Psychologie und somit auch Willenspsychologie geben Lück und Miller (2002) in ihrer „Illustrierten Geschichte der Psychologie". Eine Zusammenfassung der wichtigsten willenspsychologischen Theorien und Befunde findet sich bei Heckhausen (1990). Kuhls (2001) Theorie zur Interaktion psychischer Systeme greift ältere willenspsychologische Fragen auf und entwickelt diese zu einer neuen Theorie der Motivation weiter.

Heckhausen, H. (1990). Motivation und Handeln. Heidelberg: Springer.

Kuhl, J. (2001). Motivation und Persönlichkeit: Interaktionen psychischer Systeme. Göttingen: Hogrefe.

Lück, H. E. & Miller, R. (2002). Illustrierte Geschichte der Psychologie. Weinheim: Beltz.

„In the distant future I see open fields for far more important researches. Psychology will be based on a new foundation, that of the necessary acquirement of each mental power and capacity by gradation. Light will be thrown on the origin of man and his history."

Charles Darwin, On the origin of species by natural selection (1859, S. 458).

10 Evolutionäre Theorien motivierten Verhaltens

Der Begriff der biologischen Evolution geht auf Charles Darwin (1809–1882) zurück. Aus heutiger Perspektive erscheint es nicht angemessen, von einer „Theorie" zu sprechen. Stattdessen akzeptieren die weitaus meisten Biologen – und auch Psychologen – die Evolution als eine Tatsache. Der deutsch-amerikanische Biologe Mayr (2000) führt hierzu aus: „In (seinem Buch) 'Die Entstehung der Arten' lieferte Darwin sehr viele Beweise für die Theorie, dass sich Tiere im Laufe der Zeit weiter entwickeln. In den darauf folgenden Jahrzehnten suchten und fanden Biologen zahlreiche Beweise dafür, dass Evolution als solche stattgefunden hat – und keine dagegen." (Mayr, 2000, S. 236).

10
Evolutionäre
Theorien

DEFINITION

Evolution

Mit Evolution bezeichnen wir die stammesgeschichtliche Entwicklung der Spezies – also auch die des Menschen. Dabei ist es wichtig festzustellen, dass bereits Darwin der Ansicht war, dass nicht nur die physischen Merkmale, sondern auch bestimmte Aspekte des Verhaltensrepertoires einer Spezies und deren psychische Grundlagen evolutionär bedingt seien.

Während die Evolution von zahlreichen Autoren als eine unbestreitbare Tatsache angesehen wird, ist die Frage, auf welche Weise diese stattfindet, der Gegenstand wissenschaftlicher Bemühungen. Im folgenden Abschnitt betrachten wir die wichtigsten Grundzüge von Darwins Theorie der Evolution, um das Verständnis der evolutionären Determinanten des menschlichen Verhaltens zu erleichtern.

EXKURS

Eine ertragreiche Reise um die Welt

Charles Darwin wurde 1809 in der englischen Stadt Shrewsbury geboren und stammte aus einer recht berühmten Familie, in der es einige Ärzte, Wissenschaftler und Unternehmer gegeben hatte. So war sein Großvater väterlicherseits – Erasmus Darwin – Arzt, Wissenschaftler und Erfinder; Francis Galton (1822–1911, Anthropologe und Statistiker) war ein anderes der zahlreichen Enkelkinder von Erasmus Darwin.

Charles Darwin war nach eigenen Angaben ein nur mittelmäßiger Schüler, begeisterte sich jedoch bereits als Junge für die Beobachtung der Natur. Einer Familientradition folgend studierte Darwin bereits von seinem 16. Lebensjahr an Medizin an der Universität von Edinburgh. Das Medizinstudium bereitete ihm wenig Freude, doch bereits in seinem zweiten Studienjahr interessierte er sich sehr für Naturgeschichte, insbesondere für Zoologie, Botanik und Geologie. Nach dem Scheitern seines Medizinstudiums

Charles Darwin (1809–1882) entdeckte die Evolution

Das herausragende und einschneidende Erlebnis in Darwins Leben war eine 1831 begonnene Reise als unbezahlter Wissenschaftler an Bord eines Forschungsschiffes, der Beagle. Das eigentliche Ziel der Reise – der zunächst auf zwei Jahre angesetzten Fahrt – war die Vermessung der südamerikanischen Küste, doch als Darwin nach fast fünf Jahren im Oktober 1836 nach England zurückkehrte, hatte er die Kanarischen Inseln, Südamerika, die Galapagosinseln, Neuseeland, Mauritius, Südafrika, und schließlich nochmals Südamerika besucht. Mit unerhörtem Fleiß notierte Darwin während dieser Fahrt seine Beobachtungen über Tiere, Pflanzen, Fossilien und geologische Formationen und schuf damit den Grundstein für seine spätere Theorie. In den folgenden Jahren arbeitete Darwin unermüdlich an seinem wichtigsten Werk „Über den Ursprung der Arten", das er schließlich 1859 veröffentlichte.

Die Bedeutung dieses Buches für die Biologie, aber auch für das Denken der Menschheit allgemein, kann wohl kaum überschätzt werden – obwohl Darwin alles daran setzte, die Implikationen seiner Schlussfolgerungen für die Entstehung des Menschen darin nicht deutlich werden zu lassen. Erst in späteren Veröffentlichungen hat Darwin zu diesen Fragen Stellung genommen, beispielsweise in „The Descent of Man, and the Selection in Relation to Sex" (1871) und „The Expression of the Emotions in Man and Animals" (1872). Darwin starb 1882 kurz nach Vollendung seiner sehr lesenswerten Autobiographie, die auch in deutscher Sprache vorliegt (Schmitz, 1982).

beschloss die Familie, der inzwischen 18-Jährige solle Theologie studieren. Das tat er auch drei Jahre lang, bezeichnete es aber in seiner Autobiographie als „völlige Zeitverschwendung". Allerdings nutzte Darwin das Theologiestudium, um seine zoologischen und botanischen Kenntnisse zu vertiefen. Bereits zu dieser Zeit war er ein leidenschaftlicher Sammler von Insekten.

10.1 Evolution

Wenngleich das Wort Evolution heute in den alltäglichen Sprachgebrauch übergegangen ist, hat dieser Begriff doch verschiedene Bedeutungen. Wir beschränken uns in diesem Kontext auf den Darwin'schen Begriff der Evolution, der sich (im Übrigen auch gegen alle späteren Auffassungen) durchgesetzt hat. Darwin (1859) vertrat hierbei das Konzept der so genannten Variationsevolution. Die Variationsevolution ist ein bestimmter Ansatz zur Erklärung der Tatsache, dass Evolution stattfindet. Wir geben zunächst ein einfaches Beispiel für dieses Konzept der Evolution und erläutern es dann genauer anhand eines zentralen Begriffs der Darwin'schen Theorie, dem Begriff der natürlichen Selektion.

Veränderung einer Art

Ein Beispiel für den allmählichen Prozess einer (Variations-)Evolution ist das Überleben einer Herde von Giraffen in der afrikanischen Savanne. Nehmen wir an, in einer geographisch isolierten Region lebt eine einzige Giraffenherde, wir bezeichnen diese dann als Population – die Gesamtheit aller Individuen einer Art in einer geographisch isolierten Region. Kein einzelnes Individuum innerhalb dieser Population gleicht nun genau dem anderen.

Diese genetische Vielfalt führt beispielsweise dazu, dass die Hals- und Beinlänge der einzelnen Tiere variiert. In Zeiten der Futterknappheit haben Tiere mit längeren Hälsen und Beinen den Vorteil, auch solche Blätter erreichen zu können, die weiter oben an den Bäumen wachsen. Die größeren Tiere haben eine höhere Wahrscheinlichkeit zu überleben, Nachkommen zu zeugen und sie zu beschützen und zu ernähren. Im Laufe der Zeit sollte sich die Bein- und Halslänge der Giraffenherde kontinuierlich verändern, da insbesondere die Individuen mit längeren Beinen und Hälsen mehr Nachkommen haben und ihre Gene weitergeben, während der Anteil der kleineren Individuen allmählich zurückgeht. Damit ist die kontinuierliche Veränderung einer Spezies im Laufe der Zeit erklärt, aber nicht die Entstehung neuer Arten.

Entstehung neuer Arten. Auch hierzu hatte Darwin eine Theorie, und um diese kurz zusammenzufassen, müssen wir zuvor definieren, was eine Art ist. In der Biologie sind Arten oder Spezies definiert als reproduktiv isolierte Populationen. So mögen die Giraffen in der Serengeti einerseits und im Krüger Nationalpark zwar geographisch isoliert sein, aber ihre Mitglieder sind in der Lage, mit Mitgliedern der jeweils anderen Population Nachkommen zu erzeugen. Anders verhält es sich natürlich bei Giraffen und Elefanten oder Katzen und Hunden, denn Mitglieder verschiedener Populationen können keine gemeinsamen Nachkommen haben.

Speziation. Während im genannten Beispiel – die die allmähliche Veränderung einer Art im Laufe der Zeit erklärt – vor allem der Zeitfaktor den Raum zur Verfügung stellt, innerhalb dessen sich die Veränderung vollzieht, wird bei der Entstehung neuer Arten vor allem dem räumlich-geographischen Faktor große Bedeutung zugeschrieben. So bewirkt die räumliche Trennung einer Population, dass zwei getrennte Populationen entstehen. Aufgrund unterschiedlicher Umweltgegebenheiten entwickelt nun eine der beiden neu entstandenen Populationen so genannte Isolationsmechanismen.

Dies geschieht nicht notwendigerweise, ist aber umso wahrscheinlicher, je mehr sich die Umweltgegebenheiten der nun getrennten Populationen unterscheiden – denn dann werden die getrennten Populationen vermutlich im Laufe der Zeit unterschiedliche Anpassungen an die jeweiligen Umweltgegebenheiten entwickeln.

So kann es zu Sterilitätsbarrieren oder Unvereinbarkeiten im Verhalten kommen, die jeweils eine gemeinsame Reproduktion der Mitglieder der beiden verschiedenen Populationen unmöglich machen. In diesem Moment sind zwei getrennte Arten entstanden. Diese Entwicklung von Isolationsmechanismen wird auch als Speziation bezeichnet: Der Begriff bezeichnet die Entstehung einer neuen Art aufgrund der reproduktiven Unvereinbarkeit zweier Populationen, die zu einem früheren Zeitpunkt einer Population und einer Spezies angehörten.

Dichopatrische, peripatrische und sympatrische Speziation. Für eine solche Speziation sind unterschiedliche Ursachen denkbar. Bei der dichopatrischen Speziation entstehen aufgrund geographischer Veränderungen – zum Beispiel die Trennung einer Insel in zwei Hälften – separate Verbreitungsgebiete einer zuvor zusammenhängenden Population. Bei der peripatrischen Speziation gründen einige wenige Mitglieder einer Art – im Extremfall reicht ein trächtiges Weibchen aus – eine neue Population, indem diese sich in einem neuen Verbreitungsgebiet ansiedeln. Ein gutes Beispiel hierfür wären Vögel, die aufgrund starker

Winde von ihrem üblichen Flugkurs abweichen und in unbekanntes Terrain vordringen.

Allgemein wird heute jedoch die sympatrische Speziation für die häufigste Ursache der Entstehung einer neuen Art gehalten. Diese Form der Artentstehung bezeichnet eine ökologische Spezialisierung innerhalb des üblichen Verbreitungsgebietes der Elterngeneration. Dies wäre beispielsweise dann der Fall, wenn Nachkommen einer Elterngeneration aufgrund einer genetischen Mutation in der Lage sind, neue Nahrungsquellen zu erschließen – man denke an einen Vogel, dessen Schnabel das Knacken von Nüssen erlaubt.

Intensivierung vorhandener Funktionen. Das Konzept der sympatrischen Speziation ist oftmals deshalb kritisiert worden, weil es intuitiv wenig plausibel erscheinen mag, dass sehr komplexe neue Merkmale auf diese Weise entstehen können. So ist es auf den ersten Blick nur schwer vorstellbar, wie ein so komplexes Organ wie das Auge auf diese Weise entstanden sein soll. Darwin (1859) schlug vor, dass solche neuen Funktionen zum einen durch die Intensivierung vorhandener Funktionen entstehen. Es wurde jedoch der Nachweis geführt, dass erste Formen von Photorezeptoren sich innerhalb verblüffend kurzer Zeit – über wenige Generationen hinweg – zu einem komplexen Sinnesorgan wie dem Auge entwickeln können (Sewertzoff, 1931).

Funktionsänderung. Eine andere Möglichkeit zum Erwerb neuer Funktionen ist die Funktionsänderung einer bestehenden Struktur; auch diese Möglichkeit wurde bereits von Darwin vorgeschlagen. Eine Funktionsänderung haben beispielsweise die Federn von Vögeln durchlaufen: Ursprünglich dienten sie bestimmten Reptilienarten zur Wärmeregulation. Im Laufe der Evolution übernahmen die Federn an Vordergliedmaßen und Schwanz dieser Reptilienarten jedoch die neue Funktion des Fliegens.

Der Darwin'sche Begriff der Evolution kann auf die graduelle Veränderung einer Art wie auch auf die Entstehung neuer Arten angewandt werden. Beiden Evolutionsformen liegt ein gemeinsames Prinzip zugrunde, das bereits in der Bezeichnung „Selektionsevolution" zum Ausdruck kommt, es handelt sich um das Prinzip der natürlichen Selektion. Dieses Prinzip betrachten wir im folgenden Abschnitt genauer.

10.1.1 Natürliche Selektion

Im Beispiel der Giraffenherde wurde bereits darauf hingewiesen, dass es für jede Generation einer bestimmten Spezies eine große genetische Vielfalt gibt. Gleichzeitig gelangt Darwin zufolge nur ein Teil der Mitglieder einer Generation zur Fortpflanzung und kann somit die eigenen Gene weitergeben (oder auch: Unterschiedliche Mitglieder einer Art unterscheiden sich in ihrem Reproduktionserfolg – manche haben viele, andere wenige Nachkommen).

Je besser ein Individuum an die gegebenen Umweltbedingungen angepasst ist, desto größer ist die Wahrscheinlichkeit, dass es viele Nachkommen hat und seine Gene weitergeben kann. Aufgrund dieser Gegebenheiten kommt es zu einem allmählichen und kontinuierlichen Prozess der Evolution. Zusammenfassen lässt sich dies in einer Redewendung, die älter ist als die Idee der Evolution: Natura non facit saltus – die Natur macht keine Sprünge.

Selektionsdruck

Was bedeutet in diesem Zusammenhang das Konzept der natürlichen Selektion genau? Zu diesem Zweck ist es hilfreich, sich zwei Dinge genauer anzusehen: Dies sind zum einen die Beobachtungen, von denen Darwin (1859) bereits zu seiner Zeit ausgehen konnte, und zum anderen die Schlussfolgerungen, die er aus diesen Beobachtungen zog. Darwins Überlegungen basieren zunächst auf drei grundlegenden Tatsachen, die zu seiner Zeit bereits bekannt waren:

▶ Ein exponentielles Populationswachstum ist durchaus möglich – das heißt, eine Art kann sehr viele Nachkommen hervorbringen.

▶ In der Natur ist meist ein so genanntes Populationsgleichgewicht zu beobachten – das heißt, die Zahl der Individuen einer Art in einem bestimmten Lebensraum ist relativ konstant.

▶ Die Ressourcen, die einer bestimmten Art in einem Lebensraum zur Verfügung stehen, sind begrenzt.

Kampf um Ressourcen

Eine im Wald jagende Eulenart wie die Sumpf-ohreule hat vier bis acht Junge pro Gelege, und dies ein bis zwei Mal im Jahr; die Jungen werden noch im ersten Jahr geschlechtsreif. Nehmen wir der Einfachheit halber an, es resultieren pro Jahr im Durchschnitt 10 geschlechtsreife Eulen. Der Nahrungsbedarf einer Sumpfohreule liegt bei etwa 80 Gramm Mäusen je Tag. Angenommen, in einem bestimmten Waldgebiet nistet zu-nächst ein Eulenpaar, so sind es nach einem Jahr 5 Paare, im zweiten Jahr 25 Eulenpaare, im drit-ten Jahr 125 und schließlich, nach 10 Jahren, wä-ren es knapp 10 Millionen Paare! Es lässt sich leicht ersehen, dass die in einer Region jagenden Eulen in hohem Maße um Nahrung konkurrie-ren und keinesfalls alle Nachkommen überleben werden.

Aus den drei oben genannten Tatsachen leitete Darwin ab, dass es einen „Kampf ums Dasein" ge-ben muss. Darauf hatte bereits Malthus (1798) hingewiesen: Die Individuen einer Art konkurrie-ren um die verfügbaren Ressourcen und sind darin unterschiedlich erfolgreich. Eine Eule beispiels-weise, die sich nachts besser orientieren kann als andere, wird mehr Mäuse fangen und ihre Nach-kommen besser ernähren können.

Dies bedeutet auch: Auf den zu einem gegebenen Zeitpunkt vorhandenen Mitgliedern einer Art lastet ein enormer Selektionsdruck – nur diejenigen Indi-viduen werden überleben, die besser als andere an ihre Umweltbedingungen angepasst sind.

Variation der Individuen

Zwei weitere Tatsachen, von denen Darwin aus-ging, sind die folgenden:

▶ Jedes Individuum einer Art ist einzigartig; so va-riieren die Individuen hinsichtlich zahlreicher Merkmale wie etwa Beinlänge, Flug- oder Lauf-geschwindigkeit oder Sehschärfe.
▶ Die individuelle Variation zwischen den Indivi-duen einer Art ist zu einem großen Teil erblich.

Aus diesen Tatsachen folgerte Darwin zweierlei:

▶ Es gibt ein unterschiedliches Überleben und somit eine natürliche Selektion unter den Indi-viduen einer Art.
▶ Über mehrere Generation hinweg entsteht ein Prozess der (Variations-)Evolution, weil sich die Merkmale einer Population aufgrund der unter-schiedlichen Überlebens- und Fortpflanzungs-wahrscheinlichkeit der einzelnen Individuen über die Zeit hinweg kontinuierlich verändern werden.

10.1.2 Genotyp, Phänotyp und die Variation von Merkmalen

Genotyp

Das Darwin'sche Prinzip der natürlichen Selekti-on besteht nun im Wesentlichen aus zwei Kom-ponenten, nämlich der Variation und der Selekti-on. Wir wissen heute mehr über die genetische Variation von Merkmalen als dies zu Zeiten Dar-

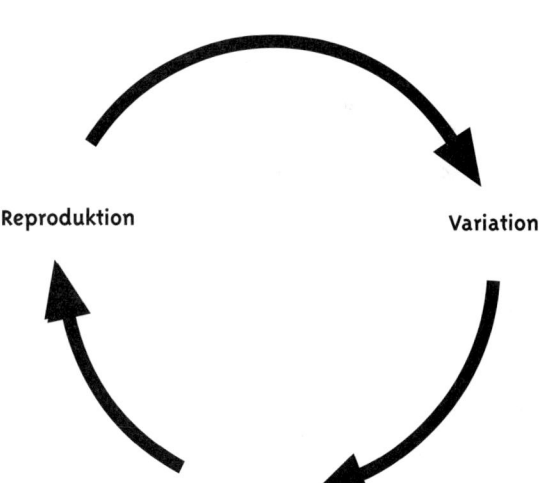

Abbildung 10.1. Der Lebenszyklus führt dazu, dass die re-produktive Fitness der Individuen im Laufe der Evolution maximiert wird – dies bedeutet, durch die Selektion wird die Fähigkeit der Individuen maximiert, Nachkommen zu erzeugen (nach Cartwright, 2001)

wins der Fall war. Auch für Darwin war jedoch bereits offensichtlich, dass innerhalb einer Art und innerhalb einer Population eine Variation der phänotypischen (äußerlich sichtbaren) Merkmale existiert. Sowohl die physischen Merkmale als auch bestimmte Verhaltensmerkmale variieren innerhalb der Individuen einer Art.

Diese phänotypischen Merkmalsausprägungen basieren zu einem großen Teil auf genetischen Informationen, dem so genannten Genotyp eines Individuums. Das Zusammenspiel von Genotyp mit individuellen Lernprozessen und Umweltbedingungen determiniert den Phänotyp, also die äußerlichen Merkmale und Verhaltensweise eines Individuums. Dies bedeutet, dass Umweltbedingungen den Phänotyp eines Individuums beeinflussen, nicht aber den Genotyp. Wir wissen heute, dass dieser Genotyp mit der Befruchtung der weiblichen Eizelle bereits ein für allemal festgelegt ist.

Bei der zweigeschlechtlichen Vermehrung erhalten nun die Nachkommen der Elterngeneration jeweils 50 Prozent der genetischen Information von jedem der beiden Elternteile. Diese neue Zusammensetzung der elterlichen Genanteile, zu der es beim Prozess der Meiose kommt, ist ganz überwiegend zufällig. Mutationen des Erbmaterials sorgen für weitere zufällige Variationen. Aus diesem Grund ist jedes Individuum einer Art ganz einzigartig, vom seltenen Fall eineiiger Zwillinge einmal abgesehen.

Der Prozess der Selektion

Das Zustandekommen von Variationen im Genotyp ist ein in höchstem Maße zufälliger Prozess, das Gegenteil trifft jedoch auf den eigentlichen Auslese- oder Selektionsprozess zu. Mit diesem Begriff wird die Tatsache bezeichnet, dass die unterschiedlichen Individuen einer Art eine verschieden große Wahrscheinlichkeit haben, zu überleben und Nachkommen zu erzeugen.

„Survival of the fittest". So können bestimmte Neukombinationen des elterlichen genetischen Materials dazu führen, dass ein Nachkomme schon sehr früh stirbt und somit keine oder nur wenige Nachkommen hat. Andere Kombinationen des genetischen Materials dagegen können sich als sehr erfolgreich erweisen. Dies wäre etwa dann der Fall (denken wir an das eingangs genannte Beispiel einer Giraffenherde), wenn bestimmte körperliche Merkmale des Individuums die Nahrungssuche in hohem Maße erleichtern.

Es überleben diejenigen Individuen, die am besten an die jeweiligen Lebensumstände angepasst sind. Eine gute Anpassung kann guten Zugang zu Nahrungsquellen, Möglichkeiten zum Aufstieg in einer sozialen Gruppe konkurrierender Individuen oder die Möglichkeit zum Finden eines Sexualpartners bedeuten, um nur einige wenige Beispiele zu nennen.

Zwei Missverständnisse zum Begriff des „Survival of the fittest" und der Selektion von erblichen Merkmalen gilt es auszuräumen: Der Begriff der Selektion legt im Gegensatz zum Begriff des „Survival of the fittest" nahe, dass es jemanden oder einen bestimmten Mechanismus gibt, der bestimmte Individuen einer Art selegiert oder auswählt. Dies ist unzutreffend. Gemeint ist lediglich, dass die „ausgewählten" Individuen einfach diejenigen sind, die noch am Leben sind, nachdem all die weniger gut angepassten oder weniger glücklichen Individuen aus der Population verschwanden (Mayr, 2000, S. 250).

„Survival of the fittest" bedeutet außerdem keineswegs, dass der Schnellste oder Stärkste überlebt. Am einfachsten lässt sich dies anhand eines Beispiels illustrieren: Angenommen, eine bestimmte Fliegenart hat typischerweise 2 Zentimeter große Flügel, die Flügel einer relativ seltenen Mutation derselben Art sind nur 1 Zentimeter groß. Dann sollte die Variante mit den großen Flügeln auf den ersten Blick einen Überlebensvorteil haben, da sie in kürzerer Zeit weitere Strecken zurücklegen kann. Angenommen jedoch, die Art ist auf einer Insel beheimatet, die aufgrund von Klimaveränderungen plötzlich starken Winden ausgesetzt ist. In diesem Fall ist die Variante mit den großen Flügeln nunmehr im Nachteil, denn die Winde können diese Exemplare leichter auf das Meer hinaustragen, wo sie sterben. In diesem Fall also stellt die Mutation einen Überlebensvorteil dar, und die Population der Fliegen sollte sich –

konstante klimatische und sonstige Umweltbedingungen vorausgesetzt – sehr rasch zugunsten der genetisch veränderten Variante der Art verändern.

10.1.3 Sexuelle Selektion

Die sexuelle Selektion ist ein Spezialfall der natürlichen Selektion. Selektion kann, wie wir gesehen haben, aufgrund der Beschränkung von Nahrungsressourcen auftreten; sie kann auch die Folge unterschiedlicher Resistenz gegen klimatische Bedingungen oder Krankheitserreger sein – und diese Liste ließe sich natürlich beliebig fortsetzen.

Die sexuelle Selektion resultiert aus dem Umstand, dass bei der zweigeschlechtlichen Fortpflanzung jedes Individuum einen Sexualpartner finden muss, um die eigenen Gene weiterzugeben. Zu unterscheiden sind hierbei die intrasexuelle und die intersexuelle Selektion. Intrasexuelle Selektion existiert, weil die Mitglieder ein und desselben Geschlechts um den Zugang zu einem Partner des anderen Geschlechts konkurrieren. Zur intersexuellen Selektion kommt es, weil Mitglieder des einen Geschlechts bei der Auswahl des Sexualpartners eine Wahl treffen. Diese Wahl beruht vermutlich auf der Wahrnehmung bestimmter Merkmale des anderen Geschlechts.

Sexualpartner und Nachkommen

Damit die Mitglieder einer Art überleben, müssen zwei Probleme gelöst werden, die mit sexueller Selektion zu tun haben: Zum einen gilt es, einen geeigneten Sexualpartner zu finden. Dies bedeutet, ein Individuum muss sich gegen andere Mitglieder des eigenen Geschlechts durchsetzen (intrasexuelle Selektion) und mögliche Partner des anderen Geschlechts für die Fortpflanzung gewinnen (intersexuelle Selektion). Zum anderen gilt es aber auch, die eigenen Nachkommen, sobald sie entstanden sind, zu beschützen und ein Alter erreichen zu lassen, in dem sie überlebensfähig sind und schließlich selbst Nachkommen haben werden. Dieses zweite Problem wird auch mit dem Begriff des elterlichen Investments (parental investment) bezeichnet.

Ein augenfälliges Beispiel für die Existenz einer sexuellen Selektion ist beispielsweise das Geweih von Hirschen (Gaulin & McBurney, 2001): Als Fluchttiere brauchen Hirsche kein Geweih, um mögliche Feinde abzuschrecken, das Geweih dient weder der Nahrungssuche, noch stellt es einen Schutz vor Parasiten oder Krankheiten dar. Die Hauptfunktion des Geweihs besteht vielmehr in der intrasexuellen Selektion, wenn die Hirsche zur Brunftzeit Rangkämpfe ausfechten, die den Zugang zu den reproduktionsfähigen Weibchen der Herde ermöglichen sollen. Ein anderes Beispiel für eine intersexuelle Selektion sind viele Vogelarten, bei denen Teile des Federkleides ausschließlich dazu dienen, die Aufmerksamkeit des anderen Geschlechts zu erregen.

Bereits Darwin (1871) hat auf das Phänomen der sexuellen Selektion aufmerksam gemacht, und Trivers' (1972, 1985) Theorie des elterlichen Investments und der sexuellen Selektion ist ein Beispiel für eine Elaboration dieser Idee (s. Kap. 10.3.1).

10.1.4 Biologische Adaptation

Bereits eingangs haben wir kurz erwähnt, dass nicht nur körperliche Merkmale Gegenstand der Selektion sind, sondern auch Verhaltensweisen. Weiterhin wird angenommen, dass diesen Verhaltensweisen psychologische Merkmale und Mechanismen zugrunde liegen. Hieraus folgt, dass psychologische Merkmale und Verhalten stammesgeschichtlich bedingt oder vererbt sein sollten, zumindest in einem gewissen Maße.

Verhaltensdisposition

Dies bedeutet nicht, dass ein bestimmtes Verhalten zu einem konkreten Zeitpunkt ausschließlich genetisch verursacht ist. Vielmehr wird angenommen, dass die Individuen einer Art im Laufe der Zeit eine Disposition entwickelt haben, bestimmte Verhaltensweisen zu zeigen.

Diesem Verhalten liegen wiederum bestimmte Mechanismen zugrunde. Diese sind zum Teil erblich bedingt, zum Teil umweltbedingt (man denke an Skinners Verstärkungssystem). Wenn wir im

Kontext dieses Kapitels von Verhalten und Verhaltensweisen sprechen, dann sind damit, sofern nicht explizit anders aufgeführt, immer Verhaltensdispositionen gemeint.

Am Beispiel der Schlangenphobie lässt sich illustrieren, was mit Verhaltensdispositionen und den zugrunde liegenden Mechanismen gemeint ist. Wer unter einer Schlangenphobie leidet, wird in einer konkreten Situation Gefühle der Angst erleben und Flucht- oder Vermeidungsverhalten zeigen. Im Laufe der Evolution hatte das Vermeiden von Schlangen vermutlich einen hohen Überlebenswert. Dies bedeutet, dass Individuen, die Schlangen gemieden haben (weil sie Furcht vor Schlangen erlebten), ein geringeres Risiko hatten, am Biss giftiger Schlangen zu sterben.

Aufgrund einer höheren Lebenserwartung hatten diese Menschen größere Überlebenschancen und mehr Nachkommen. Personen ohne eine solche Disposition (Angst vor Schlangen zu erleben und diese zu meiden) hingegen hatten eine geringere Lebenserwartung und weniger Nachkommen. Hieraus folgt, dass die genetischen Grundlagen dieser Disposition in der Population im Laufe der Zeit eine zunehmend größere Auftretenswahrscheinlichkeit hatten.

Ein dem Vermeidungsverhalten zugrunde liegender Mechanismus könnte darin bestehen, dass manche Individuen in bestimmten Situationen ein größeres Ausmaß an Furcht erleben. Auf den ersten Blick ist vielleicht schwer vorstellbar, wie die Disposition, Furcht zu erleben, phylogenetisch erworben sein könnte (der Begriff Phylogenese bezeichnet die Entwicklung einer Spezies oder Art; beispielsweise des Homo sapiens im Laufe der letzten zwei Millionen Jahre; der Begriff der Ontogenese bezeichnet die Entwicklung eines Individuums, also von der Befruchtung der weiblichen Eizelle bis zum Tod).

Angenommen jedoch, es gibt einen bestimmten Botenstoff im Gehirn (einen Neurotransmitter), der ursächlich verantwortlich ist für das Ausmaß von Furchtreaktionen. Das ist eine Vereinfachung der tatsächlich etwas komplexeren Vorgänge im menschlichen Gehirn, aber diese Vereinfachung ist für das vorliegende Beispiel nicht von Belang. Wenn wir also einen solchen Neurotransmitter identifizieren, dann kann angenommen werden, dass die jeweils ausgeschüttete Menge dieses Botenstoffes in einer gegebenen Population von Individuen – und sei es auch nur geringfügig – variiert. In diesem Fall wird bei bestimmten Individuen eine größere Menge dieses Neurotransmitters ausgeschüttet und folglich ein größeres Ausmaß an Furcht erlebt. Die Folge wird ein ausgeprägteres Vermeidungsverhalten sein.

Wenn dieses ausgeprägtere Vermeidungsverhalten „adaptiv" ist – das heißt, wenn es die Überlebenschancen und/oder den Reproduktionserfolg des Individuums erhöht – dann wird dieses Merkmal im Laufe der Zeit eine höhere Auftretenswahrscheinlichkeit haben, also Gegenstand der natürlichen Selektion sein.

DEFINITION

Anpassung dient dem Überleben

Wir sprechen von Adaptation oder Anpassung, wenn ein Merkmal dem Überleben und somit dem Reproduktionserfolg eines Individuums dient. Von großer Wichtigkeit ist hierbei, dass der Begriff des „Merkmals" nicht auf körperliche Merkmale beschränkt ist, sondern es kann sich auch um Verhaltensdispositionen handeln, sowie um die der Verhaltensdisposition zugrunde liegenden Mechanismen.

Der Mensch als biologisch adaptiertes Wesen

Aus dem vorangegangenen Beispiel wurde bereits deutlich, dass der homo sapiens als Spezies eine Vielzahl von Merkmalen im Laufe seiner Evolution erworben hat, also innerhalb eines sehr langen Zeitraums (Tattersall, 2000). Unser frühester direkter Vorfahre, der Australo-Pithecus (die Bezeichnung Australo-Pithecus hat nichts mit Australien zu tun, sondern bedeutet übersetzt soviel wie „Südlicher Affe"), lebte etwa vor 4,5 bis 2 Millionen Jahren, ihm folgten homo habilis und homo rudolfensis, die ebenfalls vor etwa 2 Millionen Jahren lebten. Diese Vorfahren des homo sapiens lebten der „Out of Africa"-Hypothese zufolge in Afrika, das daher auch als die Wiege der Menschheit bezeichnet werden kann.

Diese lange Entwicklungsgeschichte wirft eine wichtige Frage auf: Ist der Mensch an seine gegenwärtigen Lebensbedingungen adaptiert (angepasst), oder an die Lebensbedingungen unserer Vorfahren? In Anbetracht aller verfügbaren Daten ist anzunehmen, dass ein großer Teil unserer biologischen Ausstattung (und hierzu gehören auch Verhaltensdispositionen) schon vor langer Zeit erworben wurde. Dies gilt auch für andere Spezies als den Homo sapiens.

Cartwright (2001) gibt in diesem Zusammenhang das Beispiel eines Igels, der sich bei heraufziehenden Gefahren zusammenrollt und still liegen bleibt. Aufgrund seines stachligen Fells ist dies in vielen Fällen (wenn etwa ein Fuchs sich nähert) ein „adaptives" Verhalten, weil es die Überlebenschancen eines Igels in vielen Situationen erhöht. Im Falle eines herannahenden Autos allerdings ist das „Sich-einigeln" keinesfalls eine adaptive Reaktion – ganz im Gegenteil.

In ähnlicher Weise ist eine Schlangenphobie beim Menschen im heutigen Westeuropa nur in den seltensten Fällen eine adaptive Reaktion, denn giftige Schlangen sind außerordentlich selten. Eine Disposition zu ausgeprägten Furchtreaktionen beim Anblick einer Schlange wirkt sich also in der gegenwärtigen Situation nicht länger auf die Überlebenschance und den Reproduktionserfolg eines Individuums aus – und es ist anzunehmen, dass eine solche Disposition im Laufe der Zeit eine geringere Auftretenshäufigkeit in der Population haben wird.

In Anbetracht der dramatischen Änderungen unserer Lebensumstände in den – zum Beispiel – letzten 100 Jahren ist anzunehmen, dass unsere Adaptationen in vielen Fällen nicht mit dieser rasanten Entwicklung Schritt gehalten haben. Eine große Zahl unserer Verhaltensweisen und der zugrunde liegenden psychologischen Mechanismen ist in einer Zeit entstanden, als Jagen, Sammeln oder das Bekämpfen von Rivalen das Überleben unserer Vorfahren garantierten. Lesen, Fußballspielen, Autofahren oder gar das Überwinden eines Jetlags dagegen sind gänzlich neue Herausforderungen, die unseren Vorfahren unbekannt waren.

Verschiedene Ansätze innerhalb der evolutionären Theorien unterscheiden sich hinsichtlich ihrer Position zu der Frage, ob unsere gegenwärtigen Verhaltensdispositionen in hohem Maße an die aktuelle Umwelt angepasst sind oder aber ob diese ganz überwiegend an Umweltbedingungen angepasst sind, die vor langer Zeit bestanden haben.

10.1.5 Evolution und die Ursachen des Verhaltens

Wenn die Ursprünge der Menschheit so weit zurückliegen und unsere biologische Ausstattung im Laufe eines Prozesses geformt wurde, der tausende und sogar hunderttausende von Jahren angedauert hat, so stellt sich eine wichtige Frage: Wie erklären evolutionäre Theorien unser gegenwärtiges Verhalten? Die Motivationspsychologie ist in ihrer einfachsten Definition die Wissenschaft, die zu erklären versucht, warum wir uns so verhalten, wie wir es tun (s. Kap. 1). Kann man also mit Fug und Recht sagen, die evolutionäre Psychologie beantwortet diese Frage mit dem Verweis auf unsere evolutionär erworbene genetische Ausstattung?

Die Beantwortung dieser Frage mit „ja" ist eines der häufigsten und gravierendsten Missverständnisse, die in Zusammenhang mit Darwins Theorie und der evolutionären Psychologie immer wieder aufkommen. Die Antwort auf diese Frage lautet vielmehr, dass ein einfaches „ja" die wahren Sachverhalte viel zu sehr vereinfacht. Zutreffend ist vielmehr, dass menschliches Verhalten nicht ohne Bezugnahme auf unsere phylogenetisch erworbenen Merkmale erklärt werden kann. Es müssen aber weitere Ursachenfaktoren hinzukommen, um menschliches Verhalten angemessen zu erklären.

Auch aus der Perspektive der evolutionären Psychologie verhalten wir uns also nicht so, wie wir es tun, weil unsere Gene so sind, wie sie sind.

Eine erste wichtige Begründung für diese Aussage geht auf eine wichtige Arbeit des Ethologen Niko Tinbergen (1963) zurück. Tinbergen unterscheidet vier verschiedene Arten von „Warum-Fragen", und somit auch vier verschiedene Arten von Erklärungen von Verhalten. Als Ethologe beschränkte Tinbergen (1963) seine Analyse nicht auf menschliches Verhalten, sondern untersuchte auch das Verhalten einer Vielzahl anderer Spezies. Die folgenden Beispiele sind jedoch auf menschliches Verhalten zugeschnitten.

Proximale oder mechanistische Ursachen des Verhaltens

Wir können uns fragen, warum eine bestimmte Person zu einem bestimmten Zeitpunkt und in einer konkreten Situation ein bestimmtes Verhalten zeigt. Wenn Sie beispielsweise Hunger verspüren und deshalb im Kühlschrank nach etwas Essbarem suchen, so lässt sich dies dadurch erklären, dass Sie mehrere Stunden lang nichts gegessen haben. Dies ist eine proximale Ursache für Ihr Verhalten (lateinisch proximus für „nah"), weil die Erklärung auf räumlich oder zeitlich nahe liegende Ursachenfaktoren Bezug nimmt.

Eine andere proximale Ursache ist der Verweis auf das Absinken des Blutzuckerspiegels nach längerem Nahrungsentzug, der im Gehirn Reaktionen auslöst, die subjektiv als Hunger interpretiert werden. Dies ist eine mechanistische Erklärung des Verhaltens (Kühlschrank durchsuchen), weil sie auf die grundlegende biologische (mechanische) Ausstattung Ihres Körpers Bezug nimmt.

Entwicklungsbedingte oder ontogenetische Ursachen des Verhaltens

Weiterhin kann die Frage nach den Ursachen des Verhaltens auf der Grundlage der Entwicklungsgeschichte des Individuums beantwortet werden, in anderen Worten, unter Bezugnahme auf die Ontogenese des Individuums. So mögen wir gelernt haben, dass der Kühlschrank nicht die abwegigste Adresse ist, wenn es gilt, den eigenen Hunger zu stillen. Skinners System ist ein gutes Beispiel für eine solche Art der Erklärung des Verhaltens (siehe hierzu auch den Exkurs über Skinner und Darwin).

Phylogenetische Ursachen des Verhaltens

Bei der Frage nach den Ursachen des Verhaltens können wir auch auf die Geschichte der Spezies (in diesem Falle: des Homo sapiens) zurückgreifen. In diesem Fall betrachten wir die Frage, wann ein Verhalten – stammesgeschichtlich gesehen – erstmals gezeigt wurde, und wie es sich im Laufe der Evolution einer Art entwickelte. Wenn Sie beispielsweise mit der rechten (und nicht mit der linken) Hand nach dem Griff des Kühlschranks greifen – die Wahrscheinlichkeit hierfür beträgt etwa 90 Prozent – so ist interessant zu erfahren, wann eine Bevorzugung der rechten Hand in der Evolution erstmals aufgetreten ist, und warum eine motorische Koordination, die durch die linke Hemisphäre des Gehirns gesteuert wird, in der Evolution des Homo sapiens eine Rolle gespielt hat. Weiterhin können wir betrachten, warum es beim Homo sapiens eine Präferenz für süße und fetthaltige Speisen gibt.

Ultimative oder funktionale Ursachen des Verhaltens

Und schließlich kann die Frage nach dem „Warum" eines Verhaltens auch beantwortet werden, indem wir nach seinem Zweck oder seiner Funktion suchen. In diesem Kontext wird untersucht, ob und auf welche Weise ein Verhalten dem Überleben und der Reproduktion eines Individuums und einer Art dienlich ist. Im Falle des Hungergefühls wird uns signalisiert, dass der Körper Nahrung benötigt, und dieses Hungergefühl regt an (motiviert), entsprechende Verhaltensweisen zu zeigen. Im Falle der Hirsche zeigt sich, dass die Anwesenheit eines Geweihs der intersexuellen Selektion dienlich ist, und im Falle der Schlangenphobie schließlich lässt sich das Vermeidungsverhalten unter Verweis auf die entsprechenden Vorteile des Verhaltens für das Überleben erklären. Die ultimativen Ursachen des Verhaltens weisen somit unter den genannten Erklärungsformen die engste Verknüpfung zum Darwin'schen Prinzip der natürlichen Selektion auf.

Diskussion der Erklärungsebenen

Es ist unabdingbar für das Verständnis einer evolutionären Erklärung des menschlichen Verhaltens, diese verschiedenen Erklärungsformen getrennt voneinander zu betrachten. Dies gilt vor allem deshalb, weil diese Erklärungen nicht miteinander konkurrieren, sondern unabhängig voneinander verschiedene Antworten auf ganz unterschiedliche Fragen geben.

Barret, Dunbar und Lycett (2001) haben darauf hingewiesen, dass es beim menschlichen Verhalten oftmals schwierig ist, diese verschiedenen Erklärungsebenen des Verhaltens auseinander zu halten. Dies liegt daran, dass wir uns – im Gegensatz zu anderen Spezies – unserer Motivationen zumindest teilweise bewusst sind. Wir wissen, dass wir Hunger haben, möglicherweise wissen wir sogar, dass unser Blutzuckerspiegel absinkt (weil wir es in der Biopsychologie-Vorlesung gelernt haben), und wir wissen auch, dass bestimmte Speisen gesünder sind als andere.

Bedeutet dies, dass wir uns aller unserer Motive bewusst sind? Sie mögen sich beispielsweise in einen anderen Menschen verlieben, dessen Gesicht ein hohes Maß an Symmetrie aufweist – und eine Erkenntnis der evolutionären Psychologie besagt, dass Gesichtssymmetrie und wahrgenommene Attraktivität in erstaunlich hohem Maße korrelieren. Aber sind Sie sich dessen bewusst, wenn Sie sich verlieben? Wohl kaum.

Die kritische Frage ist, ob dieser Sachverhalt – Sie verlieben sich mit größerer Wahrscheinlichkeit in Personen mit symmetrischem Gesicht, wissen aber nichts über ihr Entscheidungskriterium – ein Einwand gegen eine ultimative Erklärung des Verhaltens ist. Und die Antwort lautet natürlich wiederum: Nein. In den Worten von Barrett et al. (2001):

„However these are (decisions) for which evolution has worked out the answer, so we do not have to (perform conscious calculations) in our heads. People who question the abilities of humans to make these decisions (unconsciously), often have no problem believing that desert ants find their way back to nestholes by using polarised light and trigonometry. With the ant, it is more obvious that natural selection has created animals with this ability programmed into them and that the ant's brain (such as it is) has very little to do with it. However, certain aspects of human behaviour may operate in exactly the same manner." (Barrett et al., 2001, S. 6). Hieraus folgt:

(1) Bei der Analyse der menschlichen Motivation aus evolutionärer Perspektive sollte genau bedacht werden, auf welcher Erklärungsebene wir uns befinden.

(2) Es ist zu berücksichtigen, dass die Evolution im Falle des Homo sapiens beides hervorgebracht hat – sowohl bewusste kognitive Fähigkeiten als auch vorprogrammierte Allzweckmechanismen, die uns nicht bewusst zugänglich sind.

EXKURS

Darwin und Skinner – zwei Seiten einer Medaille?

Vergleicht man Skinners „System" mit Darwins Überlegungen und daraus resultierenden evolutionären Erklärungen des Verhaltens, so sind auf den ersten Blick kaum zwei verschiedenartigere Ansätze vorstellbar: Auf der einen Seite die strikte experimentelle Analyse von Verstärkungskontingenzen in der Umwelt, auf der anderen Seite die biologische Vielfalt, welche aus ererbten Anpassungen an zumeist zufällige Umweltkontingenzen resultiert.

Skinner selbst wies mehrfach darauf hin, dass es bei genauerer Analyse eine verblüffende Parallele zwischen beiden Ansätzen gibt (der Begriff der „Theorie" wird an dieser Stelle vermieden, weil Skinner diesem so abgeneigt war). Er wies darauf hin, dass sich in den Konzepten der natürlichen Selektion, des operanten Konditionierens und der Entwicklung sozialer Umwelten Parallelen fänden. Ihnen sei gemeinsam, dass das Überleben einen Wert an sich bilde. Die Annahme eines Schöpfungsplans oder einer zugrunde liegenden Absicht dagegen werde verworfen.

Bei Darwin ist es – vereinfacht gesprochen – eine große Fülle variierender Umweltbedingungen, die zufällige Variationen in den Merkmalen einer Art selegiert. Bei Skinner sind es die Kon-

▶

sequenzen des eigenen Verhaltens, also Umweltkontingenzen, welche die Auftretenswahrscheinlichkeit eines konkreten Verhaltens bestimmen
und somit in ganz ähnlicher Weise Verhalten
selegieren. In anderen Worten: Beide Autoren
wenden das gleiche Prinzip an – Darwin in Bezug auf die langfristige Entwicklung einer Art
(Phylogenese), Skinner in Bezug auf die Entwicklung eines Individuums (Ontogenese).
Ein wesentlicher Unterschied zwischen beiden

Ansätzen besteht jedoch darin, dass Darwin in
erster Linie die Variation der natürlichen Umgebung (auch der kulturellen Umgebung des
Menschen) beobachtete. Skinner dagegen verband mit seinem Ansatz ein Plädoyer für die
aktive Gestaltung der Umweltbedingungen des
Menschen. Für ihn galt es, die Umweltkontingenzen des Menschen so zu verändern, dass erwünschtes Verhalten belohnt und unerwünschtes Verhalten eliminiert wird.

10.1.6 Evolutionstheorien als scheinbar reduktionistische Theorien des Verhaltens

Abschließend soll an dieser Stelle ein weiteres
mögliches Missverständnis ausgeräumt werden,
das in Zusammenhang mit den evolutionären
Theorien des Verhaltens oft geäußert wird. Evolutionäre Theorien werden in diesem Zusammenhang als „reduktionistisch" bezeichnet. Dies bedeutet, dass solche Erklärungen des Verhaltens
den Organismus oder das Individuum auf grundlegende biologische Prozesse reduzieren, beispielsweise indem sie das Verhalten (scheinbar)
auf die genetische Ausstattung des Organismus
zurückführen. Es ist angesichts der herausragenden Rolle der Gene in den Evolutionstheorien
sehr verführerisch, diesem Irrtum zu unterliegen.
Es handelt sich dennoch um einen Irrtum.

Gene sind nicht alleinige Ursachen des Verhaltens

Wie bereits gesehen, sind Gene für Verhaltensdispositionen verantwortlich, nicht für das konkrete
Verhalten selbst. So entwickeln sich manche Verhaltensdispositionen ohne jede Umweltanregung, andere dagegen entwickeln sich nur bei Vorhandensein entsprechender Umweltanregungen.

So zeigte bereits Spalding (1873), dass Schwal-
ben selbst dann im Erwachsenenalter fliegen können, wenn sie in so engen Käfigen aufgezogen werden, dass sie niemals ihre Flügel bewegen konnten.
Andererseits entwickeln sich bestimmte Formen
des Vogelgesangs nur dann, wenn in einer be-

stimmten Phase der Entwicklung (der so genannten sensorischen Phase) ein entsprechendes Reiz-
angebot zur Verfügung steht (Marler, 1991).

Gene, Ontogenese und Phylogenese

Betrachtet man die Evolutionstheorien als reduk-
tionistische Erklärung des Verhaltens, so vermischt
man ungerechtfertigterweise die ontogenetische
und die phylogenetische Erklärungsebene. Es sind
jedoch die phylogenetischen Konsequenzen der
genetisch determinierten Verhaltensdispositionen,
die für die evolutionäre Erklärung des Verhaltens
ausschlaggebend sind. Die genetische Bedingtheit
eines Merkmals (und als Untermenge von Merkmalen: eines Verhaltens) impliziert nicht, dass das
in der Ontogenese gezeigte Verhalten ausschließlich genetisch determiniert ist.

Vielmehr hat dieses Merkmal genetische Konsequenzen und zwar im Hinblick auf die Zahl der
Nachkommen, die der Merkmalsträger haben
kann. Diese Konsequenzen spielen sich in einem
komplexen Gefüge von ökologischen, sozialen und
demographischen Faktoren ab (s. Kap. 10.3.2). Gerade angesichts dieser Komplexität hat die Evolution uns (wie alle höheren Organismen) mit sehr
flexiblen Verhaltensdispositionen ausgestattet, die
einer sich stetig wandelnden Umwelt Rechnung
tragen können.

Holistische Erklärungen

Aus diesen Gründen sind evolutionäre Theorien
keineswegs reduktionistisch, sondern vielmehr ho-

listisch (ganzheitlich), denn bei der Erklärung des Verhaltens werden die folgenden Faktoren berücksichtigt:

(1) Der genetische Anteil der Verhaltensdispositionen eines Merkmalsträgers,

(2) die Umweltbedingungen, in denen das aus diesen genetischen Dispositionen resultierende Verhalten gezeigt wird, sowie

(3) das Resultat der Interaktion aus genetischen und Umweltfaktoren. Dieses Resultat der Anlage-Umwelt-Interaktion ist messbar in Form der Reproduktivität eines Merkmalsträgers (Dunbar, 1995).

10.1.7 Darwins Theorie und die Psychologie

Im vorliegenden Kapitel haben wir einige der grundlegenden Konzepte der Darwin'schen Evolutionstheorie betrachtet. Hierzu gehören die Begriffe der natürlichen und sexuellen Selektion sowie der biologischen Adaptation. Ferner haben wir eine ganze Reihe von Missverständnissen ausgeräumt, die in Zusammenhang mit evolutionären Theorien des Verhaltens immer wieder aufgetreten sind. Diese lassen sich vermeiden, wenn wir genau beachten, welche Art der Verhaltenserklärung wir anstreben (Tinbergen, 1963).

Eine Einführung in die Grundlagen evolutionärer Theorien des Verhaltens wäre aber nicht vollständig, ohne einige historische Anmerkungen zu machen. Um den Rahmen dieses Kapitels nicht zu sprengen, fassen wir die wichtigsten Entwicklungen des Feldes kurz zusammen (s.a. Cartwright, 2001).

Rezeption von Darwins Theorie

Darwin (1871) sah den Widerstand voraus, den seine Theorie auslösen würde. Darum äußerte er sich in seinem Hauptwerk „Über die Entwicklung der Arten" allenfalls sehr indirekt über die Entstehung des Menschen. Der Widerstand hat sich bis heute nicht ganz gelegt. In der wissenschaftlichen Lehrmeinung haben seine Ideen jedoch einen geradezu überwältigenden Erfolg. Dies ist umso erstaunlicher, als sich viele seiner Annahmen erst im Lichte

späterer Erkenntnisse über Vererbung und Genexpression als nahezu vollständig zutreffend erwiesen.

Eine Reihe von Psychologen haben die Gedanken Darwins aufgegriffen, und zwar auch recht bald nach der Publikation von Darwins Ideen, darunter so berühmte Wissenschaftler wie William James (1890) und William McDougall (1923).

Dominanz des Behaviorismus

Der behavioristischen Dominanz in der Psychologie ist es jedoch zu verdanken, dass die Evolutionstheorie spätestens ab den 20er Jahren des vergangenen Jahrhunderts nur eine außerordentlich untergeordnete Rolle in der Psychologie gespielt hat. Erst in den vergangenen 10 bis 15 Jahren ist ein neuer, reger Forschungszweig in der Psychologie entstanden, der auf Darwins Ideen zurückgeht.

Für diese lange während behavioristische Dominanz in der Psychologie gibt es mehrere Gründe. Ein erster Meilenstein im Hinblick auf die zunehmende Nicht-Beachtung darwinistischer Ideen in der Psychologie ist das Instinktkonzept, das von führenden Behavioristen vehement kritisiert wurde.

Sehr vereinfacht gesprochen ist ein Instinkt eine ererbte Verhaltensdisposition (wie in den vorausgehenden Abschnitten erörtert). Die Behavioristen argumentierten, mit dem Verweis auf einen Instinkt als Ursache eines konkreten Verhaltens sei rein gar nichts gewonnen, und ein inflationärer Gebrauch des Instinktkonzeptes führe zu tautologischen Theorien des menschlichen Verhaltens.

So könnte eine Kritik am Instinktkonzept lauten: Wenn wir bei schlechtem Wetter aus dem Haus gehen und einen Regenschirm mitnehmen, haben wir dann einen „Regenschirm-Instinkt"? Und warum nehmen wir also den Regenschirm mit? Weil wir einen solchen Instinkt haben? Und wo ist der Beweis für einen solchen Instinkt? Weil wir den Regenschirm mitnehmen?

Die Behavioristen konzentrierten sich aufgrund ihrer Kritik des Instinktkonzeptes ausschließlich auf die situativen, erlernten Determinanten des Verhaltens, und ignorierten die zugrunde liegenden genetischen Dispositionen nahezu vollständig (s. Meyer, Schützwohl & Reisenzein, 1999).

Die behavioristische Psychologie hatte weiterhin zwei Vorteile auf ihrer Seite:

(1) Die Beschränkung auf beobachtbares Verhalten enthielt das Versprechen auf ein zweifelsfreies methodisches Vorgehen, das frei war von einer bis dahin weitgehend introspektionistischen Methodik in der Psychologie.

(2) Die situative Bedingtheit des Verhaltens enthält zudem ein weiteres, nämlich ein soziales Versprechen: Wenn der Mensch (ganz überwiegend) durch Umwelteinflüsse geformt wird, dann besteht auch die Hoffnung, jedem Menschen zu einem Leben „in Freiheit und Würde" verhelfen zu können.

Sowohl Watson (1920) als auch Skinner in seinem Roman „Walden II" brachten solche Hoffnungen ganz explizit zum Ausdruck (vgl. auch Malik, 2000).

Eugenik. Und schließlich darf nicht vergessen werden, dass Darwins Theorie in Misskredit geriet, weil eine Reihe von Wissenschaftlern die Anwendung von Darwins Theorie auf den Menschen propagierte. Dies gilt insbesondere für das Konzept der Eugenik. Darunter versteht man Eingriffe in das Erbgut des Menschen mit dem Ziel, es im derzeitigen Zustand zu erhalten (negative Eugenik) oder dieses zu verbessern (positive Eugenik). Dies gilt sowohl für Gene von Individuen (Empfängnisverhütung, Abtreibung, Gentherapie) als auch für den Genpool einer Population (Sterilisationsprogramme, Selektion von Samenspendern und ähnliches).

Der Begriff der Eugenik, der im so genannten „Gen-Zeitalter" wieder eine wichtige Rolle spielt, ist untrennbar mit dem Namen Francis Galton (1822–1911) verknüpft, einem Cousin von Charles Darwin. Galton befürwortete vehement Eingriffe in die Reproduktion von Individuen mit dem Ziel, den Genpool der Population zu verbessern – „bessere" Menschen sollten mehr, „schlechtere" Menschen weniger Nachkommen haben.

Eugenik im Nationalsozialismus. Die Eugenik hat insbesondere in der deutschen Geschichte des Nationalsozialismus eine furchtbare Rolle gespielt. Während die deutschen Nationalsozialisten die Eugenik mit einer nie da gewesenen Systematik betrieben und die schlimmsten heutzutage bekannten

Auswüchse einer „Rassenpolitik" betrieben, war sie doch keineswegs ausschließlich ein „deutsches Phänomen".

In den USA beispielsweise wurden in den 30er Jahren des 20. Jahrhunderts mehrere tausend Zwangssterilisationen an Kriminellen durchgeführt, und Gesetze wie der „Immigration Restriction Act" (1924) sollten insbesondere süd- und osteuropäische Menschen von der Einwanderung in die USA abhalten (Gould, 1981).

Die Auswirkungen der Eugenik für die Rezeption von Darwins Theorie in den Wissenschaften fasst Cartwright (2001) zusammen: „Spätestens ab den 30er Jahren des 20. Jahrhunderts war der Schaden nicht mehr abzuwenden: In der öffentlichen Meinung wie auch in den Augen vieler Wissenschaftler war der evolutionäre Ansatz mit einem üblen Bündel politischer Überzeugungen untrennbar verbunden." (Cartwright, 2001, S. 21).

Varianten evolutionärer Theorien des Verhaltens

Der Begriff „evolutionäre Theorien motivierten Verhaltens" wurde bewusst als Titel für dieses Kapitel gewählt. Er soll zum Ausdruck bringen, dass es nicht die eine Evolutionstheorie gibt, sondern verschiedene Wissenschaftszweige, die auf Darwins Theorie basieren. Diese verschiedenen Wissenschaftszweige haben unterschiedliche historische Wurzeln, unterschiedliche Methoden und auch unterschiedliche Ziele.

Zu unterscheiden sind insbesondere die Vergleichende Verhaltensforschung und die moderne Evolutionäre Psychologie. In neuerer Zeit gibt es starke Bemühungen, diese getrennten Disziplinen zusammenführen (Barrett, Dunbar & Lycett, 2002). Da die Methoden und Erkenntnisse jeder einzelnen dieser Teildisziplinen nötig sind, um eine umfassende evolutionäre Theorie des menschlichen Verhaltens zu entwickeln, fassen wir die wichtigsten Merkmale der beiden Ansätze hier kurz zusammen.

Vergleichende Verhaltenswissenschaft. Sie wird im Englischen meist als „Behavioral Ecology" bezeichnet, im Deutschen werden auch die Begriffe Ethologie oder – bei der Beschränkung auf die Erklärung menschlichen Verhaltens – als Humanethologie oder Soziobiologie gebraucht. Eigentlich müsste an dieser Stelle auf die Unterschiede zwischen Humanethologie und Soziobiolgie hingewiesen werden; da beide Disziplinen jedoch sehr verwandt sind, können die beiden Begriffe für unsere Zwecke synonym benutzt werden.

Die Vergleichenden Verhaltenswissenschaften sowie die aus ihr hervorgegangenen Disziplinen gehen zurück auf die Arbeiten von Konrad Lorenz und Nikolas Tinbergen, die hierfür zusammen mit Karl von Frisch 1973 den Nobelpreis erhielten. In Deutschland wurde die Humanethologie insbesondere von Eibl-Eibesfeldt (1998) fortgeführt. Wir verwenden im Folgenden der Einfachheit halber den generellen Oberbegriff Vergleichende Verhaltensforschung

ÜBERSICHT

Vergleichende Verhaltensforschung und Evolutionäre Psychologie

	Vergleichende Verhaltensforschung	Evolutionäre Psychologie
Ursprung	Biologie	Kognitive Psychologie
Grundannahme	Verhaltensdispositionen sind überwiegend an gegenwärtige Umweltbedingungen adaptiert und somit adaptiv.	Verhaltensdispositionen sind überwiegend an frühere Umweltbedingungen adaptiert und somit heute nicht mehr (sämtlich) adaptiv.
Typisches Vorgehen	Erfassung des Reproduktionserfolgs in Abhängigkeit von Variationen in Verhaltensdispositionen.	Erfassung der Mechanismen, die eine Verhaltensdisposition ausmachen.
Ziel	Bestimmung des Zusammenhangs zwischen Reproduktionserfolg und Verhaltensdisposition.	Bestimmung der Mechanismen, inklusive kognitiver Mechanismen, die ein Verhalten determinieren.

Vergleichende Verhaltensforschung. Diese entstand aus der Biologie. Sie beschäftigt sich mit den Unterschieden im Reproduktionserfolg der Individuen einer Art, und zwar in Abhängigkeit von den unterschiedlichen Verhaltensstrategien, die die Individuen verfolgen. Hierzu ist es notwendig, das Verhalten der Individuen einer Art in ihrer natürlichen Umgebung zu beobachten.

Evolutionäre Psychologie. Diese ist ein Kind der (kognitiven) Psychologie. Ihr Ziel ist die Identifizierung von Anpassungsproblemen (Barrett, Dunbar & Lycett, 2002).

Die Evolutionäre Psychologie hat das Ziel, diejenigen Anpassungsprobleme zu identifizieren, die den Menschen im Laufe seiner evolutionären Entstehung geprägt haben. In einem nächsten Schritt geht es dann darum zu prüfen, ob unsere psychologischen Mechanismen die Merkmale aufweisen, die zu erwarten sind, wenn sie sich zur Lösung dieser spezifischen Anpassungsprobleme entwickelten. Evolutionäre Psychologen konzentrieren sich deshalb auf das Identifizieren der Merkmale der menschlichen Anpassungsleistungen und sie unternehmen nicht den Versuch einer Bestimmung der spezifischen Merkmale, die zur Fitness eines Individuums zum jetzigen Zeitpunkt beitragen.

„Umwelt der evolutionären Anpassung"

Der wichtigste Unterschied zwischen den Vergleichenden Verhaltenswissenschaften und der Evolutionären Psychologie besteht in den Annahmen über die Entstehung der Anpassung (Adaptation):

Aus der Perspektive der Vergleichenden Verhaltenswissenschaften gibt das gegenwärtige Verhalten der Individuen einer Art zusammen mit den resultierenden Unterschieden im Reproduktionserfolg Aufschluss über das Zusammenspiel von Anlage und Umwelt.

Aus der Sicht der Evolutionären Psychologie dagegen sagt ein unterschiedlicher Reproduktionserfolg in der Gegenwart wenig darüber aus, worin eine spezifische Anpassungsleistung besteht. Das Argument der Evolutionären Psychologen hierzu besagt im Wesentlichen, dass spezifische Anpassungsleistungen ja nicht in der Gegenwart, sondern in einer fernen Vergangenheit und allmählich erworben wurden. Dies bedeutet, dass unsere gegenwärtigen Verhaltensdispositionen eine Folge von Anpassungsleistungen an eine Umwelt sind, wie sie vor Tausenden oder Hunderttausenden von Jahren bestanden hat.

Der Unterschied zwischen den beiden Disziplinen wird besonders deutlich anhand des Begriffs der „Umwelt der evolutionären Anpassung", im Englischen als „Environment of Evolutionary Adaptedness" bezeichnet. Eine weniger wortgetreue, aber bessere Übersetzung hierfür ist der Ausdruck „diejenige Umwelt, für die eine evolutionäre Anpassung besteht".

Adaptives Verhalten. Vertreter der Vergleichenden Verhaltenswissenschaften argumentieren, dass der Mensch mit hoher Wahrscheinlichkeit sehr gut an seine gegenwärtige Umgebung angepasst ist. Diese gegenwärtige Anpassungsgüte wird begründet mit der Möglichkeit zu schnellen Änderungen im phänotypischen Verhalten (bei nahezu unverändertem Genotyp), da die Evolution dieser Denktradition zufolge den Menschen mit einem hochgradig flexiblen Denkapparat ausgestattet hat (vgl. Smith, 2000).

Vertreter der Vergleichenden Verhaltensforschung neigen also eher der zu Annahme, dass die gegenwärtige Umwelt des Menschen diejenige ist, für die eine evolutionäre Anpassung vorliegt. Als Merkhilfe könnte man sagen, die Vergleichende Verhaltensforschung nimmt an, dass gegenwärtige Verhaltensdispositionen adaptiv sind (das

heißt: sie sind an die gegenwärtige Umwelt angepasst) und so die Fitness und den Reproduktionserfolg einer Art maximieren.

Adaptiertes Verhalten. Evolutionäre Psychologen dagegen nehmen an, dass in den letzten 10.000 Jahren tief greifende Umweltveränderungen stattgefunden haben, die sich so rasant vollzogen, dass die Entwicklung unseres Gehirns damit nicht Schritt halten konnte. Danach gibt es keinen Grund anzunehmen, dass unsere heutigen Verhaltensdispositionen in ihrer Gesamtheit noch länger adaptiv sind, da unsere gegenwärtige Umwelt völlig anders ist als diejenige, in der sich diese Verhaltensdispositionen ursprünglich entwickelten (Tooby & Cosmides, 1987).

Um die oben genannte Merkhilfe aufzugreifen: Evolutionäre Psychologen nehmen nicht an, dass gegenwärtige Verhaltensdispositionen adaptiv sind, sondern adaptiert – also angepasst, und zwar an vormals bestehende (und nicht gegenwärtige) Umweltbedingungen.

Verhalten und Reproduktion. Ein weiterer Unterschied zwischen Vergleichender Verhaltensforschung und Evolutionärer Psychologie ist das Ziel der wissenschaftlichen Erklärung menschlichen Verhaltens. Aus der Perspektive der Vergleichenden Verhaltenswissenschaften wird versucht, eine Verbindung herzustellen zwischen den jetzt innerhalb einer Art existierenden Verhaltensdisposition und deren Variationen einerseits und dem Reproduktionserfolg der Individuen dieser Art andererseits. Dies bedeutet, ein Verhalten gilt als „erklärt", wenn gezeigt wird, dass es zum Reproduktionserfolg eines Individuums beiträgt.

Wie Verhalten funktioniert. Der Fokus der Evolutionären Psychologie ist anders, und dies ist ein Erbe der kognitiven Psychologie: Ein Verhalten gilt dann als erklärt, wenn gezeigt werden kann, wie es funktioniert und welche Prozesse es beeinflussen: „Während die Vergleichende Verhaltensforschung uninformiert bleiben kann bezüglich der tatsächlichen psychologischen Mechanismen, anhand derer Menschen ihre Entscheidungen fällen, widmet sich die Evolutionäre Psychologie den zugrunde liegenden Mechanismen des Verhaltens mit besonderer Aufmerksamkeit (Barrett, Dunbar & Lycett, 2002, S. 10).

Es ist offensichtlich, dass nicht etwa einer der beiden Ansätze richtig oder falsch ist. Um menschliches Verhalten zu erklären, braucht es beides: Die Erklärung des gegenwärtigen Reproduktionserfolges wie auch der Mechanismen, die diesen Reproduktionserfolg vermitteln. Ferner ist anzunehmen, dass unsere Verhaltendispositionen in einem gewissen Grade (gegenwärtig) adaptiv sind und in anderen Teilen (in der Vergangenheit) adaptiert (wurden):

Dies bedeutet, dass ein Teil unserer Verhaltensdispositionen an Umweltbedingungen angepasst ist, die nicht länger bestehen. Ein anderer Teil unserer Verhaltensdispositionen dagegen ist entweder in der Vergangenheit an Umweltbedingungen angepasst worden, die durchaus weiter fortbestehen (man denke an die Anpassung des menschlichen Atmungsapparates an die auf der Erde herrschenden Sauerstoffbedingungen). Oder aber bestimmte Verhaltensdispositionen sind eine vergleichsweise neue Errungenschaft und stellen gegenwärtige Anpassungen an relativ neuartige Herausforderungen unserer Umwelt dar.

10.2 Empirische Beiträge evolutionärer Theorien

Im Zuge der Renaissance evolutionärer Theorien in den Humanwissenschaften gibt es eine Vielzahl von Phänomenen, die in den letzten 10 bis 15 Jahren untersucht wurden (s. Übersicht).

ÜBERSICHT

Evolutionäre Ansätze zur Erklärung menschlichen Verhaltens

Barrett, Dunbar & Lycett (2002)	Buss (1999)	Cartwright (2001)	DeCatanzaro (1999)	Gaulin & McBurney (2001)
▶ Kooperation unter Verwandten	▶ Paarungsverhalten bei Frauen	▶ Paarungsverhalten	▶ Schmerz, Furcht und Schutz	▶ Wahrnehmung
▶ Gegenseitigkeit und Gemeinschaftssinn	▶ Paarungsverhalten bei Männern	▶ Sexuelle Selektion	▶ Paarungsverhalten	▶ Bewusstsein
▶ Partnerwahl und sexuelle Selektion	▶ Kurzfristige Paarungsstrategien	▶ Gehirngröße	▶ Erregung und Stress	▶ Lernen und Erfahrung
▶ Elterliche Fürsorge	▶ Elternschaft und Nachwuchs	▶ Sprache	▶ Ärger, Hass und Aggression	▶ Denken
▶ Heirat und Vererbung	▶ Kooperation	▶ Konflikte in der Familie	▶ Liebe und Bindung	▶ Intelligenz und Persönlichkeit
▶ Individuum und Gesellschaft	▶ Aggression und Krieg	▶ Konflikte außerhalb der Familie	▶ Lernmotivation	▶ Menschliche Partnerwahl
▶ Kognition und Gehirn	▶ Konflikte zwischen den Geschlechtern	▶ Altruismus	▶ Selbst, Familie und Gemeinschaft	▶ Familie und Entwicklung
▶ Soziale Kognition und deren Entwicklung	▶ Status, Prestige und soziale Dominanz			▶ Motivation und Emotion
▶ Sprache				▶ Gesundheit
▶ Kultur				▶ Mentale Krankheiten
				▶ Soziales Verhalten
				▶ Kultur

Ein entscheidender Meilenstein in der Entwicklung evolutionärer Theorien des Verhaltens ist die Diskussion um altruistisches Verhalten. Auf den ersten Blick könnte man annehmen, dass altruistisches Verhalten im Rahmen evolutionärer Theorien besonders schwer zu erklären ist: Wenn die Anpassung eines Individuums an die Umweltbedingungen über sein Überleben und seinen Reproduktionserfolg entscheidet, so sollte der Konkurrenzdruck um die verfügbaren Ressourcen geradezu ein egoistisches Verhalten befördern. Betrachten wir daher zunächst die evolutionäre Erklärung altruistischen Verhaltens.

10.2.1 Evolutionäre Theorien altruistischen Verhaltens

Eine für die vorliegenden Zwecke ausreichende Arbeitsdefinition von Altruismus kann lauten, dass Altruismus ein intentionales Verhalten darstellt, das dem Empfänger einen Nutzen beschert, während es dem sich altruistisch verhaltenden Individuum Kosten verursacht. Aus evolutionärer Perspektive ist ein außerordentlich wichtiger Kosten-Nutzen-Faktor der reproduktive Erfolg des Individuums.

Auf den ersten Blick ist zu erwarten, dass jedes Individuum einer Art ausschließlich an der Maximierung des eigenen Reproduktionserfolgs interessiert ist, sich also nicht altruistisch verhält. Allerdings verdanken wir insbesondere den Vergleichenden Verhaltenswissenschaften eine Vielzahl von Beobachtungen, die ein ganz anderes Bild vermitteln.

Um nur ein Beispiel zu nennen: Es gibt viele in Herden lebende Tierarten, bei denen einzelne Individuen Wachfunktionen übernehmen (während die Artgenossen fressen) und Warnrufe ausstoßen, wenn ein Feind sich nähert. Diese Form des Altruismus ist ein Merkmal von Arten, die in Gruppenverbänden leben und findet sich, um nur einige wenige Beispiele zu nennen, bei Präriehunden, Murmeltieren sowie vielen Vogelarten. Ein solches altruistisches Verhalten hat für das Individuum, das ein solches Verhalten zeigt, durchaus negative Auswirkungen auf die eigenen Überlebens- und Reproduktionschancen, denn es verliert zum einen Zeit, zum anderen lenkt es im Falle eines Warnrufes die Aufmerksamkeit des bedrohenden Tieres auf sich.

Andererseits erfahren die anderen Individuen der Gruppe einen bedeutsamen Nutzen von diesem Verhalten, denn die Wahrscheinlichkeit einer rechtzeitigen Flucht steigt natürlich beträchtlich. Die oben genannten Kriterien für altruistisches Verhalten sind also erfüllt. Man könnte mit Fug und Recht schlussfolgern, dass wir an vielen Tierarten die Wirkung eines hypothetischen „Altruismus-Gens" am Werke sehen.

Die Existenz eines solchen Altruismus-Gens ist aber eigentlich ganz abwegig, wie das folgende Gedankenexperiment zeigt: Angenommen, es gäbe in einer bestimmten Population einer Spezies eine Mutation, die dazu führt, dass auch nur einem einzigen Individuum das „Altruismus-Gen" fehlt. Dieses Individuum würde von den Warnrufen seiner Artgenossen profitieren, jedoch niemals Gefahr laufen, die Kosten für ein eigenes altruistisches Verhalten tragen zu müssen. In der Folge würde dieses Individuum mehr Nachkommen haben als seine altruistischen Artgenossen. Im Laufe der Zeit würde die Population unweigerlich „unterwandert" von nicht-altruistischen Individuen. Die Gruppe würde schließlich nur noch aus nicht-altruistischen Individuen bestehen, die allerdings am Ende dieses Prozesses als Gruppe eine deutlich geringere Überlebenswahrscheinlichkeit hätten als eine Gruppe, die ausschließlich aus altruistischen Mitgliedern besteht. Wenn es also in vielen Spezies überzeugende Belege für altruistisches Verhalten gibt, dann muss es weitere Ursachen hierfür geben.

Betrachten wir zu diesem Zweck zwei prinzipiell unterschiedliche Situationen: Dies ist zum einen der Altruismus unter Verwandten, zum anderen Altruismus unter nicht miteinander verwandten Mitgliedern einer Spezies.

10.2.2 Altruismus unter Verwandten

Theorie der inklusiven Fitness
Eine ebenso einfache wie brillante Lösung des Widerspruchs für Gruppen von miteinander ver-

wandten Mitgliedern einer Spezies wurde von William Hamilton 1964 publiziert. Dieser Ansatz wird heute zumeist als „Theorie der inklusiven Fitness" oder auch als Theorie der „kin selection" (in etwa: Theorie der Verwandtschaftsselektion) bezeichnet. Hamilton (1964) wies darauf hin, dass nicht etwa Individuen der Gegenstand der Selektion sind, sondern vielmehr die Gene des Individuums.

Die reproduktive Fitness eines Individuums – seine Fähigkeit also, eigene Merkmale an zukünftige Generationen weiter zu geben – ist Hamiltons Idee zufolge nicht allein eine Funktion der Anzahl eigener Nachkommen. Vielmehr teilt ein Individuum nicht nur seine Gene zu 50 Prozent mit den eigenen Nachkommen, sondern auch zu 50 Prozent mit den eigenen Geschwistern, und in absteigenden Anteilen mit anderen Verwandten wie beispielsweise Enkeln oder den Nachkommen der eigenen Geschwister.

Hamiltons Regel. Hamilton untersuchte die Beziehungen zwischen altruistischem Verhalten und Reproduktionserfolg mathematisch; den Zusammenhang zwischen beiden Variablen fasste er in einer Formel zusammen, die heute als „Hamilton's Rule" bezeichnet wird. Diese lautet: $C < r \times B$ oder: Hilfe wenn … $r \times B - C > 0$.

Hierbei steht C für die Kosten des Handelnden (C = für englisch „Costs"). Die Abkürzung r steht für den Anteil derjenigen Gene im altruistischen Individuum, der identisch ist mit Genen des Empfängers des altruistischen Verhaltens (und zwar aufgrund eines gemeinsamen Vorfahrens, mit r für englisch „relatedness"). B schließlich ist die Summe der Vorteile, die dem Empfänger des altruistischen Verhaltens entstehen (B = für englisch „Benefits").

Die Definition der genetischen Verwandtschaft „r" kann unterschiedlich erfolgen. Manche Autoren definieren r als die Wahrscheinlichkeit, dass die genetische Grundlage einer altruistischen Verhaltensdisposition auch in anderen, verwandten Individuen vorhanden ist. Einen Überblick über die verschiedenen Vor- und Nachteile alternativer Definitionen gibt Cartwright (2001).

Ein altruistisches Verhalten wird dann auftreten, wenn die Kosten des Verhaltens geringer sind als der Nutzen für den Empfänger, multipliziert mit (vereinfacht gesprochen) dem Grad der genetischen Verwandtschaft mit dem begünstigten Individuum. Zu beachten ist ferner, dass in größeren Tierverbänden (etwa ein Vogelschwarm oder eine Gruppe von Murmeltieren) ein altruistisches Verhalten nicht nur einem anderen Individuum nutzt, sondern gleich einer ganzen Gruppe von Individuen, zu denen jeweils unterschiedliche Verwandtschaftsgrade bestehen können.

William Hamilton (1936–2000) formulierte die Theorie der inklusiven Fitness, in der es um die Beziehungen zwischen altruistischem Verhalten und Reproduktionserfolg ging

Kooperation lohnt sich

Ein Gedankenexperiment macht diese eher abstrakten Überlegungen anschaulicher: Angenommen wir haben es mit einer Gruppe von Murmeltieren zu tun, bestehend aus Vater, Mutter, elf Nachkommen von Vater und Mutter sowie einem Bruder des Vaters und einer Schwester der Mutter, die beide auch 10 Nachkommen haben. Die Gruppe besteht also aus 25 Murmeltieren. Nennen wir das elfte Tier unter den Geschwistern des einen Elternpaares „MT1" und überlegen, was mit dessen Genen passiert in Abhängigkeit davon, ob er altruistisch ist oder nicht.

Um die Berechnung der Relation zwischen Kosten und Nutzen nicht unnötig zu komplizieren, machen wir drei Zusatzannahmen:

(1) Alle Nachkommen sind bereits erwachsen und beteiligen sich am Wachen und Warnen.

(2) Wir vernachlässigen die etwaigen Kosten des Nichtfressens und nehmen nur an, die Wahrscheinlichkeit, dass MT1 aufgrund eines Warnrufes innerhalb eines definierten Zeitraums vom herannahenden Greifvogel getötet wird, betrage 10 Prozent.

(3) Die durchschnittliche Wahrscheinlichkeit je Murmeltier für den gleichen Zeitraum, dann getötet zu werden, wenn niemand Wache hält, betrage 5 Prozent (denn das Risiko verteilt sich ja auf viele Gruppenmitglieder).

Wenn jedoch jemand Wache hält, so betrage die durchschnittliche Wahrscheinlichkeit je Murmeltier, getötet zu werden, lediglich 1 Prozent. Der durchschnittliche Nutzen der Wachfunktion für jedes (nicht selbst Wache haltende) Murmeltier ist also 4 Prozent.

Für MT1 resultiert somit C = .05 – nämlich eine 10-prozentige Wahrscheinlichkeit, alle eigenen Gene zu verlieren im Falle eines Warnrufs, minus 5 Prozent für die entsprechende durchschnittliche Wahrscheinlichkeit, wenn keine Wachfunktion übernommen wird. Der mögliche Nutzen eines altruistischen Verhaltens ist die Summe aus den Multiplikationen von r und B für alle Verwandten.

Tabelle 10.1. Berechnung des Gesamtnutzens eines altruistischen Verhaltens für eine Gruppe von Murmeltieren mit unterschiedlichen Verwandtschaftsgraden. Aus der Perspektive des warnenden Tieres berechnet sich diese Summe der Multiplikationen aus r und B. In unserem Beispiel überwiegt der durch den Verwandtschaftsgrad gewichtete Nutzen bei weitem die Kosten der Wachfunktion

Mitglieder der Gruppe:	Anzahl		r		B		
für die Geschwister ...	10	x	.500	x	.04	=	.20
für Vater und Mutter ...	2	x	.500	x	.04	=	.04
für Cousinen / Cousins ...	10	x	.125	x	.04	=	.05
für Onkel und Tante ...	2	x	.250	x	.04	=	.02
Summe:						=	.31

Der Nutzen altruistischen Verhaltens

Zu beachten ist, dass das Vorhandensein einer entsprechenden genetisch bedingten Verhaltensdisposition dazu führen wird, dass ein altruistisches Verhalten sich „lohnt". Und „lohnen" bedeutet in diesem Fall: Die Wahrscheinlichkeit, dass das altruistische Gen von MT1 überlebt, wenn das Individuum sich altruistisch verhält, ist deutlich erhöht, obwohl das Individuum die unmittelbare eigene Fitness reduziert. In anderen Worten: MT1 reduziert die Wahrscheinlichkeit des Überlebens des Altruismus-Gens im eigenen Körper, erhöht aber in noch viel höherem Maße die Wahrscheinlichkeit des Überlebens dieses Gens in den Körpern seiner Verwandten.

Es wird zudem deutlich, dass ein günstiges Verhältnis zwischen (r × B) und C umso wahrscheinlicher ist, je mehr Mitglieder die eigene Gruppe hat und je enger die verwandtschaftlichen Beziehungen zwischen den Gruppenmitgliedern sind. Aus „Hamilton's Rule" lässt sich also ableiten, dass ein altruistisches Verhalten nicht unkonditional gegeben, sondern an die Anwesenheit eigener Verwandter geknüpft sein sollte.

Hoogland (1983) überprüfte diese Schlussfolgerung an Prärie-Hunden. Er verglich drei Situationen miteinander: Entweder waren keine engen Verwandten im Rudel anwesend, oder es waren eigene Nachkommen im Rudel anwesend, oder das Rudel bestand aus genetisch engen Verwandten ohne eigene Nachkommen. Die Daten zeigen, dass die Wahrscheinlichkeit von Alarmrufen mehr als doppelt so hoch ist, wenn eigene Nachkommen oder enge Verwandte in der Nähe sind, im Vergleich zu einer Situation, in der dies nicht der Fall ist.

Zwei Anmerkungen sind an dieser Stelle wichtig: Zum einen sind viele Darstellungen der Theorie der inklusiven Fitness so verfasst, als wüssten die handelnden Individuen um die Ausprägungen der dem Modell zugrunde liegenden Variablen. Eine solche Darstellung ist jedoch irreführend. Hamiltons Ansatz basiert allein auf den mathematischen Konsequenzen der Nutzenfunktion und des Verwandtschaftsgrades (der die Wahrscheinlichkeit beinhaltet, mit der eine bestimmte genetische Disposition auch in anderen Populationsmitgliedern anzutreffen ist). Der Effekt – altruistisches Verhalten unter Verwandten – ergibt sich zwangsläufig aus den postulierten Beziehungen und erfordert nicht die bewusste Kalkulation der zugrunde liegenden Größen.

Eine zweite Anmerkung bezieht sich auf ein verwandtes Problem, das wir in diesem Zusammenhang ignoriert haben. Dies ist die Frage, ob und unter welchen Umständen eine Gruppe von Individuen durch Individuen „unterwandert" werden kann, die sich nicht altruistisch verhalten. Die Erfahrung – Daten aus vielen verschiedenen Spezies – zeigt, dass dies oftmals nicht der Fall ist.

Eine Erklärung dafür könnte lauten, dass Populationen, die von egoistischen Individuen ihrer Art unterwandert werden, im Laufe der Evolution ausgestorben sind, so dass nur diejenigen übrig bleiben, für die ein altruistisches Verhalten genetisch sehr fest verankert ist. Anhand sehr komplizierter Berechnungen kann gezeigt werden, warum dies so ist. Wir gehen auf diese mathematischen Modelle zur „Überlebenswahrscheinlichkeit" altruistischer Gene an dieser Stelle nicht ein, sondern verschieben deren Analyse auf das Phänomen des reziproken Altruismus, den wir im nachfolgenden Abschnitt behandeln.

10.2.3 Reziproker Altruismus

Altruismus besteht, auch dies zeigen zahlreiche Verhaltensbeobachtungen im Tierreich, nicht nur unter genetisch verwandten Individuen einer Art, sondern findet sich auch zwischen nicht-verwandten Individuen und sogar zwischen Individuen verschiedener Arten. Betrachten wir im Folgenden ein Beispiel für Kooperation zwischen nicht-verwandten Individuen einer Art. Anschließend übertragen wir dieses Beispiel anhand des so genannten „Gefangenendilemmas" auf das menschliche Verhalten.

DEFINITION

Reziproker Altruismus

Ein reziproker Altruismus stellt Handlungen zum beiderseitigen Nutzen der beteiligten Individuen dar, eine so genannte „win-win"-Situation, die auch als Mutualismus (gegenseitiger Austausch) bezeichnet wird (Barasch, 1982; Trivers, 1971).

ÜBERSICHT

		Empfänger	
		Gewinn	**Verlust**
Gebender	**Gewinn**	Mutualismus (reziproker Altruismus)	Egoismus
	Verlust	Altruismus	Boshaftigkeit

Austausch von Hilfeleistungen

Beginnen wir mit einem Beispiel: Vogelarten werden von Parasiten befallen – zum Beispiel Zecken – die sich die Vögel überwiegend selbst entfernen können. Dies gilt allerdings nicht für diejenigen Parasiten, die in der Kopfregion sitzen, denn diese können die Vögel mit dem eigenen Schnabel nicht erreichen. Sie sind daher zur Entfernung der Parasiten auf die Hilfe anderer Artgenossen angewiesen. Nehmen wir an, es handelt sich um eine Vogelart, die nicht in einem engen Gruppenverband lebt und bei denen der altruistische Akt in der Regel nicht durch einen nahen Verwandten des Individuums ausgeführt wird.

Es handelt sich auf den ersten Blick um ein altruistisches Verhalten im Sinne unserer oben genannten Definition, denn es verursacht dem helfenden Tier Kosten. Diese Kosten entstehen beispielsweise in Form von Zeit, die das helfende Tier nicht der eigenen Hygiene, der Nahrungssuche oder der Aufzucht eigener Nachkommen widmen kann. Ferner bringt das Verhalten dem Hilfe empfangenden Tier einen überaus wertvollen Nutzen, weil es dessen Krankheitsrisiko drastisch reduziert.

Es ist allerdings eine Frage der zeitlichen Perspektive, ob dieses Verhalten tatsächlich als Altruismus bezeichnet werden kann: Betrachtet man nur eine einzelne Interaktion (Vogel A hilft Vogel B), so liegt sicherlich altruistisches Verhalten vor. Wenn jedoch die genetische Disposition in jedem Individuum der Population fest verankert ist, so wird im Rahmen einer längeren zeitlichen Perspektive mit hoher Wahrscheinlichkeit der Fall eintreten, dass jedes Mitglied der Gruppe jedem anderen Gruppenmitglied hilft, dass also jeder für jeden Hilfe leistet und Hilfe empfängt. In diesem Falle wäre es angemessener, nicht von altruistischem Verhalten zu sprechen, sondern vielmehr zu sagen, dass Hilfeleistungen zwischen Individuen der Gruppe ausgetauscht werden.

Trivers (1971) bezeichnete diese spezielle Form der Interaktion als „reziproken Altruismus". Es kann angenommen werden, dass beide Individuen (oder in größeren Gruppen: alle Individuen) durch einen solchen reziproken Altruismus einen Nettovorteil haben, denn der Nutzen der Hilfeleistung übersteigt deren Kosten bei weitem.

Egoismus. Dieser kann definiert werden als ein Gewinn auf der Seite des „Gebenden" (in diesem Falle wohl besser „handelnden" Individuums) und einem Verlust auf der Seite des Interaktionspartners. Cartwright (2001) macht zudem darauf aufmerksam, dass eine bestimmte Zelle dieser Matrix nur innerhalb einer Spezies beobachtet werden kann: Dies ist das mit „Boshaftigkeit" bezeichnete Verhaltensmuster, bei dem ein Individuum eigenen Schaden in Kauf nimmt, um einem anderen Individuum Schaden zuzufügen. Es findet sich nur beim Menschen.

Häufigkeit der Interaktionen. Und schließlich gibt es einen Unterschied zwischen Altruismus unter Verwandten versus Nicht-Verwandten. Altruismus unter Verwandten lässt sich damit erklären, dass die genetische Disposition für das altruistische Verhalten (mit einer gewissen Wahrscheinlichkeit) auch in den eigenen Verwandten vorhanden ist. Im Falle des Mutualismus oder reziproken Altruismus wird ein Hilfeverhalten gezeigt, weil es (mit einer gewissen Wahrscheinlichkeit) zu einem späteren Zeitpunkt erwidert wird.

In Bezug auf einen reziproken Altruismus gibt es nun ein Problem. Es ist keineswegs sicher, dass das Hilfeverhalten zu einem späteren Zeitpunkt tatsächlich erwidert wird. Bei Gruppen miteinander verwandter Individuen existieren definierte Wahrscheinlichkeiten, dass die eigene genetische Grundlage der entsprechenden Verhaltensdisposition auch in den Individuen vorhanden ist, die von der Hilfe profitieren.

Im Falle eines nicht-verwandtschaftlichen reziproken Altruismus ist dies nicht gegeben. Wenn zwei Individuen einander begegnen, so ist nicht von vornherein klar, ob es sich um einen kooperativen Artgenossen handelt, oder um einen „Betrüger", der die angebotene Hilfe gerne entgegennimmt, ohne diese jedoch zu einem späteren Zeitpunkt zu erwidern.

Von großer Bedeutung für die Entscheidung eines Individuums über Kooperation oder Nicht-Kooperation sollte die Wahrscheinlichkeit und

Häufigkeit einer wiederholten Interaktion mit dem (nicht verwandten) Artgenossen sein: Begegnen dieselben Individuen einander nur selten, im Extremfall nur ein oder zwei Mal, so besteht eine vernünftige Strategie darin, zu „betrügen" – also eine Hilfe anzunehmen und diese später nicht zu erwidern. Wenn zwei Individuen dagegen zahlreiche Interaktionen haben werden, so ist es sinnvoller, die Hilfeleistung mit hoher Zuverlässigkeit zu erwidern. Diese Situation lässt sich am besten anhand des so genannten „Prisoner's Dilemma" (Gefangenendilemmas) illustrieren.

Das Gefangenen-Dilemma

Dieses Beispiel beinhaltet eine fiktive Situation, bei der zwei Verdächtige von der Polizei verhaftet und getrennt voneinander verhört werden. Lassen Sie uns annehmen, dass die Beweislast nicht sonderlich groß ist – wenn beide Verdächtige leugnen oder die Aussage verweigern, so werden beide nur eine geringe Strafe bekommen.

Eine Verhörtaktik der Polizei kann darin bestehen, die Verdächtigen unabhängig voneinander zu ermuntern, den jeweils anderen zu belasten. Der Geständige würde dann straffrei ausgehen, sofern der andere nicht umgekehrt auch ihn belastet. Der Nicht-Geständige dagegen muss natürlich mit einer ungleich höheren Strafe rechnen, wenn der andere ihn belastet. Entscheidend für dieses Gedankenexperiment ist, dass beide Interaktionspartner nicht wissen können, wie der andere sich entscheidet.

ÜBERSICHT

Das Gefangenendilemma

		Entscheidung von Gefangenem B	
		Kooperieren (mit A)	(A) Betrügen
Entscheidung von Gefangenem A	**Kooperieren (mit B)**	Belohnung für gegenseitige Kooperation … *1 Jahr Haft für A und 1 Jahr Haft für B.*	Resultat für den Betrogenen … *10 Jahre Haft für A, Straffreiheit für B.*
	(B) Betrügen	Anreiz oder Versuchung, zu betrügen … *Straffreiheit für A, 10 Jahre Haft für B.*	Bestrafung für gegenseitige Nicht-Kooperation … *10 Jahre Haft für A, 10 Jahre Haft für B.*

Chancen und Risiken. Warum befinden sich die beiden Verdächtigen hier in einem Dilemma? Dies wird deutlich, wenn Sie sich in einen der beiden Personen hinein versetzen. Was Sie auch tun, es gibt bei jeder Entscheidung Chancen und Risiken. Wenn Sie (wie möglicherweise vorher vereinbart) mit Ihrem Mitgefangenen kooperieren, und wenn er dies auch tut, so werden Sie beide eine geringe Strafe bekommen.

Andererseits laufen Sie bei dieser Entscheidung Gefahr, dass Ihr vormals Verbündeter Sie belastet, während Sie ihn decken – es resultiert eine hohe Strafe für Sie, während Ihr Verbündeter straffrei ausgeht. Entschließen Sie sich, die vereinbarte Kooperation zu brechen (zu „betrügen"), so hängt das Resultat wiederum vom Verhalten Ihres Mitgefangenen ab: Hält dieser sich (im Gegensatz zu Ihnen) an die vereinbarte Kooperation, so gehen Sie straffrei aus. Entschließt Ihr Mitgefangener sich ebenso wie Sie zum Betrug, so erwartet Sie beide eine hohe Strafe.

Man könnte die Matrix auch als „Auszahlungsmatrix" bezeichnen, denn diese regelt das

Ergebnis (die „Auszahlungen") jeder Ihrer Entscheidungen, und zwar in Abhängigkeit von den Entscheidungen Ihres Mitgefangenen. Ihr Verhalten wird nun ganz entscheidend durch die konkreten Auszahlungen beeinflusst werden, die im einzelnen Fall zur Anwendung kommen.

Die Sanktionen stellen nun keinen sonderlich großen Anreiz für das Betrügen dar, denn Ihr Gewinn in diesem Falle beträgt maximal ein Jahr Freiheit, und dem gegenüber stehen 9 Jahre Haftverlängerung für den Fall, dass auch Ihr Mitgefangener sich zum Betrügen entschließt. Der Anreiz für das Betrügen ist also wesentlich geringer als die mögliche Bestrafung für diesen Fall.

Es sind natürlich Fälle denkbar, in denen der Anreiz für das Betrügen deutlich höher ist. Dies wäre etwa dann der Fall, wenn im Falle einer erfolgreichen Kooperation das Beweismaterial dennoch ausreicht, Sie für 10 Jahre hinter Gitter zu bringen. Während nun erfolgreiches Betrügen zur Straffreiheit führt, wird ein gemeinsames Betrügen „lediglich" in einer Haftverlängerung um weitere 5 (auf 15) Jahre resultieren. In diesem Fall wäre der Anreiz für das Betrügen (10 Jahre Gewinn) deutlich höher als der Schaden, der aus dem nicht erfolgreichen Betrügen resultiert (5 Jahre).

Das vorliegende Beispiel verdeutlicht das Dilemma, in dem Sie sich befinden, während Sie überlegen, ob Sie betrügen oder kooperieren sollen. Das Beispiel kann aber in mehrfacher Hinsicht noch verbessert werden: Zum einen sind mehr oder weniger hohe Gefängnisstrafen kein gutes Beispiel für „Auszahlungen". Im Falle der oben genannten Vögel – wie wohl in vielen lebensnahen Situationen – geht es nicht nur um die Vermeidung angedrohter negativer Konsequenzen, sondern um einen realen Nutzen, der aus einem Austausch von Hilfeleistungen resultiert.

Dennoch entspricht die Situation des Vogels – wie auch unsere Lage in alltäglichen Interaktionen – in vielen Aspekten recht genau dem Typus des Gefangenendilemmas: Entschließt sich der Vogel zur Hilfeleistung, so resultiert ein hoher gemeinsamer Nutzen für den Fall, dass diese erwidert wird. Und wird die Hilfeleistung nicht erwidert, so erwächst ihm ein

Schaden. Gleiches gilt für das Verweigern der Kooperation: Trifft der nicht-kooperierende Vogel den anderen Vogel niemals wieder, erwächst aus der Verweigerung kein Schaden; folgen viele weitere Begegnungen, kann er nicht mehr auf Hilfeleistung hoffen.

Zahl der Interaktionspartner. Zwei wichtige Aspekte des reziproken Altruismus sind in dem Beispiel des Gefangenendilemmas jedoch nicht enthalten: Der eine Aspekt betrifft die Zahl der möglichen Interaktionspartner – diese mag nicht nur in zwei Individuen, sondern in einer größeren Gruppe von einzelnen Individuen bestehen. Dies bedeutet, dass es darauf ankommen könnte, einen Interaktionspartner zu finden, den man noch nicht betrogen hat. So lange dies möglich ist, resultiert aus einer Nicht-Kooperation kein Schaden.

Zeitliche Perspektive. Der andere Aspekt betrifft die zeitliche Perspektive der Interaktion. In dem genannten Beispiel des Gefangenendilemmas handelt es sich um eine singuläre Interaktion. In solchen singulären Interaktionen kann die Auszahlungsmatrix ganz einfach so gestaltet werden, dass „Betrügen" die sinnvollste Handlungsalternative ist.

Dawkins (1976) diskutiert diesen Aspekt in Zusammenhang mit einem Gefangenendilemma, bei dem die Auszahlungsmatrix für den Fall des Verweigerns einen größeren Anreiz vorsieht als den möglichen Nutzen einer gemeinsamen Kooperation: „In (diesem) Gefangenendilemma-Spiel gibt es keine Möglichkeit, Vertrauen sicherzustellen. Wenn nicht mindestens einer der Spieler ein halber Heiliger ist, der zu gut für diese Welt ist und betrogen wird, muss das Spiel mit gegenseitigem Verrat enden, der das so paradox schlechte Resultat für beide Spieler nach sich zieht." (Dawkins, 1976/1998, S. 329).

Wiederholter Austausch von Hilfeleistungen. Denken wir jedoch an eine Population von Vögeln oder unsere alltäglichen Interaktionen wie etwa am Arbeitsplatz oder im Freundeskreis, so sind diese dadurch gekennzeichnet, dass Möglichkeiten zum Austausch von Hilfeleistungen wiederholt auftreten. Um zu illustrieren, wie diese Interaktionen anhand des Gefangenendilemmas dargestellt werden können, müssen wir dem typischen Gefangenendilemma eine Wiederholungsmöglichkeit einräumen, die dafür sorgt, dass (wie in vielen alltäglichen Situationen) der „Schatten der Zukunft" lang ist.

Das wiederholte Gefangenen-Dilemma

Bislang haben wir singuläre Interaktionen zwischen nicht-verwandten Individuen betrachtet, die eine Entscheidung zwischen Kooperation und Nicht-Kooperation erfordern. Wenn wir davon ausgehen, dass Interaktionen zwischen vielen Individuen über eine längere zeitliche Perspektive auftreten, so erfordert dies viele, immer wieder neue Entscheidungen. Maynard Smith (1982) spricht in diesem Zusammenhang von „Strategien", denn das Individuum mag gut beraten sein, einen festen Handlungsplan für diese zahlreichen Interaktionen zu haben. Im Falle des Homo Sapiens mögen dies bewusste Strategien sein, über die wir nachdenken und die wir möglicherweise auch revidieren; im Falle unseres Beispiels vom Vogelschwarm ist es aber viel plausibler anzunehmen, dass solche Strategien in Form genetischer Dispositionen festgelegt sind.

Stellen Sie sich nun folgende Situation vor: Sie „spielen" gegen einen unbekannten Spielpartner, ähnlich dem Gefangenendilemma, und Sie beide können zwischen zwei Handlungsalternativen wählen, Kooperation versus Nicht-Kooperation (im Folgenden: Betrügen). Das Spiel besteht nun nicht aus einer einzigen Entscheidung, sondern aus insgesamt 200 Durchgängen. In Abhängigkeit von Ihrer beiderseitigen Kooperation oder Nicht-Kooperation resultieren nun unterschiedliche Punktgewinne.

Es ist klar, dass Sie maximal 1000 Punkte erreichen können, und zwar für den außerordentlich unwahrscheinlichen Fall, dass Ihr Spielpartner sich 200 Mal in Folge betrügen lässt. Wenn Sie gemeinsam konsistent kooperieren, erreichen Sie (wie auch Ihr Spielpartner) 600 Punkte.

Strategietest. Um nun die Qualität unterschiedlicher Strategien zu testen, veranstaltete Axelrod (1984) ein Computerturnier, bei dem er Experten aufforderte, „Strategien" in Form von Computerprogrammen einzureichen; insgesamt handelte es sich um 15 verschiedene Strategien. Strategien sind in diesem Falle Anweisungen, die festlegen, welche Alternative gewählt wird, und zwar auch in Abhängigkeit vom Verhalten des Spielpartners im vorigen Durchgang. Zu beachten ist, dass Axelrod die unterschiedlichen Strategien gegeneinander antreten ließ, und dass die „Spielpartner" aus den Computerprogrammen und der darin eingebauten Strategie bestehen.

Eine Strategie könnte beispielsweise darin bestehen, immer zu kooperieren; eine andere, immer zu betrügen. Weiterhin könnte die Entscheidung ganz zufällig getroffen werden, oder eine Strategie könnte in hohem Maße nachtragend sein, indem Sie einen Betrug für eine recht lange Zeit (viele Durchgänge) mit einem Betrug „bestraft".

ÜBERSICHT

Das wiederholte Gefangenendilemma

		Entscheidung Ihres Spielpartners	
		Kooperieren	Betrügen
Ihre Entscheidung	**Kooperieren**	Belohnung für gegenseitige Kooperation … *3 Punkte.*	Resultat für den Betrogenen … *0 Punkte.*
	Nicht kooperieren	Anreiz oder Versuchung, zu betrügen … *5 Punkte..*	Bestrafung für gegenseitige Nicht-Kooperation … *1 Punkt.*

„Tit for tat". Es gibt zwei wichtige Erkenntnisse aus Axelrods Computersimulation rivalisierender Strategien (zusammenfassend siehe Axelrod, 1984). Es war ein Psychologe, nämlich Anatol Rapaport, der die erfolgreichste Strategie einreichte (Rapaport, 1966). Diese im Wettbewerb mit allen anderen Strategien im Durchschnitt erfolgreichste Strategie ist sehr einfach und wird als „Tit-for-Tat" bezeichnet.

Diese Strategie sieht vor, dass eine Kooperation des Spielpartners im nächsten Zug mit einer Kooperation erwidert wird; umgekehrt wird Nicht-Kooperation im nächsten Zug mit Nicht-Kooperation erwidert. Diese Strategie war im Wettbewerb mit den anderen Strategien nicht nur im Durchschnitt am erfolgreichsten, sondern im direkten Vergleich jedem einzelnen Konkurrenten überlegen.

Es gibt zwei wichtige Merkmale von „Tit-for-Tat", die zu seinem Erfolg beitragen: Es handelt sich um eine „nette" Strategie (wie Axelrod sagte), denn diese beginnt niemals von sich aus einen Betrugsversuch. Weiterhin ist „Tit-for-Tat" niemals nachtragend: Es „bestraft" einen Betrug mit nur einer einzigen Nicht-Kooperation, kehrt jedoch sofort wieder zur Kooperation zurück, wenn der Interaktionspartner dies auch tut.

Evolutionär stabile Strategie. Statt nun „Auszahlungen" in Form von Punkten vorzunehmen, können wir versuchen, die in der Natur normalerweise vorkommenden „natürlichen Auszahlungen" in das Spiel einzubauen. In diesem Fall sollten die Auszahlungen in „Nachkommen der eigenen Strategie" bestehen.

Im Rahmen einer Computersimulation geschieht dies, indem man Kopien des Computerprogramms auf die Festplatte kopiert und diese Kopien als „Nachkommen" der Elterngeneration am nächsten Durchgang teilnehmen lässt. Genau dieses Auszahlungsschema realisierten Axelrod und Hamilton (1981) in einer Computersimulation, bei der alle 15 eingereichten Strategien gegeneinander (oder miteinander) antraten.

Der Befund ist verblüffend: Wenn eine Tit-for-Tat-Strategie einmal in einer Population rivalisierender Strategien vorkommt, dann wird diese niemals aussterben. Dies bedeutet: Unabhängig davon, welche anderen Strategien in der Population der teil-

nehmenden Strategien vorhanden sind, wird die Tit-for-Tat-Strategie überleben. Die Daten aus verschiedenen Computersimulationen zeigen sogar, dass diese Strategie in der Regel die meisten Nachkommen haben wird und auf Dauer die meisten Individuen einer Population stellt. Für dieses zweite Phänomen prägte Maynard Smith den Begriff der Evolutionär Stabilen Strategie (ESS; M. Smith, 1982).

Wir sehen jetzt, dass der Begriff des reziproken Altruismus eine neue Bedeutung bekommt: Der Austausch von Hilfeleistungen unter nicht-verwandten Individuen einer Art ist keineswegs unkonditional, sondern die Wirkung bestimmter Strategien, die die Individuen an den Tag legen. Dabei ist unerheblich, ob die Strategien auf „freien und bewussten Entscheidungen" der Interaktionspartner beruhen, oder auf genetischen Verhaltensdispositionen, oder ob diese einfach aufgrund der in den Computerprogrammen festgelegten Anweisungen zustande kommen. Wichtig ist: Die Tit-for-Tat-Strategie stellt mit Sicherheit den Prototyp einer erfolgreichen Strategie oder ESS dar, die nicht durch andere (beispielsweise aggressive oder nicht-kooperierende Individuen) unterwandert werden kann.

Axelrod hat sich über die von ihm durchgeführte Computersimulation hinaus noch lange Zeit mit unterschiedlichen Modellen der Kooperation beschäftigt. Es würde zu weit führen, alle Erkenntnisse in diesem Zusammenhang an dieser Stelle zu referieren, interessant ist aber seine zentrale Schlussfolgerung: „Die Analyse (der Daten) legt nahe, dass es noch viel darüber zu lernen gibt, wie man mit Situationen, in denen sich jeder in einer Machtposition gegenüber jedem anderen befindet, am besten fertig wird. Selbst Strategie-Experten aus Politologie, Soziologie, Ökonomie, Psychologie und Mathematik machten den gleichen Fehler, zu sehr auf den eigenen Vorteil aus zu sein, zu nachtragend zu sein, und die Kooperationsbereitschaft der anderen Seite zu pessimistisch einzuschätzen." (Axelrod, 1984).

Kooperation und ihre Bedeutung für die Evolution

Die hier berichteten Sachverhalte stellen nur die Spitze eines Eisbergs dar. Festzuhalten ist: Wir können mit Sicherheit davon ausgehen, dass Kooperation und Strategien der Kooperation in der Evolution der Tierwelt und auch des Menschen eine sehr bedeutende Rolle gespielt und insofern auch die mentalen Fähigkeiten des Menschen geprägt haben. Aus einer Vielzahl von möglichen Beispielen sei hier nur eines herausgegriffen: Die Entwicklung einer erfolgreichen Kooperationsstrategie erfordert eine überaus hohe Fähigkeit, sich an den Interaktionspartner und vergangene Interaktionen mit diesem zu erinnern. Dies erfordert – unter anderem – eine hohe Entwicklung der Fähigkeit, Gesichter wieder zu erkennen. Tatsächlich gehört die Fähigkeit zum Erinnern an Gesichter zu den leistungsstärksten und entwicklungspsychologisch frühesten Gedächtnisleistungen des Menschen (Baron-Cohen, 1995).

Wir sehen an diesem Beispiel auch, wie die von Tinbergen (1963) genannten verschiedenen Fragestellungen ineinander greifen müssen, um eine vollständige Erklärung eines Phänomens zu erlangen: Verhaltenswissenschaftliche Studien und sorgfältige Beobachtung sind erforderlich, um die aktuell vorhandenen Verhaltensmuster zu entdecken (zum Beispiel: wer kooperiert wann und mit wem?). Ferner müssen wir uns nach dem Zweck des entdeckten Verhaltensmusters fragen, um zu entdecken, worin genau sein (Überlebens-)Wert eigentlich besteht.

Aufgabe der Evolutionären Psychologie ist es, die (kognitiven) Mechanismen zu entdecken, die diesem Verhalten zugrunde liegen (zum Beispiel eine erstaunliche Kapazität für das Wiedererkennen von Gesichtern). Ergänzt werden diese Fragestellungen durch die Analyse der ontogenetischen Ursachen des Verhaltens (wann entwickelt sich das Verhalten in der Lebensgeschichte des Individuums?) und der Analyse der proximalen Ursachen (zum Beispiel der Auslösebedingungen für ein Verhalten). Erst wenn alle diese Fragen beantwortet sind, haben wir ein Verhalten ganz verstanden oder erklärt.

10.3 Evolutionäre Erklärungen der Elternliebe

Es erscheint wohl jedem Menschen unmittelbar einleuchtend, dass Eltern „hoch motiviert" sind, ihre Kinder zu lieben. Nach der bisherigen Lektüre dieses Kapitels lässt sich leicht verstehen, dass elterliche Liebe und Fürsorge für die eigenen Nachkommen einen Überlebensvorteil darstellen: Nachkommen, denen ein hohes Ausmaß an elterlicher Zuwendung zuteil wird, werden vermutlich größere Überlebenschancen haben als solche Nachkommen, bei denen dies nicht oder in geringerem Maße der Fall ist.

Es kann also davon ausgegangen werden, dass Elternliebe etwas ist, was in der Vergangenheit selegiert wurde, und so sollte – beispielsweise – der Homo Sapiens mit entsprechenden genetischen Dispositionen ausgestattet sein, die eigenen Nachkommen zu versorgen und zu beschützen.

Bedingungen für elterliche Liebe. Zwei Dinge sind an dem Phänomen der elterliche Liebe bemerkenswert, weil sie auf den ersten Blick überraschend erscheinen. Zum einen: Elterliche Liebe ist keinesfalls unkonditional gegeben. So haben Daly und Wilson (1981) zahlreiche statistische Quellen ausgewertet und unter anderem festgestellt:

▶ Kinder, die nicht bei beiden leiblichen Eltern aufwachsen, haben ein vielfach erhöhtes Risiko, misshandelt oder gar getötet zu werden.

▶ Das Risiko einer Misshandlung durch die Eltern ist für Kinder, die von Geburt an unheilbar krank sind, ebenfalls um ein Vielfaches erhöht.

▶ Das Risiko, dass ein Neugeborenes während des ersten Lebensjahres von der Mutter getötet wird, ist insbesondere bei sehr jungen (unter 19 Jahren) und älteren Müttern (über 35 Jahre) deutlich erhöht.

▶ Das gleiche Risiko ist für unverheiratete Mütter deutlich höher als bei verheirateten Müttern.

▶ Väter, die sich ihrer genetischen Verwandtschaft zu den Kindern sicher sind, engagieren sich in höherem Maße für die Kinder, als Väter, die sich ihrer Vaterschaft unsicher sind. (Im statistischen Mittel betrachtet, sind 90 Prozent der Väter, die sich für den Vater halten, auch tatsächlich der leibliche Vater des Kindes, während sich die Mutter der genetischen Verwandtschaft zu ihrem Kind zu 100 Prozent sicher sein kann.)

Dies sind nur einige wenige der empirischen Befunde, die Daly und Wilson (1981) vorgelegt haben und die allesamt die gleiche Sprache sprechen: Elterliche Liebe kann variieren.

Konflikte zwischen Eltern und Kindern. Ein weiterer überraschender Sachverhalt in Zusammenhang mit elterlicher Liebe ist die Tatsache, dass Eltern und Kinder nicht notwendigerweise an einem Strang ziehen, wenn es um die elterlichen Zuwendungen geht. Auf den ersten Blick könnte man annehmen, dass Eltern ihren Kindern möglichst viel Fürsorge geben und dass Kinder möglichst viel Fürsorge bekommen wollen.

Trivers (1974) hat jedoch darauf aufmerksam gemacht, dass es in Bezug auf die elterliche Fürsorge zu Konflikten zwischen den Eltern und Kindern kommt; seine Überlegungen hierzu werden inzwischen als Theorie des Eltern-Kind-Konfliktes bezeichnet. Betrachten wir diese Theorie anhand eines Beispiels, das auf Daly und Wilson (1988) zurückgeht.

10.3.1 Die Theorie des Eltern-Kind-Konfliktes

Stellen sie sich zwei Geschwister und deren Mutter vor. Da dieses Beispiel erfahrungsgemäß auf Widerstand stoßen kann, wenn es auf menschliche Elternliebe angewandt wird, nehmen wir an, es handele sich um eine Vogelmutter mit zwei Jungen in ihrem Nest. Die Mutter kehrt zu einem bestimmten Zeitpunkt zum Nest zurück und hat zwei Regenwürmer erbeutet. Der Nutzen einer solchen Ressource nimmt nun mit deren wiederholtem Konsum kontinuierlich ab: Der erste Regenwurm, an ein Junges verfüttert, mag sicherstellen, dass es den Tag überlebt. Der zweite Regenwurm, an dasselbe Junge verfüttert, ist auch durchaus von Nutzen für den kleinen Vogel, aber er entscheidet nicht über Leben und Tod. Um diesen Sachverhalt numerisch auszudrücken, nehmen wir an, die beiden Regenwürmer haben für das eine Junge einen unterschiedlichen reproduktiven Wert. Mit reproduktivem Wert ist in diesem Falle gemeint, in welchem Maße der jeweilige Regenwurm dazu beiträgt, dass das Junge die Gene der Mutter dereinst einmal weitergeben kann.

Da klar ist, dass der erste der beiden Regenwürmer einen höheren reproduktiven Wert hat (also einen höheren Nutzen in Bezug auf das Überleben der mütterlichen Gene), weisen wir diesem einen Wert von 4 zu, während der zweite Regenwurm einen Wert von 3 bekommt. Die konkreten Zahlen sind hier völlig belanglos, wichtig ist nur, dass der Wert für den ersten Regenwurm höher ist als für den zweiten, und dies gilt für beide Nachkommen der Mutter.

Warum kommt es hier zu einem Konflikt? Aus der Perspektive der Mutter hat diese mit jedem ihrer Jungen 50 Prozent der Gene gemeinsam. Sie erzielt also dann den höchsten Nutzen (nämlich 8 Punkte, multipliziert mit einer 50-prozentigen genetischen Verwandtschaft resultieren 4 Punkte), wenn sie je einem Jungen einen Regenwurm gibt, und nicht etwa beide Regenwürmer an ein Junges (7 Punkte, multipliziert mit einer 50-prozentigen genetischen Verwandtschaft resultieren 3.5 Punkte).

Aus der Perspektive der beiden Jungen sieht dies jedoch anders aus: Jedes Nachkommen hat 100 Prozent eigene Gene, und nur 50 Prozent der Gene mit dem Geschwister gemeinsam. Verteilt die Mutter ihre Beute gerecht, so beträgt der Nutzen aus der Perspektive eines Geschwisterkindes 6 Punkte (100 Prozent mal 4 Punkte für Regenwurm 1 sowie 50 Prozent mal 4 Punkte für Regenwurm 2). Wenn eines der Jungen die Mutter dazu bewegen kann, ihm beide Regenwürmer zu geben, so ist der reproduktive Nutzen aus der Perspektive dieses Jungen jedoch größer, nämlich 7 Punkte (100 Prozent mal 4 Punkte für Regenwurm 1 sowie 100 Prozent mal 3 Punkte für Regenwurm 2).

Die Theorie des Eltern-Kind-Konfliktes kommt zu dem Schluss, dass die Nachkommen die Eltern stets dazu bewegen wollen, mehr Ressourcen zu geben, als die Eltern eigentlich geben wollen: Die Nachkommen sind motiviert, eine ungerechte Verteilung zu erwirken, die Eltern dagegen sind motiviert, die verfügbaren Ressourcen gerecht zu verteilen.

Mit „Motiviertsein" ist hierbei nicht gemeint, dass die Beteiligten entsprechende Berechnungen ausführen und korrespondierende Entscheidungen treffen und in die Tat umsetzen. Es genügt völlig anzunehmen, dass Individuen, die ein entsprechendes Verhalten an den Tag legen, einen größeren reproduktiven Erfolg haben werden. Eltern, denen es gelingt, Nahrungsressourcen unter den Nachkommen gerecht zu verteilen, werden eine größere Anzahl eigener Gene an zukünftige Generationen weitergeben. Nachkommen, denen es gelingt, die Eltern zu einer ungerechten Bevorzugung zu bewegen, werden eine größere Zahl eigener Gene an zukünftige Generationen weitergeben. Dies bedeutet auch, dass die Nachkommen, die in einem frühen Stadium ihrer Entwicklung eine ungleiche Verteilung anstreben, im Erwachsenenalter und den eigenen Nachkommen gegenüber eine gerechte Verteilung anstreben werden.

Anzumerken ist noch, dass die Nachkommen hierbei nicht nur mit den eigenen Geschwistern, sondern auch in vielerlei Hinsicht um die Ressourcen der Eltern konkurrieren können: Beispielsweise sollte die Mutter daran interessiert sein, den Nachwuchs früher zu entwöhnen, während der einzelne Nachkomme darauf drängt, länger gestillt zu werden – bei vielen Säugetieren, auch dem Homo Sapiens, ist die Empfängnisbereitschaft des weiblichen Partners während des Stillens stark reduziert und steigt erst nach der Entwöhnung des Nachwuchses wieder an. Ein anderes Beispiel ist, dass die Eltern daran interessiert sein könnten, weitere Nachkommen zu zeugen, während der vorhandene Nachwuchs lieber die Ressourcen der Eltern ungeteilt in Anspruch nehmen möchte.

EXKURS

Eltern-Kind-Konflikte aus psychoanalytischer und evolutionärer Perspektive
Bislang haben wir in diesem Buch nur eine Theorie kennen gelernt, die ebenfalls eine Vorhersage zu Eltern-Kind-Konflikten macht; dies sind die Freud'schen Überlegungen zum Oedipuskomplex. Freud (1905) zufolge sollten Konflikte zwischen dem Kind und dem gleichgeschlechtlichen Elternteil vor allem im Alter zwischen 2 und 5 Jahren auftreten. Diese Konflikte

beruhen auf den gleichzeitigen sexuellen Ansprüchen des Kindes und des gleichgeschlechtlichen Elternteils in Bezug auf das gegengeschlechtliche Elternteil (s. Kap. 2).

Trivers (1974) dagegen kommt zu anderen Vorhersagen über Eltern-Kind-Konflikte: Gemäß seiner Theorie ist die elterliche Zuwendung der Gegenstand des Konflikts, und dieser sollte zwischen Kind und beiden Elternteilen bestehen. Buss (1999) hat darauf aufmerksam gemacht, dass es zumindest einige indirekte Anhaltspunkte gibt, um zwischen diesen beiden grundverschiedenen Theorien zu entscheiden. Wenn Kindesmord ein Indikator für Eltern-Kind-Konflikte ist, dann würde man Freud zufolge erwarten, dass Kindesmorde während des kritischen Zeitfensters (im Alter zwischen 2 und 5 Jahren) vor allem vom gleichgeschlechtlichen Elterteil begangen werden, und seltener vom gegengeschlechtlichen Elternteil. Dies ist jedoch nicht der Fall: Daly und Wilson (1981) haben US-amerikanische und kanadische Kriminalstatistiken ausgewertet und gefunden, dass Väter wie Mütter eine sehr ähnliche Wahrscheinlichkeit aufweisen, ein gleichgeschlechtliches beziehungsweise gegengeschlechtliches Kind zu töten.

10.3.2 Elterninteressen und Sterblichkeitsraten von Jungen und Mädchen

Die Krummhörn-Studie
Voland und Dunbar (1995) sowie Voland (1997) haben die Sterblichkeitsraten von Kindern in 13 Dörfern in Norddeutschland im 18. und 19. Jahrhundert untersucht. Die Daten basieren auf einer Rekonstruktion der Familiengeschichten anhand von Kirchenbüchern, Taufregistern und Steuerlisten. In der Literatur ist diese Studie auch als „Krummhörn-Population" benannt worden, nach einem norddeutschen Dorf, das in die Untersuchung einbezogen war und für das eine hoch unterschiedliche Sterblichkeitsrate für Jungen versus Mädchen gefunden wurde.

Ein erster Blick auf die Befunde zeigt zunächst einmal, dass es Regionen mit Bauernfamilien gibt, in denen Söhne ein höheres Sterblichkeitsrisiko haben als Töchter, während es in anderen Regionen die Töchter der Bauernfamilien sind, die ein höheres Sterblichkeitsrisiko haben. Weiterhin zeigt sich in Familien von Landarbeitern, die kein eigenes Land besitzen, ein konstant gleich hohes Sterblichkeitsrisiko für Jungen und Mädchen. Wie können diese unterschiedlichen Sterblichkeitsraten von Jungen versus Mädchen in verschiedenen Regionen erklärt werden?

Im Zentrum der Überlegungen von Voland (1997) stehen einerseits die unterschiedlichen Kosten, die Jungen und Mädchen einer Bauernfamilie verursachen, und andererseits die verfügbaren Ressourcen, hinsichtlich derer sich die verschiedenen Regionen teilweise beträchtlich unterscheiden. In manchen Regionen gab es große Flächen kultivierbaren Landes, in anderen dagegen stand solches Land nicht mehr zur Verfügung. Betrachten wir zwei extreme Fälle, wobei zu beachten ist, dass Voland (1997) nicht nur diese beiden Gemeinden, sondern auch weitere Regionen in seine Untersuchung einbezog.

Die Gemeinde Krummhörn. In der Gemeinde Krummhörn in Norddeutschland, die vom Meer und nicht-kultivierbaren Mooren umgeben ist, stand im fraglichen Zeitraum keinerlei Land mehr zur Verfügung. Die existierende Erbregelung sah zudem vor, dass der jeweils jüngste Sohn den Hof des Vaters erben würde, und dass dieser jüngste Sohn alle anderen Söhne der Familie ausbezahlen musste. Weiterhin war es Brauch, den Töchtern im Falle einer Heirat eine Mitgift mitzugeben, die dem halben Auszahlungsbetrag eines zu entschädigenden Sohnes entsprach. Die Kosten einer Auszahlung für einen Sohn überstiegen demzufolge bei weitem die Kosten der Mitgift, die die Töchter beanspruchen konnten. Hieraus folgt: Je höher also die Zahl der Söhne in einer Familie, desto mehr würden die Ressourcen des väterlichen Hofs geschwächt.

Die Gemeinde Ditfurt. In der Gemeinde Ditfurt (im heutigen Thüringen) dagegen standen im gleichen Zeitraum große Flächen kultivierbaren Landes zur Verfügung. Somit bestand also die Möglichkeit, den Söhnen neues Land zur Gründung eigener Existenzen zur Verfügung zu stellen. Angesichts großer verfügbarer Flächen ist auch anzunehmen, dass der Erwerb kultivierbaren Landes vergleichsweise geringe Kosten verursachte.

Die Ergebnisse

Was wissen wir heute über das Schicksal von Söhnen und Töchtern von Bauernfamilien in diesen unterschiedlichen Regionen? Voland und Mitarbeitern ist es gelungen, verschiedene Indizes hierzu zu ermitteln. Dies sind unter anderem die Anzahl der Söhne und Töchter in einer Familie (im folgenden als Geschwisterfolge bezeichnet), die Sterblichkeitsrate der Kinder in Abhängigkeit vom Geschlecht des Kindes, die Wahrscheinlichkeit einer späteren Heirat, die Zahl der Nachkommen einer Familie über mehrere Generationen hinweg, die Anzahl der Taufpaten eines Kindes sowie eine ungefähre Schätzung der Stilldauer je Kind. Die Stilldauer lässt sich zumindest indirekt aus dem Geburtenabstand zum nächsten Geschwisterkind erschließen, da während des Stillens die Empfängnisbereitschaft deutlich gesenkt ist. Allerdings kann die Stilldauer natürlich nicht für das zuletzt geborene Kind ermittelt werden, sondern nur für dessen ältere Geschwister.

Während Geschwisterfolge, Sterblichkeitsrate und Wahrscheinlichkeit einer späteren Heirat Indikatoren des reproduktiven Erfolgs der Familie darstellen, liefern die Anzahl der Taufpaten je Kind sowie die Schätzung der Stilldauer einen Anhaltspunkt für die Zuwendung, die einem Kind zuteil wird. Betrachten wir diese Daten im einzelnen und in Abhängigkeit von den verfügbaren (Land-)Ressourcen in den verschiedenen Regionen, wobei wir nur auf den Vergleich zwischen Krummhörn und Ditfurt eingehen (die anderen Regionen liefern gänzlich analoge Befundmuster).

Sterblichkeitsraten von Söhnen und Töchtern. In Regionen wie Krummhörn zeigt sich eine wesentlich höhere Sterblichkeit für Jungen im Vergleich zu Mädchen; in Regionen wie Ditfurt dagegen ist die Sterblichkeit von Töchtern wesentlich höher. Zudem zeigt sich für die Region Krummhörn, dass die Sterblichkeitsrate von Bauernsöhnen kontinuierlich ansteigt, je mehr Söhne die Familie bereits hat. So beträgt die Sterblichkeitswahrscheinlichkeit während des ersten Lebensjahres für den ersten Sohn der Familie etwa 15 Prozent. Sind bereits 3 oder mehr Brüder vorhanden, so beträgt der entsprechende Wert 21 Prozent. Ein entsprechender Anstieg der Sterblichkeit des Sohnes ist nicht zu beobachten, wenn statt Brüdern eine entsprechende Anzahl Schwestern vorhanden ist.

Wahrscheinlichkeit einer späteren Heirat. Die Söhne einer Krummhörner Bauernfamilie haben eine deutlich reduzierte Wahrscheinlichkeit, im Laufe ihres Lebens zu heiraten, wenn viele Brüder vorhanden sind. Dies gilt nicht für die Töchter der Familie. Die Söhne haben in der Folge durchschnittlich weniger Nachkommen als die Töchter derselben Familie.

Nachkommen einer Familie über mehrere Generationen hinweg. Voland (1997) fand heraus, dass die Differenzen in der Sterblichkeit von Söhnen versus Töchtern insbesondere bei wohlhabenden Krummhörner Bauernfamilien besonders ausgeprägt war. Auf diesem Befund aufbauend wurde berechnet, wie viele Nachkommen solche wohlhabenden Familien im Vergleich zu anderen Familien hatten. Als Vergleichsmaßstab dienten das standardisierte Bevölkerungsmittel, weniger wohlhabende Bauernfamilien sowie Landarbeiterfamilien, bei denen eine differentielle Sterblichkeit von Söhnen und Töchtern nicht zu beobachten war.

Es zeigt sich, dass solche wohlhabenden Familien im Durchschnitt doppelt so viele Nachkommen hatten wie das Bevölkerungsmittel. Es ist zumindest nahe liegend anzunehmen, dass die differentielle Sterblichkeit der Söhne und Töchter zu dieser Entwicklung beigetragen hat: Rund 25 Prozent dieser Familien haben in der ersten Generation keinen erwachsenen Sohn hervorgebracht, während nur etwa 6 bis 7 Prozent dieser Familien keine erwachsene Tochter hervorbringen (Klindworth & Voland, 1995).

Anzahl der Taufpaten. Die Anzahl der Taufpaten kovariiert mit der Sterblichkeitsrate der Kinder von Bauernfamilien – je mehr Taufpaten ein Kind bekommt, desto größer ist seine Wahrscheinlichkeit, das erste Lebensjahr zu vollenden. Allerdings ist hierbei nicht mehr zu ermitteln, ob nicht etwa Kinder, die bereits bei der Geburt erkrankt waren, weniger Taufpaten erhalten.

Schätzung der Stilldauer. Die Stilldauer variiert im Wesentlichen mit der Anzahl der schon vorhandenen Kinder einer Familie: Je mehr Geschwister ein Neugeborenes bereits hat, desto kürzer ist die Stillzeit.

Wie lassen sich diese Befundmuster zusammenfassen? Eine solche Zusammenfassung sollte eine Beschreibung des Phänomens, der möglichen Ursachen dieses Phänomens sowie der resultierenden Konsequenzen über die Zeit (die Generationen hinweg) beinhalten.

Insgesamt zeigt sich, dass in Regionen mit einer starken Knappheit an neu kultivierbarem Land Bauernfamilien mehr Töchter als Söhne hervorbringen, und dass die Sterblichkeit von Söhnen während der frühen Kindheit wesentlich stärker ausgeprägt ist als die von Töchtern.

In Regionen mit (kostengünstigem) neu kultivierbarem Land dagegen finden wir ein umgekehrtes Datenmuster. Als mögliche Ursache für dieses Phänomen kommt die unterschiedliche elterliche Fürsorge für die Kinder in Abhängigkeit von dessen Geschlecht in Betracht, wie sie sich in unterschiedlichen Stillzeiten und der Zahl der Taufpaten widerspiegelt. Voland und Mitarbeiter (zum Beispiel Voland, 1997) vermuten, dass diese beiden Variablen Indikatoren für unterschiedliche Strategien der Familien bei der Versorgung des eigenen Nachwuchses sind. Wie die Befunde zur Zahl der Nachkommen dieser Familien zeigen, sind diese Strategien sehr erfolgreich.

Diese Analyse der Bauernfamilien im 18. und 19. Jahrhundert folgt im Wesentlichen einem verhaltenswissenschaftlichen oder soziobiologischen Ansatz: Wir erfahren viel über die reproduktiven Verhaltensweisen einer (beziehungsweise mehrerer) Populationen, und haben nur sehr indirekte Befunde zu den Prozessen, die die genannten Effekte produzieren. Gleichzeitig erweisen sich die hypostasierten Strategien der untersuchten Familien als in hohem Maße flexibel und an die gegenwärtigen ökologischen (verfügbares Land) und kulturellen Gegebenheiten (Erbfolge- und Mitgiftregelungen) angepasst.

Die Befunde von Voland (1997) sind aus diesem Grunde auch ein gutes Beispiel dafür, dass es unsinnig wäre zu behaupten, dass Gene unser Verhalten determinieren: „Befunde wie diese zeigen, dass Gene – und besonders solche, die vielfältig zusammenwirken – komplexe Verhaltensmuster nicht unbeeinflusst von sozialen, kulturellen und demographischen Faktoren vorgeben, wie mitunter noch angenommen wird, sogar manchmal in der Biologie. Die genetische Basis determiniert also keineswegs die Handlungsweise, sondern lässt ihr einen großen Spielraum. Dies ist eine wesentliche Einsicht, ohne die man die soziobiologische Argumentation nicht verstehen kann." (Voland, 1998, S. 37).

Eine zentrale Schlussfolgerung aus diesen und ähnlichen Studien (zusammenfassend siehe Barrett, Dunbar & Lycett, 2001) ist, dass es gerade die Flexibilität des Verhaltens ist, die einen reproduktiven Erfolg ermöglicht. Erst die Anpassung des Verhaltens an die gegenwärtigen Umwelt- und kulturellen Bedingungen ermöglicht ein erfolgreiches Überleben derjenigen Gene, die für eine entsprechende (flexible) Verhaltensdisposition verantwortlich sind.

Denkanstöße

(1) Ein Phänomen wie Altruismus ist aus evolutionärer Perspektive auf den ersten Blick nur schwer zu erklären. Welche Annahmen lassen die Existenz altruistischen Verhaltens auch aus evolutionärer Perspektive plausibel erscheinen?

(2) Ganz ähnlich wie altruistisches Verhalten ist aus evolutionärer Perspektive auch Homosexualität auf den ersten Blick nur schwer zu erklären. Dennoch gibt es bei allen bekannten Spezies mit zweigeschlechtlicher Fortpflanzung auch homosexuelles Verhalten. Übertragen Sie die hier vorgestellten Überlegungen zum Altruismus auf das Phänomen der Homosexualität.

(3) Nennen Sie Beispiele für menschliches Verhalten, das eher an frühere als an gegenwärtige Umweltbedingungen angepasst ist. Finden Sie umgekehrt Beispiele für Adaptationen, die vermutlich neuerer Art sind.

WEITERFÜHRENDE LITERATUR

Eine sehr gute Einführung in Evolutionäre Theorien menschlichen Verhaltens gibt Cartwright (2001). Lesenswert sind sicherlich auch zahlreiche der Darwin'schen Schriften selbst; beispielhaft genannt seien hier die Notizbücher M und N (Darwin, 1838/1998), die in deutscher Übersetzung vorliegen. Auf der Basis einer TV-Serie ist ein herausragend illustriertes Buch von Carl Zimmer entstanden, das die Geschichte und die grundlegenden Ideen der Darwin'schen Theorie außerordentlich anschaulich vermittelt (Zimmer, 2001). Zu diesem Buch liegt eine hervorragende Website im Internet vor, die auch zahlreiche Foto- und Filmdokumente sowie Materialien für Studierende und Lehrende enthält (www.pbs.org/wgbh/evolution/).

Cartwright, J. (2001). Evolution and Human Behavior: Darwinian Perspectives on Human Behavior. Macmillan Press.

Darwin, C. (1838/1998). Sind Affen Rechtshänder? Berlin: Friedenauer Presse.

Zimmer, C. (2001). Evolution: The triumph of an idea. New York: Harper-Collins.

Literaturverzeichnis

Abramson, L. Y., Seligman, M. E. P. & Teasdale, I. P. (1978). Learned helplessness in humans: Critique and reformulation. Journal of Abnormal Psychology, 87, 49–74.

Abramson, L. Y., Metalsky, G. I. & Alloy, L. B. (1989). Hopelessness depression: A theory-based subtype of depression. Psychological Review, 96, 358–372,

Ach, N. (1905). Über die Willenstätigkeit und das Denken. Göttingen(Germany).

Allport, F. H. (1920). The influence of group upon association and thought. Journal of Experimental Psychology, 3, 159–182.

Alper, T. G. (1946a). Memory for completed and incompleted tasks as a function of personality: An analysis of group data. Journal of Abnormal & Social Psychology, 41, 403–420.

Alper, T. G. (1946b). Task-orientation vs. Ego-orientation in learning and retention. American Journal of Psychology, 59, 236–248.

Anchindoss, E. & Kravis, N. M. (2000). Teaching Freud to undergraduates: A case report. International Journal of Psychoanalysis, 81, 753–770.

Anderson, C.A. & Jennings, D.L. (1980). When experiences of failure promote expectations of success: The impact of attributing failure to ineffective strategies. Journal of Personality, 43, 393–407.

Anderson, J. R. (1983). The Architecture of Cognition. Cambridge, MA: Harvard University Press.

Anderson, C. A. (1983a). The causal structure of situations: The generation of plausible causal attributions as a function of the type of event situation. Journal of Experimental Social Psychology, 19, 185–203.

Anderson, C. A. (1983b). Abstract and concrete data in the perseverance of social theories: When weak data lesd to unshakeable beliefs. Journal of Experimental Social Psychology, 19, 93–108.

Anderson, C. A. (1983c). Motivational and performance deficits in interpersonal settings: The effects of attributional style. Journal of Personality and Social Psychology, 45, 1136–1147.

Angst, J. (1987). Begriff der affektiven Erkrankung. In K. P. Kisker, H. Lauter, J. E. Meyer, C. Müller & E. Strömgen (Hrsg.), Psychiatrie der Gegenwart Bd. 5, Berlin. Heidelberg, New York: Springer.

Annas, J. (1995). The morality of happiness. Oxford: Oxford University Press.

Appignanensi, L. & Forrester, J. (1992). Freud's Women. London: Weidenfeld & Nicholson.

Arkoff, A. (1957). Resolution of approach-approach and avoidance-avoidance conflicts. Journal of Abnormal and Social Psychology, 55, 402–404.

Atkinson, J. W. (1953). The achievement motive and recall of interrupted and completed tasks. Journal of Experimental Psychology, 46, 381–390.

Atkinson, J. W. & Litwin,, G. H. (1960). Achievement motive and test anxiety conceived as motives to approach success and motive to avoid failure. Journal of Abnormal and Social Psychology, 60, 643–658.

Atkinson, J. W. & O'Connor, P. O. (1963). Effects of ability grouping in schools related to individual differences in achievement-related motivation. Schlußbericht, Amt für Erziehung, Gemeinschaftsforschungsprogramm, Projekt 1283, Washington D. C.

Atkinson, J. W. (1964). An introduction to motivation. Princeton, New York: van Nostrand.

Atkinson, J.W., Bongort, K. & Price, L.H. (1977). Explorations using computer simulation to comprehend thematic apperceptive measurement of motivation. Motivation and Emotion, 1, 1–27.

Atkinson, J. W. & Birch, D. (1970). The dynamic theory of action. New York: Wiley.

Atkinson, J. W. (1975). Einführung in die Motivationsforschung. Stuttgart: Ernst Klett Verlag.

Atkinson, R. L., Atkinson, R. C., Smith, E. E., Bem, D. J., Nolen-Hoeksema, S. (2000). Hilgard's Introduction to Psychology. Harcourt College Publishers.

Au, T. K. (1986). A verb is worth a thousand words: The causes and consequences of interpersonal events implicit in language. Journal of Memory and Language, 25, 104–122.

Axelrod, R. & Hamilton, W. D. (1981). The evolution of cooperation. Science, 221, 1390–1396.

Axelrod, R. (1984). The Evolution of Cooperation. New York: Basic Books.

Ayllon, T. & Azrin, N. H. (1965). The measurement and reinforcement of behavior of psychotics. Journal of the Experimental Analysis of Behavior, 8(6), 357–383.

Ayllon, T. & Azrin, N. H. (1968). The token economy : A motivational system for therapy and rehabilitation. New York: Appleton-Century-Crofts.

Ayllon, T. & Roberts, M. (1974). Eliminating discipline problems by strengthening academic performance. Journal of Applied Behavior Analysis, 7, 71–76.

Bandura, A. (1971). Vicarious and self-reinforcement processes. In R. Glaser (Ed.), The nature of reinforcement (pp. 228–278). New York : Academic Press.

Bandura, A. (1986). Social foundations of thought and action: A social cognitive. Englewood Cliffs, NJ: Prentice Hall.

Barasch, D. (1982). Sociobiology and Behaviour. New York: Elsevier.

Bargh, J. A. (1989). Conditional automaticity: Varieties of automatic influence in social perception and cognition. In: Uleman James, S.: Unintended thought. New York: The Guilford Press.

Bargh, J. A. (1997). The automaticity of everyday life. In: Wyer, R. S., Jr.; Ed.; The automaticity of everyday life: Advances in social cognition, Vol. 10, 1–61. Mahwah, NJ: Lawrence Erlbaum Associates, Inc.

Bargh, J. A., Chen, M. & Burrows, L. (1996). Automaticity of Social Behavior: Direct Effects of Trait Construct and Stereotype Activation on Action. Journal of Personality and Social Psychology, 71, 230–244.

Barker, R. G. (1965). Exlorations in ecological psychology. American Psychologist, 20, 1–13.

Barker, R. G. (1980). Settings of a professional lifetime. Journal of Personality and Social Psychology, 37, 2137–2157.

Baron-Cohen, S. (1995). Mindblindness. MIT Press.

Barrett, L., Dunbar, R. & Lycett, J. (2002). Human Evolutionary Psychology. London: Palgrave.

Bar-Tal, D., Goldberg, M. & Knaani, A. (1984). Causes of success and failure and their dimensions as a function of SES and gender: A phenomenological analysis. British Journal of Educational Psychology, 54, 51–61.

Battle, E. & Rotter, J. B. (1963). Children's feelings of personal control as related to social class and ethnic groups. Journal of Personality, 31, 482–490.

Beckman, L. (1970). Effects of students performance on teachers and observers attributions of causality. Journal of Educational Psychology, 61, 76–82.

Berkowitz, L.(1993). Aggression. New York: McGraw-Hill.

Berlyne, D. (1959). Motivational problems raised by exploratory and epistemic bahavior. In: S. Koch (Ed.), Psychology: A study of a science. New York: McGraw-Hill.

Berlyne, D. E. (1974). Konflikt, Erregung, Neugier – Zur Psychologie der kognitiven Motivation. Stuttgart: Ernst Klett Verlag.

Berlyne, D. E. (1968). Behavior theory as personality theory. In E. F. Borgetta & W. W. Lambert (Eds.), Handbook of personality theory and research (pp. 629–690). Chicago: Rand McNally.

Berlyne, D. E. (Ed.) (1974). Studies in the new experimental aesthetics. New York: Wiley.

Berlyne, D. E. (1960). Conflict, arrousal and curiosity. New York (Dt. Ausgabe) (1974) Konflikt, Erregung, Neugier. Stuttgart: Ernst-Klett Verlag.

Bexter, W. H., Heron, W. & Scott, T. H. (1954). Effects of decreased variation in the sensory environment. Canadian Journal of Psychology, 8, 70–76.

Bierbrauer, G. (1992). Ein Sozialpsychologe in der Emigration. Kurt Lewins Leben, Werk und Wirkungsgeschichte. In: Edith Böhme & Wolfgang Motzkau-Valeton (Hrg.), Die Künste und die Wissenschaften im Exil 1933–1945. Gerlingen: Lambert Schneider.

Bischof, N. (1998). Struktur und Bedeutung: Eine Einführung in die Systemtheorie für Psychologen zum Selbststudium und für den Gruppenunterricht. Bern: Huber.

Bjork, D. W. (1997). B. F. Skinner: A life. Washington DC: American Psychological Association.

Blodgett, H. C. (1929). The effect of the introduction of reward upon maze performance of rats. University of California Publication in Psychology, 4(8), 113–134.

Blum, G. S. (1961). A model of the mind. New York: Wiley.

Bolles, R. C. (1975). Theory of motivation (2. Aufl.), New York: Harper and Row.

Bond, M. H. (1983). A Proposal for cross-cultural studies of attribution. In: M. Hewstone (Ed.), Attribution theory (pp. 144–156). Oxford: Basil Blackwell.

Bower G. H. & Hilgard E. R. (1970). Theorien des Lernens I. Stuttgart: Ernst Klett Verlag.

Bowring, J. (1997). The works of Jeremy Bentham. New York: Thoemmes Press.

Bradley, G. W. (1978). Self-serving biases in the attribution process: A reexamination of the fact or fiction question. Journal of Personality and Social Psychology, 36, 56–71.

Brehm, J.W. & Cohen, A.R. (1962). Explorations in cognitive dissonance. New York: Wiley.

Brehm, J. W. & Self, E. A. (1989). The intensity of motivation. Annual Review of Psychology, 40, 109–131.

Broadbent, D. E. (1958). Perception and communication. London: Pergamon.

Brody, H. (1983). Achievement Motivation: Toward a Purposive Theory. In: Human Motivation.

Brody, N. (1983). Human motivation. Commentary on goal-directed action. New York: Academic Press.

Brown, J. & Weiner, B. (1984). Affective consequences of ability versus effort ascriptions: Controversies, resolutions, and quandaries. Journal of Educational Psychology, 76, 146-158.

Brown, J. S. (1948). Gradients of approach and avoidance responses and their relation to level of motivation. Journal of Comparative and Physiological Psychology, 41, 450–465.

Brown, J. S. (1961). The motivation of behavior. New York: McGraw-Hill.

Brown, R. & Fish, D. (1983a). Are there universal schemas of psychological causality? Archives de Psychology, 51, 145–153.

Brown, R. & Fish, D. (1983b). The psychological causality implicit in language. Cognition, 14, 237–273.

Brunstein, J. C. & Olbrich, E. (1985). Personal helplessness and action control: Analysis of achievement-related cognitions, self-assessments, and performance. Journal of Personality and Social Psychology, 48, 1540–1551.

Brunstein, J. C. (1989). Handlungsorientierte versus lageorientierte Reaktionen auf versuchsleiterinduzierte Mißerfolgsereignisse. Zeitschrift für Experimentelle und Angewandte Psychologie, 36, 349–367.

Bulman, R. J. & Wortman, C. B. (1977). Attributions of blame and coping on the „real world". Severe accident victims react to their lot. Journal of Personality and Social Psychology, 35, 351–363.

Buss, A. R. (1978). Causes and reasons in attribution theory: A conceptual critique. Journal of Personality and Social Psychology, 36, 1311–1321.

Buss, A. R. (1978). On the relationship between reasons and causes. Journal of Personality and Social Psychology, 36, 1311–1321.

Buss, D. M. (1999). Evolutionary Psychology. London: Allyn & Bacon.

Calder, B. J. & Staw, B. M. (1975). Self-perception of intrinsic and extrinsic motivation. Journal of Personality and Social Psychology, 31, 599–605.

Carlson, M. & Miller, N. (1987). Explanation of the relation between negative mood and helping. Psychology Bulletin, 102(1), 91–108.

Caron, A. J. & Wallach, M. A. (1959). Personality determinants of repressive and obsessive reactions to failure stress. Journal of Abnormal and Social Psychology, 59, 236–245.

Carroll, J. S. & Payne, J. W. (1977). Crime seriousness, recidivism risk, and causal attributions in judgments of prison term by students and experts. Journal of Applied Psychology, 62, 595–602.

Cartwright, J. (2001). Evolution and Human Behavior: Darwinian Perspectives on Human Behavior. Macmillan Press: Ltd., UK.

Carver, C. S. & Scheier, M. F. (1981). Attention and self-regulation: A control theory approach to human behavior. New York: Springer Verlag.

Chen, S. C. (1937). Social modification of the activity of ants in nest-building. Physiological Zoology, 10, 420–436.

Chen, M. & Bargh, J. A. (1987). Nonconscious Behavioral Confirmation Processes: The Self-Fulfilling Consequences of Automatic Stereotype Activation. Journal of Experimental Social Psychology, 33, 541–560.

Chen, M. & Bargh, J. A. (1997). Nonconscious Behavioral Confirmation Processes: The self-fulfilling Consequences of Automatic Stereotype Activation. Journal of Experimental Social Psychology, 33, 541–560.

Cheng, P. W. & Novick, L. R. (1990). A probabilistic contrast model of causal induction. Journal of Personality and Social Psychology, 58, 545–567.

Cole, C. S. & Coyne, J. C. (1977). Situational specifity of laboratory-induced learned helplessness. Journal of Abnormal Psychology, 86, 615–623.

Comer, R. J. (1995). Klinische Psychologie. Heidelberg: Spektrum Akademischer Verlag.

Cosmides, L. & Tooby, J. (1994a). Origins of domain specificity: The evolution of functional organization. In: Hirschfeld, L. A., Gelman, S. A., Ed.; Mapping the mind: Domain specificity in cognition and culture, p. 85–116. New York: Cambridge University Press.

Cosmides, L. & Tooby, J. (1994b). Beyond intuition and instinct blindness: Toward an evolutionarily rigorous cognitive science. Cognition, 50, 41–77.

Cottrell, N. B. (1972). Social facilitation. In: C. G. McClintock (Ed.), Experimental social psychology. New York: Holt, Rinehart & Winston.

Crespi, L. P. (1942). Quantitative variation of incentive and performance in the white rat. American Journal of Psychology, 55, 467–517.

Crittenden, K. S. & Wiley, M. G. (1980). Causal attribution and behavioral response to failure. Social Psychology Quarterly, 43, 353–358.

Cunningham, P. V. & Blum, G. S (1982). Further evidence that hypnotically induced color blindness does not mimic congenital defects. Journal of Abnormal Psychology, Vol. 91, 139–143.

Daly, M. & Wilson, M. (1981). Abuse and neglect of children in evolutionary perspective, in: R.D. Alexander and D.W. Tinkle (eds). Natural Selection and Social Behavior. New York: Chiron Press.

Daly, M. und Wilson, M. (1988). Evolutionary psychology and family homicide. Science, 242, 519–524.

Darwin, C. (1838/1998). Sind Affen Rechtshänder? Notizhefte M und N und Biographische Skizze eines Kindes. Berlin: Friedenauer Presse.

Darwin, C. (1859). On the Origin of Species. John Murray, London.

Darwin, C. (1871/1896). The decent of man and selection in relation to sex. New York: D. Appleton and Company.

Darwin, C. (1872/1965). The expression of emotions in man and animals. Chicago: University of Chicago Press (Originally published, 1872).

Dashiell, J. F. (1930). An experimental analysis of some group effects. Journal of Abnormal and Social Psychology, 25, 190–199.

Dashiell, J. F. (1935). Experimental studies of the influence of social situations on the behavior of individual human adults . In C. Murchison (Ed.). Handbook of social psychology. Worcester, MA: Clark University.

Dawkins, R. (1976). The Selfish Gene. Oxford: Oxford University Press.

Dawkins, R. (1998). The Selfish Gene, 2nd ed. Oxford: Oxford University Press.

DeCharms, R. & Moeller, G. H. (1962). Values expressed in American children's readers: 1800–1950. Journal of Abnormal and Social Psychology, 64, 136–142.

DeCharms, R. (1968). Personal causation. New York: Academic Press.

DeCharms, R. (1976). Enhancing motivation: Change in the classroom. New York: Irvington Publishers.

Deci, E. L. (1975). Intrinsic motivation. New York: Plenum Press.

Deci, E. L. & J. F. Porac. (1978). Cognitive Evaluation Theory and the Study of Human Motivation. In: M. R. Lepper und D. Greene (Hrsg.). The Hidden Costs of Reward. Hillsdale, NJ, Erlbaum, 149–176.

De Crescenzo, L. (1985/1988). Geschichte der griechischen Philosophie. Zürich: Diogenes.

DeCatanzaro, D. A. (1999). Motivation and emotion: evolutionary, physiological, developmental and social perspectives. Upper Saddle River, NJ: Prentice Hall.

Dember, W. N. (1960). The psychology of perception. New York: Holt.

Dewey, J. (1897). The psychology of effort. Psychological Review, 6, 43–56.

Dunbar, R. I. M. (1995). The matching system of Callitrichid primates. I. Conditions for the coevolution of pairbonding and twinning. Animal Behavior, 50, 1057–1070.

Düker, H. (1966). Narziss Ach (1871–1946) zum Gedenken. Archiv für die gesamte Psychologie, 118, 189–194.

Ebbinghaus, H. (1885). Über das Gedächtnis. Untersuchungen zur experimentellen Psychologie. Leipzig: Duncker & Humblot.

Edelmann, W. (2000). Lernpsychologie. Weinheim: Psychologie Verlags Union.

Edwards, W. (1954). The theory of decision making. Psychological Bulletin, 51, 380–417.

Eibl-Eibesfeldt, I. & Salter, F.K., Eds.(1998). Indoctrinability, Ideology, and Warfare: Evolutionary Perspectives. New York: Berghahn Books.

Eimer, M. (1987). Konzepte von Kausalität: Verursachungszusammenhänge und psychologische Begriffsbildung. Bern/Liebefeld: Hans Huber.

Entwisle, D. R. (1972). To dispel fantasies about fantasy-based measures of achievement motivation. Psychological Bulletin, 77, 377–391.

Epikur (1988). Philosophie der Freude. Frankfurt am Main, Leipzig: Insel.

Erikson, E. H. (1958). Young man Luther: A study in Psychoanalysis and History. New York: Norton.

Escalona, S. K. (1940). The effect of success and failure upon the level of aspiration and behavior in manic-depressive psychoses. University of Iowa, Studies in Child Welfare, 16, 199–302.

Estes, W. K. (1944). An experimental study of punishment. Psychological Monographs, 57 (3, Whole No. 263).

Feather, N. T. (1961). The relationship of persistence at a task to expectation of success and achievement-related motives. Journal of Abnormal and Social Psychology, 63, 552–561.

Feather, N. T. (1974). Explanations of proverty in Australian and American samples: The person, society and fate? Australien Journal of Psychology, 26, 199–226.

Feshbach, S. & Singer, R.D. (1971). Television and aggression. San Francisco: Jossey-Bass.

Festinger, L. (1942). A theoretical interpretation of shifts in level of aspiration. Psychological Review, 49, 235–250.

Fieser, J. & Dowden, B. (2003). The Internet Encyclopedia of Philosophy. Retrieved July 8th, 2003, from http://www.utm.edu/research/iep/.

Fincham, F. D. & Bradbury, T.N. (1992). Assessing attributions in marriage: The Relationship Attribution Measure. Journal of Personality and Social Psychology, 62, 457–468.

Fincham & Hewstone (2001). Attributionstheorie und -forschung. In: Stroebe et al. (Hrsg.), Sozialpsychologie, 4. Auflage.

Fiske, S. T. (1992). Stereotypes work...but only sometimes: Comment on how to motivate the „unfinished mind". Psychological Inquiry, 3, 161–162.

Folkes, V. S. (1984). Consumer reactions to product failure: An attributional approach. Journal of Consumer Research, 10, 398–409.

Försterling, F. (1988). Attribution theory in clinical psychology. Chichester: Wiley.

Försterling, F. (2002). Attribution: An introduction to theories, research and applications. Hove: Psychology Press.

Freud. S. (1900). Die Traumdeutung. In: Studienausgabe (Bd. III). Frankfurt/M.: S. Fischer Verlag.

Freud, S. (1905). Drei Abhandlungen über die Sexualtheorie. In: Studienausgabe (Bd. V). Frankfurt/M.: S. Fischer Verlag.

Freud, S. (1915). Triebe und Triebschicksale. In: Studienausgabe (Bd. III). Frankfurt/M.: S. Fischer Verlag.

Freud, S. (1920/1975). Jenseits des Lustprinzips. In: Studienausgabe (Bd. III). Frankfurt/M.: S. Fischer Verlag.

Freud, S. (1923/2000). Das Ich und das Es, Wien. G. W., Bd. 13, S. 237; Studienausgabe, Bd. 3, S. 273.

Freud, S. (1985/2000). Übersicht der Übertragungsneurosen. Ein bisher unbekanntes Manuskript, ediert und mit einem Essay versehen von Ilse Grubrich-Simitis. Frankfurt am Main: S. Fischer.

Freud, S. (1894). The Neuro-Psychoses of Defence. SE 3, 43–61.

Freud, S. (1933/2000). Vorlesungen zur Einführung in die Psychoanalyse und Neue Folge. In: Studienausgabe (Bd. VI). Frankfurt/M.: S. Fischer Verlag.

Frieze, I.H. & Weiner, B. (1971). Cue utilization and attributional judgements for success and failure. Journal of Personality, 39, 591–606.

Furnham, A. (1983). Attributions for affluence. Personality and Individual Differences, 4, 31–40.

Gaulin, S. J. C & McBurney, D. H. (2001). Psychology: An Evolutionary Approach. Prentice-Hall, Inc: New Jersey.

Gay, P. (1992). Freud entziffern. Essays. Frankfurt a. M.: Fischer.

Gendolla, G.H.E. (1998). Effort as assessed by motivational arousal in identity-relevant tasks. Basic & Applied Social Psychology, 20(2), 111–121.

Gendolla, G.H.E. (2002). More evidence for the ascription of personal characteristics as reaction to person-task incompatibility. Journal of Research in Personality, 36, 86–95.

Gendolla, G.H.E. & Krusken, J. (2002). The joint effect of informational mood impact and performance-contingent consequences on effort-related cardiovascular response. Journal of Personality & Social Psychology, 83(2), 271–283.

Gendolla, G.H.E. (1999). Self-relevance of performance, task difficulty, and task engagement assessed as cardiovascular response. Motivation & Emotion, 23(1), 45–66.

Gilbert, D.T. & Fiske, S.T. (1998). The handbook of social psychology. New York, US: Mc Graw-Hill.

Glanzer, M. (1953). The role of stimulus in spontaneous alternation. Journal of Experimental Psychology, 45, 387–393.

Glixman, A. F. (1948). An analysis of the use of the interruption-technique in experimental studies of „repression". Psychological Bulletin, 45, 491–506.

Glynn, S. M. (1990). Token economy approaches for psychiatric patients: Progress and pitfalls over 25 years. Behaviour Modification, 14(4), 383–407.

Goffman, E. (1963). Stigma: Notes on the management of spoiled identity. New York: Simon & Schuster.

Gollwitzer, P. (1993). Goal achievement: The role of intentions. In: W. Stroebe & M. Hewstone (Eds.), European review of social psychology (Vol. 4, pp. 141–185). London: Whiley.

Gollwitzer, P.M. (1996). The volitional benefits of planning. In Gollwitzer, P.M. & Bargh, J.A. (1996). The psychology of action: Linking cognition and motivation to behaviour. New York: Guilford Press.

Gollwitzer, P. M. (2001). Goal intentions v. implementation intentions. Paper presented at the Conference on Motivational Science: The Psychology of Goals, Center for Research on Intentions and Intentionality, Konstanz, Germany.

Gollwitzer, P. M. (2001). Self-regulation by forming implementation intentions: A process perspective. Paper presented at the Symposium „Understanding Planning Processes in the Implementation of Action" at the Conference of the European Health Psychology Society and the British Psychological Society, St. Andrews, Scotland.

Gottfried, A. E. (1985). Academic intrinsic motivation in elementary and junior high school students. Journal of Educational Psychology, 77, 631–645.

Gottfried, A. E. (1990). Academic intrinsic motivation in young elementary school children. Journal of Educational Psychology, 82, 525–538.

Gould, S. J. (1981). The Mismeasure of Man. New York: Norton.

Green, D. (1963). Volunteering and the recall of interupted tasks. Journal of Abnormal and Social Psychology, 66, 397–401.

Greene, R.L., Mitchell, E. & Macon, R.S. (1979). Another look at personal validation. Journal of Personality Assessment, 43(4), 419–423.

Grimm, L. G. (1979). Misattribution and behaviour maintenance. Dissertation Abstracts International, 40, 450.

Hamilton, W. D. (1964). The genetical evolution of social behaviour, I and II. Journal of Theoretical Biology, 7, 1–52.

Hamilton, D. L. (1979). A cognitive-attribtional analysis of stereotyping. In L. Berkowitz (Ed.), Advances in experimental social psychology (Vol. 12). New York: Academic Press.

Harrison, R. (1983). Bentham. London: Routledge and Kegan Paul.

Hautzinger, M. & deJong-Meyer, R. (1998). Depression. In: Reinecker, H. (Hrsg.), Lehrbuch der Klinischen Psychologie. Göttingen: Hogrefe, 207–248.

Hebb, D. O. (1955). Drives and the C. N. S. (conceptual nervous system). Psychological Review, 62, 243–254.

Heckhausen, H. (1963). Hoffnung und Furcht in der Leistungsmotivation. Meisenheim am Glan.

Heckhausen, H. (1989). Motivation und Handeln. Berlin: Springer-Verlag.

Heckhausen, H. & Beckmann, J. (1990). Intentional action and action slips. Psychological Review, 97, 36–48.

Heckhausen, H. & Gollwitzer, P. M. (1987). Thought contents and cognitive functioning in motivational vs. volitional states of mind. Motivation and Emotion, 11, 101–120.

Heckhausen, H. & Kuhl, J. (1985). From wishes to action: The dead ends and short cuts on the long way to action. In Frese, M. & Sabini, J. (Eds.) Goal-Directed Behavior: The Concept of Action in Psychology. Hillsdale, NJ: Lawrence Erlbaum Associates, pp. 134–157.

Heider F. (1958). The psychology of interpersonal relations. New York: Wiley.

Heider, F. & Simmel, M. (1944). An experimental study of apparent behaviour. American Journal of Psychology, 57, 243–259.

Henle, M. (1944). The influence of valence on substitution. Journal of Psychology, 17, 11–19.

Henle, M. (1979). Phenomenology in Gestalt psychology. Journal of Phenomenological Psychology, 10, 1–17.

Hilgard, E., Bower, G. (1970). Theorien des Lernens. Stuttgart: Klett.

Hillgruber, A. (1912). Fortlaufende Arbeit und Willensbetätigung. Untersuchung zur Psychologie und Philosophie, 1, 6.

Hilsman, R. & Garber, J. (1995). A test of the cognitive diathesis-stress model of depression in children: academic stressors, attributional style, perceived competence, and control. Journal of Personality and Social Psychology, 69, 370–80.

Hiroto, D. S. (1974). Locus of control and learned helplessness. Journal of Experimental Psychology, 102, 187–193.

Hiroto, D. S. & Seligman, M. E. P. (1975). Generality of learned helplessness in man. Journal of Personality and Social Psychology, 31, 311–327.

Hogan, R. (1976). Personality theory. Englewood Cliffs, N. J.: Prentice-Hall.

Hoogland, J. L. (1983). Nepotism and alarm calling in the black-tailed prairie dog, Cynomys ludovicianus. Animal Behaviour, 31, 472–79.

Hoppe, F. (1930). Untersuchungen zur Handlungs- und Affektpsychologie. IX. Erfolg und Misserfolg. Psychologische Forschung, 14, 1–63.

Houston, A. I. (1983). Another look at the control of behaviour by internal and external factors. Appetite, 4, 59–65.

Howes, D. H. & Solomon, R. L. (1951). Visual duration threshold as a function of word probability. Journal of Experimental Psychology, 41, 401–410.

Hull C. L. (1930). Knowledge and purpose as habit mechanisms. Psychological Review, 37, 511–525.

Hull C. L. (1931). Goal attraction and directing ideas conceived as habit phenomena. Psychological Review, 38, 487–506.

Hull, C. L. (1943). Principles of behavior. New York: Appleton-Century-Crofts.

Hull, C. L. (1951). Essentials of behavior. New Haven.

Hull, C. L. (1952). A behavior system: An introduction to behavior theory concerning the individual organism. New Haven.

Hume, D. (1738). A treatise of human nature. London: Clarendon Press, 1888.

Hunt, P. J. & Hillary, J. M. (1973). Social facilitation in a coaction setting: An examination of the effects over learning trials. Journal of Experimental social Psychology, 6, 563–571.

James, W. (1890). The emotions. In: Principles of Psychology. New York: Dover Publications, 1950.

Janoff-Bulman, R. (1979). Characterological versus behavioral self-blame: Inquiries into depression and rape. Journal of Personality & Social Psychology, 37, 1798–1809.

Jones, E. (1955). The life and the work of Sigmund Freud. Vol. 2. Years of maturity. 1901–1919. New York: Basic Books.

Jones, E. E. & Nisbett, R. E. (1972).The actor and the observer: Divergent perceptions of the causes of behaviour. In:

E.E. Jones, D. E. Kanouse, H. H. Kelley, R. E. Nisbett, S. Valins & B. Weiner (Eds.) (1972). Attribution: Perceiving the causes of behavior. Morristown. New York: General Learning Press.

Jones, E. E., Farina, A., Hastorf, A. H., Markus, H., Miller, D. T. & Scott, R. A. (1984). Social stigma. San Francisco: Freeman.

Joynson, R. B. (1971). Michotte's experimental methods. British Journal of Psychology Vol. 62(3), Aug 1971, 293–302.

Keller, J. A. (1981). Grundlagen der Motivation. München; Wien; Baltimore. Urban und Schwarzenberg.

Kelley, H. H. (1967). Attribution theory in social psychology. In: D. Levine (Ed.) (1967). Nebraska symposium on motivation. Lincoln: University of Nebraska Press.

Kelley, H. H. (1972). Causal schemata and the attribution process. In: E.E. Jones. D. E. Kanouse, H. H. Kelley, R. E. Nisbett, S. Valins & B. Weiner (Eds.) (1972). Attribution: Perceiving the causes of behavior. Morristown. New York: General Learning Press.

Kelley, H. H. (1973). The process of causal attribution. American Psychologist, 28, 107–128.

Kelley, H. H. & Michela, J. (1980). Attribution theory and research. Annual Review of Psychology, 31, 457–501.

Kelley, H. H. (1992). Common-Sense Psychology and Scientific Psychology. Annual Review of Psychology, 43, 1–23.

Kingdon, J. W. (1967). Politicians' belief about voters. American Political Science Review, 14, 137–145.

Klindworth, H. & Voland, E. (1995). How did the Krummhörn elite males achieve above-average reproductive success. Human Nature, 6, 221–240.

Koch, H. L. (1954). Child psychology. Annual Review of Psychology, 5, 1–26.

Köhler, W. (1921). Intelligenzprüfungen an Menschenaffen. Berlin: Springer.

Köhler, W. (1966). The place of value in a world of facts. Oxford, England: Mentor.

Köhler, W. & Winter, E. (1964). The mentality of apes. Oxford, England: Kegan, Paul.

Krantz, S. E. & Rude, S. (1984). Depressive attributions: Selection of different causes or assignment of dimensional meanings. Journal of Personality & Social Psychology, 47, 193–203.

Kropotov, J. D., Crawford, H. J. & Polyakov, Y. I. (1997). Somatosensory event-related potential changes to painful stimuli during hypnotic analgesia: Anterior cingulate cortex and anterior temporal cortex intracranial recordings. International Journal of Psychophysiology Vol. 27(1), 1–8.

Kuelpe, O. (1903). Ein Beitrag zur experimentellen Ästhetik. American Journal of Psychology, 14(3–4), 479–495.

Kuhl (1981). Motivational and functional helplessness: The moderating effect of state versus action orientation. Journal of Personality and Social Psychology, 40, 155–170.

Kuhl, J. (1983). Motivation, Konflikt und Handlungskontrolle. Heidelberg: Springer-Verlag.

Kuhl, J. (1984). Volitional aspects of achievement motivation and learned helplessness: Toward a comprehensive theory of action control. In B. A. Maher & W. Maher (Eds.), Progress in experimental personality research. New York: Academic Press.

Kuhl, J. (1985). Volitional mediators of cognitive-behavior consistency: Self-regulatory processes and action versus state orientation. In J. Kuhl & J. Beckmann (Eds.), Action control: from cognition to behavior (pp. 101–128). Berlin: Springer.

Kuhl, J. (1987). Action control: The maintenance of motivational states. In F. Halisch & J. Kuhl (Eds.). Motivation, Intention and Volition (S. 279–291). Berlin: Springer.

Kuhl, J. (2001). Motivation und Persönlichkeit: Interaktionen psychischer Systeme. Göttingen: Hogrefe.

Langer, E. J., Blank, A. & Chanowitz, B. (1978). The mindlessness of ostensibly thoughtful action: The role of „placebic" information in interpersonal interaction. Journal of Personality & Social Psychology, 36, 635–642.

Laskowsky, P.M. (1988). Philosophie der Freude. Frankfurt: Insel.

Latané, D. & Darley, J. (1968). The unresponsive bystander: Why doesn't he help? New York: Appleton-Centruy-Crofts.

Latané, B. & Darley, J.M. (1976). Help in a crisis: Bystander response to an emergency. In J.W. Thibaut & J.T. Spence (Eds.), Contemporary topics in social psychology (pp. 309–332). Morristown, NJ: General Learning Press.

Lazarus, R. S. (1991) Emotion & Adaptation. Oxford: Oxford University Press.

Lefrançois, G. R. (1972). Psychological Theories and Human Learning: Kongors Report. Belmont/California: Wadsworth Publishing.

Lefrançois, G. R. (1980). Psychologie des Lernens. Berlin: Springer.

Lepper, M. R., Greene, D. & Nisbett, R. E. (1973). Undermining childrens intrinsic interest with extrinsic reward: A test of the overjustification hypothesis. Journal of Personality and Social Psychology, 28, 129–137.

Lepper, M. R. & Greene, D. (Eds.) (1978). The hidden costs of reward. Hillsdale, NJ: Erlbaum.

Lepper, M. R. & Hodell, M. (1989). Intrinsic motivation in the classroom. In C. Ames & R. Ames (Eds.), Research on motivation in education (Vol. 3, pp 73–105). San Diego: Academic Press.

Lewin, K. (1931). Die psychologische Situation bei Lohn und Strafe. Leipzig: S. Hirzel. (Ebenfalls in KLW 6. Psychologie der Entwicklung und Erziehung, 1982, S. 113–167.)

Lewin, K. (1935). A dynamic theory of personality. New York: McGraw-Hill.

Lewin, K., Dembo, T., Festinger, L. & Sears, P. S. (1944). Level of aspiration. In: L. Carmichael (Ed.), Personality and the behavioral disorders (Vol. 1). New York: Ronald Press.

Lewin, K. (1969). Grundzüge der topologischen Psychologie. Bern: Huber. (Amerik. Original: Principles of topological Psychology. New York: McGraw-Hill, 1936.)

Lewin, K. (1945). Resolving Social Conflicts. New York: Harper & Brothers.

Lewin, K. (1948). Resolving Social Conflicts. Selected papers on group dynamics. Edited by Gertrud Weiss Lewin. New York: Harper.

Lewin, K., Dembo, T., Festinger, L. & Sears, P.S. (1944). Level of aspiration. In J. Mcv. Hunt (Ed.), Personality and the bahavior disorders (Vol. 1) (pp. 333–378). New York: Ronald Press.

Lilly J. C. (1956). Mental effects of reduction of ordinary levels of physical stimuli on intact, healthy persons. Psychiatric Research Reports, 5.

Lissner, K. (1933). Die Entspannung von Bedürfnissen durch Ersatzhandlungen. Psychologische Forschung, 18, 218–250.

Litwin, D. (1958). Sensory-tonic theory as related to the development of inhibition and social maturity. Dissertation Abstracts, 18, 2212–2213.

Lohmann, H. M. (1998). Sigmund Freud. Reinbek bei Hamburg: Rowohlt.

Lück, H. E. (1996). Die Feldtheorie und Kurt Lewin: Eine Einführung. Weinheim: Beltz.

Lück, H. E. & Miller, R. (2002). Illustrierte Geschichte der Psychologie. Weinheim: Beltz.

Maas, A., Salvi, D., Arcuri, L. & Semin, G. (1989). Language use in intergroup contexts: The linguistic intergroup bias. Journal of Personality and Social Psychology, 57, 981–993.

Mackie, J. L. (1980). The Cement of the Universe. New York. Oxford University Press.

Mahler, W. (1933). Ersatzhandlungen verschiedenen Realitätsgrades. Psychologische Forschung, 18, 27–89.

Malthus, T. (1798). An essay on the principle of Population. London: J.J.

Malik, K. (2000). Man, Beast and Zombie: What science can and cannot tell us about human nature. London: Weidenfeld and Nicolson.

Mandler, G. & Sarason, S.B. (1952). A study of anxiety and learning. Journal of Abnormal and Social Psychology, 47, 166–173.

Mark, J., Williams, G. & Brewin, C.R. (1984). Cognitive mediators of reactions to a minor life event: The British Driving Test. British Journal of Social Psychology, 23, 41–49.

Marler, P. (1991). The instinct to learn. In S. Carey and R. Gelman, Eds., The Epigenesis of Mind: Essays on Biology and Cognition. Hillsdale, NJ: Erlbaum.

Literatur

Marrow, A. J. (1938). Goal tensions and recall. Journal of General Psychology, 19, 3–35.

Marrow, A. J. (1977). The practical theorist: The life and work of Kurt Lewin. New York, NY, US Teachers College Press.

Mayr, E. (1963). Animal Species and Evolution. Harvard University Press.

Mayr, E. (2000). Biology in the Twenty-First Century. Bioscience, 49, 1029.

McArthur, L. A. (1972). The how of what and why: some determinants or consequences of causal attributions. Journal of Personality and Social Psychology, 22, 171–193.

McClelland, D. C. (1961). The Achieving Society. New York: The free Press.

McClelland, D. C., Atkinson, J. W., Clark, R. A. & Lowell, E.L. (1953). The achievement motive. New York: Appleton-Century-Crofts.

McClelland, D.C. & Winter, D.G. (1969). Motivating economic achievement. New York: Free Press.

McDougall, W. (1923). Outline of psychology. New York: Scribner.

McGinnies, E. (1949). Emotionality and perceptual defense. Psychological Review, 56, 244 -251.

Melville, H. (1851). Moby Dick. Frankfurt/M. (Insel) 1977.

Mertens, W. (2000). Psychoanalyse: Geschichte und Methoden. München: Beck.

Meryman, J. J. (1952). Magnitude of startle response as a function of hunger and fear. Unpublished master's thesis, University of Iowa.

Meyer, W. U. (1984). Das Konzept von der eigenen Begabung. Bern: Hans Huber.

Meyer, W. U. (1970). Selbstverantwortlichkeit und Leistungsmotivation. Unpublished doctoral dissertation, Ruhr Universität, Bochum, Germany.

Meyer, W. U. (2000). Gelernte Hilflosigkeit. Bern: Hans Huber.

Meyer, W. U., Folkes, V. & Weiner, B. (1976). The perceived informational value and affective consequences of choice behavior and intermediate difficulty task selection. Journal of Research in Personality, 10, 410–423.

Meyer, W. U. & Försterling, F. (1993). Die Attributionstheorie (Attribution theory) In. D. Frey & M. Irle (Eds.). Theorien der Sozialpsychologie (Social psychology theory). Band I: cognitive theorien (Cognitive theorie). (pp. 175–214). Bern: Hans Huber.

Meyer, W. U. & Hallermann, B. (1974). Anstrengungsintention bei einer leichten und schweren Aufgabe in Abhängigkeit von der wahrgenommenen eigenen Begabung. Archiv für Psychologie, 126, 85–89.

Meyer, W. U. & Hallermann, B. (1974). Intendes effort and informational value of task outcome. Archiv für Psychologie, 129, 131–140.

Meyer, W. U., Niepel, M., Rudolph, U. & Schützwohl, A. (1991). An experimental analysis of surprise. Cognition and Emotion, 5, 295–311.

Meyer, W. U., Niepel, M. & Schützwohl, A. (1992). Überraschung und Attribution. In F. Försterling & J. Stiensmeier-Pelster (Hrsg.), Attributionstheorie (S. 105–121). Göttingen: Hogrefe.

Meyer, W. U., Schützwohl, A. & Reisenzein, R. (1999). Einführung in die Emotionspsychologie. Band II. Bern: Huber.

Michotte, A. (1946). The perception of causality. New York: Basic Books.

Mill, J. S. (1872). The Logic of the Moral Sciences. Excerpted from A System of Logic. London, 1843, 8th ed. 1872.

Mill, J. S. (1869). On Liberty. London: Longman, Roberts & Green.

Miller, N. E. (1944). Experimental studies of conflict. In J. M. Hunt (Ed.), Personality and the behavioral disorders (Vol. 1). New York: Ronald.

Miller, N. E. (1948). Studies of fear as an acquirable drive: I. Fear as motivation and fear reduction as reinforcement in the learning of new responses. Journal of Experimental Psychology, 38, 89–101.

Miller, N. E. (1951). Learnable drives and rewards. In S. S. Stevens (Ed.), Handbook of experimental psychology. New York: John Wiley.

Miller, N. E. (1959). Liberalization of basic S-R concepts: Extensions to conflict behavior, motivation, and social learning. In S. Koch (Ed.), Psychology: A study of science (Vol. 2). New York: McGraw-Hill.

Miller, N. E. & Dollard, J. (1941). Social learning and imitation. New Haven, CT, US Yale University Press.

Miller, D. T., Norman, S. A. & Wright, E. (1978). Distortion in person perception as a consequenze of the need for effective control. Journal of Personality & Social Psychology, 36, 598–607.

Miller, D. T. & Ross, M. (1975). Self-serving biases in the attribution of causality: Fact or fiction? Psychological Bulletin, 82, 213–225.

Miller, W. & Seligman, M. E. P. (1974). Depression and learned helplessness in man. Journal of Abnormal Psychology, 84, 228–238..

Miller, I. W. & Norman, W. H. (1979). Learned helplessness: A review and attribution theory model. Psychological Bulletin, 86, 93–118.

Mitchell, T.R. & Wood, R.E. (1980). Supervisor's responses to subordinate poor performance: A test of an attributional model. Organizational Behaviour & Human Decision Processes, 25(1), 123–138.

Monte, C. F. (1999). Beneath the mask: An Introduction to Theories of Personality. Harcourt Brace College Publishers.

Montgomery, K. C. (1952). A test of two explanations of spontaneous alternation. Journal of Comparative and Physiological Psychology, 45, 287–293.

Montgomery, G.H., DuHamel, K.N. & Reed, W.H. (2000). A meta-analysis of hypnotically induced analgesia: How effective is hypnosis? International Journal of Clinical & Experimental Hypnosis, 48, 138–153.

Mook, D. G. (1996). Motivation. New York: W. W. Norton.

Morgan, C. D. & Murray, H. H. (1935).A method for investigating fantasies: the thematic apperception test. Archives of Neurology & Psychiatry, 34, 289- 306.

Moss, F. A. (1924). Study of animal drives. Journal of Experimental Psychology, 7, 165–185.

Moulton, R. W. (1958). Antecedents of aggressive expression in psychosis. Dissertation Abstracts, 19, 879–880.

Moulton, R.W. (1965). Effects of success and failure on level of aspiration as related to achievement motives. Journal of Personality and Social Psychology, 1, 399–406.

Murray, H. A. (1933). The effect of fear upon estimates of the maliciousness of other personalities. Journal of Social Psychology, 4, 310–329.

Murray, H. A. (1938). Explorations in personality. New York: Oxford University Press.

Murray, E. J. & Berkun, M. M. (1955). Displacement as a function of conflict. Journal of Abnormal and Social Psychology, 51, 47–56.

Nagel, T. (1984). Über das Leben, die Seele und den Tod. Königstein/Ts.: Anton Hain.

Newell, A. & Simon, H. (1972). Human Problem Solving, Englewood Cliffs, N.J.: Prentice-Hall.

Newell, A. (1973). Productions systems: models of control structures. Pittsburgh, Pa: Carnegie Mellon University, Department of Computer Science.

Newell, A. (1973). You can't play 20 questions with nature and win: projective comments on the papers of this symposium. Pittsburgh, Pa: Carnegie Mellon University, Department of Computer Science.

Nisbett, R. E. & Ross, L. D. (1980). Human Inference: Strategies and Shortcomings of Social Judgment. Englewood Cliffs, NJ: Prentice-Hall.

Nye, R. D. (1992a). The legacy of B. F. Skinner: Concepts and perspectives, controversies and misunderstandings. Belmont, CA: Brooks/Cole Publishing Co.

Nye, R. D. (1992b). Three psychologies: Perspectives from Freud, Skinner, and Rogers (4th ed.). Belmont, CA: Brooks/Cole Publishing Co.

Obrist, P. A. (1981). Cardiovascular psychophysiology. New York: Plenum Press.

Overmier J. B. & Seligman M. E. P. (1967). Effects of inescapable shock upon subsequent escape and avoidance learning. Journal of Comparative and Physiological Psychology, 63, 23–33.

Ovsiankina, M. (1928). Die Wiederaufnahme unterbrochener Handlungen. Psychologische Forschung, 11, 302–379.

Pancer, S. M. (1978). Causal attributions and anticipated future performance. Personality & Social Psychology Bulletin, 4, 600–603.

Perin, C. T. (1942). Behavior potentiality as a joint function of the amount of training and the degree of hunger at the time of extinction. Journal of Experimental Psychology, 30, 93–113.

Peters, R. S. (1960). The Concept of Motivation.London: Routledge & Kegan Paul.

Peterson, C., Semmel, L., von Bayer, C., Abramson, L. Y., Metalsky, S. I. & Seligman, M. E. P. (1982). The Attributional Style Questionaire. Cognitive Therapy and Research, 6, 287–300.

Peterson, C. & Seligman, M. E. P. (1984). Causal explanations as a risk factor for depression: Theory and evidence. Psychological Review, 91, 347–374.

Phares, E. J. (1976). Locus of control in personality. Morristown. New York: General Learning Press.

Pintrich, P. R. & Schunk, D. H. (1996). Motivation in education: Theory, research, and applications. Englewood Cliffs: Prentice Hall.

Popper, K. R. (1974). Replies to my critics. In The Philosophy of Karl Popper, edited by P.A. Schilpp, pp. 961–1200, Open Court Press, LaSalle, IL.

Premack, D. (1965). Reinforcement Theory. In D. Levine (Ed.), Nebraska symposium on motivation (Vol. 13). Lincoln, NE: University of Nebraska Press.

Rank, O. (1912/1926). Das Inzest-Motiv in Dichtung und Sage. 2., verb. Aufl. Leipzig und Wien: Deuticke.

Rapaport, A. (1966). Two Person Game Theory. University of Michigan Press.

Reyer, H.-U. (1990). Pied kingfishers: Ecological causes and reproductive consequences of cooperative breeding. In P.B. Stacey & W. D. Koenig (Eds.), Cooperative breeding in birds – long-term studies of ecology and behavior (pp. 529–557). Cambridge: Cambridge University Press.

Richter, C. P. (1927). Animal behavior and internal drives. Quarterly Review of Biology, 2, 307–343.

Rosenbaum, R. M. A. (1972). A dimensional analysis of the perceived causes of success and failure. Unveröffentliche Dissertation. University of California, Los Angeles.

Rosenzweig, S. (1943). An experimental study of „repression" with special reference to need-persistive and ego-defensive reactions to frustration. Journal of Experimental Psychology, 32, 64–74.

Rotter, J. B. (1954). Social learning and clinical psychology. New York: Prentice-Hall.

Rotter, J. B. (1966). Generalized expectancies for internal versus external control of reinforcement. Psychological Monographs, 80 (1, Whole No. 609).

Rotter, J. B. (1975). Some problems and misconceptions related to the construct of internal vs. external control of reinforcement. Journal of Consulting and Clinical Psychology, 43, 55–67.

Rudolph, U. (2000). Was ist eine interessante psychologische Theorie? Zur Sozialpsychologie psychologischer Forschung. In: F. Försterling et al., (Hrsg.): Kognitive und emotionale Aspekte der Motivation. Göttingen: Hogrefe.

Rudolph, U. & Försterling, F. (1997). The psychological causality Implicit in verbs: A review. Psychological Bulletin, 121(2), 192–218.

Rudolph, U. & Steins, G. (1998). Causal versus existential attributions: Different perspectives on highly negative events. Basic and Applied Social Psychology. Vol. 20(3), 191–205.

Rudolph, U., Roesch, S., Greitemeyer, S. & Weiner, B. (2003). A meta-analytic review of help-giving and aggression from an attributional perspective: Contributions to a general theory of motivation. Cognition and Emotion, in press.

Sanford, R. N. (1937). The effects of abstinence from food upon imaginal processes: a further experiment. Journal of Psychology (US : Heldref Publications) 3, 1937, 145–159.

Schlenker, B. & Darby, B. (1981). The use of apologies in social predicaments. Social Psychology Quarterly, 44(3), 271–278.

Schlote, W. (1930). Über die Bevorzugung unvollendeter Handlungen. On the preferential character of incompleted acts. Zeitschrift für Psychologie, 117, 1–72.

Schmalt, H. D. (1976). Methoden der Leistungsmotivmessung. Göttingen: Hogrefe.

Schmalt, H.-D. (1999). Assessing the achievement motive using the grid technique. Journal of Research in Personality, 33, 109–130.

Schmid, J. & Fiedler, K. (1998). The Backbone of Closing Speeches: The Impact of Prosecution vs. Defense Language on Judicial Attributions. Journal of Applied Social Psychology, 28, 1140–1173.

Schmidt, G. W. & Ulrich, R. E. (1969). Effects of group contingent events upon classroom noise. Journal of Applied Behavior Analysis (US: Society for the Experimental Analysis of Behavior Inc) 2(3), 1969, 171–179.

Schmitz, S. (1982): Charles Darwin – ein Leben. Autobiographie, Briefe, Dokumente. München.

Schneider, K. & Schmalt, H.-D. (2000). Motivation (3. Auflage). Stuttgart: Kohlhammer.

Schönpflug, W. (2002). In Dieter Frey et al.: Perspektiven der Psychologie. Bern: Huber.

Schönpflug, W. (1992). Kurt Lewin – Person, Werk, Umwelt. Historische Rekonstruktionen und aktuelle Wertungen aus Anlaß seines 100. Geburtstags. Frankfurt a. M.: Lang.

Schönpflug (2001). Allgemeine Psychologie. In R. K. Silbereisen et al.: Perspektiven der Psychologie (S. 70–86). Weinheim: Beltz.

Schuster, B., Rudolph, U. & Försterling, F. (1998). What determines behavioral decisions: Comparing the role of co-

variation information and attributions. Personality and Social Psychology Bulletin, 24, 838–854.

Sears, R. R. (1942). Success and failure: A study of motility. In: McNemar, Q. & Merrill, M. A. (Eds.). Studies in personality. New York: McGraw-Hill.

Sears, R. R. (1950). Personality. Annual Review of Psychology, 1, 105–118.

Seligman, M. E. P. (1975). Helplessness. On depression, development and death. San Francisco: Freeman and Company.

Seligman, M. E. P. & Meier, S. F. (1967). Failure to escape traumatic shock. Journal of Experimental Psychology, 74, 1–9.

Semin, G. R. & Fiedler, K. (1989). Relocating attributional phenomena within a language-cognition interface. The case of actors and observers perspectives. European Journal of Social Psychology, 19, 491–508.

Semin, G. R. & Fiedler, K. (1991). The linguistic category model, its bases, applications and range. In: W. Stroebe & M. Hewstone (Eds.). European review of social psychology (Vol. 2, pp. 1–30). Chichester, England: Wiley.

Simmons, R. J. (1981). The effects of failure and success on self-esteem and locus of control of elementary school boys. Dissertation Abstracts International Vol. 41 812-B, Pt 1), 4689–4690.

Sewertzoff A. N. (1931). Die Morphologische Gesetzmäßigkeiten der Evolution. Jena: Gustav Fischer.

Skinner, B. F. (1933). On the Rate of Extinction of a Conditioned Reflex. Journal of General Psychology, 9, 114–129.

Skinner, B. F. (1938). Behavior of Organisms. New York: Appleton-Century-Crofts.

Skinner, B. F. (1948). Walden Two. New York: Macmillan

Skinner, B. F. (1953). Science and Human Behavior. New York: Macmillan.

Skinner, B. F. (1971). Beyond Freedom and Dignity. New York: Knopf.

Skinner, B. F. (1974). About Behaviorism. New York: Knopf.

Skinner, B. F. (1983). Origins of Behaviorist. Psychology Today, 22–33.

Skinner, B. F. (1989). Recent Issues in the Analysis of Behavior. Columbus, Ohio: Merrill.

Smith, M. (1982). Evolution and the Theory of Games. Cambridge: Cambridge University Press.

Smith, E. A. (2000). Three Styles in the evolutionary study of human behaviour In: L. Cronk, W. Irons & N. Chagnon (Eds.). Human Behaviour and Adaptation: an Anthropological Perspective. New York: Aldine de Gruyter.

Spalding, D. A. (1873). Instinct. With Original Observations on Young Animals. MacMillan Magazine, 27. Reprinted in: R. H. Wozniak (Ed.) (1993). Experimental and comparative roots of early behaviourism. London: Routledge/ Thoemmes Press.

Stern, P. (1983). A multimethod analysis of student perceptions of causal dimensions. Unpublished doctoral dissertation, University of California, Los Angeles.

Stiensmeier, J., Kammer, D., Pelster, A. & Niketta, R. (1985). Attributionsstil und Bewertung als Risikofaktoren der depressiven Reaktion. Diagnostica, 31, 300–311.

Stiensmeier-Pelster, J. (1988). Erlernte Hilflosigkeit, Handlungskontrolle und Leistung. Berlin: Springer.

Stiensmeier-Pelster, J. (1989). Attributional style and depressive mood reactions. Journal of Personality, 57, 581–599.

Stiensmeier-Pelster, J. & Schürmann, M. (1990). Performance deficits following failure: Integrating motivational and cognitive aspects of learned helplessness. Anxiety Research, 2, 211–222.

Stiensmeier-Pelster, J. (1994). Attributionspsychologie und erlernte Hilflosigkeit. In F. Försterling & J. Stiensmeier-Pelster (Hrsg.), Attributionstheorie. Grundlagen und Anwendungen. Göttingen. Hogrefe.

Stipek, D. J. (1983) A developmental analysis of pride and shame. Human Development, 26, 42–54.

Strodtbeck, F. L., McDonald, M. R. & Rosen, B. (1957). Evaluations of occupations: A reflection of Jewish and Italian mobility differences. American Sociological Review, 22, 546–553.

Sweeney, P., Anderson, K. & Bailey, S. (1986). Attributional style in depression: a meta analytic review. Journal of Personality and Social Psychology, 50, 974–991.

Tattersall, I. (2000). Palaeoanthropology: The last half century. Evolutionary Anthropology, 9, 2–17.

Tinbergen, N. (1963). On aims and methods of ethology. Zeitschrift für Tierpsychologie, 20, 410–433.

Thoreau, H. D. (1942). Walden, or: My life in the woods. Ladder edition: Washington D.C.

Thorndike, E. L. (1911). Animal intelligence. New York: Macmillan.

Tolman, E. C. (1952). A cognition motivation model. Psychological Review, 59, 389–400.

Tolman E. C. & Honzig, C. H. (1930). Introduction and renewal of reward, and maze performance in rats. University of California Publication in Psychology, 4, No. 19, 267. Berkeley.

Tomkins, S. (1970). Affect as the primary motivational system. In M. B. Arnold (Ed.), Feelings and emotions (pp. 101–110). New York: Academic Press.

Tooby, J. & Cosmides, L. (1987). From evolution to behaviour: Evolutionary psychology at the missing link. In: Dupre, John; Ed; The latest on the best: Essays on evolution and optimality. Cambridge, MA, US: The MIT Press.

Treisman, A. (1969). Strategies and models of selective attention. Psychological Review, 76, 282- 299.

Triandis, H. (1972). The analysis of subjective culture. New York: Wiley-Interscience.

Triplett, N. (1898). The dynamogenic factors in pacemaking and competition. American Journal of Psychology, 9, 507–533.

Trivers, R. L. (1971). The evolution of reciprocal altruism. Quarterly Review of Biology, 46, 35- 57.

Trivers, R. (1972). Parental investment and sexual selection. In B. Campbell (Ed.), Sexual selection and the descent of man 1871–1971, Chicago: Aldine.

Trivers, R. L. (1974). Parent-offspring conflict. American Zoologist, 14, 249–264.

Trivers, R. L. (1985). Social Evolution. Menlo Park, CA: Benjamin-Cummings.

Trope, Y. (1975). Seeking information about one's own ability as a determinant of choice among tasks. Journal of Personality and Social Psychology, 32, 1004–1013.

Trope, Y. & Brickman, P. (1975). Difficulty and diagnosticity as determinants of choice among tasks. Journal of Personality and Social Psychology, 31, 918–925.

Valle, F. P. (1974). Motivation: Theories and issues. Monterey, Californien: Brooks-Cole.

Vernon, J. (1963). Inside the black room. New York: Potter.

Vroom, V. H. (1964). Work and motivation. New York: Wiley.

Voland, E. & Dunbar, R.I.N. (1995). Resource competition and reproduction – the relationship of economic and parental strategies in the Krummhörn Population (1720–1874). Human Nature, 6, 33–49.

Voland, E. (1997). Commentary on Levine and Silk. Current Anthropology, 38, 397.

Voland, E. (1998). Kalkül der Elternliebe – ein soziobiologischer Musterfall. Spektrum der Wissenschaft, Digest Sonderheft, 34–41.

Watson, D. (1982). The actor and the observer: How are their perceptions of causality divergent? Psychological Bulletin, 92, 682–700.

Watson, J. B. (1913). Psychology as the Behaviorist Views It. Psychological Review, 20, 158–77.

Watson, J. B. (1919). Psychology from the standpoint of a behaviorist. Philadelphia.

Watson, J. B. (1920). Is Thinking merely the action of language mechanisms? British Journal of Psychology, 11, 87–104.

Watson, J. B. & Rayner, R. (1920). Conditioned emotional reactions. Journal of Experimental of Psychology, 3(1), 1–14.

Webb, W. B. (1949). The motivational aspect of an irrelevant drive in the bahavior of the white rat. Journal of Experimental Psychology, 39, 1–14.

Weber, M. (1904). Die protestantische Ethik und der Geist des Kapitalismus. Archiv für Sozialwissenschaft und Sozialpolitik, 21, 1–110.

Weiner, B. (1965). Need achievement and resumption of incompleted tasks. Journal of Personality and Social Psychology, 1, 165–168.

Weiner, B. (1965). The effects of unsatisfied achievement motivation on persistence and subsequent performance. Journal of Personality, 33, 428–442.

Weiner, B. (1966). Effects of motivation on the availability and retrieval of mamory traces. Psychological Bulletin, 65, 24–37.

Weiner, B. (1972). Theories of motivation. Chicago: Markham.

Weiner, B. (1979). A theory of motivation for some classroom experiences. Journal of Educational Psychology, 71, 3–25.

Weiner, B. & Kukla, A. (1970). An attributional analysis of achievement motivation. Journal of Personality and Social Psychology, 15, 1–20.

Weiner, B., Nierenberg, R. & Goldstein, M. (1976). Social learning (locus of control) versus attributional (causal stability) interpretations of expectancy of success. Journal of Personality, 44, 52–68.

Weiner, B., Russell, D. & Lerman, D. (1978). Affektive Auswirkungen von Attributionen. In: D. Görlitz, W.-U. Meyer & B. Weiner (Hg.), Bielefelder Symposium über Attribution. Stuttgart: Klett-Cotta.

Weiner, B., Russell, D. & Lerman, D. (1979). The cognition-emotion process in achievement-related contexts. Journal of Personality and Social Psychology, 37, 1211–1220.

Weiner, B. (1984). Motivationspsychologie. Weinheim: Beltz.

Weiner, B. (1986). An attributional theory of motivation and emotion. New York: Springer-Verlag.

Weiner, B. & Handel, S.J. (1985). A cognition-emotion-action sequence: Anticipated emotional consequences of causal attributions and reported communication strategy. Developmental Psychology, 21(1), 102–107.

Weiner, B. (1986). An Attributional Theory of Motivation and Emotion. New York, Berlin, Heidelberg: Springer Verlag.

Weiner, B., Amirkhan, J., Folkes, V. S., & Verette, J. A. (1987). An attributional analysis of excuse giving: Studies of a naive theory of emotion. Journal of Personality and Social Psychology, 52, 316–324.

Weiner, B., Perry, R. P. & Magnusson, J. (1988). An attributional analysis of reactions to stigmas. Journal of Personality and Social Psychology, 55, 738–748.

Weiner, B., Figueroa-Munoz, A., & Kakihara, C. (1991). The goals of excuses and communication strategies related to causal perceptions. Personality and Social Psychology Bulletin, 17, 4–13.

Weiner, B. (1992). Human motivation. Metaphors, Theories and Research. Newbury Park: Sage Publications.

Weiner, B. (1993). On sin versus sickness: A theory of perceived responsibility and social motivation. American Psychologist, 48, 957–965.

Weiner, B. (1994). Motivationspsychologie. 3. Auflage. Weinheim: Psychologie Verlags Union.

Weiner, B. (1995). Judgments of responsibility. New York: Guilford Press.

Weiner, B. (2001). Intrapersonal and interpersonal theories of motivation from an attribution perspective. Student motivation: The culture and context of learning, p. 17–30; Dordrecht, Netherlands : Kluwer Academic Publishers.

Wertheimer, M. (1912). Über das Denken des Naturvolkes. Zeitschrift Psychologie, 60, 321–378.

Whalen, C. K. & Henker, B. (1976). Psychostimulants and children: A review and analysis. Psychological Bulletin, 83, 1113–1130.

Winter, D. G., Stewart, A. J. & McClelland, D. C. (1977). Husband's motives and wife's career level. Journal of Personality and Social Psychology, 35, 159–166.

Winter, D. G. & Stewart, A. J. (1977). Power motive reliability as a function of retest instructions. Journal of Consulting and Clinical Psychology, 45, 436–440.

Winterbottom, M. R. (1958). The relation of need for achievement to learning experiences in independence and mastery. In J. W. Atkinson (Ed.), Motives in fantasy, action, and society. Princeton, NJ: Van Nostrand.

Wittgenstein, L. (1984) Tractatus logico-philosophicus. Frankfurt am Main: Suhrkamp Verlag.

Wortman, C. B. & Brehm, J. (1975). Responses to uncontrollable outcomes: An integration of reactance theory and the learned helplessness model. In L. Berkowitz (Ed.), Advances in experimental social psychology (Vol. 8, pp. 277–336). New York: Academic Press.

Wright, R. A. & Brehm, J. W. (1989). Energization and goal attractiveness. In L.A. Pervin (Ed.). Goal concepts in personality and social psychology. Hillsdale, NY: Erlbaum.

Wright, R. A. (1998). Ability perception and cardiovascular response to behavioural challenge. In M. Kofta, G. Weary & G. Sedek (Eds.). Personal control in action: Cognitive and motivational mechanisms. New York: Plenum.

Wright, R. A. (1996). Brehm's theory of motivation as a model of effort and cardiovascular response. In P.M. Gollwitzer & J.A. Bargh (Eds.). The psychology of action: Linking cognition and motivation to behavior. New York: Guilford.

Yerkes, R. M. & Dodson, J. D. (1908). The relation of strength of stimulus to rapidity of habitformation. Journal of Comparative Neurology of Psychology, 18, 459–482.

Zajonc, R. B. (1965). Social facilitation. Science, 149, 269–274.

Zajonc, R. B. (1980). Feeling and thinking: Preferences need no inferences. American Psychologist, 35, 151–175.

Zajonc, R. B., Heingartner, A. & Herman, E. M. (1969). Social enhancement and impairment of performance in the cockroach. Journal of Personality & Social Psychology, 13, 83–92.

Zeigarnik, B. (1927). Über das Behalten von erledigten und unerledigten Handlungen. Psychologische Forschung, 9, 1–85.

Zimmer, C. (2001). Evolution: The triumph of an idea. New York: Harper-Collins.

Zuckermann, M. (1979): Sensation seeking: Beyond the optimal level of arousal. Hillsdale.

Zweig, S. (1943/2001). Schachnovelle. Frankfurt: Suhrkamp.

Literatur

Stichwortverzeichnis

Stichwortverzeichnis

Stichwortverzeichnis

Stichwortverzeichnis

Stichwortverzeichnis

Autorenverzeichnis

Autorenverzeichnis

Bildnachweis

Kapitel 2, S. 19, © dpa-Bildarchiv
Kapitel 3, S. 43, Bernard Weiner
Kapitel 4, S. 64, Bernard Weiner
Kapitel 5, S. 83, Bernard Weiner
Kapitel 6, S. 120, Bernard Weiner
Kapitel 6, S. 140, Bernard Weiner
Kapitel 7, S. 145, Udo Rudolph
Kapitel 9, S. 204, aus: Lück H.E. & Miller, R. (2002). Illustrierte Geschichte der Psychologie, Weinheim: Beltz.
Kapitel 10, S. 224 © dpa-Bildarchiv
Kapitel 10, S. 241, Homepage in memory of William Hamilton